盐池县供销合作社志

盐池县供销合作社　编

中国文史出版社

《盐池县供销合作社志》编纂委员会

主　任：王生彦

副主任：曹　军　郑　参　张立泽

编　委：张金成　李玉龙　杨　威　卢星明　胡建军　鲁　虎
　　　　张宏贤　官永刚　龙鹏春　张旭斌　郭晓澜　贾永锋
　　　　王新华　李自仙　党英才　刘　丽　唐馥香

顾　问：张顺琪　吴应宏　张　宗　原增喜　石美林　何　勇
　　　　丁振宁

《盐池县供销合作社志》编辑部

主　编：鲁　虎

副主编：党英才

特邀副主编：张玉东

校　审：何永汉　乔泽华　余占珍　侯绪章　左兴盛　石杰林

序　言

三边，明代是指延绥、甘肃、宁夏三个长城沿线军事重镇，抗战前则是指定边、安边、靖边三个地方区域的合称。1936 年 6 月 21 日，西征红军七十八师一举解放盐池县城，从此奠定了盐池县作为陕甘宁边区重要组成的政治基础。1937 年 11 月 9 日，陕甘宁边区政府决定将盐池、定边、靖边三县划为一独立的行政分区，并归边区政府直接管辖，则为新三边。1937 年 12 月，中共三边特委改称三边分委区，此后三边分区成为陕甘宁边区政府下辖延安、绥德、三边、关中和陇东 5 个行政分区之一，直到 1949 年 9 月 27 日撤销。其间，盐池是陕甘宁边区宁夏唯一县，被称为陕甘宁边区的经济中心和富源、西北门户和前哨阵地，是中国共产党开展绥远、宁夏工作的桥梁和纽带。

1936 年 6 月下旬，时任中华苏维埃共和国中央西北办事处国民经济部部长的毛泽民带领工作人员来到刚刚解放的盐池县指导开展经济工作，筹备建立了盐池城区消费合作社。之后，随着陕甘宁边区创办合作社运动不断兴起，盐池县城乡各类合作社应运而生。1939 年 10 月，盐池县合作社联合社（简称"县联社"）成立。这是陕甘宁边区时期，宁夏唯一成立的红色合作社联合社组织。

据不完全统计，陕甘宁边区时期，在盐池县城乡先后创办的合作社类型有：消费合作社、救济合作社、食盐（产盐、打盐）合作社、运输合作社、羊只保健合作社、纺织合作社、医药合作社、合作社联合社等。最著名的当属元华工厂（合作社）、刘占海运输合作社。

中华人民共和国成立后到十一届三中全会前夕，盐池县供销合作社事业虽经历了曲折发展过程，但是在中共中央坚强领导下，在各级党委、政府及相关部门政策支持下，积极组织商品物资供应，保障城乡群众生产、生活所需；组织收购农副产品和废旧物资，支援国家经济建设。在为社员群众、为农业生产、为国家经济建设服务方面作出了突出贡献。供销合作社在一代人心中留下了磨灭不去的永久记忆。

改革开放后，全国供销合作社事业经历了发展、变革过程。随着改革开放不断深入，体制机构与服务职能不断发展变化，供销合作社已成为中国共产党领导下的、为农服务的、以农民社员为主体的、集体所有制的综合性合作经济组织，是党和政府密切联系农民群众的桥梁纽带和做好农业、农村、农民工作的重要载体，是推动我国农业农村发展的一支重要力量。

盐池县自1936年7月成立城区消费合作社到2021年，经历了85年不平凡历程。总结这一历史时期的珍贵史料，体现了盐池县委、县政府贯彻践行习近平总书记"学习党史、国史，知史爱党、知史爱国"重要指示要求的具体实践，体现了对党的供销合作社事业、对广大社员群众和供销合作社干部职工负责的历史担当和责任担当。

编 者

2022年5月

凡　例

一、以马克思列宁主义、毛泽东思想、邓小平理论、"三个代表"重要思想、科学发展观和习近平新时代中国特色社会主义思想为指导，以《中共中央关于党的百年奋斗重大成就和历史经验的决议》为准绳，科学运用辩证唯物主义和历史唯物主义观点和方法，充分反映人民群众的历史作用，全面、客观、真实、系统地记述盐池县供销合作社发展历程和主要成果，突出体现"存史、资政、育人"功用。

二、本志主要章节上限可追溯至 1936 年盐池解放前后；下限至 2020 年 12 月 31 日。

三、本志分篇、章、节、目，采用第三人称记述，横排门类，纵述史实，力求层次分明、逻辑严谨、图文并茂。

四、本志采取述、记、志、传、图、表、录体裁，以志为主体，采用记述文体，根据行文要求部分内容用说明文体。记述部分力求语言文字简洁顺畅，表述清楚，合乎志书规范体例；本志采用数据以盐池县已出版地方志书、档案馆资料、县统计部门资料和供销合作社报表等文献资料为依据；以全国、自治区行业主管部门，专家学者著作和各级党委、政府政策性文件和相关党报党刊报道资料为补充。

五、大事记采用编年体，按照事件发生时间顺序一事一记，时间、地点、人物、起因、经过、结果六要素基本完备；所记事项有具体日期的注明年、月、日；日期不详的附于月末，用"是月"表示；月份不详的附于季末，分别用"春季""夏季"或"是年春"等规范用语表示；季节不详的附于年末，用"是年"表示。

六、为切合当时、当地计量用语习惯，志书内数字及计量单位保留原资料用法，如张（皮子）、根（肠衣）、石（粮食）等；财务、统计数字用国家规范计量单位，同时遵照当地习惯用法；统计表格数据单位用国家标准计量单位；使用档案资料数据，以及引用《盐池县志》《盐池统计年鉴》等已出版地方志资料数据，保持原计量单位不变。本志多处使用人民币（边币）单位，其中陕甘宁边区时期货币为"边币"；

1948 年 12 月至 1955 年 3 月 10 日前为第一套人民币单位（第一套人民币 1 万元大约相当于第二套人民币币值 1 元市值），1955 年 3 月 10 日后为第二套人民币单位，此后按人民币发行时间、套次顺延。

七、各章节数据统计中，统计报表汇总数、年度总结数与基层合计数有不对应地方，是由于基层报表、年度总结与年度报表汇总时间差异导致，或由于原始材料、报表错漏所致，皆保留原资料数据不变。

八、志书各章节附表，按照章节统一编号，第一个数码为章号，第二个数码为节号，第三个数码为顺序号，如：表 1—2—3 表示第一章第二节第 3 表；表 4—5—6 表示第四章第五节第 6 表，以此类推。

九、对于字数较多的地域、单位、领导职务名称等，除在第一章节第一次使用全称后，下文可根据行文语言习惯使用简称，如"宁夏回族自治区"简称"自治区"，"中共盐池县委、盐池县人民政府"简称"县委、县政府"等，"盐池县供销合作社联合社"简称"县联社""合作社""县社"，基层供销合作社简称"基层社"等。1949 年 12 月 23 日成立宁夏省，1954 年 9 月宁夏整建制并入甘肃省，1958 年 12 月 25 日成立宁夏回族自治区，其简称相应进行变化。

十、附录部分重点录入文件标题、发文单位、文号、文件内容，对文本格式、附件、签章等内容不作全面录入；并对语法逻辑、标点符号、文字错漏等方面问题略作纠正和技术调整。

目 录

翠色簇拥长城关（摄于 2019 年 6 月）

概　述

合作思想是合作社文化的重要构成部分，中国古代朴素合作思想及 16 世纪西方空想社会主义是合作社思想及合作社组织之滥觞。19 世纪末，一批中国留学海外进步青年在接触和研究西方合作社理论后，积极将其引进中国。1918 年，北京大学消费合作社成立，成为中国合作社运动的开端。

1922 年 7 月，中共湘东区委员会在安源路矿工人运动中，倡导组建了"安源路矿工人消费合作社"，由安源路矿党支部书记、工人俱乐部主任李立三兼任总经理，毛泽民任消费合作社兑换股经理。因此而言，毛泽民是中国共产党红色合作社的最早创始人、奠基人之一。

第一次国内革命战争时期，中国共产党领导的合作社运动与农民运动相结合。为了培训运动骨干，中国共产党派彭湃、毛泽东帮助国民党举办了广州农民运动讲习所，讲授"农村合作""合作社运动实施法"等课程。1923 年，中国共产党在领导海陆丰农民运动中建立了农民协会和农民消费合作社。1925 年 11 月，《中国共产党告农民书》中提出，各级农民协会"均得指定会员若干人组织特殊团体，办理……消费合作社"。此后，广东、湖南、湖北、江西等省相继召开农民协会代表大会，提出"关于农民合作运动决议案"，并根据实际情况成立各种合作社，促进了合作社事业发展。毛泽东在《湖南农民运动考察报告》中把合作社运动看作农民运动的

十四件大事之一，给予了高度评价。他指出："合作社，特别是消费、贩卖、信用三种合作社，确是农民所需要的。"1926 年 9 月，中共中央《农民运动决议案》规定"提供农村消费合作运动"，随后合作社运动在湖南、湖北、广东等地迅速发展起来，成为农民运动的一个重要方面。

中国共产党领导的革命根据地，一般都是土地贫瘠、农业生产力落后的地区，对根据地农业生产发展形成根本性制约。因此，共产党解决农业生产困难的途径之一，就是开展农民之间的互助合作运动。

1928—1937 年，中共中央号召农民"自力更生，生产自救"，积极鼓励农民开展各种互助活动。1931 年 11 月 7 日召开的中华工农苏维埃第一次全国代表大会决议指出，苏维埃政府必须帮助消费合作社的组织与发展，并给予财政的帮助与税收豁免。1932—1933 年，苏维埃政府相继颁发了《合作社暂行组织条例》《合作社工作纲要》《发展合作社的大纲》三个纲领性文件。1934 年 1 月，毛泽东在中华工农苏维埃第二次全国代表大会所作的工作报告中强调："劳动互助社和耕田队的组织，在春耕夏耕等重要季节，我们对于整个农村民众的动员和督促，则是解决劳动力问题的必要方法。"到 1934 年 2 月，中央苏区已发展各级消费合作社 1140 个，社员发展到 29.5993 万人。

1935 年冬，中央到达陕北后，即由国民经济部号召党政军各机关工作人员积极入股组织办

合作社。1936年1月，中央国民经济部召开省级和县级国民经济部部长联席会议，详细讨论了组织合作社的办法，指示各县普遍发展合作社组织（《抗日战争时期陕甘宁边区财政经济史料摘编》第七编，第130—131页）。

1936年6月21日，中央国民经济部部长毛泽民带领工作人员随即来到定边、盐池两地，组织指导成立了盐池县城区消费合作社。之后，随着陕甘宁边区合作社运动兴起，盐池城乡消费、生产、食盐、运输、畜牧、纺织、医疗等合作社应运而生。在中共中央、西北局、三边分委及盐池县委、县政府坚强领导下，合作社组织人民群众广泛开展生产运动，打破经济封锁。这些合作社的建立对活跃边区经济，促进生产发展，保障军民供给，支援革命战争作出了重要贡献。

抗日战争时期，合作社是陕甘宁边区重要的经济组织形式，其中南区合作社是陕甘宁边区合作社的模范。1938年11月，陕甘宁边区政府作出决议，要大力推动合作社运动。1939年10月5日，陕甘宁边区合作总社成立大会在延安召开。1941年，陕甘宁边区政府制定颁布了《陕甘宁边区农业生产互助小组暂行组织条例（草案）》。1942年12月，毛泽东在陕甘宁边区高级干部会议上所作《经济问题与财政问题》的报告中总结了延安南区合作社"克服包办代替，实行民办官助"方针的四条经验。1943年初，毛泽东在西北局高干会议上所作《抗日战争时期的经济问题与财政问题》的报告中指出，陕甘宁边区各县应以大力组织劳动互助，大大地发展农民的集体劳动，并把劳动互助合作为农业政策之一。1943年，在陕甘宁边区第三届生产展览会上典型展示了南区合作社的经营成绩，宣传了毛泽东"南区合作社的道路，就是边区合作事业的道路"的观点，在政策上引导了合作运动的发展。

1944年7月7日通过的《陕甘宁边区合作社联席会议决议》中有这样一段记载："两年当中，边区又出现了许多好的合作社，绥德安锦城合作社，张丕元合作社，延市萧洪启合作社……盐池靳体元合作社等都办得好。"这里提到的靳体元合作社，即是指由靳体元先生倡议创办的元华工厂。《陕甘宁边区合作社联席会议决议》中还有一段关于靳体元先生的记载："我们合作社又是各阶层的经济合作，凡边区公民，不论是谁都可以加入。盐池商人靳体元，米脂地主常友文，

花马池古城环城公园一角（摄于 2016 年）

靖边士绅田保霖等或出力或出资，创办合作社，延安市商人席全喜等五人把全部资金和人力投入合作社，都是我们喜欢的。"

抗日战争结束后，为恢复战争创伤，恢复发展生产力，中国共产党领导的各解放区生产互助合作组织发展更为迅速，规模也更大。据不完全统计，到 1946 年初，陕甘宁边区各县劳动力短期或长期参加过合作劳动组织的，最高达到62%，最低达到 28%。

一

盐池地处西部边陲，历来为北方游牧民族与中原王朝反复争夺之地。秦统一六国后，在原来昫衍戎族之地设置昫衍县，成为盐池最早的历史地名。公元前 127 年，汉武帝派大将卫青收复河南地，昫衍县仍为北地郡所属 19 个县之一。今盐池县城北张家场古城（专家考证为西汉上郡属国都尉城，同时也是东汉上郡龟兹属国城）周边出土大量西汉和新莽时期的钱币五铢、货布、货泉、大泉五十、大布黄千、一刀平五千及印章、象牙钱币、钱范等，说明秦汉时期该地区商业较为发达。"安史之乱"爆发后，河陇、西域之地先后为吐蕃所据，盐州成为唐蕃战争的主要战场之一。晚唐、五代到宋初，灵州为丝绸之路必经之地。长安至凉州道受阻后，长安至灵州道则因其地域上的便利发挥了绝对优势。其中环州至灵州段内，今惠安堡、萌城一线为其必经驿路。

洪武初（1368年前后），在明朝廷严厉军事打击下，蒙古部族远走漠北。宣德中期至正统初年（1426—1436年）蒙古鞑靼部族再次进入河套地区，花马池（今盐池县城）正处于鞑靼部族突入陕甘宁三镇第一道防线，再次成为战争前沿阵地。隆庆四年（1570年），明朝廷与鞑靼部达成"隆庆议和"后，在明长城九边沿线各镇开设马市11处，其中宁夏镇3处，即清水营、中卫和平虏卫。万历六年（1578年）后朝廷又准许在宣府、大同、山西、陕西、宁夏、甘肃等地普遍设立"小市"。花马池长城关外的"关市"即属于"小市"。小市一般每月十五日以后开市两到三天，允许蒙汉牧民群众互相开展贸易交流。这种关市发展到清末民国时期，逐渐演变为县城北门长城边上的"骡马大会"，一直延续到20世纪五六十年代。"骡马大会"是一年当中商品交易最盛时期。

明末，环—灵道商业发达，尤其惠安堡、萌城驿一线外籍盐商往来不绝。这些盐商携亲眷来到灵州盐课司所在地惠安堡后，因为当地没有学堂，孩子不能入学，因此盐商们"不乐输纳"（不愿意缴纳盐税）。为了笼络盐商，时任宁夏河东兵备道、灵州儒学学正张九德于天启元年（1621年）在惠安堡创办商学一所，以便商贾子弟肄业。商学创办后，"群商辐辏，岁课羡溢"。惠安堡商学除教授儒学、科考八股外，还增加了珠算和商业一般知识。

二

盐池县自古盛产咸盐、皮毛、甜甘草，素称盐池"三宝"，是当地经济的主要资源。

历史上，盐池地区以盛产食盐而著名，境内盐湖众多。唐人李泰《括地志》载："盐州，故戎狄居之，即昫衍戎之地，秦北地郡也。"汉时，朝廷在金莲盐泽（今北大池）、青盐泽（今花马大池）置典盐官。唐朝廷在今惠安堡一带设立温池县，并专门设置了盐业管理机构和官员，有榷税使、推官、巡官、胥吏等。由秦汉至隋唐，宋夏至元明清，今盐池地区一直是鄂尔多斯台地西南缘设立郡县的重要之地和军事重镇。昫衍、盐川郡、盐州、花马池这些历史地名，无一不说明盐池县因盐而得名。

有史以来，食盐由朝廷专卖成为定制，这种制度一直延续到民国时期。当时盐池境内的盐湖一部分由国民党盐池县政府管理，一部分则由长城以北的蒙古王爷控制。1936年6月西征红军解放盐池县后，收归陕甘宁边区苏维埃政府所有。

西征红军七十八师于1936年6月21日解放了盐池县，同一时期美国记者埃德加·斯诺带着当时许多人无法理解的关于中国革命与战争的问题，由北平出发，经西安，然后冒着生命危险进入陕甘宁边区。四个月之后，斯诺以真挚而热烈的感情写出了《红星照耀中国》（即《西行漫记》）这部红色报告文学经典，在世界多个国家发行。在《西行漫记》"苏区工业"一节里，斯诺写道："苏区国营企业中最大最重要的是宁夏边境长城上盐池的制盐……盐池的盐是中国最好的，所产的盐色白如晶，产量很大。因此苏区的盐比国民党中国又便宜又多，盐在国民党中国是政府的主要收入来源，对农民不利。红军攻占盐池后，同意把部分产品给长城以北的蒙古人，废除了国民党的全部产品专卖政府，因此获得了蒙古人的好感。"

食盐，也是陕甘宁边区最大的经济来源。1937年8月，国民经济部向全边区发出了《大家到盐池驮盐去》的通知。《中共西北中央局关于运销食盐的决定》中指出：食盐产销"成为发展边区经济最重要的一部分"，"甚至于关系到边区的生死存亡"。毛泽东主席指出："盐是边区平衡出入口、稳定金融、调节物价的骨干。很大一部分人民赖盐池以交换外货，相当大一部分军队及工作人员赖盐以维持生活或补助生活，盐又是财政收入的一个重要来源，故盐对边区有着非常重大的作用。"朱德总司令在《论发展边区的经济建设》一文中提出："发展边区经济的基本环节，在于适应环境的需要，积极开发边区的资源，首先应当大量地提高盐池的盐的产量和发展边区毛纺织工业。"依据边区的资源优势发展盐业，使盐业成为边区的支柱产业之一，是边区政府在抗战时期重要的选择。

据不完全统计，从1939年到1943年5年间，从三边盐池运出的食盐约有126.3万驮，合计约12.6亿公斤。

盐池县的养羊历史，有史记载的可以追溯到唐代，宋夏（西夏）时期，百姓群众、牧民生活有赖于兹。到了明代，花马池一带"牛羊动经万计"。清末、民国时期，宁夏贺兰山以东包括今定边、盐池约200公里以内，南界甘肃境、北抵蒙地的特定地区生产的羊只因其所产优质裘皮而声名远播，成为我国二毛裘皮之冠。《朔方道志》载："裘，羊皮狐皮皆可做裘，而洪广之羊皮最胜，俗名滩皮。""洪广之羊皮最胜"并不是说洪广营所产的羊皮最好，而是因为洪广营在清末是宁夏一处非常著名的商贸集散地，且以皮毛、中药材交易最为著名。为什么叫"滩皮"呢？这是

因为，当时山西皮货商到洪广营收购羊皮时发现贺兰山以东滩地上放牧的羊只皮质最优，故将其所产羊皮称为"滩皮"，并在收购到的皮板上特别加盖"滩皮"字样，由皮及羊，渐渐地人们便将这一地区出产的羊只叫作滩羊。

盐池滩羊，在陕甘宁边区时期为支援边区经济、支援抗战作出巨大贡献，也被称为"革命红羊"。1942年12月，毛泽东主席在《经济问题与财政问题》的报告中指出："应由政府从盐池买一批'滩羊'，发给羊多农家配种，每一头公羊可配二十只母羊。这种羊毛很细软，且每羊年产二斤。"

盐池县地处鄂尔多斯台地向黄土高原过渡地带，是我国乌拉尔甘草主要产区之一，也是宁夏甘草资源集中分布区和"西正甘草"主产区。野生甘草集中分布区域达到235.6万亩，占全县草原总面积的28.2%，占宁夏野生甘草资源总面积的58.3%。盐池甘草色红皮细、骨重粉足、条干顺直，甘草酸和甘草黄酮含量高，被誉为盐池"三宝"之一。1939年春，驻盐池县八路军警备二团二营战士开展大生产运动过程中，在县城附近挖出一根长二丈四尺余，粗如碗口的甘草，称之为"甘草王"。当时有甘草商出价4万法币，未出售。后送往延安，在秋季举行的边区生产展览会上标价法币10万元。1940年，八路军警备七团进驻盐池县后，把挖甘草作为大生产运动的主要任务之一。该团两个营一年挖甘草累计达40多万斤。七连一班班长张治国33天挖甘草1580斤，被评为边区特等劳动英雄。

三

解放前，盐池县的手工业作坊中，数量最多的就是各类皮坊、毡坊、口袋坊、毛毛匠以及与

皮毛有关的铺面和行当。一直到20世纪六七十年代，当地老百姓生活的方方面面大都与滩羊息息相关。可以说老百姓的衣食所需、生活用度、开支来源都有赖于养羊。老百姓的衣着鞋帽、家具物件、烟锅烟袋、儿童玩具，也大都来自滩羊。一领老羊皮袄，就是全家的当家宝贝，当地有句俗语说："白天穿，晚上盖，天阴下雨毛朝外。""毛朝外"就是当雨衣穿了。

民国初，花马池城（今盐池县城）仅有人口千余人，有商号、店铺、车马店等10余家。到民国20年（1931年）前后，县城商号发展到20余家，大部分为百货商号、杂货店、油坊、磨坊、醋坊、馍馍店、毡坊、毛毛匠店等；其中大户商号，除在街面有商铺外，并在农村置地"扎庄"开办羊场，兼搞畜牧，饲养骆驼搞运输，收购贩运皮毛、甘草等土产，全县共有这类所谓"牧工商"联营商号12家。花马池城另有小商小贩30余家，多蹲街占摊或走街串户，经营日用蔬果零食、百货小件等，朝买暮销，取蝇头微利，赖以生活。

到1944年，县城商号由20多家发展到50余家。商人多为客籍，大部分是山西人。商品出入大体渠道为：食盐经环县、庆阳、西峰镇一线，销往陕西、甘肃，转销国统区；皮毛、甘草大部分由宁夏当地各商号收购，发往包头，转运到天津港，也有大商号在天津住"庄客"（采购兼交货），将本地土产直接运到天津港。小部分皮毛则由河北邢台等地行商（当地称"小客子"）串乡收购，运到包头转售。另有小部分皮货由山西客商收购，运回山西加工成皮衣转售；麻籽及油品主要输向宁夏川区（国统区）。

洋行是资本主义国家在中国设立商号商行进行经济侵略的一种商业机构。在沿海一带地区洋行设立较早。后来，京津地区资本主义国家洋行看准西北地区皮毛等土产生意，限于距天津港口过远，交通不便，且行商安全不得保证，于是雇佣通司，陆续在银川、石嘴子（今石嘴山）等地设立洋行10余家。这些洋行触手遍及宁夏各地，花马池亦不例外。1910—1920年间，先后有兴太新洋行、平和洋行、任记洋行在花马池城设立收购点，称作"外庄"，以优厚待遇雇用中国商人助其收购盘剥。另有小部分皮毛土产则由河北邢台等地"行商"（当地俗称"小客子"）串乡收购，然后集中运至包头出售。

外埠商品输入本县多为日用杂货及布匹等，主要由天津港经包头转口输入。一般由较大商号组织骆队运回，然后运出皮毛、甘草等土产；干鲜果、调味品、火柴、锅碗瓢盆等杂货山货和小麦以从"南路"（当地俗称"走南路"）西峰镇输入为主。

四

盐池县辖区面积大，物产资源丰富。地处陕甘宁蒙四省交界地区，境内交通四通八达，商贸行旅往来不绝，形成了陕甘宁边区坚实的经济据点。1941年，毛泽东主席在其亲自修改发表的《国民党向陕甘宁边区进攻的近况》一文中指出："定（边）、盐（池）是边区的经济中心。"中共中央西北局在后来总结三边地区对陕甘宁边区经济方面的重要贡献时评价认为："三边是陕甘宁边区经济建设的重要富源"（《西北局文件汇编》1941年甲，第131页）。

1936年6月下旬，时任中华苏维埃共和国西北办事处国民经济部部长毛泽民带领工矿科长高登榜、会计科长钱希均（毛泽民夫人）等人来到刚刚解放的定边、盐池两县指导开展经济工作。1936年7月，在毛泽民亲自组织筹备、宣传动员下，盐池县城区消费合作社成立。为了便利群众生产生活，消费合作社除经营油、盐、酱、醋、火柴、毛巾、布匹、文具、锄头、犁铧等生产、生活必需品外，还大量收购当地食盐、皮毛、甘草等向国统区运销，换取当地军民急需的布匹等日用物资。

1936年10月，盐池县政府暂借救济款3000元，在县城街面成立了一个救济合作社。救济合作社以一个简单的杂货店为经营铺面，销售生活用品，兼收皮毛。1938年7月，《新中华报》发表有关盐池县成立食盐合作社启事云："本社经各业工人热烈集股，收到105元基金，已于七月十三日在盐池东门外正式营业，尚祈各方人士踊跃参加，给以物力帮助，不胜欢迎之至。"该条启事证明，盐池县食盐合作社于1938年7月13日于县城东门外正式成立。

盐池县自1936年7月建立第一个城区消费合作社开始，到1938年全县各类合作社发展到10个，其中消费合作社4个、救济合作社1个、产盐合作社5个。1939年10月又从城区消费合作社（城区合作社）抽取资本1000元，加上产盐合作社食盐价款2000元成立了盐池县合作社联合社（简称"县联社"），经营业务仍然以销售杂货和收购皮毛为主。1943年4月19日《解放日报》报道："为运输公私盐，盐池四区（雷记沟）二、三乡民众成立了运输合作社。"

1941年前后，陕甘宁边区经济出现极端困难局面。为保障边区军民物资供应，减轻边区人民群众生活负担，边区军民开展了轰轰烈烈的大生产运动。大生产运动以发展农业生产为主，同时发展工业、手工业、运输业、畜牧业和商业。边区部队、机关、学校和广大群众最先投入生产运动。1942年12月，毛泽东主席发表《经济问题与财政问题》，提出"发展经济，保障供给"的总方针，进一步推动了各抗日根据地生产运动。此后，又相继发表了《组织起来》《必须学会做经济工作》等文章和讲话，成为当时中国共产党领导的抗日根据地生产运动的基本纲领。狭义上讲，延安大生产运动仅指1943—1945年的生产高潮期；广义上讲，延安大生产运动始于1938年留守兵团开始农副业生产，到1947年春中共中央撤离延安止，前后长达9年时间。

从1938年开始，盐池县在开展大生产运动中以劳动（生产）合作形式，先后建立了义务耕田队（为抗日军、工属代耕）、劳动互助组、妇女生产小组等生产合作组织。1939年县委、县政府组织对全县劳动（生产）互助组织进行梳理整理后，全县共有劳动互助组26个社、210个小组、2244人；义务耕田队26队、128个班、1032人；妇女生产小组133个、1297人；挖甘草小组66个、567人。1943年2月，根据陕甘宁政府关于统计历年劳动英雄和先进工作者并给予表彰的指示精神，盐池县组织召开全县先进生产者代表大会，表彰奖励了贾树英、牛天业、张生福、王科、高仲和、刘占海、张贺兴、史明等县级劳动英雄。"五一"劳动节期间，再次表彰奖励劳动模范24名，其中元华工厂（合作社）工人5名，纺妇5名，农业群众12名，植树和种苜蓿群众各1名。11月26日至12月16日，陕甘宁边区首届劳动英雄及模范生产工作者代表大会与第三届生产展览会在延安同时举行，参加大会的各条战线英雄模范代表185人，盐池县劳动英雄高仲和、刘占海、王科等光荣出席并获得甲等奖，受到毛泽东、朱德等中央领导接见。是年盐池人民群众响应毛泽东主席"组织起来"号召，全县农户组成变工队258个、劳力2445人；包工队8个、劳力77人。1944年"三八"妇女节与"五一"劳动节期间，盐池县再次组织表彰了各区模范纺妇；到 1945 年 9 月，全县参加纺织合作的女社员达到 900 人。截至 1947 年 3 月县城第一次失陷时，盐池县组织开展大生产运动同延安大生产运动同步，前后历时 9 年时间。

五

1938 年陕甘宁边区政府统计盐池县共有合作社社员 1816 人，1941 年 2085 人。到 1947 年 7 月盐池县城失陷时，全县合作社社员保持在 2000 人左右。

1949 年，盐池县委、县政府开始组织整顿、恢复全县合作社，先后成立了 6 个基层社与县联社，到 1950 年社员发展到 2203 人。1952 年冬，全县 7 个区分别建起了 7 个合作社，社员发展到 4873 人，股金 11339 万元；年底时，社员已达 9502 人，股金达到 23755 万元，截至 1953 年底，全县社员发展到 1.2897 万人，股金增加到 33135 万元。

1955 年，盐池县根据"统筹兼顾、全面安排、积极改造"和"利用、限制、改造"方针组织对全县私营商业进行改造，第一阶段于 1955 年春开始实施改造。通过组织商业合作、经销代销、饮食业合作和服务业合作旅社、联营小组等形式改造私营工商业 69 户，占其行业总户数的 61%，改造从业人员 90 人，占总数的 56.6%，改造资金 56011 元，占其总资金数的 54.6%。1955 年底，盐池县组织实施第二阶段手工业社会主义改造。截至 1956 年 3 月，通过各种形式共改造私营户 58 户、87 人。到 1963 年底，全县共有合作社社员 1.1256 万人，股金 4.2781 万元。此后社员总数基本变化不大。1968 年底，供销合作社股金总数为 43841 元。1969 年后，陆续给社员退还股金，未退清股金全部转入供销合作社自有流动资金。

1954 年 5 月 16 日，盐池县合作社联合社组织召开了第一届社员代表大会；1956 年 5 月 20—24 日盐池县供销合作社联合社召开了第二届社员代表大会；1957 年（时间未详）盐池县供销合作社联合社召开了第三届社员代表大会；1984 年 6 月 20—23 日盐池县供销合作社联合社召开了第四届社员代表大会。1986 年 9 月 26—27 日盐池县供销合作社联合社召开了第五届社员代表大会。

1983 年 5 月前后，全县 15 个基层供销合作社先后召开了社员代表大会，选举产生各基层社理事会和监事会，同时广泛开展清股、扩股工作。全县入股农户达到 1.5879 万户，占总农户的 83.3%；入股总数达到 1.7640 万股，户均 1.1 股；全县共计发展股金 5.9335 万元，占供销合作社自有资金的 1.8%。1998 年全国供销合作总社作出认真清理、分期退转社员股金的决定，要求 3 年内完成社员股退转股（即将股金转为风险股），实现平稳过渡，今后不再吸收社员股金。

1980—2000 年，盐池县供销合作社系统年平均完成商品销售总额 2983.9 万元左右。1980—1990 年商品销售总额平均以每年 8.6% 的速度递增。1990 年实现商品销售总额 4604 万元，2000 年为 1974 万元，从 1994 年后逐年按 3000 万元、2000 万元、1000 万元呈递减趋势，最低 1998 年为 1651 万元，10 年间商品销售总额以每年 8.7% 的速度递减。

1980 年，盐池县供销合作社系统费用率为 5.36%，1985 年为 5.65%，1990 年为 6.45%，1995 年为 13.17%，2000 年为 10%。20 年间总体呈逐渐上升趋势；其中 1998 年最高，达到 20.2%；平均为 11.99%。1980 年，盐池县供销合作社流动资金周转天数为 100 天，1985 年为 127 天，1990 年

点染新春别样妆（2020年1月邓海军摄于盐池革命历史纪念园）

为163天，1995年为330天，2000年为367天，其中最慢的1998年资金周转一次需要514天。

1980—1993年，盐池县供销合作社共计实现利润1034万元，超过百万元的年份4个，即1980年103万元、1981年101万元、1983年152万元，1988年创历史最高，达到157.4万元；1993年最低，只有1.8万元。从1994年起开始逐年亏损，到1999年共计亏损856.5万元，1998年亏损最多，为257.8万元，2000年只实现利润0.1万元；1980—2000年盈亏相抵后实现净利润178.2万元。1980年，盐池县供销合作社上缴国家利税72.4万元；1980—1993年每年上缴利税都在50万元以上，最高1985年达到102.2万元；1994年后大多在20万元以下，2000年上缴利税只有2.3万元。1980—2000年共计上缴国家利税1205万元。2000—2020年，盐池县供销合作社销售收入虽呈上升趋势，如2000年1974.4万元、2005年1264万元、2010年1426.7万元、2015年2603万元、2020

年3376万元，但实现利润总体呈不稳定趋势，如2000年170.5万元、2005年1.1万元、2010年71.4万元、2015年102万元、2020年252万元。侧面反映和体现了市场经济复杂多变的特性。

盐池县供销合作社（合作社）事业是在陕甘宁边区时期建立、发展起来的。自1936年7月成立城区消费合作社到2021年，经历了85年不平凡的奋进历程。盐池县供销合作社事业的发展历程构成了中国共产党供销合作社事业发展的一个缩影，成为盐池红色革命史、艰苦奋斗史、改革开放史的重要组成部分，体现了盐池人民"艰苦奋斗，奋发图强"的精神风貌，浓缩成为盐池人民宝贵的精神财富。

六

中国供销合作社是中国共产党领导下的为农服务的以农民社员为主体的集体所有制的综合性

合作经济组织，是党和政府密切联系农民群众的桥梁纽带和做好农业、农村、农民工作的重要载体，是推动我国农业农村发展的一支重要力量。

习近平总书记多次专门谈及供销合作社工作，要求继续办好供销合作社，发挥其独特优势和重要作用。2020年9月25日，习近平总书记对供销合作社工作作出重要指示时强调，供销合作社要牢记为农服务根本宗旨，持续深化综合改革，努力为推进乡村振兴贡献力量。

新时代的供销合作社事业要高举中国特色社会主义伟大旗帜，坚持以马克思列宁主义、毛泽东思想、邓小平理论、"三个代表"重要思想、科学发展观、习近平新时代中国特色社会主义思想为指导，坚持党的基本理论、基本路线、基本方略，为把我国建设成为富强民主文明和谐美丽的社会主义现代化强国、实现中华民族伟大复兴的中国梦而奋斗。

供销合作社要坚持为农服务根本宗旨，努力做到为农、务农、姓农。要坚持合作经济组织属性，发展生产、供销、信用"三位一体"综合合作。坚持由流通服务向全程农业社会化服务延伸、向全方位城乡社区服务拓展，建设与农民联结更紧密、为农服务功能更完备、市场化运行更高效的合作经济组织体系，成为服务农民生产生活的生力军和综合平台，成为农业社会化服务的骨干力量、农村现代流通的主导力量、农民专业合作的带动力量，真正办成农民的合作经济组织，切实在加快推进农业农村现代化、促进农民增收致富、促进乡村振兴中更好地发挥作用。

第一章

陕甘宁边区时期盐池县合作社

盐池县自古盛产咸盐、皮毛、甜甘草，素称盐池"三宝"，是当地经济的主要资源。盐池县辖区面积大，物产资源丰富。境内交通四通八达、商贸行旅繁荣，形成了陕甘宁边区坚实的经济据点。1941年，毛泽东主席在其亲自修改发表的《国民党向陕甘宁边区进攻的近况》一文中指出："定（边）、盐（池）是边区的经济中心。"这里的"定"是指与盐池毗邻的定边县，"盐"即指盐池县。中共中央西北局在后来总结三边地区对陕甘宁边区经济方面的重要贡献时，是这样评价的："三边是陕甘宁边区经济建设的重要富源。"（《西北局文件汇编》1941年甲，第131页）

　　盐池县合作社事业是中国共产党在陕甘宁边区时期合作社事业的重要组成部分。在中华苏维埃共和国西北办事处国民经济部部长毛泽民同志直接指导下，盐池县于1936年7月成立了城市消费合作社，同年10月成立了盐池县合作社县联社。1937年7月成立五区，同时将盐池县原来的4个区改称第一、二、三、四区。1938—1939年，全县5个区分别建立了合作社，一区合作社设在县城；二区合作社初设柳杨堡，后迁余庄子；三区合作社设在曾家畔；四区合作社设在雷家沟；五区合作社设在红井子。各区合作社分别在所属乡村下设代销点若干处。

　　之后，随着陕甘宁边区合作社运动兴起，盐池县城乡消费、生产、救济、产盐（打盐）、运输、纺织、医药、羊只保健等合作社应运而生。截至1938年，全县合作社发展到10个，其中消费合作社4个、救济合作社1个、产盐合作社5个。此外，盐池县于1939年10月成立了合作社联合社（简称"县联社"）；1941年6月，根据县参议会提出"将各区合作社合并为一，集中资金人力办社"的建议，将县联社、各区合作社合并为"城区消费合作社"，时称"并大社"。1942年2月筹建成立了元华工厂（也称元华工厂合作社、靳体元合作社，1942年6月县联社合其中，挂元华工厂与县联社两块牌子）。这些合作社在中共中央、西北局、三边分委及盐池县委、县政府坚强领导下，广泛组织人民群众开展生产运动，打破经济封锁。对活跃边区经济，促进生产发展，保障军民供给，支援革命战争作出了重要贡献。

第一节　城区消费合作社

1936 年 6 月 21 日，西征红军七十八师一举解放花马池城（即今盐池县城），从此奠定了盐池县作为陕甘宁边区重要组成的政治基础。

1936 年 6 月 21 日盐池解放后，西方野战军政治部主任刘晓立即在陕甘宁省委所在地河连湾宣布了中共盐池县委组成人员名单（西征前已在瓦窑堡由中央拟定），惠庆祺任中共盐池县委书记。中共盐池县委直属陕甘宁省委领导。之后惠庆祺带领 20 余名干部于 7 月初到达县城接管工作。1936 年 10 月，盐池县苏维埃政府成立，到 1937 年，全县辖 5 个区 25 个乡 318 个行政村。一区（城区）、二区（先在柳杨堡后迁余庄子）、三区（曾家畔）、四区（雷家沟）、五区（红井子，1937 年夏从定边划回）。苏维埃政府成立后，根据当时工作需要，设立了财政经济部、土地部、贫农部、粮食部、武装部、肃反委员会。

1936 年 6 月 21 日，盐池县城解放后，红军西征部队驻地方工作部部长高农夫随即带领工作部有关同志，经过几天筹备后，于 6 月 26 日在县城财神庙召开群众大会，宣布成立"盐池（城市）革命委员会"，为临时革命政权机构。革命委员会主席王锡林，副主席袁兆瑞、韩宝善。

1936 年 6 月下旬，时任中华苏维埃共和国西北办事处国民经济部部长毛泽民带领工矿科长高登榜、会计科长钱希均（毛泽民夫人）等人来到刚解放的定边、盐池两县，指导开展经济工作。

盐池县城刚解放时，由于宁夏国民党马鸿逵

1936 年 7 月，中央苏维埃政府国民经济部部长毛泽民在盐池县城筹办了城市消费合作社

暗中开展反动宣传，加之当地居民群众对共产党、红军政策不了解，促使大部分商号、铺面关门停业，市场萧条。商人、工匠和县城居民、百姓多持观望、犹豫态度。其时，国民党法币、银圆、铜板流通不畅，边币群众一时还不接受。尽快恢复市场秩序成为城市革命委员会当务之急。

毛泽民到三边（主要是定边、盐池两县）的主要任务是通过统一战线做好商人工作，发展新生革命政权经济工作。西征红军解放定边、盐池后，毛泽民带领国民经济部的同志随部队来到三边地区，于 6 月下旬由定边来到盐池县城。毛泽民看到恢复市场、发展经济的关键问题，首先要多向群众宣传中国革命道理，树立

表 1—1—1　1936 年盐池解放前县城主要商号及经营项目

序号	商号	地址	经理人	经营项目
1	兴盛泰	东街面南	黄平帮	高丽乌苏有牧场，城内有油坊、骆驼
2	树德和	东街面南	颜生广	黄蒿渠有牧场，收甘草、皮毛，有油场
3	万兴和	东街面南	秦润堂	收皮毛、甘草
4	德顺和	大十字北口、面东	邓杰子	收皮毛、甘草，有骆驼
5	万盛隆	中南街、面东	聂存善	糇木井有牧场，城内有铺子、油坊、骆驼
6	和合意	北街、面东	妖学文	有油坊、骆驼，收皮毛
7	万盛源	北街、面东	聂　源	有油坊、骆驼，收皮毛
8	万盛长	北街、面东	官□□	有油坊、骆驼，收皮毛
9	宝生珍	北街、面东	权定珍	有油坊、骆驼，收皮毛
10	复盛兴	北街、面西	慕　安	有油坊、毡坊，收皮毛
11	同盛兴	北街、面西	张子荣	有骆驼，收甘草
12	正顺昌	大十字北	龚喜娃	

起共产党、红军队伍的威信，之后再逐渐提高苏票流通信誉。毛泽民耐心教给城市革命委员会同志一些开展工作方法，首先要求盐池城市革命委员会抓住"群众对共产党政策还不大了解"这一关键问题，积极组织革命干部向群众宣传共产党和红军政策。革命委员会主席王锡林带人在城里召集群众大会宣传并动员商号开门营业，推动苏维埃货币流通。武装部长牛占彪带人到县城周边村庄动员群众进城买卖采购，搞活物资流通。城市革命委员会到处张贴发布安民告示，告知外地商贩可以自由来往盐池做生意；驮盐脚户可以自由出入运销；公平买卖，不许囤积居奇，买空卖空等。毛泽民还提出要开源节流，增加收入；便利群众物资买卖，抵制商人过分盘剥；组织建立人民群众自己的商业铺面，并指示城市革命委员会发动群众打土豪。针对市场没有统一流通货币的情况，毛泽民建议城市革命委员会向群众发出公告，准许法币、苏票（中华苏埃维政府西北办事处发行的货币）同时流通，允许群众用苏票兑换法币[1]。通过这些措施，只三两天，大部分商店都开门营业了，苏票也顺利进入流通，获得了一定信用。

毛泽民及中华苏维埃共和国西北办事处国民经济部的同志来到盐池不久后，即开始指导盐池城市革命委员会筹办消费合作社。

尽管盐池市场逐渐活跃，但部分商人对苏票还是不大相信，怕靠不住，所以只摆出来些油、盐、酱、醋等零星小商品，比较值钱的货物不拿出来卖。

针对这种情况，毛泽民让城市革命委员会把没收"聚和兴"和"万兴和"两家豪绅的财物集中起来，以此为基础，于 1936 年 7 月办起了盐池县第一个合作社——城区消费合作社。消费合作社什么货物都卖，法币、苏票都收，价钱比其他

[1] 由于陕甘宁边区时期在盐池县使用过的货币种类较多（有大洋、光华币、边币、国民政府法币等），有时在同一时期使用几种货币且兑换比率复杂，文内各章节中个别地方币种、币值体现逻辑关系不太清楚，还需专家和读者详加考订。

商铺的便宜，且买卖公平，诚实不欺。几日之后，迫使其他商号也只好把各种各样的货物都拿出来卖了。毛泽民还指导在消费合作社附近设了一个食品合作社，专门供应熟食品，很受居民欢迎，极大方便了公务人员需求。消费合作社为了便利群众生产生活，除经营油、盐、酱、醋、火柴、毛巾、布匹、文具、锄头、犁铧等生产、生活必需品外，还大量收购当地食盐、皮毛、甘草等向国统区运销，换取当地军民急需的布匹等日用物资。

城区消费合作社成立后，为县城及周边群众提供了很多生产、生活方便，同时也树立起了较高信誉，受到广大群众欢迎。之后，盐池苏维埃政府又先后在各区相继成立了消费合作社，但是合作社很快就遇到了资金不足问题。

为推动消费合作社顺利发展，解决资金困难，1936年7月4日，盐池县城市革命委员会在县城召开了有几百人参加的群众大会，会上，毛泽民亲自向老百姓说明了办合作社的目的意义和办法，号召群众入股，集资办社。

资金问题得到了解决，合作社规模也日益扩大，销售的生产、生活品种也越来越丰富，很受群众欢迎。后来，群众提起合作社，还由衷称赞说："还是毛部长有办法！"

在毛泽民和城市革命委员会的积极宣传下，消费合作社动员城乡群众入股办社，群众入股积极性较高，很快发展股金654股（每股3角，下同），计196.2元（大洋），并以此作为资本开设了一间杂货铺，消费合作社派单琦等3名同志负

1936年前后花马池城（今盐池县城）街景

责收购皮毛等当地特产，供给群众生产、生活必需品，如棉布、洋火（火柴）、大麻（搓线做鞋用麻）、犁铧、楼铧等。1937年春，合作社再次扩大股金，城乡皆有股民（时称社员）加入，共动员入股873股，连同上年股金合1527股，计458元。1938年9月再次扩大以皮毛作为股金入股，折合股金541元8角5分。1939年冬仍以皮毛扩大股金，合计大洋717元。此后发展到1942年12月，合作社又在苟池盐湖动员盐户以盐入股，扩大股金2080元。5年中，共扩大股金3796元8角5分。

在盐池开展统战、经济工作中，毛泽民还及时纠正了当时打土豪、分浮财中打击面偏大的问题，并释放了几个在押的商人。城市革命委员会及时纠正打土豪偏差问题，在群众中影响甚大，

县城先后 20 多家商铺随即开门营业，市场很快活跃起来。部分在盐池县城解放时外逃的商铺老板、地主闻讯后陆续返回，纷纷并向当地革命政权捐款捐物。因国民党反动派对共产党长期负面宣传而笼罩在人民群众心头的阴云，一扫而去。

消费合作社不仅让利群众，也通过正常税收为新生革命政权做出经济贡献。毛泽民在盐池期间，亲自抓了整建税务工作。1936 年 10 月，在毛泽民倡议下，盐池税务局成立，各区设立了税务所，征收入境商品所得税、土特产品贸易税和境内物资交易税等。新生苏维埃政府财政状况虽然困难，但政策规定的税目、税率公平合理，无乱征滥罚现象，使各行各业得到休养生息。随着税收业务不断发展，从而促进了合作社贸易的发展与繁荣。

毛泽民还主动和商人广交朋友，组织物资内购外销。指导各合作社把陕甘宁边区的食盐、皮毛、药材（甘草）、土特产品收购后，经石嘴山河运往包头、天津、北平销售，再换回边区急需的物资。

毛泽民在定、盐两县近半年时间，认真宣传共产党的方针政策，及时纠正盐池县在打土豪过程中发生的偏差，保护了工商业者的利益；帮助盐池县建立了消费合作社，组织当地土特产品运往外地换回军民急需物资，为迅速缓解三边地区的经济稳定发挥了积极作用；组织建立了三边贸易局、三边税务局、盐池县税务局等经贸机构，为推动边区经济发展打下良好基础。

第二节　专业合作社

一、救济合作社

1936年10月，盐池县政府暂借救济款3000元，成立了一个救济合作社。救济合作社以一个杂货铺为经营中心，销售生活用品兼收皮毛，工作人员5名，聂秉正任主任。救济合作社于1939年1月即还清县政府救济，盈利2000余元。

二、食盐合作社

1938年7月，《新中华报》发表盐池县食盐合作社启事云："本社经各业工人热烈集股，收到105元基金，已于七月十三日在盐池东门外正式营业，尚祈各方人士踊跃参加，给以物力帮助，不胜欢迎之至。"该条启事证明，盐池县食盐合作社于1938年7月13日于盐池县城东门外正式成立。

三、运输合作社

1943年，盐池县人民政府接三边专署指示，要求可利用公盐代金组织运输合作社。盐池县委、县政府积极响应，快速发动群众组织成立运输合作社。4月19日《解放日报》报道："为运输公私盐，盐池四区（雷记沟）二、三乡民众，成立运输合作社。其办法即每家自愿按现下负担公盐数目双倍出款。一乡73驮、三乡74驮，共147驮，

双倍计294驮，共计约出款294000元（边币，下同），以20万元购置骆驼20头，共余94000元作路费，每次运60驮，三次即可运完，下余时间尚可运私盐。如此不但运出公盐而且赚下骆驼可运私盐，以后该乡民众即不必再出公盐负担。二乡已选出李天祥、王文忠为合作社负责人，三乡亦已组织就绪，因办法甚好，各乡民众均愿组织运输合作社。"

8月9日《解放日报》报道：截至6月份，盐池县运输食盐12764驮（每驮约200斤），较原计划8000驮任务超额4700余驮，为民众增收巨利。为了进一步扩大运盐生产，各区仍在继续购买骆驼，筹划组织运盐工作。

四区运输合作社利用公盐运输先后发动群众投资购买骆驼11峰。1944年四区共运输338驮公盐，都按每驮6300元收了入股代金，并又发动群众扩大股金700多万元，但都是以牲口和土产顶抵入股代金，因此该社共有骆驼19峰，白羊604只，山羊38个，牛4条，马4匹；存有白毛皮620张，白胎皮1012张，黑化子110张；白布17匹，白码子布6匹；糜子30石。

一区（县城区）二乡单独组织一个合作社。全乡共运公盐82驮，都按每驮6300元收了入股代金。发动群众扩大股金，购买骆驼9头（内有上年购入3头），入股羊120只，春秋羊毛2000余斤，羊子100余只。

1944年2月，盐池县委、县政府召开全县

生产动员大会，全县劳动模范，各区区委书记、区长，各乡生产代表等 50 余人参加。会议中心是以元华工厂、四区、五区、一区二乡运输合作社为借鉴，组建各区运输合作社。会后，四区养羊英雄刘占海于农历正月初四召集家里养骆驼的张文奎、李天祥、冯福和有十余年搞运输经验的王文忠等乡亲，在自家召开创办合作社商论会，一起传达学习毛泽东主席《组织起来》文件号召，协商合办运输合作社事宜。商讨会后不到一个月时间，就共发展股金 400 万元，包括群众以实物入股骆驼 3 练（18 峰），黑、白山羊 42 只，白二毛皮 50 余张，白胎皮 30 余张，牛 6 头，驴 7 头，粮食 1 石有余。三乡乡长石占江带头将价值 6 万元的 1 头牛入了股，刘占海本人将自家 4 练骆驼（价值百万）入股，组建起四区民办运输合作社。

五区（红井子）运输合作社于 1944 年成立。五区在扩大股金中，运输公盐 300 驮，群众自愿以每驮按 6300 元收取代金外，再按公盐每驮 15000 元入股。股金和盐代金大部分为土产和牲口。五区运输合作社创办后效益差，当年只购置了 3 峰骆驼。

四、羊只保健合作社

盐池县历史以来以畜牧为主业，由于疫病（口蹄疫、炭疽、疥癣、寄生虫等）、冬寒、缺乏饲草料等因素影响，全县羊只饲养量一直徘徊在 20 万只左右，且每年羊只因病、因害死亡量惊人，占到全县羊只总数的 10% 以上，如 1943 年全县羊只死亡约为 21977 只。民间流传有"羊上一千，血水不干""山羊膘，隔墙撂"等说法，当时羊畜疫情来袭时损失很大。

为贯彻 1944 年 6 月 26 日陕甘宁边区合作社

盐池滩羊

联席会议精神，保障全县 20 余万只羊只生产安全，在盐池县政府多次研究、协调下，元华工厂（县联社）拨款 30 万元牵头成立了羊只保健合作社。保健社成立只有半个月时间，入股羊只达到 550 只。入股及优待办法为：凡群众满 100 只羊者加入合作社 15 只，入社羊只的死亡全由合作社负责赔偿；羊只由合作社喂养，生产的羊羔按入社数目，定为每 3 年分红 1 次。未加入保健合作社的养羊户，100 只羊中的 15 只遇有疫病需要治疗或灌药时，合作社不收取手续费，用药按照市价折半收取费用。合作社除上项主要业务外兼设药房，招聘医生、畜医，为人畜治病；又设消费部，提出收入的一部分解决合作社收入不足问题。羊只保健合作社各项业均属试办，县政府还派出干部予以协助。

盐池县城区四乡群众在县政府帮助下于1944年8月成立了羊子（羊只）保健合作社。推选出该乡陈中、马仁两人为正、副主任，圈舍及拦羊人皆有指定。城区四乡创办羊只保健合作社的目的，是通过集体养羊作羊只保险实验，减少羊只死亡率，减少群众损失。为了达到预期目的，合作社研究认为：一是要有好的拦羊能手，精通养羊一切传统经验方法；二是要有好兽医，及时预防、治疗羊只病害。羊只繁育从怀胎到下羔一般需要八个月时间，合作社资金流转有快有慢，而社员生活用度（500只羊需拦羊人2个，加主任、会计、兽医在内，最少5人）单靠羊只生息维持还是不够，故羊只合作社除羊只饲养保健主业外，兼设药房，并治人兽病症。

盐池县二区五乡汪作林是三边一带有名的兽医，手艺祖传五代。汪作林本人亦有20余年兽医行医经验。汪兽医的特点：一是他的各种兽医医治知识经验，都是经过自己在实际治疗中得到有效证明；二是他的治疗办法比较多，大致可分为下列几种：

1. 摸脉。

2. 查气色。牲口呼气有温、凉、寒、热之分，根据气色可辨知牲口病情。

3. 看口色。汪兽医有个牲畜四季口色歌：春季口青者病在肝，难治；变黑者可治；变白者不可治。夏季口黑者不可治；若变别色可治。秋季口赤者不可治。冬季口黄者不可治。

4. 群疗法。对于群羊，汪兽医能快速判断羊只疫病情况，并且也有个歌诀：水丰闲，毛色光泽，头尾不动，后蹄斜者无忌，与此相反者有病。

汪兽医按照他的这个群疗法，能够很快将一大群羊只（包括牲畜）看出寻个有病无病，这只是他治畜病的第一步。第二步则是对症扎针或灌药，由于他在这方面自幼受过专门训练，对羊

只牲畜得什么病需扎什么脉的针，扎多少针，扎在什么部位，都有一定规矩套路，绝不会乱。给羊只牲畜灌药，汪兽医和别人不同的地方在于他用的方子都可在古医书上找到根据，增减药量都有一定比例，因此凡汪兽医出诊，很少损伤到牲畜。创办羊只保健合作社后的几年中，仅二、三区经过汪兽医医好的羊只牲畜达4000多例。汪兽医除技术高明外，人也很热心，不论家庭贫富贵贱，随请随到。畜养主家一时缺钱也没关系，缓些时候再给也行，从未上门向乡里乡亲讨要欠账，群众口碑极好。

五、纺织合作社

1945年2月，城区二乡合作社办了三件大事：抽出60万元红利分给社员；办纺织合作社；帮助地方办了民校。盐池县二区五乡在模范乡长呼万寿、劳动英雄张和喜及其他劳动积极分子倡导下，经过5个多月酝酿，于1945年4月正式成立了纺织合作社。纺织合作社的成立，适逢1945年4月24日毛泽东主席在中共七大作出《论联合政府》报告，报告中指出："在现阶段上中国的经济必须是由国家经营、私人经营和合作社经营三者组成的""保证国家企业、私人企业和合作社企业在合理经营下的正当盈利"等指示精神，为边区各地开展合作社事业带来了春风。五乡纺织合作社及时召开社员大会，民主选举禹功、温玉琦为合作社正、副主任，张和喜、冯文、吴文为委员。65户群众自动入股，股金达到120万元；其他一些农户、移难民、个别蒙民也积极要求入股。合作社规定业务方针为：以扶助群众家庭纺织为主，营业为辅；营业只是为了辅助家庭纺织，决定不开纺织工厂，只开商店。具体办法是：先以几个村为据点，再推动其他村。

六、医药合作社

1945年9月，盐池县四区为方便群众，筹集140万元办起了医药合作社。医药合作社成立后缺乏医生，就专门从铁柱泉请来一位中医给群众看病。凡加入医药合作社的社员看病买药一律不收诊断费，由药社在红利中抽出四成支付。周围村庄的人也闻讯到医药合作社买药看病，药价比定边县城便宜一半。到年底，共接待看病群众230人，为群众节省诊费、药费、误工费10.4万元。四、五区合作社还采取与医生合股办法，即由合作社买一部分药品，供给医生来往乡间给群众看病。

第三节　县联社

陕甘宁边区的合作运动，随着抗日战争的坚持与接近胜利而日益发展。截至 1937 年，全边区共建有消费合作社 142 家，社员 57847 人，股金 55525.82 元，公积金 39594.31 元，销货额 261889 元（《抗战以来边区合作社发展概况》陕甘宁边区政府建设厅，1942 年 5 月 18 日）。1938年，为了加强合作社领导，决定取消乡一级合作社组织，把股金和干部合并区分社；各县每区建立一个区分社。1938 年后半年至 1939 年前半年，以民主的办法建立了各县县联社组织（《陕甘宁边区消费合作社现状》，陕甘宁边区政府建设厅，1941 年 8 月 10 日）。

盐池县合作社运动自 1936 年 7 月建立第一个城区消费合作社开始，到 1938 年，全县合作社发展到 10 个，其中消费合作社 4 个，救济合作社 1 个，产盐合作社 5 个。1939 年 10 月又从城区消费合作社（城区合作社）中抽取资本 1000元，加上产盐合作社留下的食盐价款 2000 余元成立了盐池县合作社联合社（简称"县联社"），经营业务仍然以销售杂货和收购皮毛为主。

县联社设理事会和监事会。理事会由兴胜泰经理、左祥麟、马智、城区区长、一乡乡长、二乡乡长、会长 7 人组成。监事会由单琦、区长、一乡乡长、两个会长 5 人组成。5 个产盐合作社 420 名社员的 1981 股股金（计 3306 元）全部合并到县联社。后提出货物价格对社员实行九五折，但未很好实行。城区合作社一直没有给社员分过红利，只是在 1939 年 9 月召开了一次社代表会议，参加社员代表 14 人，宣布将应分红利数目补充到股金之中。

1940 年，县联社和 4 个区分别建立了消费合作社。

第四节　各区合作社

继城区消费合作社成立之后,1938—1939年,全县先后有4个区成立了消费合作社,合作社的资金来源主要为社员入股,购销活动以收购皮毛、销售日用杂货为主,兼营粮食。对入股社员九折销售以示优待。消费合作社办社初期,经营服务方向不甚明确,主要以赚钱为目的,群众较有意见。后来边区政府明确办社宗旨,是以解决群众生产、生活问题为主要目的,得到群众普遍拥护,涌现出一些办合作社先进集体和个人,受到三边政府和边区政府表彰。

各区消费合作社最初股份有自愿入股者,也有部分靠摊派而来,干部按计划分配,群众被动认领。包括城区消费合作社在内,自1936年成立后进行的3次扩股,也以自愿和摊派两种方式分配给社员。1937年春第一次扩股时组织社员入股873股;1938年9月以皮毛入股,折合股金3541.5元;1939年冬以皮毛折股金扩股5979.95元。群众对摊派股金办社也略有微词:一是自卢沟桥事变后,全国形成一致抗战形势,国民党对陕甘宁边区的经济封锁有所松动,一般物资来源增多,货物交换恢复便利,在此情况下,消费合作社基本上还是单纯消费品供应经营,没有同群众生产、生活需求紧密结合;二是部分社员群众认为合作社名义上是为社员服务,而实际上是公家买卖。

各区合作社成立3年来发展缓慢,主要原因为:一是合作社没有很好地兼顾群众利益。1940年陕甘宁边区政府察觉到县区干部有把合作社当成官办企业的倾向后,提出"合作社群众化"口号,但未能从经济上给予群众较多实际利益,社员没有多少好处。二是合作规模太小,经营能力不足。1941年6月,因物价过高,合作社资本小,经营品种单一,不能更好地供应人民群众生产生活必需品,盐池县二届二次参议会讨论决定,把4个区的消费合作社合并为1个合作社,即盐池县城区消费合作社,目的是增加合作社经济实力,使合作社在经营上走出低谷。1942年1月,陕甘宁边区政府建设厅根据延安南区合作社经验,提出"克服包办代替,实行民办官助"方针,盐池县也开始推广南区合作社民办官助和在

表1—4—1　1940年盐池县消费合作社6—8月经营情况（单位:元）

项目	一区	二区	三区	四区	五区	县联社
营业额	6844	1114	2072		466	1571
毛利	695	167	193		63	69
费用	480	104	173		66	240
盈利	215	63	19		-3	-171

表 1—4—2 1941 年盐池县消费合作社上半年经营情况（单位：元）

项目	一区	二区	三区	四区	五区	县联社
营业额	19634	7049	6505	7602	7365	31778
毛利	3277	1706	1241	1230	931	2612
费用	2697	747	713	694	685	1093

经济上真正实现"予民以利"的办社经验。1942年3月陕甘宁边区建设厅又提出"合作社由政府包办变为民办，做到名副其实地合而且作，是巩固扩大合作事业的关键"的办社指示。5月，盐池县积极选送合作社干部参加边区开办合作社干部训练班和民办合作社讲习会，从思想上解决干部对民办合作社"怀疑、半信半疑、信而不行、曲解"等思想认识问题，学习交流民办合作社创办、发展、合营经验办法。同年10月19日到1943年1月14日，中共中央西北局高干会议后，盐池县认真贯彻会议精神，推行延安南区合作社办社方针，发展方向逐步走上正轨。

1944年，盐池县消费合作社由1938年的9个先后合并为5个，社员、股金由1938年的1816名、4715.70元发展到1944年的2085名、21160.60元股金和2146.17元公积金。合作社经营有序发展，有效贯彻了"发展经济，保障供给"的方针。

第五节　并大社

1941 年前，盐池县已建立消费合作社 6 个，即县联社一个，每区各一个。每社平均股金不足 1 万元。县联社一处，有股金 51068 元。因为运转资本少，经营成本（含生活费用）高，盈利不够开支。又因合作社干部不够敬业，有干部假公济私，不好好营业。如三区合作社某主任，赚钱的生意就当作自家的，赔钱的生意就入了合作社销账，每年只向群众摊股，不能给群众分利。也有合作社由于经营不善，一直亏本，未见盈利，如四区合作社一段时间因为亏本开不了门。凡此种种，合作社渐渐在群众中失去信誉。

群众对办合作社不满意，归纳起来，有如下原因：

一是各合作社虽建有管理体制机制，但多流于形式。社员小组、社员代表、理事会、监事会很少开会，很少研究经营管理方面问题。有时召开理事会、监事会，也不解决关键问题。二是合作社在积极改善人民群众生产、生活方面，主动性不够；选人用人不准，没有把在群众中有威望且热心办社的人吸收到合作社来。三是没有坚持自愿入股原则。扩大股金多以摊派方法，使群众认为扩大股金是一种负担，有所反感。四是合作社经营货品单一，经营方式单一，为群众服务形式单一。个别社通常只是经营几匹布或几片水烟就算了事，没有想办法丰富货品，没有组织合作生产（如妇女纺线、运盐销盐、开办农场等），不能够帮助群众解决一些日常生活困难问题（如婚丧嫁娶办货问题）。五是商品价格问题。部分合作社为防止亏本，个别商品甚至比市场商人卖价还高，紧缺商品价格更高，群众戏称其为"捉鳖买卖"。

鉴于上述种种，盐池县委决定在 1941 年 3 月召开的第二届二次参议会上提出集体讨论合作社办社问题。经过全体参议员决议通过，提出了"将全县现有 6 个合作社合并为一处合作社"的提案（即将全县 5 个合作社加上县联社合并为城区消费合作社）。

1941 年 7 月，盐池县各合作社正式合并。并大社后共有社员 2009 名，股金 51058 元，公积金 2147.47 元，留存红利资金 7753 元，实际共有资本 61051.56 元。并大社后资本变大了，干部工作热情较以前有所好转，但没有从根本上解决问题。一是干部经营管理素质不过硬，体现出合作社过去培养干部工作不够；二是干部待遇实行津贴制，导致工作积极性不高，工作方式死板，对于以货换货等方便群众规定方式落实不好。并大社半年后，经营状况并不十分理想，只赚到 13589 元。

第六节　社厂合并

　　1942年6月，经过股东大会和社员代表大会通过，盐池县委决定把盐池县城区消费合作社和县联社合并到元华工厂，挂县联社和元华工厂两块牌子。县联社同元华工厂合并，成为社企联营的合作社企业，5个区的合作社继续保留存在。任命靳体元为元华工厂经理，孙春山为厂长，单琦为县联社主任。

　　县联社下设五个区合作社，合并股金240万元，骡子1头、驴2头、牛22头。城区合作社主任单琦；二区合作社主任余功；三区合作社主任张广喜；四区（民办）合作社主任刘占海，会计姬珍（1937年7月入党）；五区合作社主任刘兴业。形成工、运、农、牧、商为一体的多种经营生产组织。年产毛布270匹，织制4×6花格毛毯1000余条，缝制羊绒帽子1.5万余顶，弹熟羊毛2.2万余斤，弹制毛胎1.2万余套，被胎4000余床，总资金达9454.965万元，仅1943年全年净赚利润2600万元。

　　县联社和元华工厂的股金，都是由公家（政府）和群众入股组成，是公私合营性质企业。于当时来说，合作社和元华工厂各自资本都不算大，尤其当时物价上涨快，经营成本高，社、企分别经营承担风险大；同时元华工厂也需要开设营业门市部、采购原材料。因此，从经营共性、集中资本、精减人力、便利管理等方面考虑，县联社和元华工厂合并既有利于生产经营，也可以减少经营成本。合并后社、企双方名称分别存在，便于经营管理，也能互相配合，如合作社除自身经营外，还方便给元华工厂采购原料，推销产品。

　　由于合作社一时在群众中失去信用，所以大多数群众同意将县联社合到元华工厂，不同意元华工厂合到县联社。县联社和元华工厂合并后，有部分群众也入了股金进来。

　　厂、社合并后，制定了一个发展总计划，其中县联社总的发展方向是发展运输业、组织妇女纺织、举办农场，其次是常规商品营业。

　　厂、社合并后，过去各种管理组织同时具有双重身份和双重职责。社员同时也是股东，社员小组也是股东小组，社员代表也是股东代表。以前元华工厂、县联社都设有董事会，元华工厂有厂务会，县联社有社务会。合并后，只设主任1人，会计和工厂保管3人，营业员2人，采购3人，杂务2人，都不享受干部待遇。主任占有股份，其余人员均为薪金制。

　　厂、社合并后，供销任务变大，除以前常规营销业务外，还肩负元华工厂产品推销，原料采买。但因国内金融形势跌宕多变、困扰经济封锁，市场冷落萧条，导致县联社初期经营一时没有方向，只是多少卖些生活日用品，致使预定计划不能如期完成。

　　面对困境，厂（社）领导积极寻求妥善措施，围绕抗战前线，狠抓经营管理，广泛吸收社会资金，加大生产规模，拓宽购销渠道，逐渐使

表 1—6—1　1941—1942 年盐池县合作社联合社与城区合作社盈利情况

类别、数目、年份	1941 年	1942 年		
去年原有股金	县联社	城区合作社	城区消费合作社	
	5960 元	3952.5 元	工作人员	4 人
今年扩大股金		2336.5 元	社员数	2029 人
现有股金	5960 元	6289 元	原有股金	27493.05 元
原有股金		7905 股	新扩股金	23575.00 元
社员		497 名	共合计	51068.05 元
公积金		948 元	公积金	2147.47 元
原存红利	798.62 元		公益金	92.29 元
社员代表		39 名	原存红利	5960.56 元

工人有薪金可领，社员有红利可分，厂（社）威信在群众中逐渐确立。入股社员由 1941 年的 497 人增加到 1942 年的 2029 人；股金由 1.225 万元增加到 5.11 万元；公积金由 948 元增加到 2147 元；红利由 798 元增加到 9112 元；购销额由 9.43 万元增加到 20.11 万元；利润由 29.95 元增加到 3151.42 元。1943 年群众自愿向元华工厂投入股金 4.6 万元，向定边新塞工厂投资（以工具折价）3.5 万元，塞北工厂投资 160 万元，年底工厂获利 2600 万元。1944 年干部群众又自愿投入股金 1119.9 万元。到 4 月份总结时，元华工厂总资本已达 4171.7 万元，是建厂初期的 347 倍。其中公股 2800 余万元，私股 1200 余万元。产品也由最初的几种增加到 20 余种，工人增加到 56 人。1942 年三边分区计划生产衣服 3 万套，被 4000 床，毡帽 2 万顶。其中元华工厂完成衣服 1.2 万套，占分区计划的 40％；被 4000 床，占任务的 100％；毡帽 1 万顶，占任务的 50％。

厂、社合并后，扩大股金仍然是厂（社）重点任务。但其时已不采取摊派入股方式，而是派出股东和社员积极分子，深入社区农村鼓励、劝导群众入股，或者帮助群众解决具体问题，争取群众自愿入股。如运输队包运一区二乡和二区、三区商户的 1280 驮公盐，除吸收每驮 6300 元代运金入股外，另争取每驮 15000 元的股金加入。此外，县联社坚持以服务抗战、供给群众需要为原则，对社员和抗属实行"九五"折扣；对群众办红白喜事给予一定货物和现款折价优惠，也吸引了一部分群众入股。货物折价及销售盈余情况见表 1—6—2。

为方便群众生产、生活起见，县联社附设铁匠铺、木匠铺各一处，具体办法是和铁匠、木匠合伙，相关开支由县联社负责，生产用具完全供给群众，或承担群众定制。

在当时医疗困难，医生、兽医缺乏情况下，县联社还开设一处中医、畜医诊疗所，延请中医一名帮助群众治病，另请兽医两名给群众畜养牲口治病。

县联社还与群众合开油坊一处，一方面榨油给社里销售，另一方面也给群众代榨。县联社先后给社里榨油 100 担，给群众代榨 100 担。县联社给群众代榨比商人榨油出油多，工钱也少。

表1—6—2　1942年6月元华工厂与盐池县合作社联合社合并后销售情况（单位：元）

种类	物品	预买数	原价	现市价	折扣	实销价	与群众节省钱数	余利
棉花	棉花	500斤	1200000	1500000	九五折	1425000	75000	225000
	码子布	5000	8500000	10000000	九五折	9500000	500000	1000000
布类	蓝色布	2000	20000000		-	2280000	1200000	2800000
	洋线	10	120000	150000	-	142500	7500	225000
农具类	铁月犁	200	500000	600000	-	570000	30000	70000
	铁犁铧	1000	800000	1000000	-	950000	50000	150000
	铁耧铧	200	150000	200000	-	190000	10000	30000
	铁锹	1000	250000	300000	-	285000	15000	35000
食品类	麻油	10担	240000	300000	九五折	285000	15000	45000
	白面	1000斤	160000	180000	-	171000	9000	11000
	黄米	10石	180000	200000	-	190000	10000	10000
杂货类	洋火	500	500000	600000	-	570000	30000	70000
	麻纸	50刀	300000	400000	-	380000	20000	80000
	毛巾	30打	240000	300000	-	285000	15000	45000
	其他		1528000	2035000	-	19332500	1017500	4052500
总计			4843000	60060000	-	57076000	3004000	8646000

备注：1. 九五折只限于社员和抗属。
　　　2. 表内实售数和群众节省数是以填报报表当日市价计算。

第七节 元华工厂合作社

1941 年 7 月 5 日，三边士绅自动组织参观团，由定边、盐池商会会长周培升、靳体元带队前往延安参观，三边专员罗成德等亲自送行。士绅团一行到达延安后，受到热情接待。大家看到边区人民自己动手、丰衣足食，积极组织开展大生产运动，信心坚定地打破国民党经济封锁的感人情景，深受启发。

靳体元先生等人联想到盐池盛产"三宝"的有利条件，便在边区参议会上提出利用三边皮毛资源创办工厂的提案，很快在会议上得到通过。

陕甘宁边区建设厅厅长亲自同靳体元先生商谈了帮助盐池县建立毛纺织厂的具体设想，靳体元欣然接受。边区建设厅允诺投入三分之一的股金予以办厂资助。随后，边区建设厅、三边盐务局、定边县新塞工厂、盐池县政府等共投资 28.24 万元（边区光华币，下同），募集群众集资入股资金 11.60 万元。

1941 年 9 月，盐池县参议会决定由县长闫志遵、参议会副议长靳体元、民政科长孙璞、商务副会长杨华亭等八名议员倡议开办毛纺织品厂。1941 年 12 月，延安团结工厂派技术员郭云昌（党员）带领三名技术工人前来支援，并带来纺毛机三架（一架打毛机、两架纺纱机），折合股金 4500 元入股。靳体元先生为了全力办厂，辞去商会会长职务，积极筹建办厂。

办厂初，困难很多。找不到合适厂房；股金收不齐，办厂资金不足；缺乏生产设备，由于配

陕甘宁边区劳动英雄、元华工厂（合作社）经理靳体元

套设备等原因，团结工厂入股的三架机子一时用不上；技术工人只找到一个 63 岁的老汉。更糟糕的是，延安派来支援办厂的三名技术工人有一名不幸煤烟中毒牺牲。种种不利因素迫使当年办厂事宜搁浅。

1942 年 2 月，盐池县委、县政府专题研究办厂事宜，决定加强组织领导，安排得力干部协助办厂，并抽调城区财粮助理员孙春山（党员）、二区民政助理员刘琨（1936 年 7 月入党）、五区保安助理员方生芝（1936 年 6 月入党），又从延安调入董济忠同志（党员）予以支援，四名党员成立了党支部（属盐池县当时 33 个党支部之一），孙春山任支部书记，具体协助靳体元先生筹办毛纺织厂事宜。政府拨出厂房一处，于 3 月

份正式建厂，并取靳体元之"元"字和新任商会会长杨华亭之"华"字，命名毛纺织厂为"元华工厂"。为了管理上的方便，任命靳体元为经理，孙春山为厂长。

得到边区政府和盐池县委、县政府的大力支持，元华工厂很快开始生产，发展很快，办厂一年后资金从12万元迅速增加到34万元，工人增加到20余人。

元华工厂虽为企业，实属合作性质。其一，资金为政府及群众入股构成；其二，经营业务除毛纺加工业外，并向盐池县合作社、食品合作社投资入股100万元，工厂业务扩大、加入运输业、农牧业、盐池合作社、食品合作社及社会服务等几项。毛纺加工业是元华工厂主业，下设四股：毛布股，工人1名，徒工16名，织毛布机4架；地毯股，工人3名，徒工4名，整经机1架，织花格毯机1架；擀毡股，工人7名，徒工10名，弹弓12张，帘子7副；口袋股，工人3名，

徒工4名，工具4副。运输业有骆驼63峰，骡子10匹；农牧业有农场1处，山、绵羊300只。

元华工厂建厂后，不仅生产规模发展很快，而且从单一的毛织品生产企业，发展成为兼营农牧、运输等业的工商农牧综合企业。

1942年6月，县联社与元华工厂合并经营后，社员同时也是股东。股东代表大会行使最高权力，董事会行使股东代表大会闭会期间权力。1944年2月10日元华工厂召开第一次股东代表大会，4月10日召开第一次董事会，成为元华工厂发展上的新阶段。

元华工厂的建立，一定程度上推进了城乡妇纺生产活动和妇女解放。1942年4月，为了给元华工厂供应毛线原料，盐池县政府和抗联协助元华工厂发动城区20余名妇女学纺毛线，支援元华工厂生产。凡参加纺线妇女，每人由政府提供纺车一架。政府动员令下，城区一乡乡长白中荣说："纺线是个好事，我的老婆带头参加！"下

表1—7—1 元华工厂（县联社）组织结构体系

股东代表大会 股东大会

↓

董事会

↓

厂长：孙春山	经理：靳体元

工业股长：董济忠	运输队长 刘岷	农场场长 方生芝	合作社主任 单琦（营业员二人兼会计保管）	跑乡四人，附设兽医所及油坊各一处	生活管理员一人
会计二人 / 收发成品、原料保管一人 / 伙食管理员一人 / 口袋组（工人三人、学徒四人）/ 毡房组（工人七人、学徒十人）/ 毯房组（工人三人、学徒四人）/ 毛布组（工人一人、学徒十二人）					

午就领了一辆纺车回家。在政府、社会、纺妇共同努力下，当年向元华工厂供应毛线600多斤。1943年，县委、县政府大力组织全县妇女学纺毛线，并发放贷款10万元，制作纺车700辆分发到各区。全县参加学纺毛线妇女增加到50余人，共纺毛线1700多斤。1945年全县妇纺生产进一步发展，参加纺线妇女达到1000余人，纺车增加到820辆。当时，驻盐池八路军警三旅八团战士，还把脚踏车和操作技术介绍到当地，教会纺妇使用，纺线效率大为提高。盐池广大城乡妇女参加纺线生产，不仅解决了元华工厂生产供应，增加了群众收入，也把农村妇女从"围着锅头转的旧习惯"中解放了出来。同时，元华工厂在商贸、毛纺工业、畜牧业、流通运输方面的生产，对抗日战争时期发展党的民族统一战线，发展经济，保障供给，克服经济困难、支援抗战等方面作出了重要贡献。

元华工厂的工人能进能出，管理灵活。每年农历八月大部分工人下乡揽短工，乡下无活时再返厂，春节前回家过年，次年3月返厂。1942年春节回家过年的工人多达28人，留厂的只有10余人。

1944年5月前，元华工厂执行年工资制，5月后实行计件工资，按每人每月生产产品多少计件发放，工资略高于边区其他工厂收入。元华工厂根据当时艰苦条件，决定技术工人工资每月最高不超过1石6斗5升小米价格（以光华币计算，下同）；一般工人工资每月为6斗小米价格，最高不超过1.5万元，最低1万元；学徒工资最初由厂方供给生活必需（吃穿用度等），后改为计件工资制，最高每人1万元，最低6000元。干部、职员待遇早先是根据各自所承担职务折合成股份，再按百分比抽取，如股长抽1%，年分得30万元。后改为折股发放，经理靳体元折股

65万元，应支8万元；厂长孙春山折股20万元，应支7万元；合作社主任单琦折股18万元，应支6万元；刘崐、方生芝、董济忠折股15万元，应支5万元；李玉春折股6万元，杨瑞文、高启成各折股5万元（此3人因直接参加生产，可得计件工资，故没有应支部分）；其余职员实行工资制。入股股东817人，股金4000余万元，其中合作社社员200余名，入股资金240万元。

1942年6月，城区消费合作社、县联社合并到元华工厂后，以毛纺业生产为主，兼营合作社、农牧业、运输业等，其中仍以毛纺织业、运输业为大项。1942年下半年，元华工厂组织生产5×6尺（市尺，下同）大毯11块，2×4尺小毯110块，2×4尺马鞯子16对，五彩椅垫子10对，桌面子4块，大毡41条，4×6尺毛毡386条，2×5尺毡81条，毡鞋950双，绒毡帽1100顶，毛包子884对，毛口袋249条，毛褡裢65条。

1943年，元华工厂组织编织绒毡、毛毡、毛口袋等物，雇工40名，最高工资除安排食宿外每人支付900元（学徒以700元为最高）。毡坊工人10余名，纺毛多由城乡妇女担任。生产栽绒毯100余条、毛毡600余条、毡鞋1000余双、毡帽1000余顶、毛口袋500余条，盈利40余万元。除开支外，纯利润尚有10余万元。

1943年元华工厂生产2×4尺小毯106块，5×7尺大毯5块，2×5尺毯7块，2×2尺毯55块，2×4尺马鞯子23对，蹬套25对，各式地毯8027平方市尺，五彩椅垫子10对；5×7尺花格毯156床，4×6尺军用毯11床，4×6尺毡82条，2×5尺毡243条，3×5尺毡16条，5×6大尺毡18条，绒条毡5条，4×6尺绒片510条，4×6尺绒毡15条，白毛裤子43条，毡靴38双，毛包子（近方形大袋子）750对，毛口袋（长方形大袋子）194条，骆驼包子（驮运大袋子）255对，

褡裢 34 条，大被套 9 床，被胎子 3000 床，衣胎 16000 套，绒衣服 2 套，二毛皮衣 105 件，小皮衣 11 件。

1944 年，元华工石组织驮盐 800 驮（驴驮），包运一、二、三区及商人公盐任务，代交 1 至 2 个乡的公粮。所办农场，年内可收粗粮 46 石，草 19300 斤，瓜 1 万斤，工厂可以达到自给。年底羊只发展到 450 只，可下羔羊 400 只；此外还开办了药店、油坊、食品合作社和学校（只收集到 1944 年 8 月份史料数据）。

1944 年 1 月到 8 月，元华工厂组织生产 5×7 尺花格毯 95 床，5×6 尺格毯 52 床，60 尺毛布 77 匹（每匹 48 市尺），80 尺棉毛布 9 匹，80 尺小棉毛布 11 匹，4×8 尺白布 1 匹，4×6 尺毛毡 3 条，2×5 尺毛毡 1025 条，7×5 尺毡 81 条，5×6 尺大毡 2 条，绒条毯 11 条，4×6 尺毡片 323 条，毡马鞴 1 对，马替子 2 个，包子 6 对，毛帐房 1 顶，牛口袋 34 条，毛祭子 3 个，毛褡裢 57 条，被胎 126 床，衣胎 1169 套，簸箕 6 个，工厂纺毛线 308 斤，农村纺妇纺毛线 6878.5 斤、纺棉线 125.5 斤。

元华工厂组织毛纺生产，原料主要来源于盐池本地及定边县，少数从邻近蒙地采购。毛布每匹需秋毛 22 斤，年产成品布 270 匹共需秋毛 5940 斤；方格毯，每床需秋毛 10 斤，年产 1000 床共需秋毛 1 万斤；2×4 栽绒毯，每条需秋毛 13 斤，年产 200 块共需秋毛 2600 斤；4×6 毛毡，每条需秋毛 10 斤，年产 1618 条共需秋毛 16180 斤；2×5 毛毡，每条需秋毛 3.5 斤，年产 1600 条共需 5600 斤；衣胎，每套需春毛 3 斤，年产 5000 套共需春毛 15000 斤；被胎，每床需春毛 5 斤，年产 1000 床共需春毛 5000 斤；4×6 绒片，每条需羊绒 7 斤，年产 1000 条共需羊绒 7000 斤；黑口袋，每条需黑山羊毛 5 斤，年产 2400 条

表 1—7—2　1944 年元华工厂产品原料需求统计表

产品	单位	毛别	单位需要量（斤）	年产品量	供需原料量（斤）
毛呢	匹	秋毛	22	190	4180
棉毛呢	匹	秋毛	10	80	800
毛毯	条	秋毛	10	240	2400
地毯	条	秋毛	13	148	1924
四六毛毡	条	秋毛	10	1618	16180
二五条毡	条	秋毛	3.5	1600	5250
小计	斤	秋毛			30734
衣胎	套	春毛	7	1139	7973
被胎	床	春毛	8.5	120	1020
小计	斤	春毛			8993
四六绒片	块	羊绒	5.5	294	1617
小计	斤	羊绒			1617
黑口袋	条	黑毛	5	983	4915
小计	斤	黑毛			4914

盐池县城北门元华工厂旧址

共需黑山羊毛1.2万斤。

盐池县每年羊毛产值为50余万元，市场秋毛每斤不过10余元。只要产品精良，原料、销路均不成问题。元华工厂生产的栽绒毯常为蒙回同胞购买一空。若论元华工厂现阶段之不足，主要是资金、熟练工人、优良技师十分缺乏。

1944年，元华工厂各业资金占比重为：合作社营业占2000余万元，工业生产占2600余万元。合作社加上农副业生产所占资金比工业生产多1倍。这种亦工、亦商、亦农、亦牧、亦副的多种、综合经营方式，走的是延安南区合作社的路子，但在办工业方面又超越了南区合作社。

第二章

陕甘宁边区时期盐池县合作社经营生产

1935 年冬，中共中央到达陕北后，即由国民经济部号召党政军各机关工作人员积极入股组织办合作社。1936 年 1 月，中央国民经济部召开省级和县级国民经济部部长联席会议，详细讨论了组织合作社的办法，指示各县普遍发展合作社组织。1941 年前后，陕甘宁边区经济出现极端困难局面。为保障边区军民物资供应，减轻人民负担，共产党领导根据地军民开展了轰轰烈烈的大生产运动。大生产运动以发展农业生产为主，同时发展工业、手工业、运输业、畜牧业和商业。边区部队、机关、学校和广大群众最先投入生产运动。

　　1942 年 12 月，毛泽东主席发表《经济问题与财政问题》，提出"发展经济，保障供给"的总方针，进一步推动了各抗日根据地生产运动。此后，又相继发表了《组织起来》《必须学会做经济工作》等文章和讲话，成为当时中国共产党领导的抗日根据地生产运动的基本纲领。狭义上讲，延安大生产运动仅指 1943—1945 年的生产高潮期；广义上讲，延安大生产运动始于 1938 年留守兵团开始农副业生产，到 1947 年春中共中央撤离延安止，前后长达 9 年时间。

　　大生产运动中，党采取最重要的组织形式就是合作社，正是通过各种形式的合作社，广大人民团结起来，互帮互助，取长补短，极大地激发了干部群众的劳动热情，最大限度地提高了劳动生产率，最终实现了"自己动手，丰衣足食"。

　　盐池县在开展边区大生产运动中，以劳动（生产）合作形式，先后建立了义务耕田队（为抗日军、工属代耕）、劳动互助组、妇女生产小组等生产合作组织。1939 年，盐池县委、县政府组织各区对全县劳动互助组织进行整顿整理。经过清理整顿，全县共有劳动互助组 26 个社、210 个小组、2244 人；义务耕田队 26 队、128 个班、1032 人；妇女生产小组 133 个、1297 人；挖甘草小组 66 个、567 人。1943 年，盐池人民群众响应毛泽东主席"组织起来"号召，全县农户组成变工队 258 个、劳力 2445 人；包工队 8 个，劳力 77 人。

第一节　合作社运动

抗日战争时期，合作社是陕甘宁边区重要的经济组织形式，其中南区合作社是陕甘宁边区合作社的模范。1938年11月，陕甘宁边区政府作出决议，要大力推动合作社运动。1939年10月5日，陕甘宁边区合作总社成立大会在延安召开。1941年，陕甘宁边区政府制定颁布了《陕甘宁边区农业生产互助小组暂行组织条例（草案）》。1943年，在陕甘宁边区第三届生产展览会上典型展示了南区合作社的经营成绩，宣传了毛泽东"南区合作社的道路，就是边区合作事业的道路"的观点，在政策上引导了合作运动的发展。

抗日战争结束后，为恢复战争创伤，恢复发展生产力，中国共产党领导的各解放区生产互助合作组织发展更为迅速，规模也更大。据不完全统计，到1946年初，陕甘宁边区各县劳动力短期或长期参加过合作劳动组织的，最高达到62%、最低达到28%。

陕甘宁边区时期，盐池县合作社事业发展，大致经历了从小到大、由官办到民办、从消费型到生产型三个阶段的转变。

盐池县地广人稀，草原植被资源丰富，农业经济以畜牧养羊为主。盐池县在解放以前没有自产工业产品。地方特产主要有食盐、皮毛、甘草、油籽、荞麦、杂粮等。盐池地处西北边陲，解放前群众所需工业品绝大部分要从外地输入。供销商品多由内地转运，北线主要商路为由盐池至定边至包头、天津一线。

外埠商品输入本县大多为日用品、布匹和杂货。少量工业品由天津经包头转口输入，大的商号都自办骆驼运输队，运出皮毛、甘草，运回工业品、杂货等。干鲜果、调味品、火柴、锅碗瓢盆等杂货和小麦输入以西峰镇为主。专门有商号在甘草生产季，派伙计到农村"扎庄"（设点收购）收购。也有商号专门加工油籽、小麦、酱醋，兼搞运输。商品交易方式主要有两种，一是门市购销；二是走乡串户购销。支付方式为现金、定购，也有赊账、以货易货等手段辅助交易。

盐池远距天津，交通不便，沿途又不安全，但盐池皮货成名在外。因此一些外国商行通过通司（翻译）在天津雇用人员前往宁夏、盐池掠夺皮毛资源。英、德商人陆续在宁夏石嘴子（今石嘴山）设立了十家洋行。这些洋行触手遍及宁夏及其周边地区，以较高待遇雇用中国商人在当地设立"外庄"（收购点），为其掠夺效力。洋行"外庄"在盐池主要收购皮毛，也委托商号和贩子代收，有时还从农村养羊户手中直接收购。皮毛收购后雇脚力运至石嘴山，装包打捆，用船发往包头，转至天津出口。盐池虽盛产皮毛（尤其是羊毛），但国内商家收购较少，也因此收购价较低，但国外洋行及其代购商号、贩子均可从中大获其利。后冯玉祥将军率部进入西北，明令废除外国洋行在西北各种特权，并强令各洋商汽车折价充公，此后各外国洋行均撤回天津。

盐池县自 1936 年 7 月起，最初建立的几个消费合作社，由于能够积极组织货源，基本上能够保障人民生产生活供给，支援驻地部队、抗属。同时执行对外开放，内贸自由方针。政府对商业和手工业实行保护政策，促进了商业发展。此后，由政府出面组织、号召群众办消费合作社，既收购土特产品，亦组织消费品供应市场。1937 年 3 月 22 日国民经济部作出《扩大合作社营业的决定》，要求边区各级合作社立即进行"收买绒毛、药材和给养方面的必需品；大量发动群众去盐池驮盐，卖给贸易总局出口"。

盐池县各合作社自成立之日起，积极经营土畜产品。合作社购销土畜产品采取多种方式，有以现金直接收购，有以皮毛抵顶股金。1939 年 3 月，陕甘宁边区政府在盐池县设立了光华商店盐池分店；全县 5 个合作社以羊毛 3627 斤入股。1940 年以羊皮 254 张扩大股金。并二次以羊皮 2043 张扩股。截至 1941 年 6 月底，5 个合作社共收二毛皮 2000 余张，春毛 7000 多斤。1943 年 5 月，城区消费合作社向政府贷款 10 万元，收购皮子 500 张，春毛 3000 斤。由于当时合作社规模小，资金有限，同总产量相比，皮毛收购数量甚微。

1939 年以前，陕甘宁边区合作社的经营体制基本由政府主导，群众参与的积极性不高，各区合作社也没有把办社目的真正转向为广大群众谋利益，而是主要面向民主（人民）政府，为政府解决经费来源。

1939 年 10 月，陕甘宁边区政府召开边区合作社第一次代表大会，通过了《陕甘宁边区合作社第一次代表大会决议》。此后，边区政府提出"合作社要群众化"口号，但许多地方、干部仍然向群众摊派股金，因此一些群众认为参加合作社是负担；合作社对群众利益兼顾不够。1942 年 5—6 月，陕甘宁边区合作指导局组织举办了为期 40 天的边区合作社干部训练班，盐池县合作社联合社派出 2 名负责人参加。在培训班举办的座谈会上，讨论了合作经济在边区经济中的作用和重要性；边区合作社政策问题；新民主主义合作运动基本原则对推行合作运动的措施问题和成立合作事业研究机构问题。

1939 年 10 月，盐池县合并成立了县联社。1940 年，县联社和全县 4 个区分别建立了消费合作社。消费合作社经营过程中出现种种问题后，1941 年 3 月召开的盐池县第二届二次参议会又集体讨论决定"将全县现有 6 个合作社合并为一处合作社"（即将全县 5 个合作社加上县联社合并为城区消费合作社）。

1940 年成立盐池县贸易公司，行政上归县政府领导，业务上为三边贸易分公司负责。1946 年成立盐池县土产公司，一年后因盐池失陷撤销。

1941 年 7 月，盐池县各合作社正式合并后，共有社员 2009 名。并大社后资本变大了，干部工作热情较以前有所好转，但没有从根本上解决问题。一是干部经营管理素质不过硬，体现出合作社过去培养干部工作不够；二是干部待遇实行津贴制，导致工作积极性不高，工作方式死板，对于以货换货等方便群众规定方式落实不好。并大社半年后，经营状况并不十分理想，只赚到 13589 元。

1943 年 11 月，毛泽东在陕甘宁边区招待模范英雄大会上作题为"组织起来"的讲话，对抗日根据地的合作社给予了高度评价，并指示要"把群众组织起来，这是一种方针，而在经济上组织群众的最基本形式就是合作社。"

在支援抗战、打破经济封锁过程中，盐池县

表 2—1—1　1938 年 10 月陕甘宁边区各县消费合作社社员、股金统计表

县别	社数（个）	社员数（人）	股金数（元）
直属市县	63	44912	44526.91
延安市	2	1418	2264.03
延安县	5	6430	7528.07
安塞县	8	5548	8036.75
甘泉县	4	1216	2116.80
安定县	6	2080	5639.58
延长县	5	4723	5101.00
延川县	6	9269	1506.53
固临县	4	1315	1949.5
保安县	8	4245	2913.4
神府县	7	1011	3289.62
靖边县	8	7657	3924.63
关中分区	13	3757	21731.80
新正县	4	2321	2000.50
淳耀县	3	429	1271.30
赤水县	4	745	18000.00
宁县	2	262	460.00
庆环分区	21	8572	8967.80
曲子县	7	3826	4237.03
华池县	6	1962	2117.07
环县	8	2784	2613.70
三边分区	20	3740	7836.30
定边县	11	1924	3120.60
盐池县	9	1816	4715.70
统战区	10	3267	3795.21
鄜县	2	282	455.98
清涧县	3	1059	1158.9
绥德	5	1926	2180.33
合计	127	64248	86601.02

注：引自《一年来陕甘宁边区经济建设工作对于边区参议会的报告大纲》，陕甘宁边区政府建设厅，1939 年 1 月。

表 2—1—2　1939 年盐池县各区合作社经营情况统计（单位：元）

单位	营业款	所得毛利	开支	新扩大股金	现有资本
一区	3653	700	144	245	1295.9
二区	5215	468	225	235	1202
三区	2915	577.3	198	158	828.8
四区	248			200	448
五区				384	384
总数	1426.3	1745.3	567	1222	4158.7

表 2—1—3　1940 年盐池县各区合作社 1—7 月份营业情况统计（单位：张、元）

			一区	二区	三区	四区	五区	
当年新扩股金	扩大产盐股金 1250 元							
	扩大皮子股金	计划皮数	400	400	700	400	400	
		完成皮数	254	304	504	312	389	
		皮子合洋	581.5	998.9	1397	1113	1314	
		扩大钱数	135.5	50	475		161.4	
		股金合计洋数	717	1048	1832	1113.79	1476	资本 3810
营业洋			22809.9	3115	5222		1176	331.62
毛利洋			2533.45	454	1349		232.8	78426
开支洋			1525.05	300.5	630		163.75	595.2
红利洋			1007.88	153.9	719		6905	128.86
当年分出红利洋			365.1	196	530			
每股分得数			0.15	0.1	0.1			

商业同样发挥了重要作用。到 1944 年，县城商号由 20 多家发展到 50 余家。商人多为客籍，大部分是山西人。据三边贸易分公司 1944 年 10 月对盐池县城商号调查，盐池县城共有商号 50 余家，其中较大者 16 家，资本以法币合计 1548 万元，合边币 13158 万元，从业人员 196 人。各商号共有骆驼 231 峰。商品出入大体渠道为：食盐经环县、庆阳、西峰镇一线，销往陕西、甘肃，转销国统区；皮毛、甘草大部分由宁夏当地各商号收购，发往包头，转运到天津港，也有大商号在天津住"庄客"（采购兼交货），将本地土产直

接运到天津港。小部分皮毛则由河北邢台等地行商（当地称"小客子"）串乡收购，运到包头转售。另有小部分皮货由山西客商收购，运回山西加工成皮衣转售；麻籽及油品主要输向宁夏川区（国统区）。

陕甘宁边区时期，在盐池县先后流通的货币有银两、银圆（大洋）、光华代价券、法币（国民党政府货币）、陕甘宁边区银行和西北农村银行发行的边币等（各币种之间兑换比率复杂，下文涉及未标明货币种类数据时，需进一步详加考证）。

表2—1—4 1941—1942年盐池县合作社联合社、城区合作社经营情况统计（金额：元）

	1941年		1942年	
项目	县联社	城区合作社	项目	城区（消费）合作社
上年原有股金	55960	3952.50	工作人员	4 名
当年扩大股金		2336.50	社员数	2029 人
现有股金	5960	6289.00	原有股金	27493
原有股金			新扩股金	23575
社员		497 名	合计	51063
公积金		948	公积金	2147.47
原存红利	789.62		公益金	92.29
社员代表		39 名	原存红利	5960.56
社员小组		56 个	新增红利	3151.42
县代表		5 名	共总红利	9112.70
营业	49061.74	45224.02	合计	60420
毛利	6695.56	8542.40	销货总值	189000.70
费用	6665.61	8724.68	收买土产	12124.90
盈利	1483.35	1886.16	合计	201125.90
净利	29.95		毛利	35920
			开支	32768
			净利	3151.42

1937年，抗战全面爆发，抗日民族统一战线正式形成。为了适应抗战需要，陕甘宁边区曾一度停止货币发行，并收回之前发行的所有货币，开始使用国民政府的法币。但是国民党政府在给陕甘宁边区政府的军费补助中只分发大面额主币，不分发小面额辅币，意图让商人无法用小面额辅币进行经营找零，从而达到遏制陕甘宁边区经济发展的目的。在这种情况下，1938年5月陕甘宁边区政府授权边区银行以"光华商店"名义发行1分、2分、5分、1角、2角、5角等5种光华代价券，作为法币辅币在边区内流通。之后并在盐池县设立了光华银行。

1941年1月7日皖南事变后，国共双方（金融）关系进一步恶化。国民党政府对中国共产党领导的各边区实行断供、断邮的财政封锁政策，各边区遭遇前所未有的财政困难。在抗战头几年，国民党对陕甘宁边区进行严重经济封锁，盐池县物资供应极其困难。陕甘宁边区政府据此提出了流通苏币，向外办货，供应必需，推销土产的合作社业务经营方针；以反对敌人的经济封锁，保证物资供应为合作社的政治任务。中国共产党带领边区广大干部群众一手抓自力更生，一手抓精兵简政，克服种种困难，打破经济封锁，渡过经济难关。

盐池县各合作社一方面要加强自我发展，服务群众，同时还要和不法商人进行商业较量。1941年，面对物价猛涨时，一些私商压着火柴不卖，城区消费合作社为抵制奸商操纵，主动将库

表 2—1—5 1941 年上半年陕甘宁边区各县消费合作社基本情况统计

县别	社数（个）		社员数（名）	股金数（元）	公积金（元）
	原有	现有			
延安市	1	1	1480	5174.00	84737.00
延安县	5	7	8452	62427.43	8848.15
安塞县	6	6	8472	47624.98	4002.20
甘泉县	4	4	2306	6898.80	1374.41
安定县	3	3	4322	10236.80	2897.75
延长县	2	7	5231	9153.35	4325.80
延川县	6	5	12593	32931.22	9486.58
固临县	5	5	4073	9876.50	3947.24
保安县	8	8	4587	8580.40	3428.87
鄜县	7	8	3648	7650.30	692.29
神府县	1	1	2131	4722.00	272.30
靖边县	8	8	5166	9128.30	1433.50
新正县	6	3	5074	9160.40	1026.70
赤水县	5	5	6889	7695.90	2550.80
淳耀县	2	6	1480	7457.90	400.00
宁县	3	3	4813	8742.40	377.00
曲子县	7	7	8403	11170.60	3891.90
环县	6	4	4301	6316.75	1570.28
华池县	7	7	4068	10194.80	1533.58
庆阳县	6	4	2090	14079.99	2307.00
合水县	5	5	2039	4979.00	
定边县	7	5	4479	11810.52	1165.85
盐池县	5	5	2085	21160.70	2147.47
绥德县	1	6	8513	11701.50	
清涧县	5	6	7087	21167.90	
吴堡县	8	9	11487	11049.60	1000.00
合计	1312	138	135269	373110.00	62533.52

注：引自《陕甘宁边区消费合作社 1941 年上半期业务概况统计表》，1941 年 9 月。

表2—1—6　1944年盐池县商号统计表

序号	商号	经理	经营	资金（万元）		店员	店址	贸易方向	备注
				法币	折边币				
1	三晋通	刘成功	皮毛、油坊、甘草	220	1870	23	兴武营	内外	骆驼36峰
2	聚和兴	杨华亭	皮毛、油坊、甘草	220	1870	9	县城	内外	骆驼60峰
3	人和远	吴子胜	甘草	200	1700	4		内外	骆驼18峰
4	宝生珍	刘养民	皮毛、油坊、杂货、醋房	150	1275	9		内外	骆驼12峰
5	三兴昌	刘立生	皮毛	100	850	9		内外	骆驼10峰
6	永记号	赵子厚	皮毛、油坊	100	850	7		内	
7	德顺和	童子张	油坊、醋房	60	510	9		内	骆驼12峰
8	兴盛太	左祥林	油坊	50	425	2		内	骆驼24峰
9	树德和	颜生明	油坊、毡房	50	425	7		内	骆驼16峰
10	和合亿	姚学文	油坊、杂货	40	340	6		内	骆驼9峰
11	万顺源	聂明初	油坊	20	170	3		内	骆驼8峰
12	万顺隆	聂志	油坊、药铺	20	170	8		内	骆驼10峰
13	同盛魁	张子荣	杂货	50	425	6		内	骆驼16峰
14	福聚昌	姚耀元	杂货	30	255	6		内外	
15	义和昌	武维藩	杂货	30	255	4		内	
16	谦益恒	师传谦	杂货	15	127.5	2		内	
17	无本成	靳春荣	杂货	10	855	3		内	
18	万生成	李成明	杂货	10	85	2		内外	
19		翟世荣	杂货	7	59.5	2		内	
20		陈玉	杂货	7	59.5	7		内	
21	聚德公	龚自和	杂货	5	42.5	1		内	
22	永顺和	赵玉章	药铺	20	170	4		内	
23	自立成	高中令	磨房	7	59.5	3		内	
24	万盛和	张杰和	磨坊、杂货	7	59.5	4		内	
25	天益和	罗安仁	杂货	20	170	4		内	
26	晋华昌	梁登华	杂货	6	51	3		内	
27	永盛太	王云霖	杂货	6	51	1		内	
28	近厚昌	刘恩温	杂货	6	51	3		内	
29	予兴成	苏永予	杂货	5	42.5	3		内	
30		李恩泽	杂货	5	42.5	2		内	
31	广复隆	白士元	杂货	4	34	1		内	
32	永兴昌	冯益仁	杂货	3	25.5	2		内	
33		王信	杂货	2	17	2		内	

序号	商号	经理	经营	资金（万元）		店员	店址	贸易方向	备注
				法币	折边币				
34	孝德堂	张 孝	杂货	2	17	4		内	
35		张永新	布摊	5	42.5	1		内	
36		梁吉瑞	布摊	3	25.5	1		内	
37		郭廷栋	布摊	3	25.5	1		内	
38		录根喜	布摊	3	25.5	3		内	
39		王生海	布摊	3	25.5	1		内	
40	夭兴魁	李耀堂	布摊	3	25.5	2		内	
41		常惠泉	脚店	15	127.5	3		东路	
42	万顺张	张树扬	脚店	6	51	1		南路	
43	福盛店	张 焕	脚店	3	25.5	2		西路	
44	福茂店	高维岱	骆驼店	3	25.5	2		西路	
45		杨 茂	脚店	2	17	3		西路	
46		吴善礼	脚店	1.5	12.75	2		南路	
47	天盛店	焦玉盛		1	8.5	3		山西	
48		王 科	磨房	3	25.5	2		内	
49		王不恒	磨房	3	25.5	2		内	
50		徐长林	磨房	2	17	1		内	
51		何登盛	磨房	1.5	12.75	1		内	

存 200 余包火柴全部以平价卖给群众。春耕前，部分农民缺乏籽种、农具，城区合作社组织为农民调运麦种 5 万公斤，供应犁月儿 800 多件。1944 年，边区合作社联席会后，全县凡有合作社各区均先后建立起铁匠部，为农民打造农具。1945 年 9 月，四区民办合作社药社专门从铁柱泉请来一位中医给群众看病，不向群众收取诊费，由药社在红利中抽出四成付给，药价也比定边县城便宜一半。两个月时间先后为群众看病 230 人，为群众节省诊费、药费、误工费高达 10.4 万元。四、五区合作社还采取与医生合股办法，即由合作社买一部分药品，供给"郎中"来往乡间串乡给群众看病。

1942 年 10 月 19 日至 1943 年 1 月 14 日中央西北局高级干部会议后，盐池县合作社认真贯彻会议精神，在全县推行延安南区合作社办社方针、经验。南区合作社的主要经验，就是要明确"为群众服务"的办社原则。合作社须为政府排忧，替群众解难；要确定合作社的性质，合作社必须实行民主管理，群众监督。盐池县委、县政府组织召开全县合作社主任会议，认真总结几年来合作社发展经验教训，提出了一些问题，也暴露了一些缺点和错误，主要体现在以下方面：

中共中央西北局高级干部会议前，盐池县各区合作社除二区办得较好外，其他各区合作社办得都不怎么理想，主要体现为：人员配备不全，设施设备较差，社员入股积极性不高，群众影响不好。西北局高干会后，盐池县一、二、三、五区的合作社按照新的办社方针指导，进行全面整改，情况有所好转，但没有从根本上解决问题。

西北局高干会议前，合作社干部缺乏为民办事原则观念，业务不精，工作应付了事。更有甚者，部分合作社干部工作目的不纯，贪图小利，假公肥私，账目糊涂。一般群众认为办合作社是公家事，对群众没啥好处；尤其对于公然摊派股金，很是反感。合作社自 1938 年以来总共扩大两次股金，数量不大，基本上都是以摊派形式落实到群众头上。

1942 年 6 月合作社合并时，也没有给社员算个账，更没有分红。四区群众对于办合作社颇有怨言："就是老百姓的血汗钱，糟蹋完了了事。"五区合作社自 1938 年成立后，平时东西卖得贵，两年后一算账，只赚了 40 元。无奈之下，请了大家一次客，全吃光了。对于这些现象群众很不满意，都说"合作社是赔本社"。

1942 年合作社经过整顿之后，各方面情况有所好转。但"为民办社"的方针仍然没有落到实处。对于扩大股金，个别干部还是采取摊派和半摊派办法应付了事，造成群众不满。

1944 年秋，五区一乡乡长在一村召集村民开会，要求自由入股合作社。村民一听说又要入股，都说忙得很，没空开会，该摊多少说个数。乡长赶紧说："现在不能摊派了，大家也都听说了，过去按公盐数目估算，公盐代金出一个，现在就得出一半。"当时一位姓牛的村民对于摊派入股心里不愤，赌气说："我出 100 万！"之后再也无人吱声，场面一时冷了下来。乡长一看大家都不愿意入股，不能完成任务，就说："这太少，还得出！"姓牛的农民气愤地说："自由入股，人人都得入几个吗？马坊村有人光景比我好，入股

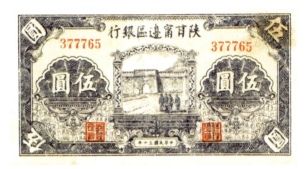

1941 年，陕甘宁边区银行发行的五元边币

1944 年，陕甘宁边区银行发行的二百元边币

1947 年，西北农民银行发行的五千元边币

1948 年，西北农民银行发行的一万元边币

还比我少呢！"老汉说："100 万不行，我出 200 万！"说完摔着衣服走人了。其他各地情况类似，只不过程度不同罢了。

县联社于 1944 年正月召集各区乡股东代表到县上算账分红。城区二乡合作社干部此前变相摊派股金，借公肥私，合作社成立了几个月都没有账目。结果通过细算账发现，合作社干部每次通过入股另外摊派给村民一些股金，村民不满说："乡长这是给我们谋的啥利啊？"四区群众派代表到县上开会，回去给大家汇报说："还说分什么红呢？只要不再要钱就谢天谢地了。他们把刚刚分到的红又入了股。到头来，我们还是一分钱也分不到呀！"

各区合作社兴办初期，资金少，商品单一，经营规模不大。为了集中资金给群众提供更好的服务，县上决定把各区合作社一起合到县联社。在与县联社合并时，干部对群众解释说：合并了本钱大，挣钱多；县联社以后驮货下乡，买东西方便得很。可是合作社合并之后，送货下乡承诺并未兑现，群众买货要跑很多路，特别是一些偏远农村，就近购货方便没了，引起群众不满。二区合作社原来办得还是比较好的，主任、会计没有私心，对村民群众都很和气，买货可以赊账，犁月儿、犁铧、皮子、布匹、日用品基本都有，价钱也不比城里高，群众感到很方便。但是合作社合并后，群众啥货品也见不到，觉得上当受骗，合作社干部、群众都不满意。

盐池县各区办合作社尽管出了一些问题，但也有模范合作社代表出现。刘占海是陕甘宁边区劳动英雄，也是四区民办合作社创办人。在刘占海及区乡干部的正面宣传引导下，四区形成了群众自愿入股的真正热潮。刘占海组织有能力、积极性高的村民联合创办合作运输队，给群众代交公盐、兑现金；组织制作织布机，发动妇女生产，想办法增加村民群众收入。刘占海组织办合作社不单纯地以赚钱为目的，也积极为群众解决实际困难。遇有村民群众办婚丧大事手头紧促，还可以向合作社借钱；合作社卖日用品、农具等，都比市场便宜，合作社还帮助群众办学校，群众对合作社很拥护，没有入股的群众甚至眼红、后悔。五区合作社虽刚刚成立，但也坚持"为民办社"方针。1944 年春季，群众想纺点线、捻个灯芯都买不上棉花。新成立的五区合作社随即派出骆驼队到南路（甘肃环县、庆阳地区）捎回一批棉花。当时邻近定边县城一斤棉花 2800 元，五区合作社只卖 2500 元。社员群众暂时没钱可以先赊账，大家高兴地说："到底是咱自家办的合作社，就是方便。"到了秋天扩大股金时，五区群众自愿入股的积极性就高。其中四区三乡四村一个铁匠自愿入股 5000 元，并说以后有了钱还要入。

由于过去几年持续扩股，又不能兑现红利，群众对入股合作社产生反感。所以自 1943 年起县社决定暂时不扩大股金。将原有 6 万余元股金，加上政府借贷的 4 万元配成 10 万元，对干部实行顶股及薪金制，并精减了部分干部。过去配有七八个干部的，现在只用三个干部，加上两个杂务，促使干部的责任心提高了一些。1943 年 5 月，县联社又向三边银行贷款 30 万元，11 月份三边分区物资局赊给县联社布匹 500 匹，资本比过去大了几倍，营业方面渐渐活跃起来。1943 年，县联社全年获毛利 327.0671 万元，除去办公伙食杂费等开支，净得纯利 267.2059 万元，每元股金平均可分到红利 26 元多。

1943 年县联社不但赚了钱，还给群众解决了很多实际困难和生产需求。农具方面卖铁犁月儿 180 个，市价 100 元，合作社只卖 75 元，合计为群众节省 4515 元。买镰刀 133 把，市价 400

元，合作社卖 240 元，合计为群众节省 2.1 万余元。卖"四八"布 500 匹，市价 1 万元，合作社卖 7000 元，合计为群众节约 150 万元。协助困难群众办红白喜事，折钱 3 万余元，帮助群众代交公粮 55 担 9 斗 1 升。群众缺粮了，但皮毛商有粮，要拿皮毛折价换，群众吃亏较多。合作社不叫群众吃亏，先和皮毛商议定好，把粮食交到合作社仓库，然后发放给缺粮群众，等群众有了粮，再还粮食或皮毛顶给皮毛商，价格公道。此项为群众节省 4 万余元。夏粮没有下来时，一些小家庭没粮吃了，合作社先后借出六袋粮食给困难群众，秋天粮食下来后还给社里，不要一点利息。八月会（集市庙会）上购买 6 头牛搞运输，并发动群众联合以牛运盐，合计 20 多头牛运盐 3 次 107 驮，同时也成为建立运输合作社的基础。

针对上述办合作社存在的具体问题，县联社组织对陕甘宁边区合作社主任联席会议决议进行详细传达、反复讨论，先从区乡干部、合作社干部自身解决办社思想认识问题。首先转变过去错误认识，增强办社信心。由于过去方向不对，大家碰了许多钉子，使合作社在群众中造成不好影响，一些老百姓认为合作社是公家事，入股是负担；区乡干部也认为合作社不能给群众办什么好事。但是通过几天座谈讨论，大家看到四区、五区合作社真正给群众办了好事，大家想法也发生了变化，都认为："照这样办社一定能行，过去到底是不对的。"毛生秀、孙延净等人在日记上写着："要照四区合作社那样好好地办。"

大家也认识到，联合地方上有威望人带头、并培养积极分子办社的重要性。过去包括部分区乡干部、合作社干部也都认为办合作社是公家事，每次征集股金时，凭几个干部像讨账一样挨门挨户向群众要钱，到处碰钉子。现在看到四区合作社由劳动英雄刘占海出头，三区合作社由县

参议员张芝出来带头办社，效果很好，开拓了大家的思路。

大家还认识到，办社的主要目的是为群众解决困难，给群众谋利益，不单是为了赚钱。与会同志感慨地说："过去合作社也说给群众谋利，但货架上啥也没有，价钱还比别处高。有些干部自家亲戚朋友没钱也可以拿货，关系不好的人有钱也买不上货。"现在看到四区、五区合作社给群众办事做出榜样，大家认识到了群众路线的重要性。

1944 年 6 月 26 日，陕甘宁边区合作社联席会议在延安召开，边区各地合作社主任及有关单位代表 199 人参会。之后各地合作社先后取消了摊派入股方式，创造了密切联系群众和群众利害相关经验。此次会议后盐池县合作社事业亦逐步走上健康发展轨道。

1945 年 4 月 23 日，盐池县委、县政府认真贯彻执行边区政府和中央西北局为严格执行边区合作社联席会议决定以及合作社严禁摊派股金的通令，并坚决执行中共三边地委从 1945 年对合作社进行一次清算与整顿的决定，组织对县内合作社，根据群众需要与适当适地原则，把过去硬性摊派的合作社股金退还给社员群众，依民办原则恢复了各区消费合作社，采取自愿入股办法扩大股金。县参议会议长、元华工厂经理靳体元帮助二区、三区继续创办合作社，并邀请各乡有威望群众入股，并从元华工厂提出两练（12 峰）骆驼作为投资，还把元华工厂所办的药社迁到了三区，药价折股 100 万元。经过整顿，各相关合作社经营情况都有了起色。

1946 年，盐池县贯彻执行陕甘宁边区政府提出"现在和平建设的新时期已经到来，合作社的业务和经营方式应有改变，在各方面加强同群众的联系，扶助农村经济的发展""合作事业应

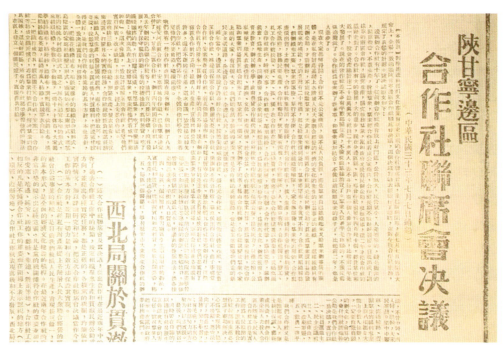

1944 年第一期《解放日报》刊登《陕甘宁边区合作社联席会决议》

切实面向农村，以生产为主，并与农村各种家庭副业结合，组织各种大小形式的消费合作社以减少中间剥削"的指示精神，对全县合作社进行整顿、巩固。但从 1946 年下半年开始，全县遭遇严重旱灾，截至农历七月未有降雨，秋苗受损严重，二乡的糜子、荞麦收成不及半数。从 1946 年 11 月中旬起，国民党宁夏马鸿逵部队不断侵扰盐池，各区合作社的中心任务投入抗灾度荒和应对战争准备。1947 年 8 月，马鸿逵部侵占三边，盐池县城失陷。元华工厂及全县 6 个合作社及各区民办合作社、运输合作社全部解散。元华工厂及各区消费合作社资产被国民党马鸿逵部及其民团、保甲组织抢劫一空。

第二节　盐业生产

秦汉以来，盐池地区就以盛产食盐而著名。

盐池境内盐湖众多。北部有北大池，东部有苟池、花马大池、细项池、瓦窑池，南部有花马小池等。北大池，在秦汉时期称金莲盐泽，隋唐时期称白池。苟池、花马大池，秦汉时期称青盐泽，隋唐时期称乌池。这些盐湖在先秦时期属西戎之地，因此所产之盐被称为"戎盐"。李时珍《本草纲目·石部·戎盐》部记载："今宁夏近凉州地，盐井所出青盐——戎盐之青、白二色者。"《本草经》载："戎盐能名目。"《周礼·天官·盐人》载："王之膳馐，共饴盐。注：饴盐，盐之恬者，今戎盐有焉。"盐池县历代咏盐诗中，明人周澄的《盐池》最为著名：凝华兼积润，一望夕阳中。素影摇银海，寒光炫碧空。调和偏有味，生产自无穷。若使移南国，黄金价可同。

由秦汉至魏晋南北朝，到隋唐、宋夏，至元明清，今盐池地区一直是鄂尔多斯台地西南缘设郡立县的战略要地。昫衍、盐川郡、盐州、花马池这些盐池县历史地名，无一不说明，盐池因盐而得名。汉时，朝廷在金莲盐泽（今北大池）、青盐泽（今花马大池）置典盐官。唐朝廷在今惠安堡一带设立温池县，并专门设置了盐业管理机构和官员，有权税使、推官、巡官、胥吏等。

有史以来，食盐由朝廷专卖成为定制，这种制度一直延续到民国时期。当时盐池境内的盐湖一部分由国民党盐池县政府管理，一部分则由长城以北的蒙古王爷控制。

在第二次国内革命战争时期的江西苏区一带，食盐是普通老百姓十分稀缺的生活物资。

因此，当西征红军解放盐池后，一些来自江西苏区的红军小战士看到盐池盐湖里堆积成山的食盐，是多么的惊讶、兴奋和激动，他们站在状如小山的盐堆上手舞足蹈、欢呼雀跃。就连中华苏维埃政府国民经济部部长毛泽民来到刚刚解放的盐池县，看到洁白晶莹的盐湖时，也认为这是一个取之不尽、用之不竭的白色"聚宝盆"。

盐池县境内大的盐湖有 5 个，在 1936 年前后，其中只有 3 个盐湖产盐，盐池解放前都控制在国民党政府和蒙古贵族手中，盐工只能凭借苦力赚取微薄收入养家糊口。毛泽民来到定边、盐池县后，决定把盐工和盐湖周边穷苦农民组织起来，成立新的盐务局，采取新的盐税政策，鼓励盐商长途贩运。毛泽民还对发展食盐贸易提出了指导意见，起草了《处理食盐、布匹，巩固苏区金融的具体办法》，并以"中华苏维埃共和国中央政府西北办事处布告"的形式广为宣传。

民国年间，国民党盐池县政府曾经租用属于蒙古伊克昭盟王爷的苟池、北大池、倭波池等盐湖，每一两年签订一次协约，并向伊克昭盟王爷交纳相应的租金。西征红军盐池解放后，这些盐湖收归当地苏维埃政府，伊克昭盟王爷想收回这些盐湖的管理权，但又不敢同边区政府主动联系，就常常派兵到盐湖边上骚扰，使盐民无法正常生产。1936 年 7 月，毛泽民到盐池后，经过深入调查，同西征野战军政治部主任刘晓研究决定，把苟池盐湖归还给伊克昭盟王爷管理。同时毛泽民还主动和伊克昭盟王爷交往，和其交朋友。据当地蒙、汉老人回忆，当时毛泽民还和伊克昭盟王爷拜了"把子"，结为异姓兄弟，使得民族关系得到很大缓和。盐业秩序得到恢复，食盐产量大大提高。

1937年8月，中央国民经济部向全边区发出《大家到盐池驮盐去！》的通知强调：现在盐池已打下数万驮盐，各级国民经济部及合作社应速发动广大群众及社员前去驮运，以发展边区经济，改善群众生活。并且要求：（一）各区将有牲口的群众，组成运盐队，有组织、有计划地去驮盐，即可以节省许多人力财力。（二）各区经济科对本区驮盐的人数，共驮盐多少，出售情况怎样，都做了详细的调查统计，依次报告上级，以便了解边区食盐运销及储存情形。（三）各合作社自行买牲口，组织运输队或雇请牲口去驮，将驮来的盐运到外边去换工业品，扩大营业或廉价卖给社员和群众，起调剂作用。除当地人民生活必须外，还大批卖到国民党统治地区，换回边区军民需用物资。

此后，边区领导按照中央指示，组织了成千上万的边区干部、红军战士和群众到盐池从事打盐生产。据统计，一个月打盐10万驮即可收入4000万元，既增加了收入，又换回了大批的粮食和布匹，极大地改善了红军战士和人民群众的生活。盐池至定边的明长城南侧，至今还保留着当年军民打盐住过的窑洞。

1939年，盐池食盐开采量大，积压多。陕甘宁边区财政厅为加强食盐开采、运输管理，边区财政厅副厅长艾楚南亲自到盐池视察，切实加强食盐生产、运输整顿。三边分区银行拨出银洋880元，全部借给盐民群众筑盐坝子。莲花

池新筑盐坝120个，滥泥池筑盐坝子25个。莲花池新出盐1200余驮，每驮价六毛，可得大洋七八百元，对政府税收也有很大帮助，这项工作的组织与进行是由打盐生产委员会推动的。

1940年10月，朱德总司令在《论发展边区的经济建设》一文中提出（载《新中华报》1940年10月13日）："发展边区经济的基本环节，在于适应环境的需要，积极开发边区的资源，首先应当大量地提高盐池的盐的产量和发展边区毛纺织工业。"依据边区的资源优势发展盐业，使盐业成为边区的支柱产业之一，是边区政府在抗战时期重要的选择。

毛泽东主席指出（《毛泽东选集》卷5，第802页）："盐是边区平衡出入口、稳定金融、调节物价的骨干。很大一部分人民赖盐池以交换外货，相当大一部分军队及工作人员赖盐以维持生活或补助生活，盐又是财政收入的一个重要来源，故盐对边区有着非常重大的作用。"这种作用突出表现在三个方面：一是盐业的发展增加了边区财政收入；二是盐业的发展，对打破经济封锁、稳定金融秩序和平抑物价起到重要作用；三是盐业的发展，改善了人民的生活。

1940年6月，三边分区专署呈请边区财政厅批款1500元筑盐坝，坝高6—7尺，新增盐坝120个。1941年，边区政府为粉碎国民党经济封锁，再一次号召群众运盐。依农户家庭经济状况规定每户每年须代政府运输若干斤公盐，同时还须运输若干斤私盐，以增加群众收入。5月18日中共西北中央局作出《关于运销食盐的决定》，其中第四条规定：运销食盐是一个新的重大艰难的任务，为完成此任务，不仅需要对边区人民有充分的宣传解释工作，而且必须有党内的全体动员，我们的口号是："每个工作人员都要去运盐。"随后，陕甘宁边区政府除组织边区、分区、

县、区、乡食盐运销委员会外（一般三到五人），并以县为单位，组织运盐总队，县委书记或县长为总队长；区组织运盐大队，区委书记或区长为大队长；乡组织运盐小队，支书或乡长为小队长；行政村组织运盐小组，党的小组或行政村主任为小组长。

1941年5月18日，《中共西北中央局关于运销食盐的决定》指出：食盐产销"成为发展边区经济最重要的一部分"，"甚至于关系到边区的生死存亡"。为了支援抗日前线，盐池县围绕食盐生产运销、农业和畜牧业生产发展，采取劳动竞赛、劳动互助等方式，开展了声势浩大的大生产运动。

1941年秋，八路军一二○师三五九旅四支队近千名官兵在司令员苏鳌、政委龙炳初（一说贺新智）率领下奉命到花马大池打盐，开展生产自救。经过一年多艰苦劳动，生产食盐约30万驮。1941年冬撤到盐池县城休整，1942年春开赴南泥湾开展大生产运动。

1943年4月16日，三边地委书记高峰、专员罗成德视察各盐湖盐业生产情况，协调解决若干生产困难问题，包括：1.领导老池盐民组织劳

1941年秋，八路军一二○师三五九旅四支队千余名战士赴三边后，在老池（花马大池）打盐时挖凿临时驻地

工合作社。老池（即今盐化场）每次下雨后，产盐丰富，盐质亦佳，但该池盐粒碎小，销路不佳，盐本不易赚回，影响盐民生活，因此愿意来老池打盐者较少。高峰提倡建立劳工合作社，由盐民集资经营，并借给贫困盐民救济粮，让他们能先安置家人生活，入冬后再扣本归还。2.确定苟池盐坝租金标准。苟池原有由蒙人看管的盐坝1400余块，由当地大户包租，再由大户转租给一般盐户。由于过去没有统一租金标准，大户往往随意提高租额，对一般盐民的利益没有保护，盐民受损较多。后苟池盐务局根据罗成德专员指

表2—2—1　1937—1945年陕甘宁边区盐税收入及占工商税比例统计表

年度	盐税金额	占工商税比例	备注
1937	1868.50	100%	金额均以光华商店代价券为单位
1938	49247.50	68.5%	
1939	29895.60	67.3%	
1940	44060.00	56.8%	
1941	372084.00	46.3%	
1942	489576.00	12.8%	
1943	4471490.00	15.6%	
1944	24578778.00	17.5%	
1945	178178842.00	34.5%	

示，按照每个盐坝产量多少，划为甲、乙、丙、丁四个等级确定租额，以免大户从中操纵。3. 帮助滥泥池盐民筑堤。滥泥池盐湖地势南高北低，南接波罗池，北临滥泥池，波罗池放水旱坝时，滥泥池即遭水淹，两地盐民时常因此起纠纷，滥泥池盐湖产量亦深受影响。地委书记高峰即召集两池盐民共同商议解决办法。具体措施是，由盐局提供部分贷款作为工程费，在两池之间筑一大堤予以解决。4. 收回莲花池盐矿公权，召集无盐坝回汉同胞开发。莲花池盐矿原系公有，后因疏于经营被少数大户把持，并禁止小盐户或外来人打盐。莲花池由政府收回后，决定新来盐户三年不纳公粮，鼓励更多群众打盐。以上措施，解决了盐民切身困难问题，鼓励了盐民积极性，提高了各池盐民生产热忱。每个盐湖周围，都可以经常看到兴致勃勃的盐民们在筑坝修堤。一场春雨后，盐民们就可以下池打盐了。

为鼓励盐业生产，三边专署在苟池盐湖召开表彰大会，200 余名蒙汉盐民参加。大会表彰奖励了李文焕、刘建章、艾青、古元几位同志。三边专署奖励给李文焕铁锹一把、锤把一个，罗成德专员奖给"盐民模范"锦旗一面，定边县委书记吴志渊奖给"向李文焕看齐"奖旗一面。李文焕表示继续加紧生产食盐。

全体盐民还订立了公约，被盐民一致通过，公约内容为：1. 组织盐民全家劳动力参加生产；2. 发扬劳动互助；3. 发扬生活互助；4. 拥护政府法令；5. 厉行节约；6. 办好盐业合作社；7. 帮助脚户；8. 为人公正。

根据 1943 年 4 月 24 日《解放日报》记载：1942 年冬，陕甘宁边区各地开始从促进盐业的发展中开展合作经济，盐民们积极酝酿成立合作社。1943 年入春后，各地合作社组织逐渐具体化。其中老池（盐场堡）成立合作社较多，有张

消金合作社、陈忠合作社等。苟池成立了消费合作社，滥泥池成立了劳工合作社，收容周边劳动力打盐。莲花池也在积极筹备成立合作社组织。

1943 年 7 月，西北局财政办事处决定采取食盐统销，制定了食盐对外统销、对内自由买卖原则，并规定了以下任务：1. 实行对外统销，扩大公私股金，团结公私力量，加强盐公司组织机构，根除封建剥削以改进业务，使统销任务逐步实行。2. 稳定盐价，掌握增减盐价的主动权，利用公私经济的力量，务使盐价不为敌人所左右及不为私商所操纵，从而有利于盐民、有利于盐业发展，稳定盐价。3. 发展食盐的运输，配合各级政府对盐运的领导，盐业公司使用资金帮助盐运，设立转运站，解决沿途草料的供给与草料价格，以发展运输。4. 管理内地食盐贸易，对内买卖食盐在不妨碍食盐统销的原则下自由进行。5. 巩固金融保证物资供给，收入法币供给银行周转兑换及换取物资以供给财政需要。

1943 年 7 月 26 日，中共中央西北局发出《关于加紧运盐工作的指示》后，陕甘宁边区运盐网点很快铺开。1943 年下半年，在定（边）—延（安）线共有公、私营骡马店 170 个，其中私营 137 个，靖（边）—延（安）路沿线共有村庄 69 个，其中 45 个村有骡马店 103 个，其中私人开设的 86 个。尽管国民党对边区实施经济封锁，但南来北往的客商、脚户络绎不绝，生意很是兴隆。1942 年边区高干会议后，成立了隶属边区建设厅的交通运输局，各分区相应成立交通运输分局，其任务之一就是领导、组织、管理盐运工作。从定边到延安、定边到庆阳、靖边到清涧三条运盐主线上设有管理局，分别设在志丹、环县、瓦窑堡，负责沿线的交通设施，保证盐运道路畅通。而一些进步商人、盐商通过给国民党哨卡"买路钱"，或与军官"合伙"做生意的办法，

把边区的食盐一驮驮推销了出去，换回了边区紧缺的棉花、布匹、药品等物资。

1943年8月7日，边区政府进一步制定了《陕甘宁边区运输合作社奖惩办法》。盐池县根据办法规定，积极发动合作社和组织群众大力开展合作运盐，县委书记肖佐汉亲自到四区发动群众，组织合作运盐。开始在四区一乡、三乡实施的办法是：每家自愿按当时负担公盐数的1倍出款，如分派一乡运公盐的任务为147驮（每驮公盐代金2000元），折款29.4万元，群众就以20万元买骆驼20峰，其余9.4万元作路费，每次运60驮，三次即可运完，其余时间即可运私盐。完成公、私盐运输任务后，各农户所出之款变成运输合作社股金，继续搞合作运输，群众比较能够接受。

1943年前后，陕甘宁边区各级合作社组织的食盐运输队（图片来自延安纪念馆）

肖书记到四区二乡动员群众运盐时，情况又有所不同。二乡是回民聚居区，全乡农户共有骆驼149峰，如果将这些骆驼组成两个合作运盐队，每次可运盐298驮，不到5次就能完成运盐任务了。有一天肖书记下乡时，晚上住宿在该乡群众李天祥家。李天祥自己也是有骆驼的，知道拉骆驼能赚钱，所以肖书记向他谈了这个办法，李天祥很是赞同，但他心里吃不准"群众会不会同意？"肖书记给他鼓劲说："这个办法对大家有利，自然会有人同意，你在村子里也是有威信的人，只要积极向大家说明利弊，就一定可以搞起来！"第二天乡上开会，李天祥在路上碰到了李天顺、李文章两人，就向他俩提出搞合作运输的事，两人表示说，这是个好办法，可以说服大家尽快搞起来。开会前，三个人一起向大家提出搞

合作运输的想法，当场就有王九重等多数人表示同意这个办法，只有个别人怀疑"运输队将来会不会变成公家的？"正式开会时，萧佐汉书记向大家说明办合作运输的好处，并承诺：合作运输队不会变成公家的，始终属于群众自有；运输队负责人由大家选信得过的人，政府不干预。这才消除了大家的顾虑。讨论具体办法时，有人提出一驮公盐代金只收1600元，合起来买不了几峰骆驼，完成运盐任务太过费时，不如连明年的运盐代金一起，每驮收2000元。到会33人多数表示同意，只有两家农户不太情愿。大家就劝他俩说："我们每户有出七八驮公盐代金的都没啥，你们出那一点点，怎么还就不愿意呢？"在大家劝说下，那两家农户也都签名认可了。

1943年，驻盐池八路军警备七团完成大生产运动6000余亩开荒任务后，耕牛也已休养了一些时日。团长黄罗斌寻思着，是不是可以尝试着用耕牛去驮盐。跟当地老百姓一了解，大家都摇着头说："牛不能驮盐（盐池当地牛只耕田，不驮物）。"但黄团长不死心，经过认真调查了解后，动员大家说："牛的力气大，既然能耕田拉车，自

1943年，盐池县驻八路军部队和群众创造了耕牛驮盐的办法，参加陕甘宁边区运盐大生产运动

然也能驮盐。况且盐路沿途有水有草，耕牛食料有保障，不会乏了……黄牛性子野嘛，多用几个牛拥着它，不会有问题的。"听黄团长这样说，大家虽无异议，不过心里多少有些怀疑、担心。8月13日，七团集中了38头耕牛，准备驮盐出发。这批耕牛多是新从蒙地买回，还没有完全驯服。加之没有专用的耕牛鞍架，权用毡垫子代替。一开始，装盐袋子往牛身上一横，一条犍牛蹄子一撂，就把盐袋抛在了地上，其他耕牛也跟着不老实起来，攒蹄甩尾，不循正路儿。牵牛人就把口袋四角儿扎上绳子，再将绳子绕在牛身上，拴得死死的。前面一个人拉着牛笼头，后面一个人缒着牛尾巴，一点点向前移动。不大一会，头牛走顺了，其他牛也驯顺地跟着走了，38头耕牛运盐队从盐池浩浩荡荡出发了。四周看热闹的人也跟着担心，觉得用牛驮盐终究不太靠谱，大家眼里都透着怀疑。耕牛驮盐队行了十多里后，沉重的盐袋把牛压得浑身是汗，野性就小了，一路上顺顺当当地，没发生什么意外。

当年八路军警备七团在盐池组织38头耕牛

（其中两头牛驮运生活杂物）驮盐6次，赚回46万元（边币）。盐池以耕牛驮盐开创的先例，在边区造成了极大轰动。1943年8月29日《解放日报》报道：盐池驻军创造了用耕牛驮盐的经验，38头牛驮一次可赚钱68000元，其他群众纷纷效仿。苟池某一合作社主任总结说："耕牛放青（农闲时耕牛放牧啃青）驮盐，既不误农时，又能赚钱，真是绝妙的算盘。就以运到张家畔来说，一条耕牛驮一次盐可赚1500元，三边1300多头牛，如果都在放青驮盐，能增加很大的财富！"

截至1943年6月，盐池县先后组织运盐12764驮，较计划任务8000驮超额4700余驮。组织运协同时，也为群众带来很大增收。县政府先后安排全县上等骆驼718峰、长脚驴71头运盐6640驮；全县购入骆驼130峰、驴150头，同时组织了一部分邻区骆驼和牲口参与运盐。二区群众组织长脚驴和农户驴十四帮，每帮由区政府发给运输旗子一面，方便沿途行走。五区组织了一个由26峰骆驼组成的朋帮，邻区回族群众组织骆驼173峰，在县政府直接领导下编为两个输帮运盐2次，计1038驮。二区群众在蒙地买回骆驼26峰，一区买回5峰，全部投入运盐。牲口放青期间，县政府积极组织扩大运盐生产，决定每峰骆驼在后半年最少运两次。

1944年，盐池县各区合作社进一步采取收取公盐代金，由合作运输队替群众运盐。合作运输的发展方向，进一步奠定了合作事业发展的群众基础。

第三节　纺织生产

盐池解放前，由于文化落后（全县识字率不足 2%），农民封建思想极其严重。尤其农村妇女，终其一生"围着锅转"，几乎足不出户。

《陕甘宁边区纺织业概况报告》（1939 年 8 月 18 日）指出："发展人民纺织合作与发展家庭纺织业，是保证人民自给的良好方法，今后应当更一步加以提倡，并力求改良生产方法以增加产量与改善成品质量。"

1941 年，盐池县委、县政府根据边区经济、纺织业生产发展需要，决定动员各区、乡妇女开展纺织活动，在当时引起群众很大反响。有人就说："女人纺线，那是不走正道。"有人故意敲杂话："一流子要饭，二流子纺线，公家要组织二流子纺线了。"也有不怀好意者出言无状："谁学纺线，公家就拉她进工厂。"所以在当年，组织到参加纺织活动的只有 9 名妇女。1942 年元华工厂建成投产后，需要大量毛线原料。县委、县政府号召全县妇女积极参加纺线，或者到元华工厂纺线织布，挣取酬金，但是收效甚微。县长孙璞是盐池本地人，了解盐池当地传统习俗，对县委书记萧佐汉建议说："盐池妇女，向来封闭，社会风气不允许她们抛头露面。我们要想组织妇女纺织，得认真研究办法，做好动员宣传，不然这项工作会有很大阻力。"

1942 年，为粉碎国民党反动派对陕甘宁边区的经济封锁，毛泽东主席发出"自己动手，丰衣足食"的伟大号召。边区各地开展了轰轰烈烈

的大生产运动，但盐池妇女还是没有真正被动员起来。

1943 年 4 月 5 日，《解放日报》报道：蔡畅、康克清、张琴秋、白茜、王友兰等同志特发起筹办"边区妇女合作社"，目的在提倡妇女生产——特别是纺织毛线和鞋子的手工业生产。"边区妇女合作社"的成立，有效提高了边区各地妇女参与纺织生产运动的积极性。

1943 年，陕甘宁边区开展大生产运动如火如荼。推动元华工厂为陕甘宁边区作出更大贡献成为盐池县委、县政府工作之重。在县委、县政府统一部署下，从 3 月 10 日开始，各级干部、抗联同志、元华工厂股民、合作社社员开始挨门逐户走访动员城乡妇女参与纺织生产，宣传参与纺线织布的革命意义，同时告诉大家，纺织还能给家庭增加收入哩。通过宣传动员，有 70 余名城区妇女愿意参加纺织生产。最后抗联决定，求精不求多，先组织少数积极分子，做出成绩，起到带动作用，然后组织大规模生产运动。于是城区召集各乡干部召开会议，要求干部家属带头。二乡乡长白仲云首先表态："纺线是好事情，我的婆姨可以参加，下午就给我取一架纺车吧。"二区区长郑有仁也主动表态说："女人纺线是好事，既学了本事，还可以挣钱，女人买个针头线脑啥的，省得跟男人要钱……女人虽然天天要在家做饭、看娃娃，但抽些空闲时间参加纺线还是可以的。"干部带头了，群众也就跟上了。当场就有

48 名妇女报名参加纺织班。为了便于教授、互相观摩学习，城区政府将 48 名纺妇分开编组，每组三至九人不等，设组长一名，共设 8 个组，其中一个是回民组。

48 名纺妇中，有 10 个是学过或参与过纺线的。另外，县委书记萧佐汉的老婆王芝贞和城区区委书记高维泰的老婆都是纺线好手。她俩悉心教授初学纺线的妇女，并请那 10 位学过纺线的妇女做助手，分到各组协助教授。县政府借给每名纺妇纺车一辆，专雇一人弹毛，县抗联专门抽出一人发毛、收线子。每日下午，纺妇们送线、领毛，往来不绝，很是热闹。

刚开始纺线时，规定每人每日发毛 1 斤 1 两，交线子 1 斤。有纺妇觉得大家开始学，怕要浪费些，希望多发一点毛。干部、组长还有纺线老师就给大家仔细解释，要大家按要求慢慢来，尽量省。除开头几日少数人技术不熟练，交不够线子外，后来大家都能交够数量了。最初纺妇工资定为：上等线每斤 18 元、中等线每斤 15 元、下等线每斤 12 元。从 3 月 26 日至 4 月 12 日，不到 20 天，便纺了 175 斤线子，其中上等线 60 斤、中等线 110 斤、下等线仅 5 斤。刚开始每人每日平均纺线三至五两，也有人每日纺七八两的，个别还有人纺到 1 斤的。大家纺线数量和质量都日益提高，于是就给纺妇们增加了工资，上等线 30 元、中等线 20 到 25 元、下等线 15 元。并向大家提出"提高质量，纺细纺匀"的要求，并承诺只要质量上去，还能再增加工资。通过这 48 名妇女带动，其他一些妇女都要求参加纺线了。

王芝贞同志教人纺线很是认真负责，每天挨门逐户指点初学纺妇纺线，帮助修理纺车。城区四个行政村，她都跑遍了。还把自己做的 15 个拉线珠送给纺妇。全县 200 多纺车的弦子都是王芝贞合的。市场上的弦子每两卖 120 元，她只收 100 元，质量好且耐用。

纺线速度最快的是城区区委书记高维泰老婆，她一面教别人，一面自己纺，20 天内纺中等线 40 斤。邮工郭怀苍老婆 8 天内纺中等线子 11 斤。纺线质量最好的是尹平枝老婆，她白天带孩子，晚上抽空学纺线，进步很快，16 天内纺上等线子 9 斤。"五一"劳动节时，县抗联搞了一次纺线竞赛，现场奖励了获奖纺妇，更加激励了一般妇女参加纺线的生产热情。

盐池县从 1943 年春季开始动员城乡妇女参与纺织生产。城区合作社当年组织动员 66 名农村妇女成为纺妇，共计纺线 1448 斤，收入工资近 4 万元，成为该区一大收入。纺车通过政府代金制作发放，当时定价只有 300 元，后来市场涨到 1000 元，政府取信于民，仍按 300 元收取，得到群众交口称赞，大家学习、参与纺织生产情绪持续高涨。"五一"劳动节县抗联组织纺线劳动竞赛后，激发了区与区、乡与乡之间的纺线劳动竞赛。各区先组织区内比，然后选出纺线能手集中到县上比。各区、乡组织纺织生产竞赛，有时在区、乡院子，有时在村民房前屋后，有时直接就放在村子里大树底下。三五十辆、百来十辆纺车摆在一起，纺车徐徐轮转、银线缓缓匀出。技术突出者，被称为纺织能手、纺纱突击手，奖得一辆纺车，或是毛巾、肥皂、笔记本之类，纺妇们满脸幸福，深感自豪。

县上在鼓楼东街一片大场地露天举办了一场全县规模的妇纺比赛。当时，天地当厂房，绿荫作车间，纺妇们幕天席地，成排纺车列阵以待。县委书记肖佐汉和县长孙璞抽暇带领众多机关干部观赛助阵。一声号令，百车齐鸣，千手引线，场面十分壮观感人。比赛结束时，县委书记肖佐汉、县长孙璞亲自为获奖纺妇颁奖，一等奖发棉

陕甘宁边区时期的纺织合作社

花一斤，二等奖发肥皂一块，三等奖发奖状一纸。无论纺得多的、纺得少的，获奖的、没有获奖的，大家都感到很快乐、很兴奋。这一刻，这些长期被封建礼教禁锢的农村妇女的身心，才彻底被解放、舒展开来。

1944年3月24日，《解放日报》刊登了中共三边地委书记高峰接受记者采访时的谈话。高峰书记讲："三边有14万人口，每人每年平均约用三丈五市尺布，此项庞大需要，若以现价折算，全分区每年即需支出13亿元。人常说吃一担就得穿一担（指卖粮买布），若发展妇纺，此项庞大漏洞即可塞住，不仅可因此平衡出入口，且可减轻人民日常费用一半开支。"盐池县根据地委指示，大力发展纺织业，县委书记肖佐汉、县长孙璞和抗联会主任白凤奎，首先让干部家属学会纺线，影响全县。肖佐汉、白凤奎之妻不但学会了纺线，还亲自下乡宣传群众纺线，成为模范纺线妇女组织者。城区区委书记和乡长之妻分别推动和教会了10家和20家妇女纺线。105个行政村每村发展5名纺妇。城区又决定发放纺妇代金8万元，棉花贷款5万元。回族难民肖良贵病了，一家三口全靠他妻养活，她贷两斤棉花纺线度日，所赚工钱维持了一家人的生活及丈夫医药费用。

1944年，盐池县联社发展纺工2236名（其中男纺工685人），新制纺车1626架。具体由元华工厂承担购置布机，纺工由元华工厂负责培训，棉花由合作社负责采购供应。纺织合作社组织起来后，积极组织为群众解决了一些实际生活困难。如四区纺织合作社先后借给困难社员粮食10石。社员东连结婚时缺钱，合作社给其借了两斗麦子，还赊给了一些货品。当年，全县合作社主任联席会议上决定：全县要新做织布机23架（其中分配元化工厂17架），发展妇女2000人

（现有 900 人）参与纺织；元华工厂已在二、三区各建一所合作社分社，县合作社要在已有股金 1 亿元的基础上扩大一倍。针对上述任务大家讨论实施办法时，元华工厂经理靳体元先生表态说："分配我厂计划新做的 17 架织布机，现已做好 10 架，秋后骆驼起场驮木料回来，年底可以全部赶造完成。新增织布工人，大部分由厂内自己培养，其他由各区派来解决，因此到明年初就可全部完成任务。"关于供给全县 2000 名妇纺的纺织原料，各合作社均采取以下办法：由合作社跑乡工作人员在乡间收毛，并号召养羊户以纺成的线、毛向合作社换毛布。全县当进有羊 20 万只，每只剪收秋毛半斤，可收毛 10 万斤，蒙地可以运来数万斤，原料不足部分，还可由合作社运输队带回棉花来。织出的布主要供给老百姓自用，销路不愁，其他方面的计划通过开设骡马店、发展运输等计划，或待卖掉群众入股的一部分羊只后，即可逐渐实现。

1945 年前后，边区纺织生产基本形成四种模式。一是家庭自纺自织。"比如盐池四区甘家圪郝占奎家四三年乡上发了一架脚踏纺车，纺了许多毛线，请毛毛匠人把粗的织成口袋，细的织成被单子，庄子上的人看了眼红，都学起来了。现在甘家圪 11 户家家会纺线，家家都盖上了新被子。"二是小型纺织合作社。三是合作社帮助纺织业。四是工厂帮助纺织业。"盐池城区五乡王有纺毛线 6 斤，交元华工厂织合子布 3 丈 7 尺，出工资 7400 元。按羊毛市价每斤 700 元，6 斤线需要生毛 10 斤，共需 7000 元，与织布工资合计 14400 元，而一尺合子布，实际顶一尺斜纹布，即以土布价格每尺 700 元计，共值 25900 元，比起赚工资与卖线利大得多。"（1945 年 7 月 10 三边地委《向着自纺自织的方向前进》）

1946 年，盐池县执行边区政府提出的"现在和平建设的新时期已经到来，合作社的业务和经营方式应有改变，在各方面加强同群众的联系，扶助农村经济的发展"，"合作事业应切实面向农村，以生产为主，并与农村各种家庭副业相结合，组织各种大小形式的消费合作社以减少中间剥削。"合作社进一步得到了整顿和巩固提高。

1947 年 8 月，宁夏马鸿逵部侵占三边，盐池失陷。全县原有 5 个基层合作社财物一部分被马鸿逵部劫掠而去，一部分由个别旧人员（革命顽固分子）乘机贪污，各社仅剩残存物资。盐池县各合作社也因战争形势、资金流失、物资损毁等因素而暂时停业。

第三章

新中国成立后经营体制

中华人民共和国成立之初，百废待兴。摆在全党和全国人民面前的是一个满目疮痍的农业大国。尽快恢复国民经济、打击投机资本、开展城乡物资交流、稳定市场物价、稳定人民生活，是摆在各级人民政府面前的迫切任务。

20世纪50年代中期，我国初步形成了三大合作社体系：生产合作社、供销合作社和信用合作社。生产合作社逐渐发展由初级社到高级社替代了乡级政权组织，发展为政社合一的人民公社，基层供销社成为人民公社的商业流通部门；信用合作社成为人民公社的信用部。国家成立供销合作社的目的，就是要控制农村市场和农产品流通，确保国家统购统销任务，也是弥补农民因农村商业落后而买卖不便利的重要手段，保证国民经济重建及国家工业化的需要。

这个时候，合作社组织经过革命战争年代的不断实践，已经具备了快速发展的历史条件：新中国是以工人阶级为领导，以工农联盟为基础的国家政权，合作经济已经成为整个人民经济的重要组成部分；1948年9月提出的合作社新方针以及中共中央七届二中全会、人民政协关于合作社经济的决定指明了合作社发展的方向；社会主义性质的国家经济是整个国民经济的领导力量，它通过银行、贸易和财政等部门给予合作社种种优待，尤其是通过合作社开展采购和推销业务有力地扶持了合作社的发展；全国广大地区实行了土地改革，农民摆脱封建剥削后，要求进一步从商人的中间剥削中解放出来，迫切需要发展合作社。这些条件是以往任何时期所不具备的，为合作社事业蓬勃发展奠定了基础。

1951年3月，在宁夏省合作局指导下，盐池县恢复成立县合作联社和五个区合作社，并在新解放区惠安堡（陕甘宁边区时期为国民党盐池县政府所在地）集股兴办合作社。至此，全县6个区都有了商业合作组织。1952年4月，盐池县政府成立工商科（后改为工商局），负责国营商业及市场管理。合作社是在私有制基础上发展起来的群众性经济组织。合作社吸收城市工人和劳动市民，组织农村社员群众，在自愿参加原则下，将城乡手工业者联合在一起，组织从事生产经营活动，实现手工业者现实和长远利益。合作经济是新中国五种经济成分中的重要组成部分。

1955 年春至 1956 年 3 月，盐池县根据"统筹兼顾、全面安排、积极改造"和"利用、限制、改造"方针，分两阶段组织对全县私营商业进行社会主义改造。

　　从 1954 年到 1995 年，全国供销合作社与商业部国营商业的"三合三分"过程，贯穿了供销合作社 41 年的发展历程。"三合三分"具体为：1958 年全国供销合作社与国营商业合并，1962 年恢复成立；1970 年全国供销合作总社与商业部、粮食部、中央工商行政管理局合并组成商业部；1975 年恢复成立全国供销合作总社；1978 年与国营商业合并；1995 年 5 月恢复成立中华全国供销合作总社。盐池县供销合作社并未同全国和自治区供销合作社同步进行"三分三合"，而是只经历了"两分两合"过程，即 1958 年盐池县供销合作社合并到商业局，1962 年 7 月 1 日起单独分设；1969 年 10 月撤销盐池县供销合作社，合并成立盐池县革委会商业局，1976 年 1 月 1 日起盐池县革委会商业局分设为"盐池县商业局"和"盐池县供销合作社"。此后，盐池县供销合作社在屡次机构改革中一直单独保留。

　　2001 年 7 月 16 日，盐池县政府成立供销合作社社属企业改制工作指导小组，全县供销合作社企业改制正式启动。2003 年 5 月，盐池县供销合作社认真贯彻自治区政府《关于进一步推进供销合作社改革与发展的通知》（宁政发〔1999〕70 号文件，1999 年 6 月 11 日）精神，对社属企业及基层社进行改制。到 2007 年，大水坑贸易公司成功改制，标志着全县供销合作社系统改制全面完成，也标志着盐池县供销合作社计划经济体制基本结束。2016 年 6 月 8 日，根据《盐池县关于深化供销合作社综合改革的实施方案》（盐党办发〔2016〕68 号）精神，盐池县供销合作社按照事业单位法人登记注册。县财政以政府购买公共服务方式，自 2016 年开始，每年拨付供销合作社综合改革资金 100 万元，以后每年按 20% 递增，用于供销合作社改革发展和开展涉农服务。

　　截至 2020 年，盐池县供销合作社联合社下辖 2 个企业（盐兴农业生产资料有限责任公司、大水坑贸易公司），9 个基层社，分别是花马池、惠安堡、高沙窝、冯记沟、青山、王乐井、麻黄山、柳杨堡、苏步井供销合作社；鸦儿沟和马儿庄供销合作社在全县撤乡并镇后，分别由王乐井和冯记沟供销合作社改设为分销店，继续开展经营服务。

第一节　私营工商业社会主义改造

1949 年 8 月盐池解放到 1950 年上半年，在盐池县委、县政府领导下，开始清理元华工厂残存资产，追回盐池失陷时期被旧人员侵吞的财产共计 7000 万元（旧币），开始恢复筹建县合作社工作。1950 年 7 月中华全国合作社工作者第一届代表会议召开后，盐池县开始依照《中华人民共和国合作社法（草案）》规定改造全县合作社。

1950 年 12 月 14 日，《宁夏日报》报道：宁夏省合作局李有煜局长带领 6 名干部赴盐池县检查改造全县现有合作社，于 11 月 22 日召集县联社、区社及基层社负责干部会议，传达西北区合作会议精神，检查盐池县合作社经营情况。检查中发现合作社存在许多管理经营问题：收集股金使用摊派办法，不完全出于群众自愿，股金大小不一，最多一人达到 150 股；服务对象不分社员与非社员，经营方向不是以满足社员群众需要为目的，而是为了赢利分红；县联社在各区基层社发货中间有违规行为，区社和乡社之间处于无管理、无计划、上下脱节状态；理事会、监事会等民主管理制度不健全，缺乏社员监管，时有贪污事件发生。由于存在上述问题，社员群众对合作社有"活捉爷""吃本社""公家办的"等不满看法。会议要求盐池县应及时召开乡村两级干部会议和群众大会，传达新合作社精神，发动群众讨论清理旧债，确认股权、股额，在群众自愿基础上扩充股金，条件成熟后组织召开社员代表大会，通过县级合作社章程，确定经营方针，民主产生理事会、监事会。要把改造合作社和当前土改工作密切结合，并在改造过程中注意培养和提拔群众积极分子充任合作社干部。

1952 年 1 月，盐池县组织在全县个体私营工商业中开展"五反"运动，对部分私营工商业主偷税漏税、偷工减料现象进行批评教育、补缴罚款。盐池县没有大的工商企业，多为一家一店的小手工作坊，所以没有揭发出大的问题。但通过"五反"运动，普遍教育和改造了私营工商业主和小手工业者，巩固了社会主义国营经济的领导地位。

1953 年 9 月 25 日，《人民日报》正式公布了由毛泽东同志提出的过渡时期的总路线。总路线主要内容是：要在一个相当长的历史时期内，基本上实现国家工业化和对农业、手工业、资本主义工商业的社会主义改造。这是国民经济发展的基本要求，又是实现三大改造的物质基础；而实现对农业、手工业和资本主义工商业社会主义改造又是实现国家工业化的必要条件。两者互相依赖、相辅相成。社会主义建设和生产资料所有制的社会主义改造同时并举，是这条总路线的基本特点。两者的同时并举保证了新民主主义向社会主义的顺利过渡。过渡时期总路线的实质是解决所有制问题。一方面，是社会主义公有制的扩大，即国营企业的新建、扩建；另一方面，是把个体小私有制改造成为社会主义集体所有制，把资本主义私有制改造成为社会主义全民所有制。

表 3—1—1　1952 年盐池县城私营工商业统计表

序号	商号	经理	主业	从业人员（人）					资金（万元）			开业时间
				经理	职员	工人	学徒	合计	流动	固定	合计	
1	同盛魁	张子荣	杂货	2	1	1		4	1000	200	1200	1925
2		陈启生	杂货	1		1	1	3	200	400	600	1928
3	荣生祥	翟世荣	杂货	1				1	250	400	650	1928
4	和合亿	姚学文	杂货	1	2	1		4	2000	500	2500	1930
5	自立成	高仲令	杂货	1		1		2	300	200	500	1934
6		蒋学仁	杂货	1				1	5	95	100	1934
7		白士元	杂货	1				1	600	600	1200	1936
8	谦益恒	师传谦	杂货	1	1	1		3	2500	300	2800	1936
9	万盛祥	杨 顺	杂货	1	1			2	2000	800	2800	1936
10	乾记	张仲刚	杂货	1	1	1		3	1200	300	1500	1938
11	德生祥	王生海	杂货	1	1			3	500	1800	2300	1939
12	仁和永	冯克仁	杂货	1		1		1	80	20	100	1941
13		王 信	杂货	1				1	60	120	180	1941
14	近厚昌	刘恩温	杂货	2			1	4	450	50	500	1942
15	永记号	张永新	杂货	1	1		2	4	2500	300	2800	1944
16	德记	李恩泽	杂货	1		1		2	350	150	500	1945
17		姚学林	杂货	1		2		1	100	20	120	1947
18		梁家瑞	杂货	1		1		2	250	150	400	1948
19		李庆昌	杂货	1				1	20	15	35	1949
20		赵子厚	杂货	2	1			2	350	600	950	1949
21	久记	幸铺基	杂货	1				1	120	100	150	1949
22	永和成	冯光甫	杂货	1			1	3	200	30	400	1950
23	德义汇	罗安仁	杂货	1	2		2	7	4000	300	6000	1950
24	增记	杨 增	杂货	1	1			3	500	600	1100	1950
25		孙 荣	杂货	1				1	200	100	300	1950
26		宁寿山	杂货	1				1	200	30	230	1950
27		蒋立本	杂货	1				1	200	300	500	1950
28		杨瑞武	杂货	1			1	1	200	260	460	1944
29	生记	武维藩	杂货	1				2	100	100	200	1947
30		葛瑞祥	杂货	1				1	140	10	150	1949
31	谦记	李百谦	杂货	1				2	200	30	230	1949
32		赵 晋	杂货	1	1			1	100	50	150	1951
33		芦凤准	杂货	1				2	170	20	20	1951

序号	商号	经理	主业	从业人员（人）					资金（万元）			开业时间
				经理	职员	工人	学徒	合计	流动	固定	合计	
34	合计商行	刘 昌	杂货	2				1		30	200	1951
35		牛 兴	杂货	1				1	15	10	25	1951
36		杨瑞文	杂货	1				1	30	20	50	1952
37		梁吉瑞	杂货	1				2	60	40	100	1952
38	延寿昌	原呈玉	中药	1	1			2	500	50	550	1938
39	敬义昌	李恒珍	中药	1			1	2	200	400	600	1947
40	洪记药房	张九如	中药	1			1	2	200	250	450	1949

表3—1—2　1952年五区（大水坑）私营工商业统计表

序号	商号	经理	主业	从业人员（人）					资金（万元）			开业时间
				经理	职员	工人	学徒	合计	流动	固定	合计	
1	德顺西	宁玉和	杂货	1	2			3	960		960	未详
2		姚九福	杂货	1				1	1000		1000	
3	利农商店	刘书秀	杂货	1				1	800		800	
4	万太玉	刘万凯	杂货	2	1			3	800		800	
5		姚九绪	杂货	1				1	990		990	
6		赵万修	杂货	1				1	100		100	
7		于占池	杂货	1				1	100		100	
8		姚学贵	药房	1				1	600	50	650	
9		赵庚祥	药房	1				1	120	20	140	
10		王如梅	杂货	1				1	100		100	
11		曹洪道	药房	1				1	150	20	170	
12	利民商号	刘书民	杂货	1				1	450	50	500	

　　1953年11月至12月，中华全国合作社联合总社召开的第三次全国手工业生产合作会议上提出对手工业进行社会主义改造，指出："对手工业进行社会主义改造的方针是积极领导、稳步前进；组织形式是由手工业生产小组、手工业供销生产社到手工业生产合作社；方法是从供销入手，实行生产改造；步骤是由小到大，由低级到高级。"

　　1955年，盐池县共有私营企业（私营户，下同）64户、94人，资金73400元；饮食业21户、34人，资金4900元；服务业（包括理发、照相、旅店）28户、31人，资金24269元。这些私营企业大部分集中在县城和大水坑、惠安堡两镇，其他区乡分散较少。这些私营户多为小商小贩或家庭店、夫妻商店，不雇店员、设备简陋、资金少，行业管理上比较混乱。

表 3—1—3　1952 年六区（惠安堡）私营工商业统计表

序号	商号	经理	主业	从业人员（人）					资金（万元）			开业时间
				经理	职员	工人	学徒	合计	流动	固定	合计	
1	政吉祥	杨金录	杂货	1		1		2	500	1290	1790	1940
2	四知掌	杨坤生	杂货	1	2	1	1	5	1000	500	1500	1947
3	日新堂	陈希花	杂货	1	1	2		4	800	710	1510	1949
4		柳自强	西药	1	1			2	270	50	320	1951
5		薛夏汉	中药	1				1	200	50	250	1938
6	福盛荣	买攀福	杂货	1				1	120	740	860	1951
7	福顺西	余维元	杂货	1		1		2	400	1500	1900	1931
8		马世忠	杂货	1	1			2	400	230	630	1948

盐池县根据"统筹兼顾、全面安排、积极改造"和"利用、限制、改造"方针，组织对全县私营商业进行改造，整个改造过程分两阶段进行。第一阶段于 1955 年春开始实施改造。通过组织商业合作（35 户 51 人）、经销代销（12 户12 人）、饮食业合作（8 户 10 人）和服务业合作旅社、联营小组（14 户 17 人）等形式共改造私营工商业 69 户，占其行业总户数的 61%；改造从业人员 90 人，占总数的 56.6%；改造资金 56011 元，占其总资金数的 54.6%。

1955 年底，盐池县即开始组织实施第二阶段手工业社会主义改造。1956 年春，盐池县委成立了由 5 人组成的资本主义工商业者社会主义改造领导小组，下设办公室，按照"用国家资本主义的形式把私人商业纳入国家经济计划轨道"指示精神，在已经进行的基础上继续开展对农村私营工商业进行社会主义改造：一是对于资金量大、技术性较强的私营工商业实行公私合营或合作形式；二是对资金量少、不便公私合营或合作，又有利于国计民生的私营工商业实行联合经销或维持其原状，并对其加强思想改造和政策宣传教育；三是对资金量少、没有发展前途且难以维持

生计的私营工商业户动员其转业。对于接受社会主义改造的私营工商业从业者，全部由政府对其给予适当安置；对合并工商业主的资金（含物资折价），计划由政府在 1956 年 9 月至 1966 年 8月期间陆续给予兑付，政府每年付给合并私营工商业主 5% 的定息。

截至 1956 年 3 月，通过各种形式共改造私营户 58 户、87 人，资金 51708 元；单干户 6 户 7人，资金 3059 元。其中合营 30 户 43 人，资金36070 元；经销户 12 户、12 人，资金 2310 元；过渡到供销社 4 户、6 人，资金 2260 元，转业退休（转企业或退休）等 12 户、26 人，资金 11028 元。饮食业方面改造 13 户、23 人，资金 2438 元；单干户 8 户、11 人，资金 1320 元。其中合营户 5户、7 人，资金 700 元，转业户 8 户、16 人，资金 1738 元。服务业改造 14 户、178 人，资金1137 元，均属合作形式；单干 14 户、14 人，资金 13132 元。

由于各私营企业改造前资金悬殊，从业人员文化水平参差不齐，改造后安置存在很多不协调因素。首先是于 1955 年 12 月对年龄适合（青壮年）、学习和业务上有特长、思想觉悟高的部分

1956年公私合营（手工业改造）后被安置到盐池县毛织厂的部分元华工厂老工人

1959年3月，李玉春（左）、刘建业（右）等一批元华工厂老工人在公私合营后被安排在盐池县毛麻加工厂教授徒弟，参加社会主义建设（买世杰摄）

私营业主，直接过渡为供销社干部。其次设立了综合性经营商店1个，分设门市部7个，针织棉布百货门市部2个、副食山货门市部2个、文具店1个、蔬菜店1个；大水坑、惠安堡两镇各组织综合性合营商店1个，分别设立混合门市部2

个、食堂1个，分别安置合适私营业主。

手工业改造在广泛宣传发动基础上进行。先对私营企业商品、固定资产进行清理。为了不影响营业，商品清理边盘点、边估价（价格按照合作社统一定价），最终估价由民主协商确定。将货盘完价即开始营业；货架用具采取私有公用。人事安排方面，县城及惠安堡合作社营业店由县供销社各派干部1人任总经理，再在营业店原有人员中推选副经理2人，各门市部推选小组长1人，分工推进工作。大水坑合作社直接由该社主任兼任经理，店中推选副经理2名。其余人员均根据其能力、文化程度、思想情况适当搭配担任各门市部销货员。此次手工业改造工作，县合作社除对大水坑合作商店投资200元外，对全县其余合营商店都没有新增投资。

合作商店改造后资金统一使用、统一核算，采取按股分红。盈余分配按照公积金60%、分红20%、公益金10%、建设基金5%、福利5%确定。合作旅店因其投资小、利润高，盈余分配为劳动分红80%、股金分红10%、公积金5%、公益金5%。理发小组成员每人交纳两个月工资作为入股股金，并交纳股金10%的入组费，盈余分配为公积金45%、劳动分红25%、公益金10%、福利教育金10%、上缴合作事业建设基金10%。全县合营商店全部实行固定工资制，按劳取酬。具体办法是根据店员职务、劳动付出、德才，并参照其原来收入，由县合作社提出初步工资意见，经民主讨论通过。县城营业店经理47元，店员最高45元，一般店员38元，最低25元，平均工资36元5角。大水坑最高工资40元，二等37元、三等34元、平均工资36元2角；惠安堡与大水坑合营店工资持平。旅店业工资采取"死分活评办法"（即固定工作量，采取灵活评分的办法兑现工资），从每月收入中提取80%予以劳动分红。理发组最高工资 62 元，最低 45 元。

全县私营企业过去大部分没有设立比较规范的账簿。所以在改造工作前，县供销合作社专门召开会议讲解清产核资、建立账簿的作用意义，然后由各户自建账簿进行申报。经合营商店筹委会初审通过，再交私改办公室进行审核。通过审核发现，中小户实有资金多于账簿登记，而个别大户实有资金少于账簿登记。固定财产和家具，采取租赁和私有公用两种办法不折价入股。

盐池县对手工业实施改造，是在全国企业合作化及资本主义企业社会主义改造的大背景下进行的。私营企业主大多表示积极拥护，只有个别私营户有顾虑，怕组织起来不自由、收入少。经过耐心宣传解释，最终大家都能愉快接受。实施改造合营后，由于资金集中，产品种类增多（合作商店由一开始的 200 多种商品增加到 500 余种），店员积极性很高，营业额也持续增加，大家收入都有了保障。通过合作实践，私营业主深深体会到组织起来的好处，因此渐渐消除了原有顾虑和怀疑。

合作经营后，也为店员学习创造了平台条件。特别是在合营商店，在干部带动下，大家学习理论、学习业务逐成风气。合作商店经理梁家瑞通过学习，思想进步很快，在他带动下，全体店员学习积极、狠钻业务蔚然成风，梁家瑞本人也光荣地过渡成为供销社干部。

合作经营后，人员增加，工作干练，大家工作积极性都很高，工作态度也很热情，极大方便了群众购货需求。合营商店对一般商品价格毛利均降 6%—7%，中药降低 15%—20%。县城合营商店第一季度销货总额 4500 元，即可为群众节省开支 2700 元。

表3—1—4　1956 年私营商业、饮食业社会主义改造统计表（单位：元）

项目	商业			饮食业			服务业		
	户数	人数	资金数	户数	人数	资金数	户数	人数	资金数
一、全县共有	64	94	73400	21	34	3758	28	31	24269
其中：县城	39	59	54500	11	17	2300	14	17	11137
二、改造情况	58	87	51708	13	23	2438	14	17	11137
其中：县城	31	49	30132	2	2	320	11	14	10801
1. 合营	30	43	36270	5	7	700			
其中：县城	23	30	26880	2	2	320			
2. 合作							14	17	11137
其中：县城							11	14	10801
3. 经销	12	12	2310						
其中：县城	1	1	50						
4. 过渡到供销社	4	6	2240						
其中：县城	4	6	2240						
5. 转业退休	12	26	10883	8	16	1738			
其中：县城	3	12	962						
三、独立经营	6	7	21692	8	11	1320	14	14	13132

1958年底，盐池县委、县政府组织召开手工业社组转国营工厂庆祝大会

合作经营一段时间后，也发现了一些问题。比如当初在人员安排上，只偏重以老带小，没有考虑文化层次、业务能力协调搭配等问题，部分合作经营商店店员不会记账、开不了发票；由于商品种类增多，一些老店员记不住售价，雇主多了照顾不过来，影响了业务，也在群众中产生了一定负面影响。

由于在实施合作经营改造时没有进行认真甄别、筛查，把个别外债多、家庭负担重的私营企业主无条件合并进来，这部分人由于经济负担重，不安心工作，影响大家工作积极性。个别人要求抽走原有合作资金归还外债，不予答应，则整天愁眉不展，工作也不上心。此外，合营商店也还吸收了部分年老力弱、文化水平极有限的店员，由于业务能力不够，只能承担一些无关紧要的工作，出现了人浮于事现象。

县城合营商店在手工业改造中合并进来4个大户，资金最多者有八九千元，最少也有3000元，因其4人阶级成分一时尚未明确划分，导致清产核资难以进行。这几个大户均有抽逃资金想法。县城合作商店杨□□、王□□二人欠外债较多，当时他俩分别合股200元、400元，现在要求抽股还债。李□□当时只合股30元，过去自己开店、兼卖纸烟，每月收入五六十元，尚能生活，现在收入比原来低了，所以闹了情绪。万□□当时合股1400元，由于要建房，要求退股400元。诸如此类问题，虽是手工业改造初期没有考虑周全，但也是工作中正常现象。毕竟私营工商业社会主义改造，是社会变革大趋势，出现个别问题，也正是政府和供销合作社部门工作努力的方向。

截至1956年5月，盐池县基本完成了对农村资本主义工商业的社会主义改造。

私营工商业改造结束后，做好人员思想教育和加强业务工作被提到重要议程。县供销合作社把改造企业和改造店员思想结合在一起，实现人社共同进步、共同提高。首先，加强对原有私商店员思想教育和业务学习，使大家清醒认识到新中国百废待兴，各行各业、社会各个阶层都要为祖国建设积极工作，作出贡献。鼓励大家放下思想包袱，树立为社会主义建设奉献一切的思想准备，为自己过渡为合格的供销社干部做好思想和业务准备。其次，动员全体职工积极开展社会主义劳动（业务）竞赛，找窍门、挖潜力，开展店与店、门市与门市之间业务竞赛，持续推进商品流转、降低费用开支、改善经营管理、积累发展资金，更好地为社会、人民群众服务。

第二节　体制沿革

1949 年 11 月，中央合作事业管理局成立。1950 年 7 月，中华全国合作社工作者第一届代表会议在北京召开，会议通过了《中华人民共和国合作社法（草案）》《中华全国合作社联合总社章程（草案）》等若干重要文件，成立了全国合作社的中央领导机构——中华全国合作社联合总社，负责统一领导和管理全国的供销、消费、信用、运输、渔业和手工业合作社工作。1954 年，中华全国合作社联合总社更名为中华全国供销合作总社。到"一五"末（1957 年）全国农村供销合作社基本完成构架，中央成立总社、省地（市、县）成立联合社、乡镇成立合作社、村设立"双代店"。

中华人民共和国成立前，包括消费、运输、生产、纺织等在内的各级各类合作社已经在全国城乡普遍建立起来，特别是在老解放区发展更快一些。陕甘宁边区时期，盐池县是宁夏最早、也是唯一建立各类合作社的革命根据地。宁夏回族自治区（宁夏省）及区内其他市县的合作社事业是从中华人民共和国成立之初才开始建立发展的。

1949 年 10 月，宁夏省人民政府决定在建设厅内设立合作科。1950 年 4 月建设厅下属合作科撤销，成立宁夏省合作事业管理局，隶属省政府财政经济委员会。

1950 年 7 月中华全国合作社工作者代表大会通过的《中华全国合作社联合总社章程（草案）》确定，各级合作社是一个独立组织系统的群众组织，一方面各自独立经营、自负盈亏，另一方面又贯彻民主集中制原则。1952 年 7 月全国合作总社又明确了"各级联社为独立核算经济单位（包括所属企业单位），在合作社统一计划下，各自管理本身的财务，并各自核算盈亏。"此为合作社最初的管理体现。

1950 年后，全国供销合作社系统在较长一段时间内始终实行计划经济体制。盐池县每年由县供销合作社下达各项经营指标，各基层社按照计划控制管理费用、落实任务措施。其间供销合作社系统虽与商业局三分三合，但经营体制最终按照国营商业计划统一安排、统一实施。

1952 年 12 月 2—9 日，宁夏省合作社第一次代表会议召开，并于 12 月 8 日正式成立宁夏省合作社联合社，选举产生了理事会和监事会组织。自此，全省初步形成集体所有制的合作社经济体系。1953 年 1 月，宁夏省合作局撤销。1954 年 9 月，宁夏省与甘肃省合并，自 9 月 1 日起撤销宁夏省合作社联合社。

1952 年 4 月，盐池县政府成立工商科（后改为工商局），负责国营商业及市场管理。创办合作社的目的，在于服务社员、服务生产。合作社经营商品给予社员优待，一般商品平均低于市价 15%。当年曾有私商抬高粮价进行投机活动，盐池县合作社与宁夏省有关粮食部门签订了 15 万斤黄米代销合同，以低于市价 22%—25% 的价格卖给了社员群众，打击了粮商投机行为，稳定

1952 年 7 月 25 日，宁夏省合作局各县联社主任会议合影

了粮价。在主要产品实行统购统销后，合作社经营优势突显，市场销售总额由 1951 年的 32.2% 上升到 1952 年的 81.73%；一般商业、私商市场销售总额从 1951 年的 52.64% 下降到 14.09%。

1954 年 7 月 20—25 日，中华全国合作社第一次代表大会在北京召开。大会将中华全国合作社联合总社更名为中华全国供销合作总社，建立了全国统一的供销合作社系统，大会确定了供销合作社的主要工作：做好国家委托的计划收购和供应，大力开辟地方货源，进一步扩大城乡商品流转；加强农业生产资料供应，开展预购合同与结合合同制，促进以互助合作为中心内容的农业增产运动；积极与手工业建立有计划的供销关系，增加手工业品货源，促进对手工业的社会主义改造；加强对地方加工企业的管理，充分发挥潜在生产力；在国营商业领导机关统一领导下，积极领导初级市场和改造私商；认真执行国家价格政策，协助国营商业做好物价工作；参加各种国际团体或活动。农工部部长邓子恢代表中共中央指出：要巩固和扩大供销合作社在农村的商业阵地，

通过预购合同、供应合同和结合合同等形式，逐渐增加农副产品收购的计划性和工业品、手工业品供应的计划性，把农业生产和农村市场逐步纳入国家计划经济的轨道。各级供销合作社的传统业务包括：农业生产资料、生活资料、农副产品、废旧物资、烟花爆竹、食用盐的购销经营管理。

中华全国合作社第一次代表大会通过的《中华全国供销合作总社章程》，对供销合作社的性质、社员资格、社员权利与义务以及供销合作社的组织原则进行了详细阐述：供销合作社是工人阶级领导的、国家政权管理之下的劳动人民群众的集体经济组织。在组织上，供销合作社是由分散的、自负盈亏的合作社自愿联合起来的组织；在管理原则上，供销合作社以社员大会或代表大会为最高权力机关，并由社员大会或代表大会选举理事会为其执行机关，选举监事会为其监察机关；在资金构成上，供销合作社以自有资金为主，所得盈余除向国家缴纳所得税外，为社员群众集体所有。

1958 年 2 月 24 日，国务院《关于全国供销

合作社同城市服务部合并改称第二商业部（挂第二商业部和全国供销社总社两块牌子）的通知》下发后，各省、市、县（区）供销合作体制随之发生变化。盐池县城区供销社、服务局、贸易公司先后撤销，业务合并到商业局。商业局在县城设批发仓库1个、门市部4个，分别在7个区设立了7个商店和15个农村分销店；五、六区设有公私合营商店各1处，所有工商业产品供应、收购均由商业局负责。这是盐池县商业局同供销合作社的第一次合并。10月，宁夏回族自治区成立，10月21日组建宁夏商业厅。是年，我国社会主义改造基本完成，全区供销合作社从上到下由集体所有制合作商业，转为"官办"的全民所有制国营商业。12月20日，中共中央、国务院发出《关于适应人民公社化的形势改进农村财政贸易管理体制的决定》指出：农村财政贸易体制应当根据统一领导、分级管理的方针，实行机构下放、计划统一、财政包干的办法，也就是实行"两放、三统、一包"办法。所谓"两放"就是下放人员，下放资产；"三统"就是统一政策，统一计划，统一流动资金管理；"一包"就是包财政任务。

1959年，盐池县商业局按照"两放、三统、一包"政策，将所属各公社供销商店和农村分销店直接下放公社，成为公社组成部门，但同时又属商业局基层单位，改称人民公社供销部和供销分部。商业局在大水坑公社设购销店1处；县城新设城郊公社供销部1处。除县城2处公私合营商店外，五、六区（公社）公私合营商店把大部分私营店人员吸收到供销部或分销店工作，剩余部分私营店人员设法为其安排其他工作。至此，全县供销合作市场均成为社会主义商业的巩固阵地。

1950—1958年，盐池县各供销社以自有资金为主，所得盈余除向国家纳税外，其余皆为社员群众集体所有，并定期向社员代表大会报告财务状况，接受社员代表监督审议。

1958—1961年供销社与国营商业合并，由集体所有制变为全民所有制，实行国营商业财务管理体制，变缴纳所得税为向国家上缴利润体制。

1961年党中央制定"调整、巩固、充实、提高"方针，并作出《关于国营商业和供销合作社分工的决定》，自治区党委、自治区人民委员会决定恢复宁夏回族自治区供销合作社。5月5日，毛泽东主席批示《农村商业要办活一点》文件中讲道："我们接触到的不少社队干部和社员，对商业工作一条腿走路的现状表示不满……从各项经营活动的情况中完全可以看出，所有购销业务统统由国营商业独家包揽经营，是害多利少的。"此后，全国各地供销合作社机构逐渐恢复建立。

1961年下半年，中央决定恢复全国供销合作社。按照自治区党委指示，宁夏首先在贺兰县金贵公社实行恢复供销社试点。1962年全区从上到下全面恢复供销社为集体所有制。供销系统上下之间实行"统一领导，统一计划，分级管理，分级核算，各负盈亏，基金调剂（上级社可以从下级社提取一定比例的建设基金、调剂基金）"体制。供销社与国家的关系，由上缴利润改为缴纳所得税。

1962年4月，根据自治区有关国营商业和供销合作社分设的决定，盐池县从1962年7月1日起实施供销合作社同商业局分开办公。供销合作社在商业局领导下，负责组织大部分农副产品收购，对农村提供商品供应，为农业生产和农村群众生活服务，并负责领导农村商品市场。供销合作社体制大体恢复到1957年以前状况。在供销合作社系统上下级之间，实行统一领导、统一计划、分级管理、分级核算、各负盈亏、基金调剂（上级社可以从下级社提取一定比例的基建基金、教育基金、调剂基金）制度。各级供销合作社的商品、资金、基建、劳动工资全部纳入国家计划。各级供销合作社依据1957年前社章，并根据新形势作必要修改补充，经社员大会或社员代表大会集体通过，报上级社批准执行。8月，盐池商业局与供销合作社正式分设。商业局下设百货、食品、药材3个业务公司；大水坑批发站改为报账单位，并分为百货站和食品站。这是县商业局与供销合作社的第一次分设。

1965年，全国供销合作总社党组关于改变供销社性质、体制向中央的请示报告中提出：在国民经济开始进入一个新的发展阶段，社会主义统一市场更加巩固和扩大，人民公社集体经济进一步巩固，供销社的集体所有制性质和核算体制已与这种形势不相适应，有必要加以改变。此后盐池县供销社行政部分并入商业局，百货公司与药材公司合并为贸易公司。

1966年，各省级供销社又将缴纳所得税改为上缴利润，基本建设投资和供销合作社的行政管理费及事业费改由财政拨款，由国家统一计划安排。县级社的行政管理费和事业费仍列为企业开支。基层供销社为集体所有制，仍执行"分级核算、各负盈亏、基金调剂"管理制度。

1966年，盐池县三级批发站（县城批发站和大水坑批发站）撤销，改由吴忠县（1963年撤销吴忠市、青铜峡市，设立吴忠县和青铜峡县）进货。为避免迂回造成运输浪费，把部分分销店改由所在区领导管理。

1966年后，宁夏供销合作社机关逐步瘫痪。盐池县供销合作社办社方针、原则、管理制度屡遭变更。

1968年9月，盐池县供销合作社革委会成立之初，便召集各基层社革委会领导小组负责同志开会，提出恢复批发站问题。尤其是吴忠县商业机构合并后，原来属于自治区供销合作社管理的百货供销社、两个二级批发站，分别与吴忠县的国营、供销单位合并，成为县属商业机构。吴忠县商品供应主要为吴忠地区各基层单位。盐池县各基层社感到在吴忠县进货存在诸多不便，体制上渠道也不顺畅。根据盐池县农村商业网点布置及商品流转路线具体情况，原来在县城及大水坑分别设有批发站，解决各基层社及分销店进货问题，商品流通基本顺畅。1966年在推广唐山改变商品流转路线经验后，没有从盐池实际情况出发，盲目决定将县城及大水坑批发站撤销，改由基层社直接到吴忠县进货，经过两年多实践证明，弊多利少，存在许多问题。从方便经销商来看，过去各零售商店可以就近从批发站进货，一月数次，勤进快销，缺什么商品随时补货，能够及时满足人民群众生产、生活需要。批发站撤销后，进货路线长，进货次数少，商品脱销时有发生。从有利于商品流转和经济核算方面看，过去盐池县批发站经营的工业品直接从银川进货，收购的农副产品也直接发运银川，商品流转不经过中转环节。批发站撤销后，吴忠县批发的工业品绝大部分还是从银川运来，盐池县收购农副产品则先发往吴忠再转运银川，既妨碍了商品及时流转，又增加了中间环节费用。王乐井、侯家河、麻黄山等基层小社一般相隔一两个月才去吴忠进一次货，有时需要的货配不齐一车，只好购进一些暂时不太需要的商品。日积月累，各基层社普遍增大了库存和商品积压。同时由于基层社不再到县城进货，也使县城批发站库存商品长期积压，造成资金浪费。从使用人力成本方面看，过去国有合作批发站只派出2个采购员住银川组织进货。改由吴忠进货后，县社同样派2人住吴忠，但各基层社每次都要派专人去吴忠进货，全县有时在吴忠进货的人多达 10 余人，比原来增加了八九个。过去分销店直接从县内批发站进货，改由吴忠进货后，统统由基层社进货再分配分销店调拨，致使大水坑、高沙窝、惠安堡、马儿庄、城郊等较大基层社都增设保管 1 至 2 人，这样增加人力成本 10 余人。从价格方面看，过去在县内批发站进货价格较一致，改从吴忠进货后，商品价格较为混乱。过去在基层社、县内进货时可以利用社队车辆捎货，运输较为方便，也节省运输成本。改由吴忠进货后运线增加，无法顺便捎货，增加了很大一部分运输费用，商品价格随之上涨。以前县内批发站还经常经营一些糕点水果，现在吴忠不供应这些商品，就连干鲜果品也经常脱销，社员群众很有意见。

1968 年 10 月，宁夏供销合作社业务由自治区革委会生产指挥部财贸组接收负责。1969 年 2 月 6 日，盐池县供销合作社革委会经请示上级社同意后，决定恢复大水坑批发站业务。县社和基层社革委会共同研究后提出具体操作意见：一是恢复县城及大水坑批发站，从 4 月 1 日起各基层社在县内进货；二是县城 3 个商业单位在未合并前仍按原来划分的经营范围，负责对基层社的批发业务；三是大水坑批发站暂时由县供销合作社抽调人员协助业务，负责南部 5 社商品批发，并作为县供销合作社直属单位；四是在县城贸易公司设站，负责北 3 社及县城商品供应，作为贸易公司的直属单位。4 月 18 日，县供销合作社革命委员会作出决定，恢复县内三级批发站，鸦儿沟、李庄子、猫头梁、陈记圈 4 个分销店经过协商，仍为所在区领导管理。

1969 年 10 月，为加强对商业工作的统一领导，打破机构重叠，经盐池县革命委员会批准撤销县供销合作社单一行政机构，成立县商业服务站，为全县商业系统统一行政办事机构，负责下属贸易公司、食品公司、购销站和 8 个基层供销合作社等 11 个基层单位业务行政管理。供销合作社撤销原来承担的相关行政业务，手续移交商业服务站。供销合作社在原政企合一时期所经营的生产资料、日用杂货业务交由商业购销站负责经营（购销站人员配备、编制由商业服务站研究提出）。商业服务站对上述 11 个基层单位经营业务负有指导、督促、检查职责，并负责物资购销分配、商品物价、资金统一管理；下达商品流转计划，汇总上报会计、统计报表，及商业系统职工政治思想教育（农村商业职工政治思想教育由各公社负责）。这是盐池县商业局与供销合作社第二次合并。

1970 年 2 月 24 日，宁夏商业局革命领导小组成立，统管全区供销、商业、外贸、工商行政管理四个系统工作。1971 年 4 月，自治区供销合作社和商业厅合并成立宁夏回族自治区革命委员会商业局。

1972 年，根据自治区有关精神，盐池县再次合并商业局和供销合作社，成立商业局，次年先后成立了百货、药材、燃料、食品、饮食服务、生产资料日杂公司和商业汽车队，原有"服务站"俱废之。商业局主管城市商业，辖百货五金公司、燃料公司、饮食服务公司、药材公司、食品公司（包括公社食品站）、大水坑百货五金公司、中西药三级批发站。县供销合作社主管全县农村商业，并承担外贸工作，辖大水坑生资日杂三级批发站、各公社基层供销合作社、分销店和双代（代销代购）店。原商业局生资公司并入县供销合作社，原大水坑综合三级批发站撤销，分别成立大水坑百货五金三级批发站和大水坑生资日杂三级批发站，该站经营的副食品移交大水坑食品站，五金交电、化工、百货、布匹、药材

1972年11月9日，盐池县大水坑公社贫下中农管理农村商业代表大会合影

等商品移交大水坑百货五金三级批发站经营；生产资料日用杂品移交大水坑生资日杂三级批发站经营。机构分设后的局、社领导干部和组站负责人按照干部管理权限统一任用，其他一般工作人员由县委组织部会同机构分设工作领导小组商定安排。

1975年2月，为认真贯彻党的各项经济政策，加强城乡商业发展，搞活物资交流，巩固工农联盟，盐池县供销合作社把收购到的农副产品及时调运出来，组织工业品下乡。3月27日盐池县委第44次常委会议研究决定，原盐池县革命委员会商业局分设为盐池县商业局和盐池县供销合作社，自1976年1月1日起分别办公。这是盐池县商业局与供销合作社第二次分设。盐池县供销合作社再次成立后，加强了对农村商业工作的领导，各基层供销合作社也积极组织人民公社开展多种经营，有效促进农副业生产。

1975年12月5日，自治区党委决定将供销合作社从商业局分出，恢复宁夏回族自治区供销合作社。从1976年1月起，自治区供销合作社、商业局、外贸局正式分设。1979年3月28日，宁夏供销合作社机关由企业改为行政编制。

1979年3月28日，宁夏供销合作社机关由企业改为行政编制。

十一届三中全会后，新型集体经济和个体工商业发展迅速，给供销合作社系统业务经营带来极大冲击。由于供销合作社系统在经营中既要承担保护农民利益政策义务，同时又要无条件执行国家物价政策，加之供销合作社系统本身存在竞争意识不强、竞争机制不活等问题，使供销合作审计系统在多领域、多成分市场经济体制竞争中长时间处于被动地位。

1980年，全县供销合作社系统共有基层社15个。

1980年后，盐池县供销合作社购销渠道仍按照计划经济时期模式，即基层社在县内三级批发站进货，三级站到二级站进货，农副产品销售则直销地方厂家或上级业务部门。

1980—1983年，盐池县供销合作社人、财、物管理参照国营商业管理办法，供销合作社主任由县上任命，职工调动、转干及劳动工资管理与国营商业相同。

1981年，盐池县供销合作社为政企合一单位，既是管理机构，又是经营单位，内设政工股、财计股、生资果品日杂经理部（供应股）、农副经理部（农副股），县供销合作社含上述2股2部为一个独立核算单位。全系统仍然实行统一经营、按劳分配经营方式。为了充分调动职工工作积极性，解决"干多干少一个样"问题，根据上级有关精神，盐池县供销合作社对业务人员实行联销计酬和考评计奖办法，即根据职工购销任务完成情况、劳动纪律遵守情况等方面综合考评计发奖金，较好地调动了职工积极性。

1982 年中央 1 号文件《全国农村工作纪要》指出："农村供销合作社是城乡经济交流的一条主要渠道，同时也是促进农村经济联合的纽带。要恢复和加强供销社组织上的群众性、管理上的民主性和经营上的灵活性（即供销合作社'三性'原则），使它在组织农村生活中发挥更大的作用。"是年，盐池县供销合作社开始在全系统推行经营责任制试点。2 月 10 日，国家体改委、商业部下发《关于改革农村商品流通体制若干问题的试行规定》。

1983 年 3 月 24 日，自治区党委、政府决定合并自治区供销合作社和商业局，成立宁夏回族自治区商业厅，并在商业厅内设合作指导局。1984 年 8 月，自治区供销合作社再次从自治区商业厅分出，分设后的供销合作社为经济联合实体，从上到下为民办企业。在这次全区机构调整改革过程中，盐池县供销合作社机构未变，继续单独分设。

1983 年 3 月，根据中共中央《当前农村经济政策的若干问题》（1983 年中央 1 号文件）、国发（83）21 号和自治区党委（83）3 号文件精神，盐池县委、县政府制定出台了《盐池县农村供销社体制改革试点方案》和《经营承包责任制方案》，组织召开全县农村供销合作社体制改革工作会议，提出要恢复和加强供销合作社组织上的群众性、管理上的民主性和经营上的灵活性的"三性"原则，明确了供销合作社的集体合作商业性质。4 月份首先在城郊供销合作社进行试点，5 月下旬在全县铺开。截至 6 月初，全县 15 个基层社体制改革基本结束。本次体制改革是在全面发动社员群众基础上，把农商联营定为体制改革的中心任务。在深入宣传、把握政策、提高认识前提下，认真组织开展清理旧股、扩大新股，使基层社还商于民，恢复供销社合作商业传统。积极发动农民群众入股入社（每股 3 元），参与供销合作社管理，增加民办成分。在完成清产扩股之后，下半年全县 15 个基层社自上而下组织召开了社员代表大会，选举各基层社理事会、监事会，理事会正副主任由原来的 18 名增加到 21 名。到年底，全县入股农户 15879 户，占全县农户总数的 83.3%，入股总数 17640 股，户均 1.1 股，股金 52920 元，占自有流动资金的 1.49%。在基层社普遍推行经营责任制，有效调动了所属企业和职工积极性。在扩大购销业务、提高经营效果、提高服务质量等方面收到一定成效。但仍然存在一些亟须解决的问题，主要是内部责任制还没有真正落到实处，执行不严格。制定考核指标不科学、基数不准，分配上没有很好地解决平均主义问题，"大锅饭"现象依然存在。

1984 年，国务院批转国家体改委、商业部、农牧渔业部《关于进一步做好农村商品流通工作的报告的通知》（国发〔1984〕第 96 号）对供销合作社经营管理方针提出了"五个突破"：供销合作社要在农民入股、经营服务范围、劳动制度、按劳分配、价格管理等方面进行突破，核心是变"官办"为"民办"。从 1984 年 1 月 1 日起，供销合作社实行独立核算、自负盈亏、向国家缴纳所得税制度，真正成为独立参与市场竞争的经济实体。4 月 21 日，根据盐池县人民政府盐政发〔1984〕71 号文件批复，盐池县供销合作社下设人事秘书股、业务股、计划财务股、农副产品经理部、生资日杂经理部。6 月 27 日，盐池县供销合作社进行第一轮体制改革，机构名称由"盐池县供销合作社"改为"宁夏回族自治区盐池县供销合作社联合社"（简称"县联社"）。

1984 年 6 月 21—23 日，盐池县供销合作社第四届社员代表大会在县城召开（1956 年前已召开三届社员代表大会），应到会代表 132 人，特邀代表 13 名，列席代表 22 名。会议听取并审议了供销社工作报告；讨论通过了《盐池县供销合作社章程》；选举产生了县联社理、监事会组成人员。改县联社领导由县人民政府任命为社员代表大会选举产生。同时根据国家、自治区有关精神对劳动用工制度进行改革。当年经县联社统一组织考试、考核，择优录用 48 名农民合同工进入联社，打破了原有用工制度，使供销合作社逐步实现由全民所有制向集体所有制的转变。县以上供销社退出地方政府行政序列，同时确定了供销合作社集体企业性质。

盐池县供销合作社联合社成立后，具有直接经营购销和管理基层企业双重职能。同基层社既为业务指导关系，也属联合经营关系。县联社除内设人秘、财计、业务三个职能股外，并按照业务分设农副产品、生资日杂两个独立核算经营部，以及供销车队、大水坑供销批发站 2 个独立核算直属企业，辖独立核算基层社 15 个（下设分销店 13 个，双代店 54 个）。7 月，在大水坑

1978 年的盐池县滩羊放牧养殖

镇设立了独立核算的饮食服务和清真食品加工企业。是年，全供销合作社系统共有职工 317 人。

十一届三中全会后，随着家庭联产承包责任制不断完善和科学技术推广，农村商品生产蓬勃发展，迫切需要供销合作社体制适应改革发展变局，为发展农村经济提供产前、产中、产后各种服务，解决生产、加工、储藏、运输、供销及生产技术等问题，把供销合作社办成农村综合服务中心。县供销合作社开始由偏重抓工业品经销，转向扩大农副产品收购和推销，由偏重抓生活资料转向扩大生产资料经营，由单纯抓零售转向批发零售同时抓，由坐门等客转向登门送货。开展以农商为主的多形式、多层次联营，实行采、供、销结合，使供销合作社开始由流通领域转向生产领域。1984 年中共中央《关于 1984 年农村工作的通知》（1984 年中央 1 号文件）第四部分第二条指出："供销社体制改革要深入下去，真正办成农民群众集体所有的合作商业。这是农民的要求，也是供销社本身发展的需要。"按照中央 1 号文件精神要求，盐池县积极组织恢复供销合作社群众合作的企业性质，坚定供销社为农业生产服务、为农民生活服务方针。组织供销系统干部职工认真学习，深刻领会，充分认识到只有把供销合作社办成农民群众自己的经济组织，才会对群众产生吸引力，就会在农村商品流通中发挥重要作用，否则就会日益萎缩，直至丧失独立存在意义。随之，盐池县供销合作社开始组织实行独立核算、自负盈亏有关制度，按合作社性质进行改革。同时逐渐扩大和放开经营范围，采取更加灵活方式，促进供销合作社逐

步成为农村经济发展综合服务中心，成为国家和农民经济联系的桥梁纽带。

1985 年底，全国供销合作社针对农产品购销政策逐步开放、经营范围日渐缩小、市场风险不断增加的形势，提出了"六个发展"的经营管理方向：发展为商品生产的系列化服务；发展横向经济联合；发展农副产品加工工业；发展多种经营方式；发展农村商业网点；发展教育和科技事业。

1986 年，盐池县供销合作社管理职能与经营业务分离，不直接参与企业经营。内设人秘股、财计股和业务股。

1986 年后，盐池县供销合作系统初步打破固有购销渠道，社属企业、基层社可任意在区内二级、三级批发站进货，也可到区外批发企业或厂家直接进货。当时县内虽然也有了个体经营的批发市场，但因其管理、经营行为不规范而未能进入供销合作社系统进货渠道。

1992 年 6 月 2 日，盐池县供销合作社联合社经过研究决定，实行"全县一社制"改革。盐池县供销合作社在各级党委、政府领导支持下，遵照中共中央、国务院关于供销社体制改革的一系列指示精神，于 1983 年对全县 15 个基层供销社进行恢复"三性"体制改革后，先后建立了各级社员代表大会理、监事会。但在实践过程中也反映出管理体制上存在的问题：一是基层社一级社员代表大会机构臃肿、参政议政能力差，既不能合理行使民主权利，又难以发挥职能作用。二是全县人口偏少，基层社力量单薄，年平均利润多保留在 2 万元左右，缺乏经济竞争能力，经营范围、规模、服务功能等方面都有一定局限性，自我积累、自我发展、自我完善能力薄弱，经不起市场变化冲击。三是基层社管理人员素质参差不齐，决策能力差，经济效益不高。

鉴于上述种种问题，县供销合作社决定从有利于加强基层社管理，有利于集中资金优势以县为依托开展规模经营等方面出发，实行"全县一社，多级法人，统管分营"的新体制改革。改革主要内容包括：将"盐池县供销合作社联合社"改为"盐池县供销合作社"，全县只保留县一级社员代表大会；理事会和监事会改为社务委员会，由社员代表大会民主选举产生社委会，由社委会推选主任、副主任。县社保留人秘股、财务股、业务股、审计监察保卫股，下属农业生产资料公司、综合贸易公司、土畜产公司、联营公司、大水坑供销批发站和城郊等 15 个基层供销合作社均属县社领导下的经营企业。撤销原基层社一级社员代表大会，建立社员代表小组。县社股室负责人、公司经理、副经理，基层社主任、副主任职务任免由县社研究决定；担任实职副科级以上干部由县社报请县委、县政府研究决定。

管理体制，实行统管分营。县联社对基层社人财物实行统一管理和调配，兼有重大问题决定权和经营决策权；基层社有资金使用权、经营自主权、内部人员调配权、奖金分配权等。

经营体制，实行统一经营与分级自主经营相结合的办法，按照互利互惠原则，农副产品实行分购联销，日用工业品实行联购分销。专营商品和计划经营商品由县联社统一安排，大批量购进和外销商品由联县社或委托县直属公司统一办理；基层社有能力承担的业务按县联社有关规定可自主经营。

财务体制，实行集中管理、分散经营、单独核算、统一调剂原则。同时本着宜统则统、宜放则放原则，对扶持生产资金、建设基金、业务发展基金、退休统筹金、筹集资金或联营资金由县联社集中管理，分级使用。合同工养老金、商品损失准备金经县联社申报批准统一使用。职工基金和福利基金以企业为单位分别管理，自主使用。基层社独立核算、自负盈亏、照章纳税，具有法人地位。

盈余分配，由县联社下达分配方案，统一分配。为鼓励调动企业积极性，分配后的各项基金由企业无偿占用，参与流通。

1992年11月，根据上级有关精神，恢复"宁夏回族自治区盐池县供销合作社"名称，同时废止"宁夏回族自治区盐池县供销合作社联合社"名称。

1993年3月，盐池县政府批转《盐池县供销社体制改革方案》提出：在国家允许的经营范围内，以市场为导向放开经营，多渠道组织商品，允许企业带现金到外地市场采购商品。从此供销合作企业经营购销渠道彻底放开，计划经济时期购销模式宣告结束。

1993年4月，盐池县政府批转县体制改革办公室《关于县供销社体制改革实施方案》，其主要内容包括：一是机构改革，组建盐池县供销社集团总公司与盐池县供销合作社，一套机构两块牌子；总公司融经营、管理、服务为一体，为所属公司、基层社的经营管理集团，具有法人资格；总公司外对一级所有、两级法人、下属公司、基层社均为独立核算企业，实行分级经营，两级核算。二是转换企业经营管理体制，全面推行经营、价格、用工、分配"四放开"和全员劳动合同制管理，即系统内部打破干部和工人、固定工和合同工身份界限，所有职工实行优化组合上岗，并同企业签订合同书，明确职责、权利和义务，职工原身份只作档案保留。

1995年，国务院下发了《关于解决当前供销合作社几个突出问题的通知》（国发〔1999〕5号），对《中共中央、国务院关于深化供销合作社改革的决定》（中发〔1995〕5号）下发以来

供销合作社改革发展过程中存在的突出的几个问题提出具体要求，其中指出"各级供销合作社要认真贯彻《国务院办公厅转发中国人民银行整顿乱集资乱批设金融机构和乱办金融业务实施方案的通知》（国办发〔1998〕126号）中清理整顿股金的有关政策，对以'保息分红'方式吸收的股金，根据股金的来源、期限，在三年内分期转退，平稳过渡。在清理整顿期间，各地供销合作社一律不得吸收新股金。对经营不善、支付困难的基层社，县联社要及时向当地政府报告，采取切实有效措施，防范和化解可能发生的挤兑风险。全国供销合作总社要根据国家的金融政策尽快修订股金管理办法。"盐池县供销社按照上述政策规定精神，转退股金。清退后，截至1999年底全系统股金余额为57.8万元。

1996年，全国供销合作总社印发《基层供销合作社真正办成农民合作经济组织的基本要求》提出：到2000年，基本建立起与市场经济体制要求相适应，能够为农业、农村和农民提供系列化服务的农村综合服务组织，基本实现把供销合作社办成农民的合作经济组织这一目标。

1998年，盐池县商业机构、企业发展到1240个，从业2252人，分别比1980年增长5.9倍和2.3倍。其中国有商业人员440人，仅占19.5%，比1980年降低70.9%。个体商业从业人员1473人，占65.4%。个体商户经营灵活，竞争力强，遍布城市乡村、大街小巷，全县960多个自然村庄几乎村村都有小卖部，乡镇大多设有批发部，各类商品物流畅通，购销两旺。市场经济日趋繁荣，对国有商业、供销合作经社系统营机构形成挤压式竞争，造成众多国有、集体企业出现了亏损，逼迫国营商业企业进行彻底改革。1994年，盐池县城最大国营商业百货公司累计亏损76万元，被迫宣布破产，随之大水坑批发站

也宣布破产。全县国营商业企业开始进行以产权为主的经济体制改制，职工下岗转业，县商业局随之撤销。

1999年2月，国务院下发《关于解决当前供销合作社几个突出问题的通知》（国发〔1999〕5号）重申供销合作社要坚持合作经济方向，强调当前要着力解决扭亏增盈和清理、整顿社员股金两个突出问题。同时提出了支持供销合作社发展的若干政策措施，解决了全国和省、市（地）县供销合作社吃"荒粮"的问题。

是年，盐池县供销合作社综合贸易公司累计亏损107.9万元、土畜产品公司累计亏损达34.3万元，供销社联营公司累计亏损28.8万元，大水坑贸易公司累计亏损115.4万元。全系统14个独立核算单位当年累计亏损257.8万元，同比增亏18.3万元，增亏7.6%。全系统14个独立核算单位只有一个实现微利，其余13个全部亏损。造成全系统巨额亏损的直接原因，表面上看是化肥尿素降价销售、库存商品积压过多、羊毛和甘草膏亏本经营等原因，但最根本的原因是企业经营机制体制已经远远跟不上经济发展需要、市场竞争变化。各企业虽加强管理，广大职工也尽心尽力，但是仍然事倍功半，全年仅实现毛利76万元，同比减少68万元。个别企业财务管理混乱，经营无方。全年经营挣钱生意不多，但企业开支不减。虽然县供销合作社对这些企业管理层及经营方式进行多次调整改革，但大势所迫，全系统亏损面持续扩大。是年，盐池县供销合作社按照国发〔1999〕5号文件和自治区人民政府《关于进一步推进供销社改革与发展的通知》（宁政发〔1999〕70号）及县人民政府《关于供销社社属企业改制方案的批复》要求，积极探索以产权制度改革为核心，以增强企业活力和加快企业发展为目的，以置换职工身份，清晰产权，明确职责

为途径，以建立现代企业制度为目标，精心组织实施，大力推进社属企业的改革与发展。7月，县机构编制委员会确定盐池县供销合作社为政府直属正科级行政单位，按照县人民政府授权对所属企业负有指导、协调、监督、服务和行业管理责任。并按照精简、效能、一专多能、一人多用原则，确定机构改革方案，主要职责是：认真贯彻执行政府及上级有关部门方针政策和规定；负责行业管理和社有资产监管，研究制定全县供销合作社发展计划和规划，指导全县供销合作社事业发展改革；对重要农业生产资料和农副产品经营进行组织协调管理；了解反映人民群众意见要求，争取政策扶持，维护全县各级供销合作社合法权益；指导全县供销合作社业务活动，协调行业部门关系，引导农民发展商品生产，促进城乡物资交流；指导基层供销社建设，积极参与农业产业化服务，引导农民创办各类专业合作社，建立健全基层供销社服务网点，完善服务体系，为农民提供产前、产中、产后服务；承办县人民政府交办的其他事宜。根据上述职责，县供销合作社内设办公室、会（计）统（计）监察股、信息业务保障股（另挂农业产业化经营办公室牌子），编制10名，其中领导职数4名（党委书记1名、主任1名、副主任2名）；股室人员编制6名（办公室2名、会计统计监察股2名、信息业务保卫股2名）。

2000年9月4日，自治区人民政府办公厅颁布《自治区人民政府办公厅关于印发自治区供销社职能配置、内设机构和人员编制规定的通知》，规定区联社是经自治区人民政府授权，承担全区供销合作社行业规划、指导、协调和服务职能的自治区人民政府直属事业单位。

2001年7月16日，盐池县人民政府成立供销合作社社属企业改制工作指导小组，全县供销

合作社企业改制正式启动。

2003 年 5 月，盐池县供销合作社认真贯彻自治区人民政府《关于进一步推进供销合作社改革与发展的通知》（宁政发〔1999〕70 号文件，1999 年 6 月 11 日）精神，对社属企业及基层社进行改制。

社属企业及基层社的改制，实行产权多元化改造。通过产权制度改革，全面理顺供销合作社与社属企业责权利关系，对社属企业进行以产权制度改革为重点的分类改造，并根据不同情况分别改造为股份公司、有限责任公司、股份合作制企业或者直接转让。对一些资不抵债、扭亏无望的企业实行关闭、合并、破产、拍卖，对不良资产通过银企协商、以资抵债返租、债务重组等形式予以化解。其中重组企业 2 个，即盐池县兴农农业发展有限责任公司和盐池县荣发皮毛绒有限责任公司；实施产权转让 1 个，先后有 130 名职工置换身份，得到一次性安置。基层社改造结合 2004 年乡镇合并，对原有基层社进行归并或重组（由 15 个合并为 9 个），力争建成一批经济实力强、服务功能齐全、参与农业产业化经营的大社或中心社，采取吸纳农村种养大户、农民经纪人、民办基层分流人员自办等形式，积极发展专业合作社，主动帮助农民建立专业协会等服务组织，使农民真正成为基层社主体。先后改制基层社 4 个：王乐井供销社、惠安堡供销社、冯记沟供销社；转让 3 个：高沙窝供销社、麻黄山供销社、青山供销社分别转让给农民经纪人余聪、张龙、李玉霞。

2005 年，全国供销合作社系统启动了新农村现代流通服务网络工程，即"新网工程"。

2009 年 4 月 10 日，《自治区人民政府办公厅关于印发自治区供销合作社联合社主要职责内设机构和人员编制规定的通知》再次明确区联社为自治区人民政府直属事业单位。此后，区联社在历次机构改革中，区属事业单位性质不变。11 月，《国务院关于加快供销合作改革发展的若干意见》（国发〔2009〕40 号）提出新形势下供销合作社改革发展的目标和任务是：坚持为农服务宗旨，坚持社会主义市场经济改革方向，坚持合作制基本原则。

2013 年，中央一号文件《中共中央、国务院关于加快发展现代农业，进一步增强农村发展活力的若干意见》明确提出支持供销合作社开展农产品流通，充分发挥供销合作社在农业社会化服务中的重要作用，为供销合作社的改革发展和转型升级带来契机。

2014 年，供销合作社综合改革试点列入中央改革办 2014 年工作要点，写入中央一号文件《关于全面深化农村改革加快推进农业现代化的若干意见》和《政府工作报告》。

2015 年，《中共中央国务院关于深化供销合作社综合改革的决定》（中发〔2015〕11 号）提出：要稳步开展农村合作金融服务；领办创办农民专业合作社；构建社有企业支撑的经营服务体系；加大对供销合作社综合改革的支持力度。

2016 年 6 月 8 日，根据《盐池县关于深化供销合作社综合改革的实施方案》（盐党办发〔2016〕68 号）精神，盐池县供销合作社按照事业单位法人登记注册。县财政以政府购买公共服务方式，自 2016 年开始，每年拨付供销合作社综合改革资金 100 万元，以后每年按 20% 递增，用于供销合作社改革发展和开展涉农服务。

第三节　企业改革

1980年到2020年的40年间，盐池县供销合作社体制改革与全国经济体制改革同步发展。

1981年，盐池县供销合作系统仍然实行统一经营、按劳分配经营方式。为了充分调动职工工作积极性，解决"干多干少一个样"的问题，根据上级有关精神，盐池县供销合作社对业务人员实行联销计酬和考评计奖办法，即根据职工购销任务完成情况、劳动纪律遵守情况等方面综合考评计发奖金，较好地调动了职工积极性。

1982年，根据自治区人民政府关于实行企业承包责任制有关文件精神，要求"把企业交给职工承包的办法，只限于地处偏僻、不便管理、长期亏损或微利的小企业"。据此精神，盐池县委、县政府对全县企业承包作出了相关具体要求。

1982年6月7日，县供销合作社对各基层社报来拟实行经营承包责任制单位进行研究，决定柳杨堡供销合作社、高沙窝供销合作社营西分销店、鸦儿沟供销合作社市部、惠安堡供销合作社所属分销店不实行承包经营责任制；同意麻黄山供销合作社餐饮服务部、惠安堡供销合作社汉民、回民食堂实行经营承包责任制。具体办法：麻黄山供销合作社饮食部不定承包基数，税后利润四六分成（利润以不超过毛利32%计算，职工得四、企业留六）、亏损罚款10%，毛利超过32%部分归企业。惠安堡供销社汉民食堂确定年度承包基数5500元，税后利润实行企业和职工五五分成，亏损罚款承包基数的10%，毛利超过

32%部分收归企业；回民食堂确定年度承包基数5500元，税后盈亏企业承担10%、承包人承担90%，毛利率超过32%部分收归企业；承包基数每超1%承包人提成4元；完成承包任务95%—99%不罚款，95%以下、90%以下、85%以下分别扣除承包人年标准工资总额5%、10%、15%的罚款。

1983年3月，根据中央和自治区有关推行企业承包经营责任制要求，盐池县委、县政府召开全县财贸工作会议，制定下发《盐池县农村供销合作社体制改革试点方案》和《经营承包责任制方案》。方案提出实行经营承包责任制的主要措施，是要在基层供销合作社企业采取联购、联销、联得计酬工资制，打破"大锅饭"和"铁饭碗"，克服平均主义；通过吸收农民入股，不断扩大股金；由社员大会选举产生理事会、监事会机构，在社员监督下建立实行民主管理制度；经营方式上坚持"群众需要什么就经营什么，生产需要什么就采购什么"原则，进一步密切供销合作社与社员群众关系；4月份，先期在城郊供销合作社进行改革试点。5月下旬，全县各基层社先后召开社员代表大会，选举产生理事会和监事会议事机构，恢复供销合作社"三性"（组织上的群众性、管理上的民主性、经营上的灵活性）特点；组织开展清股、扩股工作，全县新入股社员15879户，占总农户的83.3%；社员入股17640股，折合股金52920元。截至6月底，全县15

表 3—3—1　1982 年盐池县供销合作系统各单位基本情况统计表 1

项目	单位	县社	县社车队	大水坑供销批发站	城郊社	柳杨堡社	高沙窝社	苏步井社	王乐井社	鸦儿沟社
建社时间	年	1936	1971	1968	1936	1976	1938	1976	1938	1976
职工人数	人	33	18	8	18	16	21	13	14	13
其中固定职工	人	32	17	8	16	6	13	10	9	8
临时职工	人	1			2	4	2	1	3	1
计划外用工	人		1			6	6	2	2	4
现有营业场地	个	1	4	1	4	3	5	1	2	1
场地面积	平方米	189		150	503	213	894	158	648	169
现有仓库	幢	11	1	5	5	6	5	2	5	3
仓库面积	平方米	1996	288	954	462	1207	681	422	450	350
现有汽车	辆	1	10			1			1	1
汽车	吨位	2	38.5			5			5	3
商品总购进额	万元	487		47.7	97.7	107.7	220.4	92.9	87.8	84.7
商品总销售额	万元	502		53.5	129	95.6	153.5	101.5	95.8	88.7
商品流通费用	万元	12.8		5.4	7	6.7	9.9	7	7.1	7.6
商品经营利润	万元	7.2		-1	6.7	5.7	11.4	5.8	5.7	2.4
利润净额	万元	8.2	4	0.5	5.7	6	11.5	4.4	6.6	1.8
自有资金	万元	63.8	36	47	36.6	37.8	39.6	16.8	34.4	29.2
其中流动资金	万元	32.1	12	38	25.6	25	27.3	16.5	20.7	16
固定资金	万元	31.7	24	9	11	12.8	12.3	0.3	13.7	13.2

个基层社全部进行了经营承包责任制改革。完成企业责任制改革后，县供销合作社按照县委、县政府统一安排，制定了《企业整顿验收标准实施细则》，组织对社属 12 家企业和基层社按标准进行整顿，一次性全部验收合格。

1984 年，根据自治区商业厅《进一步推行和完善经营责任制的意见》（宁商管字〔1984〕1号）精神，盐池县供销合作社结合前期推行责任制试点情况和存在问题，重新细化制定了责任制内容、管理措施、管理方法及考核标准，突出以提高经济效益、社会效益为目标，坚持计划经济为主、市场调节为辅原则，保证全面完成自治区下达各项计划指标；坚持责权利相结合，根据履职履责和贡献大小给予相应报酬奖励。坚持国家、企业、职工兼顾原则，在确保国家财政收入前提下，企业和职工适当多留多得；坚持按劳分配，克服平均主义。对零售、收购企业管理、后勤服务人员基本工资（包括地区差价）部分进行浮动，企业保证兑现 70%，剩余 30% 按照任务完成情况进行浮动。1. 零售业务实行定销售额、库存、经营品种、损耗率、差错率"五定"连销计酬。2. 收购业务实行定收购额、销售额、误差率、损耗率"四定"联购计酬。3. 管理人员实行联营计酬（包收购总额、包商品销售总额；会计

表 3—3—2　1982 年盐池县供销合作社系统各单位基本情况统计表 2

项目	单位	青山社	大水坑社	红井子社	惠安堡社	萌城社	麻黄山社	后洼社	马儿庄社	冯记沟社
建社时间	年	1938	1938	1976	1951	1976	1952	1976	1962	1976
职工人数	人	24	58	16	28	9	15	7	10	15
其中固定职工	人	13	43	10	20	6	11	4	5	11
临时职工	人	5	8	4	5	1		1	1	3
计划外用工	人	6	7	2	3	2	4	2	4	1
现有营业场地	个	6	10	3	6	1	4	1	1	4
场地面积	平方米	789	1544	432	960	164	802	149	376	1199
现有仓库	幢	6	3	6	3	2	5	2	3	3
仓库面积	平方米	504	348	642	444	220	638	209	320	582
现有汽车	辆		1		1	1				1
汽车	吨位		2		4	2				5
商品购进总额	万元	79.2	132.3	54.1	157	24.5	47.3	34.2	48.3	102.2
商品销售总额	万元	90.8	166.8	59.4	181.6	46.5	57.4	39.3	57.9	89.7
商品流通费用	万元	5.6	8.2	4.1	7	2.9	3.8	2.6	4.1	5.3
商品经营利润	万元	3.8	8	2	9.7	2.2	2.8	1.8	2.7	7.1
利润净额	万元	1.6	7.2	0.8	8.6	2.2	2.6	1.7	1.8	5.8
自有资金	万元	37.8	68.4	28.3	41.9	19.4	25.2	13.6	20.5	32
其中流动资金	万元	23.6	36.4	18.8	23.8	12	17.8	8.4	11.8	20
固定资金	万元	14.2	32	10	18.1	7.4	7.4	5.2	8.7	12

包费用率、资金周转、会计报表；统计出纳包统计报表、差错率、现金管理）办法。4. 后勤服务人员根据所承担工作提出具体要求和积分标准，明确责任，积分计酬。5. 饮食服务、汽车运输实行国家所有，集体经营，定额上交，自负盈亏。考核指标为：饮食业定营业收入、经营品种、费用率、毛利率、利润；服务业定营业收入、服务项目、费用率、利润；汽车运输定任务、油耗、安全、费用、利润、车况；汽车队仍然实行单车核算、全员基本工资均实行部分浮动，企业保证 70%，剩余 30% 根据任务完成情况进行考核，按考核结果兑现。司机实行任务、油耗、安全、费用、利润、车况"六定"，联利计酬；管理人员

实行联利计酬。队长包任务、安全、车况，会计包费用、报表。后勤服务及修理人员根据各自担任工作提出具体要求和计分标准，计分计酬；批发加工业务按照任务完成情况核发基本工资，并参与全面考核计分计奖。加工业务定产值、定出品率。

1984 年，盐池县供销合作社为使责任制落实到人，并与其经济利益挂钩，根据不同职务或岗位实行个人专责制和职务津贴制，职务津贴按年度考核计划发放。1. 企业负责人对完成上级下达的各项计划和任务负责，有权在企业权限内，根据国家政策规定范围组织开展经营活动，管好企业，每月必须对所属企业进行以考核指标为内

容的定期或不定期检查，并将检查结果作为年终考核依据，按分计酬，正职发给津贴120元/年，副职发给津贴84元/年。2.企业主办会计对会计核算报表和财产资金管理负责，有权抵制违反财会制度的一切行为，每月必须向全体职工公布企业及所属单位经营成果和考核指标执行情况，并负责计算职工劳动报酬，企业年终总评时结合系统会计竞赛成绩评分计酬，发给职务津贴60元/年。3.统计兼出纳对统计核算报表和现金管理负责，有权抵制虚报、瞒报统计数字和一切不合理开支，负责根据有关考核指标对全体人员月考核结果设立完备登记，并负责向县社和会计上报提供考核资料；上报县社资料必须在次月10日前报出；企业年终总评时结合系统统计竞赛成绩评分计酬，发给津贴60元/年。4.分销店门市部负责人对完成分销店或门市部购销任务及核定运杂费负责，有权根据市场需要合理组织商品调用，对所属员工工作进行检查监督，企业年终总评合格时发给津贴36元/年。

1985年，为使企业更好地履行责任制目标，盐池县供销合作社再次赋予所属企业以下经营管理权限：1.经营自主权。在保证完成国家计划前提下，企业有权制定各项经济指标，有权在规定范围内选择多渠道采购商品，确定经营方针和服务项目。2.财务开支权。有权按规定使用留给企业的各项资金，有权按财务开支权限规定支付费用，不符合国家规定的摊派费用企业有权拒绝支付。3.物价制定权。有权按上级规定的作价办法，制定属于工商企业协商定价的小商品和自行加工监制的商品零售价格，有权制定允许议价购销的农副产品议购价格，在上级规定的品种、数量范围内制定冷背、滞销、积压商品处理价格，自行制定残次变质商品、零头尾货、处理价格和折零出售小商品的零售价格，与工业外贸等委托单位

协商制定代销商品的销售价格，对现货商品按规定等级标准和质量差价进行分等定价。饮食业除执行上级规定的综合毛利率、分类毛利率和主粮制品、少数主要菜肴价格外，一般糕点名菜、名点和风味食品具体价格可按上级规定毛利率自行定价。4.劳动人事权。有权编制定员和劳动定额内进行内部人员调配，有权按照有关规定对职工进行奖惩。

1985年后，随着市场逐步开放，个体经营不断增加。盐池县供销合作社为进一步扩大市场占有率，在经营上实行联购分销、分购联销、利润返还等联合经营方式，工业品经营以两个批发企业为依托，大宗商品由批发企业统一组织购进，分别由各基层社销售；农副产品则由基层社组织收购，统一由县土畜产品公司组织向外销售；购销业务实现的利润按一定比例由公司返还给基层社。实行联合经营方式，不仅避免了系统内企业之间争市场、争货源矛盾，而且使供销系统整体优势得到充分发挥。仅1985年、1986年两年，联销、联购公司向基层社返还利润达33万余元。其间除几个专业公司与各基层企业开展联购联销利润返还业务外，各基层社普遍与农户进行了松散型联合经营，即农户向供销社出售绒、毛、皮等农副产品时，按企业定价先行付款，待销售后按当期价格变动和盈利情况给予农户价差或利润返还。据统计，4年间全系统向农民返还价差14.8万元，返利25.8万元。

1987年，盐池县供销合作社进一步完善承包经营责任制、主任经理任期目标责任制。一是建立完善人员岗位责任制，推行供销业务人员联购、联销计酬，企业管理人员联购联销联利，按3：3：4比例计酬。饮食服务运输业实行承包租赁等形式的经营责任制。全系统大部分干部职工的工资奖金与职责任务挂钩，实行全额或部分浮

动；研究制定了劳动分红办法，以干部职工的出勤率、劳动态度、贡献大小合理分配，从根本上解决吃"大锅饭"问题。

1988年，盐池县供销系统随着经营体制、机制转换，积极推行各项经济责任制改革，经济效益明显提高，其主要原因是：一是明确了企业领导、职工责权利，进一步调动了干部职工的积极性。二是改变作风，加强了对基层工作的组织指导。在商品购销业务上提前召集会议，分析市场行情，制定具体措施，并能够在较短时间内将决策传达到基层社，增强了企业适应市场的应变能力。三是由于农副产品价格上涨幅度较大，农民收入增加，促进了生产、生活资料销售。四是县委、县政府对绒毛产品的税收政策进行改革试验，变更纳税人由原供销社代缴改为生产者直接缴纳，为供销社参与市场竞争、搞活经营创造平等政策环境。五是发挥供销系统群体优势，对主要农副产品实行分散收购、集中销售的办法，稳定了市场，提高了整体效益，维护了农民群众的既得利益，有效遏制了资源外流。同时，盐池县供销合作社认真贯彻落实《宁夏回族自治区深化供销社改革、增强企业活力的若干规定》（宁政发〔1987〕131号，1987年12月23日发布）和盐池县人民政府（1988）64号文件精神，结合县、社实际情况，对企业领导干部实行《企业领导干部任期目标责任制》，主要包括：经济效益目标（利润、百元流动资金利用率、百元固定资产利用率、人均实现利润、库存商品实销率）；社会效益目标（商品购进总额、商品销售总额、全员人均工作量、扶持生产）、企业发展目标（自有资金积累、增加固定资产项目、职工教育普及程度）和职工收入福利目标（职工收入、文化生活、职工福利设施），规定在三年任期中年度责任制目标全部达标（满分），利润率、人均实现利润、

全员工作量达到全系统同行业基础平均先进水平的企业领导，奖金分红可高于职工平均收入的2倍；未能实现全部达标，则按照达标比率高低给予不同程度的奖金分红或扣除本人10%到40%的工资。一般职工实行承包经营责任制，管理人员、后勤人员继续采取联购联销联利3∶3∶4比例计酬，收购员联购计酬。批发零售部门联销计酬，与任务挂钩，实行工资部分或全部浮动。饮食服务和微利亏损零售门市实行大包干或租赁方式。系统全员推行经济责任制有效地调动了职工积极性，企业各项指标创历史最好水平。1988年，全系统农副产品购进2106万元，生产、生活资料零售额1278万元，均创历史最高纪录。

1989年10月，盐池县供销合作社根据县委关于加强为农业生产服务有关文件（盐党发〔1989〕31号）要求，决定在城郊乡进行改革试点。试点选择有水地、旱地县农牧业综合发展稳定自然村进行，为农户提供产前、产中、产后服务。由城郊供销合作社配合农技部门抓好农药、化肥供给和技术服务，组织开展病虫害防治；由县社生资公司组织抓好黑瓜子、花生种植示范；由城郊供销合作社协助试点村成立畜牧合作社，并与其签订代理收购合同，再由县社土畜产品公司负责组织统一销售。

1991年，盐池县供销合作社在前三年实施领导任期目标责任制考核基础上，修改完善了企业经营目标管理责任制实施办法和任务指标。企业管理人员继续实行联购联销联利计酬；业务人员实行联购联销计酬；饮食服务业实行提成工资或利润大包干；车辆实行联利计酬、节油有奖的办法。

1992年6月10日，为认真贯彻自治区和县人民政府关于转换企业经营机制，搞活流通有关精神，盐池县供销合作社根据重庆流动体制经

营、价格、分配、用工"四放开"改革经验，结合盐池县情实际，制定了《盐池县供销合作社转换经营机制综合改革试点办法》。并确定县城联营公司和惠安堡基层社两个单位为改革试点，主要试点内容为：一是改变传统单一的购销模式，加强农业科技服务。在国家政策允许范围内，"农民买什么就卖什么；农民卖什么就收什么"。加强内外联系，采取工商联营、农商联营、代购代销、分购联销等多种形式开展经营活动。二是运用价格手段，根据市场供求变化采取灵活作价方式促销。按质论价，优质优价，以客户和消费者接受能力为作价尺度，不受差价率限制；大路商品销售旺季价格上浮、淡季下浮；竞争性较强商品按照薄利多销原则作价；对一次性购买量大客户按批量优惠作价；对季节性商品采取保本价销售，快进快出，加速资金周转。三是落实企业用工自主权，建立内部人事竞争机制；科学设置岗位，根据工作需要确定岗位职数和人员编制，实行全员合同化管理。试点单位打破现有干部、工人、合同工界限；所有职工采取优化组合上岗，并以合同形式明确双方责权利。实行全员合同管理后，职工原身份作档案保留，调出人员按原身份迁出，调入人员按内部合同化管理手续衔接完善。管理岗、业务员采取双向选择，优化组合。实行全员合同制试点单位的主任、经理，由县联社择优聘用；主任、经理提名各基层门店、模组负责人和业务员；门店、柜组优化组合允许双向选择，即门店负责人有权选择柜组业务员，柜组业务员也有权选择门店或柜组；不论门店、柜组负责人选择业务员，还是业务员选择岗位，都以其特长为前提条件。四是实行内部待业退养和正常辞退制度。对于经过评定（或双向选择）不符合上岗要求和优化下岗职工，实行企业内部"试岗"（因竞聘或在优化组合中下岗，经过培训后

再次上岗者为试岗人员）、"待岗"（因违纪下岗或试岗不合格者为待岗人员），试岗期间只拿基本工资；合同工身份试岗人员试岗不合格后予以辞退；员工待岗期间组织学习培训，只拿基本生活费；对优化组合后老年多病、又不到退休年龄的职工实行内部退养制度，比照退休标准发给退养生活费，暂不办理正式退休手续；对离岗超过12个月仍未能竞聘上岗职工不再发给生活费，只保留原职工档案，允许其调离或自谋职业，一年后仍不能调离者，按自动离职处理。五是认真贯彻按劳分配原则，上不封顶，下保基本生活费，以此原则建立内部分配激励机制。业务人员实行"三联"（联购销额、联毛利率、联资金周转）"三定"（定库存、定品种、定损耗）计酬方法，工资全额浮动，实行基数不同含量、超基数同一含量分配办法。后勤管理人员实行"四联"（联利润、联销售、联购进、联毛利率）并工资部分下浮办法计酬。员工奖金按个人德、能、勤、绩全面考核，计奖分配办法依照县联社《企业内部经营责任制实施办法》（盐联社发〔1992〕41号）执行。经过自上而下、自下而上的自愿组合，除长期有病不能坚持上岗人员外，试岗、待岗和提出辞职员工7人，其他绝大多数人员都得到妥善安置。双向选择、竞聘上岗在职工中产生了很大震动，但效果却是好的。大多数职工反映，经过优化组合，虽个别人有不满情绪，但多数职工认为体现了公平、公正、按劳所得原则，大家心情舒畅，参与经营积极性普遍提高。是年，县供销合作社同时实行"百元销售工资含量计酬""购销利三三四"计酬等经营方式。全县农村设有33个购销网点，负责生产生活资料供应和农副产品购销。全系统在职职工368人，离退休职工60人，固定资产576万元，年利润70万—80万元。

　　1993年后，市场完全放开，供销系统传统

经营方式已不能适应市场经济发展变化。除大宗农副产品和农业生产资料继续实行"联购分销"集体经营外，基层门店相继实行了集体或柜组承包经营方式。承包人员除上缴各项提留、养老金等费用外，完全实行自主经营、自负盈亏。盐池县供销合作社从改革管理体制入手，全面推行"四放开"和全员合同化管理。并根据县级体制改革实施方案，组建了盐池县供销社集团总公司，与盐池县供销合作社一套机构、两块牌子。总公司融经营管理与服务于一体，为一级所有、两级法人单位，对内实行分级经营、两级核算，实现所属企业财务统一调配、统一管理。一是集团总公司成立后，首先对原有门店进行调整合并，减少了2个职能管理机构，成立了劳动服务公司，县社机关工作人员由原来20人减少到16人，服务公司则带领基层社、企走向市场，参与竞争。二是将大水坑供销批发站和大水坑供销社两个独立核算单位合并为一，成立集批发零售和农副产品收购为一体的综合性贸易公司。三是于年初对经营萎缩、长期亏损的麻黄山供销合作社陈记洼子分销店进行拍卖；对红井子供销社马坊分销店经营萎缩情况进行整顿，采取利润包干办法。包干后，该分销店承包人积极组织货源，扩大销售，经营情况明显好转，不但向基层社如数上交承包利润，个人收入也有较大提升。四是建立内部竞争风险机制。实行企业内部全员合同化管理后，上岗员工必须向其所在企业一次性缴纳3000—5000元风险抵押金，因合同违约、工作失误造成损失以此扣补。五是建立完善企业内部经营、分配改革制度，企业领导实行经营效益、社会效益、企业发展等五项12个指标的任期目标责任制管理。月度和季度按购销利3：3：4比例计酬，年度根据目标责任制要求进行全面考核，决定奖罚；业务人员全部实行联购联销计酬，打

破以往只联基本工资不联各种津贴补贴的计酬办法；全部工资采取"百元销售含量工资制"，上不封顶，下不保底，较好解决了干好干坏一个样问题。

1994年，盐池县供销合作社各基层社（甲方）根据业务经营实际状况，分别将所属综合门市部、柜组等承包给职工（乙方）经营，并签订了承包经营合同。合同内容主要包括：承包经营采取柜组承包，基数包死；社有资金全额抽回，甲方门市部货架、柜台、设施用具等提供乙方经营使用；甲方将企业原有库存商品按零售价倒扣17%差价一次性售给乙方，乙方接受后一次性全部交清商品资金；承包经营后乙方单独核算，自负盈亏，上交提留后超额归己；乙方须在每月底5日前向甲方缴纳个人统筹养老金、房屋折旧、柜台设施折旧等合同约定费用；承包期间房屋设施等产权归甲方所有，乙方不得转让、转租和抵押；乙方在承包期间与企业隶属关系不变，个人身份管理权限不变；乙方除农药、农膜、棉花、大中型生产资料、主要农副产品、烟花爆竹外其余商品均可经营；承包期满后，甲方不接受乙方任何库存商品；承包期内，乙方必须保证占用甲方所有资产完整，接受甲方监督；承包期内，乙方所有经营必需证件由乙方自行办理，所有因违规经营造成的罚款及生产安全事故均由乙方负责。

1994年，冯记沟供销合作社将综合门市部租给本社职工；高沙窝供销合作社将门市部承包给本社职工，将施记圈分销店零售业务承包给本社职工；红井子供销合作社马坊分销店承包给本社职工经营；后洼供销合作社门市部实行集体承包；麻黄山供销合作社门市部实行集体承包，早晚门市部实行租赁经营；马儿庄供销合作社综合门市部、早晚门市部实行集体承包经营；青山供

销合作社门市部、营盘台分销店实行承包经营，车辆实行抽资承包经营。

1995年5月，冯记沟供销合作门市部、丁记井分销店由本社职工承包经营；后洼供销合作社沙崾崄双代店实行承包经营，早晚门市部实行抽资承包经营；惠安堡供销合作社早晚门市部实行全额抽资承包经营，副食品门市部实行承包经营；柳杨堡供销合作门市部由本社职工实行集体承包经营，车辆实行全额抽资承包经营；麻黄山供销合作社综合门市部、早晚门市部实行集体承包经营；苏步井供销合作社门市部、食堂、汽车、手扶拖拉机全部实行承包经营；王乐井供销合作社门市部实行承包经营；大水坑供销合作社向阳、新桥两个分销店实行全额抽资承包经营。

1996年，经盐池县供销合作社社委会研究，同意大水坑供销合作社第二门市部、早晚门市部、旅店承包给本社职工经营；后洼供销合作社综合门市部实行抽资承包经营；惠安堡供销合作社综合门市部针织、百货、布匹、五金、鞋帽等柜组实行全额抽资承包给本社职工经营；青山猫头梁分销店实行承包经营。

1997年，城郊供销合作社将针织、日用杂品、小百货、副食品、大百货实行承包经营；冯记沟供销合作社将综合门市部继续租给本社职工实行抽资承包经营，一包三年不变；高沙窝供销合作社门市部实行抽资承包经营，一包三年不变；惠安堡供销合作社旅社实行承包经营；柳杨堡供销合作门市部实行抽资承包经营；青山供销合作社门市部实行抽资经营；王乐井供销合作社门市部实行抽资承包经营；鸦儿沟李庄子分销店实行抽资承包经营。

1998年，惠安堡供销合作社日杂门市部实行由本社职工抽资承包经营；麻黄山供销合作社综合门市部、早晚门市部实行抽资承包经营；苏

步井供销合作门市部实行承包经营。根据县供销合作社8月6日社务会议决定，将麻黄山与后洼供销合作社合并（合并后社址设在麻黄山），冯记沟与马儿庄供销合作社合并（合并后社址设在冯记沟）；王乐井与鸦儿沟供销合作社合并（合并后社址设在王乐井）；被合并供销合作社的资产及人员分别由新组建的麻黄山、王乐井和冯记沟供销合作社接收管理；被合并供销合作社所有债权债务分别由新组建供销合作社承担；被合并供销合作社为新组建供销合作社的分销机构，经营网点不撤，经营范围不变。

1999年，为使扭亏增盈工作落实到每个企业，县供销合作社按照年初企业改革工作安排组成工作组，由一名副主任带队组织财会人员深入各企业对1998年经营情况进行全面核查，以保工资、保吃饭为前提，从降低费用开支、扩大销售、盘活资产存量等方面入手，确定各企业扭亏目标措施。3月初，县供销合作社召开全系统扭亏增盈动员大会，讨论制定了《盐池县供销合作社关于加强扭亏增盈工作的意见》《盐池县供销合作社1999年扭亏增盈目标考核细则》。县社主任分别与5个公司、9个基层社法定代表人签订了扭亏增盈目标责任书。动员大会上，县社主任作了题为《克服困难，扎实工作，为全面实现扭亏增盈目标而努力奋斗》的动员报告。会后采取了繁殖扭亏增盈措施：一是成立了3个督查小组，分片对系统扭亏增盈工作进行督导，具体任务是检查各企业扭亏增盈目标责任制执行情况，会同各基层社共同研究实现扭亏增盈目标措施；总结各单位深化改革、强化管理、以改革促进扭亏增盈经验办法；协调解决农资连锁经营、市场开拓、参与农业产业化发展、培育新的经济增长点等过程中遇到的问题；检查处理库存商品，盘活存量资产，清收各种欠费。督查组每月召开一次

情况汇报或经济形势分析会，及时把各企业扭亏增盈措施报告县社。二是采取各种措施，建立联系点工作制度。县社领导和各股室负责人对所属企业实行包片包点办法进行工作指导。三是县社专门成立清欠工作领导小组，聘请律师2名为法律顾问，专门推进各社属企业债务清欠。四是重申企业有关制度规定，加强企业内部管理。5月份县社印发了《关于进一步加强财务管理工作有关问题的规定》，要求各企业本着合理节约原则，加强业务招待管理和财务审核，业务招待坚持"一控、二限、三不准"制度。县社和公司工作人员下乡一律吃工作餐，标准每人每天不超过10元；基层社工作人员进城办事，生活费一律自理，电话费实行定额管理；严格控制县社机关用车频率，严禁公车私用，非特殊情况县社股室工作人员下基层一律乘坐公用交通。五是组织对农村市场进行深入调研，并采取联购直销、总代理等方式扩大经营。如农资公司和吴忠、青铜峡磷肥厂联系在本县设点开展磷肥和碳铵直销；和吴都酒业集团公司联系由综合公司作为其在盐池的总代理。六是根据扭亏增盈工作进展，组织编发《盐池县供销社信息》8期，通过信息及时报道各企业扭亏增盈工作进展情况，快速掌握工作动态和政策快讯，传递交流工作经验，互通信息。县社要求各基层单位充分发挥自身优势，力争按照县委、县政府要求实现扭亏增盈目标。高沙窝、王乐井等供销合作社利用古—王、盐—新公路过境施工之机，将企业闲置库房和办公室腾出来租给施工单位，每年增收4万余元。部分基层社积极组织外销甘草，或利用企业闲置大院培育树木种苗，增加收入。农资公司、大水坑贸易公司采取送货上门、代销等形式增加化肥销售上千吨。各基层单位也加大了处理库存商品力度，从各方面实现增收。经过全系统共同努力，全年全系统减亏160万元。

1999年4月1日，经县供销合作社社务会议研究决定，同意惠安堡供销合作社门市部继续进行第二轮承包经营，承包期自1999年1月至2000年10月31日止。6月18日，经县供销合作社主任办公会研究决定，同意大水坑贸易公司旅社、回民食堂、二门市部、早晚门市铺、中街门市铺、向阳分销店、新桥分销店7个单位继续实行承包经营；大水坑供销合作社新桥门市部承包给本社职工袁靖经营，承包期从1999年1月1日起至2000年10月31日止。

2000年，盐池县供销合作社系统继续推进社属企业和基层社改制，首先从产权制度改革入手。根据自治区供销合作社和盐池县委、县政府部署要求，县供销合作社5月10日召开了全系统企业改制暨扭亏攻坚动员会，通过了《关于进一步推进社属企业改革的总体方案》，规定供销合作社必须在坚持合作制和保持对重点骨干企业控制力的前提下，通过合理改组、联合、兼并、租赁、承包、托管、剥离、股份合作、出售等形式，使企业真正成为适应市场经济发展要求的自主经营、自负盈亏、自我发展、自我约束的法人实体和市场竞争主体。会议决定县社专门成立改制工作小组进驻企业开展工作。根据会议精神，会后印发了《关于进一步深化基层供销合作社改制的几点意见》，提出要把基层社转化成农民合作经济组织作为改革大方向，并从加强综合服务体系建设、扩大经营范围、开拓农村市场、兴办专业合作社、推进农业产业化和体现合作社性质原则等方面提出具体措施和要求，按照《意见》，随之将亏损较大的麻黄山供销合作社和青山供销合作社实施整体承包，彻底根绝亏损源。此后，随着改革开放不断深入，供销合作社系统经营体制逐步由承包责任制趋向自主经营、自负盈亏。

供销社及各基层社以甲方法人身份同职工（乙方）签订责任书或承包合同，在经营管理上逐渐由组织管理向法治化管理转变。

2000年，盐池县供销合作社开始总体推进经济体制改革，但是鉴于系统各企业历史遗留问题过多，改革阻力较大，改制进度缓慢。县供销合作社按照县委、县政府统一部署，经过与企业职工多轮、反复沟通协商，在切实保障职工利益前提下，拿出切实可行改制方案。一是首先为企业"减员消肿"。结合县城旧城改造，在城郊供销社原址新建了盐池商贸中心，安置城郊供销社职工15人，联营公司职工17人；拆迁惠安堡供

销社安置职工9人。全系统买断工龄23人，系统职工总数比上年减少了64人，减少到161人，初步实现减员增效目的。二是采取联营经销、代销等营销办法，全系统销售化肥7789吨、农药9吨、农膜75吨，在保障全县农业生产需要同时，实现企业扭亏增盈。三是为配合县委、县政府关于加快全县资源开发的战略部署——"521工程"落到实处，由县供销合作社组建盐池县皮毛绒开发总公司，承接畜产品购销，带动全县畜牧业发展。县皮毛绒开发总公司成立后，积极与河北清河、内蒙古鄂尔多斯、宁夏同心等厂家签订多项购销合同，共计销售原绒2300公

表3—3—3　1981—2000年盐池县供销合作社系统经营情况统计表

年份	商品销售总额（万元）	费用率（%）	资金周转天数（天/次）	利润净额（万元）	上缴利税（万元）	年末职工人数（人）
1981	2163	4.62	95	101	62.9	350
1982	2009	5.33	111	81	63	346
1983	1477	4.93	96	152	85	312
1984	1403	7.1	173	54	56.3	317
1985	2543	5.65	127	58	102.2	312
1986	3654	5.09	101	78.2	90.6	366
1987	3294	5.51	134	73.4	101.8	386
1988	6064	4.68	104	157.4	76.1	436
1989	4812	6.82	167	36.8	99.1	428
1990	4604	6.45	163	62.2	80.2	427
1991	3619	7.68	192	36.3	79.1	432
1992	4361	6.70	153	39.5	72.2	420
1993	4453	7.55	200	1.8	61	397
1994	2425	15.82	395	-19.8	21.7	388
1995	3182	13.17	330	-102.2	17.9	361
1996	3652	13.2	303	-142.7	25.6	361
1997	2094	17.08	462	-239.5	12.9	322
1998	1651	20.2	514	-257.8	10.5	280
1999	1846	12	387	-94.5	14.4	268
2000	1974	10	367	0.1	2.3	238

斤，创利 2.3 万元；收购羊毛 100 余吨，收益较好。县供销合作社同时对 5 个边远基层分销店房产进行整体出售，盘活资产。通过采取以上措施，全年全系统商品销售总额 1974 万元，占年计划的 103.9%，同比增长 7%。其中县级公司实现销售总额 1332.5 万元，占年计划 1054 万元的 126.4%，同比增长 23.4%；基层社实现销售总额 642 万元，占年计划 845 万元的 76%，同比下降 16.2%；各项费用支出 199.2 万元，同比减少 22.4%，费用率 10%。资金周转 367 天，比上年快 20 天。实现利润 0.1 万元，同比减亏 93 万元，初步实现了扭亏目标。

2001 年 7 月 16 日，为加强对供销合作社社属企业改制工作指导，加快供销合作社企业改制步伐，盐池县人民政府决定成立供销合作社社属企业改制工作指导小组。

组　长：原增喜　县人民政府副县长
副组长：石美林　县供销社主任
成　员：乔　孝　县体改办副主任
　　　　吴佩杰　县国资局局长
　　　　刘贵军　县人劳局副局长
　　　　余万河　县税务局局长
　　　　张　万　县社保局局长
　　　　李树民　工商局副局长
　　　　李志强　农行副行长

县人民政府企业改制领导小组成立后，县供销合作社同时组织成立了以石美林为组长，张宗为副组长，何永汉、郭凤鹤、雍锦以及县社工会和有关股室负责人为成员的改制领导小组，具体负责组织领导社属企业改制工作，各企业也相应成立了改制小组，组织专人推进企业改制。随后县供销合作社改制领导小组研究制定了《盐池县供销合作社社属企业改制方案》，报请县人民政府批准。8 月 9 日，县人民政府以《关于盐池县供

销社社属企业改制方案的批复》（盐政函〔2001〕19 号）原则同意盐池县供销合作社社属企业改制方案。批复下后，各社属企业结合自身情况认真组织实施，积极稳妥地推进改制工作平稳进行。

2001 年，根据自治区人民政府《关于进一步推进供销合作社改革与发展的通知》（宁政发〔1999〕70 号）要求，供销合作社企业改制后，市、县供销合作社联合社只负责对所属企业的指导、协调、监督、服务和行政管理责任，不参与所属企业具体经营，不再向所属企业、下级社提取管理费。市、县供销合作社人员编制控制在 10 人以内，经费列入同级财政预算。

2001 年 12 月 26 日，根据盐池县政府关于推进供销合作社改革发展有关文件（盐政函〔2001〕19 号）要求，县供销合作社生产资料公司、综合贸易公司、土畜产公司、荣发皮毛绒公司全体职工于 12 月底前与所在公司解除劳动合同，终止劳动关系。10 月 26 日，县供销合作社召开社务工作会议，决定聘任杨学才为生资公司经理、郭玉财为综合贸易公司经理、李昆为土畜产公司经理、韩强为荣发皮毛绒公司经理，负责各公司善后工作。规定在各公司改制前后，上述新聘企业经理人对本公司财产安全负有全部责任，确保社有资产不流失；在一定时间内（改制工作全部结束前）负责清理本公司职工未交接手续，暂时无法交接手续的财务等人员由各新聘公司经理视情况可采取暂停办理其离职手续或暂不兑现其一次性安置费等措施；各公司新聘经理酌情制定现有库存商品处理办法，组织安排库存商品处理善后；各公司新聘经理任期期间同时负责县社交办的其他各项工作，聘用时间根据改制工作进展由县社决定；新聘公司经理工资待遇暂时按解除劳动合同前标准执行。

2001 年，盐池县供销合作社系统通过改组

改制、联合兼并、租赁承包、剥离资产、股份合作、出售盘活等多种形式，使企业真正转变为市场竞争主体，成为自主经营、自负盈亏、自我发展、自我约束的法人实体。县供销合作社所属四大公司，即土畜产品公司、综合贸易公司、供销联营公司、农业生产资料公司全部实行全员买断工龄，共有123名职工签订买断工龄协议书，与上年合计全系统职工共计减少187人，全系统职工减少到38人。高沙窝供销合作社由于亏损严重，经多方沟通协商，将该社债权债务全部转让给农民经纪人余聪经营。当年，全系统商品销售总额1580万元，占年计划的75.6%，同比减幅20%，其中县级公司销售总额986万元，占年计划1230万元的80.1%，同比减幅7.7%。基层供销合作社销售总额590万元，占年计划860万元的69%，同比减幅7.3%。全系统费用支出50.8万元，同比减少148.4万元，费用率为3.2%；资金周转456天，比上年慢88天；利润亏损2万元，同比减少0.1万元。

2002年，盐池县供销合作社在上年顺利完成几个直属公司和高沙窝供销合作社改制后，利用前期企业改制成功经验做法，提出社属企业二轮改革规划，推进剩余基层社改制。并依据各基层社实际情况，通过广泛征求意见，协商讨论相应改制措施，有序推进。

2002年11月29日，盐池县供销合作社召开理事会议，就有关事项决定如下：1.组建成立盐池县荣发皮毛绒有限责任公司；2.组建成立盐池县供销合作社资产管理办公室，由郭凤鹤任组长，杨建设、汪涛任副组长，杨秀珍、乔泽华为成员；资产管理办公室具体负责县社出租房屋管理及租金清收，对已改制公司和基层社遗留应收款项进行清收，协助未改制公司和基层社清收欠款，负责全系统商品处理价格调整。会议还就综合公司商品处理办法和出租房屋管理权问题作出相关决定。

2003年，自治区人民政府《关于加快供销社改革与发展的通知》（宁政发〔2003〕51号）出台后，对于供销合作社事业重要性及企业改革发展的总体思路、目标、原则、步骤和任务提出了新的要求。通知下发后，县委、县政府十分重视，要求认真贯彻落实通知精神。县供销合作社及时组织干部职工认真学习文件精神，提高认识，统一思想，以服务"三农"为宗旨，紧紧围绕农业和农村经济结构战略性调整问题，对本县供销合作社系统改革思路、目标、原则、步骤和任务提出明确方向：以实现开放办社为目的的改造联合社，强化为农服务意识，进一步发展壮大农民经纪人协会组织，协调农村民间流通组织、农民经纪人协会与政府部门和其他组织关系，吸收农民经纪人、农村各类合作经济组织、龙头企业加入供销合作社；切实做好农资供应、农产品流通、农副业信息为主的农村流通服务和政府交办的其他任务。利用2—3年时间培育建设一批有市场竞争力的龙头、骨干企业，把千家万户农村群众的小生产与千变万化的大市场紧密联系起来，推动农业产业化经营。实行产权多元化改造社有企业；通过产权制度改革全面理顺供销合作社与企业责权利关系，对社属企业进行以产权制度改革为重点的分类改造，根据不同情况，分别改造为股份公司、有限责任公司、股份合作制企业，或者实行转让；对资不抵债、扭亏无望企业实行关闭、合并、破产、拍卖，对企业不良资产通过银企协商，采用以资抵债返租、债务重组等形式予以化解。已参与农业产业化经营改造的基层社，结合乡镇合并、小城镇建设加快调整布局，进行归并或重组，力争建成一批经济实力强、服务功能齐全、参与农业产业化经营的大社

2003 年，盐池县城十字大街街景

或中心社；采取吸纳农村种养大户、农民经纪人、基层社分流人员自办等形式积极发展专业合作社，主动帮助农民建立专业协会等服务组织，使农民真正成为基层社主体。

盐池县供销合作社原有社属企业 5 个，基层社 9 个，在职职工 225 人。改制后，截至 2003 年 5 月，除大水坑贸易公司外，其他 4 个基层企业全部完成改制。其中重组企业 2 个，即盐池县兴农农业发展有限责任公司和盐池县荣发皮毛绒有限责任公司；实施产权转让 1 个，即高沙窝供销合作社，转让给农民经纪人余聪；先后有 130 名职工置换身份，得到一次性安置。

按照自治区人民政府《关于进一步推进供销合作社改革与发展的通知》（宁政发〔1999〕70 号）精神，供销合作社企业改制后，市、县供销合作社联社只负责对所属企业的指导、监督、协调、服务和行政管理责任，不参与企业具体经营，不再向所属企业、下级社提取管理费。市、县供销合作社人员编制控制在 10 人以内，经费列入同级财政预算。自治区人民政府《关于加快供销社改革与发展的通知》（宁政发〔2003〕51 号）出台后，重申上述规定，并提出各级供销合作社联社机关在机构改革中参照党政机构改革有关原则，严格核定人员编制，精简机构人员，离退休人员待遇按自治区有关规定执行。

2003 年，麻黄山供销合作社保留牌子，转让资产，由农民经纪人张龙经营。

2004 年 7 月，青山供销合作社保留牌子，转让资产，由农民经纪人李玉霞经营。

2005 年 7 月，王乐井供销合作社、冯记沟供销合作社、惠安堡供销合作社、城郊供销合作社由企业进行改制重组，内部返聘人员承包经营，改制为独立核算、自主经营、自负盈亏的集体企业。

2006 年，柳杨堡、苏步井供销合作社因为资金呆滞、财务挂账问题得不到解决，停业。

2007 年，大水坑贸易公司作为盐池县供销合作社最后一个未改制公司上报改制方案。经县供销合作社批复同意，贸易公司所属30名职工与贸易公司解除劳动合同，终止劳动关系，并按每满一年工龄700元标准一次性发放安置费，从2008年2月22日起转换职工身份。大水坑贸易公司成功改制，标志着全县供销合作社系统改制全面完成，也标志着盐池县供销合作社计划经济体制基本结束。

盐池县供销合作社组织对直属企业采取置换职工身份和返聘重组等办法对所属三大公司和部分基层社进行人事、资产、经营体制等方面进行全面改革。直到大水坑贸易公司作为最后一个直属企业完成改制，从2008年开始，各基层社、新型合作组织逐渐转变为自主经营、自负盈亏、自我发展、自我约束的新型市场经济主体。

2010年10月，高沙窝供销合作社保留牌子，转让资产，由农民经纪人余聪经营。

2016年6月8日，根据盐池县委《盐池县深化供销合作社综合改革的实施方案的通知》（盐党办发〔2016〕68号）精神，盐池县供销合作社按照事业单位法人登记注册，自2016年开始县财政以政府购买公共服务方式，拨付综合改革资金100万元（以后每年按20%增加）用于供销合作社改革发展和开展为农服务业务。

根据县委关于《盐池县深化供销合作社综合改革的实施方案的通知》要求，盐池县供销合作社按照事业单位法人登记注册后，主要职能职责包括：切实围绕"改造自我、服务农民"总体要求，坚持合作经济组织基本性质，坚持"实体化、市场化"改革方向，按照"先做强、再做大"工作思路，以密切与农民利益联结为核心，提升为农服务能力为根本，优化资源配置，强化行业指导和资产监管，全面推进组织体系、服务体系、经营体系和管理体系创新，形成供销合作、生产合作、信用合作"三位一体"发展格局。坚持为农服务的根本宗旨，把为农服务成效作为衡量工作的首要标准，突出社会化服务能力建设，提升连接城乡，服务"三农"能力；坚持市场化改革方向，用好用活社有资产，建立新的人事管理制度，坚持加强与创新并举，健全完善基层社组织体系、社有企业经营管理体系和服务网络体系，保持资产完整性和队伍稳定性，坚持经营性服务与公益性服务相结合，走富民强社双赢之路。2016年通过引资方式先期启动惠安堡现代农业服务中心项目建设。"十三五"期间，建设现代农业综合服务中心（站）10个，围绕破解"谁来种，地怎么种？"等问题，与农民专业合作社组建农业服务公司，通过开展土地托管服务模式，采取服务型全托、收益型全托、半托型合作和土地入股等方式为农民和各类新型农业经营主体提供耕、种、收、储、销系统化服务。2016年完成推广土地全托管服务6000亩（其中水浇地1000亩），土地半托管1万亩，到"十三五"末通过全托管、半托管、股份制等形式经营管理耕地15万亩，力争全县耕地不撂荒。加快推进农产品流通经营服务网络建设，积极参与全县公益性农产品批发市场建设和运营管理。每年领办农民专业合作社1—2家，加强与各类农民专业合作社联合合作。以县供销合作社项目扶持的余聪、鑫海两家公司为平台，大力发展农产品连锁店、直销店及销售专区等新型流通业态，拓展农产品流通渠道，培育壮大一批带动能力强的龙头流通企业，完善冷链物流体系，提高农产品购销、加工、储运、配送、保鲜、信息调控能力，构建新型农产品生产加工流通网络。"十三五"期间，改造升级农资配送中心2个，发展融资农家店15个，对现有30个农资农家店分期分批进行升级改造，逐步提升现代农资经营网点服务功能，扩大连锁配送规模和优质融资覆盖面，拓展融资综合化、规模化供应服务领域，大力推进放心农资超市、农资综合技术服务站和庄稼医院建设，积极推进测土配方施肥，推动农资销售与技术服务有机结合，降低农业生产成本。2016年集中打造大水坑供销合作社电商服务站，以点带面，在全县其他乡镇推广，依托自治区供销合作社电商平台实现"互联网＋供销社"，整合各类商业资源打造网上便民综合服务中心，开展代购、代销、代售、代收等综合服务，构建日用消费品、农资和农副产品双向物流体系，为农民提供优质廉价的化肥、农药、种子、农机具等，帮农民解决"买贵"问题。开展农产品网上销售服务，推介盐池县滩羊、小杂粮、中草药等优质特色农产品上网销售，实现优质优价，帮助农民解决"卖难"问题，促进农民增收。积极探索开展农村合作金融服务，按照社员制、封闭性原则，在不对外吸储放贷、不支付固定报酬前提下，围绕特色优势产业，依托农民专业合作社（联合社）、基层供销社积极开展农村资金互助业务，引领裕丰昌专业合作社开展资金互助工作，加强

表3—3—4　2000—2020年全县供销系统经营状况（单位：万元）

| 年份 | 销售收入 | | | | | 各项费用 | | 利润 | |
| | 总额 | 其中县以上公司 | | 其中基层社 | | 当年 | 比上年 | 当年 | 比上年 |
		当年	比上年	当年	比上年				
2000	1974.4	1332.5	+23.4%	649	+16.6%	199.2	-22.4	170.5	+54.7
2001	1039	620		427		114		-1.4	
2002	1086	455.4	-25.6%	631	+47.6%	46.7	-77.3	持平	减亏2
2003	1081	501	+46	580	-51	51.9	+11%	0.0195	
2004	1120							0.8	
2005	1264							1.1	
2006	1206							1	
2007	1254	462		793		78.6		0.9974	
2008	1566	764	65.4%	802	+1.1%	70.1	-8.5	1.0993	10.2%
2009	1260	776.7		1412.2		215.1		1.2	
2010	1426.7	577.5	-25.6%	849.2	-39.8%	172.9	-19.6%	71.4	29.4
2011	1661.7					237.6		33.7	
2012	2833	961	+791	1872	+380	315		103	
2013	2794	916.8	-44.4			307.5		115.5	
2014	2687	813	-104	1874	-4	198	-106	111	-4
2015	2603	818	+5	1785	-89	180.7	-84	102	-9
2016	2318.1	797	-21	1521.3	-264	93.7	-293.8	132	+30
2017	2549.8	853	+56	1696.8	+175.5	93.5	+227.3	140.5	+8.5
2018	2753.5	921	+68	1832.91	+136.1	99.6	+6.1	153.1	+12.6
2019	3056.6	1013.3	+92.3	2043.3	+210.4	106.9	+7.3	168	+14.9
2020	3376	1120.5	+107.2	2255.4	+212.1	80.9	-26	252	+84

与县农村信用社、宁夏银行等涉农金融机构合作，引领和推进具备条件的基层社、农民专业合作社（社联合）以互助担保形式与农村金融机构对接，为各类合作经济组织、新型农业经营主体和农民群众提供融资服务，解决融资难问题。利用自治区供销合作社农民经纪人实用技能鉴定培训优势，大力开展农民经纪人、涉农电商人员培训，提升农民经纪人种植、养殖、加工、销售、电商管理等水平。

2016年9月26日，根据盐池县委《关于印发〈盐池县深化供销社综合改革实施方案〉通知》（盐党办发〔2016〕68号）精神，盐池县供销合作社单位名称由"宁夏回族自治区盐池县供销合作社"变更为"盐池县供销合作社联合社"（简称"县联社"）。

2020年，盐池县供销合作联合社直属公司2家（盐兴农业生产资料有限责任公司、大水坑贸易公司），基层社9个，分别是花马池、惠安堡、高沙窝、冯记沟、青山、王乐井、麻黄山、柳杨堡、苏步井供销合作社；专业合作社6家，庄稼医院8家，农资"农家店"41家，农资配送中心1家。全系统年实现商品销售额3376万元，实现利润2.2万元。

第四章

供销合作经营

1950 年 12 月，国家贸易部、全国合作总社联合签署了合作社社员赊购粮食协议书；1951 年 1 月，国家贸易部、全国合作总社联合决定对合作社社员实行商品定量廉价配售，配售商品按当地批发价予以优待折扣，大米、面粉、粗粮、食盐 7%，白糖、煤 8%，碱面 10%，煤油 12%，布匹 6%；1951 年 10 月，财政部公布的《合作社交纳工商业税暂行办法》规定：供销、消费合作社的营业税按 2% 税率交纳，并按税额减征 20%。这一时期，国家经济对合作社执行优待政策，成为合作社大规模迅速发展的重要原因。

1953 年，国家开始实施以经济建设为主要目标的第一个五年计划。其间，全国各级供销合作社组织主要承担完成了以下几项工作：做好国家委托的计划收购与计划供应，同时大力开辟地方货源，进一步扩大城乡商品流转；加强农业生产资料供应，通过开展预购合同与结合合同制促进以互助合作社为中心内容的农业增产运动；积极与手工业建立有计划的供销关系，增加手工业商品货源，促进对手工业的社会主义改造；在当地财经委员会统一计划下，掌握加工企业的生产计划，并创造条件，实行独立核算，加强企业管理，充分发挥它们潜在的生产力；在国营商业领导机关统一领导下，积极领导初级市场，通过制定农村市场价格，适当安排农村市场的公私比例，同时适当安排私商的出路，贯彻国家对私商的利用、限制和改造政策；认真执行国家价格政策，严格遵守国营商业规定牌价的农副产品收购价格，协助国营商业做好物价工作。

1954 年 7 月 20—25 日，中华全国合作社第一次代表大会确定了供销合作社的主要工作：做好国家委托的计划收购和供应，大力开辟地方货源，进一步扩大城乡商品流转；加强农业生产资料供应，开展预购合同与结合合同制，促进以互助合作为中心内容的农业增产运动；积极与手工业建立有计划的供销关系，增加手工业品货源，促进对手工业的社会主义改造；加强对方加工企业的管理，充分发挥潜在生产力；在国营商业领导机关统一领导下，积极领导初级市场和改造私商；认真执行国家价格政策，协助国营商业做好物价工作等。中央农工部部长邓子恢代表党中央指出：要巩固和扩大供销合作社在农村的商业阵地，通过预购合同、供应合同和结合合同等形式逐渐增加农副产品收购的计划性和工业品、手工业品供应的计划性，把农业生产和农村市场逐步纳入国家计划经济的轨道。各级供销合作社的传统业务包括：农业生产资料、生活资料、农副产品、废旧物资、烟花爆竹、食用盐的购销经营管理。

1954—2000 年，农业生产资料、生活资料、农副产品、废旧物资、烟花爆竹购销经营一直是盐池县供销合作社系统的主营业务。2000 年后，以经营（专营）化肥、农膜、农药等生产资料和烟花爆竹为主。

第一节　生活资料经营

新中国成立前，由于地处塞上边陲，文化信息闭塞，商贸经济落后，除大户商队外，盐池当地老百姓极少与外界沟通交流。即使在县内，区乡之间、老百姓之间交往也并不算太多。县内主要商贸集镇有三处，即花马池（县城）、大水坑、惠安堡三镇，为清代以来商贸名镇，也是当地老百姓集中参与贸易活动的场所。区乡之间，散布骡马大店，主要为过往商户提供饮食、骡马草料、住宿服务，针对当地老百姓的生活服务却少之又少。盐池农村，历来生活贫困，餐饮服务几近于无。农村集镇上一般设有面食作坊、摊点，多只卖些面条、小吃、馍馍（馒头）、饼子等，少有规模酒店餐厅。

1947 年 3 月，盐池县城失陷后，县城及失陷各区乡供销合作社大量资产被国民党政府及其保甲组织和旧人员（为国民党政府服务人员）侵占。1949 年 8 月，盐池光复后，通过群众检举、组织清理，贪赃枉法旧人员均受到严厉惩处，侵吞物资、款项全部得到清收。县委、县政府同时组织对元华工厂残存资产进行清理。1950 年上半年，盐池县开始恢复筹建县供销合作社联合社，并由国家贷款恢复原先 5 个基层社，新建六区惠安堡供销合作社。新中国成立后的盐池县供销合作社事业开启了新的征程。

1949 年 10 月—1952 年 12 月，国民经济处于恢复时期。这个时期是中国进行社会主义经济建设的准备阶段。1952 年上半年全国物价趋于稳定后，由于虚假购买力突然消失，私营工商业遇到商品滞销困难。政府及时合理调整工商业，根据公私兼顾原则，在经营范围、原料供应、销售市场、财政金融政策等方面对私营工商业进行必要的照顾，采用加工订货、统购包销、经销代销等方式，使私营工商业摆脱销路呆滞、生产萎缩困境。随后又大力开展城乡物资交流，积极扩大农副产品购销，为城市工商业开辟了广阔的市场，使私营工商业迅速恢复发展。但是资本主义唯利是图的本性引导许多私营企业走上非法牟利的邪路。为了保护国家和人民利益，1951 年底至 1952 年，全国开展了"三反""五反"运动，限制资本主义工商业的消极作用，使它们只能循着有利于国计民生的方向发展。到 1952 年底，各种经济成分在国民经济收入生产中的比重分别为：社会主义国营经济占 19.1%，集体所有制经济占 1.5%，公私合营经济占 0.7%，资本主义经济占 6.9%，个体经济（主要是小农经济）占 71.8%，社会主义国营经济的领导地位已经确立。

由于国营经济占主导地位，市场商品供应满足，且较为丰富。1953—1957 年是国民经济发展的第一个五年计划。1953 年 2 月 15 日，中共中央把曾以草案形式发给各级党委试行的《关于农业生产互助合作的决议》通过为正式决议，推动了农业互助合作运动的发展，全国各地开始普遍试办半社会主义性质的初级农业生产合作社（简称"初级社"）。1953 年 10 月 16 日，中共中央通过了

20 世纪五六十年代的盐池农村

《关于实行粮食的计划收购与计划供应的决议》，11 月 15 日又作出了《关于在全国实行计划收购油料的决定》，之后国家开始对棉花和棉布实行计划收购和供应。所有这些，都是在物资比较缺乏的情况下采取的必要的过渡性政策。这些政策的实施，在关系国计民生的粮棉油等重要方面，取缔了市场投机，保证了国家建设和人民生活的需要，并且初步切断了资产阶级和农民的经济联系，有利于对资本主义工商业的社会主义改造。

1951 年 3 月，盐池县各级供销合作社经过恢复整顿后，明确了"上级社为下级社服务、基层社为社员服务"的办社方针，各项社务工作和经营业务显著发展。在满足社员群众需求、稳定市场物价、促进城乡交流方面发挥较大作用。1951 年秋，全县粮食歉收，群众购买力下降，采购零星生活所需不太方便，出售皮毛特产也不方便。如果依靠私商小贩，吃亏较大。面对群众切实困难，各基层社改变经营作风，组织带货下乡，送货上门，社员群众反映良好。1951 年上半年前，好多入了股的社员并不专门到合作社买东西。比如在上年，三区 800 多名社员到合作社买东西的仅有 200 余名。1951 年下半年以来，到合作社买东西的社员就多了起来，因为到合作社买东西方便、便宜。合作社真正同社员建立起了合作信任关系。

1951 年，盐池县各级供销合作社销售社员群众生活类商品总值 29222 万元（以国家发行第一套人民币计，到 1955 年 3 月国家发行第二套人民币止，下同），其中粮食、饮料、调料等占 31.52%，布匹占 54.14%，百货占 14.30%。

1952 年 1—3 季度供销合作社商品供应总额为 153121 万元，比 1951 年全年供应总额增加了 1.3 倍，其中生活资料类供应总值为 131655 万元（其中粮食、饮料、调料占 13.16%，布匹占 66.75%，百货占 8.61%，其他占 2.48%）。通过供销合作社的商品供应，稳定了农村物资消费市场，减轻了私商对农牧民的盘剥。同时加强供应业务开展，主要供给社员群众必需生活资料。1 至 3 季度的货币回笼相当于推销总额的 24.66%。1951 年秋，全县农民歉收，到 1952 年春，全县大部分农民群众普遍吃粮紧缺。1952 年 1 月，盐池供销合作社同宁夏粮食分公司签订代销 15 万斤黄米合同，以每斤 800 元（低于市价 22%—25%）的价格供应给缺粮群众，引起良好社会反响。五区社员冯玉祺说："今年荒灾严重，要不是合作社给联系了一些黄米，群众就是拿着钞票也要等着饿死呢！"

1952 年，盐池县供销合作社在业务开展上注重为社员群众服务，凡代购代销业务都先和社员交易。结合土产品收购积极开展送货上门和门市零售，预购困难社员绒、毛、皮、甘草等。供应阿司匹林、大活络丹等常用药品，价值 150 多万元；农具 2700 多件，牛料 2950 斤，以及价值 245 万元的籽种。全部生产资料供应总额达 3600 多万元。由于大量收购土产品，社员群众有钱了，购买力随之增加，上半年全县各基层社供应社员群众生产生活资料合计达 8 亿多元，比 1951 年增加了 25%。同时通过购销业务发展，刺激非

表4—1—1　1951年主要生活用品及市场价格表（单位：元，第一套人民币值）

粮食类			纱布类			生活用品			食品		
商品	单位	市价	品名	单位	市价	品名	单位	市价	品名	单位	市价
机磨面	斤	1400	雁塔布	尺	3000	三星牙膏	瓶	5000	胡麻油	斤	3800
土磨面	斤	1350	古都布	尺	3000	普通毛巾	条	4000	千月茶	斤	16000
大米	斤	1067	红五福	尺	3000	狼狗袜子	双	7000	牛肉	斤	4000
黄米	斤	700	月喜布	尺	2900	墨菊袜子	双	12000	金油	斤	4400
小麦	斤	964	青蛙细料	尺	2800	粗线袜子	双	3500	食盐	斤	1100
高粱	斤	442	花洋纺	尺	3500	白油光纸	张	650			
黄豆	斤	533	花线尼	尺	4500	民生墨水	瓶	5500			
			飞行海昌蓝	尺	3800	钢皮电池	对	14000			
			西（中）昌尼	尺	2000	无烟煤	斤	120			
			西（中）条布	尺	2200	有烟煤	斤	118			
			熟棉花	斤	13800	凤祥火柴	包	1300			
			四平莲	尺	3000	解放香烟	包	4400			
			大星青	尺	3500	大力烟	包	3000			
			蜂候红	尺	3400	凤凰台烟	包	4300			
			青蛙料	尺	2800	本地水烟	包	500			
			花贡尼	尺	4500	50合大号烟	包	1600			
			飞行蓝	尺	38800	本地水茶	包	500			
			白漂布	尺	1200	力士香皂	块	6000			
			白土布	尺		万米牙刷	把	4000			
			花丹尼	尺	4600	煮青	两	8000			
			三桃布	尺	300						

社员群众积极入股入社。全县基层社社员由1951年的4900多名发展到1952年的7300多名，股金增加1.3亿多元。六区合作社1952年春在一、三两乡利用收购土产组织送货上门，12天中吸收新社员113名。由于各级供销合作社企业逐渐发展壮大，并深入区乡农村，使私营商业盈利受到严重影响，经营情况每况愈下，私商被迫对一般商品进行降价销售（接近市场合理价），因而对人民群众的盘剥也有所减轻。尽管如此，供销合作社的平均零售价仍比县贸易商店还要低1.8%，更比私商低20%，因此取得群众信任。

1953年底实行"统购统销"政策后，各类生活物资逐年紧张匮乏。为保证人民群众基本生活需要，国家实行发放各种商品票证，有计划地分配商品。从1955年发行第一张粮票开始，粮票、油票、布票、肉票、糖票、豆制品票、工业券等各式各样票证成为城乡老百姓过日子的基本保障，国民经济进入"票证时代"。

供销合作社业务在过渡时期总路线政策指导下，销售额逐渐扩大，对发展农村经济、改善群众生活起到决定性促进作用。通过合作社购销业务，全县先后把价值100多亿元的生产原料输送到工厂，又把价值 60 多亿元的工业产品送到了广大农村。这有效稳定了农村物价，减轻了不法私商对群众的盘剥。新中国成立初期，市场管理体制没有完全理顺，私商对劳动群众的盘剥尤为严重，市场物价极不稳定。盐池县域辽阔，偏远乡村较多。一些逛乡小商（旧时称"货郎"）肆意定价，坐收渔利。如合作社销价 3000 元一把的剪子，私商可以卖到 6000 元至 8000 元，合作社卖 10 万元一套的铁犁，私商可以卖到 15 万元，合作社销售的西安镰刀只卖 5500 元，私商却卖 10000 元。至于妇女所用针头线脑、生活日用，差价更为悬殊，甚至高出两倍有余。各级合作社在政府、部门领导支持下，严格执行国家经济政策和价格政策，坚决执行对农村群众零售价不高于国营公司零售价原则，不断扩大城乡商品流通供应，打压不良私商活动范围市场。1953 年，全县供销合作社系统生活资料类商品供应总额为 361161 万元。销售总额由占市场份额的 20.32% 增加到 34.35%。供销合作社销售生活资料类商品价格平均比私商低 20%，按此计算，共计为社员节省资金 120600 万元。

1953 年冬，六区供销社利用下乡购粮时，抽出一名业务员送货下乡，10 天内销货 1100 万元，相当于同期合作社门市销货额的 60%。通过国家统收纺购，以及供销合作社积极组织下乡采购，农副土产随之畅销，农民群众收入增加，购买力增强，农村市场日趋活跃。老百姓的生活也渐渐发生可喜变化，穿着由从前的土布面料上升到咔叽、贡呢、卡叽、哗达尼等。以前买面料时只求便宜耐用，不求好看。现在买布料不仅想要买质量好的，也要相对便宜些。这些要求，私商不易做到，只有供销合作社才能达成老百姓心愿。供销合作社为解决生产群众困难，还与银行业联合，组织开展土产品预购。1952 年供销合

作社在有关区组织的七月会（集市贸易大会，也称骡马大会）上投放上亿元款项，预购秋毛、甘草，支持群众利用预购款采买耕牛、驴、骡等畜力。仅三区合作社所放预购款，就带动农户购买大牲畜 50 余头，有力地支持了农牧业生产。1953 年供销合作社继续与地方银行业联合预购绒毛、甘草，解决社员群众春耕生产困难。

1954 年前三年，全县供销合作社销售额累计达到 603024 万元，即为社员群众节省 120600 余万元支出。不仅减轻了社员群众负担，对私商投机倒把行为也给予一定打击。为了进一步扩大营业，服务群众，供销合作社利用各种机会途径，组织带货下乡、送货上门，深受社员群众欢迎。五区社员唐培清在给准备儿子结婚前，不料自己先病倒在炕上，该准备的东西都还没有买，急得没办法。后来区合作社干部知道情况后，叫唐培清把要用的货品拉个单子，然后一样样地送到唐家。唐培清本就是社员，之前入了 3 个股，这次感动得又入了 3 个股。合作社还利用庙会、文化演出等机会送货下乡销售。供销社每到之处，私商摊点就冷落了起来，供销社摊点却拥满了购货人群。

1951—1954 年，盐池县供销合作社系统供应全县社员群众生活资料总计 562038 万元，其中包括各种宽面细布 9240 尺，土布 7301 尺，棉花 3.1006 万斤，火柴 53.5 万包，食用油 5.5392 万斤，食糖 0.9245 万斤，各种粗细粮食 49.1041 万斤，其他如茶叶、冰碱、纸烟、水烟、针织品、煤油等总值 175265 万元。

1955 年，供销合作社系统全年销售生活资料总额为 131.7927 万元（以 1955 年 3 月国家发行第二套人民币计）。

1956 年，农业合作化运动进入了高潮时期。生产、生活资料需求增加。盐池县供销合作

社及各基层社、分销店零售总额为146.0875万元，比上年增加0.6921万元，其中生活资料零售128.6068万元，比上年少3.1859万元。1956年前，全县已建立各区供销合作社7个，分销店15个，店与店之间距离平均为25公里，最远40公里，农民群众出售农产品和购买生活用品还不是很方便。1956年，全县又新增分销店9个，全县各乡平均达到4乡3店。店与店平均距离缩短为15公里，最远缩短25公里。一些基层社还组织流动供应小组、货郎担、农村代销员送货下乡入户，这些供销措施极大便利了群众购物需求。但同时也存在一些问题，比如部分代销店相距较近，开展经营活动互相拉扯（挤兑扯皮），服务群众不够周到。一般新成立的分销店只有三四百个商品品种，销售量小，有时发生亏本现象。也有供销点计划不周详，一次购进货品品种不多，但数量过大，造成滞销，比如规格不适合当地群众习惯的棉线口袋就积压很多；还比如各供销点积压了价值4万余元各种纸烟斗，这些价值较高的消费品，并不适合农村群众，造成积压也是必然。1956年10月，县供销合作社在大水坑集镇专门设立了供应批发站，负责向全县将近一半的基层社、分销店供货，以及向大水坑、惠安堡两个集镇合营商店批发商品。批发店近了，各分销店进货相对方便，积压现象也就相对少了。

1957年，盐池县供销合作社全年生活资料购进总额为125.3963万元，完成计划任务的122.94%，比上年增长了25.35%；零售总额为130.5930万元，完成计划任务的96.20%，比上年下降了10.6%。其中生活资料销售118.8991万元，比上年下降了3.36%。因为上年全县农业小丰收，当年又鼓励农村群众采挖甘草、搞好副业生产，农民收入有所增加。所以1957年上半年

生活资料零售额比上年同期增长了17.75%。但是当年农业歉收，农产品产量下降，加之棉布证折半使用，因此下半年零售额大大减少。全年生活资料类商品零售额与上年相比下降了3.3%。其中一些副食、文具供应均没有完成计划，并较上年减少较多。各基层社均采取小货车送货下乡等方式，保证分销店商品及时得到补充，县对滞销商品进行及时调配，采取降价、设摊出售，鼓励农村代销员到水利工地及勘探作业区设立临时供应点等办法促销。上述各种促销措施有效扩大了商品零售额，进一步满足了群众需要。甚至有个别基层社、供销点害怕造成库存积压，进货品种数量减少，有时反而发生部分商品断货现象；二区基层供销合作社对国家有关单位在盐池地区开展矿产勘探作业工作人员购买力缺乏预见，一度发生商品脱销现象。

生活类商品供销，是各级党委、政府领导最为关注的大事之一。1960年7月24日，正好是个星期天，盐池县城杂货商店内挤满了顾客，这个要买盐，那个要买醋，售货员热情地和每个顾客打着招呼，取了这个，拿了那个，忙得团团转。但因买货人太多，忙都忙不过来，许多购货群众正焦急地排队等待。就在这时，县委委员、副县长袁常魁也来到了商店，看到这种情况，马上走进副食品柜台，熟练地卖起油、盐、酱、醋来。县长上柜台，不仅拿得快，账也算得快，顾客群众顿时活跃了起来。不一会儿，大部分顾客都买到了要买的东西，满意地走出了商店。

1958年，我国社会主义改造基本完成，全区供销合作社由集体所有制合作商业，转为全民所有制国营商业。按照上级有关指示精神，盐池县国营商店与供销合作社实行联合经营（简称"国合联营"），共同为城市和农村市场提供购销服务。9月，国营商业批发部门市采取带样品下

乡和送货上门等服务办法，协助基层供销合作社解决商品不足短板，设法增加花色品种，扩大购销业务，满足农村社员群众需要。

盐池县地域面积大，有滩地、山区、沙漠地区，交通落后。偏远基层供销合作社到县城商业批发部进货相对困难。针对这种情况，县百货、食品两个公司批发部和大水坑批发站抽出4名业务骨干，带上库存商品目录和适合农村商品样品，深入王乐井、麻黄山、隰宁堡等地供销合作社和牛家圈、冯记沟等分销店送货上门，征求群众购物需求，协助开展业务。王乐井合作社过去由于计划不周盲目进货，造成商品积压，资金周转不便。国营商业批发部调进一批灯芯布、双面咔叽、华达呢、暖水瓶等农民喜购商品时，王乐井合作社却没有周转资金进货。商业批发部人员了解情况后，帮助该社把一些积压商品如电工器材、半机械化农具和过冬绒衣、绒裤等退了货。王乐井合作社有了资金，马上购进了一批当令适销的背心、毛巾、袜子、发卡、纽扣和一些糖果、食品等，销售业绩很快好转，二季度比一季度多购进商品2万元，营业额上升了27%。据统计，国合联营后，商业、供销部门在二季度先后帮助全县8个基层供销合作社解决积压商品合计7万余元，增加货物品种170余种。商业部门了解各基层供销合作社多数没有运力，进货和运出农副产品都有困难的现状，商业局主动抽调2辆小胶轮车固定给各基层社运送日用百货和副食品，抽调1辆汽车和2辆大胶轮车固定给麻黄山、大水坑、侯家河、隰宁堡等地供销合作社和分销店送货，或外运绒毛、甘草农副产品。截至7月底，商业批发部共组织给基层供销合作社送货28次，总值7.25万余元；向银川、吴忠等地调运绒毛、甘草20余万斤。商业局的大汽车还帮助相关基层供销合作社从石沟驿捎回生活用煤

20万斤，全部借给城乡群众。

1958年国家建设进入"大跃进"，同时国民经济进入极度困难的三年"低标准"时代，物资奇缺，几乎所有商品都实行凭票限量供应。1958年9月，盐池县生活用棉花开始按人定量凭票供应，不论工人、农民、学生、市民，一类地区每人每年3斤，二类地区每人每年2.4斤。1959年10月7日，盐池县人民委员会贯彻中共中央八届八中全会"关于开展增产节约运动"精神，全县从10月25日起（县城从10月10日起），执行凭粮票在食堂就餐或购买食品。

20世纪五六十年代，盐池城乡群众曾"一票难求"。棉布、针织品基本凭票供应，开始每人每年发布票1丈2尺，国家干部按月供应口粮27斤。标准最低一年，每人每年仅发给布票1尺9寸，买床单、线衣、毛巾等都要折合成棉布收取布票。大多数生活用品全部凭《商品供应证》定时限量供应。食糖每户全年1斤，大麻（农村妇女搓线纳鞋底用麻）每户全年2斤，煤油每户每月半斤，火柴每户全年2包，棉线1人1年1

1958年，盐池县城商店一角

条（1束，农村称"一把"），售价8分钱的香烟按户1月1包，肥皂按户1年1块。城市居民购买鸡蛋、肉类、豆腐、食糖等，都要凭《城镇副食供应证》购买，而且只有在过节时供应一点。至于海鲜鱼虾，多数人基本上没有见过。蔬菜仅有白菜、韭菜、土豆等几个当地常见各类，也需排队定量供应。至于如自行车、缝纫机、手表（所谓农村结婚"三大件"）、收音机等高档商品，一是由公社发票购买，二是排队抢购，不论是发票购买还是排队抢购，都数量极少，一般群众不易得到。花生、核桃、红枣等干果长期脱销，偶上货架，价格也高；白酒只有过年时才供应一点，糕点须持粮票才给供应，能买到的也多为粗粮饼干。"见队就排，见物就买"是当时社会普遍现象。

1958—1964年，盐池县供销合作社在做好生产资料供销同时，联合国营商业，积极做好生活类工业品下乡工作，想办法满足农民群众生活需求。县供销合作社进一步贯彻中央提出"城乡都需要的工业品优先供应农村的原则"。各基层供销合作社门市部、供销店所经营品种都有所增加。一般从年初的1000种左右增加到1300—1500种。棉布、棉絮、煤油、陶瓷等主要生活类日用品都比1963年增长较多。同时为了支持环境保护，改造城乡柴灶工作，盐池县供销合作社先后从西安、安徽等地组织烯煤炉5600余台、风箱1500余台，并开展煤炭供应或组织汽车直接给社队拉煤，解决了群众生活用煤需要。为了进一步方便群众购货，重新恢复了丁记掌分销店，并在边远地区增设代销点13处。各基层社、代销点坚持送货到村队、送货上门，服务群众。

1965年，盐池县对农民主要生活资料如棉布、棉花、煤油、火柴、棉线、食盐、冰碱、针织棉制品等，全部按照国家既定政策保证供应，

1962年，银川市手工业工人积极赶制一批生产生活用品前往参加盐池县城七月十五"骡马大会"，满足山区人民需要（朱康洛摄）

高档棉布、棉花等商品在销售过程中坚决贯彻时间、品种、数量、优先供应贫下中农。为保护草原，增加积肥，对农村生产队"改炉改灶"所需燃煤以社员自运为主，对个别运输有困难的生产队设立煤炭供应点。各基层社保持一定数量的储备，保证及时供应各社中心店。分销店经营的食盐、煤油保证满足供应。供销合作社系统积极组织生活类货品货源，开展生活类工业品下乡，全年供应风箱2000台，西安耳锅4400口，炉齿5000台，水缸500口，各种盆罐3万件，案板300块，脱水桶150副，铁皮水桶1000只，炕桌400台，锅盖5000顶，民用大蒜2万斤，菜刀2800把，火盆800个，大小洗衣盆500个，辣椒面15000斤，调味品4000斤，各种水果6万斤，干果3000斤，图纸、卫生纸2吨。同时组织挖掘当地资源，积极向外地组织货源，内联外引，做到优质优价，不脱销，不积压，并保持一定数量的储备。

1966—1976年十年间，全国城乡各种生活类

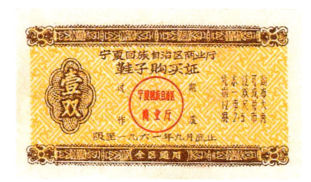

1961年，宁夏回族自治区商业厅印制的鞋子购买证

1966年，宁夏回族自治区粮食厅印制的食油票

1977年，宁夏供销合作社发行的棉花票

票证种类繁多，生活品如粮食、肉类、食油、烟酒、红糖、糕点、瓜子、花生等，小到火柴、肥皂、线袜，大到自行车、缝纫机、立柜、座钟等无不凭票供应。好些东西只在年节才能见到，不仅限量，而且限时，"过期作废"；即便是票证规定的东西有时也不能保证即时供应。"票证时代"，各类商品只能凭票到指定国营商店购买，别处买不到。个别群众偷摸到邻县黑市上去买烟

酒、红糖、干果、农家手工粗布等紧缺商品，只是价格要高出四五倍。

1966—1976年，盐池县城乡市场供应再度紧张，凭票证供应范围再一次扩大。

1979年，全党工作重点开始转移到"四个现代化"建设上来。这一年，是中国历史发生大转折的一年，也是国民经济进行调整、改革、整顿提高的头一年。盐池县供销合作社广大干部职工在完成商品购销、支援生产、增加积累、降低费用等方面做了大量工作。全年完成总购进（商业供销部门为了转卖、生产和生活消费所需从国民经济各部门和生产者购进的商品总和）554万元，占年计划的35.1%，比上年增长36.1%。纯销售完成959万元，占年计划的106.6%，比上年增长15.1%。商品销售总额完成1700万元，占年计划的111.3%，比上年增长27.93%。利润总额完成101万元，占年计划的129.57%，比上年增长33.1%。费用率控制计划为6.03%，实际费用率为6.01%，降幅0.33%，比上年降低3.1%。资金周转为105天，比计划快12天，比上年度快9.8天。

1982年，盐池县供销合作社完成生活资料零售730.4万元，完成计划760万元的96.1%，比上年减少3.05%。主要原因是由于上年农业收成不好，农民货币大部分投入买口粮和买牲口饲料方面，一定程度上形成了商品滞销。

党的十一届三中全会后，随着国民经济向好发展，市场商品供应有了根本性好转。大约在1985年后，盐池县各类商品基本上敞开供应，"票证时代"基本宣告结束。

表 4—1—2　1950—1982 年盐池县商业、供销合作社经营情况统计表

年份	总销售（万元）			费用（万元）				利润（万元）				职工（人）		
	合计	商业	供销	合计	费用率(%)	商业	供销	合计	利润率(%)	商业	供销	合计	商业	供销
1950	2.5		2.5	0.3	12		0.3	0.6	24		0.6	32	4	28
1951	8.9		8.9	0.6	67		0.6	2.2	24.7		2.2	52	10	42
1952	90.3		90.3	0.7	0.7		0.7	2.1	2.3		2.1	63	12	51
1953	170		170	9.4	5.5		9.4	8.5	5		8.5	95	12	83
1954	278		278	16.5	5.9		16.5	21.8	7.8		21.8	123	16	107
1955	353		353	23.6	6.6		23.6	18.6	5.2		18.6	142	20	122
1956	419	59	360	34.9	8.3	5.2	29.7	19.3	4.6	2.3	17	208	40	161
1957	436	98	338	44.6	10.2	13.3	31.3	20.7	4.8	5	15.7	219	44	175
1958	358			41.4	11.5			43.8	12.2			222		
1959	627			58	9.2			61	9.7			274		
1960	610			52	8.5			70	11.4			298		
1961	631			58	9.1			55	8.7			294		
1962	1128	380	748	59	5.2	29.4	29.6	76.6	6.7	31	45.6	260	129	131
1963	1063	262	801	67.2	6.3	22.9	44.3	56.2	5.2	13.8	42.4	251	91	160
1964	1162	406	756	67.7	5.8	30.6	67.1	64	5.5	28.4	35.6	271	113	158
1965	1195	411	784	66.8	5.5	26.8	40	58.1	4.8	26	32.1	272	115	157
1966	938	394	544	67.2	7.1	26.6	40.6	50.6	5.3	22	28.6	273	112	161
1967	943	402	541	72.8	7.7	30.1	42.7	42.7	4.5	21	21.7	272	114	158
1968	1028	457	571	74	7.1	31.2	42.8	51.8	5	24	27.8	299		
1969	1171			80.2	6.8			45.5	3.8			353		
1970	1320			86.5	6.5			48.7	3.6			357		
1971	1200			83.4	6.9			29.3	2.4			395		
1972	1201			85.1	7			43.3	3.6			407		
1973	1239			80	6.4			48.1	3.8			411		
1974	1394			76.9	5.5			67.3	4.8			411		
1975	1490			82.2	5.5			72.9	4.8			437		
1976	1623	744	879	102.3	6.3	46.8	55.5	71.9	4.4	21.8	50.1	432	194	238
1977	1928	850	107	118.3	6.1	49.1	69.2	97	5	36	61	453	210	243
1978	2326	997	132	131.3	5.6	48.9	82.4	124.1	5.3	48.2	75.9	511	209	302
1979	2850	1150	1706	151.9	5.3	49.9	102	158.8	5.5	57.8	101	585	241	344
1980	3099	1233	1865	153.6	4.9	53.6	100	171.4	5.5	69.4	102	587	240	341
1981	3444	1281	2165	155.9	4.5	55.9	100	150	4.3	49	101	678	300	372
1982	3403	1394	2000	182.5	5.3	75.5	107	126.7	3.7	45.7	81	672	326	346

注：商业、供销栏都没数字的年份是商、供合在一起时的年份。

表4—1—3 1950—1982年盐池县商业、供销合作社主要商品销售量统计表

年份	肥皂（箱）	洗衣粉（吨）	暖瓶（百个）	缝纫机（架）	汽油（吨）	煤油（吨）	柴油（吨）	煤炭（吨）	自行车（辆）	收音机（架）	电视机（台）	化肥（吨）	农药（吨）	絮棉（担）	手表（只）
1950															
1951															
1952														101	
1953						27								239	
1954			9			38								456	
1955	3		6	2		32			3					368	
1956	198		9	4		42			7					343	
1957	268		14	8		56			50				0.6	348	
1958	299		16	25		58		51	28			8	2	355	10
1959	628		20	30		72		204	175			130	14	1175	25
1960	806		25	31		84		180	327			24	42	388	40
1961	504		32	41		76		271	105				10	332	31
1962	629		40	405		93		352	92				13	313	52
1963	269	1	23	88		98		354	102				20	265	125
1964	238	3.2	24	74		109		578	256				120	372	74
1965	395	4.5	30	106		111		714	44			2	68	629	112
1966	375	4	23	51		116		982	171			8	42	678	107
1967	567	6.2	41	70		91		1997	119			1	10	669	137
1968	761	5.4	21	80		107		2134	101			2	23	687	149
1969	1161	7.8	18	94	4	132	25	2388	236			9.4	39	747	185
1970	794	8.4	24	166	2.9	116	11	2273	445			8.7	37	1050	177
1971	535	11.6	57	224		110		2733	395			102	22	673	262
1972	830	11.6	49	374	3.9	96		2552	976	202		233	59	764	229
1973	1462	15.3	48	283		69		2134	719	545		156	44	918	459
1974	830	20.1	52	389	8.1	52	45	2166	972	700		221	30	926	594
1975	917	23.9	53	405	335	70	836	2232	1470	551		598	35	746	590
1976	1800	38.9	65	545	516	41	1161	1611	1478	579		561	39	933	1109
1977	537	55.5	90	379	668	46	1543	1632	925	665		677	89	1169	819
1978	1594	49.7	86	753	799	41	1618	1675	1674	1727		222	159	1495	2032
1979	1327	42	90	692	938	34	1163		1813	1720		1604	58	1760	2432
1980	877	51	103	983	1224	32	1478		1963	3756		1317	360	1623	2732
1981	1351	53	89	887	1201	35	684		2393	4432	179	846	266	1512	2800
1982	1312	65	79	2429	1397	45	1210		2188	2713	221	1274	357	1322	2449

第二节　生产资料经营

新中国成立初期，盐池县广大人民群众生活还很困难，地区经济落后，资源贫乏，主要依赖养羊、挖甘草、打盐取得一定经济收入。农民群众主要靠羊绒、羊皮、羊毛、甘草收入维持日用生计。由于市场流通不畅，信息不灵，经常遇到农副产品积压、降价甚至卖不出去现象，给农民群众造成很大损失。供销合作社没有成立之前，大部分农副产品仅靠小商贩单一渠道销售，价格低，不公平，农民经常吃亏。

供销合作社恢复建立，极大方便了农民群众"卖难买难"现状。盐池县供销合作社恢复建立初期，服务形式多种多样。最切实有效的形式就是送货下乡，组织把各类生产、生活急需品送到田间地头。有些农民群众虽然圈里养着羊，但不到季节不能宰杀，绒毛、皮张下不来，手里一时缺钱。供销合作社就采取赊销、预购等形式，先把生活必需品赊销给农民，或者先把预付款支付给农民，解决群众燃眉之急。

盐池县供销合作社给农民销售产品，赚取农产品价值，坚持为人民服务，坚持把合作社办成农民自己办的合作社。供销合作社一方面把农民急需生活用品（包括工业和手工业产品）送到农民手里，另一方面还要想方设法把农民生产的农副产品推销出去，给农民增加收入。

新中国成立前，盐池农村使用的生产资料主要是一些传统旧式小农具，主要有胶轮车、风车、铁耙、铧耧、铧犁、铁锹、镰刀、连枷、刀具等。1950—1980 年，传统农具仍然为农村生产资料消费产品。这一时期，供销合作社系统积极组织县内木器厂、铁业社、农具厂、五金厂等企业开展以修理、制造中小农具、生产工具为主的生产经营，发挥传统手工业固有作用，适应农业生产发展需要。供销合作社在这个过程中，积极协助生产部门解决原材料、技术和销路问题，培植壮大地方工业，扶持社队企业，提高自给水平。

1951 年，盐池县供销合作社生产资料类商品销售总额31510 万元（以新中国成立后第一套人民币值计算），其中种子占 2.96%；牛料占 9.52%；铁犁、铁铧、铁锹等各种农具 701 件，约占总销售值的 87.52%；其他类生产资料销售总值 32620 万元。

1952 年，盐池县供销合作社生产资料类商品销售总额 6756 万元，其中犁、铁铧、锄头、铁月、镰刀、连枷、木杈、木锹等农具类产品供给 8540 件，占生产资料总值的 81.97%；牛料种子占 18.03%，其他类（包括文具等）销售总值 14710 万元，该类商品上一年由上级供销合作社购进占 60%，国营公司购进占 20%，私商购进者占 20.5%；1952 年由上级社购进占 90%，国营公司购进占 8%，私商购进仅含棉花、铁器，占 2%。

1953 年，盐池县供销合作社生产资料销售总额为 23749 万元。

1954 年，盐池县供销合作社贯彻过渡时期总路线方针，为农业增产农民增收服务。为进一步满足农民生产需要，盐池县供销合作社除在当地组织手工业进行加工农具的同时，专门派人前往西安、山西、包头、西峰等地采购各种农具供给群众，解决生产困难。全年共采购各类新旧式农具、农业生产资料总值92861万元，完成全年生产资料供应计划的78.6%，比1953年供应生产资料总额增加了75.9%。

为满足当地农民对新式农具要求和辅助手工业生产发展，1954年春，盐池县供销合作社与当地手工业者签订4055万元农具（主要为木耧）加工合同，并组织铁业小组生产铁器，逐步引导手工业走上合作化方向，改变他们过去"一日打埂，三日晒网"的劳作习惯。全县共组织了5个加工小组，年生产总值8401万元，其中小农具占48%，不仅解决了农民生产上的需要，也辅助了当地工业品生产不足问题，刺激和提高了当地手工业互助合作社的生产积极性。另外，由于农民群众对科技生产的觉悟不断提高，因此对新型生产资料的需求也明显增加。

供销合作社为了满足群众要求，特别在银川采购了七寸步犁一批，在农业技术指导站协助指导下，推荐适宜区乡、以互助组和农业生产社为对象进行推广试用。得到试用地方农民群众的特别好评，大家还给七寸步犁编了一段口歌："七寸犁，扛上重，牲口耕地拉上轻，犁深犁浅由人定，耕地透彻犁草净！"也有群众说："七步犁，耕地轻，翻土宽展合墒好，庄稼保全苗！"事实也证明，七步犁比旧式犁耕地相比收成有所增加。县城区五乡一位农民，用七步犁与旧犁各耕地2亩，同时等量下种护苗，结果用七步犁所耕地每亩多打粮食一斗三升。农民获得的现实利益，促进了新式农具进一步推广，加大了农户购

表4—2—1　1954年盐池县供销合作社主要生产资料供应品种

品名	单位	全年计划	实际完成数	超计划 %	完成计划 %
油饼	市斤	350000	262534		75
大车	辆	108	33		30.6
新式农具	件	152	83		54.6
旧式农具	件	17400	20029	15.1	
骡马、耕牛	匹、头	100	60		
其他生产资料	万元	3800			

表4—2—2　1955年4月盐池县供销合作社手工业社主要产品产量统计表

项目		单位	生产		销售与结存		手工企业基本情况		
			本月	本季	销售	结存	厂址	名称	人数
	消费及结存额单位	元	11687	20116	3834	1540			
主要产品	铁制农具	件	540	1680	540		东街	铁器生产社	14
	木制农具	件	612	1293	192	420	南街	木器生产合作社	23
	服装	件	870	1148	870		北街	服装生产合作社	7
	布鞋	双	1450	2170	1150	300	北街	制鞋合作社	7

买新农具的投入。县供销合作社为了抵制私商对农民群众的重利盘剥，于8月份由外地购回了一批连枷、镰刀等农具，及时送到基层社，每套8800元平价出售（私商普遍卖12000元），供销合作社威信在社员群众中进一步提高。

1955年，盐池县供销合作社生产资料销售总额为13.6017万元（国家发行第二套人民币币值，下同）；先后组织手工业合作社4个、合作小组3个。并协同县木器社、铁业社、缝纫社等手工业社加工农用工具和生产、生活资料，方便群众。

1956年，供销合作社为配合全县农业合作化运动，积极促进各种农业生产工具供应，全年完成生产资料销售17.4807万元，比上年增加3.879万元。由于全县实行农业生产合作化，生产资料需求增幅较大。全年供应双轮双铧犁、山地犁、水车等新式农具948部，其他中小型农具9030件；新式农具供应为上年的23倍多。由县供销合作社组织，各农业合作社均派专人学习掌握新式农具安装使用技术。部分基层供销合作社主动联系区政府、银行营业所与农业合作社，将购进新式农具迅速以现款销售出去。六区供销合作社与农业合作社还订立了购销合同，按计划购销。各基层供销合作社都十分重视农业生产农具供销工作，但是在农业生产资料购销中也存在一些问题：一是新式农具用调运不及时，比如水车在全县普遍降雨后才调来，没有及时保证农业生产；二是安排推广计划超出实际需要，到年底，各基层社几种新式农具共计积压759件，共计6万余元；三是新式农具配件供应不足，部分双轮双铧犁在购进时就有损坏，配件调运不及时，无法销售。

1956年后，人民群众购买力增大，全县国营商业商品供应量及花色品种也随之增多。所供应商品除肉禽蛋来自本县农村外（猪肉有时调入一部分），其他商品均从外地调入。即主要来自自治区各国营商业二级批发站，少部分直接从工厂或区外商业部门调进。农村供应则由本县国营商业的三级批发站批发给基层供销合作社销售。商品大部分敞开供应，紧缺商品按上级有关规定采取分配定量等方法供应。商品供应中贯彻"城市农村需要的农副产品优先供应城市、农村和城市需要的工业品优先供应农村"原则。

1961年，盐池县商业、供销部门派干部携带小型农具样品深入各生产队征求群众意见，根据群众喜好及时组织加工、外购农具，支援秋收。盐池地方，主要农作物有糜子、荞麦、谷子等，秋收时，使用工具以镰刀、木杈、木锨、筛子等为主。盐池县商业、供销部门早在7月初就派业务供销员携各种农具样品，深入各公社生产队征求社员意见，了解群众秋收农具需求。业务员通过田间地头与农村社员交流发现，仅镰刀一种，不同地方社员需求各不相同：高沙窝公社社员喜欢宽边镰刀，城郊公社社员爱用钉镰，惠安堡、麻黄山一带山区公社社员习惯用镰刀子。磨刀石、各种竹木器具，如筛子、木锨、木杈、簸箕等，各农业合作社需求也不尽一致，都需要详细了解，及早供应。商业、供销部门在了解社员需求后，一面清查库存，一面派干部到外地采购补货，同本县和外地农具厂签订供货合同，加工不同式样农用工具。包括库存、外购和当地生产加工，全县总共准备镰刀、连枷、木杈、木锨、筛子等生产工具1.7万余件。为使这些农具及时供应到社员手里，商业、供销部门改变过去一次性分配供应办法，采取按远近分批供应，较远处就早几天供应，近处略迟几天供应，总之以不误农时为妥。

1964年，盐池县供销合作社在支援农业生产和巩固人民公社集体经济前提下，持续加强农

1959 年 3 月，盐池城郊公社农具修配厂工人为支援春耕生产，半月时间赶制出三腿耧 30 部（买世杰摄）

1959 年 5 月，盐池县城郊公社柳杨堡大队春耕前组织社员整修农具，不误农时（孙宗树摄）

1960 年 11 月，盐池县农具修配厂生产的（播种）拌种器（米寿世摄）

1962 年春，盐池县城郊公社柳堡大队农具修配组组长刘富彦春耕前及时修配农具不误生产（石观达摄）

业生产资料供应工作。全年安排生产资料零售计划 240 万元，实际完成 255.84 万元，完成计划的 106.6%，比上年增长 13.9%。其中完成农业生产资料销售计划 167%，比上年增长了一倍。生产资料供应的品种、数量、质量方面都有所提升，价格稳中有降。小胶车、大车、畜力车、农药等

增长幅度较大；全年组织购买耕牛 237 头。

1965 年，盐池县农牧业生产形势大好。供销合作社部门通过深入基层社队，调查农业生产资料需求，之后组织召开了全系统生产资料供应大会，主要解决服务于农的思想问题：一是通过摆事实，找问题，克服生产资料供应中的故步自

封思想。麻黄山供销合作社职工一致认为，当地山大沟深，多为坡田洼地，群众送粪、运粮历来就是"一根扁担两根绳，驴驮肩扛上山来"，很少用到架子车这样的农用工具，所以计划上不够重视。去年，麻黄山供销合作社起初只购进架子车20辆，结果大出意料，很快就卖完了，全年一共卖掉架子车90辆。今年元月，供销合作社又购进架子车27辆，三天之内就卖完了。这是什么原因呢？原来，麻黄山公社社员经过社教运动后，劳动热情高涨，加上去年粮食丰收，驴驮肩扛已经跟不上社会主义劳动竞赛需要，因此公社组织社员群众填沟修路，打通运输，一些生产队已经改用架子车送粪、交粮了，对架子车的需要自然增加了。但是这样重大的生产变化，基层供销合作社竟然没有事先预料，是为工作失误，也是服务作风不踏实的表现。针对思想作风问题，县供销合作社先后三次组织工作组深入农村调查各社队生产资料需要，根据实际生产需求，将原来1500张铁锹、200只喂羊槽、500对楼铧的供应计划调整为铁锹3500张、喂羊槽800只，楼铧2500对。后从实际供应情况看，调整后的计划基本切合实际。说明搞好供销服务，也离不开调查研究。各基层供销社还广泛征求农户对各种农具规格、质量、价格等方面的意见，及时作出改进调整。根据当地农民群众使用农具习惯先后购进架子车690辆，新式步犁、西安镰刀、山西锹、农药器械等750件，很受社员欢迎。

1966年，全县各类生产资料供应本着有备无患的购进销存原则，通盘安排、灵活调剂、上下联动、社社协作。各基层供销合作社在农业生产旺季来临之前，就储备了大量货源，确保不误农时。比如农药器械，县社多存，基层社少存，以备重点使用。选派精干业务员，在自治区规定进货范围内，远赴外地采购各种优质生产资

料，如西安的镰刀刃子，西峰四股木杈、镰刀架子，山西楼铧等知名产品。积极组织采购半机械化农具和零配件，逐渐淘汰旧式农具尤其是旧式步犁。有计划推广滚子补架化（粮场打粮食用石头滚子配滚架）。当年，自治区分配盐池县农药计划1.5万斤，药用器械50个，远远不能满足当地农业需求。盐池县供销合作社除向区社打报告申请增加指标外，县人委又向自治区人委专题报告，才给予了适当增加。农药首先保证满足各公社农户大小家畜洗、灌用药，其次尽量满足农业拌种需求。年初安排业务员下村入户，把农村需要的各种中小农具产品规格要求及时报告给手工业组，促使手工业组不断改进农具质量，降低成本。加强业务员熟悉各种生产工具性能特点，做到讲得清、会安装、勤供应。对个别业务不熟、上进心不强的营业人员及时予以调整。在城郊、大水坑、惠安堡集镇供销社设立生产资料专人专柜，农忙季节组织送货上门。配合农具修配流动组，深入生产队，现场解决各种农具损毁问题，共计修复双铧犁、步犁40多架。特别对于一时缺现金、生产困难贫困村、生活困难贫下中农，给予优质、优量、优先供应。全年共计供应大胶车100辆，架子车1000辆，新式步犁800架；喷雾器和喷粉器1000架，人工降雨火炮500门，水车200部，各种农药8万公斤；小型农具6万件，其中铁锹2000张，锄头1500把，镰刀架子1000把，镰刀刃子1万把，铁鞍架1000把，羊毛剪680把，羊搅子500套，两股铁杈500把，木楼150套，木锨2000把，四股木杈1200把，羊槽500办，皮绳1500斤。

1966年5月—1978年12月，我国处于社会主义探索时期。1966年12月，全国供销合作总社通知各地废除《基层供销合作社示范章程》。1967年1月，根据全国供销合作总社给国务院财

贸办公室《关于将基层供销社集体所有制改为全民所有制的请示报告》精神，盐池县将全县基层供销合作社集体所有制性质改为全民所有制，全县8个基层供销合作社全部归各公社领导，更名为"供销服务社"。1969年10月，撤销县供销合作社单一行政机构，成立县商业服务站。1975年2月，根据中央、自治区有关精神，盐池县委第44次常务会议决定原盐池县革命委员会商业局分为盐池县商业局和盐池县供销社两个单位。在此十年期间，盐池县商业、供销部门根据中央、自治区和盐池县委、县政府指示精神，积极组织供销经营，最大限度地保障人民群众生产、生活需求。

1978年5月18日，《宁夏日报》公布了全区财贸系统先进工作（生产）者、劳动模范和大庆大寨式创业单位名单。盐池县先进工作（生产）者为：县饮食服务公司炊事员孙梅秀、鸦儿沟供销社会计乔孝、青山公社信用社主任吴占玉；劳动模范为：惠安堡供销社收购员任增福；大庆大寨式创业单位为县燃料公司、大水坑食品站、县百货五金公司第一门市部、青山供销社、柳杨堡供销社陈家圈分销店、红井子供销社新桥分销店、高沙窝供销社二步坑代购代销店、麻黄山粮库、大水坑粮库、大水坑公社信用社、王乐井公社信用社、王乐井税务所。

1979年1月3—5日，中共盐池县委召开常委扩大会议，传达学习党的十一届三中全会精神、中共中央《关于加快农业发展若干问题的决定（草案）》和《人民公社工作条例》（新"六十条"）。会议一致认为，中央决定把全党工作着重点转移到社会主义现代化建设上来，充分表达了全国人民的迫切愿望和要求。6月，根据自治区党委《关于当前农村若干政策问题的补充规定》，盐池县在稳定三级所有和以生产队为基本

1979年，盐池县城北关七月十五"骡马大会"盛况

1980年，盐池县城郊公社社员群众自有羊只牲畜
（温炳光摄）

核算单位基础上，尊重生产队自主权，建立以生产责任制为中心的管理制度，在生产队"五统一"前提下包工到组，实行联产计酬。8月23日至9月21日，盐池县城恢复了于1964年停办的"七月会"（物资交易大会）。交易会期间，来自陕西、甘肃、内蒙古和本县的牛、马、驴、骡等牲畜大量进入市场，平均每天上市大牲畜500余头（匹），最高多达800余头（匹），会期共成交大牲畜850余头，成交额达33.2万元。1981年，盐池县委、县政府制订了《盐池县农业生产责任

表4—2—3　1976—1982年盐池县国营商业及供销合作社系统销售商品比值对比表

项目	单位	1976年	1977年	1978年	1979年	1980年	1981年	1982年
一、相同各类商品销售总值	万元	489.4	557.5	706.9	830.4	820.4	801.9	866
其中：国营商业	万元	129.4	142	182.5	233.8	270.4	281.5	338.7
基层供销合作社	万元	360	415.5	524.4	596.6	550	520.4	527.3
基层社占比重		73.5	74.5	74.2	71.9	67	64.9	60.9
二、自行车销售	辆	1478	925	1757	2067	2016	2278	2678
其中：国营商业	辆	220	109	238	386	513	518	590
基层供销合作社	辆	1258	816	1519	1681	1503	1760	2088
基层社占比重		85.1	88.2	86.5	31.3	74.6	77.3	77.9
三、缝纫机销售	架	531	379	983	739	1085	941	1754
其中：国营商业	架	94	72	84	145	157	167	513
基层供销合作社	架	437	307	899	594	928	774	1241
基层社占比重		82.3	81	91.4	80.4	85.9	82.2	70.8
四、手表销售	只	1109	819	1951	2855	2646	3496	2533
其中：国营商业	只	416	316	550	632	851	968	1042
基层供销合作社	只	693	503	1401	2223	1795	2528	1491
基层社占比重		62.5	61.4	71.8	77.8	67.9	72.3	58.9

制合同管理规定》，使包干到户生产责任制得到进一步完善。三年中，盐池县供销合作社系统主动配合农业农村改革发展，积极组织劳动生产资料供销，支援农业农村建设发展。

1982年，盐池县供销合作社各基层社为适应农业生产责任制新形势，切实加强农业生产资料供应工作。除化肥按计划调拨，尚不能完全满足生产需要外，其他中小型农具供应充足，达到15万件。全年完成生产资料销售总额149万元，占年计划的139.78%，比上年增长8.36%。全县完成纯购进总值749.7万元，比上年增长7.68%；商品销售总额2008.9万元，为年计划1800万元的111.6%，比上年减少7.1%；实现利润81.3万元，占年计划84万元的96.8%，比上年减少了19.8%。年计划费用率5.23%，实际为5.34%，比计划增长2.1%，比上年增长5.3%；资金周转计划100天，实际为111天，比计划慢11天，比上年慢16天。

1983年，盐池县供销合作社系统共计完成商品购进总值597.8万元，为年计划586万元的119.1%，比上年减少6.9%。其中完成生活资料销售686.7万元，为计划600万元的114.5%，比上年减少6%。农副产品购进总值596.9万元，超计划57.1%，比上年减少1.4%。商品销售总值898.6万元，占年计划850万元的105.7%，与上年相比减少6.1%。实现利润152.1万元，为年计划66万元的230.5%，比上年增长87.1%。计划费用率6%，实际为4.93%，比计划下降17.2%，比上年下降11%。资金周转计划105天，实际为96天，比计划快9天，比上年快15天。当年，盐池县供销合作社进行体制改革，恢复民主管理，由"官办"转向"民办"。组织全系统社

表 4—2—4 1971—1982 年盐池县供销合作社供应商品类别和主要商品销量统计表

农副产品 / 年份		1971	1972	1973	1974	1975	1976	1977	1978	1979	1980	1981	1982	合计
农业生产资料	万元	42.6	55.7	65.3	41.9	85.5	53.2	61.2	86.3	103	71.6	67	70	803.6
化肥	吨	102	233	156	221	598	561	677	222	1604	1317	846	1274	7811
农药	吨	22	59	44	30	35	39	89	159	58	360	266	357	1518
中小农具	万件	7.3	6.4	3.8	9.9	5.1	5.7	8.2	8	8	4.9	9.1	5	81.4
茶叶类	万元	2.2	1.8	1.7	2.2	2	2.5	3.9	2.8	2.5	4.4	5.4	4.6	36
茶叶	担	147	125	116	129	125	160	273	168	148	269	216	207	2033
干鲜果、调味品	万元	10.5	4.7	10.4	11.5	9.6	2.2	4.9	7.4	5.2	5.4	7.5	8.5	87.8
干鲜果类	万元	10.1	5	7.2	9.8	9.4	3	3.5	8.2	17	13.4	21.8	20.2	128.6
干鲜果总量	万担	0.4	0.1	0.2	0.3	0.3	0.1	0.1	0.3	0.5	0.4	0.6	0.6	3.9
日用杂品	万元	27.2	38.4	38.7	35	32.7	31.9	46.4	48.8	62	56	59.7	52.3	529.1
铁锅	万个	0.2	0.4	0.5	0.5	0.4	0.3	0.3	0.3	0.4	0.3	0.4	0.3	4.3
各种陶瓷	万个	13.1	10	9.9	11	12.3	10.6	14.6	16.4	15	19.3	19.5	18.3	170
水桶	万个	0.3	0.3	0.3	0.5	0.3	0.3	0.7	0.5		0.3	0.3	0.4	4.9
火炉	个	471	608	710	872	1175	1010	1501	1760	1738	1612	1980	1989	15416
烟筒	万节	0.8	1.1	1.1	1	1.2	1	1.6	1.5	1.3	1	1.2	1.1	13.9
棉麻类	万元	11.2	11.9	13.6	14.3	13.6	12.2	13.4	14.3	21	17.8	17.4	15.4	179.1
絮棉	担	673	764	918	926	746	933	1169	1495	1760	1623	1512	1322	13841

员入股,提高社员参与合作经营积极性。全年生产资料销售总额 72.2 万元,为年计划 50 万元的 144.4%。增长主要因素是经济政策放宽,市场开放,中小农具实现了多渠道经营。县供销合作社及各基层社继续发挥主渠道作用,积极联系生产厂家订货加工,远赴外省区组织货源。根据中小农具季节性强、地方性强特点,贯彻多渠道、少环节、价格随行就市原则,充分发挥市场调节作用。但是小型农具生产企业经营却出现亏损,销售额下降了 17%。下降原因:一是没有很好地落实生产销售计划,群众所需农业工具品种不能保证供应;铁业社组织生产不服从调配,利大就多生产,利小就推脱生产任务;二是生产合同落实不严格,有农具社将分配用作生产农具的原材料挪作他用,造成部分生产工具脱产脱销;三是部分县属企业加工出来的产品质量不过关,不能保持经久耐用,老百姓认可度不高;四是商业部门经销环节多,价格偏高;五是物资部门供应的原材料材质质量数量不能满足生产要求。鉴于上述诸多原因,当年全县加工、销售中小农具相关单位企业大部分亏损。比如锄头,由于钢铁原材料涨价,材料成本已经高于市价,加之质量不好,销售量显著下降。大部分中小农具的价格都是过去十多年间形成的,多年来未作变动。产品出厂价由物价委员会确定,销售价则由商业、供销业务主管部门按差价率核算,这个进销差率,在产品质量好、商品畅销情况下尚可做到保本微利,在市场完全开放情况下,国营单位、供销合作社系统没有竞争力。

1984 年,随着经济体制改革不断深入,市场竞争日益激烈，价格冲击风云多变，供销经营越发艰难。政府禁止采挖甘草（为环保计）、蜂蜜销路不畅及棉布、棉花采取赊销政策，都成为供销合作社经营不利的客观因素。面对不利因素，盐池县供销合作社变被动为主动，采取多种办法灵活经营，还是获得了较好业绩。全年生产资料零售总额为89.8万元，占年计划50万元的179.6%，比上年72.2万元增加17.6万元，增加了24.4%。商品销售总额完成1403.5万元，为年计划1385万元的113.6%，比上年同期减少1073.6万元，减少了43.3%。完成生活资料零售总额594万元，占计划的118.8%，比上年686.7万元减少92.7万元，减少13.5%。实现利润14.1万元，占年计划54万元的100.2%，比上年减少98万元。实际费用7.1%，比年计划5.1%上升39.2%，比上年4.93%上升44.02%。资金周转173天，比计划122天慢51天，比上年96天慢77天。县供销合作社边开展生产经营，边实施改革实践，首先打破行业限制，在人事制度、经营方式、经营范围、商品定价、劳动报酬、社员入股和服务领域等方面实施相应改革探索。经营范围上，各种农机具、民用机电产品、建筑材料及其配件等，各基层社可以直接向生产单位采购销售，并与基层社从外地组织民用建筑木材194方、畜力车配件8万余元进行联购分销，组织纺织品、百货鞋帽等商品30余种6万余元。2月，国务院作出决定，给贫困山区广大农民赊销一批棉布、棉花，解决衣着困难问题。自治区给盐池县供销合作社分配4.5万人棉布、棉花指标，限期两个月完成任务。供销合作社系统积极组织

货物调动，设立专柜销售。在不到两个月内共赊销棉布292.7518万尺，棉花22.882万斤，总价值19.2052269万元。

1986年，盐池县供销合作社系统完成商品销售总额3654万元，占计划的166.1%，比上年2543万元增长43.7%。其中生产资料销售114万元，占计划的161.4%，比上年70.4万元增长15.3%。生活资料零售829.6万元，占计划的138%，比上年增长17.6%；费用率5.09%，比计划下降16.4%，比上年5.65%下降10%；资金周转101天，比计划141天快40天，比上年127天快26天；实现利润78.2万元，为年计划63万元的124.1%，比上年58万元增长了34.8%，人均实现利润2.17万元。当年，随着农村经济搞活发展，农民收入不断增加，有改善住房意愿的农民群众越来越多。盐池县供销合作社生资经理部共派出20余名业务骨干，加强与上级部门业务联系，寻求建立周边省市（县区）新的业务关系，全年共调入围席7300张、纤维板14000余张、胶合板7400余张、平板玻璃12530平方米，以及油毡、苇芭等建房材料。采取灵活价办法，在规定浮动价格内实行批零价、浮动价、优惠价

1986年，盐池县大水坑镇集贸市场

销售；对日用工业品、小商品本着薄利多销原则，由企业灵活定价，扩大销售额。

1987年，盐池县供销合作社进一步重视市场信息调研，扩大经营范围和服务领域，适应经济体制改革要求。县社综合公司积极加强对外联系，先后参加业务洽谈会、订货会50余人次，签订购销合同122份，品种623种，价值190万元。商品采购实行联购分销形式，由综合公司统一组织采购，基层社分别销售办法，克服分单位采购批量小、惠价少的不足。全年完成生活资料零售总额916.2万元，占计划800万元的114.5%，比上年同期829.6万元增长10.4%；综合公司积极发展与生产厂家及经营单位业务联系，拓宽为基层社服务范围，争取更多商品价格、供应优惠。全年实现商品零售总额3290万元，占计划2682.4万元的122.8%，比上年同期3650万元下降11.4%；费用率5.51%，比计划下降0.2%，比上年4.47%上升23%。资金周转134天，比计划116天慢18天，比上年101天慢33天。实现利润73.4万元。为落实县委、县政府关于全县水浇地全部实施播种的抗旱救灾要求，综合公司先后十余次到自治区、吴忠、青铜峡等地协调调运化肥1946吨（其中国拨肥1330吨，地产肥616吨，折合3734标准吨），及时供应农户，化肥调运总量比上年增加了2.2倍。县供销合作社研究将上年秋天到今年春天在麻黄山、惠安堡、王乐井等农村收购到的外销荞麦8万余斤，本着保本原则出售给农户用作大家畜饲料，或留为籽种；组织收购各种农药4224公斤、农药机械444架，保证旱灾引发虫害防治需要。县社和后洼供销合作社拨出化肥6050公斤，无偿发给贫困户，帮助解决秋粮播种拌肥问题；萌城供销社免费为社员当从惠安堡乡运回饲料8万公斤供给农户。

1988年，全县供销合作社系统完成生产资料零售231万元，占计划110万元的210%，比上年同期171万元增长35.1%。生产资料销售方面，重点抓好化肥、农药、农膜等组织供应，协调调入各种化肥5798吨，比上年同期增长7.5%；农膜45.3吨，比上年4.1吨增长了10倍；农药11吨，比上年12.7吨减少13.4%；中小农具8.6万件，比上年增长2.3%，为夺得全县农业丰收创造了基本条件。主要商品收购计划完成情况都比预期要好，其中大宗商品收购量比上年同期出现大幅增长。主要经济目标、购销率全系统提前实现年度目标，并普遍出现大幅增长势态。全系统有8个单位年利润翻一倍，3个单位年利润翻三倍，9个单位年利润创历史最好水平，县社企业和基层社经济效益同步增长。全系统全年实现商品销售总额6060万元，占计划2850万元的212.8%，比上年同期3290万元增长84.1%；实现利润157万元，占计划70万元的224.3%，比上年同期73.4万元增长113.9%；人均实现利润3609元，比计划1850元增加1759元，比上年同期1911元增加190元；资金周转计划130天，实际104天，比计划快26天，比上年同期132天快28天；百元流动资金实现利润8.98元，比计划6元增加2.98元，比上年同期5.96元增加3.02元；百元固定资金实现利润32.50元，比计划15元增加17.50元，比上年同期16.17元增加16.33元；自有资金比上年增加20.2万元，增长2.54%，比计划16万元增加4.2万元，增幅26.3%。职工人均收入比上年增长21.4%，比计划5%增加16.4%。

是年，盐池县供销合作社各基层社除在县内进货外，先后在邻近省区组织货物商品278万元。春节、中秋等重要传统节日期间和平常生活用品供应都比较充裕，也使全县生活资料零售额大幅增加。苏步井乡是一个人口仅有 5000 余人的小乡，苏步井供销合作社地处偏僻，交通不便。但该合作社以灵活经营方式（比如大件耐用商品在规定范围内因部件发生故障的，保修、包退、包换，其他商品买回去后觉得不对路或不想要，只要保持原件不损坏，可保退保换），深得顾客信赖，全年完成零售额 116 万元，人均销售额近 20 万元，超额完成全年计划的 103.5%，名列全县之首。全县供销合作系统生活资料零售额计划 800 万元，实际完成 1277 万元，占计划的 159.6%，比上年同期 916 万元增长 39.4%。生活资料供应方面，综合贸易公司先后派出 23 名业务员，分赴浙江、江苏、湖北、四川、天津、郑州、陕西等省市区组织货源 303 万元。9 月份在县供销合作社领导带领下，远赴河南、江苏、浙江、天津等省区，先后与苏州市废旧物资回收公司，浙江省萧山市、平湖县供销社等单位建立了长期合作关系，并在天津市设立了商品供应联系点。

1989 年，盐池县供销合作社积极组织生活品货源，保障群众供应。货源组织上主要以本区国营商业和工业企业为对象，也加强与区外厂家业务联系。根据市场需要变化增加花色品种，活跃农村市场。县社综合公司先后派人外出参加订货会、组织采购 16 人次，签订合同 52 份，合同总价 123 万元。综合公司、联营公司和部分基层社分别开展让利销售商品总价 33.9 万元，让利 1.25 万元。根据各基层社相对分散、资金紧缺、进货批量小、费用大等实际情况，由县社牵头，基层社自愿参与，改进联购分销办法。即由各基层社提出商品需求，县社综合公司统一组织区外工业品进货。大宗商品综合公司收取 2% 的手续费，一般商品在批发价基础倒扣 2%。区内工业品由综合公司同基层社一道看样选购，综合公司统一办理结算手续。基层社从县公司进的

货，如果销路不适，允许退货，部分商品可以延期结算。8—12 月共组织了 4 批次联购，购进商品 543 个品种、47.7 万元。向联销单位分发货品合计总值 36.3 万元，让利 1.64 万元。联购分销方式有利于集中资金，多渠道组织县外大宗货源、争取最多价格优惠、节约综合费用，极大方便了各基层社，因此实施情况较好，也取得较好增收效果。全年商品销售总额达到 4761.7 万元，占计划的 154.6%，比上年同期减少 21.5%。其中生活资料零售 1202 万元，占计划 900 万元的 133.6%，比上年同期 1278 万元减少 5.9%；费用率 6.9%，比计划上升 23%，比上年同期上升 47.2%。费用率升幅过大，主要原因是支付银行利息一项达 110.1 万元，比上年同期 67.6 万元增加 68.8%。实现利税 124.9 万元，比上年 210 万元减少 38.4%，占计划的 49.1%，比上年同期 157.4 万元减少 76.6%；上缴各种税金 92.6 万元，比上年同期 52.6 万元增长 76%；资金周转 167 天，比计划 117 天慢 50 天，比上年同期 104 天慢 63 天。主要原因是生产资料存放时间长，农副产品销路不畅，大量货款长期被拖欠等因素所致。

是年，随着农村经济持续健康发展，农民对生产资料投入不断增多，农业生产资料销售大幅增加。全县供销合作社系统生产资料零售 318 万元，占计划 140 万元的 227.1%，比上年同期 231 万元增长 37.7%。销售化肥 7395 标吨，与上年相比增长 43.2%；销售农药器械 356 件，与上年相比增加 45.3%。根据国务院关于化肥、农药、农膜实行专营的决定，盐池县委、县政府成立了专项工作领导小组，结合全县实际情况制定了专营实施办法、专营单位纪律、农资分配供应办法等制度性文件。实施农资专营后，定期对供应农资数量、价格、品种进行张榜公布，增加透明度、接受群众监督。农药销售采取整拆零售（从

区上购进敌敌畏、二四滴丁酯等农药为 200 公斤大包装，为方便群众购买分装成 1 公斤左右的小包装）和送货下乡等办法，规范流通程序，严防假冒伪劣农药进入农业生产领域，坚决抵制非正式渠道进货销售。夏季农作物出现虫害时，第一时间和区公司联系购进农药 13.5 吨，及时供应受灾农户。全年共调入各种化肥 9643 标吨，比上年同期增加 66.3%，其中计划内调入 8062 标吨，计划外调入 1581 标吨；销售农膜 9.8 吨。全年调入中小农具 7.8 万件，比上年同期 5.7 万件增长 36.8%。当年，由于受国家调整经济结构，紧缩银根、压缩信贷、提高利息影响，供销合作社系统农资收购资金紧缺，农副产品收购量减少，导致农民收入减少，农资款拖欠严重。

1990 年，盐池县供销合作社在生活资料销售方面，主要抓了以下几个方面工作。一是调整经营结构，摆正经营方向。纠正之前一味偏重发展日用工业品经营倾向，重新确立了"巩固充实主营，选择连带产品，发展扩大日用工业品"的联营方针，侧重抓好生资日杂、干鲜果品、干菜调味、棉麻茶叶等小商品的组织供应和全系统日用工业品联购分销。改变零售业"商店都综合，大小都求全，任务靠大件"经营倾向，确立"大店求全，小店求专，以经营中低档商品为主"的方针。城镇坚持发展专业商店，合理调整经营布局，大店综合经营，小店突出特色。基层社门市部以经营中低档商品为主，重视大路货和小商品经营；分销店以经营日常生产、生活用品为主，尽量少涉及高档产品；乡村开办综合店，确保生活必需品供应。县供销合作社主动与商业部门落实供应农村计划，单列商品货源主抓大路商品和市场敏感商品，政府规定的 20 种群众生活必需品做到不断档、不脱销、不出问题。均衡供应方式，火柴、食糖、煤油等商品坚持凭证限量，不

卖大号。采取多种方法搞好促销，组织带货下乡、登门收购，以工业品换取农副产品等方式开展工业品展销，以展促销，让利消费，节日期间各类商品平均让利 2%；大水坑供销合作社在当地物资交流大会期间，开展有奖销售 11 万元；继续组织开展代购代销、工业品联购分销，联购单位由 6 家几十个品种几万元采购额发展到 11 家 500 多个品种 106.5 元采购额；联购分销制度得到进一步发展。全年商品销售总额 4604.5 万元，占计划 3400 万元的 135.4%，比上年 4761.7 万元下降 5.4%。其中生活资料零售 1134 万元，占计划 1000 万元的 113.4%，比上年 1202 万元减少 5.7%。生产资料零售 402 万元，占年计划 200 万元的 201%，比上年 318 万元增长 26.4%，其中全年供应各种化肥 8409 吨，比上年增长 13.7%；供应农药 29.8 吨，比上年增长 1.2 倍；合计供应农膜 43.8 吨，比上年增长 2.9 倍。农膜增长的主要原因是随着科学种田宣传不断深入人心，且政府对农膜供应实行"温饱工程"优惠价格政策补助，促使农膜玉米种植面积扩大；合计供应农药器械 487 架，比上年增长 36.8%；中小农具供应 7.67 万件，比上年增长 12.3%；农机具供应合计 29.9 万元，比上年增长 21.1%。实现利润 62.2 万元，为年计划 55 万元的 113.1%，比上年 36.8 万元增长 69%；上缴各种税金 59.7 万元，比上年 92.6 万元减少 32.9 万元。资金周转 163 天，比计划 142 天慢 20 天，比上年 167 天快 4 天。费用率 6.45%，比计划 6.5% 下降 0.8%，比上年 6.89% 下降 6.4%。主要原因是压缩了贷款规模，银行利息减少，消灭罚息，银行利息总体比上年减少了 55.4 万元。同时组织开展了"人均节约百元"活动，各社属企业对商品装卸、绒毛包装、近距离转运等环节，一律自办，节约经营了一定成本费用。

1991年，盐池县供销合作社在销售服务方面，继续从调整经营结构着手，改变日用工业品经营不分层次、不分地理位置、不分消费水平现状。努力扩大经营品种，严防商品经营重大事件（重要生活必需品断供、变质等），纠正"重视高档、忽视小件、忽视低端"倾向，保证农村日用生活必需品货源不断，满足群众日常生活必需。特别是煤油、火柴等大宗、微利、必需商品，必须保证供应。巩固扩大联购分销机制，联购品种由上年500多种增加到了1469种，联购额由106万元增加到156.6万元，增长37.5%。通过联购分销增加了花色品种，补充了适销对路商品，丰富了市场供应。严把进货管理，建立进货审批制度。审批权集中于企业负责人或指定负责人，结合商品保本管理，以库存定额、进货限额为基础。各经营单位在限额内提前报告进货计划，进行限额控制。严格验收制度，对不符合计划质量的货品按规定处理。继续采取送货下乡、登门服务等方式扩大销售；组织开展节日让利、有奖联销大酬宾活动；多品种、多量、大件商品送货到家。全年商品销售总额3684万元，占年计划4000万元的92.1%，同比下降20.2%。其中生活资料零售1231万元，占年计划1050万元的117.2%，同比增长8.6%。生产资料销售499万元，占年计划450万元的110.9%，同比增长24.1%；全年化肥销售1.0439万标吨，首次突破万标吨大关，比上年增长24.1%。农用化肥供应增长的主要原因：一是化肥专营制度进一步健全，市场持续规范；二是对部分专项肥实行计划管理，统筹安排，全程规范经营，接受群众监督；三是在农忙抢种季节组织送肥下乡，保证供应到田间地头，且把农资供应与农村信贷现场结合，方便群众急需即用；四是农民科技种田意识逐年提高，在主要农用物资上主动增加投入。全年销

售农药15.3吨，减少11.6%；农膜销售33.4吨，减少23.7%。农药、农膜销售减少主要是由于市场高效农药品种增加、秋旱导致减播、农膜补贴减少等因素造成。中小农具、农药器械和农机具供应充足，并向农民群众提供了药械租赁维修等服务。

1992年，盐池县供销合作社综合公司参与全区供销社商场让利50万元有奖大酬宾活动，组织开展送货下乡、登门收购、工业品兑换农副产品销售。对高档消费品开展耐用保险业务，顾客购买商品后觉得不如意时，在不损坏或弄脏情况下可以退换。各基层社先后开展了建材、粮食经营业务。组织召开消费者座谈会，倾听消费者对供销社服务态度、商品质量、价格数量，以及卫生等方面意见建议。在巩固北6社联购分销业绩基础上，又组织以大水坑贸易公司为牵头的南9社联购分销，先后组织联购商品合计172.4万元。生产资料供应继续贯彻执行国务院《关于完善化肥农药农膜专营办法的通知》精神，保证全县农作物播种追肥及时供应。全年供应各种化肥8791吨，农药、农膜根据需要满足供应；销售农药器械386架，比上年下降9.6%，中小农具5.8969万件，比上年增长17.2%；销售农机具合计29.2万元，比去年增长1.8%。农药供应方面，除了继续经营，经过长期使用，适宜当地有效药品种类外，尝试新增部分农药品种。为防止新农药品种适用性不对路，给农业生产带来损失，县生资公司先在吴记圈、赵记圈等村进行稀土栽培花生增产效果试验、多元微肥喷洒小麦增产效果实验有效基础上，然后大面积推广供应。全年商品销售总额4371万元，占计划3600万元的121.4%，比上年3600万元增长20.7%。其中生活资料销售总额1127万元，占计划1100万元的102.5%，比上年1231万元下降8.4%。生产资

料零售 450 万元，占计划 450 万元的 100%，比上年 499 万元下降 10.9%；费用率为 6.7%，比年计划 7.5% 下降 18.7%，比上年 7.69% 下降 12.9%；实现利税 111.6 万元，比上年 100.9 万元增长 0.6%。其中实现利润 39.4 万元，为年计划 26 万元的 151.5%，比上年 36.3 万元增长 8.5%；上缴各种税金 72.2 万元，比上年 64.6 万元增长 11.8%；资金周转 158.5 天，比计划 173 天快 20.5 天，比上年 191.5 天快 39 天。

1993 年，盐池县政府决定，化肥、农药等生产资料供应由县供销合作社系统与农技等部门切块共同经营。其中县供销合作社系统生产资料零售 455 万元，占年计划 500 万元的 91%，比上年 450 万元增长 1.1%；销售化肥 8858 标吨，比上年增长 0.8%；销售农药 11.1 吨，比上年下降 22.4%。为稳定化肥价格，县供销合作社将 30.9 吨三六磷肥按每吨 260 元降价销售，损失全部由企业负担。年内新增惠安堡、麻黄山等 4 个庄稼医院，全县庄稼医院增加到 9 个。在城郊、高沙窝等乡镇 5 个村实施测土配方施肥试验面积扩大到 736 亩，比上年增加 526 亩。组织在城郊乡吴记圈村实施的 4.5 亩小麦施肥种植试验，平均亩产达到 400 公斤，比对照田（与试验田同等外部条件、不同施肥条件的比照田）亩产高出 100 公斤左右。在继续推广红黑瓜子、花生等经济作物试验种植基础上，与县科委联合试验种植麻黄、板蓝根、山药等中药材 9 种。在上述农村经济作物科技推广中，县供销合作社被县委、县政府授予科技工作先进单位，获得花生种植科技推广三等奖。本着"群众需要什么就经营什么"的原则，县社工会劳动服务公司组织基层企业，先后远赴西安、兰州、河北白沟（著名商镇）等地批发市场组织各类商品合计 39.6 万元。继续由县社综合公司和大水坑贸易公司牵头组织工业品

联购分销。当年由于石油价格放开，煤油供应涨幅较大，无形中增加了群众负担。县供销合作社在周转资金困难情况下以低于零售价 0.18 元 / 公斤批量购进，仅此一项为农民减轻负担 4700 余元。组织开展工业品兑换农副产品购销，对高档耐用、消费品实行保修包换。全年实现生活资料零售总额 979 万元，占年计划 1100 万元的 89%，比上年 1127 万元下降 13.1%；费用率 7.55%，比计划的 7.9% 下降 4.4%，比上年 6.7% 上升 12.7%。商品销售总额 4428 万元，占年计划 3400 万元的 130.2%，比上年同期 4371 万元增长 1.3%；实现利税 62.8 万元，比上年 111.6 万元下降了 43.7%，降幅较大。其中实现利润 1.8 万元，为年计划 12 万元的 15%，比上年同期 39.4 万元下降 95.4%；上缴各种税金 61 万元，比上年 72.2 万元下降 15.5%；资金周转为 200 天，比计划 170 天慢 30 天，比上年 158.5 天慢 41.5 天。

1994 年，由于个体工商经济活跃发展，供销社系统经营活动受到严重冲击。盐池县供销合作社虽仍然组织生活资料联购分销，但是由于中小日用品市场基本上被个体工商业垄断，各基层企业已经难以形成购进规模。加之适逢城镇公有住房制度改革，参与房改职工将大部分货币投向购房，也成为生活资料消费降幅增加的重要因素。下半年，盐池县城及周边地区遭遇"八五洪灾"，灾情损失严重。各级党委、政府加大救灾力度，受灾群众购买返销粮和重建家园支出增加，生活资料、日用工业品消费有所回升，但全系统生活资料销售仍比上年下降了 25.6%。如此大的降幅为历史以来最低。全年实现商品销售 2558 万元，占年计划 3400 万元的 75.2%，比上年同期 4428 万元下降 42.2%。其中生活资料销售总额 728.7 万元，占年计划 1200 万元的 60.7%，比上年同期 979 万元下降 25.6%。

生产资料销售558.5万元，占年计划500万元的111.7%，比上年455万元增长22.7%；全年销售化肥9920标吨，比上年增长12%；农药11.9吨，比上年增长7.2%，农膜24.2吨，比上年增长58.2%。费用率15.8%，比年计划8.2%上升92.7%，比上年7.55%上升109.3%；资金周转396天，比年计划慢216天，比上年200天慢196天；全系统亏损19.8万元，19个独立核算企业中，盈利或持平企业12个，亏损企业7个，亏损总额21.4万元。亏损企业比上年增加4个，亏损金额比上年增加14.1万元。造成全系统年度亏损的重要原因：一是内外拖欠货款持续增加；二是银行贷款数额居高不下，利息支出增加；三是随着工资制度改革，职工工资支出总量增大。

1995年，盐池县供销合作社由于受市场竞争加剧、个体批发户增加、企业之间利益分配不合理、资金严重短缺等因素影响，日用工业品经营被迫终止。全年商品销售总额3182万元，占计划3500万元的90.9%，比上年同期2425万元增长31.2%。其中生活资料销售692万元，完成年计划1000万元的69.2%，比上年同期728.7万元下降了5%。生产资料销售852万元，完成年计划600万元的142%，比上年558.5万元增长52.6%；销售化肥12395标吨，比上年9920标吨增长24.9%；农药11.2吨，比上年11.9吨下降5.9%；农膜74.1吨，比上年增长3.1倍。费用率13.17%，比计划10%上升31.7%，比上年同期15.8%下降16.6%；资金周转330天，比计划慢150天，比上年同期396天快66天。由于外欠资金无法收回，全系统亏损面进一步扩大。

1995年，盐池县城花马市场内的布匹市场

当年盐池县制药厂委托县供销合作社代为收购甘草169.9万公斤，收购款全部由供销合作社系统企业垫付。交货后，县制药厂拖欠甘草收购尾款773.2万元无力偿还，导致县供销合作社应收账款达到1490.66万元，占资金总额的43%。当年县制药厂濒临倒闭，无奈将320吨甘草膏（折价592万元）、奥迪小车一辆（折款40万元）顶抵县供销合作社收购甘草货款（下欠141.2万元），导致供销合作社库存比上年上升24.2%。又由于甘草膏、奥迪车长期未能销售，致使县供销合作社应收账款居高不下。此外，县供销合作社于1993年先后给自治区供销合作社入股250万元，1994年收回股金50万元，下欠200万元未能退回。以上企业外欠资金，仅银行贷款利率年支出高达128.2万元，同时造成企业经营流动资金严重不足，导致企业连年亏损。

1996年，盐池县供销合作社完成商品销售总额3503万元，占计划2800万元的125.1%，比上年同期2981万元增长17.5%。其中生活资料销售513万元，占计划600万元的83.8%，比上年同期622万元下降17.5%。生产资料销售总额1058万元，占计划900万元的117.6%，比上年841万元增长25.8%；销售化肥7414吨，较上年7198吨增长3%；农药19.2吨，比上年11.7吨增长64.1%；农膜119.1吨，比上年81.7吨增长45.8%。农资产品经营坚持执行国家规定政策，重要农资商品统一在自治区定点生产厂家采购；坚决执行承包责任制企业不准将化肥、农药等重要农资商品承包给职工个人经营原则，由企业设立专柜或指定专人经营，坚决抑制倒贩销售来自私商的化肥、农药等农资产品的费用率为12.39%，比计划13%下降0.16%，比上年同期13.79%下降了1.4%；资金周转289天，比计划360天快71天，比上年同期302天快3天。全系统生活消费品销售净值513万元，在持续两年大降幅基础上，比上年再降17.5%，不及历年好年份销售额总额的50%。造成供销合作社系统总体经营萎缩有多方面原因，除了负税差别较大（个体工商户享有多项税收优惠政策）外，全年调用化肥农药等生产资料实行先付款后提货办法，资金占用周期长、数额大，加上银行减少生产资料专项贷款规模，周转资金更为紧张。只能减少进货次数和品种数量，导致常用生活消费品时有断档、脱销情况发生，逐渐失去市场竞争力。

1997年，全县供销合作社系统商品销售总额1947万元，占计划3000万元的64.9%，比上年下降44.4%。其中生活资料销售总额282万元，占计划的62.7%，比上年同期下降45%。生产资料销售898万元，占计划1000万元的89.8%，比上年同期下降15.1%；费用率17.7%，比年计划13%上升4.7%，比上年同期12.4%上升5.3%；资金周转478天，比年计划300天慢178天，比上年同期298天慢189天；全系统销售化肥5937吨，较上年7414吨下降20%；农药16.9吨，比上年同期19.2吨下降12%；农膜134.2吨，比上年同期119.1吨增长12.7%。县供

销合作社系统为保证农民群众生产收益不受损失，仍坚持重要农资产品专营原则，不允许个人经营。随着扬黄灌区水浇地大面积开发，全县农资商品需求量不断增加，总量有突破千万元大关趋势。但由于银行贷款规模收紧，加之供销合作社系统外欠货款（暂时垫付农资店、农户货款）、积压商品（主要是甘草膏）和外欠债务（800余万元）一时难以清收、清偿，导致流动资金紧张局势更加突出。为确保农资商品正常供应，县供销合作社专题召开系统工作会议，特别强调在各项经营业务中优先保证化肥、农膜等农资商品供应。但由于国家进口化肥总量增加，化肥经营部门库存增大，导致全自治区化肥生产厂家产品压库。生产厂家为摆脱资金周转压力，转而组织自销，且自销价低于供销合作社调拨价，造成全区化肥价格市场混乱，导致化肥经营部门经济损失。全系统生活消费品销售仅占历史最好年份的40%。迫于无奈，社属90%以上企业对零售门店实行抽资承包经营，但承包基数极低，仅能维持企业职工基本养老金和房屋折旧，无法从根本上扭转企业经营现状。

1998年，盐池县供销合作社系统认真贯彻落实自治区人民政府《关于农业生产资料流通体制改革的决定》精神，严格执行农资经营纪律和政策措施，确保农业生产资料供应有序开展。全年实现商品销售总额1706万元，完成年计划1500万元的113.7%，比上年同期1947万元下降12.4%。其中生活资料销售162万元，比上年同期下降42.5%。生产资料销售933.6万元，比上年同期898万元增长4%；销售化肥5652吨，较上年5937吨下降5%；销售农药17.6吨，比上年16.9吨增长4%；销售农膜167.7吨，比上年同期134.2吨增长25%。全系统亏损257万元，比上年增亏18万元。6月15日，县供销合作社

1998年，盐池县城花马市场内的农贸市场

会议研究决定，将供销社农业生产资料公司与综合贸易公司分开经营、单独核算。农业生产公司负责全系统化肥、农膜、农药等重要农资商品的计划、安排、货源组织及供应，兼营日用杂品。在大水坑贸易公司设立化肥中转站，归县农业生产资料公司管理，负责南部乡镇基层社化肥、农药等农资商品储备、供应。

1999年后，农业生产资料成为供销合作社主营商品，除中小型农具外，主要经营化肥、农药、地膜等。1999年全县农业生产资料销售总额高达1279万元，比1980年71.6万元增长了16.9倍。随着农业科学技术不断推广，全县化肥销售总量日趋增长，但同时也出现多头经营、多头管理局面，甚至出现一定经营混乱现象。为切实加强农业生产资料经营管理，切实维护农民群众现实利益，尽可能做到统一计划、统一安排、统一组织，更好地为"三农"服务，盐池县委、县政府针对农资市场经营形势，及时召开全县农资经营工作会议，精心安排，落实措施：一是充分发挥供销合作社群体优势，提高竞争能力；制定全系统化肥、农膜实行由县生资公司和基层供销合作社连锁经营办法，由县生资公司统一进货、统

一价格、统一核算，各基层社做好储存和代销。县供销合作社专门印发了《盐池县供销社农资经营管理办法》，规定县生资公司和各基层社于年初签订《化肥联营合同》，县社主任与各基层社主任签订《农资联营货款回笼目标责任书》，规避系统内部为互争市场而出现各自为战现象，确保化肥正常供应和联营货款及时回流。二是改进服务方式，坚持农资为民服务承诺。先后在扬黄灌区和井灌区增设多处供应网点；利用单位职工亲属关系，在其所在行政村设立化肥供应点多处，仅大水坑基层社就在各乡村增设化肥供应点13处。春播期间，这些乡村供销点总共销售各种化肥700余吨。化肥供应旺季，管理人员深入农村一线，早开门，晚下班，实行全天服务。在积极做好农资商品供应的同时，农资公司还组织印发大量农业科技宣传材料，免费发放给农民群众。为净化农资市场，维护农民利益，抵制假冒伪劣农资商品进入流通，县供销合作社狠抓农资商品质量，凡农户在供销合作社购买的农资产品出现质量问题，全额包退包换。当年马儿庄乡部分群众反映地膜质量有问题，县供销合作社及时派人实地了解，发现个别地膜小件确有质量问题，随后及时和厂家联系进行处理，对已供应出去的10吨地膜逐户进行退赔处理，已用在田里的5吨地膜按销售价给农民退赔，剩余5吨逐家、逐户全部清收回来，受到农户好评。全年共计销售各种化肥7299吨，同比增长1647吨，增幅22.6%；农药、地膜与上年持平。

盐池县供销合作社系统生活资料销售总额由1993年的979万元减少到2000年的187万元，连

2001 年 10 月，盐池县惠安堡镇农贸市场一角

续 "七连降" (中间略有回升，但幅度较小，总呈大幅下降趋势)，甚至抵不上一家较大个体工商户的销售额，企业经营走向困局。此后，供销社系统逐渐退出生活消费食品市场竞争。

2004 年春节前夕，盐池县供销合作社根据自治区供销合作社宁供社发〔2003〕51 号、宁供社发〔2003〕54 号文件及自治区公安厅《关于做好 2004 年元旦春节期间烟花爆竹安全监督管理工作的通知》精神，向各企业、公司、基层社发出通知，要求做好元旦春节期间烟花爆竹市场供应和安全经营管理。此后到 2014 年前后，烟花爆竹一直由供销合作社和取得销售安全资格 (公安局监管办理) 的个体工商户共同经营。2014 年春节全国禁放烟花爆竹后，盐池全境烟花爆竹一直由供销合作社系统专营。

2008 年，全县供销合作社系统实现商品销售收入 1566 万元，比上年同期 1254 万元增长 312 万元，增幅 24.9%。其中县级农资企业销售 760 万元，比上年同期 462 万元增长 302 万元，增幅 65.4%。基层社销售 802 万元，比上年同期 793 万元增加 9 万元，增幅 1.1%。全系统费用总额

70.1 万元，比上年同期 78.6 万元减少 8.5 万元，减负 10.8%，利润实现 1.0993 万元，比上年同期 0.9974 万元增加 1019 元，增幅 10.2%。

2014 年，盐池县供销社及时安排农资配送中心、各基层社、农家店充分做好旺季农资供应工作，同时配合质监、工商、农业等相关部门联合开展农资专项打假，树立供销合作社农资销售网络良好品牌形象。全系统全年共计销售各种化肥 1.5 万吨 (其中二铵 0.5 万吨，尿素 0.28 万吨，碳铵 0.3 万吨，磷肥和其他专用肥 0.42 万吨)，农药 6 吨。

2015 年，盐池县供销合作社全系统销售各种化肥 1.52 万吨，其中二铵 0.55 万吨、尿素 0.3 万吨、碳铵 0.32 万吨，磷肥和其他专用肥 0.35 万吨。2017 年全年供应各类化肥 1.6 万吨，其中冬季淡储化肥 3000 吨。2018 年全年供应各类化肥 1.8 万吨，其中冬季淡储化肥 3000 吨。2019 年全年供应各类化肥 1.8 万吨，其中冬季淡储化肥 3000 吨。

2020 年，盐池县供销合作社积极指导农村经营户创新产品、创新服务，扩大销售范围。组织将盐池县滩羊肉、优质小杂粮、黄花菜、中药材等特色农产品通过网上销售，帮助农民解决 "卖难" 问题。通过组团参加各类农交会、展销会，加入 "扶贫 832" 网络销售平台 (供销购全国供应链——贫困地区农副产品网络销售平台) 等多种方式将盐池特色农产品推介出去。全年实现网络销售额达到 4000 万元。

表 4—2—5   1950—2020 年盐池县供销合作社经营情况统计表（单位：万元、人）

年份	销售	费用	利润	人数	年份	销售	费用率	利润	人数
1950	2.5	0.3	0.6	28	1986	3654	5.09%	78.2	366
1951	8.9	0.6	2.2	42	1987	3294	5.51%	73.4	386
1952	90.3	0.7	2.1	51	1988	6064	4.69%	157.4	436
1953	170	9.4	8.5	83	1989		6.83%	36.8	428
1954	278	16.5	21.8	107	1990	4812	6.45%	62.2	427
1955	353	23.6	18.6	122	1991	4604	7.68%	36.3	432
1956	360	29.7	17	161	1992	4361	6.70%	39.5	420
1957	338	31.3	15.2	175	1993	4453	7.55%	1.8	397
1958					1994	2425	15.82%	-19.8	388
1959					1995	3182	13.17%	-102.2	361
1960					1996	3652	13.2%	-142.7	361
1961					1997	2094	17.08	-239.5	322
1962	748	29.6	45.6	131	1998	1651	20.2%	-257.8	280
1963	801	44.3	42.4	160	1999	1846	12%	-94.5	268
1964	756	67.1	35.6	158	2000	1974	10%	0.1	238
1965	784	40	32.1	157	2001	1039	114	-1.4	
1966	544	40.6	28.6	161	2002	1086	46.7	持平	
1967	541	42.7	21.7	158	2003	1081	51.9	0.0195	
1968	571	42.8	27.8		2004	1120		0.8	
1969					2005	1264		1.1	
1970					2006	1206		1	
1971					2007	1254	78.6	0.9974	
1972					2008	1566	70.1	1.0993	
1973					2009	1260	215.1	1.2	
1974					2010	1426.7	172.9	71.4	
1975					2011	1661.7	237.6	33.7	
1976	879	55.5	50.1	238	2012	2833	315	103	
1977	107	69.2	61	243	2013	2794	307.5	115.5	
1978	132	82.4	75.9	320	2014	2687	198	111	
1979	1706	102	101	344	2015	2603	180.7	102	
1980	1865	100	102	341	2016	2318.1	93.7	132	
1981	2165	100	101	372	2017	2549.8	93.5	140.5	
1982	2000	107	81	346	2018	2753.5	99.6	153.1	
1983	2477	4.93%	85	312	2019	3056.6	106.9	168	
1984	1403	7.1%	56.3	317	2020	3376	80.9	252	
1985	2543	5.65	102.2	312					

注：2000 年前为"费用率"，2000 年后为"费用总额"。

表4—2—6 1981—2000年盐池县供销合作社主要商品销售统计表

商品/单位/年份		1981	1982	1983	1984	1985	1986	1987	1988	1989	1990
生产资料类	万元	67	70	72	90	97	114	171	231	318	402
化肥	标吨	846	1274	1611	2321	1951	2041	4172	5146	7395	8409
农药	吨	27	36	21	32	26	8	13	11	10	17
农地膜	吨	0.4	1.3	4.9	10	15	8	8	35	11	44
中小农具	万件	9.1	5	7.8	6.2	6.9	7	8.8	8.4	6.8	7.7
茶叶类	万元	5.4	4.6	4.3	3.4	3.6	4.3	5.1	6.0	7.1	8.9
茶叶	百公斤	108	104	102	85	76	92	85	71	79	72
干鲜调味	万元	7.5	8.5	10	10.5	14	22	28	42	45	40
干鲜果类	万元	22	20	23	19	24	31	51	48	46	41
干鲜果总量	百公斤	1310	1655	1137	942	1050	1040	820	996	740	610
日用杂货类	万元	60	52	51	50	74	108	90	149	123	133
铁锅	百个	40	30	45	37	48	65	55	56	51	51
各种陶瓷	百个	1950	1830	1586	1483	2042	2234	2188	2647	2508	2425
烟筒	百节	122	110	115	103	142	202	108	106	101	101
棉麻类	万元	17	15	19	37	21	28	30	26	15	15
絮棉	百公斤	756	661	737	1163	534	742	491	522	161	100
商品/单位/年份		1991	1992	1993	1994	1995	1996	1997	1998	1999	2000
生产资料类	万元	499	450	455	558	853	1065	935	934	1279	854
化肥	标吨	10439	8791	8858	9920	12395	13255	9995	9885	9092	9817
农药	吨	15	14	11	12	16	19	17	15	8	9
农地膜	吨	33	22	15	24	92	125	134	168	143	79
中小农具	万件	5	5.9	-	-	-	-	-	-	-	-
茶叶类	万元	8.9	6.1	5.8	-	-	-	-	-	-	-
茶叶	百公斤	68	40	27	22	18	8	2	3	-	0.4
干鲜调味	万元	40	46	41	-	-	-	-	-	-	-
干鲜果类	万元	37	41	36	-	-	-	-	-	-	-
干鲜果总量	百公斤	580	360	160	120	-	-	-	-	-	-
日用杂货类	万元	106	94	92	-	-	-	-	-	-	-
铁锅	百个	50	54	54	42	37	29	18	8	10	-
各种陶瓷	百个	1923	1224	-	-	-	-	-	-	-	-
烟筒	百节	109	93	-	-	-	-	-	-	-	-
棉麻类	万元	11	10	9	-	-	-	-	-	-	-
絮棉	百公斤	100	90	90	10	44	12	12	5	-	1

第三节　农副产品购销

盐池县属半农半牧区，主要农副产品有羊绒、羊毛、羊皮、甘草、蜂蜜及荞麦、胡麻、豆类小杂粮等。其中以滩羊畜产品最为著名。

有史以来，盐池地区养羊以滩羊为主要品种。滩羊属蒙古绵羊品种，原产贺兰山东麓，在盐池地区饲养已有 200 年以上历史。滩羊有黑白两种，白色为标准型。公羊螺形大角，母羊无角或小角，耳下垂，长脂尾。滩羊属季节性繁殖，一般公羊配种期在 2—7 岁；母羊繁殖期多为 1.5—6 岁，终生产羔 4—6 只，最高 7 只，一年一胎，一胎一羔，双羔稀少，繁殖成活率在 80% 以上。立春前产羔为冬羔，立春前后产羔为春羔；冬羔体质好，裘皮质量高，越冬能力强，优于春羔。冬羔初生体重不一样，公羔 3—5 公斤，母羔 2.45 公斤左右，毛股自然长度 5 厘米左右，毛弧 3—6 个。二毛裘皮是滩羊主要产品，滩羊产羔后 30—35 天，毛长达 8 厘米左右时，称二毛期。二毛期宰杀后取得的羔皮即称二毛裘皮，以通体洁白无杂毛、毛弧弯曲、串花优美、皮形舒展者为贵。盐池南、中、北部地区气候、草原差异，造成二毛裘皮的质量也有明显区别。南部黄土丘陵沟壑区、县城北部地区质量较差，中部地区质量最优。自然放牧条件下，成年羯羊每只产肉 24.11 公斤，成年公羊产肉 20 公斤，成年母羊产肉 17 公斤，当年羔羊育肥可达 15 公斤，最高 25 公斤。滩羊毛产量较低，平均产毛 1.79 公斤，其中公羊 1.93 公斤，母羊 1.64 公斤，净毛率 70% 以上。滩羊毛分春秋两季生产，春季质量好，是织造提花毛毯、地毯的优质原料。山羊肉质最为鲜美，成年山羊均产肉 12.5 公斤，产毛 0.45 公斤，产绒 0.15 公斤，山羊皮被称为板皮。

畜牧业生产在全县经济中占有举足轻重地位。据统计，1980—1982 年，全县畜牧产值占农业总产值的 42.9%，占全县工农业总产值的 30.25%。盐池县畜牧业以养羊为主，是我国特有滩羊品种的集中产区。1982 年末，全县羊只存栏 43.92 万只，其中滩羊 27.4 万只，占全自治区滩羊总数的 21.6%，占全国滩羊总数的 19.57%。滩羊畜产品主要有绵羊皮、山羊皮、二毛裘皮、羊毛、羊绒、羊肉等。新中国成立后，盐池县平均每年向市场提供活羊 401 万只、羊皮 7.26 万张、绒毛 68.16 万斤、肉 108.63 万斤。因此，大力发展以滩羊为主的畜牧业，不仅有效促进本县经济发展，而且对保护发展我国滩羊品种资源具有重

盐池县优质滩羊羔子（摄于 1980 年 4 月）

20 世纪 50 年代的盐池县草原牧场

要现实意义。

盐池地区饲养的家畜、畜禽主要有牛、马、驴、骡、羊、猪、鸡、兔等。1982 年末，全县有羊 43.92 万只，其中滩羊 27.4 万只，占羊只总数的 62.39%；有大牲畜 3.21 万头，其中耕牛 0.34 万头，马 0.09 万匹，驴 1.59 万头，骡子 1.18 万头，猪 1.58 万头，鸡 6 万只；另有蜜蜂 127 箱。大牲畜多为役畜或繁殖兼有。直接畜养大牲畜者较少，主要通过种植业生产间接衍生。

1950 年盐池县供销合作社刚刚恢复成立，虽只是起步发展，但在新政府领导下，一方面积极恢复基层社，组织自购自销，开展商品供应。县城起初以门市代替城区供销合作社业务，边为市民群众提供供销服务，边吸收扩大资金，徐图发展。其时，由于经营方针政策还不甚明确，暂时处于无计划经营格局。1950 年 7 月全国合作社会议召开后，为配合土改运动，盐池县从 1950 年 10 月至 1951 年 3 月，集中 6 个月时间对全县区乡合作社进行整顿改造，明确经营方针。在宁夏省合作局及县委、县政府领导支持下，初步规范了县社及各基层社经营体制形式。采取上下分工负责，把握服务于民的关键环节，合作经营，协作发展。经过整改，吸取陕甘宁边区时期办社经验教训，初步确定"上级社为下级社服务，基层社为社员服务"的办社方针。县联社关闭了门市部，以其全部资产建立了城区供销合作社。此后，县联社专职负责为基层社采购、批发与代购商品，负责同宁夏省合作局签订土特产代购合同，从中取得合理利润和手续费。截至 1951 年第三季度，县联社已拥有资金 20350.608 万元，各类商品总计价值 36608.59 万元，其中：百货总值 10186.15 万元，农具种子总价值 1950 万元。各类商品从宁夏合作局购进占 15%，从西北货栈购进占 76%，从私商处购进占 9%。通过集中采购、调拨、批发，各基层社降低了进货成本。

是年，全县区乡供销合作社进行整顿改造后，业务推销方面仍以羊毛、羊绒、皮张等土特产品为主，县联社在各生产季，先后与宁夏合作局签订代沟合同，收购社员产品。通过代购合同，带动了社务发展，一些群众开始积极要求入股合作社。由于大家都看了土特产品购销能给人民群众带来利益好处，于是基层社干部、群众就都重视了起来。各基层社春毛代购全部超额完成了任务，计划收购 3.5 万斤，结果收了 11 万斤。本来计划收购秋毛 2.2 万斤，结果收购了 6 万多斤。既推销了社员群众的土特产品，各基层供销社也从中获得了合理手续费。不足之处是，由于县联社没有主动同有关商业部门联系，甘草、猪毛、猪鬃、黑皮等其他土特产推销方面没有很好地组织外销，影响社员群众收入。

1951 年，盐池县各供销合作社销货总值 64993 万元，收购土产品总值 247803 万元；全县城乡市场销货总值 321316 万元，收购总值 769561 万元。其中销货方面，各级供销合作社占市场份额的 30.32%，公司占 14.84%，私商占 64.84%；土产品收购方面，供销合作社占 32.20%，公司占 15.66%，私商占 52.14%。当年，盐池县供销合作社农副产品推销总额为 24453.5565 万元（包括自营 3825.5110 万元；以新中国成立后第一套人民币值计算，下至 1955 年 3 月同前），其中绒毛推销总值占全部农副产品推销总额的 80.93%，各种皮张占 12.6%，农产品占 2.15%，甘草占 3.05%，羊油占 1.29%。甘草、胡麻全部推销给国营公司，粮食全部供给社员群众，羊绒除给私商推销 400斤外，其余绒毛、皮张均推销给上级社（包括给西南军区代购二毛皮及胎皮 7514 张）。

1952 年，宁夏省合作局研究制定发展合作事业计划，计划中提出：老区（革命老区）普遍发展，新区（新解放区）重点试办。盐池革命老区按照计划，除恢复整顿 5 个区基层社外，下半年又成立了二区联社，并在每乡成立一个基层社，安排脱产干部负责经营管理。逐渐形成了集信贷、运输、供销、合作经营于一体的劳动互助基层合作社组织（新中国成立初期，在完成土地改革的广大农村，为克服劳力、农具、耕畜缺乏等困难，政府号召农民组织起来，成立互助组，简称"互助社"），宁省合作局拨出小米 10 万斤作为支持盐池老区互助社发展基金。农村合作社以供销为主，生产合作次之。在支持农牧业生产发展基础上，配合建立基层信贷社。以群众自愿原则，发挥农村信贷引导作用，将生产小组扩大成为基层互助社；并以物资贷款方法，贷给生产

表 4—3—1　1951—1952 年盐池县合作社、国营公司、私商农副产品收购统计表（单位：元）

年份	品名	单位	合计		其中								
			数量	金额	合作社			国营公司			私营		
					数量	金额	比重（%）	数量	金额	比重（%）	数量	金额	比重（%）
1951	皮张	张	35728	105260	10519	30389	28.9	138	410	0.4	25071	34461	70.7
	羊绒	斤	14238	48732	3926	13465	27.6	-	-	-	10312	35267	72.4
	羊毛	斤	497216	551349	163430	180980	32.8	75094	83354	15.1	258572	287015	52.1
	羊油	斤	5626	3074	5626	3074	100	-	-	-	-	-	-
	粮食	斤	55725	5196	55725	5196	100	-	-	-	-	-	-
	甘草	百斤	3239	48600	489	7350	15.1	2453	36794	75.8	297	4456	9.2
	合计	元	-	762211	-	240454	-	-	120558	-	-	361199	-
1952	皮张	张	35618	104971	24846	73224	69.8	318	937	0.9	10454	30810	29.4
	羊绒	斤	47116	157402	34193	114756	73.3	-	-	-	12923	41646	26.6
	羊毛	斤	364682	451135	320132	396764	87.9	21246	25940	5.4	23304	28431	6.4
	粮食	斤	25093	2367	12093	1197	50.5	13000	1170	49.5	-	-	-
	甘草	百斤	524	7349	380	5196	70.7	144	2153	29.3	-	-	-
	合计	元	-	723224	-	591137	-	-	30200	-	-	101887	-

注：1952 年为一至三季度数字。

小组籽种、农具等必需品。供销社同各生产小组（互助社）订立合同（内容包括股金若干、贷给物资和应交农产品数量），合同期满后收回合同条款议定数量的农副产品。除还贷外，所余则留为合作社股金。基层互助社、合作社积极组织群众发展畜牧业、运输业（结伙赶车、拉骆驼、拉船、贩盐、贩煤）、药业（挖甘草、中药）、拾菜，推广优良品种（公畜轮种、选种）等业。互助社虽然没有与基层合作社合一，但联系密切。互助社以组织人畜变工互助合作为主，为临时松散群众组织，但一定程度上提高了基层合作服务功能。新中国成立初期，百废待兴，各行各业都缺乏干部，各区合作社只能采取就地取材办法，吸收思想觉悟高、有特长、积极高的群众到合作社工作，经过教育培训，熟练业务，逐渐过渡为合作社工作人员。

是年春夏之交，由于上年歉收，农民群众缺吃少粮。盐池县供销合作社即时和宁夏省粮食公司签订代销黄米15万斤的合同，分运各基层社，每市斤以低于市价4000元（以1949年国家发行第一套人民币值计算，1949年1万元人民币相当于1955年发行第二套人民币的1元）价格进行零售，很快稳定了市场米价。同时大量组织收购土特产品，搞活经济流通。全县共计收购各种皮子（主要为羊皮）2.2万余张，甘草3万余斤，山羊绒3万余斤，羊毛23万余斤，驼毛1100余斤，总值40多亿元。有效缓解了农民吃粮、购买生产、生活用品困难，有力推动了农村爱国丰产、防旱抗旱运动。

盐池县供销合作社，1—3季度农副产品购销总额为59236.6182万元（包括自营13393.9310万元），是1951年全年购销总额的1.26倍，其中绒毛占86.58%，各种皮张占12.38%（包括代购军皮1742张、二毛皮及胎皮17653张），粮食

占0.20%（食品公司代购），甘草占0.84%。绒毛、皮张全部为上级社委托代购或完成军事任务。自营羊皮除售给国营公司外，另售给私商山羊板皮713张、黑花子皮120张、二毛皮1486张。通过农副产品购销，有效增加了农民群众收入，提到了市场购买力。仅从社员群众对布匹的需求来看，从一开始的土布，到细布再到哔叽、贡呢、花达呢不断升级，说明农民群众生活水平也在不断提高。供销合作社采取预购农产品的办法，先行发放预购款，解决群众买难卖难问题。1月份，供销合作社预购二毛皮6000张，羊绒5700余斤，共计预付社员预购款2.6亿余元。通过预购，社员群众既预售了当年农副产品，也解决了口粮、农具和种籽不足等生产生活问题。三区四乡社员郭帮科在供销合作社预售羊绒20斤，得到预付款后除解决一家人当季吃粮困难问题，还购买了一头耕牛。七八月间，盐池县城、部分区乡多组织举办"七月会"（物资交流大会），是农用大牲畜和土特产交流旺季。县供销合作社为解决社员群众购买牲畜资金不足问题，积极组织各基层社开展预购贷款经营。当年物资交流大会上共计预购秋毛2431斤，胡麻3053斤，麻子82担（当地农村常用计量单位，一担等于100斤，下同），麦子200斤，黄米2480斤，现购秋毛3054斤，共计支付预购款7431.35万元，并通过信用合作社为社员贷款4463万元。社员群众借此购买耕牛6头，马17匹，驴4条，骡子1条，骆驼1峰，大车1辆，修理旧车1辆。供销合作社在农村开展大量购销活动，大大减少了私商盘剥，减轻了群众负担。供销合作社没有成立前，盐池农村商品购销主要依靠私商。私商贩推销的土布，一尺可以换到农民二斤羊毛或一斗二升糜子。三区五乡农民王永魁有羊毛11斤，定边私商却只给他算9斤（两地秤不一样，换算中

私商借机盘剥群众）。当年盐池县供销合作社经营方式调整改造后，开始走向为社员、又为国家服务的双重经营方向。全县各供销合作社销货总值为153121万元，比1951年增加113%，收购总值1136万元，较1951年增加52.19%。全系统收购总值1212364万元，较1951年增加了57.35%，其中供销合作社、国营公司占收购总额的6.08%和62.61%。收购方面，合作社占81.73%，公司占4.18%，私商占14.09%。

1953年11月，盐池县供销合作社认真学习贯彻过渡时期总路线与国家粮食"统购统销"政策，发展方向明确，经营活动更加倾向、服务农村群众。供销社合作在群众中威信日高，已成为国营经济发展的有力助手。对扩大城乡物资交流，促进农牧业生产，巩固工农联盟，改善人民群众生活，支援国家建设，特别是对农村社会主义改造起到了积极推动作用。1953年，盐池县各供销合作社销货总值384910万元，较1952年增加了151%；收购总值100629万元。销售方面合作社占34.35%，公司占10.17%，私商占55.48%。收购方面合作社占71.28%，公司占8.16%，私商占20.1%。

1954年，盐池县迎来新中国成立后的第一个丰收年。盐池县国营花纱布公司、国营贸易公司的棉布批发和批零兼营业务，全面超额完成购销任务。供销合作社肩负全县7个区、4万多人民群众的生产生活物资供应任务，随着业务量增加，一时忙不过来，因此增设分销店4处。县供销合作社集中人力，抽调专人在吴忠县设办事处，专职采购供应。先后10余次派专人到兰州、山西、包头、西峰等地组织货源，着重采购生产资料。县、区供销合作社联合组织种籽收购，春耕期间向全县农村供应春麦、荞麦、油籽等籽种3653斤，黑豆油饼等饲料3577担，对完成全县

年度生产计划提供了可靠物资保证。

1951—1954年，盐池县供销合作社系统供应全县社员群众商品总计603024万元，其中生产资料40986万元，农具包括铁铧、铁犁、铁钥月、铁锹、铁叉、耧铧、木锨、锄头、铡刀等计21240件，各种农业种子15.0658万斤，牛料13.9368万斤，其他如筛子、簸箕、簸篮等总值6129万元。利用代购联营和自营等方式为社员群众供销各种畜产品价值1526213.115万元，其中包括羊毛、驼毛99.9984万斤，各种皮子4.8777万张，羊绒9.0819万斤。推销农副产品价值313001.885万元，其中粮食186.567万斤，油籽25.2492万斤，甘草56.3350万斤。收购家庭废旧价值599433万元，其中包括废铜0.7万斤，废铁1.11万斤。以上购销总值1845148万元。

1955年，盐池县遭受严重旱灾。由于草料不足，羊只、大家畜死亡增加，畜产品收购没有完成预定计划。且农村群众生产牲畜严重不足。面对群众生产困境，供销合作社系统先后五次派人到兰州、西峰、平罗等地采购骡马、牛151匹（头），及时解决耕畜问题。虽然牲畜业受损严重，但自1954年以来，由于供销合作社系统不断扩大经营范围，增设零售点，及时组织商品货源，改进经营理念，因此供销业务开展情况基本正常，供销合作社零售额仍占市场零售份额的67.1%。合作社系统除继续保证生活资料供应，更加重视生产资料的货源组织，采取组织当地加工、外地采购等措施，使生产资料等商品由原来的26种增加到78种，做到了及时供应，不误农时。下半年随着国营花纱布公司、贸易公司撤销，及国家对私营工商业社会主义改造，手工业和农业合作化运动高潮到来，商业流通市场发生根本性变化，供销合作社业务也由零售扩大到批发，肩负起稳定市场和对私营工商业社会主义

改造的艰巨任务。县供销合作社分设经理部与批发门市部2家，承担生产生活资料批发，供应县城、城区及三、四区基层合作社经营商品；在吴忠县设立购销组，代县供销合作社和基层社组织分运货源。五、六区合作社为配合私营工商业社会主义改造，兼营批发业务。鉴于上述诸多原因，下半年全县供销合作社对私商批发总额达到10.4048万元（以1955年3月发行的第二套人民币计），零售业务也有所扩大。三、四区合作社扩建了门市部，销售额也有所增加，其他各区的合作社也相应增加了商品品种。城区社1955年共经营各类商品1028种，比1954年增加了342种，六区合作社百货类商品由320种增加到534种。因此，虽1955年全县受严重旱灾影响，农民歉收，但供销业务仍然完成了计划任务的102.75%；生产资料购销只完成计划任务的27.17%，秋毛收购仅完成计划的50%。农畜土特产品经营方面，由以往代营转为差价自营后，合作社干部进一步重视质量价格对应核算，认真执行"优货优价，次货次价，按质论价，分等论价"的定价原则。同时在畜产品收购质量把握上，也经常能够得到宁夏回族自治区畜产品公司业务员的具体指导帮助，因此收购质量有很大提高。为了促进畜牧业生产发展，县委、县政府开始有计划地实施草原保护，同时按照"以销定产"原则，上级在收购数量上有所控制，因此当年甘草收购量比上年减少。杂铜废铁收购方面，在各级政府、广大干部宣传动员下，并且采取用铁壶、脸盆等货易物的办法，收购量排在历史最高纪录，全年共收购杂铜废铁8737斤。

盐池县供销合作社农副产品购销总额118.4905万元（以国家发行第二套人民币币值计，下同）。全年收购小麦1834担，杂粮208552担，其他食用油料1280218担，细绵羊毛512766斤，山羊毛28457斤，鲜蛋2071斤，毛猪284头，活羊215只，滩羊皮158401张（其中绵羊皮36040张、二毛皮24093张、杂皮98267张），山羊板皮16107张，牛皮992张；收购各种药材（甘草除外）合计7.2381万元；收购甘草49.7515万斤；销售木材合计827元。收购羊绒72709斤，驼毛333斤。

1956年，农业合作化开始后，粮食一年紧似一年，农副产品也逐渐匮乏。为保证城镇人口、部队官兵和工矿企业职工生活最低保障，国家不得不对二类农副产品也采取"统购统销"政策，即在农村实行"派购"任务。当时，盐池县各农业合作社生产大队完成派购菜羊（即食用肉羊）任务不难，因为菜羊属生产队集体所有，完成起来难度阻力较小；而生猪、禽蛋必须分派到农户。一般一个生产小队每年需完成生猪分派任务3—5头，鸡蛋每人分派半斤。当时多数农户缺吃少粮，饲料更是不足，多数农户一年能养一头猪已是难能可贵，如果上缴国家就预示着一家人全年无肉可吃。为了完成上级下达分派任务，生产队只好逐户轮流分派，一般都给完成生猪分派任务的农户给予200—300斤不等的原粮补贴。禽蛋由各生产大队食品站负责收购，再上缴县食品公司，然后由全区统一调配。盐池地方当时没有贮藏冷库，每年秋季派购的菜羊，要由各公社派社员赶送到银川屠宰场冷库。负责赶送菜羊任务的几个社员，赶着一群羊从盐池当地出发，边放牧边赶路，大约一个月才能到达银川指定地方，平均每只羊要掉膘二三斤，也有半路死亡的，损失极大。这样派购政策，在盐池县持续了将近20年。

盐池县供销合作社系统初期收购主要小土产品名见表4—3—2。

是年，盐池县供销合作社全年完成小土产品收购总额161.5028万元，只完成全年收购任务的

表4—3—2　1956年盐池县供销合作社收购主要小土产品名

品名	作用与用途	分类
獾油	药用	动物
白蒲根	草药，俗名"勺把草"、含毒	植物籽粒
牛筋条籽	防沙护林种籽、含油	植物籽粒
马茹籽核	草药，治疗风火烂眼病、含油	植物籽粒
浪堂籽	草药，治疗牙疼、含油	植物籽粒
白石灰土	建筑材料，用作墙体粉刷	矿石
紫石	红色黏土，建筑材料、用作墙壁涂裹	矿物
苁蓉	药材，多产于四区、六区	植物
红柳花	即西红柳，多产于四区，收购季为夏天	植物
野人参	多产于四区、量极少	植物
班毛	中药的一种、性毒	植物
野鸭药	黄酒酒糟原料	植物
鸡爪黄连	名贵退烧药	植物
秦艽	常风活血祛风止疼药，俗名"左拧拧"，多产于五区	植物
益母草	幼苗可入药，可榨油	植物
知母	止咳药，俗名"老婆脚后跟"，多产于五区、七区	植物
沙蒿木耳	品质较木木耳更好	植物
柳条	可以编制簸箕、漏勺等家用、农用工具	植物
沙柳	可以编制笋、筐、背斗等用具，为当地主要农具编制用材	植物
艾草	野生，境内产量大	植物
黄狗球	草药	植物
原子草	草药，又名盐鸡甘草，多产于三区	植物
棉蓬籽	油料作物籽、含油，炒熟可食用	植物
皮硝	熟制羊皮、牛皮必需原料，以六区为最好	矿物
马匹跑	畜药，可治牲口外伤	植物
石膏	建材，其中以五区、七区所产质量最好	矿物
米蒿籽	食用调料，与白面或荞面混合做面条，更为筋道	植物
甘草籽	油料	植物
苦豆籽	油料	植物
灯素籽	可食用、含油	植物
灰条籽	能酿酒、可食用	植物
盐水石	质地坚硬、可做磨刀石	矿物
老鹰皮	翅膀可以制扇	动物
马莲须	马鬃，用以制作刷子	动物
大蒜籽	含油	植物
和尚头籽	可榨油，也可食用	植物
糜子杆扫帚	家用扫帚	植物杆
柳灶勺子	用柳条编制成的漏勺	植物杆

71.96%，比上年减少 16.9877 万元。未能完成收购任务有几方面原因：一是制定计划偏高，加之上年全县农牧业歉收，个别地区当年减产。此外贸易公司批发机构除在县城开展零售外，业务向下延伸，供销合作社市场占有比重相对下降。二是当年全县羊只实行折价转社（农村实行合作化后羊只归集体所有）后，羔羊存栏量增大（增强生产发展后劲），羔子宰杀少，羔皮产量就少；加之去冬天寒，羊只死亡率增大，全县羊只存栏只保留在 10 万只左右，总体牧业减产，牧副产品减量；有 3 个区油房业务改由农业合作社经营后，油籽收换（以油籽换取食用油）数量减少；由于价格曾一度下降，所以秋甘草收购总量减少。下半年，县供销合作社积极组织扩大小土产、废品收购，开展新品种收集、核价、加工、试销、宣传等一系列工作，组织力量深入农村调查小土产品种、产量，专题召开会议培训收购知识，钻研业务技巧，奖励优秀收购人员，促使收购品种增加到 44 种，苍耳子、苦甘草、芨芨草等收购量相对较大。重点帮助各基层农业合作社规划副业生产，签订收购合同。通过上述种种措施，除畜牧产品外，全年小土产和废品收购额达到 10 万元，占全年收购总额的 9.48%。对改善提高农民群众生产生活起到积极促进作用，也纠正了某些供销合作社干部"重大宗，轻小宗"思想。全县供销合作社系统小土产、废品收购工作中也存在诸多问题和不足，比如个别基层社害怕赔钱，在收购过程中压级压价现象时有发生；收购皮子时不做详细等级分类，造成外销难度增加；有基层社收购计价时将单价小数点后几位抹去不算，或者故意抬高（偏袒亲友）、压低质量等级，不是国家多付了钱，就是群众吃了亏。这些经营问题不足，县供销合作社在开展小土产、废品收购初期，未能及时发现、予以纠正。此外，县社对某些产品核价不准确、与市场不衔接，如苍耳子核价先高后低，导致基层社赔了钱，群众也有怨声；收购到的某些小土产没有及时打开销路，都影响了基层社收购业务顺利开展；个别基层社对新收品种、品级规格分不清楚，如三区将各色蘑菇一律按冰草蘑菇价收购，且入库后混存，送交县社后无法组织外销。

是年，盐池县各基层供销合作社在大量收购小土产及废旧物资的同时，五区公社首先进行了苍耳油试榨。苍耳子是一种干性油料，用途很广，可代替桐油、油漆、油墨等工业原料，也可用来点灯或制造肥料，副产品也是一种很好的饲料。五区试榨出油率达到 20% 以上。紧接着四区公社也开始试榨成功。四区供销合作社还代向公社油坊收购芨芨草（油坊榨油用）26751 斤、牛粪 600 余斤，及时为油坊解决了生产资料和燃料问题。二区供销合作社组织收购过去从来没人要的银柴胡，不到一年就收购 12892 斤，使群众增收 7374 元。

1957 年，盐池县供销合作社系统收购绵羊毛、绵羊皮、羊绒、牛皮、甘草全部超额完成任务，其中收购甘草（熟草）140 余万斤，超计划 30 万斤，创历年最高纪录。由于县委、县政府进一步重视农副业生产，收购价较往年略有提高，刺激了群众生产积极性。供销合作社系统也做了不少努力，各基层社主动协助农业合作社合理安排农牧业生产，指导提高加工甘草标准，甘草收购质量规格掌握趋于标准。也有基层社在收购议价中采取民主议价办法，由老百姓共同商量定出合理价格。三区基层社在甘草产出重点村增设了甘草收购点；驻牛记圈村收购组实行了以等码代替收购楼的办法，简化了付款手续，方便了群众，也扩大了收购量。全年共计收购羊毛 2.1566 万斤，完成计划任务的 86.26%，比上年下降 33.9%。原因是上半年错过了收购季节，只

表 4—3—3　1950—1957 年盐池县绵羊、山羊生产情况统计表

年度	项目	总数（只）	屠宰数（只）							死亡（只）	繁殖数		产皮数（张）				繁殖占上年%	留羔占繁殖数	二毛皮占繁殖数	羔皮占繁殖数
			小计	商品数	自食数	自食%	屠宰占总数比%	其中存活	淘汰		小计（只）	留羔（只）	小计	羔皮	二毛	二毛占%				
1950	合计	252065	26722	16843	9887	37	10.6	26.7	11	19000	115592	52016	63576	25354	38222	60		45	33	21
	绵羊	151448	11630				7.68	11.0	8	12000	76672	32016	44656	11164	33492	75		42	44	15
	山羊	100617	15092				15	15.2	15	7000	38920	40000	18920	14190	4730	25		51	12	36
1951	合计	282782	26693	16016	10677	40	9.44	2693	9	50432	146207	107261	38487	17753	20634	54	58	73	14	12
	绵羊	165082	10899				6.6	1099	7	34072	90869	59336	31533	12613	18920	60	60	65	21	13
	山羊	117650	15794				13	1594	13	16360	55339	48485	854	5140	1714	25	55	88	3	9
1952	合计	391953	41764	26311	15453	37	10.6	4164	11	4483	172011	140397	31614	9287	22325	71	61	82	13	5
	绵羊	230374	17528				7.6	1728	8	2269	107303	78460	28842	7211	21632	75	65	73	20	7
	山羊	161579	24236				15	2436	15	2214	64708	61937	2772	2018	693	25	55	96	1	3
1953	合计	494575	59902	41931	17971	30	12	5902	12	9514	22709	153900	73192	29511	43681	59	58	68	19	13
	绵羊	285663	28566				10	2866	10	9000	188224	81817	56407	16922	39485	75	60	59	28	12
	山羊	208912	81336				15	3136	15	514	88868	72083	16785	12589	4196	25	55	81	5	14
1954	合计	502979	68419	41951	28268	40	13	6123	12	47492	272017	115798	156269	79963	76306	49	55	43	28	29
	绵羊	276462	27643				10	2746	10	31402	157115	50767	106398	41559	63839	60	55	32	41	27
	山羊	226517	40773				18	3377	15	16090	114902	65031	49871	37404	12467	25	55	57	10	33
1955	合计	475725	162953	65181	97712	60	34	7159	15	80553	251489	115083	136406	72809	63597	47	50	46	25	29
	绵羊	244811	82133				33	3204	13	50553	138231	39913	98318	44234	54079	55	50	29	39	32
	山羊	230914	80820				35	3955	17	30000	113258	75170	38088	28566	9522	25	50	66	84	25
1956	合计	358672	53800	14787	42860	60	15	5301	15	16906	190291	62802	127489	58994	68495	54	40	33	36	31
	绵羊	172265					32	2294	13	11400	97924	20987	76937	23081	53856	70	40	21	55	24
	山羊	186403					20	3107	17	5506	92367	41815	50552	35913	14638	29	40	45	16	39
1957	合计	428679																		
	绵羊	204995																		
	山羊	223684																		
12个农业社调查数	合计	14360	1196	612	584	48	83	196	8	675	8123	4701	3422	2050	1372	33	56	58	17	25
	绵羊	7157	578	298	280	48	81	178	8	330	4347	1945	2402	1030	1372	46	60	45	32	23
	山羊	7203	618	314	304	49	86	118	9	345	3776	2756	1020	1020			52	73		27

盐池县侯家河公社古峰庄大队养羊人家（章虎臣摄于1962年10月）

完成收购1.6277万斤。下半年农村开展"新五反运动"，经过大辩论后群众认识提高，各基层供销合作社又继续收购农村留存尚未加工的山羊毛5200余斤。共计收购二毛皮16280张，比上年下降55.5%。主要原因是全县实行牧业合作社，留羔率大，羔皮生产量减少。加之政府对当时市场管理限制不够，小商贩乘机在农村抬价抢购。基层供销合作社虽在农村组织大量收购，但群众在私商高价吸引下囤积货源，等待时机售给私商。基层供销合作社只收回一些二毛皮衣。

七区基层供销合作社开展了小土产和秦艽、玉竹、知母等34种药材发掘收购，但在收购过程中存在计划不周、销路不畅、损害群众利益等问题。比如玄精石（药材、属于石膏矿类），吴忠药材公司调整当年收购计划为4万斤，较上年下降将近两倍，量少，利润率低。玉竹，吴忠药材公司通知盐池县大量收购，数量不限，当盐池县各基层供销合作社收购到3万余斤时，该公司忽然通知停收，群众手中尚余万余斤玉竹没有出手，很有意见，也给基层社造成积压损失。野生油料苍耳子，自上年开始收购试榨以来，由于缺

乏质量鉴别经验，收下的大多数苍耳子无籽或偏嫩（未完全成熟），出油率低且含水高，存放一段时间后变质，损失超过2000元。由于一直没有找到好的鉴别质量方法，半年后停止收购苍耳子。蘑菇因为销路不畅，各基层社收购量少或没有收购。胡麻籽纤维重，只收购了544斤，麻籽收购1000斤。年内，供销合作社系统认真执行国家价格政策，对各基层社压级压价现象进行严格监督检查。畜产、甘草等大宗产品质量定级基本稳定，定价合理。加之一般群众对畜产、甘草质量等级越来越心中有数，收购矛盾日趋减少。猪皮价格上涨后，部分基层社仍按过去价格进行收购，获得一些不合理利润。多数业务员对新品收购缺乏经验，由于怕出现亏损，所以在收购中刻意压级压价。也有部分业务员收购小土产及废品时，错误认为这些东西数量少、价格小，即便定级不太准，也赔不了几个钱，因此对质量等级把关不严。通过检查发现，七区基层社几种小土产及废品综合购销差价高达40%以上，个别品种差价一倍以上；共计收购700余斤猪鬃不按规定等级一律定为等外收购，获得差价较高。上述不良收购行为，都给群众造成较大损失。1961年，盐池县商业、供销部门认真贯彻执行国家购销政策，规范质量定级标准和收购方法，羊绒、羊毛、羊皮等畜产品收购进度加快。第一季度畜产品收购超额完成任务的42%，比1960年同期增长90%。5月份畜产品收购总额比4月份增加8倍多，其中仅在15天内就收购羊绒6.2万余斤，完成全年收购任务的70%左右。当年开展畜产品收购工作前，县农牧部门配合商业局抽派干部下乡，先后在城郊公社沟沿大队等地对牧业生产情况做重点调查，全县各基层商店（供销合作社）也都先后抽派干部深入各生产大队、小队进行调查摸底，宣传国家收购政策，抵制私商收购

表4—3—4 1951—1956年盐池县羊毛、羊皮产销情况统计表

羊毛产销情况（斤）

年度	品名	产毛总量	牧主留量	国家收购	市场流通	牧主留量%	国家收购%	市场流通%
1951	合计	425793	49000	167356	209437	11.5	39.3	49.2
	绵羊毛	392254		162648			41.3	
	山羊毛	33539		5308			15.8	
1952	合计	517213	50000	428054	39159	9.7	82.8	7.5
	绵羊毛	477997		393861			82.4	
	山羊毛	39216		34193			87.2	
1953	合计	689083	50000	559100	79983	7.3	81.1	11.6
	绵羊毛	635224		512900			80.7	
	山羊毛	53859		46200			85.8	
1954	合计	774593	60000	628047	86546	7.9	81.1	11
	绵羊毛	704956		604360			85.7	
	山羊毛	69637		23687			34	
1955	合计	658506	35000	541223	82283	5.3	82.2	12.5
	绵羊毛	583001					77.7	
	山羊毛	75505					37.7	
1956	合计	616452	58000		55396		81.6	9.0
	绵羊毛	539481					87.2	
	山羊毛	76971					42.4	

羊皮产销情况（张）

年份	品名	产皮总量	牧主留量	国家收购	市场流通	牧主留量%	国家收购%	市场流通%
1953	山绵羊皮合计		18800	2372				
	绵羊皮			861				
	山羊皮			1511				
	二毛皮			2295				
1954	山绵羊皮合计	77904	18750	31788	27366	24.1	40.8	35.1
	绵羊皮			20285				
	山羊皮			11503				
	二毛皮	63839		20142			31.5	
1955	山绵羊皮合计	181730	17000	52147	112583	9.3	28.7	62
	绵羊皮			36042				
	山羊皮	54075		16107	29982		44.5	55.5
	二毛皮			24093				
1956	山绵羊皮合计	65054	20750	27023	17281	31.9	41.5	26.6
	绵羊皮			14024				
	山羊皮			12999				
	二毛皮	53856		36535			67.5	

1963年4月，盐池县药材站职工组织将加工好的甘草进行打捆，准备外销（买世杰摄）

空间，和生产队干部、社员共同商量议定收购价格，在兼顾国家、集体和个人三方利益原则下，确定购留比例，签订收购合同。为帮助生产队及时组织抓绒（收绒）、剪毛，商业局及早派人到陕西省榆林县组织加工抓绒工具1000套供给各生产队，促进了抓绒进度。城郊公社组织社员群众210余人，十来天就完成了140群（一群百十只上下）山羊抓绒、剪毛工作。因此城郊商店（供销合作社）在5月下旬的10天内，就收购羊绒1.4万余斤，完成全年收购任务的98%以上；收购羊毛0.68万余斤，占全年收购任务的57%。

商业、供销部门在收购工作开始前，专门召开会议，组织收购人员学习政策，宣布纪律，进行技术训练，交流收购经验。开展收购后，各商店（供销合作社）主任频繁深入各基层收购站、代购点，检查质量等级执行情况，普遍宣传推行民主评级方法，做到验级公平、价格合理、不损害群众利益、取得群众信任。城郊公社柳杨堡大队在出售羊绒时，经过民主评级，大家认为绒里羊毛成分大了一些，质量不达标，建议该队组织

群众把羊毛拣出来，这个大队马上照办。绒、毛分拣后，每斤羊绒多卖了一角四分钱，总体上经济并不受损。西井滩大队畜牧队向商店出售二毛皮400多张，经过民主评级后，价钱比群众预想的还略高一些，群众都很满意。纷纷反映说："民主评级这个办法公道合理，国家集体都不吃亏！"

商业、供销部门为鼓励生产队、社员群众多向国家出售牲畜产品，支援国家工业建设，各级组织向各生产队供应麻袋4320条代替羊毛口袋，不仅增加了羊毛收购量，还节省了各生产队生产费用开支。加工每条毛口袋需要羊毛6斤，另需2元加工费及人工若干，而每条麻袋只要1斤多羊毛的价格就可以买到，其中差价不言而喻，群众接受很快。商业、供销部门在抓紧畜产品收购同时，同时抓好包装、运输等各个环节，在收购羊毛、羊绒前就把准备好的布包、麻绳等用具按羊只多少、预估数量分配到各生产队，就地收购、就地打包，并在公路沿线商店（供销合作社）采取整车、捎脚（捎带）运输方法，随收随发。

1964年，盐池县农副产品收购计划是在农业生产发展的基础上决定的，供销比例和销售政策紧密配合全县农牧业生产计划制定。全年制定农副产品收购计划154.5万元，实际完成165.9499万元，占计划的104.4%。除部分小土产收购未能完成计划外，其他如羊毛、羊绒、皮张及甘草都超额完成计划任务，比上年增长10%—20%。结合送货下乡、登门收购等办法，组织猪鬃、马鬃尾、猪羊肠衣、鸡蛋等物资收购，全部超额完成计划任务的数倍或数十倍。开展山羊胡子、野生草籽、芨芨草、家禽物资等收购，增加社员群众收入，间接支援了国家经济建设和出口贸易需要。

1965年，盐池县供销合作社积极协助各公社、生产队开展多种经营，大力开展三类（农副

表4—3—5 1950—1957年盐池县农畜产品市场价格统计表（单位：元）

品名	规格	购销价	单位	交换比价（元）							
				1950年	1951年	1952年	1953年	1954年	1955年	1956年	1957年
牛皮	黄牛皮一路	购价	斤	0.46	0.78	0.82	0.93	0.9898	0.87	0.87	0.87
羊皮	绵羊皮一路	购价	张	2.80	3.44	3.28	3.43	3.46	3.46	3.437	30412
二毛皮	绵羊毛一路	购价	张	2.20	2.60	3.39	3.194	3.19	3.198	3.193	3.208
羊毛	春绵羊毛110分	购价	斤	0.85	0.955	1.313	1.17	1.189	1.0145	0.93	1.03
	春山羊毛110分	购价	斤	0.48	0.55	0.58	0.615	0.6496	0.652	0.616	0.616
活牛	150斤剐胃肉	购价	头	27	30	34.50	37.5	49.50	48.90	24.50	45
	剐胃肉	购价	斤	0.18	0.20	0.23	0.25	0.33	0.326	0.23	0.30
活羊	绵羊25斤带胃肉	购价	只	4.75	8.00	8.75	9.5	11.25	10.556	3.50	9.00
	带胃肉	购价	斤	0.19	0.32	0.35	0.38	0.45	0.42	0.30	0.36
生猪	80斤带胃肉	购价	头	28	30	32.00	36	40.10	37.28	30.40	36.80
	带胃肉	购价	斤	0.35	0.335	0.40	0.45	0.50	0.466	0.38	0.46
牛肉	剐胃肉	销价	斤	0.27	0.23	0.30	0.33	0.35	0.35	0.23	0.30
羊肉	带胃肉	销价	斤	0.33	0.38	0.40	0.43	0.50	0.50	0.30	0.38
猪肉	带胃肉	销价	斤	0.43	0.43	0.51	0.56	0.60	0.65	0.45	0.54
小麦	中等	收价	斤		0.0714	0.098	0.125	0.105	0.105	0.095	0.095
	中等	销价	斤				0.136	0.1129	0.113	0.106	0.106
糜子	中等	收价	斤			0.0666	0.054	0.052	0.052	0.050	0.050
	中等	销价	斤				0.057	0.056	0.056	0.0055	0.055
荞麦	中等	收价	斤				0.066	0.066	0.066	0.063	0.063
	中等	销价	斤				0.0687	0.0687	0.071	0.070	0.070
谷子	中等	收价	斤		0.025		0.049	0.048	0.044	0.044	0.044
	中等	销价	斤				0.051	0.050	0.048	0.048	0.048
黄米	中等	销价	斤		0.0587	0.106	0.095	0.090	0.0914	0.090	0.090
面粉	中等	销价	斤								
胡麻油	中等	收价	斤				0.42	0.605	0.605	0.49	0.49
	中等	销价	斤				0.50	0.63	0.63	0.057	0.057
小麻油	中等	收价	斤			0.28	0.28	0.51	0.51	0.0445	0.0445
	中等	销价	斤			0.30	0.39	0.60	0.60	0.50	0.50
胡麻籽	中等	收价	斤	0.085	0.0943	0.10	0.110	0.1575	0.125	0.128	0.123
小麻籽	中等	收价	斤				0.116	0.1556	0.095	0.086	0.077
白布	雁塔湖联盟	销价	尺	0.33	0.32	0.32	0.33	0.32	0.315	0.315	0.315
食盐	当地产	销价	斤	0.050	0.05	0.05	0.05	0.05	0.05	0.05	0.06
白糖	四川中等土制	销价	斤			0.09	0.90	0.98	0.94	1.02	1.07
棉花	中等	混合	斤	1.30	1.16	1.44	0.40	1.42	1.42	1.33	1.42
毛毡	3×5绵羊毛毡	收价	斤				14.00	15.50	12	14	14.00
二毛皮大衣	绵羊二毛中等	销价	斤			44.00	45.00	54.10	53.95	52.38	

1962年8月，盐池县城北关七月十五传统"骡马大会"盛况（康洛摄）

作编制牛皮绳、大牲口缰绳）。2月份在全县贫下中农代表会议上，部分农村代表提出鲜蛋、生猪收购工作不够及时的意见，县供销合作社食品公司虚心接受意见，组织职工学习人民日报《猪多了还要多养猪》社论和上级关于收购工作的指示精神，结合文件精神组织认真讨论，使职工认识到鲜蛋、生猪收购对于国家、集体的重要性，并对下阶段收购工作提出了新要求。之后，县食品公司积极改进收购作风，抽出人力组成6个收购小组，深入农村开展鲜蛋、生猪收购。加强2个固定收购点和2个流动收购组服务基层社能力，在验收、包装材料发放和结算等方面给予基层供销合作社方便。流动收购组业务员则拉上货车或骑上自行车，深入距供销合作社较远生产队去登门收购。如城郊收购组业务员了解到侯家河公社猫头梁、郝家台两个生产大队距供销合作社比较远，社员卖鸡蛋很不方便，他们就对这两个大队采取预定时时上门收购办法。从4月6日到5月18日，这个收购组到这两个大队22次，收购鲜蛋1100多斤。其他收购组业务员根据社员群众要求，下乡收购时带上挂面、纸烟、火柴、食糖等商品，边购边销，很受群众欢迎。收购生猪时，先跟生产队或社员沟通好，在约定时间将达到收购标准的生猪赶来，采取民主议价、和毛计算出肉率（当地都有一套和毛计算出肉率标准）等办法收购。有时收购组根据县社指示，把收购到的生猪就地宰杀，就地供应。由于采取以上措施，县食品公司鲜蛋、生猪收购都取得了良好成绩。截至5月中旬，鲜蛋收购量比

产品包括农、林、牧、副、渔五业产品，盐池只占农、牧、副三类）农副产品收购工作。全年收购洋芋淀粉1万斤，鸡蛋1.8万斤，山羊胡子0.2万斤，猪鬃0.1万斤，马鬃尾毛600斤；用芨芨草编织的车圈子（农用架子车载围圈）1000卷、水斗2500个、料蒲篮1000个、扫帚5000把；收购猪羊肠衣8万根，各种野生草籽5.4万斤计1.5万元。在保护草原和巩固集体经济前提基础上，协助将农副三类物资纳入生产队生产计划，签订产销合同，及时组织收购。对农副业生产所需要辅料工具，优先安排供应。积极向生产队社员群众宣传山羊胡子、鸡毛、马鬃尾、料骨、旧布鞋、牛杂毛、猪羊肠衣等三类物资对于增加群众收入、支援国家建设和工业发展之意义。依靠生产队、依靠群众，大力开展应急收购和经常收购。采取门市部收购和下乡收购相结合办法，切实做到明码标价，上下监督，方便群众，接受群众监督，坚决杜绝压级压价和官商勾结行为作风。羊毛、皮张收购坚决贯彻自治区制定的购留比例，既要保证国家任务，也要留足社员生产生活需求。以总产计，绵羊毛购九留一，山羊毛购七留三，绵羊皮购九留一。牛皮在完成国家计划收购任务前提下，保证农村生产需要（主要用

表4—3—6　1950—1957年盐池县农畜产品市场比价计算表

交换品	被交换品	规格	单位	交换比价（元）							
				1950年	1951年	1952年	1953年	1954年	1955年	1956年	1957年
活牛	生猪	100斤	头	0.9642	1.0000	1.0381	1.0416	1.2375	1.3116	0.8059	1.2228
	活羊	25斤	只	5.6842	3.3500	3.9422	3.9473	4.4000	4.6571	3.2666	5.0000
牛肉	猪肉	带骨	斤	0.5143	0.5333	0.5750	0.5556	0.6600	0.6995	0.6053	0.6528
	羊肉	带骨	斤	0.9433	0.6250	0.6571	0.6578	0.7333	0.7761	0.3667	0.8333
活羊	生猪	100斤	头	0.1696	0.2667	0.2734	0.2638	0.2813	0.2817	0.2867	0.2446
	活牛	150斤	头	0.1759	0.2667	0.2532	0.2553	0.2273	0.2147	0.3061	0.2000
羊肉	猪肉	剔骨	斤	0.5429	0.8533	0.8750	0.8444	0.90000	0.9013	0.7895	0.7826
	牛肉	剔骨	斤	1.0556	1.6000	1.5217	1.5200	1.3636	1.2883	1.3043	0.2000
	糜子	中等	斤			660.661	833.333	1040.377	1037.500	1047.66	1.2000
二毛皮大衣	白布	雁塔联盟	尺			137.500	136.3636	169.0625	171.2698	166.2857	
	食油	葫油	斤			12.9793	90.0000	85.8730	84.0476	77.8610	
	生二毛皮	二路	张			442.857	14.0889	16.9592	11.8699	16.4046	
	小麦	中等	斤			6.0929	360.000	515.238	513.810	551.368	
3×5毛毡	羊毛	绵羊毛	斤				11.9658	13.0362	11.8285	15.0537	13.5931
	小麦	中等	斤				4.0000	6.000	6.0000	6.0000	6.0000
胡麻油	糜子	中等	斤				9.2592	12.1154	12.1154	11.4000	11.4000
	白布	雁塔联盟	斤				1.5152	1.1982	2.0000	1.8095	1.8095
	牛皮	黄牛一路	斤				0.5376	0.6365	0.7741	0.6552	0.6552
	羊皮	绵羊一路	张				0.1458	0.1820	0.1820	0.1657	0.1524

去年同期增长两倍以上，生猪收购量也比去年同期增长 25.5%。

1973 年 4 月上旬，盐池县商业局组织召开全县商业、供销会议，总结分析近年来羊绒收购产量、质量逐年下降原因。从 1964 年开始到 1972 年，全县羊绒产量呈逐年下降趋势，按 1972 年全县收购羊绒 10.4 万斤计算，每年社队减少收入 4 万多元。通过算细账，使商业职工认识到搞好羊绒收购工作是帮助农民群众生产自救的重要措施。从 5 月份初开始，县商业局、供销部门不失时机地帮助各公社生产队开展抓绒工作，使羊绒产量逐年增加。截至 5 月 10 日，全县收购羊绒已达 2.6 万余斤。

羊绒是盐池县主要畜牧产品，也是群众收入主要来源，全县每年收购量可达 10 万斤左右。为了搞好羊绒收购，从 4 月下旬到 5 月上旬，各基层供销合作社在各公社党委组织支持下，先后召开各生产大队支部书记、畜牧队长和业务收购员会议，讨论羊绒质量、产量和收购问题。针对过去各生产队安排抓绒时间较迟，只按数量评记工分影响质量等问题提出改进措施：把握节季，及时安排社员群众抓绒；把好技术质量关，以数量

1974 年秋，盐池县后洼公社组织社员剪羊毛

和质量综合评定结果评工记分；按劳付酬；及时清除羊绒杂质、抽取散毛，按绒质等次分别存放、分别交售；商业收购部门要认真执行价格政策，按质论价，坚决杜绝压级压价，损害群众利益行为。为进一步提高羊绒质量，落实收购任务，商业部门还印发材料到各生产队，积极宣传提高羊绒质量对支援出口、换取外汇、增加社队收入、支援国家建设的重要意义。组织技术力量到各生产大队、小队介绍正确抓绒方法，推动抓绒工作开展。各公社、生产队改变过去包工抓绒办法，根据社员抓绒数量、质量进行"死分活评"（即分配任务是定量的，即死的，但工酬要根据质量数量来评定，是活的），尽量做到按质、按量付酬；挑选有经验社员组成抓绒剪毛技术组，随时掌握季节变化，做到羊绒顶起几个就抓几个（一般在春季天气转暖时，羊绒从羊体上脱落出来，当地俗称"顶起"），顶起一批则抓一批；严格防止杂、沙掺入绒内，随时抽取沙毛（绒中混入的羊毛），按绒质等次分别存放。各基层供销合作社、分销店及时向群众供应抓绒、剪绒工具、包装，传授指导技术，促进羊绒产量。曙光马儿庄公社丁纪掌分销店收购员积极到各生产队、群众羊圈边宣传国家收购政策，介绍抓绒方法，进行技术指导，有效促进当地绒毛产量。截至 5 月 13 日，这个分销店已收购羊绒 826 斤，占全年收购任务的 60%左右。

1979 年，中国经济体制改革首先在农村推开并取得了突破性进展，农村实行农业联产承包责任制后，理顺了农民与集体的关系。全县多种经营、农副业生产都有很大发展，农村集体和社员收入相应增加，社会购买力提高，特别是农副产品提价和奖补政策兑现，进一步调动了群众交售农副产品的积极性，为供销合作社系统完成任务提供了基本条件。全年农副产品收购总额完成 429.8 万元，占年

1979年4月，盐池高沙窝公社社员群众交售甘草现场（温炳光摄）

1980年，盐池县的养蜂人

计划的148.2%，比上年度增长34.6%。

1982年，全县供销社系统农副产品总购进605.4万元，超计划430万元，超额40.8%，比上年减少0.39%。当年，自治区供销合作社下达盐池县农副产品收购任务13个主要品种，盐池县供销合作社完成或超额完成任务的有绵羊毛、山羊毛、羊绒、山羊皮、猾子皮、甘草6个品种。另外，绵羊皮完成计划任务的95.1%；二毛皮、白羔皮分别完成计划任务的29.76%和19.85%。二毛皮、白羔皮收购减幅，主要原因是收购价降

低，影响农民交售积极性。为提高有效收购数量和质量，县供销合作社于农副产品生产季节，组织收购人员深入基层进行政策、价格宣传，促使羊绒、羊毛收购超额完成任务。羊绒收购超额14%，其中优质羊绒占92.9%。当年全县遭遇旱灾，农业大面积绝产。为支持农民开展生产自救，解决群众口粮问题，县供销合作社请示县政府批准，共计收购秋甘草291万斤。仅此一项为全县农民人均增收19元（按当时平均粮价，可买口粮100斤）。其中高沙窝供销合作社为农民增收最多，人均达到77元。县供销合作社还组织对全县蜂源地进行调查摸底，协助合理布局蜂场，当年全县蜂蜜产量大增，全供销合作社系统全年收购蜂蜜50万斤。当年全县收购荞麦皮135万斤，共计为农民增收8.1万元，供销合作社系统增加利润6.85万元。其中麻黄山供销合作社共计收购荞麦皮21.2万斤，为当地农民群众人均增收2.31元。

1983年，全县供销社系统完成商品购进总值597.8万元，占年计划586万元的119.1%，比上年减少6.9%。其中农副产品购进总值596.9万元，超计划57.1%，比上年减少1.4%。当年农副产品收购过程中，由于流通渠道增多，市场价格竞争激烈，相差悬殊。县供销合作社各基层社在收购旺季，分别在农副产品集中地方增设网点，组织人员深入生产一线巡回收购。比如在蜂蜜生产季节，县社和各基层社都有专人负责接待养蜂户，并采取蜜桶到场登门收购、交售蜂蜜不分上下班随到随收等办法；派车为蜂场送菜、送水，解决养蜂人生产生活实际困难。通过上述服务措施，有力促进了蜂蜜收购。全年共收购蜂蜜197万斤，占计划任务的269.7%，达到历史最高水平。各基层社在绒毛生产季节都分别派人下乡登门收购。高沙窝等基层社收购员利用下班时

表4—3—7 1951—1982年盐池县供销合作社系统主要农副产品收购统计表

年份	总值(万元)	生猪(头)	菜羊(只)	鲜蛋(担)	绵羊毛(万斤)	山羊毛(万斤)	羊绒(万斤)	绵羊皮(万张)	山羊皮(万张)	二毛皮(万张)	甘草(万斤)	蜂蜜(担)
1951	25				16		1.4	0.2		0.7	49	
1952	75				39		4.7	0.2		1.9	35	
1953	92				51		4.5	0.2	0.2	0.2	48	
1954	155		1437		60	2.4	7	2	2	2	97	
1955	124	284	2157		51	2.9	7.3	3.6	1.6	2.4	49	
1956	109	283	8456		47	3.3	6	1.4	1.3	3.7	37	
1957	144	742	19864		44	2.2	6.5	1.3	1.6	1	140	
1958	139	965	19602	7	46	7.3	6.8	2.6	2.4	4.9	25	
1959	147	1027	32927	12	55	8.1	7.9	0.5	1.6	1.1	81	
1960	183	2614	50711	7	66	9.9	9.5	0.6	1.2	1.3	35	
1961	182	93	24592	2	53	6.3	9.6	1.9	1.9	2.3	43	
1962	188	154	31903	10	51	8	11.1	0.8	2.2	2.2	188	
1963	272	917	52206	15	62	10.7	11.8	1.6	3.1	2.4	148	
1964	279	939	64484	153	71	12.6	13	0.7	1.5	1.6	69	
1965	295	1230	84804	361	56	14.1	13.7	1.4	3.8	2	103	
1966	252	847	60309	146	89	12.6	13.3	1.5	2.5	1.4	64	
1967	317	234	91104	47	83	13.4	13.8	1.4	2.2	1.8	155	
1968	266	151	78807	15	66	5.5	12.3	2.8	4.7	1.1	183	
1969	260	229	66930	18	54	8	11.5	4.1	5.1	1.4	195	
1970	262	413	64712	15	61	7.8	10.8	1.3	2.4	1.5	230	
1971	234	1505	58088	100	59	8.8	10.8	1.9	3.4	1.2	191	
1972	263	1965	38907	187	51	7.8	10.3	2	5.8	0.5	329	136
1973	274	2514	35917	153	62	9.2	11.2	0.8	2.6	0.6	338	210
1974	302	2465	49292	195	61	8.3	10.4	4	8.4	0.9	183	362
1975	302	4554	53581	324	66	9.7	10.3	2	4.2	1.1	149	83
1976	212	3809	12159	285	42	5.8	6.9	7.5	10.4	0.3	193	298
1977	275	4100	20760	377	54	6.4	7.7	0.7	2	0.2	300	23
1978	388	5300	35200	719	68	8.7	9.1	1.2	4	0.6	442	2107
1979	515	4500	38100	944	82	10.5	9.8	2.5	6.9	1	377	5742
1980	710	2738	41379	1195	81	10.1	9.6	4.5	9	3.7	632	8660
1981	658	271	23731	659	76	7.2	6.8	1.8	5.8	6.3	434	8585
1982	693	509	29693	428	108	9.6	6.8	2.2	8.1	0.8	651	5010

表 4—3—8 1951—1982 年盐池县主要农副产品上调统计表

年份	上调总值(万元)	生猪(头)	菜羊(吨)	鲜蛋(担)	绵羊毛(万斤)	山羊毛(万斤)	羊绒(万斤)	绵羊皮(万张)	山羊皮(万张)	二毛皮(万张)	甘草(万斤)	蜂蜜(担)
1951	16										49	
1952	11										35	
1953	15										48	
1954	33		10								97	
1955	120		13		51	2.8		3.6	1.6	2.4	49	
1956	126		62		49	3.6	5.9	1.3	2.2	3.5	37	
1957	143		162		43	2.3	5.2	1.1	0.4	0.9	120	
1958	171	400	140		56	5.4	7.4	1.6	5.3	0.9	35	
1959	211	847	201		42	7.4	7.3		1.7		60	
1960	212	1315	312		56	7.2	9.4	1	1.1	0.7	45	
1961	176		212		40	5.5	9.8	1.2	2.1	1.1	50	
1962	211		125		40	6.8	8.9	0.8	2.4	0.6	160	
1963	278	243	640		45	10.3	11.8	1.5	2.9	0.9	151	
1964	293	103	570		61	12.8	13.2	0.4	2	0.7	80	
1965	259		770		43	12	13.6	1.3	2.8	1.2	101	
1966	220		533		74	11	13	1	2	0.9	58	
1967	292		802		72	10	13.7	1	2	0.7	184	
1968	263		721		56	4	12	2	4.6	0.4	182	
1969	239		861		44	5.7	11.6	3.9	4.8		145	
1970	266		803		48	7.2	9.2	1	2.5	0.2	229	
1971	224	414	992		46	8.9	11.1	1.4	2.8	0.5	91	
1972	265	184	615	34	42	7.4	10.4	2.4	4.7	0.2	259	136
1973	307	749	723	32	51	9.3	11.2	0.4	2.7	0.1	241	3
1974	343	702	549	50	50	8.4	10.2	2	6.8	0.1	221	272
1975	316	1952	531	107	55	9.7	10.3	1.1	3.9		122	7
1976	199	1499	68	102	32	6.1	7	6.1	10.7	0.1	119	55
1977	227	2350	194	105	43	6.3	7.6	0.5	2.1		220	21
1978	272	3520	316	423	57	8.4	8.4	0.4	3.3		176	1367
1979	421	2202	353	574	71	10.7	9.8	1.1	6.7		319	5731
1980	359	1649	330	244	69	10	9.8	1.1	6.7	0.1	174	8623
1981	426		223		57	8	7.6	1.3	5.8	2.1	400	8301
1982	493		220		81	9.9	6.7	0.4	5.6		532	4968

表4—3—9　1981—2000年盐池供销合作社历年主要农牧副产品收购统计表

项目	单位	1981	1982	1983	1984	1985	1986	1987	1988	1989	1990
收购总额	万元	608	650	597	368	902	1020	718	2106	882	943
绵羊毛	吨	379	541	486	451	923	693	503	705	275	545
山羊毛	吨	36	48	27	26	41	36	46	20	20	9
羊绒	吨	34	34	32	27	20	32	17	29	15	1
绵羊皮	万张	1.8	2.2	3	1.2	1.6	1.7	2.4	1.8	1.4	1.1
山羊皮	万张	5.8	8.1	6.4	2.7	1.1	0.4	1.2	0.6	0.6	0.3
二毛皮	万张	6.3	0.8	1.1	0.6	1.5	2.2	2.9	2.1	0.9	0.7
甘草	吨	2160	3255	1945	-	339	730	76	612	4.2	8.6
蜂蜜	吨	430	251	990	888	837	572	188	688	795	1805
粮食	吨	-	-	-	-	386	1193	147	453	852	325
废品类	万元	9.1	7.6	9.6	8	6	8.8	8.5	10.8	8.1	5.9
杂铜	吨	7.6	7.9	11.1	9.1	7.6	5.7	7.1	5.2	2.2	1.7
废铝	吨	6.8	8.7	17.9	11.2	5.4	3.6	4.4	2.9	1.4	1.2
废铝锡	吨	1.1	1.8	2.3	1.2	0.4	0.3	0.5	0.2	3.2	0.3
废钢铁	吨	214	236	211	158	88	187	158	191	149	79
废纸	吨	32	41	45	62	54	93	113	116	57	40
杂骨	吨	117	96	99	73	69	79	85	73	44	72
项目	单位	1991	1992	1993	1994	1995	1996	1997	1998	1999	2000
收购总额	万元	627	914	975	256	383	615	179	351	289	224
绵羊毛	吨	289	205	116	26	40	82	78	40	77	24
山羊毛	吨	15	13	-	-	-	-	-	-	-	-
羊绒	吨	2.6	3.1	0.7	-	-	-	-	-	-	0.1
绵羊皮	万张	0.2	0.3	0.2	-	0.1	-	-	-	-	-
山羊皮	万张	0.2	0.3	0.2	-	-	-	-	-	-	-
二毛皮	万张	0.2	0.2	-	-	-	-	-	-	-	-
甘草	吨	175	1046	1697	0.4	7	50	28	101	56	-
蜂蜜	吨	1250	1006	451	542	1611	1998	282	519	185	29
粮食	吨	829	135	166	40	9	56	21	92	9	2
废品类	万元	5	7.2	7.7	6.3	7.3	4.2	3.3	2.6	3.6	1.3
杂铜	吨	1.2	2.1	-	-	-	-	-	-	-	-
废铝	吨	1	1.3	-	-	-	-	-	-	-	-
废铝锡	吨	0.2	0.1	-	-	-	-	-	-	-	-
废钢铁	吨	62	72	43	35	27	13	18	16	10	6
废纸	吨	42	80	-	-	-	-	-	-	-	-
杂骨	吨	91	85	-	-	-	-	-	-	-	-

间，开上手扶车深入边缘村庄组织零星收购。县供销合作社组织农副股同志深入基层社巡回督导业务，发现问题及时纠正。大部分基层社、分销店收购员都能做到深入农村、随叫随到，收购于农村、服务于农户。甘草是全县农副产品收购大宗，全县每年销售量大小、盈利高低，直接影响群众收益。改革开放之初，市场尚不规范，私商恶意抬价，竞争激烈。甘草生产旺季时县药材公司也组织人力，直接进入产草地块设点经营，和私商叫板竞争。面对如此局面，产地基层供销合作社以服务促收购，大都能按上级下达计划指标完成收购任务。苏步井、冯记沟、青山基层社各完成甘草收购 10 万斤，麻黄山基层社完成甘草收购 80 万斤。全供销合作社系统甘草收购额占当年农副产品购进额的 15%。

1984 年，全国农副产品收购政策放开，市场竞争日趋激烈。盐池县供销合作社系统全年农副产品购进总值 368.2 万元，占计划 320 万元的 15.1%，比上年 596.9 万元减少 220.87 万元，减少 38.3%。县供销合作社农副经理部同各基层社实行分购联销业务，利润实行县社、基层社"三七"分成。全年实行山羊毛、羊皮等 7 个品种分购联销，效果较好，各基层社分别获得返还利润 5500 余元。为进一步扩大购销业务，县供销合作社改变经营方式，走出去做生意，先后同陕西、山西、安徽、天津等 6 省市 12 个厂家建立了业务关系。为适应市场变化，改变畜牧产品传统收购方式，采取订单收购、就地付款就地收购、开辟新品种收购等办法，有效扩大了购销量。组织匠人把收购山羊毛时剔除的次毛加工成毛毡 250 条投入市场，取得了一定收益。苏步井

1982 年，盐池县麻黄山公社物资交流大会

社、高沙窝、柳杨堡 3 个基层社派人到灵武县收购药用麻黄 300 万斤，种子 46.7 万元，实现毛利 2.9 万元。扶持 471 户群众养鱼、养蜂、养羊、养驴、种菜籽、烧砖、修理等 13 个项目，投放扶持资金 7.8 万元，惠安堡供销合作社扶持的砖厂当年见效返利 2350 元。后洼供销合作社 6 月份听取社员代表意见，将库存 11 吨磷肥作为扶持生产资金分发给 391 户群众，允许群众粮食收下来后还款，受到社员好评。对农副产品收购实行议购议销、随行就市灵活作价办法。供应商品实行批零价、浮动价、优惠价办法，对日用工业品中的小商品本着薄利多销原则，由企业灵活掌握，自行定价，扩大了基层社经营自主权。经营方式上，由过去封闭式流通小天地，转向全国大市场。由守旧摊、守旧业转变为多种经营，创新开发服务项目，解决农民买难卖难问题。努力做到"凡是农民群众生产生活需要的，就千方百计地满足供应；凡是农民群众生产出来的农副产品，

都要想尽办法组织推销。"农副产品除计划管理商品外，本着购得进销得出原则，采取基层社自行销售或同县农副经理部分购联销办法，灵活经营。县供销合作社生资经理部还向基层社开展了代购、代销、代储、代运"四代"服务。

从1985年起，国家取消过去实行多年的农副产品统购派购制度，实行合同收购新政策，把农业税由过去的实物税改为现金税，基本上确立了国家与农民实行等价交换的关系。

1980—1985年，盐池县供销合作社系统收购绵羊毛3184吨、山羊毛229吨、羊绒195吨、绵羊皮14.3万张、山羊皮33.1万张、二毛皮14万张。

1986年，盐池县供销合作社农副产品购进总值1020万元，占计划500万元的204%，比上年901.6万元增长13.1%。当年，根据县委、县政府决策部署，畜牧产品实行以羊定购政策。供销合作社系统在工商、税务部门及各乡政府大力支持下，各基层社深入农村宣传新的收购政策，签订羊毛、羊绒收购合同。为解决农牧民当下经济困难，共计向农户发放预购金29.5万元，有效扩大了畜产品收购业务。县供销合作社农副经理部与基层业务单位继续实行分购联销、超利返还经营办法。农副产品分购联销办法为：基层社正常经营费用在结算价内一次结清；农副经理部运销差价减除正常费用后，超利润按返还比例返还农民，返还比例为经理部10%、基层社90%，基层社在所得返还总额中留下20%、返还农民80%；基层社保证返还利润及时至农牧民。供销合作社系统创新的分购联销办法，既提高了业务量，又密切了与农民群众关系，极大地促进了畜牧产品收购工作。全年各基层社共计返利26万元，各基层社按"二八"分成比例，返还农户利润20.8万元，全部到户。绒毛收购旺季，县供销合作社农副经理部抽出专人专车，到各基层收购点巡回指导，

了解市场变化，根据周边县区市场变动及时调整收购价格，基本稳定了县内市场。全年畜牧产品收购位居全区之首，获得区公司一面锦旗、一台彩电奖励。全年收购绵羊毛69.3万公斤；收购山羊毛3.5万公斤，占年计划2.8万公斤的129%，比去年下降3%。收购羊绒3.2万公斤，占年计划2.8万公斤的116.6%，比上年2万公斤增长59.6%；收购荞麦97万公斤，为农民增收40.7万元；收购豌豆20万公斤，为农民增收5.3万元。

农村实施联产承包责任制后，粮食连产增产，甚至在有些地方出现"粮食过剩""卖粮难""储粮难"问题，国家一度提出"粮食转化"政策，一方面要求对原粮进行精细化加工，发展食品工业；另一方面是将余粮补作饲料，发展畜牧业。1986年，自治区分配盐池县"粮食转化"任务75万公斤，根据县委、县政府安排，用作收购畜牧产品奖售50万公斤（按照收购计划规定绵羊毛每公斤奖售小麦0.3公斤，羊绒每公斤奖售1公斤）。

1987年，盐池县供销合作社农副产品购进总值718.3万元，占年计划800万元的89.8%，比上年同期1019.9万元下降29.6%。农副产品收购继续采取与基层社分购联销办法，主抓羊毛、羊绒、羊皮收购。绒毛、皮张、蜂蜜、荞麦等大宗商品由基层社负责收购，县畜产公司负责统一组织外销，并提供信息、资金服务。收购价格上采取随行就市，主动参与市场竞争。供销合作社系统在工商、税务和各乡镇政府支持下，发挥基层点多面广优势，积极组织力量深入农村签订收购合同，并根据农户需求发放预购金20万元。根据分购联销办法规定，继续实行基层社与农户获利"二八"分成，全年返还农民利润价差21.3万元。

1988年，盐池县供销合作社全年商品总购进计划3200万元，实际完成6085万元，占年计划

1987年，盐池县农村集贸市场

的190%，比上年同期3015万元增长102%。农副产品购进计划780万元，实际完成2106万元，占计划的270%，比上年同期718万元增长193.3%。全年共计收购羊毛70.5万公斤，占计划50万公斤的141%，比上年50.3万公斤增长40.2%；收购山羊绒2.9万公斤，占计划3.2万公斤的90.6%，比上年1.7万公斤增长70.6%；收购蜂蜜68.8万公斤，占计划70万公斤的91.7%，比上年18.8万公斤增长26.6%。农副产品收购继续实行分购联销、价差返还政策，县供销合作社全年向基层社返利26.5万元，基层向农民返还差价35万元。在大宗农副产品上市之前县供销合作社及时组织召开全系统工作部署会，统一认识，分派任务，制定措施，确保全面完成收购任务。

1989年，盐池县供销合作社农副产品收购实施"以销定购，快进快出，见利就销"的经营原则，实行统一价格、统一销售的购销方式。大宗农副产品继续实行分购联销、差价返还办法。在农副产品生产旺季（也即收购旺季），向部分生产资金困难的农户发放预购金20余万元。对上年拖欠预购款（货款）农户，组织人员积极催

收，共收回上年欠款198.9万元。组织业务员走出去找市场，扩大销售。先后与山西、陕西等地大型毛纺企业和区内银川毛纺厂直接建立供货关系，全年共计销售羊绒、绵羊毛350余吨，销售总值470多万元。完成商品总购进3768万元，为年计划3380万元的110.5%，比上年6085万元减少38.1%，其中农副产品购进882万元，为年计划850万元的103.8%，比上年2106万元减少58.1%。农副产品购进减少的主要原因是畜牧产品市场疲软，绒毛价格下跌。主要农副产品收购有增有减，其中购进绵羊毛27.5万公斤，比上年同期70.5万公斤减少61.1%；山羊毛2万公斤，比去年同期1.95万公斤增长3.6%；蜂蜜79.5万公斤，比上年同期68.8万公斤增长15.6%；羊绒1.5万公斤，比上年同期2.9万公斤减少48%；绵羊皮14452张，比上年同期减少17.5%；山羊皮6293张，与上年同期持平；羔子皮6142张，比上年同期减少51.1%；二毛皮8953张，比上年同期减少57.8%。

1990年，按照全国物资工作会议精神，认真贯彻执行党的十三届五中全会关于治理整顿和深化改革方针，振奋精神，促供促销，搞活流通，加强调控，促进国民经济稳定增长。盐池县供销合作社推行、完善企业领导干部任期目标责任制和承包经营责任制，继续贯彻执行国务院《关于化肥农药农膜实行专营》的决定，积极促进搞活流通。由于受宏观市场影响，农副产品购销疲软，生活资料销售下降，经济效益开始滑坡，全系统一度出现亏损局面。由于市场开放，个体企业、私人商贩大量涌入参与农副产品收购，出现哄抬价格、掺杂使假等不良现象，严重扰乱市场正常秩序，特别是羊绒、羊毛市场出现极其混乱状况，对地方经济造成极其严重破坏。6月1日，自治区供销合作社组织召开各市

县基层社主任及畜产公司负责人座谈会，对近年来全区羊绒、羊毛经营过程中出现的问题进行充分讨论，研究制定应对市场混乱措施。截至6月底，全区有18个市县公司、基层社共计上交羊毛250吨，经验收只有92吨羊毛达到收购质量标准，其中一次性验收合格的仅有17吨，有75吨羊毛通过在区公司仓库场地进行分拣、晾晒、抖土、整理后才基本达到质量标准。区内某基层供销合作社上交的一批羊毛掺杂使假（掺土）最为严重，经过三次分选、加工才勉强达到90分，其余158吨羊毛人为掺杂使假过于严重，春毛、秋毛、改良毛混杂，经过手抖净货仍然达不到90分收购质量标准。近几年，由于全区供销合作社系统经营羊毛、毛绒质量把关不严，盲目收购了一批掺杂使假羊毛，给企业造成很大经济损失。会议要求各市县供销合作社必须按照区社（1990）30号文件规定羊毛质量标准收购。对于虫蛀毛、黄残、苍子毛、人为掺杂使假达不到90分以上羊毛坚决不收；自治区畜产公司在验收接货时必须严把质量关，对于故意抬价放级、私放掺杂使假羊毛入库的收购人员，必须追究责任，给企业造成经济损失的要给予必要的经济处罚或追究法律责任。盐池县供销合作社系统认真执行上述会议精神，严把质量标准，全年农副产品总购进4137万元，占计划3600万元的110.8%，比上年3768万元增长9.7%。其中农副产品购进942.6万元，占计划900万元的104.7%，比上年882万元增长6.8%。主要商品收购有增有减，其中棉羊毛购进54.5万公斤，比上年27.46万公斤增长98.5%；山羊毛0.9万公斤，比上年2万公斤下降54.6%；蜂蜜1805吨，比上年795吨增长127%；羊绒954公斤，比上年15061公斤下降93.7%。绵羊皮、山羊皮、羔皮、二毛皮等大宗产品购进与上年同期相比都有不同程度下降。根

据市场变化情况，对农副产品购进比例进行了调整，由过去的"绒、毛、蜜"调整为"蜜、毛、绒"。是年，绒毛价格继续下降。6月，自治区政府为保护农民利益和畜牧养羊积极性，出台地产绵羊毛保护价政策，规定绵羊毛每公斤实行保护价7.7元，执行期限为当年6月至12月31日止。

1991年，盐池县供销合作社商品总购进3312万元，占年计划3700万元的89.5%，与上年相比下降19.8%。其中农副产品购进627万元，为年计划550万元的110%，同比下降33.5%；工业品购进267万元，为年计划280万元的95.4%，同比下降1.8%；费用率7.69%，比年计划6.75%上升0.94%，同比上升1.24%；实现利税102万元，比上年121万元减少15.7%，其中利润36.3万元，为年计划50万元的72.6%，与上年同期相比减少41.6%；上缴税金65.7万元，比上年59万元增长14.4%；资金周转191.5天，比计划150天慢41.5天，比上年160.7天慢27.8天。商品总购进未能完成任务的主要原因是绵羊毛、蜂蜜等大宗农副产品价格下降，外销量减少。盐池县供销合作社针对农副产品价格下跌、市场疲软、销售不畅等问题，重点解决农民群众"卖难"问题。认真抓好绒、毛、蜜等大宗骨干商品经营，继续实行分购联销、价差返还办法，发挥集体优势，扩大销售路径；重视收购环节质量把关，坚持谁主管、谁收购、谁负责原则，落实收购责任制，切实做到"三不收"（不收人情货、不收质量不合标准货、不收掺杂使假货）。同时把质量标准问题宣传到农村生产一线，把质量观念延伸到生产环节。全年没有因质量问题影响销售事件发生。大宗产品收购方面，主抓蜂蜜收购经营。产蜜旺季，各基层供销合作社积极帮助蜂农联系放蜂场地，组织送水、送菜、送肉、送燃料、送桶收蜜"五上门"服务。由于服

务工作得到蜂农认可，虽因旱灾导致无秋季蜜源情况下，全县供销合作社系统蜂蜜收购量仍然达到了1250吨，比去年略有增长。针对绵羊毛市场滞销情况，一方面积极寻求政府和金融部门资金支持，主动承担风险，积极开展下乡收购，减轻群众损失。在外销受阻情况下，收购绵羊毛269吨，约占全县生产量的60%，有效解决了农村群众"卖难"问题。全年上门收购小杂粮829吨，为群众增收60余万元。

1992年，盐池县供销合作社商品总购进3858万元，占年计划3200万元的120.6%，比上年3312万元增长16.5%。其中农副产品购进914万元，占年计划650万元的140.6%，比上年627万元增长44.2%。购进羊毛20.5万公斤，比上年28.9万公斤下降29.1%；蜂蜜1006吨，比上年1250吨下降19.5%。县供销合作社在农副产品市场竞争日趋激烈、产品质量受到严重威胁情况下，对大宗商品继续实行分购联销、价差返还办法。由于市场进一步放开，一些外地经营实体纷纷到盐池设点收购，当地小商贩为了既得利益，放松产品质量抬价收购，导致经过几年努力稳定下来的部分产品质量突然发生下滑变化，再次出现掺杂使假、以次充好现象。针对市场乱象，县供销合作社站稳立场，明确提出要严把质量关，坚决执行谁主管、谁收购、谁负责原则，切实做到"三不收"，对因质量问题给企业造成严重损失的要追究当事人责任。由于严把质量关，尽管总购进有所下降，但质量稳中有升。坚持以销订购、快进快出、见利就销经营原则，加快资金周转。在产品上市之前，先跑市场信息，与有关企业、厂家联系签订购销合同；产品上市后及时组织收购发运。当年蜂蜜等大宗农副产品销售行情较好，为企业带来一定经济效益。县供销合作社部门进一步改进了农副产品结算办法，一是实行现款交易，二是在销售旺

季派出财务人员到接货单位进行结算催收，然后自带信汇通过银行直接汇入，缩短了资金在途时间，加快了收购款兑付时间。

1980—1992年，盐池县供销合作社累计收购总额达到11904万元，年均850.3万元，其中1988年最高为2016万元，1984年最低为368万元。

1993年，依据盐池县政府《关于批转县供销社体制改革实施方案的通知》（盐政发〔1993〕46号）精神，盐池县供销合作社在全面实行全员合同化管理和建立风险机制的同时，继续推行以企业领导干部任期目标责任制和承包经营责任制为主的多种经营管理模式，全系统购销利润均比上年有所增长。全年商品总购进3850万元，占年计划3200万元的120.3%，其中农副产品购进975万元，占年计划600万元的162.5%，比上年同期914万元增长6.7%。由于受市场竞争冲击、资金紧缺影响，加之企业折旧、提留和上缴养老统筹等支出累计40余万元，全系统出现亏损企业3家，比上年增加1家，亏损额总计7.3万元。农副产品购销仍然是全供销合作社系统经营大宗。面对日益激烈的市场竞争，县供销合作社主要采取以下措施：坚持大小并重经营方向，继续对大宗商品实行分购联销、价差返还办法；在系统内强调统一价格、统一质量，以免企业因内部竞争而导致不必要的内耗；给予基层企业以不损害整体利益为前提的灵活销售自主权，真正做到统而不死、管而有序，充分调动各级经营单位积极性。在做好大宗农副产品经营同时，全年经销荞麦皮40吨。

1994年，盐池县供销合作社商品总购进2645万元，占年计划3000万元的88.2%，比上年同期3850万元下降31.3%。其中农副产品购进256万元，占年计划600万元的42.7%，比上年同期975万元下降73.7%。由于市场全面放

开，跨行业、跨地区及个体私营经济大量进入商品流通领域，市场竞争日趋激烈，同时也在一定程度上造成重要农副产品营销混乱。盐池县供销合作社坚持重要农资商品专营原则，坚决杜绝企业或个人承包经营化肥、农药等重要生产资料。继续对大宗商品实行分购联销办法。但由于私商介入，各项农副大宗产品收购越来越困难。尽管如此，供销合作社系统职工还是想方设法，努力增加购销业务量。当年蜂蜜收购中，各基层社职工继续采取"五上门"服务方式，使全县蜂蜜收购量比上年增长了100%。进入下半年后，正是化肥、农药等大宗农业生产资料调运储存阶段，但企业却面临资金严重短缺现状，虽在县政府及当地金融部门支持下解决了部分贷款问题，但是供销合作社系统在这样的举步维艰中逐渐失去市场竞争力。而国家新税制的实施，也使供销合作社系统在经营上难以与个体经营者相抗衡。以收购1张市价50元的羊皮为例，供销合作社要卖到56元钱才能保证完成两项税收（农林特产税和增值税）支出，达到保本持平；而个体经营者不用缴纳以上两种税收，只要稍有一点赚头就可以大胆收购。在这种情况下，供销社只能被私营小商贩挤出市场，致使多年来苦心经营的农副产品市场支柱轰然崩塌。当年全系统放弃羊绒经营，仅收购羊毛26吨、羊皮107张，分别占当地年产量的5.2%和0.05%。

1995年，盐池县供销合作社商品总购进2802万元，完成年计划3000万元的93.4%，比上年同期2645万元增长5.9%。其中农副产品购进383万元，完成年计划500万元的76.6%，与上年同期256万元相比增长49.6%。全系统收购蜂蜜630余吨，占全县生产总量80%以上，营业额近300万元，实现利润30余万元。蜂蜜收购继续由县土畜产公司和各基层供销合作社实行

分购联销，系统内统一价格、统一质量标准。受市场、资金等因素影响，当年没有开展绒毛、皮张等大宗农副产品购销经营。

1996年，盐池县供销合作社商品总购进3529万元，完成年计划2500万元的141.2%，比上年同期2712万元增长30.1%。其中农副产品购进597万元，完成年计划500万元的119.4%，比上年同期374万元增长59.6%。农副产品购进中，包括蜂蜜1082吨、绵羊毛77.7吨、甘草26吨，其他农副产品收购鉴于市场、资金等因素被迫放弃经营。

1997年，盐池县供销合作社商品总购进1722万元，完成年计划2800万元的61.4%，比上年同期3529万元下降51.3%。其中农副产品购进153.7万元，完成年计划500万元的30.7%，比上年同期597万元下降74.3%。农副产品购进中，包括蜂蜜168吨，比上年下降84.4%；绵羊毛72吨，比上年下降7.3%；甘草16.5吨，比上年下降36.5%。

1998年，盐池县供销合作社农副产品收购包括绒、毛、皮、甘草、蜂蜜、粮食等几十个品种。全年商品总购进1373万元，完成年计划1300万元的105.6%，比上年同期1720万元下降20.2%。其中农副产品购进351万元，比上年同增长128.4%，农副产品购进中，包括蜂蜜490吨，同比增长151%；绵羊毛40吨，同比下降48.7%；甘草99吨，同比增长254%。当年，盐池县供销合作社系统面临严重经营困境。外欠货款848万元不能及时收回，困扰企业经营长达5年之久，使企业背上沉重资金利息包袱，每年仅银行贷款利息一项支出就高达百万元之巨。如此恶性循环，导致供销合作社系统连续4年发生百万元以上严重亏损。

1994—2000年，盐池县供销合作社累计收购农副产品总额2297万元，年均328.1万元，其中1997

年收购总额仅为153.7万元，为20年来最低水平。

1980—1999年，盐池县供销合作全系统收购甘草15450.2吨，其间1982年最高3255吨，1994年最低仅0.4吨。

1980—2000年，盐池县供销合作社系统收购蜂蜜15329吨，其间1996年最高1998吨，1980年最低12吨，其中1980—1989年期间蜂蜜收购量均未超过千吨。

2000—2008年，盐池县供销合作社系统总体购销呈增长态势，增长了20.9%。购销业绩增长的主要原因，一是企业改制后活力激增，主动融入市场竞争；二是农村专业合作组织、农村经济人组织发挥了主渠道作用。三是国家启动"新网工程""万村千乡市场工程"成为有力助推。每年春耕生产旺季，县供销合作社积极帮助农村专业合作组织、农民经济筹措资金，协助调运化肥等大宗生产资料，引导生资公司及各基层社做好化肥淡季储存和旺季销售；大力推进"万村千乡工程"与"新网工程"，建立现代化购销网络，促进农村供销市场繁荣，增加市场供给，方便农村群众销售各类农副产品。

2002年，盐池县供销合作社紧紧围绕区、市、县经济工作会议精神，按照县委、县政府促进经济发展"521工程"工作思路，组织发展壮大农民经纪人队伍及民间流通组织，协助荣发皮毛绒公司等企业克服资金困难，抓信息，跑销路，组织畜牧产品购销。截至12月底，县供销合作社土特产公司联合各基层社及荣发皮毛绒公司等农民经纪人组织，共计收购羊绒21吨、绵羊毛860吨、各种羊皮2.6万张、蜂蜜1000余吨、各种草籽300吨、葵花籽2000余吨、小杂粮500吨、土豆1500吨，销售总额达2070万元。荣发皮毛绒公司与自治区供销合作社签订了国家财政贴息储存的部分国产羊毛收购合同，每年收购储存国产

绵羊毛600吨，同时与南京、广州、郑州三地市场商家达成了长期供应土豆的合同意向。

2003年，在县委、县政府统一部署下，盐池县供销合作社继续按照国务院《关于解决当前供销社几个突出问题的通知》（国发〔1999〕5号）、自治区人民政府《关于加快供销社改革与发展的通知》（宁政发〔1999〕70号）和县人民政府《关于供销社社属企业改制方案的批复》要求，推进社属企业改制。截至是年5月份，社属企业除大水坑贸易公司外，其他全部改制完毕。改制后企业主动融入市场，参与竞争。县供销合作社采取吸纳农民经纪人入社，依靠农民经纪人路子宽、信息灵优势，解决农民群众"卖难"问题；改制企业返聘部分原供销合作社职工开展经营活动，主动参与农副产品深加工项目。全年通过农民经纪人购销羊绒32吨、绵羊毛1362吨、羊皮5.6万张、羊皮5.6万张、土豆1800吨、葵花籽3200吨、活畜22万头，以及小杂粮及大量瓜果蔬菜等农副产品，销售总额达8438万元。

2004年，盐池县供销合作社通过贷款筹资支持生资公司调运储备优质化肥3400吨、农药3吨、农膜及各种棚膜50吨。生资公司严格落实农资商品经营服务承诺制，坚决杜绝假冒伪劣商品进入生产环节，始终保持农资商品价格平稳。在农副产品购销方面，在加大基层社购销力度同时，积极引导农民经纪人入社或创办专业合作社，充分发挥农民经纪人置身农村而连接大市场的桥梁纽带作用，切实解决农民群众"卖难"问题。各基层社、公司及农民经纪人全年共计购销绵羊毛900吨、羊绒15吨、皮张15万张、蜂蜜510吨、小杂粮810吨、荞麦皮320吨、葵花籽2000吨、土豆1500吨、草籽500吨、油籽200吨，各种瓜菜水果4000余吨，以及其他农物资副产品，销售总额达到4000万元。

2005 年，盐池县供销合作社通过向农民经纪人提供经营场地、信息，协调解决农民经纪人经营困难问题，鼓励引导农民经纪人加大农副土特产品收购力度。截至 11 月底，通过生资公司为农民经纪人销售绵羊毛 620 吨、羊绒 16 吨、土豆 1600 吨、小杂粮 230 吨，及其他大量农副产品，购销总额约 1210 万元。

2006 年 3 月，盐池县供销合作社向县财政局报送了《关于企业关停歇业的报告》。报告的主要内容为：自 2001 年以来，县供销合作社下属 15 个独立核算单位（其中县级公司 6 个、基层社 9 个）由于财务核查挂账资金问题久未解决，企业资金呆滞，加之企业经营问题等原因，造成大部分社属独立核算企业无法正常经营（只有兴农农业生产资料有限公司改制后由职工投股，尚能正常经营），企业报表中资产、往来账目等数据连续几年没有变动；相关报表体现的变动数据基本上都是由农民经纪人经营活动带来的数据变化。有鉴于此，特向财政部门提出供销社系统所属企业关停、歇业的申请，以免除自治区有关部门年检。但同时，县供销合作社系统为确保全县春耕生产顺利进行，根据县委、县政府关于春耕生产的统一安排，积极协调有关部门、生资公司和各基层社筹资 300 多万元，调用销售各类化肥 13400 吨，其中磷酸二铵 2200 吨、尿素 4500 吨、碳铵 5500 吨、其他复合肥 1200 吨、农膜 62 吨、农药 12 吨，有效保障了农民群众对各类农业生产资料的需求。县供销合作社积极帮助麻黄山乡基层供销合作社筹资 20 多万元，指导建设占地 7000 多平方米的储藏保鲜窑洞 8 孔，储存量达 1200 多吨，促成当地马铃薯集散市场逐步形成。截至 11 月底，县供销合作社系统企业、各基层羊社、农民经纪人共计购销绵羊毛、绒 626 吨、土豆 1600 吨、小杂粮 260 吨，及其他农副产品

总额 1250 万元。全年全系统完成商品销售总额 1206 万元，实现利润 1 万元。

2007 年，全县供销合作社系统共计供应各种化肥 2.34 万吨，其中尿素 0.64 万吨、磷酸二铵 0.58 万吨、碳铵 0.8 万吨、其他肥 0.32 万吨、农药 8 吨、农膜 40 吨。

2010 年后，全县供销合作社系统以服务"三农"为宗旨，以提高经济效益为中心，积极做好农业生产资料供应工作，坚持"四项改造"（从 2002 年起供销合作社系统就把包括用现代流通方式改造传统经营网络在内的"四项改造"方针作为改革发展的主线），坚持围绕社会主义新农村建设和"新网工程"（2006 年国务院以〔国阅 52 号〕文件形式同意供销合作社启动"新网工程"，主要任务是在社会主义市场经济条件下，以改造、提升、整合、优化供销合作社现有经营网络资源和传统经营业务为手段，致力于建立农村现代流通体系，重点构建农业生产资料经营服务、农副产品购销、日用消费品经营、再生资源回收利用四大网络）建设，组织实施"万村千乡市场工程"，培育壮大龙头骨干企业，发挥农村经纪人及专业合作社作用，促进农资及农副产品销售。

2012 年，盐池县供销合作社与自治区中农金合公司联合开展农业生产资料直购直销，有效保障了全县春耕夏种农资需求。

2014 年，盐池县供销合作社紧紧围绕全县新农村建设实际，把"新网工程"同"万村千乡市场工程"结合起来，发展现代流通，保障农资供应。

2016 年后，盐池县供销合作社发挥生资公司、农资配送中心及各基层社、农家店、村级综合服务社等系统服务功能，实行电话预约、送货上门等服务方式，坚持"四保一提高"（保数量、保质量、保品种、保价格，提高服务水平）服务承诺，全力保证农资供应。

第四节　废旧物资购销

新中国成立初期，百废待兴，国家经济建设需要大量物资。由于资源紧缺，要求充分回收利用废旧物资。盐池县属于重点农牧生产区，20世纪90年代以前工业不发达。城乡可利用废旧物资主要有废金属、废纸、废塑料、破布条、杂骨等20多个品种。

1955年，宁夏各级供销合作社根据全国供销合作总社、商业部指示，开始组织尝试杂铜等废旧物资回购。国家规定废铜、废铅、废锡、废钢为国家统一收购物资，由国家委托国营商业和供销合作社系统统一收购、统一分配；不是国家委托商店和公司，一律不准收购。宁夏当时只限杂铜一种由国营贸易公司统一收购上缴。杂骨（牛羊兽骨）被供销合作总社列为二类物资，每年由轻工业部联合供销合作社部分安排调拨分配计划，宁夏供销合作社系统回收的杂骨，由自治区棉麻日杂废旧物资公司与厂家直接签订合同，全部供应银川化工厂。废棉、废棉纱、破布为部管二类物资，按自治区计委下达计划，全部供应区内各造纸厂。

1955年，盐池县供销合作社系统共计收购废钢废铁3724斤，废铜8737斤，废锡72斤，牙膏皮232个；收购其他废旧物资合计235578元。

1956年6月，盐池县供销合作社启动了小土产及废品收购工作。刚开始进行小土产、废品收购时，大家都认为小宗土产、废品值不了几个钱、麻烦却多，经营这个意义不大。甚至有人认

为供销合作社和国营商店分家后，没啥可干了。这些错误思想，虽不时予以纠正，但总体业务开展并不理想，加之业务生疏，大部分基层社干部仍然束手束脚，经营上迈不开步子。通过近半年尝试经营后，全县小宗土产、废品收购逐步推开，经营品种由杂铜、废铁、牙膏管、废铝、废锡等14种增加到34种。截至11月，全县小土产、废品收购总额达到7.6769万元。大家坐下来算了个细账，这些钱可以买到白布（市价每尺0.3元）25.5896万尺，或者可以买到黄米（市价每斤0.085元）90.3165万斤，大家思想上都受到了震动，似乎一下子明白了积少成多、积水成河的道理。其中小综土产、废品收购总额4.0975万元，占全部小土产、废品收购的51.2%。小土产、废品收购是一项新业务，涉及品种繁多、规格复杂，技术鉴定难度大，收购工作中遇到不少困难。11月5日至8日，县供销合作社专门召开培训会，县社及有关单位领导、各区供销合作社与会者18人、基层社主任（兼小土产收购员）16名，会议专门邀请吴忠办事处派专人对小土产、废品收购技术进行了4天以会代培。以前大多收购员分不清锡、铅和新旧镍币区别，不懂牛羊角料骨、马莲须等级用途，分不清驼毛制品，造成收购困难。七区社不懂牛羊角规格，虽有群众送货到店，却不能收购；部分基层社虽有收购，但因分不清规格等级，造成赔钱。如三区社收购牛羊角50斤，其中有10.5斤不合格；城区社

表4—4—1 1956年盐池县供销合作社废旧物资收购报告表（单位：市斤）

品名	全年任务	全年收购量	完成占比（%）	品名	全年任务	全年收购量	完成占比（%）
废铁	30000	43860	146.2	牛蹄壳		3	
杂铜	7000	11052	157.98	鸡毛		6	
废锡铝	2000	2857	14.35	麻绳头		63	
废橡胶	100	103		套驼毛		1	
牙膏管	1000（个）	1341（个）	103	套羊毛		78	
布片		30	134	硬化学胶		4	
旧棉花		286		废羊毛织品		6	
废币		862		人发		16	
破山羊皮衣		567					
破棉皮衣		971					
毡片		628					
绵羊角		650					
牛角		38					
牛料骨		23					

收购牛羊角26斤，其中4斤不合格，收购胶鞋底12斤，有5斤不合格。不能正确掌握质量规格，就不能做到按质（等级）论价，如三区社收购破衣服400斤，由于分类不合理，利润只达到11.1%，总体偏低；一些基层社不懂分类、分品、分级打捆包装，交货时只好再次分拣，浪费时间人力。通过现场讲解实践，大家对40多种小土产、废品质量、规格、用途、鉴别方法及包装、运输等问题基本上了然于胸。培训会后，县社要求大家带样品回去，在各基层收购场所醒目地方陈列样品，让业务员和群众对照参考，起到很好效果。

盐池县人口分散，供销合作社系统虽在各区均设了分销点，但仍存在许多收购盲点。因此农忙时利用送货下乡，同时组织收购小土产、废旧物资，收效很大。城区社在第三季度送货下乡时共收回旧衣服300余斤、杂铜400余斤；四区社下乡一天半就收回杂铜28斤。第四季度，盐池县五区供销合作社收购土产和废旧物资品直接达到40余种，支出回收资金2000元；六区供销合作社之前不重视废品收购，现在开始收购各类废品10万斤，收入增加1万元。各基层供销合作社还把小土产及废旧物资样品、规格、价格誊抄出来，分送区干部和各农业合作社干部，在区干部会议上进行宣传，农村群众对废旧物资的价值渐渐有了认识，各基层供销合作社回购经营也逐步铺开。

1956年，盐池县供销合作社收购定价，一般包括了各基层社运往吴忠购销组交货时的各种运杂费。各基层社所核定的收购牌价为报请县工商局批准之后在各基层社所在地向群众直接收购的价格。该价格核定以吴忠站回收牌价为依据，参照省社土副废品管理处1956年5月4日文件通知及盐池县供销合作社《关于废纸作价办法通知》（盐供字〔56〕532号），结合全县商品流转方向，并参照吴忠站核价时计算运杂费及包装费

表4—4—2 1956年盐池县供销合作社经理部及基层社各类废旧品收购牌价

类别	品名	单位	吴忠回收价	县社回收价	本县各区收购价			
					城区、三区、五区收购价	二区、六区收购价	四区收购价	七区收购价
废纸废旧书报纸类	白色废纸	公斤	0.200	0.188	0.100	0.102	0.096	0.084
	杂色废纸	公斤	0.15	0.141	0.058	0.060	0.054	0.042
	废牛皮纸	公斤	0.200	0.188	0.0100	0.0102	0.096	0.084
	次牛皮纸	公斤	0.150	0.141	0.058	0.060	0.054	0.042
	书本纸	公斤	0.150	0.141	0.058	0.060	0.054	0.042
	次纸书本	公斤	0.100	0.094	0.015	0.017	0.011	0.0
	道模纸账簿	公斤	0.200	0.188	0.100	0.0102	0.096	0.084
	废公文纸	公斤	0.150	0.141	0.058	0.060	0.054	0.042
	废报纸	公斤	0.150	0.141	0.058	0.060	0.054	0.042
	垃圾纸	公斤	0.080	0.075		0.0		0.0
	黄纸板、纸盒	公斤	0.050	0.047		0.0		0.0
棉布类	甲级白色布片	市斤	0.800	0.360	0.0656	0.657	0.650	0.0645
	乙级白色布片	市斤	0.400	0.380	0.0306	0.307	0.304	0.0298
	丙级白色布片	市斤	0.250	0.337	0.0174	0.175	0.172	0.166
	甲级带色布片	市斤	0.50	0.475	0.0373	0.394	0.391	0.385
	乙级带色布片	市斤	0.300	0.285	0.0218	0.219	0.216	0.210
	丙级带色布片	市斤	0.200	0.190	0.0130	0.131	0.128	0.122
棉絮类	甲级废旧棉花	市斤	0.300	0.280	0.0218	0.219	0.216	0.210
	乙级废旧棉花	市斤	0.200	0.190	0.0130	0.131	0.128	0.122
	丙级废旧棉花	市斤	0.100	0.095	0.043	0.044	0.041	0.035
锡币类	新锡币	市斤	1.210	1.131	1.048	1.048	1.006	1.040
	旧锡币	市斤	6.530	6.106	5.389	5.790	5.787	5.781
铝类	一等生铝	市斤	0.430	0.404	0.355	0.356	0.353	0.347
	一等熟铝	市斤	0.860	0.808	0.740	0.431	0.783	0.732
废锌类	一等废锌	市斤	0.380	0.357	0.0311	0.312	0.309	0.303
	二等废锌	市斤	0.340	0.320	0.275	0.276	0.273	0.267
	三等废锌	市斤	0.120	0.113	0.078	0.079	0.076	0.070
	四等废锌	市斤	0.060	0.056	0.023	0.024	0.021	0.016
不锈钢	一等不锈钢	市斤	4.790	4.479	4.216	4.217	4.214	4.208
	二等不锈钢	市斤	2.690	2.515	2.354	2.355	2.352	2.346
	三等不锈钢	市斤	0.320	0.299	0.254	0.255	0.252	0.246

类别	品名	单位	吴忠回收价	县社回收价	本县各区收购价			
					城区、三区、五区收购价	二区、六区收购价	四区收购价	七区收购价
废锑	废锑	市斤	0.100	0.095	0.061	0.062	0.059	0.053
废镁	废镁	市斤	0.980	0.921	0.848	0.849	0.0846	0.840
料骨类	一级黄牛料骨	根	0.171	0.162	0.118	0.118	0.117	0.117
	二级黄牛料骨	根	0.124	0.118	0.074	0.075	0.074	0.074
	三级黄牛料骨	根	0.060	0.057	0.015	0.016	0.015	0.015
牙膏皮	牙膏皮	个	0.030		0.030	0.030	0.030	0.030
化学胶类	硬质化学胶	市斤		3.309	3.123	3.124	3.121	3.115
	软质化学胶	市斤		1.504	1.403	1.404	1.401	1.395
角类	绵羊角	市斤		0.095	0.061	0.062	0.059	0.053
	牛角	市斤			0.102	0.103	0.100	0.094
蹄壳	牛蹄壳	市斤	0.059	0.056	0.013	0.014	0.011	0.006
绳头	麻绳头	市斤	0.085	0.082	0.048	0.049	0.046	0.040
小土产类	苦杏仁	市斤	0.280		0.250	0.250	0.248	0.242
	甜杏仁	市斤	0.700		0.670	0.670	0.668	0.662
生熟铁类	废生铁	市斤	0.050		0.047	0.047	0.047	0.047
	一等废熟铁	市斤	0.080		0.076	0.076	0.076	0.076
	碎铁	市斤	0.040		0.038	0.038	0.038	0.038
麻绳类	甲线麻绳	市斤			0.107	0.108	0.105	0.099
	乙线麻绳	市斤			0.084	0.085	0.082	0.071
	丙线麻绳	市斤			0.062	0.063	0.060	0.054
	麻袋	市斤			0.062	0.063	0.060	0.054
	次麻袋	市斤			0.039	0.040	0.037	0.031

一、县社回收价格为各区社运输到吴忠购销组的交货价。

二、各区收购报价是经过县工商局批准之后，各基层社所在地向群众直接收购的价格。该价格的核定是根据吴忠站回收牌价依据省社土副废品管理处 1956 年 5 月 4 日甘管物字（1006）号通知及县社（56）532 号关于废纸作价办法通知结合全县商品流转方向并参照吴中站核价时计算运费和包装费倒扣计算出来的。

三、各等级废纸、破布片、旧棉花、化学胶、锡币、生熟铝、废锌、锑、镁、不锈钢、绵羊角、牛角、牛蹄壳、料骨、麻绳头费用及价格直接交吴忠供销组结算。

四、各区收购甜苦杏仁作价时，应考虑各区至吴忠站运费。吴忠站的收购价以实际收购价加上实际运费核定。

办法倒扣得出，各基层社不得任意变更。各种废纸、破棉片、旧棉花、化学胶、旧币、生熟铝、废锌、废镁、废锑、不锈钢、羊脚、牛脚、牛蹄壳、料骨、麻绳头均直接运往吴忠站收购。要求破布片、旧棉花用旧布包装，麻绳捆绑。料骨、牛蹄壳用旧麻袋包装，各种废纸用麻绳制网包装。

1957年8月，国家重申将废铜、废铅、废锡、废钢列为国家统一收购物资，由国家委托国营商业和供销合作社统一收购，不是国家有关部门委托的商店和商贩一律不准收购。同年9月1日，宁夏将废铁并入废钢，列为全国统一收购物资，由宁夏供销合作社统一收购。当年盐池县供销合作社共计收购杂铜4828斤，占计划的80.47%，占上年收购总量的43.89%。

1966—1976年，宁夏废旧物资时收时停。1973年，国务院批转商业部《关于废旧物资回收利用情况和意见的报告》，要求各地组织力量，加强回收工作。盐池县供销合作社系统废旧物资收购再度开展，给人民群众生活带来一定收入。1977年，宁夏各级供销合作社学习宣传周恩来总理对废旧物资工作题词，掀起各基层供销合作社废旧物资收购高潮。

1979年，盐池县对废旧物资品种、数量、规格做了适当调整，并要求分类统计。铝牙膏管132个折合1公斤，锡牙膏管40个折合1公斤。全县完成废旧物资收购16万元。

1979年，国家对国民经济提出"调整、改造、整顿、提高"的方针，工业转型中，废金属、废塑料、废橡胶销售不畅，出现积压。10月，自治区棉麻日杂废旧物资公司狠抓推销，有效扩大加工利用，一定程度上促进了废旧物资收购。与此同时，全区暂停废橡胶下脚料、人力车及自行车外胎、胎胶沫、水胎碎片、丁级水胎胶、活络三角带、小胎口、旧塑料薄膜、新旧聚乙烯下脚料等9个品种废旧物资收购。当地收购的废钢、废铁，根据当地需要自收自用，暂停上调。

1981年，国民经济开始复苏，供求情况逐渐好转，废钢、废铁等工业原料供不应求，之前停收、停调废旧物资品种陆续恢复收购、上调。是年3月，自治区棉麻日杂废物资公司召开全区工作座谈会，提出要把废旧物资收购重点转向农村、社区基层，开展下厂、下乡、下街道开展服务，抓好收购经营，把收购工作做到千家万户；在搞好收购基础上，进一步搞活推销业务。

1984年，盐池县供销合作社系统废旧物资购进8万元，占年计划6万元的133.8%，比上年9.6万元减少1.6万元，减少16.5%。3月份，县供销合作社向各基层社下发回收废旧物资品种目录，规定列入目录品种不经上级主管部门批准不得停收。重新回到以扩大回收为重点的经营轨道，废旧物资回收工作再次出现上升势头。

1985年6月1日，国家商业部《关于进一步加强废旧物资收购工作的通知》（〔1985〕商废字第6号文件）指出：各级供销社要有一位领导分工抓废旧物资工作，列入议事日程，经常研究讨论，督促检查，切实帮助解决经营中的实际问题。各级废旧物资经营部门要首先抓好主业，经常研究收购中的问题，采取有力措施，千方百计把主要废旧原料的收购搞上去。

1986年，盐池县供销合作社系统废旧物资购进8.8万元，占计划6万元的146.7%，比上年6万元增长46.2%。3月，根据商业部、国家有关部委和宁夏供销社有关文件、会议精神，除废钢铁、废有色金属外，绝大部分废旧物资品种价格放开。凡放开品种，和自治区废旧物资收购公司和县（市）供销社实行购销直接见面，协商或通过签订合同定价。

表4—4—3 1979年盐池县供销合作社废品收购品种及任务分配表

单位名称	总值（元）	全年收购废品名称及数量（公斤）					
		杂铜/废铝	废铝锡/废钢铁	废橡胶/废布	废布鞋/废麻	废纸/废塑料	杂骨
合计	160000	17000	3300	29000	58000	17000	150
城郊	32000	1200	700	7000	6000	5000	30
		300	60	3000	800	600	
柳杨堡	3000	100	30	200	4000	500	10
			4	600	50	20	
高沙窝	5000	250	50	300	4000	300	12
			6	1200	100	30	
苏步井	3000	100	20	100	3000	300	8
			3	600	50	20	
王乐井	4000	250	50	300	5000	500	10
			6	1000	100	30	
鸦儿沟	4000	250	50	200	4000	300	8
			5	800	50	20	
青山	9000	400	50	400	6000	600	12
			10	1500	100	50	
大水坑	54000	2500	1400		6000	4000	20
		4000	100		1000	1000	
红井子	25000	600	100	2000	3000	500	8
		2700	65	2000	200	30	
惠安堡	6000	500	50	1200	4000	600	9
		600	15	600	100	30	
萌城	1500	50	30	1100	1000	300	3
		50	2	800	50	30	
麻黄山	2000	100	50	100	3000	300	4
		100	2	400	100	30	
后洼	1000	50	20	200	1000	200	2
		50	1	600	50	20	
马儿庄	4500	250	100	100	2000	400	5
		200	5	300	100	50	
冯记沟	6000	500	300	600	3000	700	9
		300	16	1000	200	50	

注：当年分配任务大都超额完成，个别社超额70%以上。

表4—4—4 1987年自治区棉麻日杂废旧物资公司部分废旧物资接收价调整表

品名	单位	现行接收价	调整后接收价	规格要求
8—10废铁丝	公斤/元		0.25	理直成捆50公分以上
混等废铁丝	公斤/元		0.115	
旧布条	公斤/元	0.21	0.17	拒绝浸染杂质
旧棉花	公斤/元	0.22	0.30	拒绝浸染杂质
旧棉布	公斤/元	0.18	0.16	拒绝浸染杂质
布鞋帮	公斤/元		0.16	
驼毛套	公斤/元	10.00	12.00	
拆开驼毛绳	公斤/元	2.20	2.40	拒绝掺杂毛
杂色毡片	公斤/元	0.40	0.44	拒绝掺杂化纤
机制旧毡片	公斤/元	0.20	0.80	
绵羊皮块	公斤/元	0.44	0.50	
山羊皮块	公斤/元	0.24	0.35	杂质低于0.001%
生皮渣	公斤/元	0.16	0.18	杂质低于0.001%
熟皮渣	公斤/元	0.20	0.30	杂质低于0.001%
人发渣	公斤/元	0.30	0.50	
驼大料骨	根/元	0.40	0.45	
牛大料骨	公斤/元	0.40	0.20	
小科骨	公斤/元	0.30	0.32	
甲级牛角	公斤/元	0.64	0.70	
乙级牛角	公斤/元	0.52	0.56	
丙级牛角	公斤/元	0.40	0.42	
羊蹄骨	公斤/元	0.18	0.23	
毛腿骨	公斤/元	0.18	0.23	
杂骨	公斤/元	0.18	0.23	各类动物体骨
废牛皮纸	公斤/元	0.20	0.22	拒绝浸染杂质
混合书本纸	公斤/元	0.25	0.30	
废旧报纸	公斤/元	0.18	0.30	杂质不得超过0.001%
废杂纸	公斤/元	0.10	0.12	
黄板纸	公斤/元	0.11	0.13	
废玻璃	公斤/元	0.67	0.65	拒绝掺杂废矿物渣

注：此表所列杂骨接收价比宁夏化工厂接收价0.156元/公斤略高，但需要包装；此表调高价22个品种，新增3个品种从1987年1月5日起执行；调低4个品种从1987年2月1日起执行。

1987年，全县废旧物资购进总值8.5万元，占计划6万元的141.7%，比上年同期8.8万元下降3.4%。

1987年，自治区棉麻日杂废旧物资公司以（87）1号文件将公司仓库接受价格调整表印发各市县参考。鉴于1986年全区废旧物资价格已全部放开，实行由经营单位自行定价规定。考虑到区公司接收价时有变动，故县社不再制定分区收购价，由各社参照区公司接收价决定收购价变动与否。如需调整收购价时，应以区公司接收价为基础，扣减至银川运杂费，增加包装打孔及适当消耗费用，然后根据不同经营品种扣减20%—30%的综合费用差价，即为收购价。

1989年，自治区物价局、物资局、冶金总公司联合通知，从4月15日起，废钢全区执行国家规定最高销售限价，重型废钢为每公斤0.61元，中型废0.51元，小型废钢0.455元，统料废钢0.42元。1990年再次调整为：重型废钢0.71元，中型废钢0.61元，小型废钢0.555元，统料废钢0.52元。并把杂铜列入最高销售限价范围，废紫杂铜14.5元，废特紫杂铜14.64元，废黄杂铜11元。

1991年，盐池县供销合作社系统废旧物资购进5万元，占年计划5.5万元的90.9%，同比下降15.3%。

由于市场经营理念和方向发生巨大变化，一些经营单位存在重大轻小思想，再生资源收购量大幅下降，有的经营单位一个月只完成收购几元钱。为认真贯彻《国务院关于加强再生资源回收利用管理工作的通知》（国发〔1991〕73号）、1992年3月3日商业部印发《关于贯彻执行国务院关于加强再生资源回收利用管理工作的通知》（商业部发〔1992〕再字第130号）和自治区供销合作社7月份召开的全区再生资源工作会议精神，盐池县供销合作社在全系统积极推行"两全一优"（全方位、全品种收购，优质服务）和"四放开"（经营范围、收购价格、劳动用工、内部分配）经营措施；对城郊和大水坑供销合作社实行再生资源收购任务单独核算；大水坑和惠安堡供销合作社可以另挂"再生资源收购站"牌子；各收购单位在加强再生资源收购工作同时，积极配合公安、工商等部门认真防范、严厉打击盗窃、倒卖国家资产的违法犯罪活动；对私人出售的生产性废金属要健全登记制度，把好收购关，防止盗窃破坏分子有机可乘。

1980—2000年的20年间，盐池县供销合作社系统累计收购废旧物资合计138.2万元，年均6.6万元，其中收购杂铜81.2吨、废钢铁3066吨、杂骨1149吨。1990年前收废旧物资全部销往自治区内有关经营单位或生产企业，1991年后则自主销往区内外收购、生产企业。同时由于走乡串户个体私商大量涌进，供销合作社系统逐渐退出废旧物资收购市场。

1997—2000年，全供销合作社系统废旧物资收购额分别为3.3万元、2.6万元、3.6万元和1.3万元，仅占20年平均数的50%左右。

第五章

综合服务

1989年2月27日，根据自治区人民政府〔1988〕22号文件和全区科技工作会议精神，盐池县委、县政府制定出台了《关于推行农业技术承包责任制的试行办法》。10月，根据县委关于在全县开展农业科技服务有关文件（盐党发〔1989〕37号）精神，县供销合作社成立了农业科技综合服务试点工作领导小组，组织开展农业科技综合服务工作。1991年，盐池县供销合作社在各乡镇组织成立"农资科技服务中心"和"庄稼医院"，配备专业人员，专职为农民提供农业科技服务工作。

2005年2月，国家商务部启动"万村千乡市场工程"。2006年，盐池县委、县政府决定成立以分管副县长为组长，商务、财政、银行、供销、农业、药检、工商等部门为成员的实施"万村千乡市场工程"领导小组，研究制定实施方案，按照基本工作程序，推荐确定由县供销合作社农资公司承办"万村千乡市场工程"项目建设。2006—2010年，全县累计建成农资农家店66个（其中农资农家店13个、农家店53个）。截至2015年，全县累计建成农家（农资）店78个。

2017年8月，根据自治区党委、政府《关于深入推进农业供给侧结构性改革加快培育农业农村发展新动能的实施意见》（宁党发〔2017〕1号）和《自治区人民政府办公厅转发自治区供销合作社关于开展"两个体系"建设试点方案的通知》（宁政办发〔2017〕65号）精神，盐池县供销合作社组织扎实推进了现代农业社会化服务体系和新型基层组织体系（简称"两个体系"）建设试点工作。

第一节　以工代赈

1984年，盐池县政府专门成立了由主管副县长任组长的以工代赈领导小组（名单略）。1986年，盐池县政府将以工代赈领导小组调整为粮棉布修路领导小组：

组　长：刘有祥　盐池县政府副县长

副组长：孙进善　盐池县经委主任

　　　　蒯立东　盐池县交通局局长

　　　　胡常明　盐池县公路段段长

成　员：王宝山　盐池县计划委员会主任

　　　　冯其录　盐池县财政局局长

　　　　黎世坤　盐池县建设银行行长

　　　　田英魁　盐池县粮食局局长

　　　　郭炳刚　盐池县经济工作部副部长

　　　　吴应红　盐池县供销社副主任

　　　　张世昌　盐池县城乡建设局局长

　　　　聂伦天　盐池县公路段副段长

　　　　王树松　盐池县公路段副段长

　　　　张鹏富　盐池县物资局局长

　　　　张廷杰　盐池县公路段副段长

办公室主任：胡常明

1989年，盐池县政府调整工业品"以工代赈"修建公路领导小组为：

组　长：赵继泽　盐池县政府副县长

副组长：孙进善　盐池县经委主任

　　　　王宝山　盐池县计划委员会主任

成　员：王　忠　盐池县青山乡乡长

　　　　强忠民　盐池县冯记沟乡乡长

黎世坤　盐池县建设银行行长

黄福海　盐池县商业局副局长

原增喜　盐池县供销合作社副主任

张生吉　盐池县财政局副局长

刘振杰　盐池县土地管理局副局长

张廷杰　盐池县公路段段长

办公室主任：孙进善

1983—1985年，盐池县按照国家和自治区计委统一安排，先后5次组织实施粮棉布"以工代赈"计划，动用国家库存粮食、棉布、工业品和资金加快水利、交通等基础设施建设。盐池县政府在财政十分困难情况下，连续三年配套"以工代赈"投资54万余元，建成县城至冯记沟54公里县级公路，初步解决城郊、王乐井、鸦儿沟等4个乡和冯记沟煤矿交通问题。1985年，国家继续加大"以工代赈"扶持贫困地区建设力度，盐池县根据自治区政府关于加强以工代赈扶贫工作的意见，制定出台了《盐池县以工代赈实施细则》，从建设任务、组织管理到商品供应等方面进行细化安排。全年出动劳动力3600余名，修通全县15个乡（区）的简易公路，其中13个乡通了班车。

盐池县实施"以工代赈"项目中，粮食、棉布及普通工业品"以工代赈"发放主要由县供销合作社和基层社承担。1984—1985年，县供销合作社系统先后向农民发放粮食344.61万斤、棉花673.90担（一担50公斤）、棉布17.28万米及工业品若干。由于国家补偿资金较低，县供销合作社因此形成政策性挂账亏损216.3万元，涉及综合贸易公司、土畜产公司、农业生产资料公司、联营公司4家社属企业和大水坑、城郊、苏步井、柳杨堡、王乐井、青山、麻黄山、冯记沟8个基层社。

1989—1991年，国家安排盐池县第二、第三批中低档工业品177万元，"以工代赈"配套资金202万元。盐池县完成架设人畜饮水管道119.92公里、修公路39.013公里。累计完成投资338.03万元，其中工业品折款169万元，配套资金169.03万元。具体为完成公路建设投资107.9万元，其中工业品折款71万元，配套资金36.9万元；水利建设完成投资230.13万元，其中工业品折款98万元，配套资金132.1万元。

1991—1995年，国家安排盐池县第四、第五批"以工代赈"项目36个，其中第四批31个，第五批5个，涉及水利、交通、畜牧、林业、能源等部门。五年中累计投资1094.96万元，其中粮食"以工代赈"854.96万元，江河治理工业品以工代赈资金240万元。

第二节　农业生产科技

1989 年 10 月，根据自治区政府、盐池县委关于在全县开展农业科技服务有关文件（盐党发〔1989〕37 号）精神，县供销合作社成立了农业科技综合服务试点工作领导小组，县社主任张顺祺担任组长，业务股、生资公司、畜产公司、城郊供销社负责人为小组成员。决定在城郊乡组织进行农业科技综合服务试点，主要内容包括：化肥、农药、地膜供应和技术指导；黑瓜子、花生示范种植推广及产前、产中、产后服务；畜产品代理购销服务试验，主要目的是组织建立自然村畜牧专业合作社或协会。试点工作安排在城郊乡吴记圈自然村进行花生种植示范，在郭记沟、赵记圈、柳树梁、双堆子、周庄子 4 个自然村进行黑瓜子种植示范；共计种植花生 40 亩、黑瓜子 383 亩；由生资公司向示范农户以优惠价提供花生种子 380 公斤、黑瓜子种子 383 公斤、平价磷酸二铵 2700 公斤，生资公司全计为试点农户垫付种子、化肥资金 3384 元，并将种子、化肥直接送到各示范村。

1990 年，县供销合作社继续在城郊乡开展花生、黑瓜子种植示范服务，和自然村农户签订集体示范种植合同 5 份（种植黑瓜子合同 4 份、种植花生合同 1 份），由生资公司提供种子、化肥、地膜、农药等服务，县农技站提供技术指导。示范种植花生 39 亩，总产量 4350 公斤，亩产 111.5 公斤，按保护价 2.16 元计算，每亩收入达到 240 元；最高亩产达到 225 公斤，收入达到 486 元，除去投入，亩产纯收入达到 380 元；示范种植黑瓜子 378 亩，由于旱灾严重，亩产量较低，收益不大。

1991 年，盐池县供销合作社和生资公司各确定一名负责人分管农业科技服务工作，协调全县各乡镇成立了科技服务中心和庄稼医院，聘请专业技术人员加强服务力量，踏实开展农业科技服务工作。继续以城郊乡吴记圈村为示范点，大面积推广地膜花生种植；在吴记圈举办两期花生种植技术培训班，参加学习农民 150 余人次；签

1991 年 7 月，盐池县供销合作社副主任原增喜（右一）和农资公司庄稼医院技术人员一起到花马池镇吴记圈村指导花生病虫害防治工作

订种植合同 18 份，推广种植花生 211.2 亩，平均亩产达到 229.4 公斤，最高亩产达到 325 公斤，按保护价 2.16 元 / 公斤计算，为农民创收 10 万余元。此外还为青山、柳杨堡、高沙窝等乡镇自愿示范种植农户提供种子、地膜等，试验种植花生 20 余亩。庄稼医院成立后，当年共接待问诊、咨询 2150 人次，开具处方 257 份，并对所开具处方实行跟踪服务；出售农药 3115.7 公斤，实现销售额 3.4623 万元。对部分高效农药根据需求实行拆零出售，分装供应 12 个品种；液状农药分装量最少 5 毫升，粉状、块状农药需要多少，拆供多少。采集制作农作物病虫害标本 28 种、农林昆虫标本 28 种；印发各种宣传材料 7000 余份。先后在城郊、柳杨堡、沙边子等 5 个示范点进行了测土施肥试验，在吴记圈、五堡村进行了玉米多元微肥增产、磷酸一铵和二铵对比增产、高锰酸钾与磷酸二氢钾防治小麦黄穗病等 5 项试验，取得了明显效果。在出售农药过程中，同时向农民提供租赁药械、维修药械服务。

1992 年，盐池县供销合作社生资公司在对麻黄山、后洼两个乡苹果基地的经果林进行实地调研后发现，两地在苹果树剪枝和管理方面存在一些问题，苹果树挂果率较低。县供销合作社在自治区农资公司协助下，积极和自治区林校取得联系，组织专家深入麻黄山、后洼两地果园现场举办苹果修剪培训班两期，培训果农 100 余名。县有关部门还接受自治区林校苹果专业毕业生 2 名。城郊乡曹泥洼村需要新建蔬菜大棚，一时买不到竹竿等材料，县生资公司获知情况后，派专人专车到陕西省汉中市组织购进，直接送往该村，深受群众好评。县供销合作社先后选派 11 名生产资料营业员到宁夏供销合作社学校和宁夏农科院进行培训。在继续提高农资公司中心庄稼医院服务功能基础上，又在城郊、柳杨堡等 4 个

基层社分别建立了庄稼医院，聘请所在乡 4 名科技副乡长为庄稼医院名誉院长，聘请农业部门 6 名技术人员为各乡庄稼医院坐堂医生。全县庄稼医院共计接待问诊咨询 6000 余人次，开具处方 512 份；开办农资科技宣传栏 12 期，印发科技资料 2.15 万份。在吴记圈等 3 个村 36 家农户和 2 个农场开展测土配方施肥面积 210 亩，测土样 39 个，平均每亩增产 11.3%。在城郊、柳杨堡、高沙窝整乡推广地膜种植花生 576 亩（其中旱地 150 亩），签订种植合同 7 份，产前提供花生种子 2062 公斤、地膜 4430 公斤、化肥 7300 公斤，当年平均亩产花生 153.4 公斤。

1993 年，县供销合作社组织技术人员义务为柳杨堡、城郊、麻黄山等乡 11 户果农修剪果树 1383 株。通过连续两年服务，经过修剪的果树长势良好，挂果率有较大提高。全年在城郊、高沙窝等 5 个乡镇实施测土配方施肥面积扩大到 736 亩，比上年增加 526 亩。通过对吴记圈村吴永红家实施配方施肥种植小麦 4.5 亩进行测试，平均亩产达到 400 公斤，比对照田亩产高出 100 公斤左右。县供销合作社在巩固提高已有 5 个庄稼医院服务功能的同时，新组建成立了惠安堡、麻黄山等 4 个庄稼医院。全县庄稼医院共计接待农户问诊咨询 3170 人次，开具处方 454 份，印发各种实用农技资料 3 万余份；农资公司充分发挥庄稼医院综合服务优势，先后组织技术人员深入田间地头开展服务 80 余人次；柳杨堡一户果农与农资中心庄稼医院签订为期 3 年的服务合同，为其 800 亩果树修剪管理提供有偿技术服务。

1994 年，盐池县供销合作社把科技兴农服务列为重要工作，切实增强为农服务意识。农资公司中心庄稼医院共计发放科普资料 3000 余份，组织观看科技录像 500 余人次，培训农民 580 余人。继续组织新农药试用、测土配方施肥；

引进啤酒大麦套种玉米、五寸参胡萝卜种植试验示范；全县庄稼医院坐堂接待求诊咨询农民群众3000多人次，开处方413份，下乡巡诊及现场指导160多人次，为农民修剪果树1062株。

1995年，农资公司中心庄稼医院先后组织农民科技培训189人次，接受农民群众求诊咨询4200余人次，开具各种病虫害处方540份；义务为农民群众修理农药机械12架次；为后洼、城郊、柳杨堡等乡31户果农修剪果树1200余株。农资公司中心庄稼医院与冯记沟乡信用合作社和供销合作社组成联合服务体，共同为丁记掌村8个农民小组近1000亩地膜西瓜栽培提供技术服务，并将种子、化肥、农膜等生产资料送到田间地头。8个村民小组全年地膜西瓜收入约26万元，约占8个村全年总收入的25%，农户人均增收180元。

1996年，盐池县供销合作社生资公司全年印发农业科技资料2000余份，组织农技人员深入田间地头开展培训75人次；开展小麦全蚀病综合防治835亩；组织开展花生"起垄不压土"栽培技术、"绿风95"与"秸秆施肥浸种"等新技术实验示范；为扬黄灌区650亩试验田提供各个环节技术咨询和指导服务。全县庄稼医院接待咨询问诊群众5000余人次，开具病虫害处方600余份，组织技术人员下乡巡回服务140余人次，为农民义务修剪果树510株，免费修理喷雾器15架次。生资公司中心庄稼医院生资柜组全年销售额达到111.3万元。

1997年后，全县庄稼医院坚持开展农业科技宣传、服务工作，深入田间地头进行测土配方施肥实验，组织对"扑虱蚜""活力168"等8种新农药及蔬菜新品种进行示范种植；持续为黄灌区试验田提供综合技术咨询服务。

1999年，全县供销合作社系统继续保留中心庄稼医院1个，基层社庄稼医院8个，但由于人员技术等各种原因，农业科技服务工作开展得不尽如人意，个别基层庄稼医院由于长期未开展服务工作，名存实亡。为解决上述问题，县供销合作社除安排农资人员进行学习培训外，加强农资新技术、新品种引进试验示范；城郊、大水坑、王乐井三个基层社主动与乡政府联系，开展测土施肥、配方用药、试验示范等服务项目，指导农民科学种田。农资公司中心庄稼医院开展测土施肥600亩，开具用药处方600余份，开展种植试验示范田150余亩；举办现场培训班，培训农民400余人次。麻黄山供销合作社聘请技术人员义务为果农修剪果树，现场讲解果树种植实用技术；组织为后洼乡后洼村、沙崾岘村群众种植小麦、西瓜进行病虫害防治，收到良好效果。

2000年，全县大部分庄稼医院尚能维持基本服务功能开展，但服务延展性、创新性已明显表现不足。

2001年，盐池县委常委会任命高志强为供销合作社庄稼医院院长。2003年，全县农业科技服务职能统一划归县农业局农技推广中心负责。2月，县委常委会免去高志强供销合作社庄稼医院院长职务，调县农技推广中心工作。

第三节 流通信息

2000 年，盐池县供销合作社在扬黄灌区成立了两个村级综合服务站，规模不是太大，但生产生活资料一应俱全。服务站同时配备庄稼医生进行农技服务，很受灌区农民欢迎。当年拟在高沙窝、王乐井乡筹备组织农民成立葵花、土豆专业合作社，解决农民"卖难"问题，由于全年持续干旱，年内未能挂牌。

2005 年 2 月，国家商务部启动"万村千乡市场工程"，其目的是通过引导流通企业在农村开展连锁经营，构建以县城区店为龙头、乡镇店为骨干、村级店为基础的农村现代流通网络，从而进一步满足农民消费需求，改善农村消费环境，扩大农村消费。"万村千乡市场工程"不是简单地改造店面，解决基础硬件建设，而是要通过工程实施建立连锁配送，保持长期消费增长和农村市场繁荣。

2006 年，盐池县委、县政府决定成立以分管副县长为组长，商务、财政、银行、供销、农业、药检、工商等部门为成员的实施"万村千乡市场工程"领导小组，研究制定实施方案，按照基本工作程序，推荐确定由县供销合作社农资公司承办"万村千乡市场工程"项目建设。截至 9 月底，全县完成第一批 34 家"农资农家店"改造建设任务，经过县经贸局检查验收，全部达到国家商务部及自治区商务厅规定标准，挂牌营业。县供销合作社要求生资公司对所有农资农家店严格落实农资商品经营承诺制，积极开展农资

经营诚信单位建设。通过推荐评定，高沙窝、惠安堡等 13 家基层农资农家店被自治区质量技术监督局和供销合作社评为"农资经营诚信单位"。

2006—2010 年，全县累计建成农资农家店 66 个（其中农资农家店 13 个、农家店 53 个），分年度为 2007 年 24 个、2008 年 17 个、2010 年 25 个。

盐池县供销合作社组织开展"万村千乡工程"建设的具体实施办法是，广泛宣传"万村千乡市场工程"农家店建设相关政策、标准，主动征求各乡镇党委、政府意见建议，在店主自愿申请基础上，委托县农资公司按照上级部门下达指标落实改造建设布点规划，报县经济和商务局审定后，由县农资公司依据商务部制定的《农家店建设与改造规范》《国内贸易行业标准第 1 号修改单》（商务部 2005 年第 39 号公告）《商务部关于印发农资农家店建设与改造规范的通知》（商建发〔2005〕543 号）等相关标准要求提出具体建设或改造方案，垫资给店主统一配置货架。农家店建设或改造结束后，由县经济和商务局会同县财政局初验合格后报自治区商务厅会同财政厅组织验收。投资较大农家店验收合格后，除无偿给予已配货架外，还适当给予一定资金补助。

盐池县实施"万村千乡市场工程"除把店面改造成小超市外，按照工程要求实行连锁经营、统一配送。农资生产资料由县农资公司直接配送，日用百货采取第三方加盟，由大水坑贸易公司批发部暂时负责统一配送。2013 年，县供销合

作社组织对全销系统企业进行调查审核，确定符合条件新合作配送中心1家（盐池县新合作配送中心）、乡镇新合作商贸中心4家（惠安堡镇新合作商贸中心超市、冯记沟乡新合作商贸中心超市、王乐井乡新合作商贸中心超市、大水坑镇新合作商贸中心超市）；新建塞上农民新居6家（王乐井乡官滩村、郑家堡子村，冯记沟乡务工移民新村、汪水塘新村，大水坑镇石油新村，青山乡猫头梁村）；村镇超市改造升级日用品农家店10家（花马池镇左记湾村、柳杨堡村，青山乡青山村、王四滩村，大水坑镇西村，冯记沟乡马儿庄村，惠安堡镇惠安堡村、萌城村、杜记沟村，王乐井乡鸦儿沟村）。全县农资店经营生产资料由县供销合作社农资公司统一配送，配送率达到100%；2016—2018年由于全县改造和建设新店面较少，日用百货由县新合作配送中心负责配送，基本能够满足需求。之后随着农家店建设数量规模不断扩大，配送能力不足问题日益凸显，引起上级部门重视，要求另选一家企业加强配送中心建设。县供销合作社通过对全县商品流通企业进行调查，按照资格条件择优原则，选定杨龙批发部为全县农家店日用百货配送企业。

通俗地理解，"万村千乡市场工程"就是送超市下村，让农民群众也像城里人一样，在自家门口逛超市。农家店经营模式，改变了过去农民群众"油盐酱醋在村里，日常用品赶大集，大件商品进县城"消费模式，为农民群众提供便捷的消费平台。截至2015年，全县共建成农家（农资）店78个。2015年，根据自治区商务厅《关于宁夏回族自治区"万村千乡市场工程"信息化改造试点工作实施方案的通知》精神，盐池县供销合作社于年初组织对全县78家农家店进行调查摸底和审核确认，筛选出10家功能设施较好的农家店，上报争取"万村千乡市场工程"信息

化改造项目，配备收款机、扫描枪、转账电话等设备。

经过近10年建设，全县78家农家（农资）店已经成为农村经济发展新亮点：农村群众购物环境得到明显改善；有效抵制不安全食品、药品流入农村，为农民群众筑起放心消费屏障；生活日常品城乡同价得以真正体现；销售业绩、利润不断提高，取得了较好的经济和社会效益。

2009年，由盐池县人民政府主导，县供销合作社牵头组建成立了"盐池县绿源农产品物流有限公司"（以下简称"绿源公司"），6月9日正式挂牌成立。绿源公司由县农业局、环境保护与林业局、畜牧局、经贸局、就业局、农经站、乡企服务中心、市场服务中心等部门单位组成成员单位，主要经营蔬菜、马铃薯、西甜瓜、水果、畜产品、小杂粮、中药材批发；组织对蔬菜、马铃薯、畜产品、小杂粮等农产品进行分拣、冷藏、运输加工，开展农产品进出口贸易。绿源公司以开展新兴业务、吸纳社会优质资产、吸引各方优秀人才为导向，联合相关机构、人员加盟，组织相关部门、乡镇培育农民专业合作组织和购销大户建设农产品交易中心，完善上网竞价技术体系，支持农产品销售和环保实时监控，为形成公平竞争、开放有序的农产品物流市场提供基础条件，搭建平台。

2010年，由自治区供销合作社、盐池县供销合作社、高沙窝供销合作社、高沙窝村委会联合在高沙窝村建立了"高沙窝农村综合服务社"（简称"服务社"）。服务社按照政府引导、多方参与、整合资源、市场运作原则，建设主体多元、功能完备、便民使用的农村综合服务平台；按照农业生产生活实际需要、拓展服务领域、创新服务方式，在搞好农资、农副产品、日用百货购销经营基础上，开拓实践文体娱乐、养老、幼教、

表5—3—1 盐池县供销合作社系统"万村千乡市场工程"加盟店经营情况

地址	中心直营或农资加盟店名称	类别	销售额（万元）			连锁（加盟）店数			配送
			小计	零售	售给农户	小计	直营	加盟	
花马池镇	盐池县花马池镇花马池村加盟店	21	2		2	1		1	
	盐池县花马池镇盈得村加盟店	21	2		2	1		1	
	盐池县花马池镇柳杨堡村加盟店	21	2		2	1		1	
	盐池县花马池镇左记湾村加盟店	21	2		2	1		1	
	盐池县花马池镇城西滩加盟店	21	2		2	1		1	
	盐池县花马池镇南门新村加盟店	21	2		2	1		1	
	盐池县花马池镇郭记沟加盟店	21	2		2	1		1	
高沙窝镇	盐池县高沙窝供销社	21	8		8	1			
	盐池县高沙窝镇苏步井村加盟店	21	4		4	1		1	
	盐池县高沙窝供销社	13	1	1		1	1		
王乐井乡	盐池县王乐井乡供销社	21	14		14	1		1	
	盐池县王乐井乡鸦儿沟村加盟店	21	3		3	1		1	
	盐池县王乐井乡郑记堡子加盟店	21	3		3	1		1	
	盐池县王乐井供销社	13	1	1		1	1		
	盐池县王乐井供销社鸦儿沟分社	13				1	1		
冯记沟乡	冯记沟供销社	21	9		9	1		1	
	盐池县冯记沟乡马儿庄村加盟店	21	5		5	1		1	
	盐池县冯记沟乡双庄村坑加盟店	21	3		3	1		1	
	盐池县冯记沟供销社马儿庄分社	13				1	1		
	盐池县冯记沟供销社	13	1	1		1	1		
青山乡	盐池县青山供销社	21	4		4	1	1		
	盐池县青山供销社	13				1	1		
苏步井村	盐池县苏步井供销社	13				1	1		
惠安堡镇	盐池县惠安堡供销社	13	2	2		1	1		
	盐池县惠安堡李记沟加盟店	21	5		5	1		1	
	盐池县惠安堡杜记沟加盟店	21	6		6	1		1	
	盐池县惠安堡供销社	21	21		21	1	1		
	盐池县惠安堡供销社萌城分社	13				1	1		
县城	盐池供销社兴农农业总公司	21	421		421	34	8	26	
	盐池县供销社兴农农业公司	21	243		243	1	1		
	盐池县种升超市	13				1		1	
	盐池县城胡杨杂货中心	13				1		1	
	盐池县城郑勇批发部	13	1	1		1		1	
	盐池县城亚西亚批发部	13	1	1		1		1	
	盐池县城菊鹏批发部	13				1		1	

地址	中心直营或农资加盟店名称	类别	销售额（万元）			连锁（加盟）店数			配送
			小计	零售	售给农户	小计	直营	加盟	
县城	盐池县城勇自手机批发部	13				1		1	
	盐池县城新华自选超市	13				1		1	
	盐池县城新兴日杂综合部	13	1	1		1		1	
	盐池县供销社生资总公司	13	32	32	85	23	15	8	1
	盐池县供销社生资公司	13	16	16		3	3		1
大水坑镇	盐池县供销社大水坑贸易公司	21	20		20	1	1		
	大水坑镇向阳村农资加盟店	21	4		4	1		1	
	盐池县大水坑镇二道沟加盟店	21	4		4	1		1	
	盐池县大水坑镇牛记寨子村农资加盟店	21	4		4	1		1	
	盐池县大水坑贸易公司	13	4	4		1	1		
麻黄山乡	盐池县麻黄山乡松记水	21	4		4	1		1	
	盐池县麻黄山供销社	21	12		12	1	1		
	盐池县麻黄山乡李塬畔	21	4		4	1		1	
	盐池县麻黄山乡沙崾岘	21	4		4	1		1	
	盐池县麻黄山乡前塬	21	4		4	1		1	
	盐池县麻黄山乡后洼分社	13	4		4	1		1	
	盐池县麻黄山乡陈记洼	21	4		4	1		1	
	盐池县麻黄山乡管记掌	21	4		4	1		1	
	盐池县麻黄山乡凉风掌	21	4		4	1		1	
	盐池县麻黄山乡赵记湾	21	4		4	1		1	
	盐池县麻黄山乡李记畔	21	4		4	1		1	
	盐池县麻黄山供销社	13	1	1		1	1		

表5—3—2　2012—2020年盐池县供销合作社基层社销售情况（单位：万元）

年份	高沙窝供销社	城郊供销社	王乐井供销社	惠安堡供销社	冯记沟供销社
2012	1300	302	70	100	100
2013	1308.7	330	42.6	104	92.5
2014	1318	343	24	116	73
2015	1298	268	25	122	72
2016	1145.7	150	26.5	123.9	75.2
2017	1276.8	173	29	137	81
2018	1380	187	31	148.1	83.7
2019	1430.8	179	32	138	79.4
2020	1388	169	31	130	80.2

劳动就业、信息培训等综合服务。服务社基础设施建设投资 79 万元，包括阅览室、活动室、浴室、销售门店，建筑面积 672 平方米；投资 21 万元建设 320 平方米库房一座；投资 20 万元配套基础设施建设。以上共计投资 120 万元，其中自治区供销合作社投资 60%，县供销合作社投资 30%，高沙窝供销合作社投资 10%。征地 1334 平方米需补偿费 5 万元，由高沙窝村委会负责落实解决。项目由高沙窝供销合作社负责承建，并对该项目资金实行统一管理，由自治区供销合作社对项目进行指导监督；由高沙供销合作社或高沙窝村委会确定一名负责人兼任服务社主任，组成理事会对服务社日常经营活动进行管理。

2017 年，盐池县供销合作社依托国家电商进农村综合示范县项目建设，培育"宁夏盐池绿农在线"等一批电子商务龙头企业；利用供销合作社经营服务网点优势，打造大水坑供销合作社电商服务旗舰店，10 月初投入运营，截至 12 月销售额达到 120 万元；通过推进"两个体系"（农业社会化服务体系和新型基层组织体系）建设，加强基层经营服务网点信息化改造，打造惠安堡黄花供销合作社电商服务站，7 月份投入运营，销售黄花 41 吨；依托盐池县新农现代农业发展有限公司及其下设专业合作社作用，成立土地托管流转农业综合信息服务中心，建立试验示范基地和培训基地，采用"宽膜双垄覆膜"种植技术，引进新品种进行种植栽培，为生产者提供测土配方、农机作业、收储加工、农民培训、技术咨询等全方位服务，全年完成土地托管 1 万亩。

2018 年，盐池县供销合作社争取"两个体系"（农业社会化服务体系和新型基层组织体系）建设项目（1 万亩青储玉米土地托管新建项目）1 个；围绕惠安堡黄花产业以及农业社会化服务体系中的薄弱环节，采取"嫁接式""联合式"等办法加强与专业大户、家庭农场合作社、涉农企业开展全方位合作，发展网上销售等业务，提供黄花产中、产后全程服务。全年销售黄花干菜 70 吨，托管种植黄花 2800 亩，配送黄花种苗 400

2016 年 10 月，盐池县供销合作社大水坑贸易公司电商旗舰店完成升级改造，正式开业

2019年，盐池县供销合作社开展使用无人机进行植物病虫害防治新业务

万株，组织实施病虫害防治2万亩。

2019年，盐池县供销合作社立足当地特色产业发展实际，采取"嫁接式""联合式"等办法与专业大户、家庭农场、合作社、涉农企业开展全方位合作，发展网上销售等业务，全程开展黄花产中、产后社会化服务；成立土地托管流转农业综合信息服务中心，引导专业合作社、农业大户积极参与土地托管服务，为农户提供测土配方、无公害种植、科学施肥、生物防治病虫害等全方位服务。全年完成土地全托管、半托管服务3万亩，配送黄花种苗400万株，销售黄花菜180吨。

2020年，盐池县供销合作社以现代农业综合服务中心为依托，在农资供应、配送、赊销等传统服务基础上，拓宽为农服务形式，打造农资超市和农产品电商超市，为农民提供质优价廉的农资产品，为农业生产者提供技术推广、病虫害防治、测土配方、田间诊断、推介新品种、土地托管等服务。全年完成农机作业5万亩，全托管土地2万亩；组织病虫草害防治等半托管服务4.2万亩；测土配肥施肥1万亩；农资供应1万余吨；水肥一体化技术课堂培训30余次，举办人才培训班2期，培训学员180人次；无人机"飞防"服务面积3万亩。

第四节　示范项目

2011年，根据自治区供销合作社、农业开发办公室《关于对2010年度农业综合开发供销社新型合作示范项目进行验收的通知》，盐池县供销合作社会同县农业综合开发办公室对盐池县5000吨马铃薯保鲜储存窖新建项目进行验收。该项目是为适应山区旱作农业发展趋势、推动马铃薯产业规模化发展而实施。项目建设储藏窖1万立方米，宽25米、长80米、深5米、地下3米、地上2米，建设交易设施300平方米、铺设路面600平方米；总投资270.29万元，其中中央财政扶持资金55万元，自治区扶持资金19.8万元，县政府扶持资金2.2万元，自筹资金197.29万元。

2013年，为认真贯彻自治区人民政府《关于加快供销合作社改革发展的意见》（宁政发〔2012〕35号）精神，盐池县供销合作社启动实施了"4321"工程，即：进一步发展完善覆盖全县乡村的农资经营服务、日用消费品经营、农副产品购销、再生资源回收利用"四大现代经营网络"，搭建农民专业合作、农村社区、行业协会三大服务平台，提升供销合作社为农业综合服务和自我发展两大能力，突出发展农副产品现代购销网络。积极适应现代农业发展要求，支持农业合作社积极开拓农产品市场，打造外销平台，强化产销对接，拓展销售渠道，并为此推进了一批项目建设。全县特色农产品市场份额不断扩大，农村现代流通网络逐步完善，农村日用消费品经营网络得到全面提升，供销合作社服务能力不断加强，合作社组织建设方式、社有企业经营机制不断创新。

2017年8月，根据自治区党委、政府《关于深入推进农业供给侧结构性改革加快培育农业农村发展新动能的实施意见》（宁党发〔2017〕1号）和《自治区人民政府办公厅转发自治区供销合作社关于开展"两个体系"建设试点方案的通知》（宁政办发〔2017〕65号）精神，为扎实推进现代农业社会化服务体系和新型基层组织体系（简称"两个体系"）建设试点工作，自治区供销合作社与盐池县人民政府签订如下合作协议：

1. 自治区供销合作社将自治区财政支持供销合作社综合改革专项资金500万元，通过宁夏供销集团有限公司（以下简称"供销集团"）以股权形式投入盐池县政府推荐选定的农业产业化龙头企业——宁夏盐池县鑫海清真食品有限公司，实施2017年宁夏吴忠市盐池县2000吨滩羊熟肉食品生产加工新建项目。2. 盐池县政府协调有关部门形成合力，整合涉农项目资金，加大对"两个体系"建设试点投入，利用闲置场所和资产资源，以资本注入方式支持"两个体系"建设，形成资产由盐池县供销合作社代为持有和管理使用。3. 为确保项目建设正常进行和资金安全运行，盐池县政府安排有关部门做好监督管理工作。当合作企业不能实现经营目标、不能如期完成约定投资回报，或改变投资和为农户服务方向，不能

表5—4—1 2008—2011年盐池县供销合作社项目建设情况

项目名称	建设时间	注册资本（万元）	实施单位	投资（万元）	建成运营时间
5000吨马铃薯保鲜储存项目	2010.3—10	300	盐池县裕农马铃薯种植专业合作社	274.97	2011年建成投入运营
滩羊、滩鸡收购、加工、销售一体化流通网络工程项目		4000	宁夏余聪食品有限公司	3526	2011年建成投入运营
宁夏余聪清真食品有限公司便民惠农服务项目		3000	宁夏余聪食品有限公司	2350	2011年建成投入运营
宁夏余聪清真食品有限公司农副产品配送中心		4000	宁夏余聪食品有限公司	3900	2011年建成投入运营
宁夏余聪清真食品有限公司农副产品配送中心		2000	宁夏余聪食品有限公司	1150	2011年建成投入运营
宁夏余聪清真食品有限公司2011农副产品冷链物流升级改造项目		1000	宁夏余聪食品有限公司	880	2011年建成投入运营
盐池县聚合综合服务有限公司日用消费品现代经营网络建设项目	2010.3	500	盐池县聚合综合服务有限公司	480	2011年建成投入运营
盐池县宗源食品有限公司畜产品定点冷链物流交易市场建设项目		5000	盐池县宗源食品有限公司	4526	2011年建成投入运营
盐池县城郊供销合作社日用消费品现代经营网络建设项目	2010	300	盐池县城郊供销社	250	2011年建成投入运营
盐池县麻黄山供销合作社日用消费品现代经营网络建设项目	2009.3	300	盐池县麻黄山供销社	250	2011年建成投入运营
盐池县麻黄山供销社农资农产品连锁经营网络建设项目		2000	盐池县麻黄山供销社	1300	2011年建成投入运营
盐池兴农农业生产资料有限公司建设，改造配送中心及连锁经营以奖代补项目	2010	2000	盐池兴农农业生产资料有限公司	1882	2011年建成投入运营
盐池县民惠园设施农业专业合作社蔬菜配送、连锁经营项目	2008	200	盐池县民惠园设施农业专业合作社	110	2010年建成投入运营
高沙窝农村综合服务社建设项目	2010.4—7	200	高沙窝供销社	120	2011年建成投入运营
盐池县供销合作社实施日用消费品现代经营网络建设项目	2010		盐池县供销合作社		2011年建成投入运营

注：以上填报情况为2012年3月盐池县供销合作社专项报告（见盐供字〔2012〕9号）。

履行供销集团与合作企业大股东约定条款时，县政府采取协调同类企业回购措施，确保供销集团投入股本金及时安全回笼。4. 自治区供销合作社根据自治区农业农村工作年度考核要求，对盐池县政府承担"两个体系"建设任务进行督查考核；配合自治区相关部门加强对财政投入资金的管理和审计监督。5. 盐池县政府对投资企业生产、产品安全和环境保护依法履行全面监督职能。6. 盐池县政府要及时总结"两个体系"试点建设经验做法，做好宣传交流和推广复制工作。7. 盐池县供销合作社要把推进"两个体系"建设作为深化改革、创新发展的根本抓手，尽职尽责做好对试点企业监督管理和协调工作。8. 盐池县政府切实加强对供销合作社改革发展的领导，支持供销合作社大胆实践创新，落实已出台相关政策，抓好相关具体措施落实，确保试点建设有序推进、服务三农取得实效。9. 自治区供销合作社和盐池县政府共同成立"两个体系"联合工作领导小组，协调解决试点工作中有关问题，推动试点工作有效落实。

为扎实推进"两个体系"建设试点工作，县供销合作社积极与上级部门沟通对接，申报确认宁夏吴忠市盐池县 200 吨滩羊肉熟食品深加工新建项目 1 个，争取项目资金 500 万元。根据自治区合作供销社《2017 年度新老工程专项资金管理办法》（供销财宁〔2017〕42 号）精神，推荐宁夏盐池县鑫海清真食品有限公司 3200 吨滩羊肉加工基地升级改造项目为 2017 年度新网工程建设项目，项目总投资 2030 万元，改造加工车间 2600 平方米、屠宰车间 840 平方米，新建冷藏库 1200 平方米，购置加工车间区域温控设备 2 套，购置大型冷藏设备 1 套，其他配套设备 12 台套；推荐盐池县兴隆现代农业发展有限公司万亩组合宽膜一体化种植土地托管新建项目为 2017 年度"新网工程"建设项目，项目总投资 2041 万元，兴建综合储备库 1600 平方米、农资库 1200 平方米、农机库 1200 平方米、农机维修车间 900 米，购置组合宽膜一体机智能配肥生产线和青贮收割及残膜回收机等设备计 50 台套。

2018 年，盐池县供销合作社争取"两个体系"建设项目 1 个（盐池县 1 万亩青贮玉米土地托管新建项目），到位资金 600 万元。

2020 年，盐池县供销合作社积极申报宁夏新型基层组织体系建设项目和闽宁扶贫协作项目资金 120 万元，自筹资金 175.4 万元，对大水坑、城郊、王乐井供销合作社进行了改造提升。

第五节　餐饮旅店

1953 年，盐池县供销合作社在县城开设食堂，从外地聘请厨师，饭菜花色品种较多，很受群众欢迎。1949 年 10 月至 1956 年 5 月，社会主义改造初步完成。盐池县以旧手工业作坊从业人员为基础，组织改造饮食业合作 8 户 10 人，服务业合作旅社、联营小组 14 户、17 人。1956 年农村合作饭馆由供销社归口管理。1958 年人民公社化后，大办集体食堂，吃大锅饭，农村合作饭馆停业撤销，过渡为供销社网点，同年，供销合作社与国营商业合并，供销社设在县城的饭馆改为国营饭馆。

1962 年，盐池县恢复成立供销合作社，农村集市贸易也随之恢复。政策允许供销合作社系统饮食业实行"高进高出"（高采买、高卖出），自行采购原材料，补充国家供应之不足。当年盐池县供销合作社在农村的饮食业饭馆有较大发展，并且在年末有了回民饭馆。这些餐饮饭馆多设在基层供销合作社，或距供销合作社不远处。山区地广人稀，农民到公社办事或出售农副产品时，往返几十里，需要打个尖、吃顿饭。基层供销合作社为群众着想，即使地处偏僻、过往行人不多、营业额不大的基层社，也都因陋就简开个小饭馆，虽饭菜品种不多，但至少能让群众吃上口热饭，很受农民群众欢迎。

1976 年，盐池县食品加工厂开始制作批发冰棍等简单冷饮。县城还开设照相馆、理发馆各 1 家。

1980 年，全县 15 个基层供销合作社共计设立营业食堂 11 个（其中回民食堂 3 个），从业人员 43 人，全年营业额 24.3 万元，实现净利润 2.5 万元。11 个营业食堂中有 5 个亏损，其中大水坑食堂亏损 3056 元。是年，县供销合作社系统开设旅店 7 个，从业 12 人，全年营业收入 4.5 万元，实现利润 0.97 万元。

1981 年，农村实行家庭承包经营责任制后，个体私营旅店兴起，供销合作社系统所办旅店业务收入日趋下降。

1982 年底，全县供销合作社系统营业食堂减少到 4 个，有旅店 2 个。

1982 年，大水坑汉民食堂、食品加工厂、回民食堂、旅社、冰棍厂实行承包经营。大水坑食堂全年营业额 84491 元，比上年减少 19608 元，实现利润 217 元。

1983 年后，随着经济体制改革和市场开放，个体餐饮业逐年增加，盐池县供销合作社饮食业经营受到冲击，大多出现亏损。为扭转经营不善局面，县供销合作社将大水坑社所属饮食、修理等服务业务分离经营，组合成立了大水坑饮食服务社，为独立核算企业。之后随着私营餐饮服务业陆续增加，饮食服务社经营状况仍未能摆脱亏损局面，于 1986 年重归大水坑供销合作社管理。当年，王乐井、青山、麻黄山基层供销合作社旅店因亏损停业，其余各基层社旅店或采取租赁或由职工承包经营。

1986 年 9 月盐池解放 50 周年大庆时，县供

表 5—5—1　1980 年盐池县供销合作社系统餐饮服务情况统计表（单位：万元）

供销社名称	网点合计	食堂				旅馆			
		网点	人员	营业额	利润	网点	人员	营业额	利润
合计	18	11	43	24.3	2.5	7	12	4.5	0.97
县社									
高沙窝	2	1	4	2.05	0.4	1	1	0.4	0.2
苏步井	1	1	2	0.85	0.01				
王乐井	2	1	2	0.83	0.07	1	1	0.1	0.07
青山	2	1	3	2.18	0.013	1		0.16	0.04
大水坑	3	2	12	8.29	0.6	1	4	1.9	0.2
惠安堡	3	2	11	4.8	0.3	1	3	1.3	0.3
麻黄山	2	1	2	1.3	0.14	1	1	0.1	0.04
马儿庄	1	1	2	1.4	0.74				
冯记沟	2	1	5	2.1	0.15	1	1	0.3	0.09

销合作社综合大楼建成投入使用。

1987 年，盐池县供销合作社所属服务业营业总额 6.18 万元，实现净利润 1.46 万元。

1987 年在供销合作社大楼三楼增设招待所（旅馆部），设有 50 个床位。并在大楼西侧建成 200 平方米的餐厅，于 1988 年开设了供销餐馆和冷饮店。是年，供销合作社各基层社饮食业实行承包经营，全年饮食业营业额达到 29.68 万元，实现净利润 1.13 万元。

1988 年，盐池县供销合作社与县劳动服务公司联营，于 1989 年在劳动服务公司新建大楼三楼开设旅馆部，共设床位 64 个。

1990 年后，盐池县供销合作社除大水坑基层社外，其余基层社服务业因亏损经营而相继停办。

1989—1994 年，全县供销合作社系统饮食业营业额年均达到 44.75 万元，最高 1992 年达到 60.3 万元，实现净利润 5.8 万元。1994 年后，城乡饮食业迅猛发展，竞争激烈。1997 年，供销合作社系统饮食业仅剩县城和大水坑两家，其他基层社饮食业相继停办。

1999 年，全县供销合作社系统只剩下 3 家餐饮、旅店服务网点，全部实行了租赁经营。

2000 年 3 月，经过县供销合作社主任办公会议研究决定，向县政府呈报了《关于对综合贸易公司"旅馆部承包经营的报告"》（盐供字〔2000〕10 号）的报告，经县政府同意，将综合贸易公司旅馆部承包给本公司职工经营。承包期间每年上交公司各项提留 2.7 万元。承包期内与公司隶属关系不变。

2000 年 5 月 22 日，经县供销社合作主任办公会议研究并请示县政府同意，决定按照《关于综合贸易公司冷饮部承包经营的报告》（盐供字〔2000〕27 号）规定，对供销社综合贸易公司冷饮部实行承包经营。承包期从 2000 年 3 月 15 起至 2000 年 12 月 30 日止。承包形式采取个人承包、自主经营、单独核算、费用自理、自负盈亏。承包人承包期上交公司各项提留 6336 元。

2000 年后，盐池县供销合作社餐饮、旅店服务业退出市场竞争。

第六章

基层社企业

1954 年 7 月，中华全国合作社联合总社更名为中华全国供销合作总社。到"一五"末（1957 年）全国农村供销合作社基本完成构架，中央成立总社，省、地（市县）相应成立了供销合作社联合社，区（乡镇）成立供销合作社和分销店、村设立"双代店"。

1951 年 3 月，在宁夏省合作局和盐池县委、县政府领导下，恢复建立了县联社和一区（城区）、二区（高沙窝）、三区（王乐井）、四区（侯家河）、五区（大水坑）5 个合作社，并在新解放区惠安堡成立了六区（惠安堡）合作社；1952 年 9 月，新组建成立了七区（麻黄山）合作社。

1958 年 9 月，盐池县在原有 7 个区基础上，更名成立了五星、国庆、红星、奋勇、星火、先锋、跃进 7 个人民公社，区、乡建制撤销。不久之后，上述各公社又以原驻地名分别更名为城郊、余庄子、王乐井、侯家河、大水坑、惠安堡、麻黄山公社。根据 7 月 12 日盐池县人民委员会发出《关于改进商业机构的通知》，将县商业局、城市服务局、供销合作社三个商业机构合并组成"盐池县商业局"，各公社供销合作社均改称为"商店"，对外仍保留供销合作社名义，挂两块牌子。1960 年冬，余庄子供销合作社更名为高沙窝供销合作社。1961 年，全县各公社基层供销合作社全部恢复，均以公社所在地命名；同时盐池县人民委员会决定从侯家河、惠安堡、大水坑 3 个公社各划出一部分地区增设马儿庄公社，1962 年成立马儿庄供销合作社。1963 年侯家河供销合作社划归大水坑供销社管理，变为大水坑供销合作社中心商店。1967 年侯家河中心商店改建为侯家河供销合作社。1968 年全县各公社再次纷纷更换带有革命色彩的名称，各基层供销合作社也随之改名为东风（城郊）、向阳（高沙窝）、青山（侯家河）、东方红（大水坑）、红星（惠安堡）、曙光（马儿庄）、红旗（麻黄山）供销合作社。1969 年，全县农村商业管理体制进行改革，各公社所在地 8 个基层供销合作社改为"供销服务社"，并将原来由县供销合作社直接管理权限改由所在地公社革委会领导，供销服务社人员调配由公社确定；各公社 15 家供销合作社分销店改为"供销服务部"。到 1972 年，全县 8 个公社中有 7 个恢复以前旧称（青山公社未恢复），供销合作社名称也随之恢复从前旧称。

1976 年，除青山公社未作变动外，其他 7 个公社均一分为二，进行分设：城郊公社分设出柳杨堡公社，高沙窝公社分设出苏步井公社，王乐井公社分设出鸦儿沟公社，大水坑公社分设出红井子公社，马儿庄公社分设出冯记沟公社，惠安堡公社分设出萌城公社，麻黄山公社分设出后洼公社。全县公社由原来的8个增加到15个，所辖供销合作社也由8个增设为15个。其中后洼供销合作社是在1966年建立的冯记疙瘩分销店（麻黄山供销社分销店）基础上成立的。1984年1月5日，根据县级机构方案，全有原有15个公社中14个均改为乡，城郊公社改为城郊区（1988年9月城郊区撤销，改为城郊乡），各乡供销合作社名称随之变更。

2001年7月16日，盐池县人民政府成立供销合作社社属企业改制工作指导小组，全县供销合作社企业改制正式启动。2002年5月，根据自治区统一安排，盐池县实行撤乡并镇，全县原来16个乡调整为4镇4乡：花马池镇、大水坑镇、高沙窝镇、惠安堡镇、王乐井、冯记沟乡、麻黄山乡、青山乡。随着全县撤乡并镇，供销合作社基层社机构改革、企业改制同步进行。

1981年，盐池县供销合作社所属生资果品日杂经理部（供应股）、农副产品经理部（农副股）分别为独立核算单位。1984年4月21日，根据盐池县人民政府盐政发〔1984〕71号文件批复，县供销合作社下辖农副产品经理部、生资日杂经理部。1986年，县供销合作社管理职能与经营业务分离，所属综合贸易公司、土畜产公司。1993年4月，盐池县供销合作社集团总公司、大水坑贸易公司成立。1998年7月，成立了农业生产资料公司。2001年5月，盐池县供销合作社集团总公司变更为盐池县荣发皮毛绒公司。2001年8月，盐池县供销合作社所属农业生产资料公司、土畜产公司、综合公司、联营公司4家企业完成改制。2002年10月成立了盐兴农业生产资料有限责任公司。2007年8月，大水坑贸易公司完成改制。2008年，盐池县供销合作社各基层社通过改制后，全系统共有法人企业15个，通过直销店发展连锁店47家。

2020年，盐池县供销合作联合社直属公司2家（盐池兴农农业生产资料有限责任公司、大水坑贸易公司），基层社9个，分别是花马池、惠安堡、高沙窝、冯记沟、青山、王乐井、麻黄山、柳杨堡、苏步井供销合作社。

第一节　基层供销合作社

一、城郊（城区、一区）供销合作社

城郊（城区、一区）供销合作社成立于 1936 年 8 月。1947 年 8 月，盐池失陷后随之解散。

1943 年 12 月，城区二乡模范合作社成立。主任阎好禄和会计李兴都不太懂业务，采买王存兴也只是跟了两次骆驼（跑运输采购）。采买回来的东西全部放在乡长家里，也不留账。乡长还把合作社的钱拿去私自做生意，引起群众不满。

1944 年 7 月，陕甘宁边区合作社主任联席会议后，城郊社召开社员大会进行社务整顿，之后在三个月内合作社为社员群众办了几件实事：一是由合作社制作纺车 20 架，发给本区贫苦农村妇女，由合作社运输队从华池捎带（代购）回 100 多斤棉花发给群众妇女纺线，并制定出全年纺线计划，解决全乡一半群众穿衣问题；由合作社制作抛梭机 2 架，安排 1 名学徒到县城元华工厂学习织布；组织毛毛匠为群众弹羊毛（纺线原料），支援纺妇生产；农村纺妇纺出来的毛线交到合作社可以直接换取布匹；组织 100 名纺妇，支援元华工厂生产；帮助田记掌村成立民办学校一所，学校设备和教员吃用（工资费用）全由合作社负责，并为靠近民办学校蔡姓人家打水窖一眼，同时解决学校和群众生活用水困难。

1944 年 12 月 15 日，城郊社召开社员大会讨论当年分红问题，共计折算出 60 余万元的社员红利。未入社村民群众因见合作社牟利甚多，纷纷入股合计 140 余万元。田家掌村民李林跟合作社提议说，他家里有些庙地（家庙庙产），可以卖掉得些现钱，加上过去几年收的租子都入到合作社，每年赚些红利好拿来添补学校开支。这个提议得到全村群众赞成，就把庙地卖了 8 万元入股到合作社里。

1949 年 8 月盐池县城光复后，县联社虽已同期恢复建立，但因一时资金不足，于是先在城郊合作社组织开办了城区门市部，及时组织商品，供给城乡群众。

1951 年，在宁夏省合作局、盐池县委、县政府统一安排下，清理整顿全县各基层合作社组织。按照全县统一布局，撤销了县联社门市部，以其全部资产 1550 万元成立了城区合作社，计划当年销售百货 1570 万元、布匹 2900 万元、生产资料（主要为中小型农具）1500 万元。其时城区共有日杂、布匹、百货、客店、甘草收购等商户 57 户，其中汉族商户 37 户，回族商户 24 户，从业者 110 人；共有木匠、铁匠、鞋匠、皮匠、石匠、磨坊、口袋匠、医药等手工业者 32 户、81 人。

1953 年，城区合作社完成生活资料供应总值为 62944 万元，主要为百货、布匹、面粉、食盐、食油等。其中黑糖、白酒、老布等多次脱销断供，翻毛皮鞋、四君子花布、儿童玩具等几乎没有销路，全部积压。收购甘草 12.62 万斤、合计 21673 万元，柴胡 510 斤、合计 168 万元，白羊毛 9550 斤、合计 101880 万元；羊绒 7100 斤、合计 23757 万元，收购各种皮张合计 4425 万元；销售各种生产资料（主要是铁锹、犁铧、铁月）合计 11147 万元。

1954 年上半年，城区合作社生活资料销售总额 10020 万元；旧式农具、料饼（农村榨油副产品）等生产资料销售总额 77267 万元，犁铧、铁锹、锄把、磨刀石、架子车等农村生产用品均赶不上群众需求；上半年完成收购总额 243482 万元，其中羊绒 46907 万元、甘草 33624 万元、二毛皮 5539 万元、绵羊毛 56289 万元。

1955 年，城区供销合作社（1954 年 7 月全国合作社联合总社第一次社员代表大会后，合作社统一更名为供销合作社）完成销售总额 27.7377 万元，占计划任务的 143%，其中完成生活资料销售 25.1039 万元，占计划任务的 168%，比上年增加 34.9%；完成生产资料销售 2.6238 万元，占计划任务的 94.9%，比上年增加 44.3%；完成农副产品收购 20.32354 万元，占计划任务的 86.9%，比上年减少 21.1%。由于当年全县遭遇旱灾，羊只死亡增加，畜产品减产，春毛、秋毛仅完成计划任务的 88.2%，比上年减少 21.1%；甘草收购也未能按计划完成任务。生产资料供应方面，协调组织当地手工业小组加工羊槽、木楼等，满足群众需求；和手工业社订立合同，加工水车、门窗等 200 余件；组织供应木椽、檩条、大梁等建房木材 3000 余根、木板数百丈；采购大牲口 21 头。生活资料供应方面，日用品增加到 1000 种以上，尽量满足群众需要。

1956 年，城区社完成商品销售总额 27.5117 万元（其中城区社完成 25.4815 万元，县贸易公司根据县社规定销售业绩按半数分配城区社 2.0302 万元），占计划任务的 93.83%，其中完成生活资料销售 23.4960 万元，占计划任务的 96.79%；完成生产资料销售 3.9737 万元，占

计划任务的 81.84%；完成农副产品收购总额 27.9879 万元，占计划任务的 112.44%。

1957 年，城区社完成销售总额 16.765639 万元，占计划任务的 98.6%；完成农副产品收购总额 22.632159 万元，占计划任务的 141.45%。生活资料销售方面，以方便群众为目的，不断增加商品花色品种。柳杨堡分销店商品品种由原来的 800 余种增加到 950 余种，张记圈分销店商品增加了 100 余种。为打开小土产、废品物资收购局面，城区社利用正月十五集会、"七月会"（当地集市贸易大会）机会，印发收购价单，宣传质量标准，展示产品等级样品，努力促进收购工作开展。全年收购小土产、废旧物资 44 种，畜产品 35 种；完成废旧物资收购总额 2908.09 元，完成甘草收购 400830 斤，柴胡 2600 斤；收购狐狸皮 93 张。

1965 年 8 月，盐池县委财贸政治部传达全国财贸工作会议精神后，供销合作社系统职工进行了热烈讨论，大家认识到，商业工作面向农村是巩固发展人民公社集体经济的大事，是贯彻执行以农业为基础、以工业为主导的发展国民经济总方针的大事。供销合作社职工积极响应号召，纷纷要求走出柜台，深入农村，争做乌兰牧骑式乡村商业战线轻骑兵。县供销合作社和城关供销合作社（1958 年人民公社化，取消原区乡建制，全县 7 个区划为 7 个人民公社，原城区划为城郊公社）根据职工要求，于 9 月份先后组织 3 个商业服务小组，20 天中深入 16 个生产队开展商品供应购销活动。服务小组下乡，除了携带群众普遍需要的布匹、针织品等大件商品外，还为农村妇女准备了顶针、发卡、发网等小商品，为老年人准备了水烟、卷烟、茶叶等副食品，为小学生准备了作业本、铅笔、橡皮等学习用品，为生产队准备了小胶轮车零件、补胎胶水等生产用品。送货的小车已经装满了，可是临行

表6—1—1　1957年城区供销合作社农副产品收购任务完成情况

品名	单位	计划数（元）	实际完成数	
			数量（斤）	金额（元）
绵羊毛	斤	59000	62707	10687
山羊毛	斤	3400	2137	628
山羊绒	斤	9515	10609.8	112
白二毛皮	张	1850	1940	1047
绵羊皮	张	1000	1488	1488
山羊皮	张	1300	4084	31415
牛皮	张	60	116	1933
驼毛	斤	240	2608	1085
猪鬃	斤	30	30	100
马尾	斤	20	238	117
各种杂皮	张	8700	9108	1047
猪肠衣	根	200	370	185
羊肠衣	根	3000	2024	675
废杂铜	斤	2000	2296	1148
甘草	斤	300000	400830	1336
胡麻纤维	斤	5000		
籽麻纤维	斤	4000	1287	322

前大家还是仔细地考虑着："群众还需要些什么东西呢？"服务小组每到一个生产队，社员群众热情地招呼接待，队干部、群众老大娘忙着替售货员拿凳子、支板凳（充当货物架子），收拾货场。有的生产队因为还没有到决算（年终决算分配）时间，社员手中缺钱，就开会研究决定先预支些钱给社员，好让大家买些东西。队干部们说："供销社的同志为支援农业，把货都送到家门口了，我们不能因为社员手中缺钱，再让你们把货拉回去呀！"商品货物陈列出来了，大家围着货摊，细细挑选。有群众说："今个儿拉来这么多好货，真叫人看着喜欢。平日我们到商店去买东西，人多不便细细挑选，今天可要买些称心货呢。"服务小组到四儿滩生产队送货时，一位年

轻女社员看到紫条绒布激动地说："早就想买点紫条绒做上衣，可是家里孩子多、活也多，哪顾得上进城呀，幸好你们把货送上门来啦，真是谢谢了。"佟记圈生产队一位贫农老大娘走到货摊跟前，细细摸着条绒布感慨地说："旧社会我们家几辈子谁穿过条绒衣服呀，难得今天你们把货送上门来，我老婆子也享享福，就买点做件新衣服穿穿。"这边销货摊子围满了人，那边收购摊子刚一摆出来，农村妇女、娃娃们纷纷把家里积攒的破鞋袜、烂皮衣、旧毡、杂骨、头发、牙膏皮和杂铜旧铁拿了出来，换点钱后又跑到售货摊子去了。大家议论说："要不是供销社来，谁还专门把这些破烂背到城里去卖呢？你们能来收购，这些废旧变成了国家需要的东西，我们换点小钱补贴

家用，大家都合算。"收购组除了收些废旧物资外，还收购到一些葵花籽、黑白瓜子、猪鬃、猪毛、绒毛皮货等；帮助部分生产队剪了二茬山羊胡子，帮助修剪马鬃、马尾20多匹。牛记圈生产队收剪山羊胡子和马尾后，立马就跟服务组换了犁铧、力车配件。11月11日，《宁夏日报》以《农村商业战线的"轻骑兵"》为题，报道了城关供销合作社农村服务组的先进事迹。

1978年，城郊社完成购销总额85.401609万元，占计划任务的89%；实现利润3.576332万元，占计划任务的71.53%；费用率6.55%，超计划1.05%；资金周转106.9天，比计划多21.9天。其中完成商品销售总额52.2510万元，占计划任务的93.3%，比上年同期增长5.92489万元；完成收购总额31.2150万元，占计划任务的111.5%，比上年下降30%（上年仅收购旧皮衣一项就达到19.9794万元），其中完成农副产品收购29.833万元，占计划任务的124.3%，比上年同期增长32.9%；废旧物资收购合计1.382万元，占计划任务的34.6%，比上年同期减少1961.56元。二季度，根据县供销合作社印发《关于整顿双代店的安排意见》，组织对所辖4个双代店（田记掌、四墩子、佟记圈、八岔梁）经营管理情况进行了整顿。

1979年，城郊社完成购销总额135.1023万元，占计划任务的127.45%，其中完成收购总额41.5099万元，占计划任务的133.04%；实现利润8.6127万元，占计划任务的191.39%；资金周转比计划快15.8天；费用率为6.36%。经过上年二季度对所辖4个双代店进行整顿后，各店经营状况也有很大起色，来往账务清楚，报表及时准确，经营活动开展有序。4个双代店全年完成商品零售总额9.4751万元，收购总额0.6379万元。其中田记掌店完成零售额3.5017万元，收购额

0.2016万元；四墩子店完成零售额3.5308万元，收购额0.2521万元；佟记圈店完成零售额1.4055万元，收购额0.069万元；八岔梁店完成零售额1.0369万元，收购额0.1153万元。

1980年，城郊社完成购销总额166万元，超计划任务31.75%，比上年增长23%；实现利润10万元，超计划任务25%，比上年增长16.3%；资金周转66.24天，比计划快33.76天，比上年快15.76天；费用率比上年下降2.47%。完成收购总额70万元，超计划任务97.3%，比上年增长56.8%。

1981年，城郊社完成商品购销总额163.9万元，占计划任务的132.2%。费用率3.74%，比计划节约0.7%，节约支出1.2456万元；实现利润9.170717万元，占计划任务的109.2%；资金周转79.7天，比计划慢4天，比上年慢14天。由于农村实行生产承包责任制后，大宗农副产品收购由原来的集体上交变为到农户家里收购，工作量增加很多，但业务员不畏辛苦，采取多种措施办法加强收购工作。全年完成收购总额74.1975万元，占计划任务的195.2%；18种主要农副产品、13种废旧物资收购全部完成计划任务。由于商品购销逐渐放开，市场竞争激烈，当年城郊社将各柜组经营承包到人，增效成果并不明显，营业额有总体下降趋势。4个双代店承包给双代员经营后，田记掌店实现销售额4.6090万元，代购额570.83元；四墩子店实现销售3.2603万元，代购额300元；佟记圈店实现销售额0.61万元，代购额57元。双代员总体收入偏低，经营信心不足。

1987年，根据全县统一安排，商业、供销系统积极组织开展"双增双节"活动，严格劳动纪律及各项规章制度。供销合作社系统零售业执行定销售、定库存、定损耗、定差错率、定坚守工作岗位"五定"制度；购销方面采取"群众需

表6—1—2　1981年城郊供销合作社实行经营承包责任制后经营状况对比（单位：万元）

柜组	承包人	1978—1981年平均数	1980年第四季度实际销售额	1981年第四季度承包营业额
棉布	钟玉兰	3.9	4.5	3
针文	赵青春	2.6	3.2	2
百货	张彦清	2	2.3	1.9
副食	钱鼎裕	1.9	1.6	1.8
五金	杨海喜	1.9	4.2	2
日杂	郭居正	3	3.3	1.8
生资	姚占泽	2.2	2.1	1.6
合计		17.5	21.2	14.1

要什么，就采购什么""由近及远，先本地、再外地"进货原则。城郊区供销合作社（1984年1月5日全县各公社改为乡建制，城郊公社改为城郊区）全年完成商品购销总额161.317483万元，占计划任务的115.2%；实现利润5.720331万元，占计划任务的100.4%；费用率6.3%，超计划0.3%；资金周转3次，比计划快0.5次，资金周转118天，比计划下降2天；完成生活资料销售总额64.4936万元，占计划任务的119%；完成生产资料销售总额27.3089万元，占计划任务的182%；完成农副产品购进49.325万元，占计划任务的82%；完成废旧物资收购总额2.9万元，占计划任务的145%。

1988年，城郊乡供销合作社（1988年9月城郊区改为城郊乡）实行目标管理责任制，对全社购销管理执行工资全额浮动。零售业务定任务、定库存、定品种、定损耗率、定资金周转、定商品适销率"六定"措施；收购业务实行定任务、定损耗率、定差错率"三定"措施；管理上执行3：3：4（购进、销售、利润）规定，各岗位、业务人员按所定目标任务，当月兑现。全年完成购销总额270.8686万元，占计划任务的175.4%；完成农副产品收购总额108.1876万元，占计划

任务的180.3%；完成废旧物资收购额4.2929万元，占计划任务的186.6%；完成生活资料销售总额90.0911万元，占计划任务的155.2%；完成生产资料销售总额45.3980元，占计划任务的252.2%；完成零售总额135.2032万元，占计划任务的177.9%。双代店增加到5个，完成购销总额11.04万元，占计划任务的108.8%。

1989年，城郊社认真落实全面深化改革方针政策，严格执行国家关于化肥、农药、农膜实行专营决定，发挥主渠道作用，稳定市场价格。全年完成商品购销总额184.8万元，占年计划的110.8%，较上年同期减少31.8%。其中完成生活资料零售总额72.9万元，占计划任务的117.5%，较上年同期减少19.1%；完成生产资料零售总额51.4万元，占计划任务的257.4%；完成收购总额42万元，占计划任务的60.4%，较上年同期减少62.7%（其中完成废旧物资收购总额30.4万元，占年计划的101.2%）；费用率9.025%，比计划上升4.45%；资金周转178天，比计划慢50天，比上年同期慢71天；亏损8.9万元，主要受羊毛、羊绒涨价格影响造成；全年供应各种化肥1174标吨，比上年增长11%。

1990年，城郊社积极加强资金管理，开展

节约增效活动。全年完成购销总额 235 万元，占年计划的 130.5%，较上年同期增长 27.2%。其中完成生活资料销售总额 80.5 万元，占年计划的 134.2%，比上年同期增长 10.4%；完成生产资料零售 71.3 万元，占年计划的 178.3%，较上年同期增长 38.5%；完成农副产品购进 72 万元，占年计划的 118%，较上年同期增长 71.4%；资金周转 115.5 天，比计划快 38.5 天；费用支出 16.3 万元，较上年同期减少 4.7%；实现利润 6.1 万元，占年计划的 103.4%（不包括免征农副产品批发税 8444 元）；用利润补亏 2.4 万元（处理上年郭记沟分销店失盗损失 2.4 万元）。全年增收主要因素，一是收购蜂蜜 14.7443 万公斤，增加销售 40 万元；二是零售比上年增加 27.4 万元，生活资料零售比上年增加 10.4%。

1991 年，城郊社继续推进完善目标责任制管理，组织开展"质量品种效益年"和"春光杯"竞争活动。全年完成商品销售总额 245.8 万元，占计划的 106.9%，比上年增长 4.6%，其中生活资料销售 91.7 万元，占计划的 104.2%，比上年增长 13.9%；生产资料零售 99.4 万元，占年计划的 152.9%，比上年增长 39.4%。商品总购进 225.3 万元，占计划的 102.4%，比上年增长 7%，其中农副产品购进 52.9 万元，占计划的 65.3%，比上年同期减少 27%；废旧物资购进 2.2 万元，占计划的 73.3%；通费总额 14.6 万元，比上年同期减少 1.7 万元；百元销售费用 6 元，比计划减少 1.5 元，比上年同期减少 0.93 元；全年实现利润 1.55476 万元，比计划增长 55.5%。

1992 年，城郊社完成商品购进总额 228.8 万元，占计划的 109%，比上年同期增加 1.6%，其中农副产品购进 59.8 万元，占计划的 119.6%，比上年同期增加 13%；废旧物资购进 4.1 万元，占计划的 2.05%。商品销售总额 248 万元，占计

划的 109.7%，较上年同期增加 0.9%，其中生活资料零售 93.7 万元，占计划的 106.5%，比上年同期加 2.2%；生产资料销售 86.1 万元，占计划的 90.60%，较上年同期减少 13.4%；费用总额 17.9 万元，比上年同期增加 3.3%；百元销售费用 7.21 元，比计划减少 0.18 元；实现利税 10.3 万元，比上年同期增长 56.1%，其中实现利润 3.7 万元，比计划增长 5.7%；资金流转 113.9 天，比计划快 20.1 天。

1997 年，城郊供销合作社将针织、日用杂品、小百货、副食品、大百货实行承包经营。

1999 年，城郊社完成商品销售总额 80.7 万元，占计划的 100.8%，其中完成生产资料零售 44.7 万元，占计划的 89.4%，较上年同期增长 7.7%；完成商品购进总额 97.9 万元，占计划的 130.5%，较上年同期增长 10.6%，其中废旧物资购进 1.5 万元，较上年同期减少 6.2%；蜂蜜购进 45.2 吨，较上年同期减少 0.2%；费用支出总额 18.3 万元，较上年同期减少 6.3 万元；费用率 10.2%，比计划减少 4.8%；资金周转率为 408 天，比计划快 90 天；亏损 4.7 万元，较上年同期减亏 9.6 万元。全年销售化肥 329 吨，较上年同期下降 0.42%；销售农药 190 吨，较上年同期下降 87.4%；销售地膜 16.8 吨，较上年同期增长 29.2%。当年，城郊社积极开源节流，一方面加大购销力度，增加收入；另一方面主动处置闲置资产，实现扭亏增盈。在蜂蜜收购季节到来前，动员全社职工筹资 3 万元，先后到前旗、定边等收购蜂蜜 200 余桶销往四川、浙江等地，全年销售蜂蜜 1.5 万元；处理积压商品合计 2 万余元；5 月份腾出合作社三间办公用房出租给浙江销售家电老板，年租金收入 0.6 万元；全年清收内部欠款 1.338281 万元，收回外部欠款 1.8 万元；人均工资按月下浮 50%；管理人员年度资金按完成

表6—1—3　1993—1999年城郊乡供销合作社经营情况统计（单位：万元）

项目			1993年	1994年	1995年	1996年	1997年	1998年	1999年
商品总购进	总购进	总购进	223.6	132.7	194.1121	261.1	139.5	80.9	97.9
		占计划	111.8%	63.2%	121.3%	145.6%	93%	80.9%	130.5%
		比上年	-2.3%	-40.7%	+46.3%	+35%	-46.6	-42%	10.6%
	农副产品	购进	71.9	16.3	52.9	66	19.5	33	
		占计划	138.8%	28.1%	132.3%	146.7%	39%	82.5%	
		比上年	+32.3%	-79.4%	+69.1%	+24.8%	-70.5%	+69.2%	
	废旧物资	购进		3.8	4.9	2.8	1.6	1.6	1.5
		占计划		126.7%	164%	65.1%	40%	80%	
		比上年		+2.7%	29.1%	-48.8%	-42.8%	持平	-6.2%
商品总销售	总销售	总销售	253.4	141.2	193.9	207.9	150.9	68.2	80.7
		占计划	115.2%	61.4	107.7%	112.4%	94.3%	62%	100.8%
		比上年	2.2%	-44.3%	+37.2%	+7.6%	27.4%	-54.8%	
	生活资料	销售	79.5	75.5	57.8	22.6	19.3		44.7
		占计划	83.7%	79.5%	62.9%	44.1%	64.3%		89.4%
		比上年	-15.2%	-5%	-23.4%	-60.9%	-14.6%		7.7%
	生产资料	销售	74.4	57.1	90.8	133.9	98	41.5	
		占计划	82.7%	67.2%	129.8%	141%	103.2%	63.8%	
		比上年	-13.6%	-23%	+59.1%	-47.5%	26.8%	-57.7%	
商品流通费用			22.6	24.96	27.2	44.6	19.12	14.63	18.3
比去年			+4.7	+2.36	+2.2	+17.4	-25.48	-4.49	-6.3
百元费用率			8.92	17.68	1.03%	21.45%	12.67%	21.5%	10.2%
比计划				+8.68	+40.3%	+78.8%	-15.5%	+6.5%	-4.8%
比上年				+8.76	-20.6%	+52.8%	40.9%	+8.8%	-11.2%
利润			4.3		-10.9	-34.6	-17.05	-14.3	-4.7
比计划							+11.5	+4.3	
比上年			-27.1%				-17.55	-2.7	-9.6
资金周转			144.9	264.7	211.8	208.5	264.6天	394	
比计划			+32.9	+131.7天	+61.8	+18.5	-54.6天	-134	
比去年			-31天	+114天	-52.9	-3.3	-56天	-130	

全年利润计划情况，每亏损1万元扣减主任500元、会计和统计各250元。

2000年8月，根据县委、县政府旧城改造总体规划，城郊供销合作社所有房产属于拆迁改造范围。为了解决好职工生活和工作问题，根据县政府、县供销合作社统一安排，城郊供销合作社与职工签订了安置协议。城郊社将新建商贸中心一楼2至3排营业房按1160元/平方米优惠价格出售给职工作为营业场所（职工在签订购房协议前须预交保证金 5000 元）；原房屋拆迁后职工（放假）停业期间，每月由城郊社计发职工生活费 140 元 / 人，计发生活费直接用于抵扣新建购房款；职工（放假）停业期间养老统筹金由城郊社代交，个人部分由本人按年度直接交到城郊社；职工须自所购房屋交付使用之日起自愿与城郊社解除劳动合同，终止劳动关系，由城郊社按每满一年工龄 700 元标准发给职工一次性安置费，安置费直接用于抵扣购房款，剩余购房款在交付使用前（工程封顶）交纳 70%，工程竣工时（交房）一次性付清。

二、柳杨堡供销合作社

柳杨堡分销店为 1957 年后城区供销合作社设立。到 1976 年，城郊供销合作社只设立了郭记沟、柳杨堡、陈记圈 3 个分销店。1976 年 11 月 12 日，全县 8 个公社分设为 15 个，城郊公社分设出柳杨堡公社，城郊供销合作社将原来柳杨堡分销店改设为柳杨堡供销合作社。

1977 年，柳杨堡供销合作社完成销售总额 42.4684 万元，占计划的 106.62%；实现利润 2.3357 万元，占计划的 116.6%；费用率 7.62%，超计划 1.32%。

1979 年，柳杨堡供销合作社完成商品购销总额 95.869826 万元，占计划的 121.4%，比上年同期增加 31.7%。其中完成商品零售 45.796961 万元，占计划的 101.8%，比上年同期增加 13.98%；完成农副产品收购 33.304738 万元；实现利润 6.2652.13 万元，占计划的 113.9%，比上年同期减少 0.54%；费用率 6.89%；资金周转 110 天，比计划快 8 天。

1980 年，柳杨堡供销合作社完成商品购销总额 118.395914 万元，占计划的 133%，比上年同期增加 23.5%。其中完成商品零售 51.480758 万元，占计划的 103%，比上年同期增长 12.4%；完成农副产品收购 66.838023 万元，占计划的 222.8%，比上年同期增长 101%；完成废旧物资收购 3313 元，占计划的 110%。实现利润 7.893942 万元，占计划的 136.1%，比上年同期增加 26%；费用率 5.65%，比计划下降 1.05%；资金周转 101 天，比计划快 14 天。

1981 年，柳杨堡供销合作社将 3 个双代店固定承包给生产大队，第四季度对 2 个门市部 7 名营业员实行承包责任制。全年完成购销总额

表 6—1—4 1981 年柳杨堡供销合作社承包经营情况统计（单位：元）

柜组	实物负责人	计划数	完成数	完成比例	超额比例	超计划奖	基本奖	应得奖
基社布匹、针织	孙学红	19000	29297	154.2%	54.2%	54	15	69
百货文具	佟香梅	12000	15242	127%	27%	27	15	42
副食	张淑玲	18000	19395	107%	7.8%	7.8	15	22
生资日杂、五金	邓涛	15000	25096	167%	67%	67	15	82
陈记圈分店	汪晓爱	18000	21448	119%	19%	19	15	34
副食百货	刘美英	18000	19132	106%	6.3%	6.3	15	21
生资日杂五金	李生盛	9000	20283	225%	125%	125	15	140
合计		109000	149876			306.1	105	410

107.631463万元，占计划的110.5%。其中完成商品零售48.302364万元，占计划的95.5%，比去年同期下降6.2%；完成农副产品收购37.107606万元，占计划的103.1%，比上年下降44.5%，15个计划收购品种只完成9个；实现利润8.255436万元，占计划的137.6%；费用率6.33%，比计划下降0.47%；资金周转113天，比计划慢3天。

1982年，柳杨堡供销合作社完成商品购销总额95.623022万元，占计划的100.66%。其中完成农副产品收购48.15842万元，占计划的141.6%；完成废旧物资收购2465.2元，占计划的246.5%；实现利润6.042706万元，占计划的100.7%；费用率7.07%，超计划1.07%；资金周转127天，比计划慢17天。

1983年，柳杨堡供销合作社实行经营承包责任制，各项购销计划与职工利益挂钩，有效促进计划任务落实。全年完成商品购销总额119.212980万元，占计划的156.86%，比上年增长20.67%。完成商品零售43.95716万元，占计划的111.28%，其中生产资料销售3.4089万元，占计划的136.36%；生活资料销售40.548266万元，占计划的105.59%；完成农副产品收购44.2607.9万元，占计划的142.78%；实现利润18.321759万元（包括非计划收购甘草、蜂蜜利润10.652994万元），占计划的469.8%，比上年增长203.2%；费用率8.11%，超计划1.11%；资金周转131.5天，比计划慢16.5天。

1987年，柳杨堡供销合作社分别制定《收购员职责》《营业员职责》《门市部分销店组长职责》《柜台纪律》等12项规章制度，全面加强经营管理，提升购销业绩。全年完成商品购销总额100.9269万元，占计划的100.9%，比上年同期下降32.9%。完成商品零售总额55.212229万元，占计划的134.6%，比上年同期增长19.8%，

其中完成生活资料零售41.5011万元，占计划的115.2%，比上年同期增长9.6%；生产资料销售15.0688万元，占计划的301.3%，比上年同期增长92.9%；完成农副产品收购38.8454万元，占计划的77.7%，比上年同期下降33.2%；完成废旧物资收购3480元，占计划的174%，比上年同期增长27.3%；实现利润2.490551万元，占计划的99.6%，比上年同期增长73.3%；费用率5.64%，比计划下降1.36%；资金周转161天，比计划慢41天，比上年同期慢27天。分销店完成购销总额20.253145万元，占分社总计划的49.4%，比上年同期增长39.5%。

1988年，根据县供销合作社统一安排，工业品实行"联购分销"、农副产品实行"分购联销"改革措施，取得良好效果。柳杨堡供销合作社全年完成商品总购进295.8万元，占计划的253.7%，比上年同期增长199.6%，其中农副产品购进192.5万元，占计划的363.3%，比上年同期增长396%；废旧物资购进7558元，占计划的251%，比上年同期增长217%；完成商品销售总额225.21万元，占计划的190.8%，比上年同期增长130%。其中生活资料零售60.7万元，占计划的162.3%，比上年同期增长47.7%；生产资料零售19.3万元，占计划的241.3%，比上年同期增长32.2%。商品流通费用11.3万元，百元销售费用5元，比计划减少1.5元，比上年同期减少0.64元；百元流动资金实现利润7.77元，比计划增长85.4%；资金周转107天，比计划快43天；实现利润5.1万元，占计划的188.9%，较上年同期增长104%。

1989年，柳杨堡供销合作社完成商品购销总额222.47万元，占年计划的178.3%，比上年同期1.2%。完成生活资料零售83.7万元，占计划的170.8%，比上年同期上升5.2%；生产资料

表6—1—5　1990—1996年柳杨堡供销合作社购销经营情况统计（单位：万元）

项目			1990	1991	1992	1993	1994	1995	1996
商品购进	总购进	计划	136	63	120	110	115	110	80
		实际完成	129	24.9	116.2	149.4	149.6	103	39
		占计划	95.26%	39.5%	96.9%	135.8%	130%	94%	49%
		比上年	10.23%	-53.6%		28.6%			
	农副产品	计划购进	61.7		40	47	47	35	
		实际购进	44.1	23.1	33.4	77.4	95.6	38.6	
		占计划	71.5%		83.5%	164.7%	203%	110%	
		比上年	-15.8%		+30.8%	31.7%	23.3%		
	废旧物资	购进	0.2222	0.14	0.14	0.1	0.03		
		占计划	-26%		56%	持平	30%		
		比上年	-11.9%		持平		-20%		
商品销售		计划销售	134.8	155	140		130	130	85
		实际销售	141.9	127.2	119.6	177.8	140	99.5	47.1
		占计划	105.2%	75.5%	85%		108%	76.5%	55%
		比上年	+36.3%	-6.7%	6.3%		-20.8%		
零售		计划销售	52.9	94		123			
		实际销售	93.6	104.5	88.3	177.8			
		占计划	176.4%	106.4%		144.6%			
		比上年	10.9%	+14.7%		+48.6%			
		生活资料	50.8	53.3	44.8	38.4	29	7.5	
		生产资料	42.1	50.9	43.5	38.2	27.5	56.9	
费用计划率			6%	6%	6.3%	7%		10.5%	14%
实际费用率			6%	6.53%6	7%	6.17%		18%	38%
比计划						-11.9%			24%
比上年			0.12元		+6.7%	-14.9%			+19.2%
年计划实现利润				3.6	2.5	0.7			
实现利润			3.5万	0.096	0.059	0.785	持平	持平	-15
占计划			101%	0.3%	2.4%	112%			
比上年			46.6%	-96.9%	+63.3%				
资金周转计划天数			151	170	173		181	190	
实际周转天数			177.7	160.1	193.5		261	112	
比上年			+23天	+17.7	+17.9				

销售 25.6 万元，占计划的 256.3%，比上年同期增长 31.6%。完成商品总购进 126.75 万元，占计划的 100.6%，比上年同期下降 53.2%，其中农副产品购进 52.4 万元，占计划的 91.6%，比上年同期下降 72.4%；完成废旧物资购进 2521 元，占计划的 80%；资金周转 154.7 天，比计划慢 9.7 天；百元资金实现利润 6.75 元，比计划增加 2.56 元；实现利润 5.9 万元，占计划的 203.4%，比上年同期增长 15.7%。

1997 年，柳杨堡供销合作门市部实行抽资承包经营。

2006 年，柳杨堡供销合作社因为资金呆滞，财务清理挂账问题得不到解决，暂时停业。

三、高沙窝（二区、余庄子）供销合作社

二区（余庄子，治所高沙窝）合作社成立于 1938 年 8 月，1947 年盐池县失陷后随之瘫痪。1949 年 8 月，盐池光复后恢复重建，1950 年 11 月，根据全县统一安排进行清理整顿，并将清理后资金加上县社拨款集中起来，暂时开展经营活动。

1951 年 1 月，二区合作社在宁夏省合作局工作组帮助下，开始清理过去社员股金，落实社员人数 936 名。4 月份正式成立二区合作社，11 月社员增加到 1030 名。当年供应销售百货共计 118 种，合计 1525.9995 万元；销售各种布匹 14610 四尺，合计 3447.779 万元；销售铁犁、铁犁铧、耧铧、铁犁月、铁锹头、木杈、锄头等生产资料 573 件，合计 1350.53 万元；收购羊毛 1.3 万斤，占二区总产量的 32.5%。

1952 年，二区合作社完成购销总额 81009 万元，占计划的 99.8%。其中完成生活资料销售 76055 万元，生产资料消费 4955 万元；完成杂粮、绵羊毛、羊绒、甘草等农副产品收购 14766 万元。

1953 年，二区合作社完成销售总额 81009 万元，占计划的 99.8%。其中完成生活资料销售 76055 万元（黄米 12.8035 万元、白面 1756 万元、大米 407 万元、食油 563 万元，各种宽面布料 1249 万元、棉花 5020 万元、日用百货 3221 万元）；铡刀、锄头、铁锹、铁犁、铁铧、羊毛剪子、粮食籽种等生产资料销售 4955 万元；收购杂

表6—1—6　1950 年 12 月盐池县二区（高沙窝）合作社固定资产统计

品名	数量	单价（元）	金额（元）	备注
算盘	1 个	28000	28000	计算工具
锁子	1 把	1900	1900	
菜刀	1 把	14000	14000	
炉凿	1 副	5000	5000	取暖用具
剪子	1 把	5500	5500	
扇子	1 个	5000	5000	
锅铲	1 把	2000	2000	
捎连	1 条	40000	40000	也称褡裢，农村常作装物件袋子
簸箕	1 个	4500	4500	柳编生活工具
铜灯	2 个	5000	100000	照明用具

粮、绵羊、毛羊绒、甘草等主要农副产品147168万元，其中羊毛54885万元、甘草25570万元，羊绒7100斤、驼毛501斤。

1954年，二区供销合作社发展社员76名，增加股金153万元，三区社转来70股，股金141万元，退出社员29名，股金58万元，截至年底，共有社员2365名，股金4733万元。全年完成收购总额210260万元，占计划的92.72%。其中收购粮食6814万元、油籽41472万元、绵羊毛73185万元、羊绒33999万元、各种皮张12462元、甘草40543万元，其他1783万元；完成销售总额176946万元，其中生活资料销售155869万元，生产资料21072万元。

1955年，二区供销合作社完成销售总额18.3252万元，占计划的99.05%。其中生产资料销售1.9689万元，占计划的31.8%；完成农副产品购进16.4466万元，占计划的88.9%。

1956年，二区供销合作社完成购销总额23.4694万元，占计划的100.2%；完成总购进13.1925万元，占计划的69.8%；完成农副产品收购2.2185万元，占计划的96.4%。

1957年，二区供销合作社全年实现销售总额23.1343万元，占计划的114.93%；完成农副产品收购279167元，占计划的151.75%。购销任务完成较好，有两个方面原因，一是为增加群众收入，县委、县政府统一安排各区有计划地采挖甘草，并在二区四乡范围内设立了4个甘草收购点；二是下半年在余庄子村进驻了钻井队员，二区供销合作社便在其驻地设立了供销点，每月零售额达4000元左右。

1958年，二区（余庄子）改为余庄子公社（治所高沙窝）。

1972年6月18日，《宁夏日报》报道：盐池县高沙窝公社二步坑大队代销点代销员王占元为方便群众交售鸡蛋，采取半天营业、半天下队走庄串户的收购办法。下队时，老王左手提包、右手提篮子，逢人就宣传交售鸡蛋对支援国家建设的重要意义。老王的包里不仅装着纸烟、糖果等日用副食品，还带些医用胶布、纱布和润手油（群众挖甘草手容易干裂，这些都是必需品）等，社员可以用现金买，也可以用鸡蛋换。4月3—15日，老王3次跑遍全大队方圆30里范围内的150多户人家，收购鸡蛋260多斤，占全年任务的80%有余。

1976年，全县8个公社分设为15个公社，原余庄子公社分设为高沙窝公社、马儿庄社。

1977年，高沙窝供销合作社完成购销总额67万元。完成收购总额26.1298万元，占计划的137.5%。其中废钢废铁11986公斤，占计划的149.8%；杂骨12550公斤，占计划的156.8%；绵羊毛4.3919万斤，占计划的130.7%；山羊毛6966斤，占计划的103.6%；羊绒8723斤，占计划的101.6%；羊皮、二毛皮只收购了59张，占计划的19.6%。实现利润3.937万元。

1978年，高沙窝供销合作社完成购销总额87.7820万元，占计划的110.4%，比上年同期增长27.7%。其中完成销售总额40.7874万元，占计划的90.8%，比上年同期增长23%；完成农副产品收购总额42.5899万元，占计划的170.3%，比上年同期增长70%，其中收购绵羊毛4.9310万斤，占计划的110.6%；山羊毛0.8698万斤，占计划的86.9%；羊绒1.0681万斤，占计划的97.1%；绵羊皮595张，占计划的42.5%；山羊皮2403张，占计划的63.3%；羔子皮550张，占计划的73.3%；猞皮4376张，占计划的168.3%，二毛皮101张，占计划的36%；山羊胡子174斤，占计划的72.5%；蜂蜜3.2717万斤，占计划的408.9%；杂铜250斤，占年计划的 83%；废铝 220 斤，占计划的 221%；废钢铁 8714 斤，占计划的 87.1%；收购废旧物资 3992 元，占计划的 99.8%，比上年同期下降 11.1%。费用 6.4 万元，比计划低 1.1 万元。实现利润 6.3 万元，占年计划的 147.9%，比上年同期增长 72%。

1979 年，高沙窝供销合作社完成购销总额 130.925599 万元，占计划的 122%，比上年同期增长 46%。其中完成销售总额 53.456721 万元，占计划的 102.9%，比上年同期增长 12%；完成农副产品收购 46.9691 万元，占计划的 138.1%；费用 6.6 万元，比计划高 0.8 万元；资金周转 83 天，比计划快 38 天，比上年同期快 43 天。实现利润 8.98422 万元，占计划的 128.3%，比上年同期增长 40%。

1980 年，高沙窝供销合作社完成商品购销总额 142.3838 万元，占计划的 123%，比上年增长 8.8%。完成销售总额 74.8029 万元，比上年增长 21%，其中完成商品零售 56.5088 万元，占计划的 98.2%，比上年增长 5.7%；完成农副产品购进 90.1728 万元，占计划的 204.9%，比上年增长 92.3%，14 个主要农副产品收购品种有 11 个超额计划任务；完成废旧物资收购 5358 元，占计划的 133.9%，比上年增长 2%；费用 5.4 万元，下降 1.1 万元；资金周转 95.3 天，比计划快 26 天；实现利润 9.6741 万元，占计划的 122.4%，比上年增长 7.6%。

1981 年，高沙窝供销合作社零售门市部实行承包经营责任制，完成承包任务的提发工资 15 元；每超额完成任务 100 元加发奖金 1.50 元，完成任务在 95%—100% 的不奖不罚，95% 以下、90% 以下、85% 以下分别扣发标准工资的 5%、10%、15%。全年完成商品销售总额 54.1806 万元，占计划的 95.1%，比上年同期下降 4.3%；

完成农副产品收购 75.5414 万元，占计划的 160.6%，15 个主要农副产品收购品种有 13 个完成计划任务；收购废旧物资 6300 元，占计划的 157.5%。

1982 年，高沙窝供销合作社完成购销总额 153.515312 万元，占计划的 116.3%，比上年同期增长 2.3%。其中完成零售总额 59.358502 万元，占计划的 109.9%，比上年同期增长 9.6%；完成农副产品收购 87.9616 万元，占计划的 164.4%，比上年同期增长 16.4%，16 个主要农副产品收购品种有 9 个完成任务指标；费用 6.46 万元，比计划高 0.26 万元；资金周转 127 天，比计划慢 11 天，比去年同期慢 13.5 天。实现利润 11.537087 万元，占计划的 153.8%，比上年同期增长 33.4%。

1987 年，高沙窝供销合作社完成商品购销总额 139.2250 万元，占年计划的 111.3%。其中完成商品零售 50.4300 万元，占年计划的 112%；农副产品购进 59.7328 万元，占计划的 85.3%；费用 5.12 万元，比计划降低 1.38 元；资金周转 125 天，比计划慢 15 天；实现利润 4.511018 万元，占计划的 100%。是年，由于全县干旱给农业生产带来严重影响，盐池县委、县政府根据国家"三西"建设要求和草原承载畜量过重的实际情况，做出淘汰一定量羊只的决定。11 月，高沙窝全乡（1984 年 1 月 5 日，根据县级机构改革方案全县 15 个公社有 14 个公社均改为乡）宰杀羊只 7000 只。高沙窝供销合作社遂积极组织收购皮张，但由于个体私贩蜂拥而上，收购额还是比上年有所下降。

1990 年，由于市场、资金等原因，高沙窝供销合作社经营业绩、利润大幅下滑。全年完成商品购销总额 144.8 万元，占计划的 90.5%，比上年同期减少 22%。其中商品零售 63.3 万元，占计划

表6—1—7 1991—1998年高沙窝供销合作购销经营情况统计（单位：万元）

名称			1991年	1992年	1993年	1994年	1995年	1996年	1997年	1998年
商品购进	总购进	计划						60	70	
		实际					47	75	15.3	25
		占计划						126%	22%	
		比上年						60%	-79%	165.6%
	农副产品	计划购进								
		实际购进	35							
		占计划								
		比上年								
	废旧物资	购进								
		占计划								
		比上年								
商品销售		计划销售	160	140	125	115	92	40		
		实际销售	108.7	118	119	75	47	36.5		
		占计划	67.9%	84.2%	95.2%	65%	51%	91%		
		比上年								
零售		计划销售	64	74	72	74	72			
		实际销售	76.2	70	53	46.7	33			
		占计划	119%	94.6%	74%	63%	46%			
		比上年								
商品流通费用										
比上年										
费用率计划			7.5%	7.61%	7.4%	8%	8%	14%	15%	51.9%
实际费用率			7.8%	6.92%	7.8%	10.5%	25.7%	23.9%	46.5%	
比计划			0.3%	-0.69%	+0.45%	+2.5%	+17.70%	+9.9%	+31%	
比上年										5.4%
年计划实现利润			3.1		0.5					
实际实现利润			11.53	持平	-2.6		-9.5	-15	-11.5	-11.6
占计划										
比上年										
资金周转计划天数			180	220	200	228	230			
资金周转实际天数			247	207	230	355	527			
比计划			+67	-13	+30	+67	+197			

的 113%，比上年同期减少 9.5%；费用率 7.75%，比计划增长 19%；资金周转 213 天，比计划慢 45 天。实现利润 6000 元，占计划的 12.5%。

1994 年，高沙窝供销合作社将门市部以集体承包形式承包给本社职工，将施记圈分销店零售业务承包给本社职工。

1997 年，高沙窝供销合作社门市部实行抽资承包经营，一包三年不变。

1999 年，高沙窝供销合作社完成商品总购进 52 万元，比上年同期增长 68%，费用率为 20%。

2010 年，高沙窝供销合作社保留牌子，产权转让给农民经纪人余聪经营。

四、苏步井供销合作社

1976 年 11 月 12 日，全县 8 个公社分为 15 个，高沙窝分设出苏步井公社，原苏步井分销店改设为苏步井供销合作社。

1977 年 1—10 月份，苏步井供销合作社完成购销总额 104.7410 万元，占计划的 116%。其中销售总额 34.3805 万元，占计划的 98.2%；实现利润 1.7020 万元，占计划的 94.5%。

1978 年，苏步井供销合作社完成购销总额 50.155 万元，占计划的 100.3%。其中完成农副产品收购总额 17.3382 元，占计划的 145%；资金周转 107 天，比计划慢 7 天，费用率 5.39%，比计划低 1.68%。实现利润 3.3548 万元，占计划的 134%。

1979 年，苏步井供销合作社完成商品购销总额 83.0846 万元，占计划的 38.5%，比上年增长 48%。其中完成农副产品收购 30.7964 万元，占计划的 205.3%，比上年增长 67.8%；收购废旧物资 2489 元，占计划的 82.9%，比上年增长 9.9%。费用率 5.41%，比计划下降 0.11%；资金周转 82.5 天，比计划快 19.5 天；实现利润 5.9182 万元，占计划的 147.9%，比上年增长 62.4%。

1980 年，苏步井供销合作社完成购销总额 108.3469 万元，占计划的 119%，较上年增长 30.4%。其中完成零售总额 50.0974 万元，占计划的 106.6%，比上年增长 9.55%；农副产品收购总额 65.22 万元，占计划的 233%，较上年增长 111.8%；收购废旧物资 2703 元，占计划的 135%；费用率 5.22%，比计划降低 9.2%；资金周转 88 天，比计划快 11.3 天；实现利润 7.3111 万元，占计划的 132.9%，较上年增长 23.5%。

1981 年，苏步井供销合作社于四季度对门市部、食堂实行承包责任制，五个柜组职工积极改善经营作风，争先恐后完成计划任务，扣除利

表 6—1—8　1981 年苏步井供销合作社承包经营情况统计

项目／单位	年计划	实际完成	占计划	比上年增加	比上年减少
总销售	1020000 元	1190018 元	116.67%		
零售	500000 元	511183 元	102.24%	2.04%	
利润	60000 元	29987 元	133.31%	9.4%	
费用率	6%	5.4%	-8.4%	363%	
资金周转	95 天	88.5 天	-65 天	-2 天	
农副产品收购	35000 元	460026 元	131.4%		29.5%
废旧物资		2528 元	126.4%		6.5%

税后，每个职工月平均工资达到80元左右，全年获得超计划奖160元左右。

1982年，苏步井供销合作社完成购销总额101.5326万元，占计划的101.53%。完成销售总额48.8198万元，占计划的100.6%，其中生活资料销售45.1297元，占计划的95%；生产资料销售3.6901万元，占计划的246%；收购农副产品43.0032万元，占计划的11945%；收购废旧物资2114元，占计划的211.4%。费用率6.91%，占计划的1.51%；资金周转89天，比计划慢22天；实现利润4.3507万元，占计划的72.51%。

1983年，苏步井供销合作社完成购销总额104.375万元，占计划的121.36%，比上年增长2.79%。完成生活资料销售38.8996万元，占计划的102.3%，比上年下降13.9%；生产资料销售3.1061万元，占计划的155.3%，比上年下降15.8%；完成农副产品收购44.8659万元，占计划的140.2%，比上年增长4.3%；收购废旧物资2510元，占计划的251%；费用率6.76%，比上年降低0.2%；资金周转108.7天，比计划慢8.7天。实现利润8.4426万元，占计划的248.3%，比上年增长194.05%。

1987年，苏步井供销合作社完成购销总额132.3万元，占计划的115%，比上年增长10.7%。其中生活资料零售63.3万元，占计划的113%，比上年增长8.6%；生产资料零售6万元，占计划的200%，比上年增长41%；农副产品收购42.5万元，占计划的81.8%，比上年下降51%；废旧物资收购2720元，占计划的272%；费用率5.39%，占计划的80.5%；资金周转110天，比计划慢10天。实现利润3.5万元，占年计划的100%，比上年下降20%。

1989年，苏步井供销合作社完成购销总额217.78万元，占计划的83.12%。其中完成生活资料零售87.2万元，占计划的87.29%，比上年下降19.3%；生产资料零售21.6万元，占计划的144%，比上年增长67.4%；农副产品收购48.86万元，占计划的40.7%；废旧物资收购0.37万元，占计划的186%。费用率5.1%，比计划下降11.8%；资金周转132天，比计划慢29天；实现利润5.55万元，占计划的146%。

1990年，苏步井供销合作社完成商品购销总额185.7万元，占计划的144.59%，比上年下降14.7%。其中完成商品零售97.7万元，占计划的146.2%；农副产品收购69.5万元，占计划的128%，比上年增长42.1%；废旧物资收购0.22万元，占计划的110%；费用率5.46%，与计划5.5%基本持平；资金周转92.3天，比计划快29.7天；实现利润10.7万元，占计划的260.8%，比上年增长90%。

1991年，苏步井供销合作社商品总购进160万元，占计划的91.4%，比上年下降1%，其中农副产品购进43.4万元，占计划的62%，比上年下降37.5%；废旧物资购进847元，占计划的42.4%。商品总销售174.7万元，占计划的98.1%，比上年下降4.8%，其中生活资料销售92.4万元，占计划的126.5%，比上年增长26.5%；生产资料销售34.4万元，占计划的56.3%，比上年增加42.7%；费用率4.66%，比计划下降0.64%；资金周转102.9天，比计划慢2.9天；实现利润6.12万元，占计划的102.1%，比上年下降42.7%。

1998年，苏步井供销合作门市部实行承包经营。

2002年8月28日，根据盐池县政府《关于盐池县供销社社属企业改制方案的批复》（盐政函〔2001〕19号）精神，经县供销合作社改制领导小组研究同意，终止苏步井供销合作社与屈

表6—1—9　1992—1999年苏步井供销合作社经营情况统计（单位：万元）

项目			1992年	1993年	1994年	1995年	1996年	1997年	1998年	1999年
商品购进	总购进	计划	150	150	145	110	85	80		-
		实际完成	175.2	106.22	58.2	116.18	120	84.2	45	44.2
		占计划	1.1%	70.8%	40.1%	101.5%	141	105.2%		-
		比上年	9.5%	-39.4%	-82.7%	92.1%				
	农副产品	计划购进	45	56	56	30	30	35		-
		实际购进	66.3	42.2	9.6	26.119	31.9	23.4	16.3	28.2
		占计划	147.3%	75.4%	17%	87%	106%			
		比上年	+53.1%	-36.4%	-3.4	172%				-
	废旧物资	购进	0.3	0.15	0.15	240	0.03	-	-	-
		占计划	150%	0.12	0.13	16%	33.3%	-		-
		比上年		-60%				-		
商品销售		计划销售	168	170	160	110	75			
		实际销售	196.9	134.86	58.1	111.62	120.8	-	47.1	-
		占计划	117.2%	79.3%	36.3	105.5%	161%			-
		比上年	+11.4%	-31.5%	-1.3	92%				-
商品零售		计划销售						-		-
		实际销售						-		-
		占计划						-		-
		比上年						-		-
		生活资料	83	47.47	30.8	42.79	40	-	19.07	4
		生产资料	33.6	28.8	22.1	46.27	42	-	13.86	12
计划费用率			5.08%	5.5%	7.8%	7%	10%	11%		
实际费用率			4.22%	7.7%	8.7%	6.36%	9.49%	11.36%	21.11%	11.67%
比计划			-0.36%	1.8%	+0.95%			-		
比上年			+0.06%	+2.58%	+1.45%					
计划年利润			5.4	2.5	2			-		
实现年利润			4.8466	1.854	2.7	持平		-	-14.9	-2.5
占计划			89.8%	7.3%	13.5%					
比上年			-21%	-96.18%	47.2%					
资金周转计划天数			112							
资金周转实际天数			108					-		
比上年			+5.2					-		

守泉等 5 名职工劳动合同，按每满一年工龄发给700 元的一次性安置费。从 2002 年 9 月起职工养老统筹金由本人向县社保部门缴纳。

2006 年，苏步井供销合作社因为资金呆滞，财务挂账问题得不到解决，停业。

五、王乐井（三区）合作社

三区（王乐井）合作社于 1936 年下半年由冯玉山带头创办，主要经营农村生产工具、农副产品。1947 年 8 月盐池失陷时被迫停业，1949年 8 月开始清理整顿、恢复重建。

1950 年初，中共中央西北局在陕西三原军分区干校举办"商业合作社培训班"，招收西北各地有文化干部入学培训。训练班结业后，其中 5 名干部被分配到宁夏。因为宁夏其他市县属于新解放区，没有成立过合作社，而盐池作为陕甘宁边区时期宁夏唯一县，自 1936 年起就根据边区政府指示，先后成立了各种各样的合作社组织，有办合作社的经验与基础，因此将商业合作培训班分配宁夏的 5 名干部全部分配到盐池。当时，盐池县合作社联社刚刚恢复成立，各项工作千头万绪，正是用人之际。分配到盐池的 5 名商业合作社培训干部中，汪继凯被派到三区王乐井负责当地合作社筹建工作。2 月，汪继凯用毛驴驮着青市布、白市布、蓝斜布、青斜布各 1 匹，再零星加上一些针线、火柴等小商品，来到了三区政府所在地王乐井（三区政府刚从曾家畔迁到王乐井），暂时借住在该村村民李华大院内，就在李家大院内与区政府干部一道配合开始筹建合作社。当时干部月工资只有 2 元钱，老百姓生活更是艰苦，常年见不到现钞，因此常常拿些鸡蛋来换针头线脑等生活必需品。鸡蛋每个只有 2 分钱，还常常销不出去，只好留在区政府灶上。王

乐井合作社组建成立后，到 7 月份，汪继凯调到二区组建合作社。王乐井合作社工作由汪继凯在商业合作培训班时的同学、当时留任县联社工作的刘世祥接任。

1951 年，王乐井合作社搬出李家大院，在何家墩沟沿边新建了办公房舍，开始组织收购羊皮、羊毛、甘草、废旧物资等。周转资金主要靠县联社协调调拨，同时采取代购办法解决。3 月28—29 日，王乐井合作社召开了第一次社员代表大会，参加代表 19 人（应到 39 人），由三区区长主持，县委组织部部长白凤奎、宁夏省合作局派驻盐池土改干部到会指导工作。此次社员大会是在全县合作社系统两次清理整顿基础上召开的，初步明确了基层合作社办社方针和经营方向。

1952 年，三区合作社配齐了会计、统计、收购员等，经营业务有序开展起来。合作社筹建初期，资金由政府协助解决，之后主要靠社员群众入股，每股 2 元。上年分红时，每股可分红 5角左右，因此入股社员逐渐增多，合作社流动资金也相对增加。春季收购二毛皮、杂皮合计 8000余万元，其中二毛皮占三区总产量的四分之三，是 1951 年全年收购量的 4.5 倍；四、五月间收购羊绒合计 14000 万元，占三区总产量的 90%，是上年全年收购量的 45 倍；6 月份收购羊毛 2.5 万斤、计 27000 万元。一、二季度销售生活资料12460.333 万元，为 1951 年全年生活资料销售总额的 120%；销售犁、耧、铁月等大中型生产资料 80 多件、计 56.80 万元。当年全县遭受严重旱灾，合作社组织 7 个挖甘草小组开展生产自救，贷款 840 万元预购甘草 7000 斤，有效解决社员生产生活困难。社员范三德向合作社预售羊绒 50斤（每斤预付款 2 万元）后，买了一头大犍牛，解决了耕地畜力问题，余下的钱买了 4 石黄米，解决了一家人前两季吃粮问题。社员郭邦科也用

预售皮毛款添购了一头耕牛。社员群众普遍反映："要不是合作社贷些（预购）款来，咱们今年的日子还不知怎么过呢！"三区合作社去年平均每日零售额也就三四十万元，今年提高到 100 多万元，四、五两个月的零售额就相当于上年全年零售额的 60%。

1953 年，王乐井合作社完成生活资料销售总额 47162.1350 万元，占计划的 81.4%；生产资料销售总额 1949 万元，占计划的 40% 左右；收购农副牧产品 113302 万元，占计划的 80%。

1954 年，王乐井供销合作社完成购销总额 139980 万元，比上年增加 296.46%。其中完成生活资料销售 129432 万元，占计划的 174.56%；生产资料销售 10548 万元，占计划的 47.32%；收购农副产品 211860 万元，比上年增加 164.8%。

1955 年，王乐井供销合作社完成销售总额 13.888 万元，占计划的 67.7%。完成生活资料销售 12.608 万元，其中食盐完成计划的 54.98%、食油 98.48%、食糖 48.54%、白酒 45.5%、纸烟 78.6%、棉布 71.79%、棉花 49.9%、火柴 69.28%、煤油 78.19%；完成生产资料销售 1.28 万元，包括双轮双铧犁 2 部、七寸铁辕犁 5 部、铁锹 71 张、铁犁铧 667 块、镰刀 1 把、大牲畜 8 头、大马车 1 辆；完成农副产品收购 14.4381 万元，占计划的 89.11%，其中收购绵羊毛 6.9693 万斤，占计划的 87.12%；绵羊皮 3358 张，占计划的 61.6%；山羊毛 2482 斤，占计划的 70.92%；山羊皮 2723 张，占计划的 302%；羊绒 10829 斤，占计划的 90.24%；甘草 81200 斤，占计划的 101%；废铜 638 斤，占计划的 18.77%。

1956 年，王乐井供销合作社完成销售总额 19.092254 万元，占计划的 95.46%，其中生产资料销售 2.2761 万元，占计划的 58%；完成农副产品收购 14.5355 万元，占计划的 78.14%，比上

年增长 0.7%。

1957 年，王乐井供销合作社完成销售总额 19.1284 万元，占计划的 86.94%，其中生活资料销售比上年增加 5.2%；生产资料销售 1.2287 万元，占计划的 68.26%，较上年降低 40.88%。完成农副产品、废旧物资收购总额 20.13 万元，占计划的 122%，比上年增长 40.2%，收购品种在上 67 种基础上增加了刺猬皮、驴皮、马皮、牛皮、旧棉花、皮渣子等 25 种，下半年结合农村生产大辩论活动收购新旧皮衣 56 件。收购甘草 36.47 万斤、7.21 万元，比上年增长 6 倍左右。当年全县遭遇旱灾，农业歉收，县委、县政府号召社员群众大搞副业，开展生产自救，挖甘草成为主要副业增收依赖。三区一乡周庄子农业社共有 19 户、103 口人，合计挖甘草收入 1100 元，就可以解决全社人口 6 个月的口粮问题。一乡牛头沟农业社共 42 户、227 口人，挖甘草收入合计 1700 元，不仅归还了 400 多元的贷款，还购置了 100 多元的牲畜草料和小件生产资料。

1958 年，王乐井供销合作社前三季度完成农副产品收购 16.0848 万元，占计划的 60%。截至 9 月底，完成销售总额 12.0873 万元，占计划的 45.56%，其中生产资料销售 16921 元，占计划的 38.72%。

1961 年，根据全县商业系统大兴调研之风的工作安排，王乐井公社商店及时组织职工摸清全社生产资料需求情况，计划于春耕前备齐各式农具和零配件，支援农业生产。一开始，商店还是按照历年老办法，给各生产大队发一张春耕生产资料需要统计表，要求各大队按所需品种型号填报采购量。当统计表送上来后，发现各生产大队需要添置的农具数量都很大，光步犁一项就需新购 190 部，其他农具的需求量也比历年增加不少。为什么会有这种不正常现象呢？商店组织职

工进行讨论，就有人提出：还是到下面去摸摸底吧。于是商店将全部业务员派了下去，经过调查发现，过去购进的一些农业生产工具，有的不适合当地生产习惯，有的使用一段时间后损坏缺配件，躺在库房用不了。比如刘湘庄生产小队共有步犁 15 台，其中 4 台缺零件，其余 11 部因磨损严重，耕地不杀草（当地俗语，不能除草），因此刘湘庄生产队就上报购买新步犁 15 件。但是这些步犁到底损坏、磨损到什么程度、修理一下还能不能再用呢？商店要求营业员分别到各生产小队进行一件件地排查。排查后发现，绝大多数磨损农具，只要配些零件就都可以使用。由于社员群众不懂零件规格，有时买回来配上不合套，或因没有合适工具安不上，结果零件就在仓库里闲放着。比如犁镜，如果没有套筒扳（步犁卸装工具），旧犁镜卸不下来，新犁镜安不上去，自然无法使用了。经过调查统计，全公社需要修理的新、旧式步犁共有 400 多部、耧 100 多张、各种劳力车 214 辆。在公社和商店配合下，组织技

1962 年 10 月，盐池县商业局王乐井公社商店副主任张熙籍（左一）下农村基层帮助石山子生产队修理小胶轮车（高志强摄）

术人员将这些农具全部修理好。过去售出去吴忠生产的步犁因不适合当地沙土使用，全部收了回来，根据当地使用习惯加以改进。商店备齐最易耗损零件、工具 30 余种，存放在大队库房里，社员群众随用随取，十分方便，秋后统一由大队收齐货款转交商店。王乐井商店还在全公社 5 个生产大队设立了分销店和代销点，新购农具采取保修、包换、包退措施，尽量减少生产队损失，满足农业生产需求。

1977 年，王乐井供销合作社完成商品购销总额 63.6803 万元，其中完成销售总额 35.7727 万元；农副产品收购总额 21.5690 万元。

1978 年，截至 11 月份，王乐井供销合作社完成购销总额 74 万元，超计划 2%。完成销售总额 42 万元，占计划的 98%（预计年底超额完成计划 10%）；完成生产资料销售 6.6550 万元，比上年同期 2.9167 万元增长 1 倍多，其中销售化肥 282 吨（上年只销售 31 吨）、计 4 万余元；费用率 5.2 万元，比上年低 1%。

1979 年，王乐井供销合作社完成购销总额 105.4 万元，占计划的 108%，与上年同期 79.7 万元相比增加 25.7 万元。其中完成农副产品收购 35.5 万元，占计划的 136%，比上年同期 29.5 万元相比增加 6 万余元；销售总额 54.7 万元，比上年 47.5 万元相比增加 7.2 万元；费用率 6.9 万元，比计划增加 0.1%。

1981 年，王乐井供销合作社全年完成商品购销总额 110.6 万元，占计划的 126.8%，比上年增长 27.4%。其中完成销售总额 50.2 万元，占计划的 95.6%，比上年增长 4%；完成农副产品总购进 50.1 万元，占计划的 167%，比上年同期增长 15%。费用率 5.2%，比计划下降 13.3%；资金周转 90 天，比计划快 5 天；实现利润 6 万元，占计划的 120%。第四季度，王乐井社实行经营

承包责任制，规定每超计划100元奖励承包人2元。门市部6名营业员下达四季度销售计划8.5万元，实际完成13.8万元，超计划5.3万元，共计提成奖金1060.66元，人均176.77元。其中副食组下达计划1.8万元，实际完成2.34万元，超计划5400元，获得奖励308元。

1982年，王乐井供销合作社认真贯彻"发展经济，保障供给"方针，商品品种由原来大约1235种增加到1741种。全年完成购销总额95.7万元，占计划的100.8%，其中完成销售总额51万元，占计划的102%；生产资料销售2.9624万元，占计划的72%；农副产品购进43.1万元，占计划的130.6%，11个农副产品计划品种完成8个；废旧物资购进2676元，占计划的267%；费用率7.4%，超计划2%；资金周转107天，比计划慢13天；实现利润6.6万元，占计划的120.5%。

1983年，王乐井供销合作社完成商品购销总额115万元，占计划的145.6%，比上年同期增加20%。完成销售总额53.9万元，占计划的131.6%，比上年同期增加5.8%，其中生活资料销售50.4万元，占计划的132.7%；生产资料销售3.5万元，占计划的117.4%。农副产品购进4.77万元，占计划的132.7%，比上年增长3.4%；废旧物资购进2248元，占计划的112.4%。费用率7.05%，比计划减少0.4%；资金周转100天，比上年同期快7天。实现利润12.4万元，占计划的335.5%，比上年同期增加88%。

1985年，王乐井供销合作社根据区、县供销合作社要求，围绕把供销合作社由"官办"转"民办"、变全民为集体的核心任务，积极发展社员入股，扩大股金。截至6月份，共计吸收社员4532股、股金1.3596万元，占全社自由流动资金的5.2%。全年完成购销总额101.3万元，占计划143%。其中完成销售总额45万元，占计划的111.3%；完成农副产品购进52.39万元，占计划的261.99%；供应化肥52吨、中小农具2263件；费用率5.6%，比计划低1.4%；资金周转146天，比计划慢16天。实现利润3.43万元，占计划的149.4%；人均实现利润2638元。

1987年，王乐井供销合作社完成购销总额

表6—1—10　1983年王乐井供销合作社主要农副产品收购计划完成情况统计

品名	年计划（元）	实际完成（元）	占计划（%）
绵羊毛	47000	59739	127.1
山羊毛	4400	4870	110.6
羊绒	3400	4288	126.1
蜂蜜	5000	146400	291.8
猪鬃	280	378	135
绵羊皮	1500	2253	150.2
山羊皮	1700	3990	234.7
羔皮	600	562	90.3
猾子皮	1000	1873	187.3
二毛皮	600	648	108

表 6—1—11 1991—1998 年王乐井供销合作社经营情况统计（单位：万元、天、%）

名称			1991 年	1992 年	1993 年	1994 年	1995 年	1996 年	1997 年	1998 年
商品购进		计划数					90	85	75	
		实际完成			55.3	55.3	85.2	86.4	35.3	
		比上年					+54.1%	+1.4%	-59%	
	农副产品	计划购进		52	60		45			
		实际购进	164.7	73	86	16.7	24.3			
		占计划		140%	144%		54%			
		比上年		-91.7	+13		+45.5			
	废旧物资	购进								
		占计划								
		比上年								
商品销售		计划销售	160	145	140				75	
		实际销售	127	152	154.5			80.7	45.5	
		占计划	80%	104.8%	110.3%				60.7%	
		比上年	-41.8	+25	+2.5				-43.6%	
商品零售		计划销售	73	77	75		100	75		
		实际销售	74.5	67	50.5	50.7	68	80.7		115.1
		占计划	102%	87%	87.3%		68%	107%		
		比上年	+7	-7.5	-16.5		+34.1%	+22.3%		
商品流通费用										
比去年										
计划费用率			6%	6.9%	6.5%			13%	14%	
实际费用率			6.3%	5.56%	6.96%		15.2%	17.6%	29%	
比计划			+0.32%		+0.46%		8%	+4.6%	15%	
比上年			+1.01%	+5.3%				+1.9%		
计划利润			4.4	3.9	1.7					
实现利润			4.4	4.2	0.3		-9.57	-11.19	-13.11	-20.4
占计划			100%	107%	17%					
比上年			-2.8	-0.2				+1.6	+1.92	
资金周转计划天数			130		153			360	360	
实际周转天数			168.4		246		610	574.5	753.2	
比计划（天）			+38.4		+96			+214.5	+393.2	
比上年（天）			+44.8					-35.5	+188.7	
生活资料							18	6.2		
生产资料							39	46.6	61	46

109.5797 万元，占计划的 109.6%，比上年同期下降 8.8%，其中销售总额 51.5758 万元，占计划的 114.6%，比上年同期增长 5.6%；农副产品购进 44.7863 万元，占计划的 93.1%，比上年同期下降 26.4%；费用率 5.2%，比计划降低 13.3%；资金周转 135.6 天，比计划慢 25.6 天；实现利润 4.7989 万元，占计划的 119.97%，比上年同期增长 16.9%。

1989 年，根据县供销合作社统一规定，王乐井供销合作社实行定销售、定花色品种、定店容店貌、定库存、定产品适销率"五定"办法，工资实行全额浮动措施。全年完成购销总额 176.2 万元，占计划的 155.8%，比上年同期下降 10%。完成销售总额 116.8 万元，占计划的 104.3%，比上年同期下降 45.6%，其中完成商品零售 77.3 万元，占计划的 147%，比去年同期下降 7.6%；农副产品购进 50.2 万元，占计划的 97.9%，比上年同期下降 64.4%。全年收购绵羊毛 1.9212 万公斤、羊绒 271 公斤、绵羊皮 1235 张、山羊皮 336 张、二毛皮 468 张、黑猾子皮 491 张、蜂蜜 7230 公斤，以上农副产品由于销售不畅，中途停止收购。费用率 6.65%，比计划增加 0.85%；实现利润 0.1 万元。

1990 年，王乐井供销合作社完成购销总额 169.3 万元，占计划的 138.5%。商品销售总额 145.8 万元，占计划的 120.6%，比上年增长 25.1%。其中商品零售 67.4 万元，占计划的 118.9%，比上年下降 12.8%；农副产品购进 82.3 万元，占计划的 146.5%，比上年增长 64%；收购废旧物资 636 元，占计划 31.8%；收购绵羊毛 3.8038 万公斤、绵羊皮 1948 张、蜂蜜 21 万公斤，其他农副产品收购量均比上年有不同程度减少。资金周转 123.6 天，比计划快 26.4 天；费用率 5.3%，比计划下降 0.69%；实现利润 7.17 万

元，占计划的 159.3%。

1995 年 5 月，王乐井供销合作社门市部实行承包经营。1997 年，王乐井供销合作社门市部实行抽资承包经营。

1998 年，根据县供销合作社 8 月 6 日社务会议决定，王乐井与鸦儿沟供销合作社合并（合并后社址设在王乐井）；鸦儿沟供销合作社的资产及人员分别由新组建的王乐井供销合作社接收管理；鸦儿沟供销合作社所有债权债务分别新组建供销合作社承担；鸦儿沟供销合作社为新组建供销合作社的分销机构，经营网点不撤，经营范围不变。

2004 年 7 月 5 日，经盐池县供销合作社主任办公会议研究，同意王乐井供销合作社终止与蒋萍仙、韩金花、王昱澎劳动合同关系，按每满一年工龄给予 550 元一次性安置费。从 2005 年 1 月起由其本人缴纳社会养老统筹金。

六、鸦儿沟供销合作社

1976 年 11 月 12 日，王乐井公社分设出鸦儿沟公社，县供销合作社在鸦儿沟街面新建门市部 9 间（占地面积 10 亩），在原王乐井供销合作社鸦儿沟分销店基础上组建成立了鸦儿沟供销合作社。主任左新武、会计乔孝、收购员黄复新、营业员韩祥等 8 人。设立门市部 1 个，管理双代店 7 个。

1977 年，鸦儿沟供销合作社完成购销总额 49.4 万元，各种生活日用品由原来分销店时经营的约 800 种发展到 1800 余种。完成农副产品收购 17.0779 万元，占计划的 113.98%，9 个主要农副产品全部或超额完成计划任务；收购废旧物资 2503 元，占计划的 125.1%；费用率 5.3%，比计划降低 1.18%；资金周期 107 天，比

表6—1—12 1977年鸦儿沟供销合作主要农副产品收购完成情况

项目	单位	全年计划	实际完成	占年计划（%）
绵羊毛	斤	36750	44052	119.86
山羊毛	斤	5040	5108	101.35
羊绒	斤	6462	7624	118
牛皮	张	8	4	50
绵羊皮	张	1900	187	9.8
山羊皮	张	2800	728	25.8
羔子皮	张	1200	294	24.5
猾皮	张	3420	960	28.1
二毛皮衣	张	300	103	34.5
猪鬃	斤	150	48	32
山羊胡子	斤	150	153	102
猪肠衣批子	根	50	17	34
绵羊肠衣批子	根	30		
山羊肠衣批子	根	20		
蜂蜜	斤		3025	
鲜蛋	斤	1900	2115	111.3
甘草	斤	180000	279232	155.1
杂铜	斤	300	256	118.66
废铝	斤			
废铅锡	斤	100	53	53
废钢铁	斤	4000	7536	188.4
废橡胶	斤	200	255	127.5
杂骨	斤	6000	4459	74.2

计划快17天；实现利润2.8669万元，占计划的143.34%。

1978年，鸦儿沟供销合作社全年完成商品购销总额66.9882万元，占计划的111.6%。完成农副产品收购29.9034万元，占计划的148%，其中收购畜产品13.6049万元，比上年同期增长2.3495万元；甘草59.6667万斤，占计划的298%；鲜蛋5064斤，占计划的103.4%；废旧物资8052元（其中双代店6074元）。完成零售总额35.6386万元（其中双代店13.7423万元）。由于当年农业收成好，加上社员群众挖甘草收入增多，购买力增强，全年销售自行车67辆、收音机30台、缝纫机30架、手表76块。

1979年，鸦儿沟供销合作社完成购销总额91.2933万元，占计划的120.12%，比上年增长36.3%。完成零售总额39.0222万元，占计划的100.56%，比上年增长9.49%；完成农副产品收购37.1867万元，占计划的148.75%，比上年增

表6—1—13 1982年鸦儿沟供销合作社门市部柜组承包经营指标完成情况（单位：元）

项目	人数	承包负责人	承包零售额					季末库存
			全年	一季度	二季度	三季度	四季度	
针织棉布	1	焦全宁	118800	25000	30000	25000	38800	70000
鞋帽百货	1	郑文武	55000	15000	13500	10500	16000	35000
副食	1	高春秀	107800	28000	28800	25000	26000	15000
五金文具	1	刘培全	44000	11000	10000	10000	13000	20000
生资日杂	1	李培银	59400	17400	16000	10000	14000	30000
合计	5		385000	96400	98300	82500	107800	170000

长15.81%。费用率6%，比计划增加0.7%；资金周转102.67天；实现利润4.0047万元。

1980年，全县农业歉收，畜牧业大量减产。鸦儿沟供销合作社全年完成购销总额88.0859万元，占计划的103.6%。其中完成零售总额45.4995万元，占计划的105.8%，比上年同期增长16.6%；农副产品收购40.7774万元，占计划的119.9%，比上年同期增加9.66%；与吴忠蔬菜公司联系销售蔬菜19种9.9873万斤，计0.7000万元。费用率5.56%，比计划降低7.3%；资金周转91天，比计划加快9天；实现利润4.5199万元，占计划的113%。

1981年，鸦儿沟供销合作社完成购销总额85.7859万元，占计划的102.74%。其中零售总额35.1118万元；农副产品购进35.7267万元，占计划的119.1%，其中收购蜂蜜1410担，占计划的352.5%。费用率7.7%，比计划增长25.3%；实现利润5.1478万元，占计划的143%。

1982年，鸦儿沟供销合作社完成购销总额88.6563万元，占计划的110.82%，比上年同期增长3.36%。其中完成零售总额38.1948万元，占计划的99.2%，比上年同期增长8.78%；完成农副产品购进51.9689万元，占计划的136.7%，与上年同期相比增长45.5%；收购废旧物资1817元，占计划的187.7%；收购甘草74.25万斤，占计划的154.7%，比上年同期增长77%，创历史最高水平，为社员群众增收20余万元。费用率8.55%，比计划上升2.95%；实现利润1.8287万元，占计划的45.7%，比上年同期减少了33.19%。当年，鸦儿沟供销合作社门市部实行分柜组承包经营，全年核定承包零售总额38.5万元。

从1983年开始，鸦儿沟供销合作社实行承包经营。

1987年，鸦儿沟供销合作社根据县社承包责任制规定，结合本社实际制定了经营责任制实施细则，实行联购、联销、联利3∶3∶4计酬办法。

1996年，鸦儿沟供销合作社保留单位名称，承包给个体经营。1997年，牛家圈分销店资产处置后由个体承包经营；李庄子分销店实行抽资承包经营。

2003年，鸦儿沟与王乐井两乡合并，鸦儿沟供销合作社改为王乐井供销合作社分销店。

2005年7月，王乐井供销合作社进行改制重组，由原社职工返聘承包经营，成为独立核算、自主经营、自负盈亏的法人企业。

表6—1—14　1983—1994年鸦儿沟供销合作社经营情况统计（单位：万元、%）

名称			1983 年	1987 年	1988 年	1989 年	1990 年	1992 年	1993 年	1994 年
商品购进	总购进	计划数								
		实际完成	39.1081							
		占计划								
		比上年	-25.4%							
	农副产品	计划购进		45	44.4	47.8	51.6	45	60	62
		实际购进	38.9981	34.9871	80.4	57	64	90.9	108.9	51.7
		占计划		77.7%	178.8%	119.5%	124%	202%	181.5%	92%
		比上年	-24.9%		+130%	-48.8%	+12%	+89.2%	+19.8%	-52.5%
	废旧物资	购进	0.1561					0.0430		
		占计划	156%					43%		
		比上年	-14.1%							
商品销售		计划销售	73	85	89.6	96.8	104.6	117	120	130
		实际销售	99.98	85.1745	130.4	143.2	119.6	152.6	171.69	74.4
		占计划	136.96%	100.2%	145.5%	148%	114.3%	130.4%	143.1%	57.2%
		比上年	12.78%	-23.5%	+53.1%	9.8%	-16.6%	31.3%	+12.5%	-56.7%
商品零售		计划销售	32.5	36	38	40.8	44.1	59	60	62
		实际销售	31.58	39.2629	57.7	46	44.1	53.6	51.30	38.4
		占计划	97.17%	109.1%	150.2%	112.7%	100%	90.8%	85.5%	62%
		比上年	-17.32%	+4%	+47%	-25%	-4.1%	-9.1%	-4.3%	-25.3%
		生活资料	28.7037					37		
		生产资料	2.8775					16.6		
费用率计划			7%	6%	6%	5.8%	6%	6.8%	6.4%	6.5%
实际费用率			8%	5.46%	5.54%	6.1%	6.3%	5.29%	4.67%	17.3%
占计划			1%	-0.54%	-8.3%	5.1%	7.2%	0.9%	-1.73%	+10.8%
比上年			-0.55%	+1.2%	+0.14%	10.9%	+4.7%	-0.9%	-0.62%	+12.63
计划实现利润			3	3	3	3.2	3.4	3.5	1.4	2
实际完成利润			11.1682	3.4134	7.4	4	6.1063	3.5	2.0975	0.026
占计划			372.27%	113.8%	246.8%	125%	184%	100%	149.8%	1.3%
比上年			+510.72%	-21.2%	117%	-54%	+57.2%	-12.5%	-43%	-98.8%
资金周转计划天数			100	110	130	118	132	143	145	245
资金周转实际天数			111.5	150	115.6	140	141.5	146.4	141	391
比计划			+11.5	+40	-14.4	+22	+9.5	+3	-4	+146

七、青山（四区、雷记沟、侯家河）供销合作社

四区（雷记沟）合作社成立于1938年，1947年盐池失陷时被迫停业，1949年8月盐池光复时恢复重建。

1950年经过清理整顿，重新登记社员701名，征得社员同意，将旧股40万元转为新股，新增社员123名。7月，县合作社选派魏钦到四区（侯家河）筹建合作社。魏钦背着几匹布来到侯家河，借用两间土木平房开了一个小卖店。后来县社又派侯建章等人到侯家河合作社协助开展工作。当时县合作社只拨付了少量资金，大家就靠这点资金流动，背着商品走乡串户，开展供销业务，同时宣传发动农民入股。

1951年，根据西北合作局会议精神，县合作社要求各基层社必须全心全意为社员服务，停止非社员交易。四区合作社想方设法增加商品种类，积极组织为社员送货下乡。全年完成销售总额10602.6万元，按当时全社824名社员计算，平均每个社员购买商品12.8万元；完成农副产品收购3.9752万斤，其中收购羊毛2.1313万斤。在向社员提供商品供销过程中，合作社的商品要比私商平均低5%—10%。比如布匹私商一尺卖4000元，合作社就卖3700元，一包针私商卖1000元，合作社只卖500元。

1952年，四区合作社完成生活资料销售总额12860.12万元，其中供应各种布匹8753.71万元；糜子411石、合计277.7万元；黄米2512石、合计3523.1万元；榨油7281斤、合计2472.4万元。生产资料销售总额964.16万元，其中犁铧、铁犁、耧铧等509.15万元，牲口饲料、籽种合计455万元。农副产品购进49396.81万元，其中各种皮张8763.61万元，甘草28.6万元，羊绒

15698.1万元，羊毛24649.1万元。

1953年，四区合作社建起简易门市部，增加了人员，各项经营业务工作逐渐拓展开来。全年完成销售总额46935万元，占计划的85%。完成生活资料销售总额42608万元，其中黄米5.08万斤、食糖1340斤、食油5690斤、棉布558尺；生产资料销售4327元。完成收购总额128275万元，占计划的126%，其中收购黄米14.33万斤、绵羊毛6.39万斤、羊绒400斤、各种皮子862张。前几年，四区合作社不收生草（未加工甘草），只收熟甘草。很多群众因为不会加工熟草只好放弃挖甘草，平白减少很大一部分收入，合作社收购任务也不能完成。当年，四区合作社决定大量收购生甘草，再组织农村妇女加工成熟草，挖甘草、铡甘草（加工甘草）都得到实惠。群众反映说："合作社这事得办好啊，农村闲人、婆姨女子都有点干头了！"

1954年，四区供销合作社完成销售总额13.665万元，占计划的80.4%，其中生活资料销售12.1676元，占计划的103%；生产资料销售1.4974万元，占计划的29%。当年，四区供销合作社根据社员要求，在五乡设立了分销店。

1955年，四区（侯家河）共有人口5800人，其中一乡有千余名农村群众经常到县城购买商品外，其余各乡农村群众主要在四区供销合作社和农村小商贩处购买商品。

1956年，四区供销合作社完全销售总额19.9227万元，占计划的83%，其中生活资料销售18.1972万元；生产资料销售1.7235万元，比上年增加11.6%。农副产品收购13.6189万元，占计划的71.01%，其中收购羊毛6.3951万斤，占计划的91.36%；羊绒895斤，占计划的79.62%；绵羊皮1312张，占计划的167%；山羊板皮1535张，占计划的105.4%；白二毛皮4121

表6—1—15　1954年四区（侯家河）供销合作社农副产品收购情况

产品／单位	计划数	完成数	占计划百分比（%）
油籽（斤）	104790	309170	295
甘草（斤）	140000	121631	87
羯羊毛（斤）	24000	86853	103.4
山羊毛（斤）	1115	3267	292
羯羊皮（张）	750	1949	260
山羊板皮（张）	800	1613	201
山羊绒皮（张）	250	1256	50.2
二毛皮（张）	2000	2756	137
牛皮（张）	200	1121	150
猾皮（张）	1065	3067	287
白板皮（张）	1500	3147	210
羊绒（斤）	3900	11414	128
驼毛（斤）	208	299	143
废铜（斤）	250	163	60
废铁（斤）	2500	2416	96
平均完成			197.5

表6—1—16　1955年四区（侯家河）供销合作社经营情况

产品名称	全年计划数	计划完成数	占计划百分比（%）
总计（元）	182000	170797	93.84
消费资料（元）	165882	153852	92.74
生产资料（元）	16118	20945	130
食油（斤）	43000	35181	81.82
食糖（斤）	7460	7155	95.78
酒（斤）	2500	12064	48.24
纸烟（条）	6000	4880.5	88.35
其他副食（元）	16000	4880	30.5
棉布（尺）	130000	145392	111.84
食盐（斤）	6500	3793	58.35
煤油（斤）	10000	8129	81.29
旧式农具（元）	2600	3631	139.8
耕畜（头）	13	14	107.7

1962 年 10 月，盐池县侯家河公社供销合作社根据社员群众需要准备生产商品，保障供给（章虎臣摄）

张，占计划的 131%；甘草 30128 斤，占计划的 100.7%；杂铜 1257 斤，占计划的 100.3%。

1957 年，四区供销合作社完成销售总额 20.0549 万元，占计划的 95.5%，其中生活资料销售 19.0055 万元，占计划的 97.46%，比上年同期增长 0.65%；生产资料销售 1.0494 万元，占计划的 69.96%。

1958 年，根据全县商业、供销系统合并要求，四区供销合作社改为四区国营商店。

1963 年，四区供销合作社划归大水坑供销合作社管理，变为大水坑供销合作社侯家河中心商店，相当于分销店，主要供应大中型农业生产资料，支援农牧业生产发展。

1967 年，根据全县商业、供销系统分设决定，将侯家河中心商店再次改设为侯家河供销合作社；同时从城郊供销合作社分设出猫头梁分销店，归侯家河供销合作社管理。

1968 年，全县各公社再次纷纷更换带有革命色彩的名称，侯家河公社更名为青山公社，侯家河供销合作社更名为青山供销合作社。

1969 年，根据上级有关精神，全县商业管理体制进行改革，各公社所在地 8 个基层供销合作社更名为"供销服务社"，各公社分销店改为"供销服务部"。青山供销合作社更名为青山供销服务社。

1969 年，组建了营盘台分销店（服务部）。

1972 年，全县各公社恢复以前旧称，只有侯家河公社未恢复，沿用青山公社名称，青山供销合作社名称未变。

1977 年，青山供销合作社完成销售总额 68.3 万元，其中零售总额 48.2 万元；农副产品收购总额 15 万元，比上年同期增长 26.2%。羊绒、羊毛等 7 种农副产品和废旧物资收购完成全年计划的一半以上，甘草、猪鬃等 4 种废旧物资收购超计划 10.4%。费用率为 4.5 万元；资金周转 122 天，比计划慢 39 天；实现利润 3.1 万元，比上年同期增加 31.4%。

1978 年，青山供销合作社共有分销店 2 个，干部职工 23 人，双代店 5 个，双代员 7 个。全公社 8 个生产大队 9000 余人，每个生产大队所在地都有分销店或双代店。全年购销总额 72.2 万元，占计划的 92.7%，其中零食总额 50.1 万元，占计划的 89.6%；农副产品收购 20 万元，占计划的 125%；费用率 4.6%，比计划减少 1.2%；资金周转 120 天，比计划慢 14 天，比上年同期快 18 天；实现利润 3.702 万元，占计划的 100.7%，比上年同期增加了 23.3%。

1979 年，青山供销合作社完成购销总额 98.4 万元，占计划的 112.4%，其中完成零售总额 58 万元，占计划的 93.5%；农副产品收购总额 30.7 万元，占计划的 53.5%；费用率 6.17%；实现利润 4.54 万元，占计划的 108.1%。

1980 年，青山供销合作社完成购销总额 103.4 万元，占计划的 107.7%，其中零售总额

表 6—1—17　1981 年青山供销合作社各项经营计划指标完成情况

项目		单位	年计划	实际完成	占计划比（%）
商品总销售		元	825000	1080000	130.9
零售总额		元	570000	531000	93.2
利润		元	38000	39000	102
费用率			5.5%	5.4%	0.1%
资金周转天数		天	100	91	快 9
农副产品总购进		元	250000	490000	196
其中	蜜蜂	担	300	389	129
	绵羊毛	斤	50000	64000	128
	山羊毛	斤	5500	7900	145
	羊绒	斤	6500	8100	125
	牛皮	张	25	18	72
	绵羊皮	张	1800	1169	65
	山羊皮	张	4000	3744	93
	白羔皮	张	1700	1784	105
	猾皮	张	3000	2527	84
	二毛皮	张	800	8820	1103
	甘草	担	600	671	112

57.6 万元，占计划的 94.4%；农副产品收购总额 38.59 万元，占计划的 148.4%；费用率 4.6%，比计划降低 0.85%，比上年同期下降 1.5%；实现利润 4.6 万元，占计划的 107%。

1983 年，青山供销合作社下设分销店 2 处（猫头梁、营盘台），双代店 5 处（方山、郝家台、月儿泉、古峰庄、方山、旺四滩），双代员 5 人；食堂、旅店各 1 处；全社共有流动资金 24 万元，固定资产 14.2 万元，职工 21 名（其中临时工 11 名）。全年完成商品购销总额 103.9 万元，占计划的 123.7%，其中零售总额 50.13 万元，占计划的 128.2%；农副产品购进 42.7 万元，占计划的 170.8%，18 个主要农副产品收购完成 11 个；费用率 7.1%，比计划增加 0.6%。资金周转 110 天，比计划慢 19 天；实现利润 5 万元，占计划的

172.4%。

1984 年 1 月 5 日，根据盐池县委机构改革方案，青山公社改为青山乡。青山供销合作社名称不变。

1987 年，青山供销合作社实行承包经营责任制，全员工资浮动，每人每月下浮工资 10 元与奖金挂钩，全面或超额完成任务的，兑现全部工资和奖金；完成任务 90% 以下不兑现奖金；完成任务 80% 以下不兑现下浮工资。全年完成商品购销总额 141.7 万元，占计划的 118.1%，其中零售总额 67.3 万元，占计划的 122.4%；农副产品购进 61.8 万元，占计划的 112.4%；资金周转 132 天，比计划慢 22 天；费用率 6.5%；实现利润 3.7 万元，占计划的 100%。

1989 年，青山供销合作社对各柜组采取定

表6—1—18 1982年青山供销合作社各项经营计划指标完成情况

项目	销售总额	农副产品购进额	零售额	利润额	资金周转天数	费用率
年计划（元）	920000	300000	540000	40000	91	
实际完成（元）	908419	192930	546828	16090	115	56298
占计划（%）	98.7	97.6	101.2	40.2	+24	6.2
比上年（%）	-16.5	-40.3	+2.8	-58.7	+24	+1.10

农副产品购进项	单位	计划（元）	完成（元）	占计划（%）	比上年（元）
蜜蜂	担	400	282	70.5	389
绵羊毛	斤	57000	97094	170.3	64058
山羊毛	斤	7120	9895	139	7979
羊绒	斤	6000	8255	137.5	8163
山羊皮	张	3000	5993	199.8	3744
白羔皮	张	1600	198	12.4	1784
猾皮	张	1800	3159	175.5	2572
牛皮	张	20	7	35	18
二毛皮	张	2000	1125	56.3	8820
绵羊皮	张	1600	1424	89	1169
甘草	担	500	573	114.6	671

任务、定经营品种、定库存、定差错率"四定"承包经营措施，任务指标与工资奖金挂钩，多劳多得。全年完成商品购销总额181万元，占计划的131%，比上年同期下降23.6%，其中完成零售总额86万元，占计划的130%，比上年同期下降6%。费用率6.5%，比计划上升0.4%；资金周转143天，比计划慢32天；实现利润3.78万元，占计划的102%，比上年同期下降2倍左右。

1990年，青山供销合作社完成商品购销总额173.8万元，占计划的115.9%，其中完成零售总额86.2万元，占计划的123.1%；费用8万元，占商品销售总额的7.4%；每百元销售率比计划增长1.06%；资金周转144天，比计划慢9天；

实现利润5.25万元，占计划的134.6%。

1991年，青山供销合作社完成商品购销总额137.5万元，占计划的76.4%，其中完成零售总额93.5万元，占计划的105.1%；农副产品购进39万元，占计划的52%；费用率7.7%，比计划上升0.7%；资金周转160天，比计划慢14天；实现利润0.52万元，比计划减少4.08万元。

1994年，青山供销合作社门市部及营盘台分销店实行承包经营，车辆实行抽资承包经营。

1996年，经盐池县供销合作社研究决定，青山猫头梁分销店实行承包经营。

2004年7月，青山供销合作社保留牌子，转让资产，由农民经纪人李玉霞经营。

表6—1—19 1992—1998年青山供销合作社各项经营计划指标完成情况

年份	计划指标	商品购销总额	农副产品购进	商品零售额	实现利润	资金周转天数	费用率
1992	计划（万元）	138	51	91	2.5	165	7.45
	实际完成（万元）	119.8	39.3	81	0.18	182	8.6
	占计划 %	87%	77.5	85%	7.7%	-17	+1.15%
	比上年 %	-13%	-2.2%	-34%	-66%	+22	+0.9%
1993	计划（万元）	120		90	1		8%
	实际完成（万元）	155		86	170 元		9.8%
	占计划 %	129.2%		96%			
	比上年 %	29.3%		+6.2%			
1994	计划（万元）	130		80	5000 元		
	实际完成（万元）	84.5		56	-5.9		11.8
	占计划 %	65%		70%			
	比上年 %				-5.9		+5.3
1995	计划（万元）	74					
	实际完成（万元）	90.2			-8.7		15.48
	占计划 %	121%					
	比上年 %	+7.4%			增亏 2.7		
1996	计划（万元）	90				320	13%
	实际完成（万元）	133	55	66	-10.5	323	13%
	占计划 %	147.7%		1.1%	增亏 2.17	-3 天	
	比上年 %	+1.1%				+22	-1%
1997	计划（万元）	130		生活资料销售 20 万元		320	18%
	实际完成（万元）	48			-13.6	394	30.6%
	占计划 %	35.4%		生产资料销售 37 万元		+74 天	+12.6%
	比上年 %	-63.9%			增亏 3	+62 天	+17.4%
1998	计划（万元）						
	实际完成（万元）	65.3			-22.3		
	占计划 %						
	比上年 %	+17.3			增亏 8.8 万		

八、大水坑（五区）供销合作社

五区（大水坑）合作社于 1938 年成立，1947 年 8 月盐池失陷时被迫解散。

1951 年 4 月，五区合作社在宁夏合作局及盐池县委、县政府支持下重新恢复，重新登记社员 855 人、855 股，股金 1720 万元，当时共有合作社干部 4 人。全年完成生产、生活资料销售 12340.6 万元，收购农副产品 46760 万元（其中代购 16372.2 万元）。

1952 年，五区合作社发展新社员 536 人（女社员 101 人，约占社员总数的 19%），其中贫农社员占 10%、中农社员占 87%、富农社员占 0.5%，其他占 2.5%。社员入股达到 1624 股。上半年共计完成销售总额 14984 万元，主要是布匹、百货、生产农具等，其中百货占 13%、花纱布类占 8%、农具占 7%；完成农副产品收购总额 49454 万元；上缴税金 85.54 万元。五区合作社刚成立时，群众入股积极性并不很高。于是合作社组织干部带货下乡，一边销货，一边宣传合作社办社政策。一些群众看到合作社的货相对便宜，质量也好，就入了股。合作社坚持为社员、为生产服务方针。春季青黄不接时，合作社以预购甘草办法，先后供给社员群众粮食 5.18 万斤；及时准备大小生产农具 1154 件，方便农民群众搞好春耕生产。一些贫苦社员缺乏耕畜，合作社就采取预购秋毛贷款办法，先后帮助社员购买耕牛 10 头、马 3 匹。截至 10 月份，共计收购皮毛、甘草 82000 万元，有效解决了社员群众生活、生产大问题。合作社供给社员的商品，一般要比私商低 10%—20%，加上合作社部经常组织送货下乡，因而受到群众普遍好评。但是工作中也还存在一些不足：主要是计划性差，部分商品供应不及时，时常断货；农副产品收购计划安排不周详，致使

一个乡的羊绒没有卖出去；合作社原来预计连枷（农村手工打粮食工具）150 把，结果几次补货后卖了 320 把，还没有完全满足社员需求。10 月 21 日，五区在全县首开集市，同期举办了 7 天物资交流大会，交易额达 2 亿多元，成交货物以日用百货和土特产品为主。

1953 年，五区合作社完成生活资料供应总额 46762 万元，其中粮食 8.51 万斤、计 84280000 万元，布匹 598 尺、计 18307 万元，百货 13.1084 万元，副食品 6943 万元；供应生产资料总额 2898 万元，其中油料 2.14 万斤、计 1027 万元，其他生产农具合计 1877 万元；农副产品收购总额 13400133 万元，其中羊毛 9.08 万斤、计 97042 万元，羊绒 5400 斤、计 20530 万元，甘草 5200 斤、计 1242 万元，粮食 13.96 万斤、计 110600 万元，皮子 533 张、计 974 万元；收购废铁废铜 1800 斤、计 465 万元。生产、生活资料供应中，布匹、百货、食盐、辣椒面、花椒等生活日用品供应不足，铁锹、铁犁、水斗子（在井里打水的小水桶）等生产用品经常脱销。由于缺乏对市场调查了解（主要是商业统计工作跟不上），另有一部分商品造成积压。

1955 年，五区供销合作社完成商品购销总额 21.4345 万元，占计划的 99%，比上年增长 17.5%，其中生产资料销售 1.8741 万元；农副产品收购总额 14.5209 万元，占计划的 78%，比上年下降 39%；向群众发放预购款 0.88 万余元。

1956 年，五区供销合作社完成购销总额 20.1366 万元，占计划的 80.54%，其中完成农副产品收购总额 13.5591 万元，占计划的 78.37%。未能按计划完成全年购销任务的原因：一是实行农业合作化后，社员实行工分制，个人零散现金量相对减少，购买力下降；二是由于上年旱灾导致农业歉收，社员手中资金主要用于购买饲料，或用于银

行还款；三是实行农业合作化后个体经济改变为集体经济，相当一部分生产资料由以前的个人购买变成集体采购，总量相对减少；四是农业合作社决算基本上接近年终，总体上推迟了社员购买时间。农副产品收购没有完成计划的原因，一是下达计划任务偏高；二是从四季度开始，五区供销合作社采购业务移交给大水坑农业采购站经营；三是实行农业合作化后羊只总量减少，畜产品减产。10月份，在县供销合作社工作组配合下，五区供销合作社试用苍耳子榨油成功，出油率为24%。

1957年，五区供销合作社完成销售总额19.0596万元，占计划的97.24%，其中生活资料销售总额17.4893万元，占计划的91.76%；生产资料销售总额1.5703万元，占计划的8.24%；农副产品收购总额12.554万元，占计划的109.16%；费用支出2.5806万元，超计划1706元；费用率8.5%，超计划0.6%；实现利润1.0110万元，占计划的82%。

1958年9月，全县实行人民公社化后，五区改为大水坑人民公社；五区供销合作社改为大水坑供销合作社。

1971年7月13日，《宁夏日报》报道：截至7月底，大水坑供销合作社共计收废钢废铁2.1万斤，提前完成全年收购计划。

1978年，大水坑供销合作社完成商品购销总额172.1万元，占计划的112%，比上年同期增长19%。完成销售总额131.6402万元，占计划的109.7%，比上年同期增长34.8%；其中生产资料销售总额7.0654万元。农副产品收购总额25.5478万元，占计划的121.6%，比上年同期增长43%，其中收购绒毛2.7264万公斤；收购废旧物资5.4837万元，占计划的274.1%，比上年同期减少2.3090万元；全年从盐池县城、陕西定边等地购进生活用品合计13.7万元，到年底时共计经营商品约1658种。

1979年，大水坑供销合作社完成商品购销总额207.3万元，比上年增长21%；农副产品收购总额41.5万元，废旧物资收购总额7.6346万元，占计划的141%；实现利润16.5116万元，超计划37.5%。当年，根据全县统一安排，大水坑供销合作社实行羊绒收购奖售办法，即每交售1斤"九一路"羊绒，由生产队奖励畜牧员（或畜牧生产小组）0.3元，每交售1斤"八二路"羊绒奖励0.15元，其他路分等级不予奖励。

1980年，大水坑供销合作社完成购销总额207.1万元，其中完成销售总额124.7万元，占计

表6—1—20　1971—1978年大水坑供销合作社经营情况统计

年份	商品销售（万元）	费用率（%）	资金周转（天）	实现利润（万元）
1971	94.5	8.04	129	1.08
1972	96	6.91	124	2.27
1973	118	5.54	87	6.05
1974	131.7	4.5	78	8.34
1975	140.6	4.07	89	9.68
1976	136.9	4.46	100	1036
1977	140.7	3.68	77	11.66
1978	172.1	3.37	80	12.14

划的 84.24%；农副产品收购总额 52.2502 万元，占计划 141.2%；废旧物资收购总额 10.3182 元。全年供应农业生产资料、种子 8.7830 万元，出售农药 291 公斤，中小农具 6703 件。扶持 6 个生产大队种植葵花 1318 亩。

1981 年，大水坑供销合作社完成商品购销总额 187.8035 万元，占计划的 113.8%。完成商品销售总额 133.1113 万元，占计划的 106.5%，其中生活资料销售总额 124.6483 万元，占计划的 103%；生产资料销售总额 8 万元，占计划的 200%。完成商品总购进 43.6395 万元，占计划的 111.9%，其中农副产品购进总额 39.8051 万元，

占计划的 117.1%；废旧物资购进总额 1.9164 万元，占计划的 38.3%。资金周转 98.7 天，比计划慢 8.7 天；费用率 4.77%，比计划下降 0.23%；实现利润 10.1009 万元，占计划的 91.8%。

1982 年，大水坑供销合作社对社属汉民食堂、回民食堂、食品加工厂、冰棍厂、旅社实行承包经营。全年完成商品购销总额 166.8302 万元，占计划的 104.3%。完成销售总额 120.3002 万元，占计划的 94.7%，其中生活资料销售 114.7451 万元，占计划的 94.1%；生产资料销售 6.8164 万元，占计划的 136.3%；完成商品总购进 40.218 万元，占计划的 116.6%；其中农副产品

表 6—1—21　1979—1982 年大水坑供销合作社社属企业（承包）经营情况

年份	社属企业	营业收入（元）	利润（元）	占总收入 %	经营（承包）人员
1979	食品加工厂	68310	8004	10%	6
	汉民食堂	46693	5817	0.45%	5
	回民食堂	36231			4
	旅社	19459	2804	29%	3
	冰棍厂				3
1980	食品加工厂	66060	7671		6
	汉民食堂	52303	-7510		5
	回民食堂	43356			4
	旅社	14872	-107		3
	冰棍厂	10532	581		3
1981	食品加工厂	69520	7022		6
	汉民食堂	46757	-3055		5
	回民食堂	36253			4
	旅社	13872	1708		3
	冰棍厂	8867	3804		3
1982	食品加工厂	70000	5500		6
	汉民食堂	32500	-255		5
	回民食堂	24000	-500		4
	旅社	14817	4800		3
	冰棍厂	9000	3500		3

购进 37.3196 万元，占计划的 130%；废旧物资购进 2.5678 万元，占计划的 171.2%；费用率 4.9%，比计划增加 0.4%；资金周转 128 天，比计划慢 33 天；实现利润 7.2358 万元，占计划的 82.2%。

1983 年，大水坑供销合作社完成商品购销总额 187.1966 万元，占计划的 129.1%。完成销售总额 120.1423 万元，占计划的 120.1%，其中生活资料销售 115.0279 万元，占计划的 121.1%；生产资料销售 6.2368 万元，占计划的 124.7%。商品总购进 56 万元，占计划的 169.7%，其中农副产品收购 49.1916 万元，占计划的 158.7%；废旧物资收购 3.7745 元，占计划的 188.7%；费用率 5.26%；资金周转 114 天，比计划慢 4 天；实现利润 8.7577 万元，占计划的 116.8%。

1987 年，大水坑供销合作社完成商品购销总额 255.289 万元，占计划的 127.6%，比上年同期增加 1.1633 万元。完成销售总额 159.414 万元，占计划的 127.5%，比上年同期增加 9.4626 万元；其中生产资料销售 13.9027 万元（包括农药 761 斤、化肥 149 吨、人力车底盘 84 架、山地犁 74 架、中小农具 11292 件等），占计划的 139%，比上年同期增加 1000 余元；农副产品收购总额 76.46 万元，占计划的 112.4%，比上年同期下降 9.4%；废旧物资收购 2.7148 万元，占计划的 169.7%，比上年同期增长 36.2%；费用率 6.33%，超计划 5.5%，比去年同期下降 9.2%；资金周转 128.5 天，比计划慢 18.5 天，比上年同期慢 8.5 天；实现利润 7.3551 万元，占计划的 91.93%，比上年同期下降 7.9%。

1988 年，大水坑供销合作社完成商品购销总额 340.94 万元，占计划的 151%。商品购进总额 305.4 万元，占计划的 131.5%，其中农副产品购进 129.3 万元，占计划的 174.7%；销售总额 180.4 万元，占计划的 131.4%；其中销售生产资料 15.6 万元（供应化肥 25.2267 万公斤、农药 2056 公斤、中小农具 8584 件）；收购废品 4.0819 万元，占计划的 194.4%；费用 26.04 万元；资金周转 141 天，比计划慢 21 天；实现利润 7.2 万元，完成计划的 100%。10 月中旬，经大水坑供销合作社理事会研究，决定对向阳分销店门市部、饭馆、旅店等业务进行承包经营。向阳分销店固定资产占用 3.394 万元，年销售 10 万元左右，毛利润约 1.1 万元，每年专项提留、税金等各项费用开支约 1.6 万元，每年增亏 5000 元左右。

1989 年，大水坑供销合作社完成商品购销总额 290 万元，占计划的 118.9%。完成商品销售总额 142.4 万元，占计划的 95.5%，其中生产资料销售总额 22 万元（供应化肥 516 吨、农药 909 公斤、中小农具 5331 件）；商品购进总额 250.6 万元，占计划的 99.9%，其中农副产品购进总额 88.6 万元（收购羊绒 1.8981 万公斤、绵羊毛 2.9676 万公斤、蜂蜜 11.8538 万公斤），占计划的 108.6%；实现利润 0.14 万元，占计划的 2.02%。

1990 年，大水坑供销合作社完成商品购销总额 329 万元，占计划的 96.8%。商品销售总额 143.8 万元，占计划的 82.2%，其中生产资料销售 28.9294 万元，占计划的 115.7%；农副产品收购总额 87 万元，占计划的 79%；收购废旧物资 1.6 万元，占计划的 66.6%；费用率 9.6%，超计划 6.7%；资金周转 224 天，比计划慢 55 天；实现利润为零。

1991 年，大水坑供销合作完成购销总额 249.6 万元，占计划的 83.2%。完成商品销售总额 155.7 万元，占年计划的 100.5%，其中销售生产资料 41.7 万元（销售化肥 7163 吨、农膜 995 公斤、农药 1054 公斤、中小农具 5479 件），占计划的 166.8%；收购农副产品 52.7 万元，占计划的 58.6%；收购废旧物资 1.6 万元，占计划的

表6—1—22 1992—1998年大水坑供销合作社经营情况统计

项目			1992年	1993年	1994年	1995年	1996年	1997年	1998年
商品总购进		计划完成（万元）						450	282
		实际完成（万元）			370.8	470	560	282	170
		占计划 %			88.3	126	119.1	62.7	
		比上年 %			-7.9	26.9	+19	49.6	40
购进	农副产品	计划完成（万元）	70	70			45	50	
		实际完成（万元）	73.9	77.5	6.8	31	82.8	17.6	28.7
		占计划 %	105.6	110.7		77.8	184	35.2	61.2
		比上年 %	39.4		-97.2	357.4	166.2	78.7	
	废旧物资	计划完成（万元）	1.5	1.8			1.8	1.4	
		实际完成（万元）	2.2	2.7	1.9	1.6	1.05	1.5	1
		占计划 %	146.7	150	105	88.9	58.3	107.1	33
		比上年 %	37.5		-29	-15.8	-34.4	42	
商品销售	总销售	计划完成（万元）	270	470			480		
		实际完成（万元）	219.8	488	389.5	539	615	364.5	216
		占计划 %	81.4	103.8	81.1	131		76	
		比上年 %	-11.7		-22	38.4		41	40.7
	零售	计划完成（万元）	156	162			540		
		实际完成（万元）	144.4	141		539	615		
		占计划 %	92.6	87			114%		
		比上年 %	-6.6				14.1		
	生活资料	计划销售（万元）		118					
		实际销售（万元）		103.8	86.2	72	67		
		占计划 %		88	73.1	72	84		
		比上年 %			14.1	16.5	-7		
	生产资料	计划完成（万元）	40	44					
		实际完成（万元）	35.5	37.2	73.1	74	426	310	181
		占计划 %	88.8	84.5	182.8	100	294		
		比上年 %	18.3		96.5	1.2	476	-27.2	41.6
	化肥（吨）		572.6	2620	4046	5210			
	农药（公斤）		888	3433	3934	4010			
	地膜（公斤）		179	3379					
	小型农具（件）		6059	18118					

	项目	1992 年	1993 年	1994 年	1995 年	1996 年	1997 年	1998 年
费用率	计划完成 %	10.03				13	13	21.1
	实际完成 %	8.9		17	4.3	14.2	21.1	13.6
	占计划 %	-2.5		+8.3	+2.3	+1.2	8.1	
	比上年 %	-0.4				持平	+6.9	7.5
利润	计划完成（万元）	0	3.8					
	实际完成（万元）	2.5	1.03	0.5	2.98	0.55	-51.2	-8.1
	占计划 %	250		14.3	149	+0.55		
	比上年 %	+250		-51.5	496	-81		2.25
资金周转天数	计划天数（天）	230				280	300	
	实际天数（天）	242		305	292	317	467	664
	比计划（天）	+12		+79	+66	+37	+167	
	比上年（天）	-26		+125	-13	+25	+157	+196

66.7%；费用率 9.3%，比计划降低 0.2%；资金周转 268 天，比计划慢 88 天；实现利润为零。

1993 年 3 月，盐池县供销合作社决定将大水坑供销合作社与大水坑批发站合并，成立盐池县供销合作社大水坑贸易公司。大水坑供销合作社和批发站人员、债权债务全部由大水坑贸易公司负责接收、安置和清偿；大水坑贸易公司主要开展日用百货、五金交电、化工、建材、农业生产资料、农副产品经营等业务。

1995 年 12 月，经盐池县供销合作社研究，同意大水坑贸易公司将向阳、新桥分销店实行全额抽资承包经营。1999 年 6 月，大水坑贸易公司旅社、回民食堂、二门市部、早晚门市铺、中街门市铺、向阳分销店、新桥分销店 7 个单位继续实行承包经营。

2007 年，大水坑贸易公司作为盐池县供销合作社最后一个未改制公司上报改制方案。经县供销合作社批复同意，贸易公司所属 30 名职工与贸易公司解除劳动合同，终止劳动关系，并按每满一年工龄 700 元标准一次性发放安置费，从

2008 年 2 月 22 日起转换职工身份。

九、红井子供销合作社

1976 年，全县分设 15 个公社后，增设红井子公社。大水坑供销合作社红井子分销店增设为红井子供销合作社，直属县供销合作社管理。

1977 年，红井子供销合作社完成商品购销总额 23.7866 万元，占计划的 62.5%，其中完成收购总额 9.2060 万元，占计划的 92%。

1978 年，红井子供销合作社完成购销总额 57.6893 万元，占计划的 88.7%。其中完成销售总额 39.0948 万元，占计划的 86.8%；农副产品收购 12.9373 万元，占计划的 116.7%；收购废旧物资 2.4157 万元，占计划的 439%。马坊分销店完成商品销售 8.5069 万元，占计划的 94%；收购农副产品 6.6623 万元，占年计划的 137%。

1979 年，红井子供销合作社完成商品购销总额 72.7121 万元，占计划的 117.2%。其中完成商品销售总额 49.8377 万元，占计划的 115.9%；

表6—1—23　1977年红井子供销合作社农副产品收购情况

品名	单位	计划收购（斤）	实际完成（斤）	占计划比例（%）	比计划增减
绵羊毛	斤	24150	23666	98	-484 斤
山羊毛	斤	2640	2561	97	+79 斤
羊绒	斤	2693	3363	125	+670 斤
牛皮	张	8	11	103	+3 张
绵羊皮	张	110	104	94	-6 张
山羊皮	张	1400	342	24	-1058 张
羔皮	张	900	156	17.2	-744 张
猾皮	张	1900	441	23.2	-1459 张
二毛皮	张	200	128	64	-72 张
猪鬃	斤	200	214	107	+14 斤
山羊胡子	斤	70	66	86	-4 斤
猪肠衣	根	200	373	186	+173 根
绵羊肠衣	根	40	5	12	-35 根
蜂蜜	斤	2000	14430	1221	+12430 斤
鲜蛋	斤	1668	1613	96	-55 斤
甘草	斤	20000	13420	67	-6580 斤
杂铜	斤	400	369	92	-31 斤
废铝	斤	300	636	212	+336 斤
废钢	斤	1500	20284	135	+18784 斤
废橡胶	斤	400	532	133	+132 斤
杂骨	斤	5000	3582	71	-1418 斤

收购农副产品21.7607万元，占计划的155%；收购废旧物资22415元，占计划的89.7%。

1981年，红井子供销合作社完成商品购销总额78.788万元，占计划的116%。完成销售总额41.5099万元，占计划的90.5%，其中生活资料销售39.1万元，生产资料销售2.4万元；收购农副产品25.7445万元，占计划的139%；收购废旧物资2700元，占计划的54%；费用率6%，比计划下降0.7%；资金周转135天，比计划慢10天；实现利润2.1844万元，占计划的81%。

1983年，红井子供销合作社完成购销总额53.7115万元，占计划的97.7%，比上年同期增长0.6%。完成销售总额29.5574万元，占计划的91%，比上年同期减少6.2%；收购农副产品总额18.4847万元，占计划的130%；收购废旧物资5213元，占计划的261%；费用率7.75%，超计划0.75%；资金周转170天，比计划慢30天；实现利润1.8176万元，占计划的91%，比上年同期增长28.4%。

1987年，红井子供销合作社完成商品购销总额74.5万元，占计划的99%，比上年同期减少23.5万元。完成商品销售总额28.1万元，占计划的87%，比上年下降23%，其中完成生产资料销售6.8万元，占计划的170%。完成农副

表 6—1—24　1988—1994 年红井子供销合作社经营情况统计

项目			1988年	1989年	1990年	1991年	1992年	1993年	1994年
商品购进	农副产品	计划（万元）	32.4	35	37.8	45	29	37	37
		完成（万元）	56.2979	35.239	39.6	22.6	42.9	61	18.2
		占计划 %	174	100.7	104	50.4	148	164	49
		比上年 %			+4.37	-17			
	废旧物资	购进（万元）	0.0987	0.1				0.13	
		占计划 %		0.5877				130	
		比上年 %							
商品销售		计划（万元）	74.5	80.5	86.9	90	70	70	75
		完成（万元）	92	97.9	88.5	55.2	89.7	108.6	37.05
		占计划 %	123.5	121	102	61.3	128	155.2	49.3
		比上年 %		+5.9	-9.4	-33.3			
零售		计划（万元）	35.6	38.5	41.6	45	49		
		实际（万元）	42.7232	43.5	41.4	38.2	35.8		
		占计划 %	120	113	99.7	84.7	73		
		比上年 %			-2.1	-3.1			
费用率		计划百元费用率 %	7	5.8	8	8.5	10.23	9.3	9.5
		实际百元费用率 %	6.8	8.5	8.6	13.2	9.2	7.15	28
		比计划 %	-0.2	+2.7	+0.6	+4.7	-1.03	-2.15	+18.5
		比上年 %				+4.2			
利润		计划利润（万元）	1.7	1.8	2	1.7			
		实现利润（万元）	2.36	1.71	1.23	2.0989	0.7	0	-3.5
		占计划 %	139	95	61.5		0.35		
		比上年 %			-0.484		+50		
资金周转		计划（天）	150	138	166	180	247		
		实际天数（天）	124	195	203	322	235		
		比计划 %	+26	+57	+37	+142	-12		
		比上年 %			+8	+119			
生产资料销售（万元）			9.0526				17.4	17	19
生活资料销售（万元）								21	13.5

产品收购总额 27.3 万元，占计划的 78%，比上年减少 13 万元，其中收购山羊绒 747 公斤、绵羊皮 190 张、山羊皮 84 张、蜂蜜 3855 公斤；收购废旧物资 0.6 万元，占计划的 80%，比上年下降 40.6%。资金周转 167 天，比计划慢 47 天；费用率 7.4%，比计划增加 0.09%；实现利润 0.4 万元，占计划的 16%，比上年下降 80%。

进入 20 世纪 90 年代后，由于市场逐步开放，竞争加剧激烈，全县部分基层供销合作社开始出现亏损。1991 年红井子供销合作社亏损 2.1 万元。

1993 年，红井子供销合作社并归大水坑供销合作社，1996 年并入大水坑贸易公司；2007 年参加改制，所有职工与企业解除劳动合同关系。

十、惠安堡（六区）供销合作社

1948 年以前，惠安堡为国民党盐池县政府所在地。1948 年 8 月，根据全国及西北解放战争节节胜利，革命形势发生重大变化，三边地区革命形势也由被动转向主动。在西北局及三边分区党委、人民军队统一领导下，盐池县游击队、回汉支队乘势解放了惠安堡，随即建立了惠安堡（六区）人民政权。1951 年，在县委、县政府统一安排下，县合作社在惠安堡建立六区合作社。

1951 年，六区合作社完成生活资料销售总额 8700 万元，生产资料销售总额 700 万元；收购农副产品总额 68913.093 万元，其中收购非合作社社员农副产品 25302.028 万元。

1952 年，六区合作社销售生活资料总值 20503.689 万元，其中布匹 13000 万元、百货 7503.689 万元；销售生产资料总值 765.3 万元，其中农具 553.3 万元、籽种 212 万元；收购农副产品 124954.0922 万元，其中皮张 18489.8500 万元、羊绒 23524.3022 万元、甘草 107.4 万元、春毛 87000 万元；收购杂铜 166.4400 万元。

1953 年，按照全县合作社系统统一安排，六区合作社经过整顿，建立起新的财务制度，并通过积极扩大社员入股，以发展社务带动经营业务。上半年完成生活资料销售总额 15634.0237 万元，生产资料销售总额 553.11 万元，副产品收购总额 43714.4545 万元。下半年完成商品销售总额 16.1282 万元，占计划的 115.2%，其中完成生活资料消费总额 14.940238 万元，占计划的 116.8%，生产资料销售总额 1.1771 万元，占计划

的 97.3%；农副产品收购总额 15.9322 万元，占计划的 99.56%，其中收购绵羊毛 9.6470 万斤，占计划的 135.9%；山羊毛 2600 斤，占计划的 145%；收购杂铜 652 斤。

1958 年，惠安堡供销合作社完成销售总额 19.0965 万元，占计划的 91.54%。完成生产资料销售 2.4894 万元，占计划的 74%；收购农副产品 25.7424 万元，占计划的 83.85%，其中收购畜产品 24.04 万元，占计划的 107.65%；收购废旧物资 0.6096 万元，占计划的 107.4%。

1977 年，惠安堡供销合作社完成商品购销总额 59.2481 万元，占计划的 98.7%，其中销售总额 42.1405 万元，占计划的 91.6%；农副产品收购总额 17.1076 万元，占计划的 122%，25 种主要农副产品收购计划完成了 11 种；收购废钢废铁 1.3541 万公斤，占计划的 124%；供应化肥 4.9522 万斤、农药 0.4656 万斤、农药器械 19 件、中小农具 4500 余件；食堂营业额 4.0212 万元，占计划的 95.7%。

1978 年，惠安堡供销合作社建立健全各项服务公约和经营管理制度，并对双代店进行业务整理与规范，组织开展服务质量提升与节约活动。全年完成商品购销总额 83.1215 万元，占计划的 112.3%，其中完成商品销售总额 59.5886 万元，占计划的 119.2%；费用率 6.33%，资金周转 105 天；实现利润 6.4205 万元，占计划的 136.4%。

1979 年，惠安堡供销合作社完成商品购销总额 108.8431 万元，超计划 24.8431 万元。完成商品销售总额 65.0440 万元，超计划 3.0440 万元；费用支出 6.5542 万元，占计划的 6.02%；资金周转 93 天，比计划快 14 天；实现利润 7.3683 万元，超计划 0.6683 万元。

1981 年四季度，惠安堡供销合作社对一、二、三门市部，回民食堂、汉民食堂、旅店、狼

表 6—1—25　1957 年惠安堡供销合作社经营情况统计

项目		单位	1957 年业务经营情况			比上年增减
			计划	实际完成	占计划 %	
销售总额		元	182376	147597	80.97	-29673
其中	生产资料	元	11692	12878	11.14	-10176
	大中型农具	件 / 元	24/1548	28/2699	116/123	-109/9059
	食盐	斤	17000	8958	52.7	-8847
	食糖	斤	4500	3727	82.82	+1515
	酒	斤	4600	3160	68.69	+1583
	纸烟	条	6000	5137	85.61	+2130
	棉布	市尺	1686	113138	81.92	-97429
	棉花	市斤	4500	3727	82.82	-612
收购总额		元	180526	192658	106.97	-9410
其中	绵羊毛	市斤	102600	106336	103.6	-13350
	山羊毛	市斤	4500	4179	92.86	-3152
	绵羊皮	张	1000	1416	141.6	-809
	二毛皮	张	4900	5027	102.59	-5194
	山羊板皮	张	650	2151	330.9	+260
	羊绒	市斤	6857	6910	100.77	-1244
	甘草	市斤	150000	155386	103.59	+112063
	杂铜	市斤	600	589	98.17	-841
对私营商店批发		元	49331	39024	79.11	-18397

布掌分销店等 8 个柜组实行由职工承包经营。规定完成承包额每超 100 元，承包者提取 5% 的奖金，承包额每减少（即未完成）100 元，减扣承包者基本工资 5% 的罚金。全年完成商品购销总额 124.3294 万元，占计划的 124.3%，比上年同期增长 9.1%。完成销售总额 67.7194 万元，占计划的 99.2%，比上年同期下降 1%，其中销售生产资料 6.2842 万元，占计划的 314.2%，比上年同期增长 57.6%；完成农副产品收购总额 51.7147 万元，占计划的 202%，比上年同期增长 70%，其中议价收购农副产品 20.5584 万元，比上年同期增长 349.1%；收购废旧物资 0.6814 万元，占计划的 113.6%；资金周转 94 天，比计划

慢 7 天，比上年同期慢 17 天；费用支出 5 万元，比上年同期下降 0.6 万元；实现利润 4.7847 万元，占计划 104%，比上年同期下降 14.4%。

1982 年，惠安堡供销合作社完成商品购销总额 181.5561 万元，占计划的 171.2%。完成商品销售总额 66.5178 万元，占计划的 100.03%，其中销售生活资料总额 62.5219 万元，占计划的 99.2%；销售生产资料总额 3.9781 万元；收购农副产品总额 101.2216 万元，12 个农副产品计划收购品种完成 6 个，其中收购绵羊毛占计划的 181.7%、山羊毛占 221.5%、山羊绒占 129.7%、山羊皮占 649.9%、甘草占 226.2%；议价收购二毛皮 1.4832 万张 62.3208 万元；费用支出 3.88 万元，比

计划下降 1.12 万元；资金周转 65 天，比计划快 25 天；实现利润 8.6161 万元，占计划的 156.4%。

1983 年，惠安堡供销合作社完成商品销售总额 65.395 万元，占计划的 122%；完成农副产品收购总额 71.0436 万元，占计划的 273.3%；实现利润 1.0167 万元。

1988 年，惠安堡供销合作社完成商品购销总额 242.7 万元，占计划的 166.5%。完成商品销售总额 91.1 万元，占计划的 123.3%，其中生活资料销售总额 80.08 万元，占计划的 123.2%；生产资料销售总额 9.5 万元，占计划的 105.6%；农副产品收购总额 146.58 万元，占计划的 236.4%；收购废旧物资 0.4318 万元，占计划的 108%；费用率 6.7%。

1989 年，惠安堡供销合作社实行内部承包经营，一包三年不变。全年完成商品购销总额 196.98 万元，占计划的 125%。其中商品销售总额 85.7 万元，占计划的 106.5%；农副产品收购总额 71.9 万元，占计划的 108.1%；16 个农副产品及废旧物资计划收购品种只完成 3 个；收购杂铜 166 公斤、废铝 64 公斤、废钢废铁 1092 公斤、旧布条 476 公斤、杂骨 1558 公斤。资金周转 204 天，费用率 9.28%；实现利润 2.79 万元，占计划的 63.4%。

1990 年，惠安堡供销合作社完成商品购销总额 163 万元，占计划的 96%。其中完成商品销售总额 88.7 万元，占计划的 102.1%；收购农副产品总额 59.4 万元，占计划的 82.7%；收购废旧物资 0.36 万元，占计划的 90%；费用率 10.5%，比计划增加 23.5%，实际费用支出 17.8 万元，比上年降低 0.48 万元；资金周转 210 天，比计划慢 50 天；缴纳税金 4.44 万元，比上年减少 1.9 万元；实现利润 0.1078 万元。

1991 年，惠安堡供销合作社完成商品购销总额 135 万元，占计划的 70.3%；完成销售总额

95 万元，占计划的 108%；收购农副产品 40 万元，占计划的 56.9%；费用率 11.1%，比计划增加 1.6%；资金周转 245 天，比计划慢 65 天。

1992 年，惠安堡供销合作社全年完成商品购销总额 234.3 万元，占计划的 153.1%。其中完成销售总额 87 万元，占计划的 93.6%；农副产品收购总额 141.3 万元，是计划的 2.8 倍；收购废旧物资 1277 元，占计划的 42.6%；费用率 6.36%，比计划减少 3.93%；资金周转 180 天，比计划快 42 天；实现利润 1.467308 万元，占计划的 73.49%，较上年同期增加近 1 万元。9 月，根据盐池县政府关于对企业职工实行全员合同化管理有关文件（盐政发〔1992〕82 号）规定，县供销合作社制定了相应实施细则（盐供字〔1992〕120 号），并决定在联营公司、惠安堡供销合作社进行"四放开"（经营、用工、价格、分配）全责化管理试点，规定从 1992 年 9 月 1 日起，联营公司、惠安堡供销合作社职工实行内部全员合同制管理，取消现行干部、工人、固定工和合同工人身份界限；原身份作档案保留，调出职工仍按原身份介绍，调入职工实行内部合同制管理；原企业正式职工仍按合同制职工核增 15% 的工资补贴，每月向单位缴纳 5 元养老金，企业按工资总额提取 20% 的养老保险金；优化组合后下岗职工实行内部待业，分为"试岗""待岗"人员进行管理，经考核不合格或组合下岗人员，经培训后上岗的视为"试岗"人员，半年试岗期内只拿基本工资，表现好的按在岗对待，表现差的按待岗对待，待岗期间只发给生活费 60 元，待岗期间不超过 12 个月。

1994 年，惠安堡供销合作社实行联利、联销、联费"4∶3∶3"（即按计划完成利润、销售额和费用支出控制，工资按 40%、30%、30% 计发）承包经营责任制。全年完成商品购销总额

100.8万元，占计划的57.6%，比上年下降92%。其中完成销售总额88万元，占计划的58.7%，比上年下降59%；收购农副产品总额11.6万元，占计划的17.6%，比上年下降5.4倍；销售生活资料53.8万元，占计划的71.7%，比上年下降15.2%；销售生产资料31.7万元，占计划的137.8%，比上年增长58.5%；费用率15%，比计划增加6.3%；亏损1.84万元，按承包办法扣减职工增资3.37万元和退休职工调资增资0.35万元后，实现利润1.88万元，占计划的125.3%。

1995年5月，惠安堡供销合作社早晚门市部实行全额抽资承包经营，副食品门市部实行内部承包经营；1996年，经县供销合作社研究同意惠安堡供销合作社综合门市部针织、百货、布

表6—1—26　1993—1999年惠安堡供销合作社经营情况统计

项目			1993年	1994年	1995年	1996年	1997年	1998年	1999年
商品总购进	购进	总购进（万元）	139.97		128	271	102.4	97	106.2
		占计划%	93.3		77.6	142	56.9		
		比上年			45.5%		-168.6万	-5.4%	9.2%
	农副产品	购进（万元）	74.4		21				
		占计划%	112.7		59.7				
		比上年%			+81				
	废旧物资	购进（万元）	0.34						
		占计划%	340						
		比上年%							
商品总销售	销售	销售（万元）	193.6		156.2	278	126.9		
		占计划%	113		120	132.4	70.5		
		比上年			+55%		-151.1万		
	零售（万元）		82						
	生活资料	销售（万元）			46.5				
		占计划%			70.5				
		比上年%			-13.8				
	生产资料	销售（万元）		31.7	72.4	192			
		占计划			181%	1.5倍			
		比上年%			+128.4				
费用		费用率%	8.2		10.36	8.4	11.6		
		占计划							
		比上年%	-0.4		-4.64		+3.1		
利润		完成（万元）	0.025203		0		-5.0421	-17.1	-14.7
		占计划%			-2.6				
		比上年（万元）							-2.4

注：1996年萌城供销合作社合并入惠安堡供销合作社，故1996年各项指标不与上年比。

四、五金、鞋帽等柜组实行全额抽资内部承包经营；1998年，惠安堡供销合作社日杂门市部实行内部抽资承包经营；1999年4月1日，经县供销合作社研究同意惠安堡供销合作社门市部继续进行第二轮承包经营，承包期自1999年1月至2000年10月31日止。

2000年5月中旬，在县供销合作社协助下，惠安堡供销合作社组织对全部资产进行清产核资，结果表明：惠安堡供销合作社自1996年与萌城供销合作社合并以来，企业资产由1996年的111万元下降至45.4万元。

十一、萌城供销合作社

1976年，全县分设15个公社后，由惠安堡公社分设出萌城公社，惠安堡供销合作社萌城分销店改设为萌城供销合作社，下设狼布掌分销店和杏树梁、四股泉、林记口子3个双代店。

1977年，萌城供销合作社完成农副产品收购7.9619万元，占计划的113.7%。

1979年，萌城供销合作社完成商品购销总额39.7963万元，占计划的106.1%，其中销售总额25.529万元，占计划的90.99%；农副产品收

表6—1—27　1980年萌城供销合作社经营情况统计

项目		单位	年计划	实际完成	占计划%	上年完成	比上年%
商品购销	总值	万元	39	52.6069	134	39.7963	+32.2
	零售	万元	27	28.0624	104	25.5290	+9.9
利润		万元	1.4	1.6573	118.4	1.5223	+8.7
费用率			7	6.97	95	6.79	-8.9
资金周转天数		天	130	102	+28	139	-27
农副产品收购		万元	9.2	22.0053	239.2	14.2673	+54.2
其中	绵羊毛	斤	33000	33636	101.98	33574	+0.08
	山羊毛	斤	4800	6045	125	5187	+16.5
	山羊绒	斤	3800	4332	114	4064	+6.6
	牛皮	张	5	39	78	5	+680
	绵羊皮	张	400	1096	274	319	+24.4
	山羊皮	张	1000	4090	409	4064	+0.64
	白羔皮	张	300	8628	280	315	+264
	猾皮	张	1500	2346	156.4	1835	+28
	猪皮	张	150	107	71.3	144	-25.7
	杂骨	公斤	2000	3175	158	2014	+58
	破布鞋	公斤	1295	1089	84.09	1295	-16
	旧布条	公斤	500	413	82.2	415	-1
	甘草	斤	50000	4970	98	58820	-16.3
	蜂蜜	斤	5000	16342	326	4152	+293
收购废旧物资		元	2400	1934	96.7	2491	-22.3

表6—1—28 1987—1994年萌城供销合作社经营情况统计

项目			1987年	1988年	1989年	1990年	1991年	1992年	1993年	1994年
商品购进	总购进	计划完成（万元）		88.6	95	103.3	135	115	120	120
		实际完成（万元）		233	94.6122	110.8	116.6	149.4	92.08	57.8
		占计划 %		248.5	99.6	107.2	86.4	129.5	76	48.1
		比上年 %		+214.4	-59.39			28	-39	
	农副产品	计划购进（万元）	43.1	42	45	49	55.2	40	57	57
		实际购进（万元）	33.398	185.95	40.6	54.3	54.8	99.4	61.3	22.2
		占计划 %	77.5	441.7	89.23	110.64	99	248.5	-39	38.9
		比上年 %			-78.17		+1%	81.4		
	废旧物资	购进（万元）								0.01
		占计划 %								20
		比上年 %								
商品购销		计划销售（万元）		84.2	90	98.3		134	130	130
		实际销售（万元）	104.93	209.3	158.37	104.2	147.9	158.8	117.3	67.2
		为计划 %	123.4	248.5	175.97	106	100.9	118.5	90	51.2
		比上年 %		+99.4	-24.23		33.5	7.4	-26.2	
商品销售		计划销售（万元）		29.2	32	62	60			
		实际销售（万元）		51	65.5396	65	69.9			
		占计划 %		174.7	204.8	104.84	116.5			
		比上年 %			+28.51		7.5			
		生活资料（万元）	42.258				43.7	34.286	23.9	13.5
		生产资料（万元）					26.2	16.669	16.7	29.5
计划费用率 %			7.02	7	7	6	6.5		6.5	8
实际费用率 %				3.92	6.05	7	5.8		8.8	4.9
比计划 %			+0.25	-3.08	-0.95	+1	0.7			3.1
比上年 %			+0.25	-3.01	+2.13					
计划利润（万元）				3.5	3.8	4	4	2.5	1	
完成利润（万元）			4.5010	11.32	5.37	4.05	2.07	-2.3	2.4	
占计划 %			128.6	323.43	141.30	101.25	52			
比上年 %			+9.15	+151.4	-52.55					
资金周转天数（天）			135	127	149	205	184			
比计划 %			+25	+7	+34	+64	+24			
比上年 %			+41	-8	+22		-21			

购总额 14.2673 万元，占计划的 141.8%；费用率 6.79%，比计划降低 1.1%；实现利润 1.5223 万元，占计划的 108.7%。

1981 年四季度，根据盐池县委、县政府关于企业实行承包经营有关文件精神，在县供销合作社统一要求下，萌城供销合作社全员实行工资浮动、超利润税后分成办法。主任、会计、统计分别确定承包利润 1400 元，并完成总销售额 6.9 万元，费用率 7%；收购员人均确定购销额 3.5 万元，质量标准误差 3% 以内；手扶拖拉机驾驶员确定四季度出差（下乡收购等）任务 45 天，每增减 1 天则相应增减任务额的 1%。凡承包人每超额完成任务 1% 增发工资总额 1% 的奖金（最高不超过工资总额的 15%），完成任务 95%—100% 工资不增不减，90%—95% 减发工资 5%，85%—90% 减发工资 10%，85% 以下按比例继续减发工资。

1982 年，萌城供销合作社完成农副产品购进 17.0046 万元，占计划的 100.2%；收购废旧物资 1536 元，占计划的 153.6%。

1983 年，萌城供销合作社完成购销总额 44.3791 万元，占计划的 113.8%，其中生活资料销售总额 20.4957 万元，占计划的 114%；生产资料销售 1.9075 万元，占计划的 127%；农副产品购进 17.0107 万元，占计划的 121%；收购废旧物资 1075 元，占计划的 108%。费用率 6.49%，占计划的 99.8%；资金周转 125 天，比计划慢 15 天；实现利润 2.4584 万元，占计划的 129.39%。

1990 年后，由于商品市场逐渐放开，竞争激烈，萌城供销合作社开始出现亏损，截至 1992 年累计亏损 2.3 万元。1996 年，萌城供销合作社整建制归并惠安堡供销合作社，成为惠安堡供销合作社分销店。

2006 年 4 月 7 日、6 月 18 日、12 月 13 日，县供销合作社三次研究了萌城分销店部分房屋出售问题，同意萌城分销店相关房产以 2 万元售价出售。

十二、马儿庄供销合作社

1961 年，盐池县委决定从侯家河、惠安堡、大水坑 3 个公社各划出一部分地区，增设马儿庄公社，之后成立了马儿庄分销店（归惠安堡供销合作社中心店管理）。1968 年马儿庄公社更名为曙光公社，1972 年曙光公社恢复马儿庄公社旧称。1976 年，全县分设 15 个公社后，马儿庄分销店改为马儿庄供销合作社，接受县供销合作社和当地公社双重领导。

1977 年，马儿庄供销合作社完成购销总额 30.2702 万元，占计划的 101%；农副产品收购总额 17.8008 万元，占计划的 146%；收购废旧物资 2067 元，占计划的 103%；费用率 6.1%，比计划降低 0.9%；资金周转 166 天，比计划慢 41 天；实现利润 1.5714 万元，占计划的 104%。

1978 年，马儿庄供销合作社完成购销总额 46.7469 万元，占计划的 103%，其中销售总额 24.7329 万元，占计划的 99.3%；收购农副产品 19.7862 万元，占计划的 123.6%，16 个农副产品计划收购品种完成 8 个；收购废旧物资 4121 元，占计划的 206%；调运化肥、农药 10.3368 万斤，销售 10.5485 万斤；销售中小农具 3653 件，草原围栏铁丝 650 公斤。费用率 6.7%，比计划减少 1.3%；资金周转 107.9 天，比计划快 13 天；实现利润 2.7864 万元，占计划的 139.3%。

1980 年，马儿庄供销合作社根据市场变化，积极拓宽货源渠道，先后在吴忠、灵武、青铜峡、马家滩、定边等地采购百货、五金商品 5.86 万余元，满足群众需求，扩大营业额。全年完成

表6—1—29　1983—1992年马儿庄供销合作社经营情况统计

项目			1983年	1987年	1988年	1989年	1990年	1991年	1992年
商品购进	总购进	当年计划（万元）	23			77		78	65
		实际完成（万元）	27.63			56.1	63.8	66	61
		占计划%				78.8		84.6	93.9
		比上年%	-1.5					+3.4	-7.6
	农副产品	计划购进（万元）	21	45	38.9	42	45.3	45	31
		实际购进（万元）	21.7921	32.72	62.8	29.3	38.5	37.2	40
		占计划%	127.5	72.7	161.3	69.7	85	82.7	130.3
		比上年%	-2		+92	-53	+31.4	-2.9	+8.6
	废旧物资	购进（万元）	0.4919	0.051	0.1				
		占计划%	164	51.1	0.041				
		比上年%	+12.9		-258				
商品购销		计划销售（万元）	50	75	73.4	79.3	85.7	80	76
		实际销售（万元）	62.2283	83.064	104.9	76.9	72.5	64.7	78.8
		占计划%	124.4	110.8	142.8	97	84.6	80.9	103.7
		比上年%	+7.4	-3	+26.2	-26.7	-5.7	11.7	22.6
商品销售		计划销售（万元）	20			28	32.2	30	76
		实际销售（万元）	23.3732			31.5	27.7	33	
		占计划%	118.8			112.5	86	110	
		比上年%	-3.8				-12.1	+19.1	
计划费用率%			7	6	6			9	9.65
实际费用率%			6.96	5.07	5.94			9.65	8.45
比计划%			-0.06	-15.2	-0.06			+0.65	-1.2
比上年%			-1.5	+5.3	+0.85				
计划利润（万元）			2	2.5	2.1	2.3	2.5	2	1.3
实际利润（万元）			5.2337	2.56	4.3	0.9083	0	0	0
占计划%			267.7	102.4	206.6	39.4			
比上年%			+185	-4.3	+69.4				
资金周转计划天数（天）			100	110	115	109	179	160	212
实际周转天数（天）			106	107	122	231	218	275	181.4
比计划（天）			+6	-3	+7	+122	+39	+115	+30.6
比上年（天）			-12	-5	+15				
生活资料销售（万元）				28.28	37.8			28	18.8
生产资料销售（万元）				2.7	35.8	4.6	4.1	6.2	6.1

商品购销总额60.5394万元，占计划的108.1%，其中收购农副产品27.4516万元，占计划的124.8%，比上年增长5%。费用率7.6%，比计划增加0.6%；资金周转99天，比计划快1天；实现利润1.7407万元，占计划的49.7%。

1981年四季度，马儿庄供销合作社对所属门市部、食堂、旅店实行由职工承包经营，费用包干，职工工资照发，亏损自理，税后利润企业和承包人5∶5分成。实行承包经营后，职工认真分析市场走向，本着不脱销、不积压原则，积极组织货源。先后在定边、吴忠、青铜峡等地采购商品5.1570万元，占全部进货总额的18.4%，增加花色品种217种。全年完成商品购销总额61.5550万元，占计划的123.1%，其中完成销售总额24.9万元，占计划的91.2%；收购农副产品33.4万元，占计划的171.3%，创造历史最高水平；收购废旧物资4010元，占计划的80.2%；费用率6.4%，比计划下降8.6%；资金周转96天，比计划快4天；实现利润2.6569万元，占计划的147.6%。

1982年，马儿庄供销合作社完成商品购销总额57.9361万元，占计划的101.6%；其中完成销售总额24.3076万元，占计划的97.2%。当年，马儿庄供销合作社认真执行国家有关农副产品价格奖售政策，有效调动了农民群众交售积极性，全年完成农副产品收购27.2306万元，占计划的113.5%；其中收购绵羊毛7026斤，占计划的143.4%；山羊绒4273斤，占计划的112.4%；山羊皮3053张，占计划的161.5%；猾子皮1925张，占计划的179.9%；甘草2.69911万斤，占计划134.6%；蜂蜜1.6400万斤，占计划的82%；收购废旧物资4270元，占计划的213.6%。费用率7.06%，比计划上升10.3%；资金周转118天，比计划慢23天；实现利润2.8793万元，占计划的130.8%。

1983年后，随着农村个体商业发展，农家店、小卖部日益增多，市场竞争日趋激烈，对供销合作社业务冲击越来越大。马儿庄供销合作社先后采取承包经营、议价议购、"四放开"等经营模式，力争实现业绩提升突破。

1987年，马儿庄供销合作社对各经营门店和职工实行全员经营承包责任制。门市部实行联销计酬、收购人员实行联购计酬、后勤管理人员实行"联销、联购、联利"3∶3∶4计酬办法，下浮职工每月工资10元作为奖励基金，调动职工积极性，努力实现企业经营效益增长。

1994年，马儿庄综合供销社综合门市部实行集体承包经营，早晚门市部实行租赁经营。

1998年8月6日，盐池县供销合作社研究决定，马儿庄供销合作社合并到冯记沟供销合作社，马儿庄供销合作社资产、债权债务由冯记沟供销合作社承担并管理。合并后，马儿庄供销合作社为冯记沟供销合作社分销店，经营网点不撤，经营范围不变。

2000年之后，由于市场竞争激烈，马儿庄供销合作社先后采取多种经营责任制尝试，然未能扭转企业效益下滑趋势。

2004年2月，按照区、市党委、政府关于调整乡镇区划统一部署，盐池县将原来16个乡镇合并为4乡4镇。马儿庄乡整建制归并王乐井乡，马儿庄供销合作社变更为王乐井供销合作社分销店。2005年7月，王乐井供销合作社实行企业改制，由社内返聘人员承包经营，改为独立核算、自主经营、自负盈亏集体企业。

十三、冯记沟供销合作社

1961年，盐池人民委员会决定从侯家河、惠安堡、大水坑3个公社各划出一部分地区增设马儿庄公社，并于1962年成立了马儿庄供销合作社，辖冯记沟分销店。1976年11月全县分设为15个公社后，马儿庄、冯记沟单独成立公社，并分别成立了供销合作社，原丁记掌双代店（后升级为分销店）归冯记沟供销合作社管辖。

1976年，冯记沟供销合作社（分销店）完成商品购销总额15万元。

1977年，冯记沟供销合作社完成商品购销总额39.60756万元；费用率7.42元，比计划增加13.8%；资金周转140.5天，比计划慢15.5天；实现利润2.202094万元，占计划的88%。冯记沟供销合作社门市部还组织开展了代售图书、代购药品、代售邮票业务。8—9月份销售图书1249本，药品3399瓶（包）；截至10月份完成销售总额18.330691万元，占计划的90%，比上年同期增长35%。全社22名职工为支援农业学大寨运动，累计参加送货下乡、下工地550人次。丁记掌分销店4名职工全年送货下乡28人次，销货1300余元；收购废旧物资4500余斤，收购额1200元。

1978年，冯记沟供销合作社完成购销总额57.5万元，占计划的102.70%，其中农副产品及废旧物资收购总额11.4万元，28个计划收购品种有18个超额完成任务。费用率6.21%，比计划降低0.79%；资金周转122.4天，比计划减少7.4天；实现利润3.801079万元，占计划的140.8%。全体职工参加劳动竞赛活动400人次，共计收集、二次利用1300斤废纸包装打捆，降低经营费用支出；组织义务装卸货110吨。

1979年，冯记沟供销合作社将丁记掌双代店升级为分销店。丁记掌双代店占用流动资金5000元，经营商品600种左右，年销售额达到5万元左右，年购销总额达到11万元（其中暴记春双代店2.5万元）左右。

1980年，冯记沟供销合作社完成销售总额41.4万元，比上年增长9%。组织从周边县区进货22万元约500个品种，占进货总额的40%，经营商品由上年的1517种增加到1826种；布匹组常年保持40个品种、60个以上规格成衣上架；布匹零售比上年增长2.2万元；布匹组营业员利用工余时间加工裤子332条、裤衩446条，全部销售一空；完成农副产品收购总额26.6万元，创历史最高纪录。全年比下达节约计划降低支出600元；年底评出劳动模范2名推荐出席全县增产节支表彰大会，荣立三等功。1977—1980年，冯记沟供销合作社门市部完成商品购销总额分别为23万元、33万元、38万元、41.4万元，呈逐年上升趋势。

1981年，冯记沟供销合作社商品销售总额、农副产品收购总额、费运率、资金周转、利润五项主要指标都达到建社以来最好水平，其中商品销售总额比1977年建社时增长了114倍，利润增长了112倍。经营各种商品900余种，各种花色规格成衣100余种，并逐步形成了冯记沟服装布料集贸市场。根据县供销合作社统一安排，冯记沟供销合作社于四季度对各柜组实行承包经营，超额完成承包任务1%的奖励承包人150元；完成95%以下扣发承包人5%的工资；完成90%以下扣发承包人10%的工资；完成85%以下扣发承包人15%的工资。实行承包经营后，四季度和上年同期相比销售额增长了2.78万元。县供销合作社下达冯记沟供销合作社当年商品销售计划53.2万元，实际完成51万元，占计划的96%。

1983年，冯记沟供销合作社对门市部营业员、收购员分别采取"联销联购计酬"责任制管理办法，主要计划指标实行联利计酬，超额完成任务后（税后）分成各占50%。汉民食堂、回民食堂实行包干经营，合作社对回、汉食堂分别提供 1000 元流动资金和 1500 斤周转粮票，回、汉食堂全年分别向合作社交纳承包费 600 元。旅店采取定总收入、总费用承包方法，每税后 100 元利润企业留 80%，个人留 20%；每节约 100 元奖励承包人 30%，超支扣罚 30%。

1987 年，冯记沟供销合作社完成商品购销总额 120 万元，占计划的 92.3%，比上年同期减少 32.58%。其中完成商品销售总额 65 万元，占计划的 116%，比上年同期增长 12.6%；资金周转 150 天，比计划慢 40 天，较上年同期慢 52 天；费用率 5.4%，比上年同期增长 23.85%；实现利润 4.8 万元，占计划的 100%，比上年减少 1.3 万元。

1988 年，冯记沟供销合作社农副产品收购总额比上年增加 55.14 万元。派出采购人员从吴忠、银川等地购进摩托车 20 辆，玻璃 2000 平方米，扩大销售额 10 万余元。

1989 年，由于受市场竞争大环境影响，全县供销合作社系统各项计划任务指标落实能力普遍下降。冯记沟供销合作社按照县社统一安排，在职工中引入风险机制，合作社主任交纳风险抵押金 1500 元，职工交纳 1000 元。

1990 年，冯记沟供销合作社商品购销总额比上年下降 3.91%；生产生活日用品销售与上年基本持平；收购蜂蜜比上年增加 3.3 万公斤，收购羊绒比上年增加 1.77 万公斤。8 月份主动与县供销合作社综合公司、大水坑批发站联系，开展代批零业务，扩大销售 3.5 万元；组织开展双增双节活动，节约开支 2000 元。实现利润 8.7 万元，比上年减少 13%。

1991 年，冯记沟供销合作社总体经营情况呈下降趋势。全年完成农副产品收购总额 38.7 万元，占计划的 55.5%。其中收购蜂蜜 11.4 万公斤，比上年减少 0.4 万公斤；收购羊毛 2.5 万公斤，比上年减少 1.9 万公斤；各种皮张由于受市场变化影响，基本没有收购。清理销售积压滞销商品合计 1 万元；组织清收历年欠款 8400 余元，利息 1000 余元。

1992 年，冯记沟供销合作社根据县社经营责任制实施办法，对零售营业员工资实行全额浮动，采取"三联三定"（联销、联利、联资金，定库存、定品种、定损耗）办法；收购人员实行标准工资下浮 20%，实行"二联三定"（联收、联利，定质量、定差错率、定事故）办法；后勤管理人员每月下浮标准工资 20%，联利定酬。

1993 年，冯记沟供销合作社完成商品购销总额 99 万元，占计划的 80%。其中农副产品收购总额 40 万元，占计划的 80%；费用支出 8.9 万元；资金周转 217 天，比上年慢 8 天；盈亏基本持平。

1994 年，冯记沟供销合作社完成商品购销总额 46 万元，占计划的 46%。其中完成生活资料销售 20 万元，占计划的 40.62%；生产资料销售 8 万元，占计划的 80%；收购农副产品总额 13 万元，占计划的 20%。费用率 13.35%，比计划增加 40.5%；资金周转 551 天，比计划慢 331 天；实现利润 0.81 万元。由于年度内职工变动较大（门市部 5 人中有 2 人辞职，2 人调出），粮油门市部从 4 月 1 日起实行承包经营。冯记沟供销合作社综合门市部由内部职工租赁经营。

1995 年 5 月，冯记沟供销合作社门市部和丁记井分销店由内部职工承包经营；1997 年冯记沟供销合作社综合门市部继续由内部职工实行抽资承包经营，一包三年不变。冯记沟供销合作社根据盐池县政府关于实行企业经营承包责任制有关文件（盐政发〔1993〕46 号）精神，80% 以上的企业职工与县供销合作社法定代表人签订了劳动合同；对早、晚门市部和分销店进行了承包经营。

1997 年，冯记沟供销合作社完成商品购销总额 34.9 万元，占计划的 40%，比上年同期减少 50.03%，其中销售生活资料 4.8 万元，占计划的 48%，比上年同期下降 9.4 万元；销售生产资料 13.3 万元，占计划的 66%，比上年同期下降 8.6 万元；收购农副产品总额 16 万元，占计划的 53%，比上年同期下降 63%；费用率 23.5%；全年亏损 5.83 万元，比上年同期增亏 0.97 万元。

2005 年 7 月，冯记沟供销合作社进行企业改制，全体职工与企业解除劳动合同。

十四、麻黄山（七区）供销合作社

1936 年 6 月 21 日西征红军解放盐池县城后，随即成立了中共盐池县委、苏维埃政府和五个区的革命政权，麻黄山一带归五区（红井子）管辖。1947 年 8 月盐池失陷后，县委、县政府及地方游击队撤向麻黄山一带，以李塬畔为根据地开展游击斗争，组织发展生产，支援前线。

1952 年 7 月增设七区（麻黄山）。根据县委、县政府关于全县商业工作统一安排，县合作社在麻黄山中街新建临街房屋 4 间，抽调土改工作人员积极发动群众入股，于 12 月中旬组建成立了麻黄山合作社。七区合作社成立后，积极以业务带动社务，先后组织向社员群众供应各种细布 140 多匹、土布 200 多匹，铁锹、木锨、筛子、连枷等各种生产工具 1000 余件，加上百货日用品等供应总额达到 12000 余万元，收购秋毛、板皮、粮食等 22300 余万元。由于合作社组织送货下乡，服务周到，货品价格也便宜，很得群众信任。前后两个多月中发展社员 350 余名。

1954 年，麻黄山供销合作社完成购销总额 133427 万元，占计划的 154.7%，其中完成生产资料销售 11831 万元，占计划的 117.8%，比上年增长将近 2 倍。

1955 年，麻黄山供销合作社完成销售总额 18.3808 万元，比上年增加 37.7%，其中生产资料销售总额 1.6297 万元，比上年增加 37.7%；完成农副产品收购总额 17.6001 万元，比上年降低 4.52%。

1957 年，麻黄山供销合作社完成购销总额 13.5441 万元，占计划的 82.08%，比上年同期下降 15.59%，其中销售总额 0.8138 万元，占计划的 81.38%，商品供应种类由 941 种增加到 1283 种；收购农副产品 7.6352 万元，占计划的 109.07%，比上年同期增加 0.99%，收购品种由 58 种增加到 104 种。

1958 年，麻黄山公社成立后，供销合作社性质由集体所有制转为全民所有制。麻黄山供销合作社扩建营业房后，增设了副食品、生产资料、农副产品收购 3 个门市部，全社职工增加到 11 名。全年完成商品购销总额约 30 万元。

1969 年，全县农村商业管理体制进行改革，各公社所在地 8 个基层供销合作社改为"供销服务社"；各公社供销合作社分销店改为"供销服务部"。1972 年各公社供销合作社恢复以前旧称。

1977 年，麻黄山供销合作社共有固定职工 12 名，临时工 3 名。

1978 年，麻黄山供销合作社完成购销总额 44.3 万元，占计划的 88.68%，比上年同期增长 12%，其中完成销售总额 32 万元，占计划的 89%，比上年同期增长 15.2%；完成农副产品收购总额 9.5863 万元，占计划的 87.1%，比上年同期减少 8%，26 个农副产品计划收购品种完成了 11 个；购进化肥 980 吨，销售 540 吨；供应农药 11200 公斤、农药器械 62 件；供应中小农具 3890 件；费用支出 2.6823 万元，占计划的 76.6%；费用率 6.05%，比计划下降 13.6%；实现利润 2.12

万元，占计划的 96.4%，比上年同期增加 66.7%。

1979 年，麻黄山供销合作社完成商品购销总额 59.0964 万元，占计划的 120.6%，比上年增长 24.3%，其中完成销售总额 39.1897 万元，占计划的 105.9%；农副产品、废品物资收购 16.78 万元，占计划的 156.8%；费用支出 3.6873 万元，比计划增加 22.9%；费用率 6.24%，比计划增加 2.3%；实现利润 3.1737 万元，占计划的 126.9%。

1980 年，由于全县农村家庭联产承包责任制逐步落实，农牧副业生产发展迅速；大麻（大水坑—麻黄山）公路新建通车，极大方便了商品市场流通。麻黄山供销合作社全年完成商品购销总额 76.73 万元，占计划的 130%，比上年增长 29.8%，其中完成销售总额 46.6563 万元，占计划的 112.4%，比上年增长 19.1%；农副产品、废旧物资购进 24.03 万元（其中收购废旧物资 2747 元，占计划的 182%），11 个主要农副产品收购计划品种完成 8 个；费用率 5.44%，比计划减少 12.3%；资金周转 100 天，比计划快 25 天；实现利润 5.2488 万元，占计划的 190.4%，比上年增长 65.4%，其中饮食服务业盈利 1960 元，比上年增长 24.6%。

1982 年，麻黄山供销合作社共有分销店 1 个，双代店 2 个，职工 15 人；经营场地 802 平方米，库房 638 平方米。全年完成购销总额 54.4 万元。

1983 年，麻黄山供销合作社完成商品购销总额 64.5155 万元，占计划的 29%，比上年增长 12.4%，其中完成销售总额 38.2587 万元，占计划的 109.3%，比上年下降 7.2%；农副产品收购总额 20.8173 万元，比上年同期增长 79%；费用率 6.8%，占计划 104.6%；资金周转 142 天，比计划慢 22 天；实现利润年 2.5091 万元，占计划的 114.1%。

1987 年，麻黄山供销合作社完成购销总额

90.8945 万元，占计划的 109.6%，其中农副产品收购总额 27.182 万元，占计划的 71.3%；费用率 5.7488 万元，占计划的 6.3%；资金周转 132.6 天，超计划 12.6 天；实现利润 1.6247 万元，占计划的 54.1%。

1988 年，麻黄山供销合作社实行内部经营承包责任制。全年完成商品购销总额 143.571 万元，占计划的 168%，比上年同期增长 4.36765 万元，其中完成销售总额 62.8392 万元，占计划的 135%，比上年同期增长 17.1095 万元；收购农副产品 111.6292 万元，比上年同期增长 82.9385 万元；百元销售费用率 5.45 元，比计划减少 1.05 元；资金周转 111 天，比计划快 19 天；实现利润 5.5385 万元，占计划的 230.7%，比上年增长 3.9138 万元。

1989 年，麻黄山供销合作社推行岗位经营责任制，开展柜组、职工之间劳动竞赛。全年完成商品购销总额 173.5 万元，占计划的 188.4%，其中完成销售总额 75.95 万元，占计划的 150.6%；农副产品购进 52.24 万元；百元销售费用率 7.40 元，比计划增加 0.60 元；资金周转 144 天；实现利润 4.1336 万元，占计划的 165%；人均实现利润 0.2755 万元。

1990 年，麻黄山供销合作社完成商品购销总额 119.2873 万元，占计划的 120%，其中完成销售总额 64.7039 万元，占计划的 119.4%；农副产品购进 36.0122 万元，占计划的 95.2%；百元销售费用率 7.3%，比计划增加 0.30 元；资金周转 158.6 天，比年计划慢 22.6 天；实现利润 2.8139 万元，占计划的 104.2%；人均实现利润 0.1866 万元。

1998 年上半年，麻黄山供销合作社综合门市部、早晚门市部实行抽资承包经营；8 月 6 日，县供销合作社研究决定，将后洼供销合作社合并

表 6—1—30　1991—1998 年麻黄山供销合作社经营情况统计

项目			1991年	1992年	1993年	1994年	1995年	1996年	1997年	1998年
商品购进	农副产品	计划购进（万元）	50		37	34	30	25	30	
		实际购进（万元）	33.6	24.6	21.9	31.6	11.464	7.6	11	
		占计划 %	67.2		59	90				
		比上年 %	2.4622		-2.7	+9.7	-21.5	-3.9	+3.4	
	废旧物资	购进（万元）					0.0048			
		占计划 %								
		比上年 %								
商品购销		计划销售（万元）	130		110	100	93	65	75	57.5
		完成销售（万元）	104.4	94	88	91	61	59	86	
		占计划 %	80.3		80	91	66	90.7	114	
		比上年（万元）	14.9		-6	+3	-30		+27	
商品销售		计划销售（万元）	68		72	72	63	35	35	
		完成销售（万元）	82	62.7	52.9	57.6	55	52.7	80.7	
		占计划 %	120		73.5	80	87	+27	228	
		比上年 %	+17.4		-9.8	+4.7	-2.6	-2.3	+28	
商品流通费用 %										
比上年 %										
计划百元费用率 %			7.4		8	11	9	8	15	
实际百元费用率 %			7.1	9.9	11	11	12.1	5.2	10.2	
比计划 %			-0.3%			持平				
比上年 %			-0.2		+1.1%	持平	1.1%	+2.8%	1.1%	
计划利润（万元）			3.1		6			5	0.8	-14.9
实现利润（万元）			1.25		6			0	0	
为计划 %			40%							
比上年 %			-1.56							
资金周转计划（天）			150		175	188	190	320	330	
实际周转天数（天）			159	180	190	195	165	325	310	
占计划（天）			+9			+7				
比上年（天）			+1		+10	+5	-30	+160		
生产资料销售（万元）						27.63		52.7	80.7	
各种化肥销售（吨）						258		363	863	

到麻黄山供销合作社，为麻黄山供销合作社分销店，经营网点不撤，经营范围不变；后洼供销合作社资产、债权债务和人员由麻黄山供销合作社接收管理。

1999 年，受市场、体制、资金等多方面影响，麻黄山供销合作社经营业绩逐步下滑。虽然前几年就开始从管理模式、经营方式等方面进行多次改革尝试，企业效益仍无好转。当年，麻黄山供销合作社按照盐池县委（盐党办发〔1999〕36 号）和县供销合作社关于企业扭亏增盈文件（盐供发〔1999〕59 号）精神要求，进一步做好扭亏增盈和资产清查工作。一次性低价出售处理多年库存积压生产资料、日用杂货增亏损 1.5 万元，处理上年蜂蜜增亏 4 万余元，支付职工医疗费 1.7 万元，本年度合计增损 7.2 万元，累计亏损 10.2 万元。

2003 年，根据盐池县政府关于供销合作社企业改制总体方案有关规定，经县供销合作社 3 月 14 日社务会议研究决定，将麻黄山供销合作社产权转让农民经纪人张龙经营。张龙接收麻黄山供销合作社产权后，保留麻黄山供销合作社名称，负责对职工进行一次性安置；麻黄山供销合作社在今后经营过程中如需改变名称，须征得县供销合作社批准同意。

十五、后洼供销合作社

1976 年 11 月 12 日，麻黄山公社分设出后洼公社后，在麻黄山供销合作社冯圪瘩分销店基础上成立了后洼供销合作社。

1978 年，后洼供销合作社完成商品购销总额 33.6025 万元，占计划的 112%，比上年同期增长 17.3%。其中完成销售总额 22.204 万元，占计划的 96.8%，比上年同期增长 5.8%；收购农副产品 0.9838 万元，占计划的 13.2%，比上年同期增长 53.5%；费用率 8.43%，比计划降低 0.27%；资金周转 136 天，比计划快 8 天；实现利润 1.0269 万元，占计划的 205.4%，比上年同期增长 18.6%。

1980 年，后洼供销合作社门市部实行集体承包经营。全年完成购销总额 39.5057 万元，占计划的 117.6%，比上年同期增长 17.6%，为建社以来最高水平。完成销售总额 25.4022 万元，占计划的 108.1%，比上年同期增长 14.9%；农副产品购进 11.5624 万元，占计划的 165.2%，比上年同期增长 27.1%；费用率 6.1%，比计划降低 28.2%；资金周转 103 天，比计划快 27 天；实现利润 2.0537 万元，占计划的 256.7%，比上年同期增长 99.96%。

1981 年，随着农村家庭联产承包责任制逐渐落实，社员群众生产积极性普遍高涨，农业生产资料供应市场发生较大变化。后洼供销合作社先后从甘肃和宁夏同心、青铜峡等地组织购进数批石磨、石碌、石碾、红柳地磨（平地农具）等大型农具，销量较好。全年完成商品购销总额 28.7262 万元，占计划的 113%，比上年同期增长 13.1%。完成商品总购进 13.2976 万元，占计划的 124.3%，比上年同期增长 9.6%；其中农副产品购进 11.9615 万元，占计划的 119.6%，比上年增长 3.4%；收购废旧物资 911 元，占计划的 91%；费用率 6.2%，比计划降低 11.4%；资金周转 94 天，比计划快 19 天；实现利润 1.9753 万元，占计划的 141.1%，比去年同期减少 3.8%。

1982 年，后洼供销合作社完成购销总额 39.343458 万元，占计划的 105.3%，比上年同期减少 7.8%。其中农副产品收购总额 9.8611 万元，占计划的 101.7%，比上年同期减少 25.8%，10 个农副产品计划收购品种完成 6 个；收购废旧物

表6—1—31 1990—1997年后洼供销合作社经营情况统计（单位：万元）

项目			1990年	1991年	1992年	1993年	1994年	1995年	1996年	1997年
商品购进	总购进	计划			93	90	85	65	60	60
		实际完成	89.4	89	84.5	54.5	34.3	45.4	67.1	36.7
		占计划%			90.9	60.6	40.4	70	111.8	61.2
		比上年%			-5.1	-35.5	37.1	+32	+47.8	45.3
	农副产品	计划购进	28		31	37	35	25	25	30
		实际购进	32.7	25.4	43.9	22.3	7.8	13.7	24	0.9
		占计划%	116.8		+12.9万	60.3	22.3	54.8	96	3
		比上年%		-22.3	+18.5	-49.2	-65	+43	+73.9	-23.1
	废旧物资	购进		0.0207	0.0266	0.04	0.01	0.0217	0.02	-
		占计划%		20.7	44.3	80	20	43.3	40	-
		比上年%			28.5%	48.1	-75	+117	0.02	-
商品销售		计划销售	80.4	120	102	100	90	80	60	60
		实际销售	116.8	87.7	110.9	74.3	41.9	48.7	61.8	43.9
		占计划%	145.2	73.1	108.7	74.3	46.6	60.9	103	73.2
		比上年%		-24.9	0.27	-33	-43.6	+93	+26.9	-29
商品零售		计划销售	45.4	62	68					
		实际销售	63.1	68.6	53.8					
		占计划%	139%	110.65	79.1					
		比上年%		8.7	21.6					
		生活资料			39.9	27.5	10.3	26.2	11.4	12.9
		生产资料			13.9	15.4	14.4	22.5	34.4	25.9
计划费用率%			7	6.8	6.77		11	10	13	12
实际费用率%			6.1	6.6	8.4	11.8	20.5	19.3	6.6	7.7
比计划%			-12.9	-2.9	24.1		86.4	+93	-49.2	-35.8
比上年%				+6.1	+26.4		+73.7	-5.9	65.8	+16.7
计划利润			3.1	4	2.5		1	0.7		
实现利润			6.7	1.2	1.8	0.2	0.62	0.407	持平	持平
占计划%			216.1	30	74.8			5.8		
比上年%				-7	+0.558		+210	-93		
资金周转天数			121.7	163.6	173.8		420	182.5	270	350
计划			128	+48.6	144		210	210	300	260
比计划			-6.3	+41	+29.8		+208	-27.5	-30	+90

资 571 元，占计划的 57.1%；费用率 6.48%，比计划增长 1.2%；资金周转 100 天，比计划慢 4 天；实现利润 1.693607 万元，占计划的 99.6%，比上年同期减少 14.2%。

1983 年，后洼供销合作社完成购销总额 42.698804 万元，占计划的 122%，比上年同期增加 8.5%。完成销售总额 26.6471 万元，占计划的 129.99%，比上年同期减少 7.1%，其中生活资料零售 24.3183 万元，占计划的 127.99%；生产资料零售 1.8524 万元，占计划的 123.5%；商品总购进 15.9858 万元，占计划的 185.88%，比上年同期增长 61.2%；其中农副产品购进 14.2993 成元，占计划的 178.7%，比上年同期增加 59.72%，10 个农副产品收购计划品种完成 8 个；收购废旧物资 679 元，占计划的 67.9%，6 个废旧物资收购计划品种完成 2 个；费用率 6.31%，比计划下降 2.9%；资金周转 100 天，与计划相符；实现利润 2.0284 万元，占计划的 126.78%，比上年同期增加 9.8%。

1987 年，后洼供销合作社完成商品销售总额 81.05 万元，占计划的 108.1%，比上年同期下降 18.4%。其中生活资料销售 35.01 万元，占计划的 100.03%，比上年同期下降 1.07%；生产资料销售 6.79 万元，占计划的 169.75%，比上年同期增长 27.58%；农副产品购进 25.05 万元，比上年同期下降 35.2%；废旧物资购进 347.09 元，占计划的 34.7%；费用率 6.2%，超计划 0.2%；

资金周转 107 天，比计划快 13 天；实现利润 3.25848 万元，占计划的 108.6%，比上年同期上升 3.4%。

1989 年，后洼供销合作社门市部实行"五定"承包经营；管理人员实行联购联销联利计酬办法。全年完成商品购销总额 117.2 万元，占计划的 152%，比上年下降 19%。其中生活资料销售 55.4 万元，占计划的 158.3%，比上年增加 19.9%；生产资料销售 13.7 万元，占计划的 195.7%，比上年增加 47.3%；农副产品总购进 52.9 万元，占计划的 220.4%，比上年下降 34.8%；收购废旧物资 0.016 万元，占计划的 16%，比上年下降 60.4%；资金周转 144 天，比上年慢 63 天；费用率 7.4%，比计划下降 29%；实现利润 3.46 万元，占计划的 119.3%，比上年下降 36%。

1994 年，后洼供销合作社门市部实行集体承包。1995 年 5 月，后洼供销合作社沙嵝崾岘双代店实行承包经营，早晚门市部实行抽资承包经营；1996 年，经县供销合作社研究决定，后洼供销合作社综合门市部实行抽资承包经营。

1998 年 8 月 9 日，盐池县供销合作社研究决定将后洼供销合作社保留业务，整建制归并麻黄山供销合作社，为麻黄山供销合作社分销店。

2003 年，随着全县供销合作社系统体制改革，后洼供销合作社保留牌子，全资转让农民经纪人张龙经营。

第二节　分销店、双代店

1950 年 7 月，中华全国合作社工作者第一届代表会议通过了《中华人民共和国合作社法（草案）》《中华全国合作社联合总社章程（草案）》等若干重要文件，成立了中华全国合作社联合总社。1954 年，中华全国合作社联合总社更名为中华全国供销合作总社。到"一五"末（1957 年）全国农村供销合作社基本完成构架，中央成立总社、省地（市、县）成立联合社、乡镇成立合作社、村设立"双代店"（代购代销店）。

1950 年，盐池县合作社恢复成立时，为尽快解决全县人民群众生产、生活资料供给，在县委、县政府支持下，各区合作社相继建立。由于经营业务刚开始起步，商品品种单一，也没有向下延伸分销网点，大部分乡村市场仍由私商占领。

1953 年后，随着对全县私营手工业的社会主义改造持续进行，城乡个体私商逐渐被取缔。在各级党委、政府支持下，广泛吸收社员入股入社，合作社力量不断发展壮大。但由于盐池地域广大，群众住居分散，其中一半以上地区尚处于山大沟深、交通不便状况，村民群众买些针头线脑或卖点鸡蛋、绒毛，都要跑到几十里外的合作社去。如徐广滩村民走一趟三区合作社，往返 60 公里，步行往返往往都要两天时间，极为不便。为及时解决边远地区村民群众生产生活现实问题，1953 年县合作社先在鸦儿沟和牛家圈村试办了两个分销店，此后逐年增加。

1957 年，全县供销合作社分销点增加到 12 个。

1962 年后，县商业局和供销合作社合并后，将全县分销店调整为 8 个，在没有设立分销店生产大队新增代销店 8 个。具体代销点设在哪个生产大队、何人代销经营，由区（乡）供销合作社

表 6—2—1　1951—1988 年盐池县供销合作社县乡（区）村供销网点统计（单位：个、万元）

年份	县社单位	基层社	分销店	双代店	职工人数	社员股金	流动资金	固定资产
1951	1	6			42	1.2	5.3	0.5
1953	1	7	1		83	3.2	15.5	2.6
1957	1	7	12		175	3.6	32	14.6
1962	3	8	8	8	131	4.1	42.6	8.9
1968	2	8	13	50	168	4.4	97	19.3
1976	3	15	12	66	238		259	10.5
1982	3	15	12	66	346		388	243
1988	3	15	12	77				

表6—2—2　1976年盐池县供销合作社基层供销合作社、分销店、双代店统计

基层社名称	行政村	自然村	人口（人）	分销店名称				双代店数
城郊供销合作社	12	74	16199	郭记沟	柳杨堡	陈记圈		3
高沙窝供销合作社	13	60	12024	蔡记梁	苏步井			10
王乐井供销合作社	13	62	15260	牛记圈	鸦儿沟			4
青山供销合作社	8	44	8446	猫头梁	营盘台			5
大水坑供销合作社	13	62	13770	向阳	红井子	新桥	马坊	4
惠安堡供销合作社	11	60	11648	丁记掌	马儿庄	冯记沟	狼布掌	7
麻黄山供销合作社	12	80	9971	陈记洼	后洼			7
马儿庄供销合作社	8	40	8278					7
合计	90	482	100375					47

根据农村住户远近、集中情况选定后，报公社政审后批准设立。代销店建立后，经营由区（乡）供销合作社统一管理，代销店就近在供销合作社或分销店按零售价进货，仍按零售价销售，代销店从销售额中提取5%—8%的代销费，一年售货1万元，可以提取300—500元的代销费，在当时贫困年代已属可观（当时一名公社主任年收入也不过三五百元）。

1978年，全县基层供销合作社发展到15个、生产大队分销店12个、双代（代购代销）店56个（其中双人店12个）。县供销合作社根据县委、县政府统一安排，组织对全县各基层商业供销网点资产和经营情况进行整顿清理，全县56个双代店共计占用资金11万元，其中最高占用5000元、最低500元。整顿过程中，发现大部分双代店经营状况良好，但个别双代店也存在一些经营问题：一是双代员兼职太多，其中有4人兼职大队合作医疗社司药、3人兼大队拖拉机站会计、2人兼大队炊事员，由于兼职过多，抽不出时间送货下队或开展收购业务；二是个别双代店赊销严重，欠款久拖未清，无法追回；三是多数双代店只开展销售供应业务，不重视收购，

群众农副产品无法销售；四是商品购销有偏重情况，县社规定双代店经营手续费不分购销，一律按3%付给，致使部分双代店对日用小商品经营重视不够，往往发生断货现象，零星废旧物资收购未能开展。

20世纪80年代，设立代销店、双代店程序放松，各自然村分别开设了小卖店，较大村庄可以开办多个小卖店，有的村开办了5处之多，主要以经营烟酒副食为主。

截至1980年上半年，全县共有双代店60个，双代员65人，各基层供销合作社共计垫支商品货款15.5206万元，店均2587元；实现代销66.6360万元、代购6.6161万元，合计购销额73.2521元，平均每店半年销售额1.2209元。双代店的设立，补充了农村商业网点不足，方便了农村群众生产生活，但在经营过程中也普遍在一些问题：一是不能坚持诚信经营，短斤少两现象时有发生；二是商品赊销现象严重，货款久欠未清；三是有挪用公款、短缺票证现象发生；四是管理不严，失盗事件时有发生。根据对9个双代店抽样调查统计，赊销、短缺货款共计4000余元，短缺布票近900尺、粮票11斤；发生失盗事

件一起，损失 170 元。

1981 年，盐池县供销合作社组织对全县供销双代店经营管理情况进行了整顿，同时研究制定了加强双代店经营管理规定：1. 农村供销双代店是供销合作社网点组成部分，受基层社和生产大队双重领导，人员和房屋设备由大队配备，商品资金由基层社提供；2. 凡兼营布匹双代店手续费统一为 2.5%；不兼营布匹的双代店，代销手续费为 3%，代购手续费为 2%；按照兼顾各方面利益原则，手续费收入一般采取生产大队和双代员分成办法，即营业额较大店，手续费上缴生产大队 40%，双代员留 60%；营业额较小店，手续费上缴大队 30%，双代员留 70%；3. 除自行车、缝纫机、手表、收音机、电视机、录音机、大中型农具之外，其余商品均可代销；除羊毛、羊绒、羊皮、大小猾皮、发菜、蜂蜜、甘草等二类和大宗三类商品外，其余小畜产品、三类农产品、废旧物资均可代购；4. 双代店实行手续费包干制，除供销合作社通知调价商品损失由其负责外，其他商品损耗、商品运杂费等均由双代店承担；5. 代购代销商品价格须按基层社规定价格执行，双代店无权调整商品价格，违者追究责任；6. 基层作社每季度应组织对辖区双代店价格执行、商品管理、资金纪律、安全保卫及双代员思想表现和群众作风等方面情况进行检查，发现问题，及时会同生产大队按照有关规定进行处理；7. 基层社应同生产大队签订双代店管理合同，并请公社、工商部门鉴证监督。盐池县实行以上双代店管理规定后，收到明显效果。5 月 25 日，自治区供销合作社基层工作处印发了《盐池县关于加强双代店经营和管理的几项规定》，向全区供销合作系统进行推广。

1988 年，全县 15 个公社、96 个生产大队基本上全部实行了包产到户生产责任制。农村生产方式发生巨大变革，双代员中也产生各种各样思想波动，有人因为包产到户要回家养羊种地；有人想把双代店转为个人经营，手续费不再向大队上缴，全部归己；有人怕收入没保证，经营上持观望态度，得过且过。面对上述各种思想表现，双代店经营模式也急需转变。到 20 世纪 90 年代初，全县双代店经营模式逐渐按照国家有关个体私营从业规定，走向市场。

第三节　社属企业

1995 年 5 月 15 日，中华全国供销合作总社第二次代表大会通过的《中华全国供销合作总社章程》规定：总社直属企事业单位是独立的企、事业法人，行使总社理事会赋予的财产使用权，拥有经营、管理、用工、分配等自主权；总社直属企业在国家法律、法规和政策允许的范围内可以跨部门、跨所有制，联合兴办各种有益于城乡经济发展的实业；总社直属企业主要开展跨区域和全国性的经营业务，外经、外贸业务，完成国家委托商品的经营、服务任务；总社直属企事业单位实行目标责任制和负责人离任审计制，推行现代化管理，确保财产的保值增值。

1950 年初，盐池县合作社恢复建立后，设立经理部对基层合作社开展生产资料及日杂消费品供应，为政企合一机构。1953 年在原有 1 个贸易公司门市部（兼营部分百货批发）基础上增设花纱布公司门市部 1 个，经营棉布批零业务；1954 年增设食品公司购销站 1 个；1955 年贸易公司和花纱部公司合并到县联社，设经理部 1 个，批发部 1 个，增设食堂 1 个。1956 年县供销合作社将经理部业务（指行政业务）和经营分开，专门成立（供销）经理部；1956 年 8 月县百货公司合并到贸易公司，县城设棉布百货及副食品门市各 1 个，除零售外负责全县一半基层供销合作社批发业务，并在县城新设了农产品采购局，大水坑社设立采购站。1957 年，盐池县农产品采购局、采购站等机构撤销，业务并入县供销合作社，并在

县城设立了服务局，原食品供销站业务仅限县联社所属食堂、澡堂，贸易公司业务全部交给服务局。县联社与商业局合并后，撤销经理部，其业务由国营商业负责。1958 年再次将经理部的业务和经营合为一体。从 1961 年 1 月 1 日起，县供销合作社正式与商业局分设，行政上设人事秘书、供应、农副产品采购、计财 4 个股，业务上只设一个综合经理部。1962 年底，大水坑批发站改为报账单位，并分为百货站和食品站。1965 年 5 月县商业局与供销合作社二次合并，1966 年 12 月二次分开。1966 年，盐池县三级批发站（县城批发站和大水坑批发站）撤销。1969 年 10 月，经县革命委员会批准撤销县供销合作社单一行政机构，成立县商业服务站，负责所属贸易公司、食品公司、购销站和 8 个基层供销合作社行政管理。1969 年 2 月 6 日，盐池县供销合作社革委会经请示上级社同意后，决定恢复大水坑批发站业务。

1972 年，盐池县再次合并商业服务站和供销合作社，组建成立商业局，次年先后成立了百货、药材、燃料、食品、饮食服务、生产资料日杂公司和商业汽车队。商业局主管城市商业，辖百货五金公司、燃料公司、饮食服务公司、药材公司、食品公司（包括公社食品站）、大水坑百货五金公司、中西药三级批发站。县供销合作社主管全县农村商业，辖大水坑生资日杂三级批发站、各公社基层供销合作社、分销店和双代（代销代购）店。原商业局生资公司并入县供销合作

社，原大水坑综合三级批发站撤销，分别成立大水坑百货五金三级批发站和大水坑生资日杂三级批发站，该站经营的副食品移交大水坑食品站，五金交电、化工、百货、布匹、药材等商品移交大水坑百货五金三级批发站经营；生产资料日用杂品移交大水坑生资日杂三级批发站经营。1976年将生资日杂公司并入供销合作社业务股；1980年1月设立生资日杂果品经理部。

1981年，盐池县供销合作社为政企合一单位，既是管理机构又是经营单位，内设政工股、财计股、生资果品日杂经理部（供应股）、农副经理部（农副股）为一个独立核算单位。1984年4月21日，根据盐池县人民政府盐政发〔1984〕71号文件批复，县供销合作社下设人事秘书股、业务股、计划财务股、农副产品经理部、生资日杂经理部。1986年县供销合作社管理职能与经营业务分离，内设人秘股、计财股、业务股，不直接参与企业经营活动，所属2个公司（即综合贸易公司、土畜产公司）和13个基层社。

1993年4月成立了盐池县供销合作社集团

表6—3—1 盐池县供销合作社企业沿革变化情况

1936—2000年		2000—2020年			
2000年前公司名称	成立时间	变更时间名称	经营方式	改制形式	改制时间
盐池县供销合作社车队	1976年1月成立	1989年撤销			
盐池县供销合作社综合贸易公司	1986年1月成立	综合贸易公司；2009年4月注销	综合贸易公司商品由荣发皮毛绒公司负责处理，货款作为荣发皮毛绒公司运作资金		2001年12月完成改制
盐池县供销合作社土畜产公司	1986年1月成立	土畜产公司；2009年4月注销	土畜产品公司商品按现行价作为荣发有限责任公司配股		2001年12月完成改制
盐池县供销合作社联营公司	1988年1月成立		联营		2002年完成改制
盐池县供销合作社大水坑贸易公司	1993年4月由大水坑供销社和大水坑批发站合并而成	大水坑贸易公司	企业重组	按每年每个工龄700元一次性安置	2008年2月改制（民营）
盐池县供销合作社集团公司	1993年4月11日成立盐池县供销合作社集团总公司	2001年5月变更为盐池县荣发皮毛绒公司	综合公司商品处理款划转荣发公司	原土畜产品公司商品按现行价配股荣发皮毛绒有限责任公司	
盐池县供销合作社农业生产资料公司	1998年7月由生产资料日用杂货公司沿革而来	2002年改为盐池兴农农业生产资料有限公司	独立核算，自负盈亏	股份有限责任公司	2002年改制为盐池兴农农业生产资料有限公司
盐池县荣发皮毛绒公司		2001年5月11日成立		2002年11月29日重组为盐池县荣发皮毛绒有限责任公司	2002年11月改制为股份制责任公司
盐池县供销合作社资产管理公司		2016年8月8日成立			

总公司、大水坑贸易公司。1998 年 7 月，县供销合作社决定将生产资料、棉麻日杂等业务由综合贸易公司分离出来，成立独立核算的农业生产资料公司。

2001 年 5 月 11 日，为进一步推动全县皮毛绒购销形成集团优势，扩大市场竞争力，盐池县供销合作社社委会研究决定，将县供销合作社集团总公司变更为盐池县荣发皮毛绒公司。2001 年 8 月，县供销合作社直属农业生产资料公司、土畜产公司、综合公司、联营公司 4 家企业完成改制。6 月，成立了盐池县惠安堡镇务工移民新村供销合作社。2002 年 10 月，成立盐兴农业生产资料有限责任公司。2007 年 8 月，大水坑贸易公司完成改制。

2008 年，盐池县供销合作社各基层社通过改制后，全系统共有法人企业 15 个，通过直销店发展连锁店 47 家。

2018 年后，盐池县供销合作联合社系统基本上保持了 1 个直属公司（盐兴农业生产资料有限责任公司）、9 个基层社、6 家专业合作社。所属农民经纪人协会 1 家、庄稼医院 8 家、农资"农家店"51 家、农资配送中心 1 家。

一、盐池县供销合作社集团总公司

1993 年，为进一步深化供销合作社体制改革，转换企业经营机制，增强经营活力和发展后劲，盐池县供销合作社根据盐池县政府《关于批转县供销合作社体制改革实施方案的通知》（盐政发〔1993〕46 号）要求，决定从 1993 年 4 月 11 日起成立盐池县供销合作社集团总公司，专门下发了《关于成立盐池县供销社集团总公司的通知》（盐供字〔1993〕43 号）。总公司作为融经营管理和服务于一体的经济实体，具有法人资格。

聘任吴英宏为总经理，袁增喜、张宗仁为副总经理。总公司下设办公室、财统审计科、营销科、劳动服务公司，各公司、基层社为总公司下属经营机构，具有法人资格。

2001 年，为充分利用盐池县畜产品资源，使供销合作社系统皮毛绒购销形成整体优势，提高效益，经 2001 年 5 月 11 日社委会研究决定，将盐池县供销合作社集团总公司变更为盐池县荣发皮毛绒有限责任公司。

二、盐池县荣发皮毛绒（有限责任）公司

2001 年 5 月，盐池县供销合作社集团总公司变更为盐池县荣发皮毛绒公司后，聘任韩强为公司主任。

2001 年 12 月 26 日，根据盐池县政府《关于盐池县供销社社属企业改制方案的批复》（盐政函〔2001〕19 号）精神，经县供销合作社改制领导小组会议研究决定，同意韩强等 4 名企业职工置换身份，与供销合作社解除劳动合同，终止劳动关系，并按每满一年工龄发给 700 元的经济补偿作为一次性安置费；养老统筹金（不包括个人部分）由原企业交至 2001 年 12 月底。从 2002 年 1 月起，养老统筹金由其本人向盐池县社保部门缴纳。

2002 年 11 月 29 日，盐池县供销合作社理事会研究决定，重新组建盐池县荣发皮毛绒有限责任公司（股份制），并议定：1. 将盐池县供销合作社畜产品公司商品按现行价划拨荣发皮毛绒有限责任公司作为县社配股；荣发皮毛绒公司个人入股不得低于 2 万元；2. 荣发皮毛绒公司主要经营方向是搞活全县农副产品流通，帮助农民群众解决"卖难"问题；3. 具体组建工作由雍锦负责，韩强、李昆、郭玉财协助办理，组建工作于 12 月底完成。

三、农业生产资料公司

1950年初，盐池县合作社恢复建立后，设立经理部对基层合作社开展生产资料及日杂消费品供应，为政企合一机构。1972年将供销合作社购销站更名为生资日杂公司；1976年将生资日杂公司并入供销合作社业务股；1980年1月设立生资日杂果品经理部；1984年4月21日，根据盐池县人民政府盐政发〔1984〕71号文件批复，县供销合作社下设人事秘书股、业务股、计划财务股、农副产品经理部、生资日杂经理部。1998年7月，县供销合作社决定将生产资料、棉麻日杂等业务由综合贸易公司分离出来，成立独立核算的农业生产资料公司。

1972年，盐池县供销合作社将原商业购销站更名成立为生产资料日杂公司，属三级批发企业，主营农业生产资料、棉麻日杂等商品，兼营干鲜果、调味品等。1976年将生资日杂公司并入供销合作社业务股。1986年1月后，对外虽挂农业生产资料日杂公司牌子，但业务和人员由综合贸易公司统辖。1998年7月成立了农业生产资料公司。发展到1999年，农业生产资料公司共有职工15名，资产441.9万元。

1999年，盐池县供销合作社农业生产资料公司全年商品购进总额840万元，比上年增长242.5万元，增幅40.6%；销售总额824.7万元，完成计划的109.96%，比上年增加227.2万元，增长3.8%；费用总支出50.6万元，费用率6.14%，其中经营费37万元、管理费8.5万元、财务费5.1万元；资金周转189.5天，利润基本持平。主要农资产品购销情况为：购进化肥5608吨，比上年增加2632吨，增加391.9%；购进碳铵1626吨，比上年增加415吨，增加4.42%；购进二铵1353吨，比上年增加351吨，增加

35%；购进磷肥146吨，比上年减少117吨，减少44.5%。销售化肥5540吨，比上年增加2378吨，增长75.2%；购进农膜130吨，比上年减少9吨，销售121.7吨，比上年减少33.3吨；购进农药7吨，销售6.6吨，均与上年持平；共计供应农药机械224架，比上年减少36架；供应农具3700件，较上年减少3332件。

2000年，县供销合作社农业生产资料公司共有职工16人，资产407.2万元。

2001年8月，盐池县供销合作社所属农业生产资料公司完成改制。12月26日，根据盐池县政府《关于盐池县供销社社属企业改制方案的批复》（盐政函〔2001〕19号）精神，并按每满一年工龄发给700元的经济补偿作为一次性安置费，买断工龄。

2002年10月，根据自治区人民政府《关于进一步推进供销合作社改革与发展的通知》（宁政发〔1999〕70号）和盐池县人民政府《关于盐池县供销合作社社属企业改制方案的批复》（盐政函〔2001〕19号）精神，县供销合作社决定在原农业生产资料公司基础上，成立盐池县兴农农业生产资料有限责任公司，为独立核算、自主经营、自负盈亏法人企业。原农业生产资料公司部分职工按照自愿入股原则加入该公司。

四、综合贸易公司

1961年1月1日，盐池县供销合作社与商业局分设，业务上只设一个综合经理部。1962年11月，根据业务需要，盐池县供销合作社组织成立了贸易货栈；1964年将贸易货栈业务并入县社业务股；1965年5月将贸易货栈业务并入供销站；1969年10月，经县革命委员会批准撤销县供销合作社单一行政机构，成立县商业服务站，

负责所属贸易公司（贸易货栈）、食品公司、购销站和8个基层供销合作社行政管理。1976年将贸易货栈业务并入县社业务股；1980年1月设立生资日杂果品经理部，1984年5月将贸易货栈业务并入生资日杂果品经理部；1986年1月县供销合作社在原生资日杂果品经理部基础上成立了综合贸易公司，对外挂"综合贸易公司"和"农业生产资料公司"两块牌子，一套人马。综合贸易公司下辖批发部1个、门市部4个（综合商场门市部、生资日杂门市部、副食品门市部、市场门市部），餐馆、冷饮加工部、旅馆各1处。

1990年，盐池县供销合作社综合贸易公司在册职工68名，自有流动资金462.7万元，固定资产73.8万元，商品总购进802万元，商品总销售795万元，实现净利润19.2万元。

1995年，随着市场竞争日趋激烈，贸易公司经营开始出现亏损。截至1997年底，累计亏损达97.5万元。1998年1月，除生资日杂门市部外，其他门店均实行了承包经营。到当年6月持续增亏32.7万元。为了不影响全县农业生产资料供应工作，县供销合作社于7月份决定将生资日杂门市部业务剥离出来与农业生产资料公司单独经营，并分担亏损58万元。

截至2000年底，贸易公司累计亏损107.9万元。

2002年11月29日，盐池县供销合作社理事会议研究决定，由县社资产管理办公室接管综合贸易公司将房屋出租管理权；综合贸易公司商品、货款作为荣发皮毛绒公司注入资金，在三年内须全部返还县社；处理商品价格由县资产管理办公室决定。

2009年9月4日，盐池县供销合作社以盐供字〔2009〕11号文件，宣布注销盐池县供销合作社综合贸易公司。

五、土畜产品公司

1961年1月1日，盐池县供销合作社与商业局分设，行政上设人事秘书、供应、农副产品采购、计财4个股，业务上只设一个综合经理部。1983年，供销合作社系统恢复"三性"（即组织上的群众性、管理上的民主性和经营上的灵活性）原则，将原农副产品组更名为农副产品经理部；1984年4月21日，根据盐池县人民政府盐政发〔1984〕71号文件批复，县供销合作社下设人事秘书股、业务股、计划财务股、农副产品经理部、生资日杂经理部；1986年1月，县供销合作社在原农副产品经理部基础上成立了土畜产品公司。

1986年1月，土畜产品公司成立后，县供销合作社在系统内推行大宗农副产品由基层社组织收购、土畜产品公司统一销售的"分购联销"经营方式。全年全系统农副产品收购额首次突破1000万元大关，达到1020万元；1988年，全系统农副产品收购总额突破2106万元。

20世纪90年代后，由于市场竞争日趋激烈、资金短缺等原因，土畜产品公司陷入经营困境。1999年，土畜产品公司全年商品总购进34万元，比上年同期增加了11万元；商品销售收入56万元，较上年同期减少187万元；总费用14万元，较上年同期13.1万元；亏损4.4万元，较上年同期减亏26.4万元。影响各项经济指标按计划完成的主要原因是畜产品市场行情低落，蜂蜜全年销路不畅，价格偏低；商品销售收入减少的主要原因是1998年库存一部分甘草膏，销售价比上年减少186万元；公司虽按照县供销合作社年初会议决定制定减亏目标，但市场总体形势无法逆转，实现扭亏增盈无望。

截至2000年底，土畜产口公司累计亏损34.3万元。

2009 年 9 月 4 日，盐池县供销合作社以盐供字〔2009〕11 号文件，宣布注销盐池县供销合作社土畜产品公司。

六、联营公司

1988 年 1 月，盐池县供销合作社与县劳动服务公司联合成立了联营公司。当时，县劳动服务公司综合商店却因管理不善等原因，经营不景气；而县供销合作社具有丰富的商业经营管理经验，且资金较为雄厚。两家单位经过协商，决定由供销合作社出资，利用劳动服务公司综合商店场地成立联营公司，为供销合作社下辖独立核算企业，联营期限截至 2000 年底；联营公司由综合商店委派负责人和财务人员进行代管，劳动服务公司出资 8 万元并提供营业场所，供销合作社出资 4 万元提供管理服务；联营公司每年向劳动服务公司返还管理费 1.3 万元。联营公司下设零售门店 7 个、旅馆部 1 个，当年实现销售收入 65.1 万元，利润基本持平。1989—1994 年，联营公司年销售收入保持在 120 万— 130 万元之间，6 年间共计实现利润 2.87 万元。1995 年，由于市场竞争激烈，公司销售收入大幅下降，出现亏损。1997 年，公司对所有零售门店和旅馆部实行承包经营，但未能扭转亏损局面。截至 2000 年底，公司累计亏损 28.8 万元。

2000 年，盐池县委、县政府实施了大规模旧城改造工程，将联营公司占用劳动就业大楼一楼营业房进行拍卖。经 2000 年 10 月 12 日县人民政府常务会议研究决定，对联营公司营业房拍卖后职工去向安排如下：1. 根据县供销合作社关于公司改制有关规定，凡自愿与企业解除劳动合同职工，每满一年工龄给予 700 元的一次性安置费（由县政府补贴一部分，县供销合作社筹集一

部分予以解决）；2. 愿意购买城郊供销合作社营业房职工，按照一楼（18.3 平方米）1500 元 / 平方米、二楼（24.84 平方米）1400 元 / 平方米优惠价格售给职工，另按每满一年工龄给予 700 元的一次安置费，安置费直接用于顶抵购置营业房款，购房款差额由职工按工程进度交付建房单位（另签交款协议）；3. 职工愿意停薪留职的，可向联营公司提出申请办理手续，停薪留职期间只需缴纳养老统筹、医疗保险、工伤保险和失业保险金等；4. 对既不愿买断工龄、又不愿停薪留职人员，根据供销合作社系统内各企业、基层社实际情况，可调整到其他公司或基层社就业，对不服从安排人员企业有权与其解除劳动合同，终止劳动关系；5.2000 年 10 月 1 日起没有买断工龄和停薪留职职工（购买城郊供销合作社营业房职工），其生活费由联营公司按最低生活费标准发放（以现有库存商品顶抵），直到营业房竣工交付使用时止。

七、大水坑贸易公司

1959 年盐池县商业局成立了大水坑三级批发站。1962 年县商业局与供销合作社分设，大水坑批发站改为商业局报账单位。1969 年 10 月盐池县商业服务站革命委员会成立，下辖贸易站（原贸易公司）、食品服务站（原食品公司）、大水坑批发站和 8 个基层供销合作社（服务站）。1982 年，盐池县商业系统所属机构包括商业车队、百货公司、五金公司、石油公司、食品公司、饮食服务公司、副食品加工厂、百货商店、大水坑商业批发站等 9 个单位。

1993 年 3 月 18 日，盐池县供销合作社决定将大水坑商业批发站和大水坑供销合作社合并成立盐池县供销合作社大水坑贸易公司，为独立法人企

业，隶属县供销合作社管理。原大水坑供销合作社批发站和大水坑供销合作社资产盘点后归大水坑贸易公司管理；原大坑供销合作社批发站和大水坑供销合作社债权债务、职工（包括离退休职工）并归大水坑贸易公司按国家有关规定统一管理。

大水坑贸易公司享有三级批发站经营权，负责盐池南部地区几个乡镇批发零售业务，经营范围包括农业生产资料、日用工业品、日用杂货、干鲜果品、针织品、纺织品、副食品、农副土畜产品、五金交电、化工水暖、建筑材料等。1993—1995年，大水坑贸易公司累计盈利4.98万元。1996年初，红井子供销合作社因经营困难，并入大水坑贸易公司。先后几个企业、单位人员合并后虽一定程度上形成经营规模，但人员负担加重，加之市场竞争日趋激烈。截至1996年公司累计亏损67.6万元；截至2000年底，公司累计亏损达到115.4万元。

2005年8月4日，经县供销合作社主任办公会议研究决定，同意大水坑贸易公司以3000元出售旧北京吉普车一辆、以2000元价格出售旧手扶拖拉机一辆；同意大水坑贸易公司以3万元价格出售中街青年门市部和家属房一套。2006年6月7日，经县供销合作社主任办公会议研究决定，同意大水坑贸易公司以1万元价格出售原红井子供销合作社房产一套。

2007年，大水坑贸易公司经过与县供销合作社协商沟通，提出公司改制方案：公司30名职工自愿与企业解除劳动合同，终止劳动关系；职工与公司解除劳动合同后，对职工实行每满一年工龄补偿700元的安置费（县供销合作社落实485元，贸易公司落实215元）；由于贸易公司自有资金几近于无，因此只能以公司剩余物资顶抵需由公司承担的每人每工龄215元安置费。2008年2月22日，县供销合作社改制领导小组会议

研究，原则同意大水坑贸易公司改制方案。并要求从贸易公司从实有资产（银行抵押资产除外）中先期剥离应付社员股金本息，对现有7名社员遗属按10年工龄计算，给予一次性安置；对2名患有精神病职工计提养老金和生活费、4名退休职工医疗费、1名去世职工丧葬费共计6.29万元进行一并处理；之后将公司所余资产用于解决拖欠职工养老统筹基金和工龄补偿。到3月底，大水坑贸易公司改制完成。

八、兴农农业生产资料有限责任公司

2002年10月，根据盐池县人民政府《关于盐池县供销合作社社属企业改制方案的批复》（盐政函〔2001〕19号）精神，县供销合作社决定在原农业生产资料公司基础上，成立盐兴农业生产资料有限责任公司，为独立核算、自主经营、自负盈亏法人企业。公司成立后，以经营化肥、农药、农膜、农药器械、烟花爆竹和中小农具等批发零售为主。

盐兴农业生产资料有限责任公司是由县供销合作社发起组建，原供销合作社生产资料公司分流职工为自愿参股方。公司以服务"三农"为宗旨，以引进新经营理念促进经济效益提高、实现股本增值为目的，依法自主经营、自负盈亏。股东以其出资额为限对公司承担有限责任，并按其出资额享有资产收益及相关权利。根据《中华人民共和国公司法》有关规定，公司享有出资者投资形成的全部法人资产权。公司经营场所以租赁县供销合作社经营场所方式取得，按企业实际占用面积向县供销合作社上交资产占用费；在服务"三农"方面，由县供销合作社履行指导协调和监督职能。所有股东均以现金方式入股，股金最低2万元，最高不限；董事会、监事会成员参股统一

表6—3—2 2002—2020年盐兴农业生资公司生产资料经营统计（单位：吨）

年份	化肥	农药（万吨）	地膜	烟花	二铵	尿素	碳铵	磷肥及其他
2002	2688	20	100					
2003								
2004	3400	3	50					
2005								
2006	13400	12	62		2200	4500	5500	1200
2007								
2008	23400	8	64			6400	8000	4800
2009								
2010	19000				2700	2300	7300	6700
2011	10000				3000	1000	3000	3000
2012	15600	18	72		2600	1900	5700	5400
2013	16000	23	80		2800	2000	5500	5700
2014	15000	6			5000	2800	3000	4200
2015	15200	23	84		5500	3000	3200	3500
2016	15000	26	80		5300	3300	3000	3400
2017	16000	28	80		5500	3600	3300	3600
2018	16000	32	90		5600	3500	3400	3600
2019	17964	31	89		5400	3200	3500	3700
2020	18879	33	89		5500	3400	3300	3700

为最低3万元，最高不限；股东投入企业股金原则上不得转让，确需转让的，需经董事会研究同意优先内部转让，内部认购者按《中华人民共和国公司法》规定办理。公司由全体股东组成股东会行使公司最高权力。公司设董事会，由五人组成，选举董事长一人，为法定代表人；董事会下设经理部，经理由董事长兼任或另选他人；副经理、财务负责人由经理提名；公司设监事一人，由股东会选举产生。公司按照"两低于"劳动分配原则（工资总额增长速度应低于经济效益增长速度；平均工资增长速度应低于劳动生产率增长速度），自主决定内部职工收入，但必须保证职工当地最低工资标准收入；公司经理收入可按照分配政策和有关经营者年薪制规定，经股东会议审定后提交董事会决定，公司董事、监事收入由股东会议表决。

2020年，盐兴农业生产资料有限责任公司全年销售化肥1.8879万吨、农药33吨、地膜89吨，实现营业额28.6万元。

九、资产管理公司

2016年8月，为切实加强县供销合作社社有资产管理，维护社有资产所有者合法权益。盐池县委、县政府研究印发了《关于深化供销合作社综合改革实施方案》，决定成立盐池县供销合作社资产管理公司，公司设在县城西大街23号花马池西街北侧，注册资金 4849 万元；公司主要执行县供销合作社授权范围内的社有资产管理及运营。8 月 3 日，县供销合作社主任办公会决定由余占珍担任资产管理公司经理、法定代表人（盐供字〔2016〕11 号）。

十、供销车队

1976 年 1 月，盐池县商业局、供销合作社分设时，分给供销合作社各种型号车辆 6 辆，供销合作社在此基础上成立了供销车队，为独立核算企业。1980 年，供销车队拥有各种型号运输汽车 10 辆，后又设立修理车间一处，招收修理工 3 人，做到车辆小修、保养不出队。供销车队自成立到 1987 年底的 12 年中累计创收 33.82 万元。1987 年后，原商业局分来的车辆逐渐老旧淘汰，车辆逐年减少。1989 年车队仅有两辆东风带挂车。是年底，县供销合作社将供销车队仅余的两辆东风带挂车分别调配给综合贸易公司、大水坑贸易公司，供销车队随之撤销。

第七章

组织机构

1951 年 3 月，在宁夏省合作局和盐池县委、县政府领导下，整顿、改造、恢复了县联社和 5 个区合作社，并在新解放区惠安堡向群众集股，新成立了惠安堡合作社。至此，全县 6 个区都有了合作社组织。

1954 年 8 月，宁夏省并入甘肃省，盐池县属甘肃省河东回族自治区，全县供销合作社属河东办事处管理。根据甘肃省供销合作社筹委会统一要求，将"盐池县供销合作社"改为"盐池县供销合作社联合社"。1955 年 4 月 28 日，河东回族自治区改为吴忠回族自治州，盐池县隶属该州管辖，全县共辖 7 个区 29 个乡，各基层供销合作社随之作了相应调整。1957 年根据上级供销合作社关于机构统一调整部署，将"盐池县供销合作社联合社"改为"盐池县供销合作社"。1958 年宁夏回族自治区成立，盐池县直属自治区管辖。是年实施人民公社化，盐池县在原有 7 个区基础上成立 7 个人民公社，相应组建了 7 个公社供销合作社（商业服务部）。

从 1962 年 7 月 1 日起到 1976 年 1 月，盐池县供销合作社与商业局经历了"两合两分"的过程：1958 年盐池县供销合作社、服务局、贸易公司先后撤销，业务合并到商业局，1962 年 7 月 1 日起供销合作社单独分设；1969 年 10 月，经盐池县革命委员会批准撤销县供销合作社单一行政机构，成立县商业服务站（根据自治区有关精神，1972 年盐池县再次合并商业服务站和供销合作社组建成立商业局），1976 年 3 月 27 日，盐池县委第 44 次常务会议决定原盐池县革委会商业局分设为"盐池县商业局"和"盐池县供销合作社"，自 1976 年 1 月 1 日起分别办公。

1983 年 3 月 24 日，自治区党委、政府决定合并自治区供销合作社和商业局，成立宁夏回族自治区商业厅，并在商业厅内设合作指导局。1984 年 8 月，自治区供销合作社再次从自治区商业厅分出，分设后的供销合作社为经济联合实体，从上到下为民办企业。在这次全区机构调整改革过程中，盐池县供销合作社机构未变，继续单独分设。

1984 年 1 月 5 日，根据县级机构方案，全县原有 15 个公社中 14 个均改为乡（城郊公社改为城郊区，1988 年 9 月城郊区撤销，改为城郊乡），各乡供销合作社名称随之变更。

1986年，盐池县供销合作社联合社所属2个公司和13个基层社，即综合贸易公司、土畜产公司，城郊、柳杨堡、苏步井、高沙窝、王乐井、鸦儿沟、青山、大水坑、惠安堡、萌城、麻黄山、后洼、马儿庄供销合作社。

2002年5月，根据自治区统一安排，盐池县实行撤乡并镇，全县原来16个乡调整为4镇4乡：花马池镇、大水坑镇、高沙窝镇、惠安堡镇、王乐井、冯记沟乡、麻黄山乡、青山乡。随着全县撤乡并镇，供销合作社基层社机构改革、企业改制同步进行。

到2018年，盐池县供销合作社系统所辖直属公司1个，基层社9个，专业合作社6家，农民经纪人协会1家，庄稼医院8家，农资"农家店"51家，农资配送中心1家。

盐池县供销合作社系统的经营房屋设施大多始建于20世纪50年代。1977年按照全县行政区划建社时，增加仓储经营设施较多。1977—1980年各基层社新建工程相继完工，到1980年全系统固定资产达到177万元，比1976年的99万元增加78万元，增长78.8%。1980年后，各基层社（企业）相继对50年代所建门市部和部分仓库进行翻建，到1985年底全系统拥有固定资产339.6万元，比1980年增长91.9%。1986年在县城建起1719平方米的供销综合大楼，1990年在南环新村兴建了3260平方米的综合门市部，1991年在县城建成864平方米的供销综合楼，1995年全系统固定资金达到757万元。

第一节　供销合作社机构

一、机构沿革

1950 年 11 月至 1951 年 4 月，宁夏省合作局李有煜局长带领 6 名干部赴盐池县开展土改工作的同时，指导配合盐池县改造全县合作社。整顿改造中，对社员身份及股金进行清理认定，认定后的社员股金。

1951 年 3 月，在宁夏省合作局和盐池县委、县政府领导下，整顿改造、恢复了盐池县合作社联全社和 5 个区合作社，并在新解放区惠安堡向群众集股，新成立了六区（惠安堡）合作社。至此，全县 6 个区都有了合作社组织。

1952 年 4 月，盐池县政府成立工商科（后改为工商局），负责国营商业及市场管理。

新成立七区（麻黄山）组建了七区合作社。

1953 年，盐池县城在原有贸易公司门市部（兼营部分百货批发）基础上增设花纱布公司门市部 1 个，经营棉布批零业务；县合作社直接参与县城商品批发业务和指导 7 个基层社业务工作。

1954 年 8 月宁夏省并入甘肃省，盐池县属甘肃省河东回族自治区，全县供销合作社属河东办事处管理。根据甘肃省供销合作社筹委会统一要求，将"盐池县供销合作社"改为"盐池县供销合作社联合社"。

盐池县城增设食品公司购销站 1 个，农村设分销店 3 个。

1955 年 4 月 28 日，河东回族自治区改为吴忠回族自治州，盐池县隶属该州管辖。全县共辖 7 个区 29 个乡，各基层供销合作社随之做了相应调整。

贸易公司和花纱部公司撤销，业务合并到县联社。设经理部 1 个，批发部 1 个，增设食堂 1 个，农村分销店 3 个。

1956 年 8 月，盐池县百货公司合并到贸易公司，县城设棉布百货及副食品门市各 1 个，除零售外负责全县一半基层供销社批发业务。并且在县城新设了农产品采购局，大水坑社设立了采购站，增设农村分销店 9 个。

1957 年，根据上级供销合作社关于机构统一调整部署，将"盐池县供销合作社联合社"改为"盐池县供销合作社"。是年，盐池县农产品采购局、采购站等机构撤销，业务并入县供销合

表 7—1—1　1950 年 11 月—1951 年 4 月盐池县合作社清理社员股金统计

项目	城区社	二区社	三区社	四区社	五区社	合计
社员数（人）	364	609	284	469	155	1881
股金（元）			659	1270	1472	

作社。在县城又设立了服务局，原食品公司供销站业务仅限县联社所属食堂、澡堂，贸易公司业务全部移交服务局。县联社业务与商业局合并，撤销经理部和农村分销店3处，撤销城关供销合作社，其业务由国营商业部门负责。

1958年2月24日，国务院《关于全国供销合作社同城市服务部合并，改称第二商业部挂第二商业部和全国供销社总社两块牌子的通知》下发后，各省、市、县（区）供销体制随之发生变化。7月，根据自治区工委指示：撤销各县（市）商业局、服务局、供销社机构，合并组立成新的县（市）商业局；县（市）供销合作社的名称，在商业体制改革后仍予以保留，县（市）商业局为政企合一单位，对外挂商业局、供销合作社两块牌子。盐池县城区供销合作社、服务局、贸易公司先后撤销，业务合并到商业局。商业局在县城设批发仓库1个，门市部4个，分别在7个区设立了7个服务商店和15个农村分销店。五、六区设有公私合营商店各1处。所有工农业产品供应、收购业务均由商业局负责。这是盐池县商业局同供销合作社的第一次合并。

1958年宁夏回族自治区成立，盐池县直属自治区管辖。是年实施人民公社化，盐池县在原有7个区基础上成立了7个人民公社，相应组建了7个公社供销合作社（服务商店）。

1959年，盐池县商业局共有职工202人，按照"两放、三统、一包"政策，将所属各区（公社）供销商店和农村分销店直接下放公社，成为公社组成部门，但同时又属商业局基层单位，改称人民公社供销部和供销分部。商业局在大水坑公社设购销店1处；县城新设城郊公社供销部1处。除县城公私合营2处商店外，五、六区公私合营商店把大部分私商人员吸引到供销部或分销店工作，剩余部分私商人员设法安排其他

工作。全县农村供销市场均成为社会主义商业的巩固阵地。

1961年，国民经济处于困难时期，中央提出国民经济"调整、巩固、充实、提高"八字方针。为争取国民经济迅速好转，调整国营商业机构，自治区党委根据中央指示精神，决定各县（市）商业局、供销社分别设立机构，县供销合作社列为企业编制。之后，盐池县供销合作社于1962年7月1日起正式单独分设，行政上设人事秘书、供应、农副产品采购、计财4个股，业务上只设一个综合经理部。这是县商业局与供销合作社的第一次分设。

1962年底，马儿庄公社供销合作社成立；大水坑批发站改为报账单位，并分为百货站和食品站。

1966年，盐池县三级批发站（县城批发站和大水坑批发站）撤销，改由吴忠县（1963年撤销吴忠市，设立吴忠县）进货。

1967年1月，盐池县根据全国供销合作总社给国务院财贸办公室《关于将基层供销社集体所有制改为全民所有制的请示报告》，将基层供销合作社集体所有制性质改为全民所有制。全县各基层供销合作社改由公社领导，公社所在地的8个基层供销合作社改为"供销服务社"。

1969年2月6日，盐池县供销合作社革委会经请示上级社同意后，决定恢复大水坑批发站业务。

10月，为打破机构重叠，加强对商业工作的统一领导，经盐池县革命委员会批准撤销县供销合作社单一行政机构，成立县商业服务站，为全县商业系统统一行政办事机构，负责下属贸易公司、食品公司、购销站和8个基层供销合作社等11个基层单位业务行政管理。撤销供销合作社原来承担的相关行政业务，手续移交商业服务

站。供销合作社在原政企合一时期所经营的生产资料、日用杂货业务交由商业购销站负责（购销站人员配备、编制由商业服务站研究提出）。商业服务站对上述11个基层单位经营业务负有指导、督促、检查职责，并负责物资购销分配、商品物价、资金统一管理；下达商品流转计划，汇总上报会计、统计报表，及商业系统职工政治思想教育（农村商业职工政治思想教育由各公社负责）。这是盐池县商业局与供销合作社的第二次合并。

1972年，根据自治区有关精神，盐池县再次合并商业服务站和供销合作社，组建成立商业局，次年先后成立了百货、药材、燃料、食品、饮食服务、生产资料日杂公司和商业汽车队，原有"服务站"俱废之。商业局主管城市商业，辖百货五金公司、燃料公司、饮食服务公司、药材公司、食品公司（辖公社食品站）、大水坑百货五金公司、中西药三级批发站。县供销合作社主管全县农村商业，承担外贸工作，辖大水坑生资日杂三级批发站、各公社基层供销合作社、分销店和双代（代销代购）店。原商业局生资公司并入县供销合作社，原大水坑三级批发站撤销，分别成立大水坑百货五金三级批发站和大水坑生资日杂三级批发站，该站经营的副食品移交大水坑食品站，五金交电、化工、百货、布匹、药材等商品移交大水坑百货五金三级批发站经营；生产资料日用杂品移交大水坑生资日杂三级批发站经营。机构分设后的局、社领导干部和组站负责人按照干部管理权限统一任用，其他一般工作人员由县委组织部会同机构分设工作领导小组商定安排。

1975年2月，中央决定恢复全国供销合作总社。是年8月，全国供销合作总社在北京召开了南方15个省（自治区、直辖市）供销合作社

负责人座谈会。会议认为，农村集市贸易是同农民的自留地、家庭副业相联系的，是客观存在的，是社会主义统一市场的补充。供销合作社的工作要从积极促进农业生产发展、加强农副产品收购等方面，加强对集市贸易管理。此后，全国各地供销合作逐渐得以恢复。12月5日，自治区党委决定将供销合作社从商业局分出，恢复宁夏回族自治区供销合作社。

1976年1月，自治区革委会决定恢复各市、县供销合作社建制。3月27日，盐池县委第44次常务会议决定，原盐池县革委会商业局分设为"盐池县商业局"和"盐池县供销合作社"，自1976年1月1日起分别办公。这是盐池县商业局与供销合作社第二次分设。

1979年3月28日，宁夏供销合作社机关由企业改为行政编制。1981年，盐池县供销合作社为政企合一单位，既是管理机构，又是经营单位，内设政工股、财计股、生资果品日杂经理部（供应股）、农副经理部（农副股），县供销合作社含上述2股2部为一个独立核算单位。

1983年3月24日，自治区党委、政府决定合并自治区供销合作社和商业局，成立宁夏回族自治区商业厅，并在商业厅内设合作指导局。1984年8月，自治区供销合作社再次从自治区商业厅分出，分设后的供销合作社为经济联合实体，从上到下为民办企业。在这次全区机构调整改革过程中，盐池县供销合作社机构未变，继续单独分设。

1984年1月5日，根据县级机构方案，全县原有15个公社中14个均改为乡（城郊公社改为城郊区，1988年9月城郊区撤销，改为城郊乡），各乡供销合作社名称随之变更。

4月21日，根据盐池县人民政府盐政发〔1984〕71号文件批复，盐池县供销合作社下设

表 7—1—2 1951—1982 年盐池县供销合作社基本情况统计表

年份	基本情况							
	县级单位（个）	基层单位（个）	分销店（个）	代购代销点（个）	职工人数（人）	社员股金（万元）	自有流动资金（万元）	固定资产（万元）
1951	1	6			42	1.2	5.3	0.5
1953	1	7	1		83	3.2	15.5	2.6
1957	1	7	12		175	3.6	32	14.6
1962	3	8	8	8	131	4.1	42.6	8.9
1968	2	8	13	50	168	4.4	97	19.3
1976	3	15	12	66	238		259	105
1982	3	15	12	66	346		388	243

表 7—1—3 1982 年盐池县供销合作社系统各单位基本情况统计表（一）

项目	单位	县供销合作社	县供销社车队	大水坑供销批发站	城郊供销社	柳杨堡供销社	高沙窝供销社	苏步井供销社	王乐井供销社	鸦儿沟供销社
建设日期	年	1936	1971	1968	1936	1976	1938	1976	1938	1976
职工人数	人	33	18	8	18	16	21	13	14	13
其中固定职工	人	32	17	8	16	6	13	10	9	8
临时职工	人	1			2	4	2	1	3	1
计划外用工	人		1			6	6	2	2	4
现有营业场地	个	1	4	1	4	3	5	1	2	1
场地面积	m²	189		150	503	213	894	158	648	169
现有仓库	幢	11	1	5	5	6	5	2	5	3
仓库面积	m²	1996	288	954	462	1207	681	422	450	350
现有汽车	辆	1	10			1			1	1
汽车	吨位	2	38.5			5			5	3
商品总购进额	万元	487		47.4	97.7	107.7	220.4	92.9	87.8	84.7
商品总销售额	万元	502		53.5	129	95.6	153.5	101.5	95.8	88.7
商品流通费用	万元	12.8		5.4	7	6.7	9.9	7	7.1	7.6
商品经营利润	万元	7.2		-1	6.7	5.7	11.4	5.8	5.7	2.4
利润净额	万元	8.2	4	0.5	5.7	6	11.5	4.4	6.6	1.8
自有资产	万元	63.8	36	47	36.6	37.8	39.6	16.8	34.4	29.2
其中流动资产	万元	31.1	12	38	25.6	2.5	27.3	16.5	20.7	16
固定资产	万元	31.7	24	9	11	12.8	12.3	0.3	13.7	13.2

表 7—1—4　1982 年盐池县供销合作社系统各单位基本情况统计表（二）

项目	单位	青山供销社	大水坑供销社	红井子供销社	惠安堡供销社	萌城供销社	麻黄山供销社	后洼供销社	马儿庄供销社	冯记沟供销社
建设日期	年	1983	1938	1976	1951	1976	1952	1976	1962	1976
职工人数	人	24	58	16	28	9	15	7	10	15
其中固定职工	人	13	43	10	20	6	11	4	5	11
临时职工	人	5	8	4	5	1		1	1	3
计划外用工	人	6	7	2	3	2	4	2	4	1
现有营业场地	个	6	10	3	6	1	4	1	1	4
场地面积	m²	789	1544	432	960	164	802	149	376	1199
现有仓库	幢	6	3	6	3	2	5	2	3	3
仓库面积	m²	504	348	642	444	220	638	209	320	582
现有汽车	辆		1		1	1				1
汽车	吨位		2		4	2				5
商品总购进额	万元	79.2	132.3	54.1	157	24.5	47.3	34.2	48.3	102.2
商品总销售额	万元	90.8	166.8	59.4	181.1	46.5	57.4	39.3	57.9	89.7
商品流通费用	万元	5.6	8.2	4.1	7	2.9	3.8	2.6	4.1	5.3
商品经营利润	万元	3.8	8	2	9.7	2.2	2.8	1.8	2.7	7.1
利润净额	万元	1.6	7.2	0.8	8.6	2.2	2.6	1.7	1.8	5.8
自有资产	万元	37.8	68.4	28.3	41.9	19.4	25.2	13.6	20.5	32
其中流动资产	万元	23.6	36.4	18.8	23.8	12	17.8	8.4	11.8	20
固定资产	万元	14.2	32	10	18.1	7.4	7.4	5.2	8.7	12

人事秘书股、业务股、计划财务股、农副产品经理部、生资日杂经理部。6 月 27 日，盐池县供销合作社进行第一轮体制改革，机构名称由"盐池县供销合作社"改为"宁夏回族自治区盐池县供销合作社联合社"（简称"县联社"），并根据盐政发〔1984〕134 号文件精神，宁夏回族自治区盐池县供销社联合社理事会、监事会成立。

1986 年，县联社管理职能与经营业务分离，内设人秘股、计财股、业务股，不直接参与企业经营活动。所属 2 个公司和 13 个分社，即综合贸易公司、土畜产公司，城郊、柳杨堡、苏步井、高沙窝、王乐井、鸦儿沟、青山、大水坑、惠安堡、萌城、麻黄山、后洼、马儿庄供销合作社。

1992 年 11 月，根据上级社有关精神，恢复"宁夏回族自治区盐池县供销合作社"名称，同时废止"宁夏回族自治区盐池县供销合作社联合社"名称。

1993 年 3 月 18 日，盐池县供销合作社决定将大水坑商业批发站和大水坑供销合作社合并成立盐池县供销合作社大水坑贸易公司。

为进一步深化供销合作社体制改革，转换企业经营机制，增强经营活力和发展后劲，盐池县供销合作社根据盐池县政府《关于批转县供销合作社体制改革实施方案的通知》（盐政发〔1993〕

表7—1—5　盐池县供销合作（联社）社负责人更迭

时间	职务	姓名	任职时间	备注
陕甘宁边区时期合作社负责人	主任	聂秉真	1936.10—1942.2	
		单琦	1942.2—1947.8	
1951年3月盐池县合作社恢复建立；1958年7月与县商业局合并；1962年分设	主任	王国兴	1950.1—1952.8	兼合作社主任
		牛万宾	1952.8—1955.8	兼合作社主任
		王志诚	1955.8—1955.11	
		杨恩德	1955.11—1958.2	
		党金梁	1962.12—1964.5	
	副主任	马俊	1952.6—1958.7	
		党金梁	1956.6—1959.1	
		李学让	1962.6—1964.2	
		侯英	1964.4—1966.5	
1966—1976年期间，供销合作社负责人由县革委会任命	主任	李学让	1966.5—1967.6	
	副主任	侯英	1966.5—1967.6	
	主任	侯英	1975.12—1981.3	
	副主任	邵汉庭	1968.9—1970.7	
		侯英	1968.9—1969.6	
		陈海	1968.9—1971.7	
		李学让	1969.7—1976.11	
		汪继凯	1975.12—1976.10	
		饶良才	1975.12—1976.12	
1976年，商业局与供销社第三次分社，供销社负责人由社员大会选举或县委任命	主任	侯英	1981.3—1984.2	
		张立存	1984.2—1987.9	
		张顺琪	1987.9—1992.7	
		吴应宏	1992.7—1994.12	
		张宗	1994.12—1998.4	
		原增喜	1998.6—2000.11	
	副主任	张立存	1978.3—1984.2	
		张永寿	1981.3—1981.5	
		吴应宏	1984.2—1992.7	
		张顺琪	1984.2—1987.9	
		原增喜	1987.9—1998.6	

时间	职务	姓名	任职时间	备注
1992—2020 年，供销合作社负责人由县委任命	主任	石美林	2000.11—2008.7	
		何 勇	2008.7—2019.3	
		丁振宁	2019.3—2020.11	
		鲁 虎	2020.11 至今	
	副主任	张 宗	1992.4—1994.12	
		王继峰	1994.12—1996.2	
		李 智	1996.4—1997.10	
		石美林	1998.4—2000.11	
		雍 锦	1998.4—2004.11	
		郭凤鹤（女）	1998.4—2013.11	
		王秀梅（回、女）	2007.4—2015.12	

46 号）要求，决定从 1993 年 4 月 11 日起成立盐池县供销合作社集团总公司。

1996 年 1 月，红井子供销合作社并入大水坑供销合作社（大水坑贸易公司），萌城供销合作社并入惠安堡供销合作社；1998 年 7 月鸦儿沟供销合作社并入王乐井供销合作社，后洼供销合作社并入麻黄山供销合作社；马儿庄供销合作社并入冯记沟供销合作社。

2001 年 5 月 11 日，为进一步推动全县皮毛绒购销形成集团优势，扩大市场竞争力，盐池县供销合作社研究决定，将县供销合作社集团总公司变更为盐池县荣发皮毛绒公司。

8 月，盐池县供销合作社直属农业生产资料公司、土畜产公司、综合公司、联营公司 4 家企业完成改制。6 月，成立了盐池县惠安堡镇务工移民新村供销合作社。

2002 年 10 月，成立盐池县兴农农业生产资料有限责任公司。

2007 年 8 月，大水坑贸易公司完成改制。

2008 年，盐池县供销合作社各基层社通过改制后，全系统共有法人企业 15 个，通过直销店发展连锁店 47 家。

2016 年 6 月 8 日，根据《盐池县关于深化供销合作社综合改革的实施方案》（盐党办发〔2016〕68 号）精神，盐池县供销合作社按照事业单位法人登记注册。县财政以政府购买公共服务方式，自 2016 年开始，每年拨付供销合作社综合改革资金 100 万元，以后每年按 20% 递增，用于供销合作社改革发展和开展涉农服务。

9 月 26 日，根据盐党办发〔2016〕68 号文件精神，盐池县供销合作社单位名称由原来"宁夏回族自治区盐池县供销合作社"变更为"盐池县供销合作社联合社"（简称"县联社"）。

2018 年后，县联社系统基本保持了 2 个直属公司、9 个基层社、6 家专业合作社。联社机关在职职工保持在 17 人左右，设三股一室，即财计股、业务股、审计监察保卫股、办公室；党支部和工青妇组织健全，各基层社建有党小组和工青妇工作小组。所属农民经纪人协会 1 家、庄稼医院 8 家、农资"农家店"51 家、农资配送中心 1 家。

2017年5月22日，盐池县供销合作社组织召开了年度工作部署及会计统计人员培训会

2020年，盐池县供销合作联合社直属公司2家（盐池兴农农业生产资料有限责任公司、大水坑贸易公司），基层社9个，分别是花马池、惠安堡、高沙窝、冯记沟、青山、王乐井、麻黄山、柳杨堡、苏步井供销合作社；专业合作社6家，庄稼医院8家，农资"农家店"41家，农资配送中心1家。

二、基层供销合作社沿革

1949年8月，盐池县光复后，即开始着手清理陕甘宁边区时期合作社资产，着手恢复县、区两级合作社组织。

1950年7月，中华全国合作社工作者代表大会召开。1951年3月，在宁夏省合作局和盐池县委、县政府领导下，整顿、改造、恢复了县联社和一区（城区）、二区（高沙窝）、三区（王乐井）、四区（侯家河）、五区（大水坑）5个合作社。并在新解放区惠安堡向群众集股，新成立了六区（惠安堡）合作社，至此全县6个区都有了合作社组织。

1952年9月，麻黄山（新成立七区）成立了七区合作社。七区是山区，距县城有100多里路，当地群众购物很不方便，迫切需要建立合作社。同时麻黄山地区也是陕甘宁边区时期盐池县

唯一没有失陷的革命根据地，盐池县委、县政府及地方武装在此开展了两年艰苦革命斗争，因此及早为七区群众建起合作社意义特殊。8月20日，县合作社选派4名干部前往七区负责筹建，并给社员群众带去140多匹细布、200多匹土布及各种生产工具（总值5800万元）。开始筹备合作社的第二天，贫农李景春就主动入了社，他高兴地说："有了合作社，少跑路还不吃亏，也不耽误生产，是个好事情。"

1955年4月28日，河东回族自治区改为吴忠回族自治州，盐池县隶属该州管辖，全县共辖7个区29个乡，各基层供销合作社随之做了相应调整。

1958年宁夏回族自治区成立，盐池县直属自治区管辖。全县人民公社化，在原7个区基础上组建为五星、国庆、红星、奋勇、星火、先锋、跃进7个人民公社，区、乡建制撤销。不久之后，上述各公社又以驻地原名分别更名为城郊、余庄子、王乐井、侯家河、大水坑、惠安堡、麻黄山公社。7月12日，盐池县人民委员会发出《关于改进商业机构的通知》，将县商业局、城市服务局、供销合作社三个商业机构合并组成"盐池县商业局"。各公社供销合作社均改称为"商店"，如"盐池县商业局惠安堡商店""盐池县商业局大水坑商店"等，对外仍保留供销合作社名义，挂两块牌子，实行独立核算。

1960年冬，余庄子公社更名为高沙窝公社，余庄子供销合作社更名为高沙窝供销合作社。

到1961年底，全县各公社基层供销合作社全部恢复，均以公社所在地命名。恢复发展农村供销合作社网点42个（1957年原有26个，1961年底恢复16个，不包括代销点）。1961年12月底，全县共发展供销合作社社员10101人，吸收入股13644股，股金40932元。

1961 年，盐池人委决定从侯家河、惠安堡、大水坑 3 个公社各划出一部分地区，增设马儿庄公社（驻地马儿庄大队），辖马儿庄、老盐池、冯记沟、回六庄 4 个大队。1962 年增设马儿庄供销社，全县下辖基层公社供销合作社 8 个。

1963 年，青山供销合作社归大水坑供销社管理，变为大水坑供销合作社中心商店。

1967 年，大水坑供销合作社青山中心商店改建为青山供销合作社。

1968 年，盐池县各公社再次纷纷更换带有革命色彩名称，各基层供销合作社也随之改换名称，分别为东风（城郊）、向阳（高沙窝）、青山（侯家河）、东方红（大水坑）、红星（惠安堡）、曙光（马儿庄）、红旗（麻黄山）供销合作社。到 1972 年，全县 8 个公社中有 7 个恢复以前旧称（只有青山公社未恢复），供销合作社名称也随之恢复从前旧称。

1969 年，盐池县对全县农村商业管理体制进行改革，各公社所在地 8 个基层供销合作社改为“供销服务社”，由公社革委会成员、贫下中农代表、供销合作社职工代表组成“供销服务社管理委员会”，并将原来由县供销合作社直接管理权限改由所在地公社革委会领导，服务社人员调配由公社确定；各公社 15 家供销合作社分销店改为“供销服务部”，各大队革命领导小组成员、贫下中农代表、分销店职工代表组成服务部管理小组；个别距服务部较远、周边生产队较多的生产大队，由各公社考虑适当增设服务部，作为服务站（生产队供销网点）进货中心。

1976 年，除青山公社未作变动外，其他 7 个公社均一分为二，进行分设：城郊公社分设出柳杨堡公社，高沙窝公社分设出苏步井公社，王乐井公社分设出鸦儿沟公社，大水坑公社分设出红井子公社，马儿庄公社分设出冯记沟公社，惠

安堡公社分设出萌城公社，麻黄山公社分设出后洼公社。全县公社由原来的 8 个增加到 15 个，所辖供销合作社也由 8 个增设为 15 个。其中后洼供销合作社是在 1966 年建立的冯记疙瘩分销店（麻黄山供销社分销店）基础上成立的。

1995 年，由于受市场冲击和企业内部管理不善等因素影响，盐池县供销合作社基层社大多出现亏损经营情况。11 月 20 日，经县供销合作社社务会研究决定，将红井子供销合作社归入大水坑贸易公司管理，原红井子供销合作社剩余资产由大水坑贸易公司接收；原红井子供销合作社在职人员全部由大水坑贸易公司安排使用（实行承包经营的门店和人员维持原承包合同不变，离退休人员待遇由大水坑贸易公司按规定执行）；红井子供销合作社与大水沟贸易公司合并后，红井子供销合作社作为大坑贸易公司的分支机构，经营网点不变、不撤。12 月，萌城供销合作社并入惠安堡供销合作社，萌城经营网点仍然保留。此后，全县基层供销合作社陆续合并，由 15 个减少到 9 个。基层社合并后，原基层社大都保留了原来相应的供销经营网点。

2001 年 7 月 16 日，盐池县人民政府决定成立供销合作社社属企业改制工作指导小组，着手对所属企业、基层代偿合作社进行改革。

10 月高沙窝供销合作社保留牌子，转让资产，由农民经纪人余聪经营。

2002 年 5 月，根据自治区统一安排，盐池县实行撤乡并镇，全县原来 16 个乡调整为 4 镇 4 乡：花马池镇、大水坑镇、高沙窝镇、惠安堡镇、王乐井、冯记沟乡、麻黄山乡、青山乡。随着全县撤乡并镇，供销合作社基层社机构改革、企业改制同步进行。

2003 年，麻黄山供销合作社保留牌子，转让资产，由农民经纪人张龙经营。

表7—1—6 1936—2020年盐池县供销合作社基层社沿革变化情况

1936—2000年			2000—2020年		
2000年前名称	成立时间	沿革	改制时间及改制后名称	经营方式	改制形式
盐池县供销合作社	1936年	1947年8月盐池失陷时瘫痪,1950年恢复重建,1958—1976年与商业局三分三合	2016年改为盐池县供销合作社联合社,确定为财政拨款事业单位	事业单位	财政拨款事业单位
盐池县供销合作社大水坑批发站	1968年	1993年4月并入大水坑贸易公司	2007年大水坑贸易公司改为民营	集体	转制重组
城郊(区)供销合作社	1936年		2005年改制为城郊供销合作社	承包	转制重组
柳杨堡供销合作社	1976年		2005年改制为柳杨堡供销合作社	停业	
高沙窝供销合作社	1938年		2001年10月转让给农民经纪人余聪	自营	转让保牌子
苏步井供销合作社	1976年		2005年改制为苏步井供销合作社	停业	
王乐井供销合作社	1938年		2005年改制为王乐井供销合作社	承包	转制重组
鸦儿沟供销合作社	1976年	1998年7月并入王乐井供销合作社,由黄惠萍承包	2005年改制为王乐井乡供销合作社鸦儿沟分销店	承包	承包经营
青山供销合作社	1938年	承包经营	2004年7月转让给农民经纪人李玉霞	自营	转让保牌子
大水坑供销合作社	1938年	1993年4月并入大水坑贸易公司	2007年改为民营,名称仍为大水坑贸易公司,属县社直属	民营	转制重组
红井子供销合作社	1976年	1996年1月并入大水坑贸易公司	2007年改制为大水坑贸易公司		改制重组
惠安堡供销合作社	1951年		2005年改制为惠安堡供销社	承包	转制重组
萌城供销合作社	1976年	1996年1月并入惠安堡供销合作社	合并后为惠安堡供销合作社萌城分销店	承包	承包经营
麻黄山供销合作社	1952年	承包经营	2003年3月转让给农民经纪人张龙	自营	转让保牌子
后洼供销合作社	1976年	1998年7月并入麻黄山供销合作社	合并后为麻黄山供销合作社后洼分销店	承包	承包经营
马儿庄供销合作社	1962年	1998年7月并入冯记沟供销合作社	2018年8月重新设立为马儿庄供销合作社冯记沟分社	自营	改制重组
冯记沟供销合作社	1976年	2005年改制	2005年改制为冯记沟供销社	承包	重组返聘

表7—1—7 盐池县供销合作社基层社负责人任职表

名称	职务	姓名	任职时间	备注
惠安堡供销合作（1992年5月实行全员劳动合同制管理）	主任	冯俊臣	1951.2—1954.8	
		魏琪生	1954.8—1956.11	代主任
		薛国栋	1968.3—1976.12	理事会主任
		雷洪烈	1976.12—1977.11	
		廖　珍	1980.2—1987.10	
		石恒太	1987.11—1991.3	
		陈兴铭	1991.3—2000.3	1992.5实行聘用制
		李兴东	2003.3—2005.7	
	副主任	冯俊臣	1950.2—1951.2	
		高伟东	1987.11—1991.3	理事会副主任
		雷洪烈	1976.2—1976.12	
		廖　珍	1976.7—1980.2	1983.6当选
大水坑供销合作社	主任	贺巨福	1951.2—1952.8	
		李学让	1952.2—1954.7	
		郭邦俊	1954.7—1954.11	
		刘世禄	1954.11—1958.10	
		牛万利	1962.1—1970.12	
		李连升	1971.3—1992.3	
		石美林	1992.3—1993.12	
	副主任	李学让	1951.2—1952.2	
		李俊杰	1952.2—1956	
		牛　才	1976.12—1978.10	
		朱玉龙	1980.2—1981.4	
		杨学才	1981.4—1993.3	
		贺伯亭	1983.6—1984.2	
		石美林	1991.12—1992.3	
大水坑批发站	主任	张希籍	1975.12—1987.10	
		牛　才	1987.10—1993.3	
	副主任	苏永孝	1975.12—1978.12	
		牛　才	1978.12—1987.10	1990年任副科级
		廖　珍	1976.2—1976.7	
大水坑贸易公司	经理	石美林	1993.12—1997.5	
		杨学才	1997.5—2000.5	
		贺吉民	2000.5—2020	
	副经理	杨学才	1993.3—1997.5	
		薛　义	1997.5—1999.3	

（续表）

名称	职务	姓名	任职时间	备注
冯记沟供销合作社	主任	马玉龙	1976.12—1977.5	
		王九玺	1977.5—1982.4	
		李凤业	1981.4—1985.8	
		杨 定	1985.8—1991.3	
		刘 永	1991.3—1996.5	
		冯永文	1996.5—1998.6	
		尹 会	1998.6—2020	
	副主任	常继珍	1980.2—1983.5	
		杨 定	1983.6—1985.8	法定代表人
		冯永文	1983.8—1996.5	
		刘 永	1987.6—1991.3	
马儿庄供销合作社	主任	马玉龙	1976—1976.12	
		王九玺	1976.12—1977.5	
		李凤业	1977.5—1981.4	
		李 连	1981.4—1991.3	
		尹 会	1991.3—2020	
	副主任	尹 会	1990.8—1991.3	
		李凤业	1975.3—1977.5	
苏步井供销合作社	主任	张学礼	1976.12—1979.12	
		吴全贵	1980.2—1982.1	
		李 智	1982.1—1998.5	1983年任理事会主任
		屈守泉	1998.5—2020	
	副主任	李 智	1976.6—1982.1	
		吴全贵	1979.2—1980.2	
		屈守泉	1996.5—1998.5	法定代表人
高沙窝供销合作社	主任	冯 文	1950.3—1952.2	
		贺巨福	1952.2—1952.10	
		周 琮	1952.10—1957.1	
		李青武	1968.5—1975.8	
		李光旺	1975.8—1983.10	1979年在任
		余占奎	1983.10—1986.12	
		杨文杰	1986.12—1996.10	
		禹文忠	1996.10—2010.10	
		余 聪	2010.10—2020	
	副主任	刘世禄	1951.3—1952.2	
		汪继凯	1952.2—1952.8	
		杨 雄	1954—1956	
		余占奎	1980.2—1983.10	

名称	职务	姓名	任职时间	备注
城郊供销合作社	主任	党金梁	1952.2—1952.10	
		孙延山	1954—1956	
		李佰谦	1972.6—1976.12	
		雷洪烈	1977.12—1980.2	
		梁新林	1980.2—1981.4	1990 年任副科级
		杨海善	1981.4—1985.5	
		郝　清	1985.5—1998.5	
		何永汉	1998.6—2009.1	
		侯绪章	2009.4—2016.4	
		左兴盛	2016.4—2021.4	
	副主任	李玉春	1951—1956	
		梁新林	1979.2—1980.2	
		沈　元	1979.9—1982.7	
		何永汉	1996.5—1998.6	
红井子供销合作社	主任	贺伯亭	1976.12—1983.6	
		吴元章	1983.6—1988.4	
		张惠民	1988.7—1992.3	
		贺成武	1992.10—1993.10	
	副主任	刘增录	1993.10—1995.11	
		吴元章	1980.4—1981.4	
		贺成武	1992.3—1992.10	
青山供销合作社	主任	杨恩德	1951.2—1955.11	
		侯建章	1956.1—1964.5	
		饶良才	1964.7—1970.1	
		王广宁	1971.4—1973.8	
		李应珠	1973.8—1975.4	
		郝　清	1975.4—1985.4	
		李天存	1985.4—1987.8	
		王根志	1987.8—1997.4	
		史存虎	1997.7—1998.8	
	副主任	魏　钦	1954—1956	
		李天存	1972.6—1981.4	1979.10 在任
		吴元章	1981.4—1983.6	
		郝　清	1972.6—1975.4	
		史存虎	1995.4—1997.7	
		贺吉民	1998.6—1998.9	
		吴忠章	1998.9—2004.7	

名称	职务	姓名	任职时间	备注
后洼供销合作社	主任	史树清	1976.12—1978.2	
		张守贵	1978.2—1980.6	
		刘顺帮	1980.6—1998.7	1983 年当选
	副主任	张守贵	1976.12—1978.2	
		刘顺帮	1977.1—1980.2	
麻黄山供销合作社	主任	贺巨福	1952.8—1956	
		刘 润	1960.5—1964.8	
		范宗珂	1964.10—1970.1	
		李连升	1970.1—1971.8	
		王文焕	1971—1974.6	
		王志义	1974.6—1980.2	
		张守贵	1980.2—1988.3	
		陈世贵	1988.3—1998.7	
		刘顺帮	1998.7—2003.3	
	副主任	王文焕	1954—1956	
		史树清	1970.6—1976.12	
		张国柱	1980.2—1982.8	
王乐井供销合作社	主任	周 琮	1951—1952.10	
		党金梁	1952.10—1953.6	
		高占福	1953.6—1954.8	
		郭邦俊	1954.8—1958.9	
		高鸿清	1969.3—1976.9	
		乔和荣	1976.12—1991.3	1990 年任副科级
		官宏印	1991.3—1996.10	
		禹文忠	1996.10—1997.10	
		黄惠平	1997.10—1998.6	
		韩 强	1998.6—2005.7	
		郑 茂	2005.7—2020	
	副主任	刘世祥	1951.2—1952.2	
		刘世禄	1952.2—1956	
		禹文中	1995.8—1996.10	
		黄惠平	1996.10—1997.8	

名称	职务	姓名	任职时间	备注
鸦儿沟供销合作社	主任	左兴武	1980.2—1984.9	
		乔　孝	1984.9—1985.12	
		官宏印	1985.12—1991.3	
		韩　强	1991.3—1998.6	
		黄惠平	1998.8—2020	
	副主任	左兴武	1976.12—1980.2	
		乔　孝	1982.3—1984.9	
		官宏印	1985.4—1991.3	
		韩　强	1989.10—1991.3	
柳杨堡供销合作社	主任	吴应宏	1976.12—1984.2	
		李志荣	1984.2—1986.12	
		孙振海	1987.1—1993.3	
		史　仁	1993.3—1998.6	
		李明志	1998.6—2020	
	副主任	李志荣	1980.2—1984.2	
		史　仁	1991.6—1993.3	
		李明志	1996.10—1998.6	
萌城供销合作社	主任	蒋国栋	1976.12—1980.2	
		焦　健	1980.2—1983.4	
		王继峰	1983.4—1990.5	
		贺文宏	1990.5—1993.10	
		贺成武	1993.10—1995.12	1995.12 合并
	副主任	焦　健	1976.12—1980.2	
		贺文宏	1988.5—1990.5	

2004 年 7 月，青山供销合作社保留牌子，转让资产，由农民经纪人李玉霞经营。

2005 年 7 月，王乐井、冯记沟、惠安堡、城郊供销合作社由企业进行改制重组，返聘内部人员承包经营。

2006 年，柳杨堡、苏步井供销合作社因为资金呆滞、财务挂账问题得不到解决，停业。

2008 年，盐池县供销合作社各基层社通过改制后，全系统共有法人企业 15 个，通过直销店发展连锁店 47 家。

2018 年，盐池县供销合作社系统所辖直属公司 2 个，基层社 9 个，专业合作社 6 家，农民经纪人协会 1 家，庄稼医院 8 家，农资"农家店" 51 家，农资配送中心 1 家。

2020 年，盐池县供销合作联合社基层社 9 个，分别是花马池、惠安堡、高沙窝、冯记沟、青山、王乐井、麻黄山、柳杨堡、苏步井供销合作社。

表7—1—8 盐池县供销合作社社属企业负责人任职表

企业名称	职务	姓名	任职时间	备注
生资日杂经理部（综合公司、生资公司）	经理	聂顺天	1984.4—1991.3	1990年任副科级
		汪 涛	1991.3—1997.10	
		高志祥	1997.10—2003.2	
	副经理	汪 涛	1984.6—1991.3	
		郭玉才	1988.7—1997.10	
		左兴武	1988.2—1997.5	
		聂顺天	1991.3—2001.5	
		高志祥	1992.3—1997.10	兼农资科组长
		董文华	1993.3—2001.5	
		刘 永	1997.10—2001.5	
农产品经理部（土畜产公司）	经理	陈其生	1984.4—1987.10	
		廖 珍	1987.10—1991.2	1990年任副科级
		杨 定	1995.2—1997.5	
		王继峰	1991.3—1994.2	
		石美林	1997.5—1998.3	
		郭文杰	1998.3—1999.3	
		李 崑	1999.3—2001.5	
	副经理	原增喜	1984.4—1987.9	
		王万民	1986.3—1988.8	
		李 新	1995.3—1996.10	兼会计
		王继峰	1990.5—1991.3	
		杨 定	1991.3—1995.2	
盐池县供销合作社车队	队长	刘志英	1976.10—1991.3	
		王继峰	1991.3（兼）	
盐池县供销社集团总公司（1993年4月2日，经社委会研究决定成立）2001年5月改为皮毛绒公司	总经理	吴应宏	1993.4—1994.12	
		张 宗	1994.12—1998.4	
		原增喜	1998.6—2000.11	
		石美林	2000.11—2001.5	改皮毛绒公司
	副总经理	张 宗	1994.12—1998.4	
		原增喜	1998.6—2000.11	
		石美林	2000.12—2001.5	改荣发公司
		原增喜	1993.4—1998.6	
		张 宗	1993.4—1994.12	
		王继峰	1994.12—1996.5	
		李 智	1996.5—2001.5	
联营公司（1992年实行全员聘用制管理；1998年3月由乔和荣负责，兼法定代表人）	经理	乔和荣	1991.3—1996.10	1992.5改聘用制
	副经理	董文华	1996.10—1997.3	
		郭凤鹤	19937.3—1998.3	

三、农村新型合作经济组织

中国乡村新型合作经济组织，是农民在家庭承包经营基础上，依照加入自愿、退出自由、民主管理、盈余返还的原则组建，按照章程进行生产经营活动，谋求全体成员共同利益的经济组织。在外延上，它是当前我国乡村专业合作社、经营性协会、经济联合体、合作社联合会等组织的总称。中共中央、国务院《关于做好2000年农业和农村工作的意见》（中发〔2000〕3号 2000年1月16日）指出：改革以来日益活跃的农民经纪人队伍和各种形式的民间流通组织，是搞活农产品流通的重要市场中介，是推动农业结构调整的一支重要力量。各地要采取鼓励措施，帮助他们解决实际困难，引导他们自我约束、自我完善，发挥更加积极的作用。

2000年春，在中发〔2000〕3号文件下发之后，自治区人民政府副主席陈进玉到各市县基层调研农民经纪人队伍建设情况后指出："供销社要发展，必须主动和农民经纪人合作。"宁夏供销合作社党组书记、理事会主任吴文在陪同调研中建言："应由供销社出面牵头，组建各级农民经纪人协会，作为供销合作社统领农民经纪人队伍的一个帮手。"6月，根据自治区人民政府安排，宁夏供销合作社主持召开了全区发展农民经纪人队伍座谈会。随后，自治区党委、政府果断作出由宁夏供销合作社牵头组建农民经纪人协会的决定。

为进一步深化供销合作社改革，解决全县供销社系统经营发展瓶颈问题，积极发展农民经纪人队伍，推进农业产业化进程，盐池供销合作社采取积极主动态度，在全县范围内开展对农民经纪人大户进行摸底，走访代表性农民经纪人，掌握第一手材料。2000年8月，在自治区供销合作社指导下，盐池县委、县政府专门成立了农民经纪人协会筹备领导小组。2001年春节过后，在全县农民经纪人协会代表大会上，全区第二家供销合作社农民经纪人协会挂牌成立。

到2002年5月，全县已拥有农民经纪人760多人户，其中养殖专业户627户，种植、生产、加工、贩运户137户。农民经纪人在区内外销售瓜菜、果品180万公斤，销售额109.3万元；销售土豆500万公斤，200万元；粮食320万公斤，223万元；活畜15万公斤，3200万元；畜皮52万张、毛360吨、绒12吨，合计销售额680万元；肉类193万公斤，209万元；其他农副产品加工260万公斤，销售额40万元。收购贩运草籽260吨，488万元。大批农民经纪人活跃县内外城乡市场，成为全县脱贫致富的"领头雁"。

盐池县农民经纪人协会会长余聪自筹资金1万元为高沙窝镇余庄子村修路3.5公里；投资13.5万元为全村铺设了自来水管道；为余庄子村民赊销母猪60头，提供饲料5万余元。余庄子村从事养殖业农民50余户，全村养猪800余头（其中余聪自养200余头），年出栏4000头，产仔猪3000多头，养羊3万只。

全国劳模白春兰多年来先后种树3万多棵，造林700多亩，治理荒漠化土地2000多亩。2002年新建标准羊棚9栋（可圈养羊只2000只），打配套机井一眼，承租荒地500亩；培育树苗60亩，种植中药材50亩，育杨树苗12亩4600棵，育花棒苗12亩，当年投资达到40余万元。

2003年，盐池县供销合作社积极鼓励引导农民经纪人参与市场竞争。全年通过各基层供销合作社、企业公司及农民经纪人购销绵羊毛900吨、羊绒15吨、皮张15万张、蜂蜜510吨、小杂粮810吨、荞麦皮320吨、葵花籽2000吨、土豆1500吨、草籽500吨、油籽200吨，各种瓜菜、水果 4000 余吨，及其他大量农副产品，销售总额达到 4000 多万元。

2004 年，盐池县组织参加自治区农产品经纪人星火科技培训人员 500 名。

2005 年，盐池县组织参加自治区农产品经纪人星火科技培训人员 1200 名。培训行业方向主要包括种植、养殖、市场营销等方面。盐池县供销合作社根据前两年改制成功经验，集中对麻黄山供销合作社及一部分基层购销网点进行改制，主要采取产权转让、成立股份公司或聘任农民经纪人担任基层社主任及基层购销网点负责人形式，完成 5 个直属公司、4 个基层社及 35 个基层服务网点改制，分流安置职工 136 人，同时吸纳多名农民经纪人入社。

2006 年，盐池县供销合作社组织全县农民经纪人培训班 1 期，参加 48 人；组织参加自治区供销合作社举办培训班两期，参加 6 人，其中会计报表软件培训班 1 期、参加 2 人，全区供销合作社贯彻落实《农民专业合作社法》培训班 1 期、参加 4 人。

2007 年，盐池县供销合作社组织举办会计报表决算及财会知识培训班，全系统 18 名会计人员参加。

2010 年 7 月，全区首家村级综合服务社在盐池县高沙窝镇高沙窝村正式建成，该项目由自治区供销合作社投资 120 万元，与盐池县供销合作社及高沙窝村委会共同试点兴办的为群众服务的农村经济组织。综合服务社按照自愿、民主、平等原则和村务、商务、政务合一理念，根据群众生产生活需要，在搞好农资、农副产品、日用百货经营基础上，探索文化娱乐、养老幼教、劳动就业、信息培训等方面的综合服务。

2011 年 5 月，根据国务院《关于加快供销合作社改革发展的若干意见》（国发〔2009〕40 号）和国家有关部委、中华全国供销总社《农业产业化国家重点龙头企业认定和运行监测管理办法的通知》（农经发〔2010〕11 号）以及自治区供销社合作社联合社《关于开展供销合作社农业产业化农业重点龙头企业认定工作的通知》精神，盐池县供销合作社组织对所属企业、农民经纪人组织进行审核确认，推荐符合条件企业 4 家（宁夏余聪清真食品有限公司、盐池县鑫海清真食品有限公司、盐池县兴农农业生产资料有限公司、盐池县城郊供销合作社）、合作社 2 家（盐池县民惠园设施农业专业合作社、盐池县裕农马铃薯种植专业合作社）进行申报认定。

2011 年 6 月，盐池县惠安堡镇务工移民新村供销合作社成立。

2013 年 4 月，由自治区供销合作社、高沙窝供销合作社、宁夏裕丰昌滩羊养殖合作社社员共同出资 200 万元，成立了宁夏裕丰昌专业合作社资金互助中心。中心成立后，先后通过政府和金融机构等融资渠道筹资 1500 万元，在合作社内部开展资金互助业务，解决社员养殖生产资金困难问题。滩羊养殖户官诚在中心成立后，首批得到宁夏裕丰昌专业合作社资金互助中心贷款 20 万元。

2014 年 9 月 20 日，盐池县供销合作社组织举办农产品经纪人培训班 1 期，培训 102 人。

2015 年 10 月 16—18 日，盐池县供销合作社组织举办农产品经纪人培训班 1 期，培训学员 60 人；协助农民经纪人争取自治区供销合作社招商资金，在花马池镇杨寨子村租地 260 亩建成信鸽养殖基地 1 处。

2017 年 9 月 29—30 日，盐池县供销合作社组织举办农资培训班 1 期，培训学员 88 人。2018 年 9 月 22—23 日，盐池县供销合作社组织举办农资培训班 1 期，培训学员 100 人。

表 7—1—9　盐池县新型合作服务组织成立情况

序号	组织名称	成立时间	地址	服务范围	隶属关系
1	供销合作社农民经纪人协会	2000.3	盐池县供销合作社办公大楼	发展农民经纪人队伍，推进农业产业化进程，帮助农民解决"卖难"问题	
2	高沙窝村级综合服务社	2010.7	高沙窝镇高沙窝村	农资、农副产品、日用百货供销，文化娱乐、养老、幼教、劳动就业、信息培训	
3	城郊供销社十六堡农资农家店	2011.12	花马池镇长城村十六自然堡村		
4	宁夏裕丰昌专业合作社资金互助中心	2013.4		内部开展资金互助业务	
5	惠安堡黄花供销合作社	2016.8	惠安堡镇扬黄灌区	围绕惠安堡黄花产业及农业社会化服务	盐池县供销合作社
6	盐池县华瑞供销电子商务有限公司"供销e家"地方平台	2017.5		盐池县供销合作社控股的电子商务公司，在全县范围内执行运营"供销e家"服务	
7	大水坑供销社电商服务旗舰店	2017.10	大水坑镇	网络信息服务	
8	农业服务中心	2018	花马池镇城西滩	农资供应、配方施肥、节水灌溉、农机作业、统防统治等现代农业服务	

2018 年，盐池县供销社合作筹资 330 万元，在花马池镇城西滩建设集农资供应、配方施肥、节水灌溉、农机作业、统防统治等功能为一体的农业现代服务中心。服务中心占地 10 亩，其中仓储库房建筑面积 1911 平方米，办公及信息技术培训用房 701 平方米。

盐池县供销合作社创新发展新型农村基层组织，以新建惠安堡黄花供销合作社为依托，围绕黄花产业及农业社会化服务体系中薄弱环节，采取"嫁接式""联合式"等办法，与专业大户、家庭农场、合作社、涉农企业开展全方位合作，发展网上销售等业务。全年销售黄花干菜 70 吨，

托管种植黄花 2800 亩，配送黄花种苗 400 万株，组织病虫害防治 2 万亩。

2019 年，盐池县供销合作社围绕全县黄花产业及农业社会化服务体系中的薄弱环节，与专业大户、家庭农场、合作社、涉农企业开展全方位合作，全年销售黄花干菜 70 吨，托管种植黄花 2800 亩，配送黄花种苗 400 万株，组织病虫草害防治 2 万亩。

2020 年，盐池县供销合作社联合农村经济合作组织配送黄花种苗 400 万株，销售黄花干菜 180 吨、黄芪 2400 吨。

第二节　供销合作社党支部

一、党组织沿革

1976 年 6 月，中共盐池县委常务委员会研究决定成立供销合作社党支部，隶属商业局党总支。支部委员侯英、饶良才、汪继凯、王秀英、李伯谦，支部书记侯英，副书记饶良才。

1980 年 5 月，中共盐池县县级机关委员会研究决定，任命侯英为盐池县供销合作社党支部书记，张立存、汪继凯为副书记，张永寿、李伯谦为委员；盐池县供销合作社党支部隶属中共盐池县县级机关委员会。

1984 年 4 月，县委组织部同意供销社党支部由张立存、吴应宏、张国柱、汪涛、张顺琪 5 人组成。张立存任书记，吴应宏为副书记，隶属商业局党总支部。

1992 年 3 月，根据全县机构改革方案，经中共盐池县委组织部批准成立了中共盐池县供销合作社联合社委员会，吴应宏任党委书记，下设 16 个支部：供销合作社机关支部、综合贸易公司支部、土畜产公司支部、城郊供销合作社支部、柳杨堡供销合作社支部、苏步井供销合作社支部、高沙窝供销合作社支部、王乐井供销合作社支部、鸦儿沟供销合作社支部、青山供销合作社支部、大水坑供销合作社支部、惠安堡供销合作社支部、萌城供销合作社支部、麻黄山供销合作社支部、后洼供销合作社支部、马儿庄供销合作社支部，共计党员 88 人。

1996 年 1 月，萌城供销合作社并入惠安堡供销合作社，萌城供销社党支部随之并入惠安堡供销合作社党支部；10 月，设立盐池县供销合作社联营公司党支部。

1997 年 11 月，撤销王乐井供销合作社党支部。

1998 年 12 月，因各基层社合并，成立王乐井供销合作社党支部，鸦儿沟供销合作社党支部并入；后洼供销合作社党支部并入麻黄山供销合作社党支部，后洼供销社撤销；设立冯记沟供销合作社党支部，马儿庄供销合作社党支部并入；撤销联营公司党支部。

2001 年 12 月，柳杨堡供销合作社党支部并入城郊供销合作社党支部；土畜产公司党支部、综合贸易公司党支部并入县供销合作社机关党支部；撤销高沙窝供销合作社党支部、麻黄山供销合作社党支部、苏步井供销合作社党支部、冯记沟供销合作社党支部。

2004 年 4 月，中共盐池县供销合作社联合社委员会撤销，成立盐池县供销合作社党总支，下设 6 个党支部，隶属中共盐池县发展和改革局委员会。

2005 年 7 月，根据供销合作社系统改制原因，撤销青山供销社、大水坑供销社、王乐井供销社、惠安堡供销社、城郊供销社 5 个党支部，在册党员隶属县供销合作社机关党支部。

2014 年 2 月，撤销供销合作社党总支，成立供销合作社党支部，隶属发展和改革局党委，

表 7—2—1 盐池县供销合作社、基层社党组织负责人

党组织	职务	负责人及任期	备注
盐池县供销合作社党支部	书记	侯 英（1976.6—1984.4）	1976年6月，中共盐池县委常务委员会研究决定成立供销合作社党支部，隶属商业局党总支。
		张立存（1984.4—1992.3）	
	副书记	饶良才（1976.6—1980.5）	
		吴应宏（1984.4—1992.3）	
中共盐池县供销合作社委员会	书记	吴应宏（1993.8—1998.4）	
		张 宗（1998.4—2003.12）	
	副书记	张 宗（1994.7—1998.4）	
		杨志富（2000.6—2001.2）	
		何永汉（2001.2—2004.4）	
盐池县供销合作社党总支	书记	何永汉（2004.4—2013.12）	2004年4月，中共盐池县供销合作社委员会撤销，成立盐池县供销合作社党总支，隶属中共盐池县发展和改革局委员会，下设县供销合作社、城郊供销合作社、青山供销合作社、大水坑供销合作社、惠安堡供销合作社、王乐井供销合作社6个党支部。
盐池县供销合作社党支部	书记	何永汉（2013.12—2019.3）	2014年2月，撤销供销合作社党总支，成立供销合作社党支部，隶属发改委党委。
		丁振宁（2019.3—2020.11）	
		鲁 虎（2020.11—）	
盐池县供销合作社机关党支部	书记	范彦春（1992.6—1998.3）	
		雍 锦（1998.3—2001.5）	
		汪 涛（2001.5—2005.6）	
		范国茂（2005.6—2013.12）	
盐池县综合贸易公司党支部	书记	汪 涛（1992.6—1998.12）	1992年3月隶属盐池县供销合作社委员会，2001年12月并入县供销社机关党支部。
		高志祥（1998.12—2001.12）	
盐池县畜产公司党支部	书记	王继峰（1992.6—1994.12）	1992年3月隶属盐池县供销合作社党委，2001年12月并入县供销社机关党支部。
		杨 定（1994.12—1998.3）	
		杨文杰（1998.3—2001.12）	
盐池县城郊供销合作社党支部	书记	郝 清（1992.6—1998.12）	1992年3月隶属盐池县供销合作社党委，2004年4月隶属盐池县发展改革局党委供销社党总支，2005年7月撤销。
		何永汉（1998.12—2001.2）	
		钟玉兰（2001.2—2005.7）	
盐池县柳杨堡供销合作社党支部	书记	孙振海（1992.6—1994.6）	1992年3月隶属盐池县供销合作社党委，2001年12月并入城郊供销合作社党支部。
		何永汉（1994.6—2001.12）	
盐池县苏步井供销合作社党支部	书记	李 智（1992.6—1996.5）	1992年3月隶属盐池县供销合作社党委，2001年12月撤销。
		赵瑞礼（1996.5—1998.12）	
		屈守泉（1998.12—2001.12）	
盐池县高沙窝供销合作社党支部		杨文杰（1992.6—1998.12）	1992年3月隶属盐池县供销合作社党委，2001年12月撤销。
		禹文忠（1998.12—2001.12）	

党组织	职务	负责人及任期	备注
盐池县王乐井供销合作社党支部	书记	李章起（1992.6—1996.1）	1992 年 3 月隶属盐池县供销合作社委员会，1997 年 11 月撤销，1998 年 12 月再次成立，2004 年 4 月隶属盐池县发展改革局党委供销社党总支，2005 年 7 月撤销。
		禹文忠（1996.1—1997.12）	
		韩　强（1998.12—2005.7）	
盐池县鸦儿沟供销合作党支部	书记	韩　强（1992.6—1998.12）	1992 年 3 月隶属供销合作社党委，1997 年 11 月撤销王乐井供销社党支部。1998 年 12 月并入王乐井供销社党支部。
盐池县青山供销合作社党支部		王根志（1992.6—1996.1）	1992 年 3 月隶属盐池县供销合作社党委，2004 年 4 月隶属盐池县发展改革局党委供销社党总支，2005 年 7 月撤销。
		史存虎（1996.1—1998.12）	
		王根志（1998.12—2005.7）	
马儿庄供销合作社党支部		尹　会（1992.6—1998.12）	1992 年 3 月隶属盐池县供销合作社党委，1998 年 12 月并入冯记沟供销合作社党支部。
盐池县大水坑供销合作社党支部	书记	牛　才（1992.6—1996.1）	1992 年 3 月隶属盐池县供销合作社党委，2004 年 4 月隶属盐池县发展改革局党委供销社党总支，2005 年 7 月撤销。
		杨学财（1996.1—2005.7）	
盐池县惠安堡供销合作社党支部	书记	李兴东（1992.6—1994.6）	1992 年 3 月隶属盐池县供销合作社党委，2004 年 4 月隶属盐池县发展改革局党委供销社党总支，2005 年 7 月撤销。
		陈兴铭（1994.6—2000.6）	
		李兴东（2000.6—2004.4）	
		陈兴民（2004.4—2005.7）	
盐池县萌城供销合作社党支部	书记	贺文宏（1992.6—1994.6）	1992 年 3 月隶属盐池县供销合作社党委，1996 年 1 月并入惠安堡供销合作社党支部。
		卢仲才（1994.6—1996.1）	
盐池县麻黄山供销合作社党支部	书记	高生荣（1992.6—1996.1）	1992 年 3 月隶属盐池县供销合作社党委，2001 年 12 月撤销。
		景玉山（1996.1—1998.12）	
		刘顺邦（1998.12—2001.12）	
盐池县后洼供销合作社党支部	书记	刘顺邦（1992.6—1998.12）	1992 年 3 月隶属盐池县供销合作社党委，1998 年 12 月撤销。
盐池县冯记沟供销合作社党支部	书记	尹　会（1998.12—2001.12）	1998 年 12 月设立，隶属盐池县供销合作社党委，2001 年 12 月撤销。
盐池县供销合作社联营公司党支部	书记	乔和荣（1996.10—1998.12）	1996 年 10 月成立，隶属盐池县供销合作社党委，1998 年 12 月撤销。

至 2020 年 12 月,书记先后由何永汉、丁振宁、鲁虎担任。

二、工青妇组织

党建工作中经常提的"工青妇"组织是指:中国工会、中国共产主义青年团、中华全国妇女联合会。工会是中国共产党领导的职工自愿结合的工人阶级群众组织,是党联系职工群众的桥梁和纽带,是国家政权的重要社会支柱,是会员和职工利益的代表。中国共产主义青年团是中国共产党领导的先进青年的群团组织,是广大青年在实践中学习中国特色社会主义和共产主义的学校,是中国共产党的助手和后备军。中华全国妇女联合会是全国各族各界妇女在中国共产党领导下为争取进一步解放而联合起来的社会群众团体,是党和政府联系妇女群众的桥梁和纽带,是国家政权的重要社会支柱。

(一)工会组织

盐池县早在 1936 年 6 月刚刚解放不久就成立了工会组织。1956 年 11 月成立了盐池县工会联合会筹备委员会;1957 年 7 月召开盐池县工会第一次代表大会,出席代表 24 人,代表 9 个基层工会的 441 名会员。1958 年 10 月盐池县工会第二次代表大会召开,出席代表 39 人;会议决定将盐池县工会联合会改名为盐池县总工会。1966—1976 年,全县各级工会组织基本上处于停滞状态。1978 年盐池县总工会恢复成立。1979 年 1 月召开盐池县工会第三次代表大会,出席代表 129 人,特邀代表 15 人,列席代表 32 人;选举成立了盐池县总工会常务委员会,辖基层工会 85 个,共有会员 3594 名。

1957 年 2 月 9 日,盐池县供销合作社召开职工代表大会,选举产生了工会委员会、盐池县供销合作社第一届工会委员会主席、副主席及委员(名单见表 7—2—2),并启用了"中国供销合作社工会盐池县基层委员会"印章,盐池县供销合作社工会委员会自此成立。

为发扬阶级友爱,养成节约储蓄习惯,由盐池县供销合作社工会倡议,职工自愿参加,组成了"中国供销合作社工会盐池县基层委员会互助储金会",6 月 27 日,召开职工大会讨论通过了工会《互助储金会组织章程》。《章程》规定:互助储金会成立的目标,是为了促进职工发扬阶级友爱、进行同志间的互相帮助而自愿结合的经济组织。储金会帮助会员有计划地安排生活,养成节约储蓄习惯;储金会利用会员储金和工会或行政借款、周转金作为向会员贷款基金,帮助会员解决不时发生的资金周转不灵困难。盐池县供销合

表 7—2—2　1957 年盐池县供销合作社联合社工会委员会组成人员

姓名	职务	性别	年龄	籍贯	身份
韩达明	主席	男	29	浙江嘉兴	干部
李佰谦	副主席	男	26	山西曲沃	干部
田 朴	组织委员	男	29	陕西西安	干部
聂致远	业务委员	男	32	湖南澧县	干部
李玉春	劳保委员	男		陕西安边	干部
林厚容	青妇委员	男	32	安徽和县	干部

作社工会《互助储金会组织章程》参照1956年8月10日中华全国总工会第120次会议通过的《互助储金会组织通则》，结合本单位具体情况制定，于1957年6月27日第一次互助储金会会员大会审议通过实施。

互助储金会成立后，在工会委员会指导下，依靠会员开展了许多很有价值和意义的工作，其中最主要的一项即是积极吸收职工入会。凡供销合作社系统正式职工，都可以成为所在单位储金会会员。储金会会员享有选举和被选举权；有向储金会借款权；有参加储金会会员大会，讨论章程和随时对储金会工作提出批评建议权利。会员也须履行如下义务：1. 根据自愿原则按月缴纳会员储金，储金一般为本人月薪的1%，多缴不限（但不得超过本人月薪的20%）。2. 按时归还借款（即借出储金）。3. 有发展储金会会员义务。储金会会员可以自由申请退会；会员退会时，可以领回所缴全部储金（如有借款亦应全部归还）；会员死亡时，其生前所交储金由其继承人领回（如有借款亦须由其继承人同时归还）。

储金会最高权力机构为会员大会。会员大会可以审议修订储金会章程；选举储金会管理委员会；审查批准储金会管理委员会工作报告和财务账目。会员大会每半年召开一次（如有会员因特殊原因需大额借款时可随时召开，必须要2/3以上会员出席，出席大会会员过半数同意时方可通过决议）。储金会管理委员会由三人组成，任期一年；推选主任委员一人，成员两人，三人根据工作需要进行分工。储金会管理委员会职责：1. 执行会员大会决议和系统工会指示。2. 积极宣传储金会意义，进行团结互助、节约储蓄教育，发展储金会会员，批准登记新会员入会。3. 管理储金和借款，督促会员按时缴纳储金、按时归还借款。4. 定期向全体会员和工会报告工作；按时公布储金收支账目。储金会管理委员会委员如违反章程或犯严重错误，通过会员大会可以撤销其职务并进行改选。

储金会基金来源大致有三，会员缴纳、银行存款利息收入、工会或行政方面拨入周转金。储金会基金通常由系统工会互助储金会管理委员会保管，存为活期（或以有奖储蓄形式存入国家银行）。会员借款时，直接凭借条向管理委员会委员申请，原则上每月借款不得超过20元。借款10元以下者，由主管借款委员同意即可；借款10—20元者，须经管理委员会会议研究同意；会员如遇特殊情况借款需在20元以上者，须由会员大会批准；规定以上从申请到领款所有程序最多不得超过两天。职工在发薪10日后即可以借款，还款期一般不能超过一个月，即职工当月发薪10日后任何时间所借款项，必须于当月发薪后3日内归还。对于借款不能如期归还者，管理委员会对其进行说服教育，必要时可在其次月工资内直接扣除。

1984年9月，经过县供销合作社9月4日社务会研究决定，于10月份召开全系统首届工会代表大会（改革开放后第一届工会代表大会），成立县联社工会委员会，要求各基层社、直属企业积极发展工会新会员，包括固定工、合同工都可以动员加入工会，抓紧组建基层工会。基层工会组织名称按本单位加入工会会员人数确定，会员在10人以上的成立基层工会委员会，设工会主席1人，委员2—4人；10人以下单位成立基层工会小组，设组长1人，委员2人。工会委员会或工会小组由会员大会选举产生，之后报请县联社系统工会批准成立。为了掌握全系统职工入会情况，并对入会会员进行了登记。各基层单位在广泛吸收新会员同时，分别组织召开了会员大会，按会员总数5:1比例，选举产生了参加县联社工作代表大会。

1984年10月19—20日，盐池县供销合作社联合社首届工会代表大会召开。这次大会是在供销合作社深入进行体制改革，开创农村商业工作新局面大好形势下召开的。代表大会由联合社主任张立存致开幕词，听取了张顺琪所作的《系统职工会员代表大会筹备工作报告》《盐池县供销合作社工作报告》；大会组织学习了《中国工会章程》，讨论通过了《盐池县供销合作社系统工会代表大会实施细则》，审议通过了各项决议；以无记名投票方式选举产生了盐池县供销合作社系统首届工会委员会、经费审查委员会。工会委员会由7人组成，主席侯英，副主席张顺琪，委员由原增喜、余占奎、王根志、范彦春、顾莲香5人组成；经费审查委员会主任郑秋兰，委员由张慧敏、孙政海2人组成。

1988年2月29日—3月1日，盐池县供销合作社联合社党支部、系统工会委员会、县联社理事会共同组织召开了盐池县供销合作社系统第二届职工代表大会。大会应到代表56人，实到代表45人。会议听取了侯英代表一届工会委员所作的工作报告、经费审查委员会张慧民所作的工会财务情况报告、县联社理事会主任张顺琪所作的《关于1987年工作总结及1988年工作安排意见报告》；传达了全区供销合作社主任会议精神。代表对上述各项报告和大会提交的《关于严肃纪律、整顿商风的几项规定》进行审议讨论，形成决议。会议以无记名投票方式选举产生了新一届系统工会委员会和经费审查委员会组成人员：工会主席侯英，副主席左兴武，委员张宗、余占奎、高伟东、郭凤鹤、顾莲香；经费审查委员会主任汪继凯，委员范彦春、戴生宝。

2001年3月20日，盐池县供销合作社组织召开第三届职工代表大会，选举产生新一届工会

委员会组成人员，主席张宗，副主席郭凤鹤，委员杨文杰、贺继明、官波。

2017年8月3日，盐县供销合作社召开第四届会员代表大会。应到会员代表9人，实到9人。会议按规定进行了相关程序，以无记名投票方式选举产生了盐池县供销合作社第四届工会委员会和经费审查委员会组成人员，推荐产生了女工委员。工会主席郭晓玉，委员何娜、王晓宏；经费审查委员会主任何娜；女工委员王晓宏。本届工会任期为2017年8月3日至2020年8月2日，任期5年。

（二）共青团组织

盐池县早在1936年秋就成立了"少共"组织，1937年成立了共产主义青年团。抗战爆发后先后改称为青年救国会、新民主主义青年团、共产主义青年团。1957年7月改称为中国共产主义青年团。1951—1982年，共青团盐池县委员会共召开了十二次代表大会。1972年2月召开了共青团盐池县第九次代表大会，全县团的活动逐渐走向正轨。1979年3月召开了共青团盐池县第十一次代表大会。1982年8月30日召开了共青团第十二次代表大会。

1957年，盐池县供销合作社按照工会章程，选举产生了新一届工会委员会，分派工会委员林厚容负责妇女和青年团工作。1966—1976年，全县青年团工作处于停滞状态，1984年之后全县开始恢复青年团工作。1984—2017年，盐池县供销合作社青年团工作先后由郭凤鹤、王秀梅、乔泽华负责分管；2017—2020年由工会主席郭晓玉兼管共青团工作。

2013年6月5日，共青团盐池县委、县供销合作社根据共青团中央、中华全国供销合作总社《关于共同促进基层组织建设帮扶农村青年创

业就业的通知》（中青联发〔2013〕3号）和自治区团委、供销合作社《关于共同促进基层组织建设帮扶农村青年创业就业的通知》（宁团联发〔2013〕7号）要求，共同组织成立了"盐池县促进基层组织建设帮扶农村青年创业就业领导小组"，组长刘光宏（团县委副书记）、王秀梅（县供销合作社副主任）；成员苏比清（团县委办公室干事）、施原野（县供销合作社干事）；领导小组在团县委下设办公室，苏比清负责办公室日常工作。7—8月份，领导小组制定了工作实施方案，采取乡镇村组和群众推荐，确定农村青年帮扶对象。8—12月，根据帮扶农村青年对象情况特点，确定帮扶梯队，逐项抓好落实。方案确定的重点内容包括：确定3名农村青年致富带头人予以扶持。一是提供技术支持。依靠农资、土特产、蜂产品、再生资源等供销合作社主营产业，开展创业技术营销服务；将农村青年致富带头人纳入全区供销社系统和全县各类实用技术培训范围，使其在开展农村经营活动中致富成才。二是提供加盟支持。鼓励吸收农村青年参与基层供销合作社经营体制结构改造，加速农村便民连锁超市、农村综合服务社、乡村集贸市场改革发展，拓展农村青年创业就业渠道，夯实供销合作社服务农村基础。三是提供有形服务。协调提供农村青年创业小额贷款；依托供销合作社系统经营服务网络，向农村青年提供货源、价格等信息，帮助农村青年解决创业过程中资金、技术、市场问题。培育创建2个县级青年农民专业合作社和一批基层青年示范社（企业）。一是通过经营指导和政策扶持，鼓励支持大学生村官、农村青年能人依托已有产业项目基地，领办、创办一批专业合作社或企业，协调发挥农村合作组织、行业协会带动作用，促进农村合作组织协作化、规模化、品牌化经营。二是开展供销合作社系统青年示范店（企

业）创建工作。遴选一批经营运作规范、示范带动强的专业合作组织给予政策倾斜扶持；通过开展全县农村青年致富带头人评选表彰活动，选树一批农村专业合作组织和农村专业合作社青年示范社。三是通过青年示范社建设，将农村专业合作组织优秀青年推荐为乡镇共青团委组织兼职副书记或委员，加强农村基层共青团组织建设。

（三）妇女组织

中华全国妇女联合会成立于1949年3月，原名为中华全国民主妇女联合会，1957年改为中华人民共和国妇女联合会，1978年改名为中华全国妇女联合会，简称全国妇联。

中共盐池县委于1936年6月成立后，即成立了妇女联合会。1954—1982年，盐池县妇女联合会共召开七次代表会。1954年6月盐池县第一届妇女代表大会召开；1966—1972年全县各级妇女组织基本处于瘫痪状态。1973年4月盐池县第六届妇女代表大会召开，全县妇女工作逐步走上正轨。1979年3月，盐池县第七届妇女代表大会召开，中心任务是学习贯彻党的十一届三中全会精神，表彰奖励在社会主义建设中作出突出贡献的先进集体和劳动模范，树立"三八红旗手"，选举产生了盐池县妇女联合会第七届委员会执委会。

1957年，盐池县供销合作社妇女工作由工会委派林厚容委员负责兼管，主要是围绕供销社中心任务，做好女职工宣传教育。1966—1976年，全县妇女工作基本停止。1984年后，供销社合作社组织机构恢复重建，妇女工作得以继续开展。

1987年后，盐池县供销合作社系统妇女工作先后由郭凤鹤、王秀梅、乔泽华、郭晓玉等人负责兼管。

1981—1989年，盐池县妇联先后在全县范围

内组织开展了"五好家庭""三八红旗手""双文明户"等评选竞赛活动，县供销合作社系统女职工积极参与，涌现出一批先进集体和个人。1990年后，供销合作社党组织、系统工会在"三八"妇女节、"五一"劳动节、元旦等节庆日期间组织举办了丰富多彩的女职工活动，有效促进了"两个文明"建设。

2001年前后，县联社党委共有党员70人，其中女性党员占党员总数的22.8%。

截至2003年5月，县供销合作社系统经过改制后，先后有130名职工置换身份，得到一次性安置。2008年2月，大水坑贸易公司作为供销合作社系统最后一个企业成功改制，标志着全县供销合作社系统改制全面完成。2004年4月，中共盐池县供销合作社联合社委员会撤销，成立了盐池县供销合作社党总支，下设6个支部，隶属中共盐池县发展和改革局委员会。2005年7月，撤销供销合作社党总支所属青山供销社、大水坑供销社、王乐井供销社、惠安堡供销社、城郊供销社5个支部，在册党员隶属县供销合作社机关党支部管理。此后系统妇女工作由支部委员兼任负责。

三、党建和社会主义精神文明实践

1949年冬，盐池县在全县已有5个基层合作社基础上，通过收回1947年盐池失陷后元华工厂残存资产为基础，筹建了县合作社联合社，设立了门市部。1950年10月至1951年3月，在宁夏省合作局及盐池县委、县政府坚强领导下，各社先后进行了整顿和改造。通过整顿改造，确立了上级社为下级社服务、基层社为社员服务方针，并以县联社门市部全部物资筹措建立了城区供销合作社，切实为城乡居民群众服务。当时县

联社性质近于党政机构，因此经常利用县上召开党代会、劳模会、三级干部会议等机会，积极宣传创办合作社目的意义，推动合作社事业发展。

1950年10月，中国人民志愿军赴朝作战，拉开了抗美援朝战争序幕。抗美援朝期间，盐池县专门成立"抗美援朝动员总会"，向全县人民发出支援抗美援朝号召。全县干部职工、人民群众积极以实际行动响应号召，踊跃签订爱国公约，主动捐款捐物。县合作社7名干部一次性捐款40万元（新中国成立后第一套人民币值，下至1955年3月同），县合作社干部刘生焕一次性捐款10万元，党金梁自6月份起每月捐出津贴1.5万元；还有几名职工计划在6个月时间内捐款9万元。合作社系统还制定了"集体免休假公约"，集体加班加点开展对军烈属、伤残军人和复转军人进行照顾，组织对农村缺劳力军烈属实行义务代耕、义务帮工等办法搞好生产。

按照中央和宁夏省委指示精神，盐池县委、县政府于1950年10月至1951年3月底在全县普遍开展了反封建势力的土改运动。当时全县5个区、32个乡土改工作分两期进行，四区（侯家河）、五区（大水坑）、六区（惠安堡）17个乡（包括城区二乡）参加第一期土改，时间自1950年10月20日至1951年1月10日；一区（城区）、二区（高沙窝）、三区（王乐井）15个乡参加第二期土改，时间自1951年1月30日至3月31日；两期共计5个月时间全部完成。在全县土改运动铺开之前，盐池县合作社决定结合全县土改工作，在全县5个区同时进行整顿和恢复建立基层合作社。截至1951年3月底，全县土改工作结束，县合作社也同时完成了5个区基层合作社整顿和恢复工作。

1951年6月，县联社开始正式建立干部职工学习制度，按照干部人数编成学习小组，选出

组长负责组织大家学习，并接受县委学习委员会指导。学习小组每天早晨刚上班时组织职工集体学习，其余时间根据工作情况自由安排。小组集体学习时，每传达一份文件后要进行讨论，最初大家都不敢发言，偶有发言也千篇一律，缺乏见解，甚至不敢联系实际问题讲真话。经过学习主持人多次启发、肯定、表扬后，开始有职工能够大胆提出问题，进行热烈讨论。10月份，学习小组先后组织学习了《论工人阶级》《论批评与自我批评》《中国共产党30年》《合作社法（草案）》《新婚姻法》等文件材料，并结合当时国内外形势进行时事政治讨论。县联社两次召开基层社主任联席会议，除了解各社生产经营情况外，指导各社开展学习工作，并针对一部分干部陈旧盈利观念进行批判，明确提出"面向社员"的办社方针；会议强调要加强上下级社联系，并将主任联席会议定为每年召开两次。县联社机关也建立了每周一次（周六）学习检讨会制度，以此通报工作进展，改进工作办法，开展批评与自我批评，克服缺点错误。由于学习检讨会不仅能够增加知识见解、对工作也有很大帮助，因此每次召集职工参加，大家都很积极踊跃。有职工过去对土特产品报价不准，工作做得很差，学习检讨会上不仅接受大家批评，同时也得到大家热情帮助，现在业务有了很大提升，个人也很高兴。个别干部工作态度不端正，做事马马虎虎，经过检讨批评，思想及时得到纠正。通过组织学习，大家集体观念也有很大提高，纸张、印泥、订书钉等办公用品随意浪费现象大为减少。关于经营业务与财务会计方面的学习，多次组织相关人员召开小型会议进行专题讨论学习，大家就进货、补货、财务报表等方面的经验技巧进行交流，集思广益，共同提高。

1953年，盐池县合作社根据中华全国供销合作总社及西北办事处要求，在职工中开展了"整顿、充实、提高"教育宣传，学习贯彻民主制度，进行工作整顿。经过教育学习，全系统干部职吃苦耐劳作风得到充分体现，各基层社职工在收购旺季不仅白天忙于业务，晚上也常常加班到12点以后，在工作中得到业务锻炼和提升。

1954年2月，盐池县合作社为及时贯彻总路线方针政策，提高全体干部职工思想觉悟，推动全面工作开展，组织召开了县、区两级合作社全体干部职工大会。会议肯定和总结了几年来合作社系统工作成绩，明确了全年工作计划任务，尤其是对以往工作中存在的缺点和问题进行认真研究分析，开展批评和自我批评。这次会议对全体干部进行了一次深刻的思想政治教育，对错误思想作风进行了彻底改造纠正。8月份，县联社还分别组织召开了业务座谈会和会计业务会，都对当年计划任务完成起到了很好促进作用。

1955年，根据县委、县政府统一部署，盐池县供销合作社在抓好经营业务的同时，组织开展了全系统"增产节约"运动。在此之前，全县合作社系统经营活动中存在许多浪费现象，甚至违反财经纪律问题。比如麻黄山合作社于1952年计划打窑洞5—10孔，到1955年还没有竣工，前后共计共投入资金为1410元，造成浪费，受到批评和经济处罚。县社及基层社不同程度存在着不执行资金预决算计划情况，比如县社在1953年维修食堂时，理事会通过修建资金计划为2000元，实际支出3900元。在施工后期，明知要超预算，但不请示、不研究，严重违反财务制度，同时也造成一定浪费。全系统行政开支方面也有管理不严、造成浪费现象。据当年统计，各基层合作社借公款数月不归还者共计8人，借款总额570元，借款最少的有几十元，最高达200元之多，时间最短为3个月，最长达一两年之久，使社员公有财产不能及时进入商业流通领域，增加有效收益，造成资金浪费。各合作社都存在对公共财产保管不好、造成浪费情况，比如收音机、留声机等办公设备，不断出现损坏、维修情况。1953年县合作社仅收音机维修费一项支出高达100元以上。有基层社日常开支不合理，自行购买不属社里支出的商品、甚至高档礼品；个别职工把个人住院费列支报销，造成不好影响。有基层合作社雇工无计划，雇佣过多。如城区合作社1955年1—7月份共计支出雇用押骆驼（运货）人员工资1.37万元，仍有0.8万余元雇工工资无法支出。五区合作社个别干部不请示、不报告，自行购买自行车1辆，以自用为主。全合作社系统存在以上诸多问题，不是个别社个别现象，而是全系统较为普遍情况。因此，在全系统内持续加强思想教育，开展增产节约运动非常必要、恰当其时。全系统干部职工坚决执行县委、县政府关于增产节约指示，在县社统一安排下，上下一心，扎扎实实开展"为祖国建设节约每一颗螺丝钉"的增产节约运动。主要措施包括：加强思想教育，根除私心杂念；加强经营管理，建章立制，杜绝浪费漏洞，坚决杜绝私占公物情况；加强商品购销计划管理，减少流通环节和商品积压，加快资金流转，减少残次商品数量；减少非计划性基本建设资金浪费。

1958年7月，根据中共宁夏回族自治区工委指示：撤销各县（市）商业局、服务局、供销社机构，合并组立成新的县（市）商业局；县（市）供销合作社的名称，在商业体制改革后仍予以保留，县（市）商业局为政企合一单位，对外挂商业局、供销合作社两块牌子。

1961年，自治区党委根据中央指示精神，决定各县（市）商业局、供销社分别设立机构。之后盐池县供销合作社于1961年1月1日起正式单独分设。

1965年，全国供销合作总社党组就改变供销合作社性质、体制向中央作专题报告后，全国供销合作社从上至下体制性质发生变化，盐池县商业局与供销合作社第二次合并。1966年12月，盐池县商业局与供销合作社第二次分开。1966年，盐池县按照全国供销合作总社12月通知，废除《基层供销合作社示范章程》。1967年1月，盐池县根据全国供销合作总社给国务院财贸办公室《关于将基层供销社集体所有制改为全民所有制的请示报告》，将基层供销合作社集体所有制性质改为全民所有制性质，全县各基层供销合作社由公社领导，公社所在地的8个基层供销合作社改为"供销服务社"，职工思想政治工作也由当地公社委员会负责。1969年10月，为加强对商业工作的统一领导，经盐池县革命委员会批准撤销县供销合作社单一行政机构，成立县商业服务站，为全县商业系统统一行政办事机构，负责下属贸易公司、食品公司、购销站和8个基层供销合作社等11个基层单位业务行政管理。并对商业系统职工负有政治思想教育（农村商业职工政治思想教育由各公社负责）职责。

1975年3月27日，盐池县委第44次常务会议决定，原盐池县革命委员会商业局分设为"盐池县商业局"和"盐池县供销合作社"，自1976年1月1日起分别办公。

1984年，盐池县供销合作社在组织开展"第三个全民文明礼貌月"活动同时，并根据自治区商业厅和盐池县"五讲四美三热爱活动委员会"通知精神，以创建文明单位为目标，组织开展以扫除脏乱差为重点的综合治理活动。大力倡导学习雷锋、学习赵春娥（洛阳偃师人，1983年被追授"全国劳动模范"称号）、学习华山抢险战斗集体的"三优一学"活动。把开展"五讲四

1981 年 3 月，盐池县财贸系统立功表彰和技术表演大会现场（温炳光摄）

美三热爱"活动同企业改制、整顿结合起来，同青年职工学雷锋、树新风、做好事、送温暖结合起来，同争创"六好企业和六好职工"（"六好企业"是 1982 年 1 月中共中央、国务院在《关于国营工业企业进行全面整顿的决定》中提出的标准，是指能够正确处理国家、企业、职工个人三者经济关系，达到三者利益兼顾好、产品质量好、经济效益好、劳动纪律好、文明生产好、政治工作好，出色完成国家计划的企业；"六好职工"指爱岗敬业、团结奉献、服从安排、开源节流、积极创新、争创第一）结合起来，培养年轻干部职工成为有理想、有道德、有文化、守纪律新人。系统各单位分别重新建立完善了服务公约、营业条例、服务措施等规章制度，作为单劳动竞赛、提高服务标准的考核依据。

1985 年，盐池县被列为全国 331 个国定重点贫困县。此后，盐池县供销合作社在县委、县政府坚强领导下，积极参与全县农林牧业扶贫战略计划实施，坚持抓好包村包点扶贫工作，有效发挥社会帮扶作用。经过全县上下共同努力，农民专业户引领农村经济发展，群众温饱问题得

到初步解决。1990 年 6 月 5 日，盐池县基本解决温饱目标通过自治区农业建设委员会检查验收，全县 2.1790 万户贫困户中有 2.0676 万户越过温饱线，占总贫困农户的 90% 以上，15 个乡镇中有 13 个达到国家"三西"验收方案规定指标，成为基本解决温饱县。

1987 年，根据国务院关于开展增产节约、增收节支运动安排部署，商业部下发了《关于商业系统开展增产节约增收节支运动的意见》（商财字〔1987〕第 10 号）。盐池县供销合作社根据全系统生产经营情况，研究制定了以下增收节支措施：努力做好零售商品供应和农副产品收购工作，广开货源，增加销售，实现盈利；尽量压缩办公经费，全年全系统办公费用控制在 3% 以内，节约 10%，节约资金 5 万元左右，以此全年增加利润 10.2 万元；加强商品采购工作，严禁采购搭配商品和滞销商品；加速资金核算周转，力争经营资金占自有资金 80% 以上；减少银行贷款，提高资金利用率；基层企业资金周转次数力争达到 3 次以上；加强商品包装管理，合理进行二次利用，减少经营成本；尽量少开会、开短会，会议经费严格按照有关规定执行，反对大吃大喝、请客送礼、铺张浪费等不良现象；进一步加强干部职工思想政治教育，在努力搞好"两个文明"建设同时，围绕体制改革，教育干部职工树立全心全意为人民服务思想，组织开展形式多样的优质服务活动。

1988 年，为迎接自治区成立 30 周年，自治区供销合作社提出要在零售、批发和饮食服务行业推行服务规范化要求。按照县委、县政府统一

部署，县供销合作社决定在全系统组织开展"优质服务竞赛"活动，主要内容包括：抓好职工职业理想、职业道德、职业纪律、职业技能教育，严格遵守劳动纪律和劳动制度，坚守岗位，礼貌待客，热情周到，优质服务。营业员要讲究语言艺术、服务艺术，努力做到多拿不烦、多问不厌、谦虚文雅、礼貌大方。县联社不定期组织检查活动开展情况，并于11月份进行了总结评比。

1990年夏秋之际，王乐井、惠安堡等地遭受严重冰雹和洪水灾害。灾情发生后，盐池县供销合作社班子成员带领救灾小组第一时间奔赴救灾一线，组织当地基层社一道将化肥、农具等物资送到受灾农户手中。并要求各基层社所有支农物资一律向受灾地区倾斜，保障供应，支援农民生产自救，夺取粮食丰收。当年，县供销合作社还积极配合有关部门做好以工代赈工作，共计发放粮棉布代赈券73万元，确保人畜饮水、乡村道路工程建设顺利推进。

1991年，根据县委、县政府统一安排，县供销合作社系统组织开展了第二届"春光杯"优质服务竞赛活动。竞赛活动以贯彻党的基本路线方针政策，树立全心全意为人民服务思想，密切党同人民群众血肉联系为宗旨，大力弘扬"辛苦我一人，方便千万家"无私奉献精神，努力提高服务质量水平。为此，盐池县供销合作社专门成立了第二届"春光杯"竞赛领导小组，组长张顺琪（县联社理事会主任），副组长张立存（县联社党支部书记、监事会主任）、原增喜（县联社理事会副主席）、左兴武（县联社系统工会副主席）、吴全贵、雍锦、王继峰、汪涛、乔和荣、郝清、郭凤鹤8人为领导小组成员。第二届"春光杯"优质服务竞赛活动开展后，供销合作社系统各单位首先选定一个门店或柜组做典型，依照县联社制定的《优质服务规范标准》，并结合

"双增双节"活动进行综合竞赛评定。其间，全系统组织开展了"节约一度电、一两粮、一分钱"活动，倡导"送货下队不要车（自行车），不领补助"作风，努力降耗增效；全系统普遍开展了挂牌服务，坚持"三声两唱两到手"（三声指顾客上柜有招呼声、收找钱票有唱收唱付声、顾客离柜有道别声；两到手指商品送到顾客手、钱票递到顾客手）和"服务项目上墙"标准；大力弘扬供销合作社系统"背篓精神""扁担精神"，积极开展送货下乡和登门收购服务；积极开展"我为企业做贡献"活动，组织为部队、学校、医院、敬老院、军烈属和孤寡老人送货上门；大力倡导"入微服务"，组织开展代售邮票、代裁纸张、代裁玻璃、代写对联、提前封装、拆零出售、预约服务，农村群众婚丧嫁娶所需商品均可预约订购、送货上门，大件商品实行义务安装、义务调试；组织开展"有奖联销大酬宾"活动，让利百姓群众，活跃城乡商贸市场。

1992年3月，根据县级机构改革方案，经中共盐池县委组织部批准成立了中共盐池县供销合作社联合社委员会，下设16个支部。

1996年，根据全国、自治区供销合作社关于进一步净化农资市场，抵制假冒伪劣农资商品进入流通领域的有关要求，盐池县供销合作社决定参加全国供销合作社农资经营系统开展的"千县万社无假货"活动。为此专门成立了活动领导小组，组长张宗（县联社主任），副组长李智（县联社副主任），成员由汪涛（综合公司经理）、石美林（大水坑贸易公司经理）、李连升（县联社业务股股长）3人组成。活动开展后，县联社要求各农资销售单位对现有库存和正在销售的农资商品按有关质量标准进行彻底清查，对有问题或不符合质量标准的农资商品及时上报，由县联社综合公司统一调整，妥善处理。同时要求各基

层单位严把购销环节，严格做到不购进、不销售质量不合格农资商品。领导小组从9月开始，组织对各基层单位销售农资商品进行全面检查，压实责任，落实整改。

1999年5月，根据盐池县委《关于党风廉政建设责任制实施意见》有关精神，盐池县供销合作社联合社党委成立了党风廉政建设责任制领导小组，负责本系统党风廉政建设和反腐败工作。县联社党委先后制定了《党风建设责任保证制度》《党风廉政建设责任报告制度》《党风廉政建设责任检查制度》《党风廉政建设责任警戒制度》《党风廉政建设责任考核制度》《廉政档案管理制度》等制度文件，规范党员领导干部行动准则。党政领导干部以身作则，切实践行廉政准则，执行廉洁规定；坚决杜绝公车私用、超标准接待、公款请客送礼、参与娱乐高消费，或为上级单位和个人报销各种非正常开支现象。加强资金管理，严禁"白条顶库"、私设"小金库"行为；通过企业改制压缩机关闲置人员，解决人浮于事现象；对原来给领导干部配备的私人电话一律按要求做价处理，费用全部由干部自理。班子成员带头"讲学习、讲政治、讲正气"，坚决执行《廉政准则》和《八条规定》，牢固筑起拒腐防变思想道德防线，从根本上杜绝腐败现象滋生。认真组织开好党员领导班子民主生活会，对照存在问题不足，深挖思想根源，努力做到全面整改，取得实效。12月22日，盐池县供销合作社召开社务会议讨论通过了《盐池县供销合作社社务公开制度》，并专门成立了社务公开领导小组成。组长张宗，副组长原增喜、吴应宏，成员左欣武、杨志富、郭凤鹤、汪涛。盐池县供销合作社社务公开制度，是根据县纪委、组织部，经贸局总工会《关于在全县推行厂务公开制度的实施意见的通知》要求制定。社务公开坚持以依法

依规原则，公开内容符合党和国家方针政策、法律法规，凡单位或企业重大事项、重要决定都要及时向职工或社会公开，接受监督；社务公开坚持突出重点原则，包括群众最关心、反映最强烈问题，涉及职工切身利益、必须要让职工周知问题，容易引发矛盾和产生腐败问题，关系企业发展经营、体现职工民主权利问题；社务公开坚持实事求是原则，不搞弄虚作假、不搞形式主义。社务公开形式主要有：一是以职工代表大会或职工大会为基本形式，每半年召开一次，将所需公开内容向职代会报告，接受职代会监督；也可在职代会闭会期间向党政工联席会通报；二是设置固定社务公开栏、墙报或其他公开形式，定期公开有关事项。社务公开程序：行政或企业部门依照社务公开制度规定需公开的内容；由社务公开领导小组审查准备公开内容；企业重大决策、计划方案需要通过法定程序，经职代会审议通过后需要公开的内容；公开各项决策计划、方案时社务公开监督小组或工会组织要通过各种形式，各种渠道收集职工意见建议，归纳整理后报社务公开领导小组，整改情况要及时向职代会或全体职工反馈。社务公开时间，根据企业实际情况按照各项工作计划进展和召开职代会时间而定；属规范性日常工作，按月或按季定期公开；属阶段性或单项工作及时公开。推行社务公开制度是一项长期工作，凡是不按要求实行社务公开单位要追究企业负责人责任。各基层单位在执行社务公开过程中要及时向县联社社务公开领导小组汇报情况、反映问题，确保社务公开制度取得实效。是年，盐池县委、县政府提出在宁南山区八县中率先实现"普九"目标。县供销合作社按照县委"两基"（基本实施九年义务教育和基本扫除青壮年文盲）攻坚总指挥部安排部署，抽调专人驻校包扶惠安堡镇隰宁堡学校"普九"工作。其

间，供销合作社系统县城所属企业和干部职工捐款6000余元用于该校改善办公条件。"六一"儿童节期间为该校学生每人捐赠学习用具（含书包）一份。7月13日，全县普降暴雨，造成严重经济损失。灾情发生后供销合作社系统积极组织干部职工将小农具2000余件、化肥300吨和部分农药及时送到受灾农村，支持受灾群众抗灾自救。按照全县"三五"普法安排，10月份成立了"三五"普法领导小组。集中组织学习了中央、自治区《关于深化供销合作社改革的决定》《关于进一步推进供销合作社改革与发展的通知》等文件和《新法选编》《法律法规文件选编》等法律法规。先后组织干部职工参加全区统一普法考试2次120人，合格率100%，参加县司法部门组织《劳动法》《工商行政法规》《工会法》《会计法》考试各1次，参考450人次，参考率95%以上，合格率100%。根据全县政法工作会议安排，按照"谁主管、谁负责"原则，系统各单位党政负责人为第一治安责任人，层层抓防范机制落实，夯实综合治理工作基础。城郊供销合作社家属区创建为"1999年创建文明小区试点区"。

2000年，根据县委、县政府统一安排，县联社党委负责包扶惠安堡镇4户贫困户脱贫。县联社党政领导多次走访该4户贫困户，帮助制定脱贫计划，免费提供化肥等生产资料，协助其发展生产，年底经有关部门验收全部达到脱贫标准。

2001年，根据盐池县委统一部署，全县集中三个月时间开展"三个代表"重要思想学习教育。县联社党委通过组织党员干部加强理论学习，进行自我剖析，开展批评与自我批评，坚定理想信念和全心全意为人民服务宗旨意识。组织重新修订、建立健全22项机关管理和党风廉政建设制度，努力促进全系统党员干部思想作风持续转变。认真落实县委、纪委《关于进一步落实

党风廉政建设责任制的意见》《党风廉政建设和反腐工作安排》等文件精神，党政领导班子成员从自身做起、从小事做起，切实成为遵守廉政制度模范。4月9日，县供销合作社成立社会治安综合治理领导小组，组长张宗，副组长石美林，成员何永汉、雍锦、郭凤鹤、汪涛、乔泽华。建立健全维护稳定责任制办法。之后组织深入开展了打击邪教组织活动；积极响应全县开展"严打"斗争号召，严格预防控制系统内重大事故和违法违纪事件，坚决杜绝职工参与黄赌毒事件发生。12月24日，研究制定了《盐池县供销合作社系统开展"四五"普法规划》，分三个阶段开展"四五"普法活动：第一阶段（2002年1月—2002年3月）准备启动阶段，各单位相应成立综合治理领导小组，制定"四五"普法规划，做好宣传发动；第二阶段（2002年4—12月）为全面实施阶段，各单位按照规划认真组织实施，抓好落实，要求每周两次自学时间不少于8小时；根据县委有关文件规定，把"四五"普法学习成果作为干部年度考核、任职、定级、晋升职务的重要依据；第三个阶段（2005年）为总结验收阶段，由县供销合作社"四五"社会治安综合治理领导小组组织对各基层社、企业进行综合检查验收，结果上报县委综合治理领导小组。

2002年4月，根据县委统一部署，全县从4月17日开始进入"三个代表"学习教育"学查改"阶段。县联社党委紧扣主题，结合工作实际制定本系统开展"学查必"活动实施方案，召开系统动员大会。先后组织党员干部深入学习"三个代表"重要思想论述、WTO知识、西部大开发方针政策，学习法律、企业经营管理知识；配齐设备加入自治区供销合作社"宁夏合作网"，为基层企业及农民经纪人及时提供反馈信息。查找不足方面，主要是通过推进企业改制，广泛征

求企业职工意见建议，研究讨论相应方案措施，及时发现改进问题不足，在维护国家、职工共同利益的同时，维护和谐稳定社会局面。2002年，县联社党委在包村扶贫工作中，向特困户贺刚捐助价值3800元建筑材料，帮助其修缮改造危房；向该村其他4户贫困户每户提供化肥两袋（计800元）。同时结合"学查改"活动，抽调专人驻村入户调研供销合作社系统经营问题不足，协助规划指导生产，帮助解决群众生产生活困难问题。

2003年，县联社党委进一步加强全系统思想作风建设，按照廉洁奉公、团结协作、勤政务实要求努力工作。坚持为"三农"服务办社宗旨，统一思想，发扬民主，扎实工作。按照县委关于党员领导干部廉政建设有关规定，组织系统党员干部举办廉政教育讲座、观摩活动。党政领导坚持"两手抓两手都要硬"原则，致力于服务"三农"方面开展扎实有效经营活动，取得了明显社会效益，但由于体制机制、市场、资金等方面因素制约，经济效益增长缓慢。

2004年4月，根据县级机构调整方案，撤销中共盐池县供销合作社委员会，成立盐池县供销合作社党总支，下设6个党支部，隶属中共盐池县发展和改革局委员会。

2005年，盐池县供销合作社党总支按照县委先进性教育办公室总体部署和统一要求，认真组织开展保持共产党员先进性教育。专门成立了以总支部书记为组长的先进性教育活动领导小组，研究制定了全系统保持共产党员先进性教育活动实施方案和安排意见，有序推进学教活动各阶段工作。学教活动中，确保全年最低18个集中学习日和40个学时的时间要求；班子成员和党员干部认真做好读书笔记，撰写心得体会、党性分析材料和问题整改措施。通过近4个月学习实践，党员干部普遍受到一次深刻的马克思主义理论教育，获得思想净化提升：一是更加牢固树立全心全意为人民服务宗旨意识，增强实现全县经济社会发展历史性跨越的责任感和使命感；二是党组织战斗堡垒作用得到充分发挥，班子组织管理能力明显增强，形成党政领导齐抓共管、党建与业务工作同安排同检查，有效克服"一手软，一手硬"现象；三是机关作风进一步转变，工作效率进一步提高，服务发展意识进一步增强，党群干群关系进一步改善。

2006年，盐池县供销合作社党总支切实将党风廉政建设工作抓在手上，落到实处。研究制定了党风廉政建设目标责任制，建立健全惩治和预防腐败体系制度，有效推进党风廉政建设工作深入发展。总支和各支部书记亲自抓党风廉政建设工作，同主业工作融为一体，互相促进。狠抓干部职工思想政治教育，利用"二、五"学习日，采取集体组织、个人自学等方式，先后学习了《十六届六中全会精神读本》《八荣八耻党员干部读本》《建设社会主义新农村学习读本》《盐池县廉政建设制度汇编》等文献资料；全年组织干部职工集体学习20余次，人均学习笔记达到0.7万字左右。按照县纪委要求，认真抓好党风廉政建设责任制落实：一是严格落实党风廉政建设责任追究制度，全年党员领导干部没有发生违法违纪问题。二是如期召开民主生活会，开展党员领导干部述职述廉和民主评议。11月15日，党总支召开民主评议党员干部大会，应到党员28人，实到党员26人（2名退休党员因病未到会），经过民主评议，何永汉被评为优秀党员，其余27名党员全部评为合格。三是增强为民服务意识，涉及群众困难问题不推诿、不扯皮，切实为群众办实事、办好事。3月18日，县供销合作社专门成立系统扶贫工作领导小组，组长石美林，成员何永汉、郭凤鹤，按照全县统一部署包村开展扶贫工作，解决群众发展难题。根据县委办公室印发《关于加强机关治安防范工作的实施意见》（盐党办发〔2005〕143号）精神，进一步落实各项治安防范措施，切实提高社会治安综合治理水平。成立了机关治安防范工作领导小组，形成主要领导亲自抓，分管领导具体抓，各负其责、齐抓共管局面。

2008年5月，为认真落实县委、县政府《关于开展机关效能建设的意见》精神，盐池县供销合作社及时研究部署，专门成立机关效能建设领导小组，组长石美林，副组长何永汉，成员王秀梅、郭凤鹤、余占珍、乔泽华。为进一步推进机关效能建设，按照"改革创新，转变职能，从严管理，高效服务"要求，根据自治区人民政府办公厅关于印发《建立和完善效能建设十项制度的意见》（宁政办发〔2007〕258号）精神，县供销合作社结合自身业务职能，建立完善了岗位责任制、首问责任制、缺位工作制、服务承诺制、限时办结制、否定报备制、绩效考核制等10项工作制度，进一步量化工作任务，做到主体责任明确、工作标准明确，以效能建设推动保障各项生产工作任务落到实处。坚持把政务公开作为机关效能建设重要内容，增强办事透明度和重大决策事项公开制度。在干部职工中间组织开展了"四好"（学习好、服务好、绩效好、形象好）创建活动，通过提高干部职工素质推动提高服务"三农"能力。按照中央、自治区关于新农村建设战略部署，县供销合作社效能建设以服务新农村建设大局为目标，强化五个方面服务：一是适应全县现代农业发展和农业结构调整，主动服务于农业生产对农资供应需求新变化，积极开拓农资市场为农业结构调整和设施农业发展提供技术支撑，促进农资技术升级换代。二是围绕特色农产品生产开发服务于全县农业产业化经营，培育品牌，开拓农产品流通市场，为助农增收提供产供销服务。三是服务于全县农业消费需求新变化，开拓农村日用消费品市场，建设较为完备配送服务体系，规范农资店、农家店管理，从根本上改变乡村落后经营业态，改善农村购买环境，促进和引导农村消费服务城市化、工业化推进需求。四是努力开拓再生资源回收利用广度深度，使之成为盐池县循环经济发展的重要方面。五是着力培育和发展新型农民专业合作进组织，探索建立"龙头企业＋合作社＋农户"利益共同体，提高农民进入市场组织化程度。

2009年，按照全县科学发展观学习实践活动总体安排部署，县供销合作社从3月20日起在系统党员干部中间开展了深入学习实践科学发展观活动。研究制定了《盐池县供销合作社关于开展深入学习实践科学发展观活动的实施方案》，组织成立了活动领导小组，组长何勇，副组长何永汉，成员王秀梅、郭凤鹤、乔泽华。按照分阶段推进要求，全体党员干部采取不同形式，认真学习科学发展观重要论述和党的十七大、十七届三中全会精神，组织专题讨论4场次，形成《学习实践科学发展观，抓好扶贫帮困工作》《学习实践科学发展观，全力推进供销事业新发展》等5篇调研报告；通过召开座谈会、发放意见表等方式征求群众意见建议9条。随后组织召开专题民主生活会和组织生活会深入剖析查摆，开展批评与自我批评。认真组织起草《供销合作社领导班子分析检查报告》，向社会和服务对象公开，接受群众监督评议；研究制定领导班子整改落实方案，对群众提出9条意见建议进行认真办理，逐条答复；并针对问题短板制定完善规章制度5个，使学习实践活动真正体现"党员干部受教育，科学发展上水平，人民群众得实惠"的根本要求。整改落实阶段，全体党员干部牢固树立

"五个第一"（科学发展是第一要务、改善民生是第一大事、维护稳定是第一责任、项目建设是第一抓手、改进作风是第一保障）新发展理念，为推动科学发展奠定思想基础。注重解决供销合作社系统发展长远问题和关系群众切身利益突出问题，使学习实践活动取得实效：一是组织召开基层供销社主任会议，专题研究推进以"四大经营服务网络"（农业生产资料连锁经营、日用消费品连锁经营、农副产品购销、再生资源回收利用）为主要内容的农村现代流通服务体系建设力度，全力打造城乡流通双向平台，繁荣农村市场。二是加大农资连锁经营服务网络建设力度，扩大覆盖面，全力组织农资货源，加大直购直销力度，切实维护农资市场供应和价格稳定。三是精心筹备组织农民专业合作社，推进全县农产品产业化进程。四是切实做好项目协调，争取新网工程专项资金124万元。在学习实践活动进入分析检查和整改落实阶段，把加强党员干部党性修养作为突出方面，着力增强纪律观念，努力做到"讲党性、重品行、作表率"；坚持抓好党员领导干部"六带头"（带头写好一篇心得体会，带头撰写好一篇调研报告，带头抓好一个联系点，带头分析找存在的问题，带头解决存在的突出问题），着力提高干部执行力，增强党员干部党性观念，确保各项目标任务不折不扣全面完成。当年，县供销合作社先后为包扶村5户特困户捐助生活补助1000元，为45户贫困户每户提供优质化肥1袋（合计1400元），为花马池镇苏步井小学解决取暖费1500元，为包扶村贫困大学生捐款1000元，为包扶村党支部解决办公经费1000元。

2010年，按照盐池县委统一部署，县供销合作社组织开展了深入实施西部大开发战略大学习大讨论活动，为此专门成立了活动领导小组，组长何勇，副组长何永汉，班子其他成员和各股室负责人为领导小组成员。大学习大讨论活动从8月上旬开始到10月上旬结束，分三个阶段进行。第一阶段为动员部署阶段（8月5—15日），认真组织学习中央、区（市）关于深入实施西部大开发战略相关文件精神，结合本单位实际工作制定活动方案。第二阶段为学习讨论阶段（8月17日—9月25日），集体集中学习党的十七大和十七届三中、四中全会精神，中共中央国务院《关于深入实施西部大开发战略的若干意见》、自治区党委《关于进一步促进宁夏经济社会发展的若干意见》等，组织干部职工围绕服务"三农"、供销合作社改革发展等问题进行调研讨论；采取多种形式征求意见建议，查找工作不足和问题，制定切实可行整改措施。第三个阶段为总结提高阶段（9月26日—10月10日）。开展大学习大讨论活动以来，县供销合作社先后争取新农村流通网络建设项目4个，到位资金217万元；筹措投入"两城同创"（创卫生县城、创园林县城）资金3万余元，完成街道硬化1万平方米、美化1.3万平方米、绿化580亩；举办农民经纪人培训班一期，培训学员120人，发放科普资料120份；协调自治区供销合作社筹措资金120万元在高沙窝村建成全区首家供销综合服务社；配合工商、质检等部门对全县农资市场进行产品质量大检查，严格查处假冒伪劣农资产品，维护消费者合法权益；组织开展了创建先进基层党组织、争当优秀党员活动；修改完善了各项机关管理制度；在全系统开展了警示教育活动；深入推进重点工作责任制、限时办结制，确保各项生产经营目标全面落实。当年，县委、县政府安排"两大任务"（争项目争资金）指标下达县供销合作社招商引资任务700万元。任务下达后，供销合作社组织专人经过市场调研，择优选定马铃薯种植和宁丰生物饲料加工两个招商项目。经过积极协商对接，马铃薯种植项目落地麻黄山乡几个村，由定边县农达农业科技发展有限公司和盐池县马铃薯种植协会共同筹建，种植马铃薯21.9万亩，总投资320万元，其中合作社农民投资90万元，农达农业科技发展有限公司投入种子化肥等生产物资折价230万元，预计实现产值540万元。宁丰生物饲料加工厂落地县城工业园区，项目总投资1000万元。截至9月底，以上两个项目到位资金360万元，完成下达任务数的64.28%。12月，供销合作社根据县委、县政府安排下年度"两大任务"计划，专门成立了领导小组，组长何勇，副组长何永汉、郭凤鹤，成员余占珍、杨建设、乔泽华。2010年12月至2011年2月，供销合作社先后协调落实上报了"日用消费品现代经营服务网络建设项目"（财政补贴项目），计划投资250万元（其中财政补助资金50万元）；与县农牧局联合引进2000吨脱水蔬菜加工项目，计划投资2200万元。2010年4月，为认真贯彻落实自治区安全生产电视电话会精神，盐池县供销合作社制定了《安全生产自查方案》，并逐级落实建立长效安全生产工作机制。组织专业人员对生资公司、城郊供销合作社烟花爆竹储存销售安全问题进行排查，对排查中发现的隐蔽性、苗头性问题进行及时整改并做好相关记录，按照相关要求上报工作信息。4月中旬，组织对系统各企业、单位"五五"普法开展情况进行总结检查验收。全县"五五"普法从2005年开始至2010年结束。五年中，县供销合作社先后制定多项普法学习安排、综合治理制度；每年以"12·4"全国法制宣传日为重点，通过多种形式开展普法宣传教育；协调开展打击销售、制售假冒伪劣农资产品和烟花爆竹行为的综合执法专项行动；根据全县"五五"普法经费安排有关规定，每年普法专项经费保证在1万元以上；完成包括《中华人民共和国合同法实施条例》在内的各类培训800余人次。

2011年3月，根据盐池县委统一部署，县供销合作社在全系统组织开展了形势政策宣传教育活动，并为此专门成立了活动领导小组，深化学习宣传党的十七届五中全会精神，集中开展形势政策宣传教育。活动开展以来，县供销合作社先后组织干部职工专题学习4次，人均撰写心得体会文章1篇；举办形式教育政策宣讲会1期，举办"1+X"（党员干部＋群众）座谈会1次，印发了"供销合作社致全县干部群众的一封信"。组织在全系统开展了"三问四送"（问困难、问打算、问要求，送政策、送信息、送点子、送服务）活动，通过大走访、大调研、大宣传，把供销合作社便民服务任务、措施、目标送到农村；把农业科技知识、实用技术送到农家。采取企业拿一点、干部捐一点、职工帮一点，组织送文化（图书）下乡；帮扶基层村组贫困户、残障户、孤寡户、困难老党员解决化肥、种子、冬季取暖等生产生活困难。2011年1月6日，按照县委下发《关于在全县开展安全生产大检查的通知》（盐党发〔2010〕202号）要求，供销合作社系统组织开展了安全生产大检查、大排查工作，强调安全责任目标明确、责任明确、措施明确。根据系统业务生产涉及重点安全防范方面，主要加强烟花爆竹经营单位安全检查。从系统企业、基层社入手，分别排查消防、用火用电设施等；查看值班记录，查询工作人员安全防范常识，特别对生资公司运输、储存、销售烟花爆竹关键环节进行详细排查。8月份，根据吴忠市安全局消防大队对县城商城安全隐患整改通知要求，县供销合作社及时组织排查梳理存在问题隐患，之后向县财政申请整改资金130万元，协调生资公司和城郊供销合作社按照通知要求进行整改，之后由县公安局牵头，招标专业公司施工安装喷淋系统，分散配置灭火器60具、消防栓12具、消防卷帘18副、应急灯40个，总改造面积1.5万平方米。

2012年1月，根据盐池县委《关于开展进一步营造风清气正发展环境活动的实施方案》部署要求，县供销合作社结合行业实际，研究制定了《盐池县供销合作社开展进一步营造风清气正发展环境活动的实施方案》，明确各阶段工作任务，细化量化活动内容措施。10月份，制定了《供销合作社自查自纠及重点检查阶段实施方案》，发放征求意见表70份，对收回群众意见建议进行梳理汇总，建立整改台账，落实整改责任，按照相关要求进行整改销号。

2014年2月，根据县级机构调整方案，撤销盐池县供销合作社党总支，成立盐池县供销合作社党支部。

2015年，根据自治区党委、盐池县委关于认真组织开展"三严三实"（既严以修身、严以用权、严以律己；谋事要实、创业要实、做人要实）活动要求，县供销合作社支部及时组织召开党员干部会议，认真传达学习系列文件精神，切实组织开展"三严三实"活动。两名班子成员先

2014年6月，盐池县供销合作社干部到包扶村进行政策宣传，开展精准扶贫工作

后7次深入包扶村了解民情，帮助解决困难问题，到包扶村讲党课；机关3名党员干部结对包扶村3名困难党员进行一对一走访慰问。6月24日，支部组织全体干部职工参加了发改局党委书记讲党课活动。"七一"前夕，支部组织参与发改局党委组织全体党员到革命历史纪念园瞻仰缅怀革命先烈，参观革命历史纪念馆，接受革命传统教育。组织3名党员分别到花园社区、利民社区开展联系基层活动，帮助社区、居民群众办实事、解难事，密切党群干群关系。

2017年12月，盐池县供销合作社成立了以主任为组长、支部书记为副组长、包扶干部为成员的扶贫攻坚领导小组，把精准扶贫、脱贫攻坚作为一项重要政治任务，抓紧抓实。按照县委脱贫攻坚领导小组统一安排，供销合作社3名干部包扶惠安堡镇林记口子村建档立卡户14人户。3名帮扶干部先后走访农户120余人次，协调专项帮扶资金1万元用于该村扶贫工作。春节期间筹措资金4000元慰问包扶村贫困党员20名；"七一"前夕，为包扶村14户建档立卡户送去米面油（合计2380元）等生活用品。按照县委宣传部统一安排，参与全县科技、文化、卫生、法律"四下乡"活动；组织开展了农资下乡活动，并到包扶村为群众讲解化肥、农药、农资产品质量安全相关知识，发放各种科普、政策宣传资料，推动全县脱贫攻坚工作持续开展。包扶干部在参与精准扶贫工作中，严格落实"两学一做"（学党章党规、学系列讲话，做合格党员）学习教育要求，把"两学一做"与脱贫攻坚紧密结合，取得实效。是年，县供销合作社还根据全县开展"双增双节"（增产节约、增收节支）运动有关精神，

2020年8月28日，盐池县供销合作组织退休老职工、基层社负责人开展"传承供销合作基因、激昂时代精神、筑牢服务三农主阵地"主题党日活动

成立了双增双节领导小组，规范机关管理，制定措施细则，努力实现机关办公经费在上年基础上节支5%—10%的目标要求。

盐池县供销合作社于2016年10月根据综合改革实施方案完成事业单位法人登记注册，内设3个职能股室，机关共有工作人员8名，其中在编2名，自收自支6人；政府每年拨付供销合作社综合改革资金100万元。2018年7月，按照自治区党委统一部署，根据中共盐池县委办公室印发《关于盐池县开展中央八项规定精神制度学习月活动实施方案的通知》（盐党办综〔2018〕33号）与《关于开展中央八项规定精神制度"学习月"活动的补充通知》（盐党办综〔2018〕48号）精神，县供销合作社系统自上而下开展了违反中央八项规定精神突出问题清查梳理。并按照县委转发自治区党委《关于深化开展违反中央八项规定精神突出问题专项治理的通知》（盐党发〔2018〕15号）要求，成立了专项治理领导小组，组长何勇，副组长何永汉，成员为各股室负责人。之后对照"5个严禁"19项内容，逐条进行梳理，没有发现违规违纪问题；在严格执行《党政机关局内公务接待管理办法》（宁党办〔2014〕47号）、《自治区党委办公厅政府办公厅关于党政机关区内公务接待管理有关事项的补充通知》（宁党办〔2016〕29号）方面，没有发现违规违纪情况。专项治理之后，供销合作社支部持续深化作风领域建设，继续深入开展纠正"四风"活动，针对形式主义、官僚主义、奢靡享乐歪风在高压之下出现新动向、新表现等问题，通过集中学习、观看警示教育片等方式，营造风清气正政治生态；严格贯彻落实中央八项规定精神，控制外出学习考察，禁止公款旅游；规定公车使用，规范公务接待，从简安排各种活动；严禁收受礼品礼金，违规出入私人会所；严禁大操大办婚丧喜事等。努力提高政治站位，把党风廉政建设持续推向深入。

2019年，盐池县供销合作社认真组织、扎实开展"不忘初心、牢记使命"主题教育活动；扎实开展"形象提升年"活动。按照"社会形象好，党组织放心，群众满意"要求，全面落实《自治区供销社"形象提升年"活动方案》规定要求。在盐池信息网、自治区供销合作社信息网等媒体发表信息30余条。制定完善了《盐池县供销合作社2019年落实党风廉政建设党委主体责任清单和纪委监督责任清单》，确保基层党风廉政建设落到实处。在花马池镇城西滩打造供销文化廉政教育基地一处。

2020年，盐池县供销合作社在（城西滩）现代农业综合服务中心打造供销合作社红色记忆馆一处（180平方米），集中展现了盐池县供销（城市消费）合作社自1936年7月成立以来历史沿革、改革发展情况，弘扬传承"红背篓、金扁担"精神。

第三节 社员代表大会

1950 年 7 月，中华全国第一届合作社工作者代表会议通过的《中华人民共和国合作社法（草案）》规定：凡劳动人民，除剥夺公民权者外，不分性别、年龄、种族、宗教信仰，均可加入合作社为社员。但一律以自愿为原则。未满 18 岁的社员无被选举权，未满 16 岁的社员无选举权和被选举权。1952 年，宁夏省合作事业管理局对群众加入合作社的条件规定为：吸收贫农、雇农、中农及相似成分的群众加入合作社。

1954 年 7 月，中华全国合作社第一次代表大会召开之后，全国各地合作社纷纷组织召开了社员代表大会，选举或改选了理事和监事。中华全国供销合作总社理事会于 1955 年 2—8 月先后通过并下达了《省合作社联合社示范章程（草案）》《县合作社联合社示范章程（草案）》《基层供销合作社联合社示程（草案）》。这些草案统一了各级供销合作社的名称和任务；统一了社员的权利和义务；确定了社员大会或社员代表大会为最高权力机关，理事会为执行机关，监事会为监察机关，理事和监事由社员大会或社员代表大会选举产生；统一了供销合作社的资金来源、资金组成、盈余分配和亏损处理以及解散供销合作社的审批程序等。供销合作社从而成为在民主基础上由社员或社员社组成、有章可循、上下级联结的中国最大、网络最广的合作经济组织。

1957 年，整风运动开始后，对群众加入合作社的条件规定为：除地、富、反、坏、右五类分子没有资格加入合作社外，五类分子的家庭成员若符合社员条件均可入社，但作为候补社员。1984 年 10 月，宁夏供销合作社第三届社员代表大会对群众入社作出新的规定，即承认社章、向本社入股的群众均可加入合作社为社员，并坚持入社自愿、退社自由原则。

《中华全国供销合作社总章程》（1995 年 5 月 15 日中华全国供销合作社第二次代表大会通过，2000 年 9 月 7 日中华全国供销合作社第三次代表大会修订，2005 年 1 月 30 日中华全国供销合作社第四次代表大会第二次修订，2010 年 3 月 22 日中华全国供销合作社第五次代表大会第三次修订，2015 年 7 月 22 日中华全国供销合作社第六次代表大会第四次修订）规定：凡承认总社章程、自愿履行各项义务的省、自治区、直辖市及新疆生产建设兵团、计划单列市供销合作社联合社，其他具有独立法人资格的省级合作经济组织、为农服务的全国性行业协会、大型农业产业化龙头企业等，可申请加入总社，经总社理事会批准，成为总社成员社或者成员单位。《中华全国供销合作社总章程》同时规定，社员代表大会是各级供销合作社最高权力机构；各级供销合作社设理事会，为社员代表大会闭会期间的执行机构，对社员代表大会负责并报告工作；各级供销合作社设监事会，为各级供销合作社监督机构，对社员代表大会负责并报告工作。

1938 年陕甘宁边区政府统计盐池县共有合

作社社员 1816 人，1941 年 2085 人。到 1947 年 7 月盐池县城失陷时，全县合作社社员保持在 2000 人左右。1949 年，盐池县委、县政府开始组织整顿、恢复全县合作社，先后成立了 6 个基层社与县联社，到 1950 年社员发展到 2203 人。1952 年冬，全县 7 个区分别建起了 7 个合作社，社员发展到 4873 人，股金 11339 万元；年底时，社员已达 9502 人，股金达到 23755 万元，截至 1953 年底全县社员发展到 12897 名，股金增加到 33135 万元。到 1963 年底，全县共有社员 1.1256 万人，股金 4.2781 万元。此后社员总数基本变化不大。1968 年底，供销合作社股金总数为 43841 元。1969 年后，陆续给社员退还股金，未退清股金全部转入供销合作社自有流动资金。

截至 1983 年 6 月，全县 15 个基层供销合作社先后召开了社员代表大会，选举产生各基层社理事会和监事会，同时广泛开展清股、扩股工作。全县入股农户达到 1.5879 万户，占总农户的 83.3%；入股总数达到 1.7640 万股，户均 1.1 股；全县共计发展股金 5.9335 万元，占供销合作社自有资金的 1.8%。1998 年全国供销合作总社作出认真清理、分期退转社员股金的决定，要求 3 年内完成社员股退转股（即将股金转为风险股），实现平稳过渡，今后不再吸收社员股金。

1954 年 5 月 16 日，盐池县合作社联合社组织召开了第一届社员代表大会；1956 年 5 月 20—24 日盐池县供销合作社联合社召开了第二届社员会代表大会；1957 年（时间不详）盐池县供销合作社联合社召开了第三届社员会代表大会；1984 年 6 月 20—23 日盐池县供销合作社联合社召开了第四届社员代表大会。1986 年 9 月 26—27 日盐池县供销合作社联合社召开了第五届社员代表大会。

一、供销合作社社员

盐池县合作社运动自 1936 年 7 月建立第一个城区消费合作社开始，到 1938 年全县合作社发展到 10 个，其中消费合作社 4 个，救济合作社 1 个，产盐合作社 5 个。1939 年 10 月建立了盐池县合作社联合社（简称"县联社"），县联社设理事会和监事会，负责民主管理社务工作。城区合作社在 1939 年 9 月召开了一次社代表会议，参加社员代表 14 人。1941 年 7 月盐池县各合作社正式合并，时称"并大社"，并大社后全县共有社员 2009 名。1942 年 6 月，经过股东大会和社员代表大会通过，盐池县委决定把盐池县城区消费合作社和县联社合并到元华工厂，入股社员增加到 2029 人。1938 年陕甘宁边区政府统计盐池县共有合作社社员 1816 人，1941 年共有合作社社员 2085 人。到 1947 年 7 月盐池县城失陷时，全县合作社社员保持在 2000 人左右。

1949 年 8 月盐池光复后，通过组织清理，在 1947 年 7 月盐池失陷后旧人员（为国民党政府服务人员）侵占合作社物资全部得到清收，随即恢复了二、三、四、五 4 个区社合作社业务，筹资新建立了六区惠安堡合作社。1951 年各基层合作社恢复重建后，开始积极在农村发展壮大社员和吸收股金。1953 年，全县通过学习贯彻国家过渡时期总路线与粮食"统购统销"政策，合作社社员有了进一步发展。1954 年后，社员人数有所下降，但股金金额有所增加。

1949 年，盐池县委、县政府开始组织整顿、恢复全县合作社，先后成立了 6 个基层社与县联社。到 1950 年社员发展到 2203 人。1952 年冬，由于行政区划变动，全县 7 个区分别建起了 7 个合作社，社员发展到 4873 人，股金 11339 万元；年底时，社员已达 9502 人，较 1952 年增加了将近一倍，股金达到 23755 万元，较 1952 年增加了一倍多。截至 1953 年底，全县社员发展到 12897 名，股金增加到 33135 万元。

1951 年，通过整改恢复后，县联社关闭了几家门市，专心为社员服务，为基层社办理供应物资批发。为更好地组织产品、搞好经营，各基层社也相继停止了非社员交易，通过门市零售和带货下乡、送货上门等方式，大量销售廉价农具等生产生活资料，方便社员群众。以合理价格推销社员大量的绒毛、皮张、甘草等农副产品，积极采取农副产品预购方式，解决社员群众资金困难问题。有力打击私营商业投机活动与非法剥削，提高社员群众对合作社的信任度。

此前，不管是合作社社员，还是一般群众，都认为合作社还是老样子，是"官办"衙门，不相信恢复后的合作社货价比私商便宜，所以很多社员长时间不来合作社购物。即使偶然到合作社买货，也像以前在私商处买货一样，讨价还价，怕吃了亏。自从合作社重新确立服务于民的经营方针后，情况有了很大转变。如三区合作社在 1951 年下半年时，只有邻近 200 余名社员到合作社交易，到了 1952 年 4 月，就有 800 余群众到合作社交易。对于入股入社，也不像早先时试探性地入一点小股，而是根据自家经济能力，尽可能多入一点。到了合作社收购旺季，基层合作社有时一天可以吸收几十名社员入股入社。此外，由于老百姓对合作社认识提高了，也因此出现一些新人新事。五区合作社在 1952 年收购羊毛时，业务员算账不留意，多付给社员赵清 10 万元羊毛款。赵清回家细算账后发现多拿了羊毛款，第二天一早就亲自送回到合作社，并说："合作社是咱社员自家的，拿了合作社的，就等于拿了自家的，不该这么做。"有一次，七区合作社几位干部集中盘货，忙得不可开交，不慎将 5 万元货款

落到了柜台外，被社员刘桂杰捡到。刘桂杰就坐在柜台外边不动声色。等几位合作社干部结算完后，就问他们短没短钱？大家这才想起有 5 万元货款放到货柜上，此时不知去向。刘桂杰便把钱交给他们说："今后要小心些，不然合作社要受损失了。"类似的新鲜事各基层合作社都有发生。过去群众认为合作社是"玩人社"，现在却积极要求当地政府在当地办分销店。基层合作社涌现出的这些社会新气象，使合作社事业在农村进一步得到巩固发展。

盐池县合作社自恢复成立以来，认真履行章程规定，不断提高社员民主权利。民主制度、民主管理、社务监督、宣传教育成为合作社工作重要环节。根据上级社要求和管理规定，盐池县合作社组织各基层社召开了社员代表大会，选举产生了理事会、监事会。通过民主程序，对合作社系统工作方针、生产计划、经营管理、财务状况、工作总结进行民主审议，实施民主监督。通过扎实开展经营服务，主动社员解决实际问题，使社员群众对合作社的认识进一步提高。理事会和监事会成员也在不断参政议政中提高声望，实行民主权利，发展壮大合作社事业。如城区合作社代表李兰，连续几个月协助合作社开展季节性收购工作，渐渐对合作社政策、业务更加熟悉。他不但说服全村社员要把羊毛晒干、抖净（提高质量），全部交到合作社（不交给私商），还积极沟通合作社对群众产品进行预购。在李兰说服鼓励下，又吸收了几十名新社员。

1954 年，全县合作社社员统计数为 11622 人，约占全县总人口的 35%。但是盐池县委、县政府对当时盲目发展社员、摊派吸收入股的做法认为不妥，且对现有社员、股金管理方面的诸多问题提出质疑。要求全县各级合作社重新清理社员和股金，争取在自愿入社基础上发展。同时积

表7—3—1　1954年盐池县各区社员持股情况统计表

项目		一区	二区	三区	四区	五区	六区	七区	合计
总人口		8044	6983	6436	5829	6759	6434	6848	47293
社员股金	发展数（股）	810	666	730	592	875	647	647	4930
	积累数（股）	7114	3032	2252	2479	2366	2447	2447	16553
	发展数（股）	3430	2752	1460	2506	2986	2886	2886	19125
	累计数（股）	9169	7485	8620	6281	6516	7354	6867	52292
分销店（个）		1	1				1		3
门市部（个）		1							
社员占总人口的%		26.3	43.42	34.99	42.52	35	28.955	35.718	35

极组织向群众宣传合作社办社方针政策，按时组织召开社员代表大会、理事会和监事会，贯彻民主制度原则。随后从1954年3月25日开始，抽调干部深入农村宣传政策，听取群众意见，核对社员人数，清理股金资产，换发新社员证。同时组织对以前发展社员中政治觉悟低、思想不纯分子进行甄别、清退。共计清退地主15人17股，富农148人270股，商人74人115股，反革命分子10人14股，其他5人6股，共计退出股金988元。全部清退工作于8月5日前结束。

1954年，为解决合作社社员和股金混乱问题，根据上级社指示，盐池县供销合作社继1953年系统整顿基础上，再次在全系统开展纯洁整顿工作，普遍进行了一次核实社员、清理股金、纯洁组织的整顿工作。整顿工作中，普遍宣传了《中华全国供销合作社章程》，着手清理以前社员交纳的股金。但是除三、四区社仅保留了1943年股票存根外，其他社均全部遗失。因此只能根据社员手中的持股进行重新登记。社员股票有遗失者，则经过详细调查、取得证明、民主评议等程序，重新确定社员和股金数。经过重新确认，城区合作社共有社员364名；二区合作社共有社员609名；三区合作社共有社员284名，股金659.2万元；四区合作社共有社员469名，股金1269.965万元；六区合作社共有社员155名，股金147.294万元；五区合作社由于破产，未能清理。全县合作社进行清理后重新确认登记社员1881名。

社员整顿过程中，群众对盐池失陷期间把骆驼献给敌人的旧人员进行了严厉批评，责令赔偿1800万元；对乘机贪污、侵占合作社资产旧人员发动群众进行斗争，追回赃款。先后向县联社某负责人追回赔偿510万元，向二区合作社某负责人追回赔偿320万元；向三区合作社某负责人追回赔偿2777.4万元；向四区合作社两位办事员追回赔偿1000.7万元；向五区合作社财务人员等追回赔偿300万元，以上共计追回损失4908.1万元。整顿中同时清理各社残存资金，其中县联社2840万元，二区合作社7万元，三区合作社299.23万元，四区合作社192.738万元，五区合作社229.69万元，共计清理残存资金3568.658万元。清理出的资金内，三区合作社退还了以前由元华工厂投资的150万元，县联社退还城区合作社以前给元华工厂投资的1550万元、二区合作社的650万元；县联社归还欠款200万元。经过以上整顿清退，县联社及各区合作社最终实有资金为：县联社 1100 万元，城区合作社 1550 万元，二区合作社 977 万元，三区合作社 4726.63 万元，四区合作社 193.438 万元，五区合作社 529.69 万元；全县共计 10076.758 万元。

经过整顿，各基层合作社普遍召开社员代表大会，通过民主评议重新确认股金。有社员原持股不足 1 股者，则进行了补交或入新股。二区合作社补充股金 311.8 万元，三区合作社补充股金 94.48 万元，四区合作补充股金 220.599 万元，六区合作社补充股金 129.6 万元，全县共计补充股金 756.479 万元。股金补入后，重新确定了各合作社股数：城区合作社 470 股，二区合作社 4609 股，三区合作社 851 股，四区合作社 659 股，六区合作社 441 股，全县各区合作社共计 3030 股。确认新股时，对股额有剩余的，给予清退：三区合作社退出股金 276 万元，四区合作社退出股金 456 万元，六区合作社退出股金 234.794 万元。对确认新股后资金仍有剩余的，均经过社员代表大会分别作出处理。通过上述整顿清理，全县合作社共计自有资金 11448.937 万元。

在此基础上，并对各合作社外欠债务进行清收：对于有经济能力的，要求当时偿还；当时没有经济能力的，提出分期偿还意见；对部分贫苦群众则免于偿还，以上措施全部由社员代表大会民主评议，作分别处理。其中免于偿还债务包括：三区合作社 323.47 万元，四区合作社 82.768 万元，五区合作社 690.495 万元；分期偿债务包括：三区合作社 23.895 万元，四区合作社 729.725 万元，五区合作社 291.9 万元。对各合作社久欠外款，也经过社员代表会大议决议归还债主，包括：三区合作社 232.83 万元，四区合作社 29.4 万元，五区合作社 260.76 万元。县联社因为以前未曾召开社员大会，所以对外欠账务未作处理。除了部分收回外，大部分因承债人不承认或

其他方面原因，未能收回。在社员代表大会上也做出了处理意见。

经过此次整顿清理，使全县合作社系统之前旧的混乱经营状况得到彻底转变，走向社会主义改造发展新方向，为全县供销合作社事业大发展奠定了坚实基础。

1963 年，盐池县供销合作社再次发展社员入股，到年底，全县共有社员 1.1256 万人，股金 4.2781 万元。此后社员总数基本变化不大。1968 年底，供销合作社股金总数为 43841 元。1969 年后，陆续给社员退还股金，未退清股金全部转入供销合作社自有流动资金。

1983 年，盐池县供销合作社全面进行体制改革。通过广泛宣传，使农民群众认识到：吸收社员入股，不是供销合作社缺乏资金，而是要通过群众入股，恢复供销社合作社服务于民的原则性质，更好地服务农民群众。由于认识提高了，推动了群众入股积极性。城郊公社八岔梁大队年过八旬老人王金福听了政策宣传后带头入股，带动了全大队社员入股积极性。沟沿大队回族群众马建荣双目失明，听了政策宣传后高兴地说："现在供销社又成咱群众的供销社了。"

4 月份，盐池县委、县政府主持召开全县财贸工作会议，各公社分管财贸负责人和基层供销合作社主任参加。会议学习传达了中共中央《当前农村经济政策的若干问题》（1983 年中央 1 号）、国发〔1983〕21 号文件、自治区〔1983〕3 号文件关于改革供销合作社体制精神，讨论制定了《盐池县农村供销社体制改革试点方案》和《经营承包责任制方案》以盐政发〔1983〕33 号文件下发，批准各公社和基层供销合作社贯彻执行。要求于 4 月份在城郊供销合作社试点，5 月下旬全县推开，6 月底全部结束。全县 15 个基层供销合作社先后召开了社员代表大会，选举产

生各基层社理事会和监事会领导班子，同时广泛开展清股、扩股工作。农户入股面达到90%以上的公社有后洼、萌城、鸦儿沟、马儿庄4个公社；农户入股较差的为冯记沟公社，只占51%，其他公社均在70%以上；全县发展社员入股达到1.7640万股，股金5.292万元。供销合作社职工及公社机关、企事业单位发展社员673人，1005股，股金3015元。萌城、柳杨堡、王乐井3个基层供销合作社职工人均入股均达5股以上；城郊、马儿庄、后洼、高沙窝、王乐井、苏步井等公社机关和企事业单位入股人数相对较多，其次是冯记沟、麻黄山、柳杨堡3个公社。生产队集体入股34股，股金3400元。通过吸收农民、机关企事业单位职工和集体生产单位入股，增加了供销合作社民办因素，恢复了供销合作社组织上的群众性、管理上的民主性、经营上的灵活性，更加密切了供销合作社和人民群众互为发展的关系。青山公社古峰庄大队召开党员代表大会时，支部书记张洪年积极宣传供销合作社政策，带头入股，带动全队社员全部入股；萌城公社58个生产队中，有19个生产队入股率达到百分之百；萌城公社采石场集体入股1000股。大水坑公社1508户农民入股1634股，入股农户占全公社总农户的83.4%，入股户数最低生产队也占总农户数的72%以上；谷山塘、余记圈两个生产队社员全部入了股；向阳生产大队除两户"五保户"没有入股外，其余社员全部入了股，入股户占总农户的97%；大水坑生产大队三、四、五3个生产队户均入股3股；大水坑公社、农行、信用社、供销合作社干部职工入股66股，全社股金总计达到6000元。群众性扩股中，有的社员暂时手头没钱，但也不甘落后，借钱入股社员不在少数。截至6月底，全县入股农户达到15879户，占总农户的83.3%；入股总数达到1.7640万股，

户均1.1股；全县共计发展股金5.9335万元，占供销合作社自有资金的1.8%。

县供销合作社在积极扩股基础上，同时抓好股金分红清退工作，以此取信于民，带动社员扩股积极性。全县基层供销合作社虽然在60年代初组织进行了退股分红清理，但仍有部分社员股金没有兑现。对此，县供销合作社进行认真清理，分别兑现。截至6月底，全县共计清理出旧股44股，股金120元，补发分红120元。县委、县政府安排干部入乡入社，督导各基层供销合作社召开社员代表大会，实施民主管理。

1983年，全县供销合作社及各基层社普遍如期召开社员代表大会，选举产生理事会、监事会，普遍实行民主管理，民主监督。

1984年6月21—23日，盐池县供销合作社第四届社员代表大会在县城召开，县以上供销合作社退出地方政府行政序列，同时确定供销社集体企业性质。会议期间及会后，盐池县供销合作社积极宣传发动城乡居民群众入股，到1984年底全系统吸收股金累计44.4万元，占自有流动资金的27.6%。

1987年，盐池县供销合作社认真贯彻执行中共中央《把农村改革引向深入》（中发〔1987〕5号）、国务院批转国家体改委、商业部、财政部《关于深化国营商业体制和供销合作社体制改革意见的通知》（国发〔1987〕55号）精神，继续加强吸收社员股金，增加供销合作社"民办"成分，变全民为集体，变"官办"为"民办"，变被动经营为主动经营，扩大社员股金占供销合作社资金比重，改变供销合作社的资金结构。全年全系统共计吸收农民股金17万元，累计股金达到69万元，占全社自有流动资金的5.3%。并采取多种宣传形式，宣传供销合作社章程，提高农民群众对供销合作社性质认识；通过兑现股金分

红吸引群众入股，对社员股金兑现分配实行"保息分红"；发动供销合作社干部职工带头入股，提升职工关心企业利益的主动性和积极性。

1998年，全国供销合作总社作出认真清理、分期退转社员股金的决定，要求3年内完成社员股退转股（即将股金转为风险股），实现平稳过渡，今后不再吸收社员股金。1999年底，全系统股金余额为57.8万元。

2000年后，盐池县供销合作社系统通过加大改革力度，不断转变工作职能。县供销合作社逐步退出直接参与经营管理，转变为对各基层社宏观监督、指导和服务职能。各基层社及各直属企业通过改制，完全按照《公司法》自主经营，实现了真正意义上的民主经营，民主管理。

二、历届代表会议

全国供销合作社总社实行代表大会领导下的理事会、监事会（简称"三会"）制度，全国供销合作社代表大会是最高权力机构，理事会是最高执行机构，监事会是最高监督机构。供销合作社"三会"制度是党中央、国务院根据合作经济组织性质、为农服务宗旨和市场经济运行体制机制要求作出的制度性安排。

中共中央、国务院《关于深化供销合作社综合改革的决定》（中发〔2015〕11号）要求各级供销社要"按照合作制原则加快完善治理结构，落实基层社社员代表大会、理事会、监事会制度，强化民主管理、民主监督，提高农民社员在经营管理事务中的参与度和话语权"。并强调"各级供销合作社理事会是本级社属资产和所属企事业单位资产的所有权代表和管理者，理事会要落实社有资产出资人代表职责，监事会要强化监督职能。"

（一）盐池县合作社联合社第一届社员代表大会（1954年）

1954年5月16日，盐池县合作社联合社一届一次社员代表大会在县城召开。本次会议是县联社自1949年恢复成立后召开的首届社员代表大会。会议原定5月15日召开，后因两个区的代表因事没有按时参会，而延长至16日召开，至19日上午结束。会议根据《农村供销合作社章程准则（修正草案）》规定原则，分配各基层社代表50名（由基层社选举产生），其中农村代表33名（包括区级干部），县级机关代表17名。本次社员代表大会实到会代表36人。其中五区、六区代表全部到会，城区缺席1人，二区缺席3人，三区缺席2人，四区缺席2人，县合作社机关代表缺席4人。缺席原因，主要是之前没有参加过类似民主管理大会，对会议重要性认识不够（从两个区代表没有按时参会也说明了这个问题），多数代表则是因为家中琐事耽搁或因病缺席。

代表大会由县联社副主任马骏作了《关于四年来工作的总结与今后意见》的报告，由县委宣传部部长代表县委对供销合作社工作作出指示。经过一天半讨论，社员代表认为：四年来全县供销合作社工作取得很大成果，为社员群众减轻了私商盘剥，协助国营经济稳定了市场物价，扩大了城乡物资交流，在促进工农业生产发展、农牧民生活改善方面都起到很大积极作用。但也看到以往工作中还存在很多缺点问题，相应提出了批评意见建议。会议讨论通过了《盐池县供销合作社章程（草案）》、1953年计划任务完成情况和盈余分配方案。选举产生了理事会、监事会和出席省社代表大会代表，成立了全县合作社民主管理机构。

大会选举理事会成员10人：牛万宾、马骏、田贵、王志诚、马生福、高鹏林、田朴、王希智、韩达明、党金梁；监事会成员5人：王金发、吴明山、董侠、陈万金、郑元照。

大会形成决议：1.由于过去收购春毛时机械采取按净牌价估价收购办法，同时由于业务员质量鉴定上存在主观意识，造成价格忽高忽低，给群众造成质量混乱，牌价高、实付价低情况引起社员群众不满。本次会议决定在1954年收购春毛时，要求群众先将羊毛晒干抖净，合作社再以干净程度给予合理分值，最后严格按挂牌价百分比计价，不得有损害群众利益现象发生；合作社要按照以往群众出售农副产品旧有习惯，采取分乡轮流收购办法，保证公平合理。2.各乡收购农副产品具体办法可由各基层社具体研究确定，提前向群众传达宣传。3.县合作社组织对1947年7月元华工厂失陷后债务进行清理催收，对承债人偿还能力、基本情况做详细调查，并根据实际情况作出收回或减免决定建议，提交理事会研究决定。4.各基层合作社每月停业一天，对库存商品进行盘点，具体盘点时间由各基层社根据农业生产忙闲或根据合作社库存量、业务需求自行决定，并提前发布通知，不让社员群众空跑。5.围绕全县中心工作，在县委、县政府领导下，合作社系统普遍进行一次核实社员、清理股金、纯洁组织的整顿工作，使合作社符合劳动人民的经济组织性质。整顿工作先期在城区合作社试点，之后再分两期进行，于8月底全部结束。6.坚决完成1954年合作社占领农村市场阵地的重大政治任务。各基层合作社要加强生产资料供应，集中供给牲畜、大车、石头碾子、石头磨等大型农具，努力扩大供应额，服务农业生产。努力帮助小手工业者实现社会主义改造，使之走上合作化道路，县合作社要积极组织铁匠、木匠、织工、擀毡匠等手工业者开展劳动生产，组织加工订货，隔断手工业者与私商联系，保障群众利益。

各基层合作社要加强送货下乡、上门收购业务，在干部力量具备时，在需要乡村设立分销店，开展供销业务。7.为加强计划生产和计划消费，各基层合作社可与有条件的农业生产互助组和农业生产合作社签订供销合同，方便群众选择合适产品，扩大合作社经营范围；各基层合作社要在1954年二、三季度分别成立生产资料及土产供应门市部。8.本次会议存在不足：对提交会议所要解决的问题事先材料准备不充分，报告不全面；到会代表人数较少，因此对本次大会通过所有决议后期执行有所影响。

（二）盐池县供销合作社联合社第二届社员代表大会（1956年）

1956年5月20—24日，盐池县供销合作社第二届社员会代表大会一次会议在县城召开。大会应到代表51人，实到34人，缺席17人。实到代表中党政代表4人，企业代表15人，农民代表15人；会议邀请县直有关单位及手工业生产代表10人列席参加。

会议听取了供销合作社副主任马骏《关于盐池县供销合作社1954年和1955年两年工作总结报告》；副县长牛万宾到会指导工作并讲话。与会代表对供销合作社两年来的工作总结进行认真讨论，对经营工作中发生的右倾思想进行了批评；根据上级社和农村生产生活情况变化现状，提出1956年度生产计划在上年基础上增加33%，研究制定落实措施；讨论通过了上两年盈余分配方案。对代表提出的提案和意见建议，经过提案审查委员会审查，提交大会主席团分析研究，作出大会决议。

会议认为，随着供销合作社事业不断发展，对社领导班子工作也提出了新的更高要求。过去各级社班子成员多限于事务圈子，不能深入发现并及时研究生产经营中存在的问题，而是以一般化领导作风对待新事物发展；主观上侧重业务经营，放松了干部职工政治教育，造成干部职工中贪占、私留或敷衍工作等不良现象时有发生。代表对上述问题提出严厉批评，并一致通过了县社检查工作计划：县社主任一年中下基层工作不少于3个月，各股长一年中下基层工作不少于2个月，并在下基层工作中，肩负对各基层单位经营管理进行监督检查职责。会议认为，要进一步加强计划管理。县社及各基层社在具体业务中缺乏对商品流通计划研究分析，很少召开专门业务会议进行讨论，计划准确性差，说明业务干部对人民日益增长的文化物质生活情况估计不足；计划编制完成以后，缺乏分类指导检查，尤其是生活资料经营方面，盲目采购不适合当地需要的产品，不能做到适销对路，货物商品积压和脱销现象时有发生。会议对以上问题给予了中肯批评，并提出改进意见建议。会议认为，要加强全县手工业经营指导，使手工业生产更好地为农业生产服务。过去供销合作社系统只强调要扶助手工业发展，组织手工业加工订货，但是对其产品规格、质量及价格等方面指导管理不够，使铁业社在组织加工生产中只求数量、不论规格质量，价格方面也存在很多不合理等现象，因此产品分配到基层社后销不出去，造成积压，使各基层供销合作社对当地手工业产品推销信心不大，不愿意进货。与会农民代表对上述情况进行集中分析讨论，对铁业社生产提出这么多建设性意见建议，得到多数代表认可。会议认为，各级社监事会职能作用发挥不够好，监事会在本次大会上也没有作专题工作报告，这方面工作今后必须加强。会议认为，发挥社员代表使用是完成组织发展工作的必要条件和有利条件。近两年来，发展社员、扩大股金工作没有引起普遍重视；干部工作方式

简单，计划完成较差，对1956年生产发展计划提出很多客观不利因素，讲困难多，完成计划任务信心不足。针对这些情况，与会代表分别进行讨论，提出解决办法。

本次会议，与会代表积极参与讨论全县供销合作社发展计划，参与民主管理，尽管面临很多困难问题，但同时也增强了与会代表信心，在大会分组讨论中不时有新人新事涌现，如城区农业合作社代表（列席代表）李兰，提出向各基层合作社代表挑战完成社员股金任务，各区与会代表热烈表示积极应战。

本次会议存在主要不足是代表参会积极性不高，会议缺乏严肃性。大会原定于5月18日报到，19日开幕，结果由于代表不超过半数，延迟推至20日召开；代表广泛性不够，参加本次代表大会的51名代表中，其中没有一位妇女代表。

会议决议：1.会议同意马骏副主任代表第一届理事会所作《盐池县供销合作社1954年与1955年两年工作总结报告及1956年方针任务报告》；确定1956年全县供应零售任务为730.0679万元（其中生产资料40.7万元），购销任务140.6万元；发展社员8108人，使社员人数达到全县总人口的40%和达到入社年龄人口数的80%，增加股金2.1386万元（包括原社员扩大股金和新发展社员股金数）。2.努力克服保守思想和墨守成规工作方法，克服官僚主义作风，加强对基层社经营管理工作的检查指导。3.深入持久地开展以改进经营管理、提高服务质量、满足社员群众生产生活需要为中心内容的社会主义劳动竞赛，重视培养典型、树立先进、推广经验；县社成立劳动竞赛委员会，负责指导各基层社开展形式多样的劳动竞赛活动。4.切实加强干部职工政治思想教育、业务学习教育，建立学习制度。定期召开生活检查会，组织开展批评与自我批评，及时表

扬好人好事、社会新风。5.进一步贯彻民主管理制度，各基层社要按照章程规定，定期召开理事会、监事会；建立供销合作社领导班子成员与社员代表经常性联系制度；基层社分销店应在乡党支部统一领导下，成立商店委员会或合作委员会，发动广大社员群众对合作社（分销店）工作进行日常监督。6.加强基层组织发展，扩大社员规模与业务现状。各基层社应以农业合作社生产发展为基础，通过区乡干部与社员代表分片包干，采用一次认购分期交股等办法，扩大社员和股金规模。7.适当调整增加商业网点（分销店）。为适应全县农业合作化发展需要，1956年在原有7个基层社、6个分销店基础上，增设分销店8个。除七区增设2个分销店外，其他区各增设1个分销店，并在农忙季节组织做好送货下乡、上门收购工作。8.加强业务经营计划管理，使各级供销合作社经营计划与农业合作社生产计划有效结合。积极组织货源并加强驻外采购，不断扩大商业品种；重视小宗农副产品、废旧物资购销，切实增加农民收入。

（三）盐池县供销合作社联合社第三届社员代表大会（材料缺失，略）

（四）盐池县供销合作社联合社第四届社员代表大会（1984年）

1984年6月20—23日，盐池县供销合作社联合社第四届社员代表大会一次会议在盐池县招待所召开。参加大会代表132名，特约代表13名，列席代表22名。

本次大会主要议程。1.审议通过《盐池县供销合作社联合社章程》；2.审议通过盐池县供销合作社工作报告；3.选举产生盐池县供销合作联合社理事会、监事会；4.选举产生出席自治区供销合作社社员代表大会代表。

本次社员代表大会在中共盐池县委、县政府、人大、政协四套班子领导关心支持下，圆满完成大会各项议程，达到预期目的。会议由副县长刘汉治致开幕词，县供销社合作社主任张立存作县供销合作社工作报告，副主任吴应宏作代表资格审查报告；会议审议通过了《盐池县供销合作社联合社章程》。会议进一步解放思想，提高认识，明确供销合作社在新形势、新任务下的指导原则、性质任务和农商合作关系。

党的十一届三中全会，特别是党的十二大以来，经过拨乱反正，清除"左"倾思想影响，调整农村经济政策，实行农村生产责任制后，盐池县城乡面貌发生巨大变化，农副业生产总量逐年上升，重点户、专业户（包括"万元户"）大量涌现，多种经营项目广泛开展，商业生产逐年增多，工农业商品交换规模日益扩大，农业经济向着专业化、商品化方向迅速发展。广大农民群众迫切要求科学技术、市场信息、物资供应、产品销售等方面的指导帮助，需要供销合作社系统同农民群众利益紧密联系，为农副业生产提供多种服务，更好地为实现农村经济繁荣，农民生活富裕作出更大贡献。

根据《中共中央关于一九八四年农村工作的通知》（中发〔1984〕1号）、宁政发〔1984〕42号文件精神，结合县情实际，盐池县于1983年6月底完成全县15个基层供销合作社的第一步体制改革。发展扩大社员入股，增加民办因素，组织召开社员代表大会，选举产生各基层社理事会和监事会，初步恢复供销社合作社商业性质，改"官办"为"民办"。为进一步发展农村农业经济，搞活商品流通，开创农村商业经济新局面奠定良好基础。各基层社结合当地实际情况，组织开展种植、养殖、加工、纺织等多业项目，通过加强业务指导、技术服务，提供种苗、种籽、资金、生产设备等扶持办法，帮助重点户、专业户和广大农民群众发展商品生产，增加收入。积极组织推进多种形式的供销合同，密切农商、工商联系。高度重视农村多种经营，促进农村商品生产发展。县社、各基层社加强市场预测，及时提供市场信息，加强农业生产产前、产中、产后服务；组织对系统干部职工进行业务培训；组织推销农副产品，解决农民"卖难"问题；千方百计组织货源，保证农村市场供应充足；实行灵活经营方式，采取多样购销形式，加强生产经营计划性、针对性。

通过深化体制改革，使供销合作社系统逐步成为供销、加工、储藏、运输、技术信息等综合服务中心。各基层社提出20%资金向县联社入股，增加民办因素，使县联社"三性"（组织上的群众性、管理上的民主性、经营上的灵活性）原则体现更加突出。打破农民入股限制，圆满完成自治区供销合作社下达1984年入股任务指标增加20%的要求。兑现社员股金年终分红制度，按照1983年股金分红标准，各基层社每股分红0.30元，全部向社员予以兑现。按照上级社要求实行保息分红办法，即税前提取股金利息，税后盈余按比例分红。按照章程规定组织召开了社员代表大会、理事会、监事会，定期向社员报告工作。实行政务公开、业务公开，账务公开缺席，认真听取社员代表意见建议，努力改进工作，大力推进劳动人事制度改革。三年来，盐池县供销合作社系统逐步完善承包经营责任制，落实考核奖励办法，努力克服分配上的平均主义和吃"大锅饭"现象，极大提高了企业经济效益和职工生产经营积极性。

本次大会，选举产生了盐池县供销合作社联合社第四届社员代表大会理事会、监事会：

理事会主任：张立存

副主任：吴应宏　张顺琪

理　事：张国柱　李百谦　汪　涛　李连升
　　　　廖　珍　乔和荣

监事会主任：余德仁（兼）

副主任：原增喜

监　事：郑秋兰（女）　陈其昌　郭凤阙
　　　　乔　孝　任增福　马　凯

（五）盐池县供销合作社联合社第五届社员代表大会（1986年）

1986年9月26—27日，盐池县供销合作社联合社第五届社员代表大会第一次会议在县城召开。出席大会代表60名，其中农村社员代表30名，占40%；县联社及所属企业代表15名（其中7名下放各基层社由社员代表大会选举产生，另8名根据工作需要在县联社机及所属企业职工中经民主协商选出），占20%；基层供销合作社职工代表15名，占20%。所有代表中，少数民族代表1名，妇女代表3名，符合社章有关规定。

本次大会在县委、人大、政府、政协四套班子领导关心指导下，认真学习贯彻落实国务院《关于农村工作的部署》（1986年中央1号）精神，以加快全县供销合作社改革步伐，开创工作新局面为主题。会议期间收集代表提案15份。

本次大会主要议程：审议修订《盐池县供销合作社联合社章程》、审议通过《盐池县供销合作社联合社工作报告》《盐池县供销合作社财务工作报告》，选举产生盐池县供销合作社联合社新一届理事会、监事会和出席自治区供销合作社第四届社员代表大会代表。

盐池县供销合作社联合社第五届社员代表大会理事会工作报告主要内容简述如下：

1. 过去三年中，农村社员股金在供销合作社自有资金中所占比重不断增大，成为增加供销社"民办"成分的一个重要方面。截至1986年6月底，全县入股农户达到1.5879万户，占全部农户的83.3%；股金达到61.4万元，比1984年同期增加55.5万元，增长9.4倍，股金占供销合作社自有资金的比重由1984年同期1.46%增加到11.4%；职工入股数最多为3000余元，农民入股数最多为7500元，由过去象征性入股向实质性入股转变。

2. 民主管理制度更加建立健全。于1984年10月组织召开了全系统首届职工代表大会，成立了系统工会委员会，同时在各基层企业普遍建立了基层工会委员会，使全系统职代会制度和工会组织趋于完善。根据《盐池县供销合作社章程》规定，组织在全县15个基层社分别召开了社员代表大会，进行了换届选举，产生了新的理事会和监事会；听取和征求了社员代表对供销合作社工作的意见建议，评议了职工劳动态度和服务质量，使基层社工作有了新的变化，社员行使了参与社务管理权力。

3. 继续推进劳动人事制度改革。坚持干部能上能下原则，对县联社、基层社领导干部实行选举制。新招用职工实行劳动合同制，做到能进能出。过去三年中，全系统择优录用合同制工人100名，使全系统合同制职工总数达到170人，占全系统职工总数的49.1%。对于合同制工人的培养使用与正式职工同等看待，胜任工作的，可以进入各级供销合作社领导班子；成立合同制职工退休养老协会，建立合同制职工养老储备金制度（在单位合同制职工工资总数中提取20%，另由合同制职工个人每月续存2元/人，共同作为养老储备金），解除合同制工人后顾之忧；按制度规定辞退5名不合格合同制工人，进一步规范劳动纪律。

4. 改革资金管理制度，加强资金使用民主程序。根据全系统近年来固定资产增长过快实际情况，改革资金盈余分配办法，相对提高流动资金提取比例，缩小建设资金提取比例，停止建设基金统筹；资金使用采取企业之间有偿调剂办法，解决资金使用"大锅饭"弊端；改革财务计划管理办法，变过去县联社下达计划为企业编报申请，县联社理事会研究审批；实行主要财务指标主任、经理负责制，扩大企业自主权。

5. 积极推进体制改革。供销合作社内设机构由原来的4个股合并为3个股；另设生资日杂果品经理部、农副产品经营部、综合贸易公司、土畜产公司，共同作为县联社购销业务经营机构实行单独核算。明确县联社与基层社之间的业务指导和经济联合体关系，县联社主要针对基层社进行业务指导、安排技术培训、开拓经营渠道、搞活商品流通提供服务。农副产品收购成功推行"联购分销"办法，对绒、毛、皮、蜂蜜、荞麦等大宗农副产品采用基层社负责收购，县联社所属公司负责提供资金信息，统一组织销售，获利盈余本着"上小下大"原则进行分配，让利基层。仅1985年、1986年两年，县联社先后返还各基层社利润达33万元。经营损失则按照"上大下小"原则，由县联社承担大部分风险，减轻基层社负担。外购商品实行"联购分销"办法，由县联社所属公司统一组织采购，各基层社分别组织销售，有效克服分单位采购批量小、优惠少之不足。县联社所属公司积极加强与县外生产厂家和经营单位业务联系，扩大商品批发范围，争取质量价格优惠。通过管理和经营体制改革，有效密切县联社与基层社关系，为进一步提高全县供销合作社系统经营能力，服务全县经济社会发展作出有益贡献。

6. 继续推行完善经营责任制。以建立健全职工岗位责任制为中心，推行"联购联销"计酬办法，企业管理人员联购联销联利按3∶3∶4比例计酬；饮食服务、运输业务实行承包租赁等形式的经营责任制。全系统干部职工工资、奖金联系各自任务责任实行全额或部分浮动；制定劳动分红办法，按干部职工出勤率、劳动态度、贡献大小合理分配。

7. 全面开展企业整顿工作。根据自治区有关文件精神和县委、县政府安排部署，县联社利用两年时间对所属18个独立核算单位进行管理体制、经营责任、财务规定、劳动纪律、职工教育、服务承诺等全面整顿。

8. 拓展服务领域，密切社农关系。过去三年中，盐池县供销合作社系统以服务农村群众为根本宗旨，不断拓宽服务农村领域。一是按照县委、县政府统一部署，承担粮棉布以工代赈物资兑现发放，先后兑现棉布346万余尺、絮棉15余万公斤，总值239万余元；实施粮棉布以工代赈修路兑现絮棉11万余公斤；实施粮棉布以工代赈修建水利工程兑现絮棉5万余公斤；实施粮棉布以工代赈扶持养殖加工业转化兑现粮食1250吨。二是扩大经营范围，解决农民群众卖难买难问题。根据群众需要，供应业务突破行业限制，基层社零售业范围扩大到石油、民用建材、机电产品、医药、图书等。县级批发范围扩大到农机产品、日用工业品、耐用消费品、食品罐头、烟酒等。同时采取增加营业网点、延长营业时间，采取销赊销代、灵活作价等措施扩大服务。农副产品收购从解决农民群众实际困难出发，采取预购方式。过去三年中先后向农民群众发放绒毛预购金70万元，帮助农民推销荞麦1350万公斤、豌豆20万公斤、荞麦皮114.3万公斤。重点扶持农村专业户发展养鱼、养蜂、养羊、养驴、种

子培育、烧砖、修理等10余种产业，共为80余户农村专业户发放扶持资金9.7万元，并提供了部分房屋设备。三是与农民群众结成经济利益共同体，让利于民。对绒毛皮、荞麦等农副产品实行基层社与农户联销返利办法，基层社获利与农民"2∶8"分成，20%归基层社，80%返还农民。产品销售价低于上浮收购价时，给予农民补差，仅1985年、1986年两年先后给农民补差14.8万元，返利25.8万元。既搞活了供销合作社系统生产经营，也密切了同农民群众的关系。有社员群众由衷赞叹说道："供销社替群众办事、给群众卖东西，赚了钱给群众分利，产品提了价给群众补钱，产品卖不掉帮群众找销路，这才真正是咱农民群众的供销合作社啊！"

9. 加强职工教育，鼓励职工学历提升。一是加强业务培训，培训对象主要以供销合作社系统内会计、统计、物价、收购等岗位职工及有一定专长新录用职工为主。本着干什么学什么、需要什么学什么原则，灵活安排；利用生产经营淡季，每期培训班安排3至5天不等。三年来共举办会计、统计学习班10期230人次，收购业务学习班3期110人次，物价、化肥销售和新招用职工学习班3期80余人次。二是送出去培训，培训对象主要是有一定专长的企业管理人员和技术人员，培训方式主要是参加上级社安排的3—4个月短期培训，三年共计培训9人；送出去4人进行两年或两年以上学历教育；制定奖励制度，职工通过自学取得中专学历的奖励100元；取得大专学历的奖励300元，在不影响工作的前提下，尽量保证其学习时间安排；提倡利用业余时间参加自考学历提升，保证其听课、考试时间，学习期费用给予适当补助。三年中全系统有12人参加不脱产电大、函授学习，其中参加统计电大学习8人，参加大中专函授学习2人。

10. 加强干部职工政治思想教育，促进两个文明建设。三年来，供销合作社系统通过年终总结会、先进工作者表彰大会表彰先进单位9个，先进集体19个，先进工作者79人，并采用浮动升级、奖金及奖品等形式进行物质鼓励。继续开展社会主义劳动竞赛，数年来坚持开展会计统计业务竞赛，采取月计分、季通报、年终总评办法，三年中有13个基层单位获得优胜奖。在全县商业供销系统组织开展的"双信"（物价、计量信得过）活动中，供销合作社系统2个单位被县人民政府授予"物价计量"信得过单位，3个单位被授予"物价计量合格单位"，县供销合作社被授予文明单位；统计工作在全区供销合作社系统竞赛中一直名列前茅，并被推选为出席商业部系统先进单位。通过企业整顿，建立健全各基层单位安全责任制落实到人，与年度考核挂钩。

11. 1986年全系统商品购进总额3469万元，比1984年增加2000万元，增长1.3倍，其中农副产品购进总值1020万元，比1984年增加652万元，增长1.8倍；商品销售总额3650万元，比1984年增加2251万元，增长1.6倍，其中商品零售额943万元，比1984年增加140万元，增长17.4%；利润总额78.2万元，比1984年增加24.1万元，增长44.5%；上交国家各种税金117万元，比1984年增加61万元，增长108%。三年共计完成商品总销售7601万元，其中商品零售2430.4万元，农副产品收购2290元，废旧物资收购22.85万元，上交国家各种税金278万元，实现利润190.3万元。

大会选举产生盐池县供销合作社联合社第五届理事会、监事会名单如下：

理事会：

主　任：张顺琪

副主任：吴应宏　原增喜

常务理事：张顺琪　吴应宏　原增喜

　　　　　李百谦　张　宗

理　事：张顺琪　吴应宏　原增喜　李百谦

　　　　张　宗　汪　涛　李连升　廖　珍

　　　　乔和荣　李　智　王继峰

监事会：

主　任：张立存

副主任：左兴武

监　事：张立存　左兴武　侯　英　汪继凯

　　　　官宏印

大会选举产生出席自治区供销合作社联合社第四届社员代表有：张顺琪、张立存、李连升、廖珍、陈其生、张秀兰（女）6人。

1987年11月11日，经县联社第五届常务理事会提议，县联社第五届社员代表大会第一次会议通过，本届理事会任期延期至1990年底，全县供销合作社系统今后经营管理、工作计划等安排一律遵照本次会议决定执行。

三、基层社社员代表大会

（一）基层社初期社员代表大会（1951—1957年）

1951年11月28—30日，城郊区供销社召开社员代表大会，参加代表28名，其中包括机关社员代表和建设科负责人各1名，联社负责人2名，聘请县人民政府、银行、税务局、区人民政府、土需公司、商会会长、县直部门负责人7人，退休职工代表1名。

1952年10月中下旬，盐池县三区、城区合作社分别召开了社员代表大会，总结前三季度工作，讨论确定四季度工作方向。三区合作社前三个季度供应社员生产、生活资料总值达到2.2亿元，收购社员土产8.6亿元。第一季度替国营公司贷出 1.4 万余斤黄米预购春毛，解决社员春耕生产和春季缺粮困难。因此社员群众对合作社巩固发展都非常关心。讨论四季度工作时，与会代表一致认为：今后除应继续开展购销业务外，应当着重发展社务，规定每个社员代表在年底前再发展 8—10 股；并须注意贯彻执行合作社民主制度，按期召开理事会、监事会，发挥社员代表作用，加强合作社和社员群众联系。城区合作社社员代表大会除讨论 1952 年前 9 个月工作外，决定今后合作社应加强为社服务，经常组织带货下乡、送货上门，解决边远地方社员群众买货困难问题；注意广泛吸收社员群众意见，改进合作社社务和业务。

1955 年 3 月 28—29 日，城郊合作社召开社员代表大会，应到社员代表 35 人，实到社员代表 24 人，缺席 11 人，列席 3 人。会议报告了 1954 年合作社各项工作；组织讨论了《城郊合作社社章》、盈余分配方案等重要事项；总结了 1954 年在生产资料供应以及土特产收购方面存在的缺点问题，对下年工作计划进行了认真讨论和安排。

1957 年 3 月 24—25 日，城区供销合作社召开社员代表大会。应到代表 45 人，实到代表 26 人。会议由上届理事会主任孙延山作 1956 年工作报告和 1957 年计划安排；研究讨论了 1956 年盈余分配比例和 1957 年商品供销计划。会议补选李寅为出席盐池县供销合作社联合社代表大会代表。

1957 年 3 月 25—26 日，高沙窝供销合作社召开社员代表会议，应到代表 31 名，实到代表 17 名（其中包括高沙窝区干部代表 4 名，本社职工代表 3 名，县供销合作社代表 1 名）。

1957 年 4 月 1 日，大水坑供销合作社召开社员代表大会，应到代表 28 名（由上年社员代表大会选举产生），实到代表 18 人，列席 4 人。

大水坑区党政领导到会指导工作。会议由大水坑供销合作社理事会主任作 1956 年工作总结和 1957 年工作安排报告，讨论通过各项财务支出及盈余分配方案，制定 1957 年收购农副产品计划为 20.5591 万元。

1957 年 4 月 1—2 日，惠安堡供销合作社召开社员代表大会。应到代表 44 人，实到会代表 22 人，列席 7 人。会议选举产生了理事会、监事会及出席县供销合作社联合社代表大会代表。

1957 年 4 月 15—16 日，青山乡供销合作社召开社员代表大会，出席大会代表 53 人，其中农民代表 44 人，供销合作社职工代表 7 人，公社代表 2 人。大会选举产生理事会成员 3 人：王根志、吴元章、张清智；监事会成员 7 人：王志银、李天存、张宏年、黄世玉、陈秀兰、王金、郭生芳。出席县供销合作社联合社代表大会代表：王志银、王根志、李天存、陈秀兰、王金、唐风明、张宏年、吴彦祥、李青贵、郭生芳。

（二）第四届基层社社员代表大会（1983 年）

1983 年 4—7 月，全县供销合作社系统先后组织选举产生了 15 个基层供销合作社理事会成员 51 人，监事会成员 31 人，出席县联社代表大会代表 132 人。其间，各基层社分别完成清股整顿工作。各公社根据清股后社员人数情况确定代表名额比例，经由大队支部、管委会、农会共同协商推荐，通过民主选举，选出全县基层供销合作社社员代表 559 名。各基层社从 4 月下旬开始至 7 月上旬，分别由各公社体制改革领导小组主持召开了社员代表大会。与会代表分别听取了供销社合作体制改革工作报告和 1983 年工作安排报告，制定通过各基层供销合作社章程，并对代表提案进行讨论汇总，提交县联社社员代表大会。各基层社分别选举产生了理事会组成人员，一般由3—7人组成，采取代表大会直接选举或理事会推荐选举两种方法，选出正、副主任。全县15个基层社副主任由原来的18人增加到21人，其中由会计、统计人员选举为主任1人、副主任2人；由一般职工选举为副主任1人；由主任选举为副主任1人；落选副主任1名；主任、副主任平均年龄由原来42岁下降为39.4岁；全部36名正、副主任中，中专1名，高中1名，初中12名，其余皆为小学文化程度。各基层社分别选举产生监事会成员5—7人，监事会主任分别由各公社分管财贸工作领导担任，其中基层社干部职工当选为监事会副主任4人、监事2人。

1983年5月9—10日，城郊供销合作社召开社员代表大会。会议审议通过了《城郊供销合作社章程（草案）》，讨论制定了1983年工作计划。选举产生了新一届理事、监事会成员。

理事会主任：杨海善

理事：林茂荣　钟玉兰

监事会主任：蔡向荣

监事：吴志英　刘秀英　黄　义　杨　孝

选举产生了出席盐池县供销合作社联合社第四届社员代表大会代表8名：郑万福、杨孝、白珍、杨海善、马桂花、马占山、周世英、李维泽。

1983年6月26—27日，大水坑供销合作社召开社员代表大会。参会社员代表66人，其中公社机关代表8人。会议举行了预备会，通过大会议程和主席团建议名单。代表大会听取了关于供销社合作体制改革基本情况报告、大水坑供销合作社工作报告，讨论制定了《大水坑供销合作社章程（草案）、工作报告决议（草案）和会议决议（草案）。选举产生了理事会、监事会组成人员和出席盐池县供销合作社联合社第四届社员代表大会代表；对社员代表提出的议案分别进行

研究讨论。

理事会主任：李连升

理事会副主任：贺柏亭　王成忠

理事：李　吉　史树孝　杨学才　顾连香

监事会主任：张伯宜

监事会副主任：和　植

监事：高鹏飞　王汉成　李文广　朱　海

1983年6月29日，冯记沟乡供销合作社召开第四届社员代表大会。会议完成了大会各项议程，选举产生了新一届供销合作社理事会、监事会组成人员。

理事会主任：李凤业

理事：杨　定　葛宗惠　马保武　杨世英

监事会主任：冯有林

监事：侯万海　冯升业　王得江　刘成君　冯召林

1983年6月16—17日，高沙窝供销合作社召开社员代表大会，参会代表59人，实到代表62人，其中农民代表55人，供销合作社职工代表4人，机关代表3人。选举产生理事会组成人员3人，监事会组成人员7人；选举出席县供销合作社联合社第四届社员代表大会代表10人。

1983年7月1—2日，后洼供销合作社组织召开了社员代表大会，选举产生了理事会、监事会和出席盐池县供销合作社联合社第四届社员代表大会代表。

1983年6月，麻黄山供销合作社组织召开了第四届社员代表大会。选举产生了新一届理事会监事会，选举出席县供销合作社联合社第四届社员代表大会代表为9人：张万岐、王梅英、贺清芳、范永春、张守贵、何正英、宋培英、饶凯善、曹佐奇。

1983年6月19—20日，萌城供销合作社召开社员代表大会，选举产生了新一届供销合作社

表7—3—2 盐池县供销合作社各基层社第四届理事会组成人员名单汇总

基层社名称	姓名	性别	民族	原任职务	现任职务
城郊供销合作社	杨海善	男	汉	主任	主任
	林茂荣	男	汉	委员	理事
	钟玉兰	女	汉	委员	理事
柳杨堡供销合作社	吴应宏	男	汉	主任	主任
	李志荣	男	汉	委员	理事
	尤万文	男	汉		理事
高沙窝供销合作社	余占奎	男	汉	主任	主任
	张宗	男	汉	委员	副主任
	蔡占渠	男	汉	委员	理事
青山供销合作社	郝清	男	汉	主任	主任
	李天存	男	汉	副主任	副主任
	王根志	男	汉	委员	理事
鸦儿沟供销合作社	乔孝	男	汉	委员	主任
	左兴武	男	汉	主任	副主任
	李九柱	男	汉		理事
后洼供销合作社	刘顺帮	男	汉	主任	主任
	范彦春	男	汉	委员	理事
	徐有升	男	汉	委员	理事
萌城供销合作社	焦健	男	汉	主任	主任
	王继峰	男	汉		理事
	卢仲财	男	汉		理事
大水坑供销合作社	李连升	男	汉	主任	主任
	贺伯亭	男	汉	主任	副主任
	王成忠	男	汉		副主任
	李吉	男	汉	委员	理事
	史树孝	男	汉	委员	理事
	杨学才	男	汉	委员	理事
	顾连香	女	回	委员	理事
冯记沟供销合作社	李凤业	男	汉	主任	主任
	杨定	男	汉		理事
	葛宗惠	男	汉		理事
	马保武	男	汉		理事
	杨世英	女	汉		理事

基层社名称	姓名	性别	民族	原任职务	现任职务
苏步井供销合作社	李智	男	汉	副主任	主任
	郭玉才	男	汉	委员	理事
	赵瑞礼	男	汉	委员	理事
马儿庄供销合作社	李连	男	汉	副主任	主任
	戴生保	男	汉	委员	理事
	尹会	男	汉		理事
王乐井供销合作社	乔和荣	男	汉	主任	主任
	官宏印	男	汉	委员	理事
	饶占珍	男	汉		理事
红井子供销合作社	吴元章	男	汉	副主任	主任
	张惠民	男	汉	委员	理事
	李生福	男	汉		理事
惠安堡供销合作社	廖珍	男	汉	主任	主任
	高卫东	男	汉	委员	理事
	石横太	男	汉	委员	理事
麻黄山供销合作社	张守贵	男	汉	主任	主任
	雍锦	男	汉	委员	副主任
	陈世贵	男	汉		理事

理事会、监事会组成人员和参加县供销合作社联合社第四届社员代表大会代表。

理事会主任：焦　健

理事：王继峰　卢仲财

监事会主任：殷占龙

监事会副主任：周学义

监事：曹彦兵　贺成生　赵怀兵　李　刚
　　　张德军

出席县供销合作社联合社第四届社员代表大会代表：殷占龙、焦健、周学义、宋生发、殷秉亭、陈伟新、张文会。

1983年6月19—20日，青山供销合作社召开社员代表大会。出席会议代表57人，其中农民代表41人，供销合作社职工代表4人，青山公社机关代表2人，社属企业代表10人。会议选举产生了新一届供销合作社理事会、监事会组成人员和参加县供销合作社联合社第四届社员代表大会代表。

1983年6月21—22日，苏步井供销合作社召开社员代表大会。参加会议代表68人，实到会代表52人。会议选举产生了新一届供销合作社理事会、监事会组成人员和参加县供销合作社联合社第四届社员代表大会代表。

理事会主任：李　智

理事：郭玉才　赵瑞礼

监事会主任：孙学礼

监事会副主任：吕丰盛

监事：史凤宗　王锡安　代金玉

表 7—3—3　盐池县供销合作社各基层社第四届监事会组成人员名单汇总

基层社名称	姓名	性别	民族	原任职务	现任职务
城郊供销合作社	蔡向荣	男	汉	城郊公社副主任	主任
	杨孝	男	汉	长城大队大队长	监事
	黄义	男	汉	八岔梁大队大社员	监事
	刘秀英	女	汉	佟记圈大队社员	监事
	吴志英	男	汉	沟沿大队支部书记	监事
柳杨堡供销合作社	陈其昌	男	汉	柳杨堡公社副主任	主任
	陈琪	男	汉	李记沟大队支书	监事
	张德	男	汉	柳杨堡大队支书	监事
	冒万惠	男	汉	冒寨子大队支书	监事
	张贵	男	汉	李记沟大队社员	监事
高沙窝供销合作社	石岗	男	汉	高沙窝公社主任	主任
	曹冒元	男	汉	社企支部书记	副主任
	徐生金	男	汉	高沙窝大队支书	监事
	徐学金	男	汉	营西生产队队长	监事
	李营贤	男	汉	宝塔大队大队长	监事
	李强	男	汉	宝塔大队社员	监事
	顾永寿	男	汉	宝塔大队社员	监事
青山供销合作社	周兰	男	汉	青山公社党委委员	主任
	段联生	男	汉	青山大队支书	副主任
	吴永堂	男	汉	旺四滩大队大队长	监事
	张宏年	男	汉	旺四滩大队支书	监事
	汤玉民	男	汉	旺四滩生产队队长	监事
	侯树章	男	汉	营盘台大队社员	监事
	张晓梅	女	汉	青山供销社营业员	监事
鸦儿沟供销合作社	崔学义	男	汉	鸦儿沟公社副主任	主任
	焦全宁	男	汉	鸦儿沟供销社职工	副主任
	毛福	男	汉	鸦儿沟公社社员	监事
	尤珍	男	汉	鸦儿沟公社社员	监事
	司光胜	男	汉	鸦儿沟大队支书	监事
	禹广	男	汉	鸦儿沟公社社员	监事
	寇自俊	男	汉	鸦儿沟公社社员	监事
后洼供销合作社	王生成	男	汉	后洼公社副主任	主任
	郭永峰	男	汉	后洼公社文书	副主任
	张廷献	男	汉	青山生产队社员	监事
	白玉珍	男	汉	曾记畔生产队社员	监事
	胡培升	男	汉	平庄大队大队长	监事

基层社名称	姓名	性别	民族	原任职务	现任职务
大水坑供销合作社	张伯宜	男	汉	大水坑公社副主任	主任
	和 植	男	汉	大水坑公供销社收购员	副主任
	高鹏飞	男	汉	西队社员	监事
	王汉成	男	汉	新建大队大队长	监事
	李文广	男	汉	向阳大队大队长	监事
	朱 海	男	汉	新泉井大队长	监事
	焦万义	男	汉	摆宴井大队长	监事
冯记沟供销合作社	冯有林	男	汉	冯记沟公社副主任	主任
	侯万海	男	汉	冯记沟公社会计	监事
	冯升业	男	回	回六庄社员	监事
	王得江	男	汉	暴记春大队支书	监事
	刘成君	男	汉	金渠子队长	监事
王乐井供销合作社	石文秀	男	汉	王乐井公社副主任	主任
	官 寿	男	汉	王乐井大队支部副书记	监事
	郭永政	男	汉	王乐井大队支部副书记	监事
	陈自兰	女	汉	王乐井大队妇联主任	监事
	郭文珠	男	汉	王乐井大队大队长	监事
	李生洞	男	汉	王乐井信用社职工	监事
	唐文亮	男	汉	王乐井社员	监事
红井子供销合作社	侯锦章	男	汉	红井子公社副书记、主任	主任
	李成贵	男	汉	红井子大队支部书记	监事
	韩 均	男	汉	红井子大队支部书记	监事
	张世英	男	汉	新桥大队支部书记	监事
	牛兆明	男	汉	红井子公社生产干事	监事
惠安堡供销合作社	马占元	男	汉	惠安堡公社副主任	主任
	丁美娥	女	回	供销社主任	副主任
	丁佐森	男	汉	狼布掌大队支书	监事
	邓万付	男	汉	粮库主任	监事
	刘 兴	男	汉	大湾队队长	监事
	张 河	男	汉	相儿庄大队文书	监事
	张泽选	男	汉	南梁大队社员	监事
苏步井供销合作社	孙学礼	男	汉	苏步井公社副主任	主任
	吕丰盛	男	汉	供销社职工	副主任
	史凤宗	男	汉	信用社农经员	监事
	王锡安	男	汉	苏步井大队文书	监事
	代金玉	男	汉	苏步井公社社员	监事

基层社名称	姓名	性别	民族	原任职务	现任职务
麻黄山供销合作社	范永春	男	汉	麻黄山公社副主任	主任
	张建基	男	汉	信用社副主任	副主任
	高玉岐	男	汉	麻黄山大队支部书记	监事
	饶开喜	男	汉	麻黄山大队支部书记	监事
	管明江	男	汉	麻黄山大公社社员	监事
马儿庄供销合作社	王九玺	男	汉	马儿庄公社副主任	主任
	尤生礼	男	汉	老盐池大队支书	副主任
	杨 进	男	汉	马儿庄供销社收购员	监事
	高 宗	男	汉	马儿庄尚记圈队长	监事
	张秀英	男	汉	马儿庄社员	监事
	杨善祥	男	汉	马儿庄平台大队支书	监事
	汪金良	男	汉	马儿庄大队代销员	监事
萌城供销合作社	殷占龙	男	汉	萌城公社副主任	主任
	周学义	男	汉	萌城采石厂厂长	副主任
	张德君	男	汉	萌城社员	监事
	赵怀武	男	汉	萌城南窑子队长	监事
	曹彦兵	男	汉	萌城四股泉大队支书	监事
	李 刚	男	汉	萌城林口子大队支书	监事
	贺成生	男	汉	萌城林口子生产队长	监事

出席县供销合作社联合社第四届社员代表大会代表：孙学礼、李智、王锡安、朱明、代金玉、禹秉兰、任光福、王志平。

1983年4月26—27日，鸦儿沟供销合作社召开社员代表大会。会议选举产生了新一届供销合作社理事会、监事会组成人员和参加县供销合作社联合社第四届社员代表大会代表。

理事会主任：官宏印

理事：李九柱 韩 强

监事会主任：李 森

监事：董 瑞 李有魁

参加县供销合作社联合社第四届社员代表大会代表：李森、官宏印、黄生贤、孙宁业。

（三）第五届基层社社员代表大会（1986年）

1986年5月20—22日，城郊供销合作社召开社员代表大会。参加会议代表68人，实到代表48人，占应到代表的72%；列席代表5人。会议听取了供销合作社体制改革报告、城郊供销合作社1983年以来工作报告、城郊供销合作社1983年以来监事会工作报告，讨论通过了《城郊供销合作社章程（草案）》，民主选举产生了新一届社员代表大会理事会、监事会组成人员和出席县供销合作社联合社第五届社员代表大会代表。

理事会主任：郝 清

理事：钟玉兰 林茂荣

监事会主任：蔡向荣

监事会副主任：杨 孝 姚合泽

监事：吴志英　白　珍　原占山　佟生礼

出席县供销合作社联合社第五届社员代表大会代表：张秀兰、杨孝、白珍、原占山、李维泽、佟生礼、蔡向荣、张培东、郝清、李伯谦。

1986年4月9—11日，红井子供销合作社召开社员代表大会。应到会代表42名，实到会代表32名，实际参加选举代表29名。会议听取了红井子供销合作社三年来工作报告，并进行了审议。民主选举产生了新一届社员代表大会理事会、监事会组成人员和出席县供销合作社联合社第五届社员代表大会代表。

理事会主任：张惠民

理事：李生福　袁　靖

监事会主任：李正荣

监事：侯　俊　冯德江　冯学万　王月成

出席县供销合作社联合社第五届社员代表大会代表：李振荣、张惠民、冯德江、冯学万。

1986年5月10—11日，冯记沟供销合作社召开社员代表大会。参加会议代表40名，列席代表9名（包括乡政府及有关单位负责人和离退休干部常继忠、刘淑秀）。会议听取了杨定代表上届理事会所作的工作报告，并进行民主审议；选举产生了新一届社员代表大会理事会、监事会组成人员和出席县供销合作社联合社第五届社员代表大会代表。

理事会组成人员：杨　定　冯永葆　侯万海

监事会组成人员：冯有林　冯　清　冯永贵
　　　　　　　　　马进学　马桂武　侯起贵
　　　　　　　　　苏　理

出席县供销合作社联合社第五届社员代表大会代表：冯有林、杨定、侯万海、马桂武、苏理。

1986年5月14—15日，后洼供销合作社召开社员代表大会。会议选举产生了新一届社员代表大会理事会、监事会组成人员和出席县供销

作社联合社第五届社员代表大会代表。

1986年4月24—25日，惠安堡供销合作社召开社员代表大会。大会应到代表61人，实到代表54人，列席代表70人，参会总人数124人。惠安堡乡党委、政府及有关部门负责人到会指导工作。大会听取了廖珍代表上届理事会所作的工作报告，审议通过了《惠安堡供销合作社章程（草案）》修订决议、工作报告决议、大会决议，通过了"关于收购农副产品和继续扩大股金"的决议，对1986年工作进行了讨论安排。会议选举产生了新一届社员代表大会理事会、监事会组成人员和出席县供销合作社联合社第五届社员代表大会代表。

理事会主任：廖　珍

理事：高维东　石恒泰

监事会组成人员：张志德　孙守义　丁佐森
　　　　　　　　　张泽选　吴克勤　苏太成
　　　　　　　　　王玉新

出席县供销合作社联合社第五届社员代表大会代表：张志德、廖珍、丁佐森、吴克勤、杨升、苏太成。

1986年4月27—28日，柳杨堡供销合作社召开社员代表大会。应到会代表58人，实到会代表52人。柳杨堡乡党委、政府及县联社领导到会指导工作。会议选举产生了新一届社员代表大会理事会、监事会组成人员和出席县供销合作社联合社第五届社员代表大会代表。

理事会主任：李志荣

理事：尤万文　何永汉

监事会产任：冒　广

监事：李　彦　叶兴歧　李兴成　陈自仁

出席县供销合作社联合社第五届社员代表大会代表6人。

1986年8月14—15日，麻黄山供销合作社

召开社员代表大会。应到会代表57人，实到代表32人。会议听取了麻黄山供销合作社主任张守贵代表上届理事会向大会所作的1983年以来工作报告；审议通过了《麻黄山供销合作社章程（草案）》修订决议、"麻黄山供销合作社社员交售农副产品、继续扩大股金和畜产品超额返还有关问题的决议"；选举产生了新一届社员代表大会理事会、监事会组成人员和出席县供销合作社联合社第五届社员代表大会代表。

理事会主任：张守贵

理事会副主任：陈世贵

理事：张凯莹

监事会主任：贺清俊

监事：杨智斌　张建基

出席县供销合作社联合社第五届社员代表大会代表：张守贵、贺清俊、王六金、张世雄、饶凯善、郭长清。

1986年4月25—26日，马儿庄供销合作社召开社员代表大会。会议进行了相关议程，选举产生了新一届社员代表大会理事会、监事会组成人员和出席县供销合作社联合社第五届社员代表大会代表。

理事会组成人员：李　连　代生宝　尹　会

监事会组成人员：刘振杰　王九玺　杨　进
　　　　　　　　尚　升　白万河

出席县供销合作社联合社第五届社员代表大会代表：张顺琪、李连、刘振杰、王九玺、白万河。

1986年4月16—17日，萌城供销合作社召开社员代表大会。会议进行了相关议程，选举产生了新一届社员代表大会理事会、监事会组成人员和出席县供销合作社联合社第五届社员代表大会代表。

理事会主任：王继峰

理事：卢仲财　贺文红

监事会主任：施选耀

监事会副主任：曹　会

监事：殷兆发　曹彦宾　李　河　李兴格
　　　古明远

出席县供销合作社联合社第五届社员代表大会代表：施选耀、王继峰、殷兆发、李河、李兴格、殷秉亭、翟玉满。

1986年5月16—17日，苏步井供销合作社召开社员代表大会。会议进行了相关议程，选举产生了新一届社员代表大会理事会、监事会组成人员和出席县供销合作社联合社第五届社员代表大会代表。

理事会组成人员：李　智　赵瑞礼　孙正海

监事会组成人员：王培海　石凤宗　王培志
　　　　　　　　周　瑛　余占喜

出席县供销合作社联合社第五届社员代表大会代表：王培海、李智、乔发兵、施凤宗、温建萍。

第四节　劳动人事

一、职工队伍

1950年，盐池县合作社共有职工28名，其中县社10名、基层社18名。

1951年，盐池县合作社系统（包括县联社）共有职工42名，其中县联社10名、基层社32名。县联社职工中含工人（勤务）1名；基层社中含工人13名，包括伙夫6名、驮夫2名、榨油工4名、推磨工1名。

1952年，随着农业生产不断发展，合作队伍随之壮大，全县合作社共有职工51名，其中老职工10名，新职工18名。新职工中有8名由组织安排调入，10名从城乡基层吸收积极分子或店员转正加入。新干部参加过各级合作社训练班学习的9人，在其他干部学校学习的6人，没有参加任何学习班培训的3人。所有职工出身于学生的8人、店员8人、旧职员4人、农民5人、自由职业者2人、手工业者人1人；其中党员6人（多是老干部）、青年团员6人。所有职工中县联社有工人1名（勤务）；各基层合作社有工人20名，其中榨油工7名、驮夫4名、推磨工1名、伙夫8名。

1953年，盐池县合作社职工增加到了83名（增加干部16名、工人16名），其中高中毕业4人、初中毕业25人、高小毕业26人、初小毕业12人，无学历16人。

1954年8月，宁夏省合并到甘肃省，盐池县供销合作社及基层社职工基本没有变动，原宁夏省供销合作社（包括直属单位）职工除少数调到甘肃省供销合作社外，大部分调配到甘肃省银川专区合作办事处和吴忠回族自治州办事处（原名河东回族自治区）。合并前，盐池县供销合作社系统共有职工107人。

1955年，盐池县供销合作社职工增加到了122名，其中干部82名，会计14名，业务员55名，勤杂9名，基层社主任（干部）13名。

1957年，全国开展增产节约运动后，各级机关人员精减。盐池县供销合作社将行政与业务机构合并，将原有6个股合并为3个，撤销经理部，撤销分销店3个。人员精减前，县供销合作社实有职工170人，采取调出、退休、辞退（未转正练习生）等方式精减人员60名左右，到年底实有职工120人。

1958年，宁夏回族自治区成立，各县（市）供销合作社和基层社由集体所有制转为全民所有制，全部职工亦转为国营商业职工。

1962年，自治区党委决定恢复全区各级供销合作社原有体制。11月，自治区人民政府批准盐池县供销合作社系统人员编制201人，实有131人。

1976年，盐池县供销合作社系统共有三级批发站2个、汽车队1个、基层供销合作社8个、分销店20个，附设食堂旅店16个；除季节性临时工外，有正式职工208名，约占全县10

表7—4—1　1953年盐池县合作社干部职工个人身份学历统计

总数	家庭出身					本人成分				文化程度				参加革命		参加党团		参加学习	
	地富	中农	贫农	市民	其他	农民	学生	店员	其他	高中	初中	高小	初小	49前	49后	党员	团员	已学	未学
67	3	34	14	12	4	19	16	17	15	4	25	26	12	13	54	9	12	35	32

表7—4—2　1955年盐池县供销合作社基层干部统计

项目		合计	供销社	消费社
干部人数		82	82	
主任		13	13	
会计统计		14	14	
业务人员	合计	55	55	
	管理人员	37	37	
	技术人员	18	18	
附记	实有社数	7	7	
	本表含社数	7	7	
	工人数	7	7	
	勤杂人数	9	9	

万人口总数的2.1‰。供销合作社系统人员不足已经成为突出问题，直接影响全县供销经营业务正常开展。

7月，经过贫下中农推荐，征得县知青办和各公社同意，县供销合作社在城镇上山下乡知识青年、供销合作社系统代购代销员和回乡锻炼两年以上青年中，拟择优录用工作人员8名，报县计划委员会委批准。23日，县计划委员会根据宁计劳（1976）179号文件精神，批准城郊、王乐井、青山、大水坑、惠安堡、麻黄山、曙光公社和县供销合作社各招收一名工作人员。新招收职工全部补充为基层供销合作社（站）收购员和营业员，即本次招收职工全部分配到原属当地公社供销合作社使用；现有代购代销员和已经批准使用的临时工中符合条件者被直接录用。新招8名

职工年龄均在30岁以下（其中录用代购代销员3名、临时工1名年龄在30岁以下，其余4名年龄均在25岁以下）。

之后随着全县农业学大寨运动深入开展，供销合作社系统也要更好地服务于农业生产，要求职工队伍建设相应扩大。8月28日，经县供销合作社研究决定在全系统内吸收亦工亦农临时工60名，充实壮大供销合作社队伍。新招60名职工月工资定为36元，从业务费中列支。新招职工36元工资中，给所在生产队提留21元，计21个劳动日工分，本人留生活费15元；每年必须回生产队参加劳动3个月，回生产队劳动期间15元生活费照发，在生产队劳动时同社员一样挣取工分，参加劳动分配。

12月，县计划委员会再次给供销合作社分

表 7—4—3 1976 年盐池县供销合作社系统国营单位机构人员统计

项目			城郊	高沙窝	王乐井	青山	大水坑	惠安堡	麻黄山	曙光	大站	县联社	车队	合计
	合计		19	21	20	16	39	22	19	20	6	25	6	213
现有人员	行政管理人员	主任	2	1	3	4	1	3	2	2	2	3		23
		政工										4		
		财计	1	2	2	2	2	2	2	1	2	4	1	21
		供应										3		3
		多种经营										1		1
		小计	3	3	5	6	3	5	4	3	4	15	1	52
	企业职工	采购										1		
		保管									2	3	1	
		营业	11	10	10	7	17	8	8	9				83
		收购	5	4	3	3	6	3	3	2				29
		服务		3	1		5	2	2	2				15
		食堂		1	1		7	4	2	4		2		21
		门卫										1		
		司机					1						4	
		修理												
		小计	16	18	15	10	36	17	15	17	2	10	5	161
	其中	退休		1	1		1		1	1				5
		有病										1		
	季节性临时工		2	2	2	6	7	7	2	6	1	1	2	36

配季节性临时工指标 30 名（包括各基层社长期临时工 6 名），亦工亦农人员指标 22 名，人员指标使用时间截至 1977 年 3 月底。除原有长期临时工执行原定工资外，从 1977 年元月起新录用人员月工资一律执行 42 元，不列入职工工资基金计划，直接在业务费项下列支；职工事假、病假一律无工资；属于农村劳力的，其向生产队提留问题由所在公社决定，使用亦工亦农人员一律不补助口粮（即 15 元生活费）。

1983 年，全县供销合作社系统共有独立核算组织机构 18 个（即县供销合作社、大水坑批发站、供销合作社车队，基层社 15 个）、分销店 12 个、双代店（代购代销店）60 个、服务机构 10 个（旅店 7 个、修理部 2 个、照相馆 1 个）、饮食服务店 6 个。年末全系统职工总数达到 322 人，比 1982 年 336 人减少了 14 人。其中男职工 236 人，女职工 86 人，回族职工 13 人；固定工 229 人，比 1982 年 242 人减少 13 人；临时工 93 人，比 1982 年减少 1 人；党员 59 人，比 1982 年减少 3 人，团员 24 人。全县 15 个基层供销合作社共有职工 267 人，负责全县 9 万余农民群众生产生活资料销售供应，年人均销售额为 5.8 万元。

1984 年，盐池县供销合作社系统实行全员劳动合同制、聘用制。按照商业部对供销合作社人事制度改革（草案）指示精神，可以优先招收本系统社员子女，要求高中以上文化程度，年龄25 周岁以下。12 月，县供销合作社批准社属劳动服务公司成立劳动综合服务队，承包县联社各经理部货物装卸、搬运、弹花，编制网套、铁漏勺，加工烟筒、水桶等生产任务。根据统计，全系统职工现有高中、初中毕业子女 32 人，其中已在各基层单位临时就业的 19 人，尚有 13 人待业；县供销合作社决定由劳动服务公司全部吸收为临时工。

1986 年 5 月，由于业务量一再扩大，县供销合作社再次安排招聘临时工 42 名。

1986 年 12 月，盐池县供销合作社统一为在岗合同制工人办理合同签订手续。县供销合作社自 1983 年体制改革以来，按照中央和自治区有关供销合作社劳动人事制度改革文件精神，结合各基层社业务需要和解决职工子女行业问题，先后招收长期临时工 55 名（其中 1 名自行解除合同），通过全面考核转为合同制工人 40 名。

1987 年 4 月 23 日，根据自治区劳动人事厅、自治区供销合作社《关于供销社招收工人的通知》（宁劳人计〔1986〕279 号）联合发文精神，经盐池县劳动人事局批准，县供销合作社分两次为在岗的 168 名合同制工人办理手续，转为集体合同制工人，合同期限均为 5 年，起止时间分别为：1986 年 11 月 1 日至 1991 年 10 月 1 日止；1987 年 1 月 1 日至 1992 年 1 月 1 日止。合同期满后如甲乙双方共同需要，并在双方同意条件下，可续签合同。

1988 年 8 月，根据盐池县供销合作社和县劳务服务公司联营协议，决定由供销合作社联营公司招录合同制工人 16 名。为使招录工作公开、公正，拟定了《盐池县供销社招用合同制职工实施办法》，采取自愿报名、择优录用原则，通过文化、计算机考试，公开招收政治思想好、品行端正、作风正派、身体健康、热爱商业工作，且具有初中以上文化程度、年龄在 18—25 周岁之间的城镇待业青年。

1989 年 3 月，根据自治区供销合作社关于招收合同制工人有关文件精神，批准盐池县供销合作社招收合同职工 15 名（其中农民合同制工人 10 名，城镇青年合同制工人 5 名）。盐池县供销合作社于 4 月 10—13 日组织了业务考试，参加考试人员为本系统 1987—1988 年招收的合同制工人。全县设南北两个考场，南部考场设于大水坑供销合作社，参加单位有大水坑批发站及大水坑、红井子、惠安堡、萌城、马儿庄、冯记沟、青山、后洼、麻黄山基层供销合作社。北部考场设于县供销合作社，参加单位有县社各公司及城郊、柳杨堡、苏步井、高沙窝、王乐井、鸦儿沟等基层供销合作社。参加考试人员共计 91人，考试内容包括业务基础知识、专业基础知识、珠算等。

1990 年 8 月 27 日，县供销合作社主任办公会议研究决定，对县社直属公司及各基层社 24名未转正合同制工人进行转正定级考试。考核内容包括业务基础知识、专业基础知识、珠算三个部分。

1995 年，全系统有 4 个直属公司、12 个基层社、15 个分销店、26 个代销店，1995 年底在职职工 343 名，其中基层社比 1993 年减少 2 名、代销店比 1993 年减少 24 名，在册职工比 1993年共计减少 50 人。

2003 年，盐池县供销合作社机关共有在职职工 11 人，其中行政编制 5 人，合同制 4 人，2人属于 2000 年统一安排大中专毕业生。

2007年，根据自治区劳动人事厅《关于印发〈解决全区国有企业下岗职工历史遗留问题实施方案〉的通知》（宁劳社发〔2006〕79号）和《关于印发解决我区国有企业下岗职工历史遗留问题工作要求和程序的通知》（宁劳社发〔2006〕94号）等文件精神，经职工大会讨论通过，盐池县供销合作社系统189名下岗职工，自2007年12月31日与原单位解除劳动合同。

截至2008年12月，盐池县供销合作社所属企业全部改制完毕。原有206名职工于2008年前全部完成身份置换。

2016年9月26日，经盐池县公开招聘社区工作者领导小组同意，县供销合作社录用3名工作人员，其中业务工作人员1名、办公室工作人员1名、会计1名，试用期三个月。试用期间工资待遇2000元/每月，试用期满，经考核合格后，工资待遇按2640元/每月执行。

2018年5月，根据县人民政府2016年第52次常务会议研究通过，同意供销合作社按照规定程序（分笔试、面试两部分公开招考，按1:3比例进入面试，之后进行公示、政审、体检等程序）公开招聘工作人员2名。

二、劳动工资

1955年以前，盐池县基层供销合作社职工工资分别实行了"薪金制""包干制"和"供给制"等。1955年7月1日后实行工资货币制。

农村基层供销合作社工作人员自1955年7月起，按照新的工资标准和当地物价津贴计算工资。以八级36元工资标准为例，其工资总数为36+（36×45%）=52.2（元）。执行货币工资制后工作人员及家属一切生活费用均由个人负担。因此自1955年7月份废除"包干制"后，原来工资中的老年优待费、家属招待费、病员伙食补贴、回家盘缠费、妇女生育费、儿童医药费、保育费、保姆费、公费生待遇及毡靴费、蚊帐费、小伙食单位补贴等项目，自1956年元月起一律停止发放。执行货币工资后，工作人员住用公家房屋、家具、水电等一律缴纳租赁费和使用费。

截至1956年11月8日，县供销合作社系统工资改革全部结束。1955年底，各基层合作社共有职工86名，实发月工资合计3807.23元；按新工资标准执行后，86人实发月工资合计4530.59元，增长19%，计723.37元。

盐池县供销合作社1955年底共有职工36人，实发月工资合计1919.47元。按新工资标准并级后实发月工资合计2015.82元，较原发月工资增长96.35元。并级后原36人月基本工资合计为2074元，加上8%的地区津贴135.92元，实发月工资为2239.92元，减去并级后实发月工资2015.82元，则并级后实际使用指标224.10元，与计划指标229.77元相差5.67元。

1957年3月，根据宁夏省供销合作社关于工资改革有关精神，盐池县供销合作社、商业局联合组成工作小组，对大水坑、惠安堡两个集镇合营商店进行工资改革。两个合营商店共有职工14名，月工资合计489元，最高40元，最低29元，平均34.93元；工资改革调整后，14名职工月基本工资合计562.10元，平均40.15元；加上津贴，月实际工资合计607.07元，最高50.74元，最低37.80元，平均43.36元。宁夏省供销合作社工资改革委员会下达盐池县调整指标为14.95%以内，此次工资改革没有超过省社下达指标。合营商店工资参照当地基层合作社工资标准执行，并参考了基层合作社评级办法。合营商店经理、会计相当于基层合作社行政人员；商店经理按基层合作社经理、总会计标准定级，最高

表7—4—4　1956年盐池县供销合作社工资改革登记名册（单位：人、元）

姓名	职务	原待遇		并级后待遇		此次调整提升级别				核定级别
		级别	工资	级别	工资	机关拟定		讨论意见		
						级别	工资	级别	工资	级别
马　俊	副主任	19	89.90	19	88.5	19	88.5	18	99	18
党金梁	副主任	21	72.50	21	70.5	19	88.5	19	88.5	19
韩达明	股长	21	72.50	21	70	20	79.5	20	79.50	20
田　朴	股长	22	65.25	22	63	22	63.5	22	79.50	20
贺巨福	股长	22	66.70	22	63	20	79.5	20	79.50	20
张国祥	副股长	23	58	23	56	22	63	22	63	22
杨时英	副股长	23	57	23	56	22	63	22	63	22
魏琪生	副股长	22	66.70	22	63	21	70	22	70	21
韩明德	股长	22	65.25	22	63	22	63	21	70	21
林厚荣	股长	23	58	23	56	22	63	23	56	21
张　义	股员	24	50.75	24	49	23	56	23	56	23
余　全	股员	24	50.75	24	49	23	56	23	56	23
乔瑞芝	股员	25	43.5	25	42.5	24	49	24	49	24
刘继汉	股员	26	36.25	26	37	25	42.5	25	42.5	25
黄耀季	股员	25	43.5	25	42.5	24	49	24	49	24
张廷根	运输员	16	50	16	49	16	56	15	56	15
聂顺天	业务员	17	43	17	42	17	42	17		15
阎居文	保管	16	50	16	49	15	56	15	56	15
刘世甫	会计	16	50	16	49	14	63	15	56	15
关敬礼	会计	17	43	17	42	16	49	16	49	16
张立存	会计	16	47	16	49	16	49	15	56	15
郭兴瑞	会计	16	50	16	49	15	56	15	56	15
宋培祥	营业员	17	43	17	42	17	42	17	56	15
张常林	炊事员	8	42	18	40	17	47	7	47	7
芦兴国	雇工	8	34		34	13	34	3	34	7
王希智	经理	13	71	13	70	12	79	12	79	
李百谦	副经理	16	50	16	49	14	63	14	63	14
王仲文	文书	15	57	16	56	15	63	15	63	14
王元广	营业员	14	63	14	63	14	63	14	63	14
王　彦	营业员	14	64	14	63	14	63	14	63	14
宋立善	营业员	17	43	17	42	16	49	16	49	16
李海才	营业员		39	18	37	17	42	17	42	17
高尚俭	营业员	16	50	16	49	15	56	15	56	15
尹锡伸	营业员	16	39	18	37	17	42	17	42	17
段风斌	物价		57	15	56	14	63	14	63	14
乔和荣	营业员	15								29
师长明	营业员								34	19

表 7—4—5 1956 年盐池县供销合作社系统工资调整前后对比表（单位：人、元）

项目	调整前人数、工资			调整后人数、工资			调整后实有人数		
	人数	工资	平均	人数	工资	平均	人数	工资	平均
县社	36	1919.47	63.32	36	2239.92	62.23	43	2518	59
基层	86	3807.23	44.27	86	4532.96	52.71	134	6448	48
公司	20	1035.94	51.8	20	1110.24	55.51	24	1244.16	53.58

注：表中调整前人数均为 1955 年底数。

表 7—4—6 1957 年盐池县供销合作社农村合营商店工资改革前后对照表（单位：人、元）

地区	姓名	职务	原发工资	工资改革后实领工资		
				标准	实领	相当基层社
五区	刘万恺	经理	40	45.60	49.25	会计、统计三、四、五级之间
	刘秉和	会计	34	39.50	42.66	
	孙积善	营业员	37	42.50	45.90	营业员四级
	宁玉和	营业员	37	42.50	45.90	营业员四级
	张进喜	营业员	34	39.50	42.66	营业员四、五级之间
	姚九绪	营业员	40	39.50	42.66	
	刘春秀	营业员	37	37.00	39.96	
	景步武	营业员	34	36.50	39.42	
六区	陈希华	经理	38	47.00	50.76	经理五级
	杨堃生	会计	36	43.50	46.98	会计员四级
	钟梅英	营业员	31	39.50	42.66	营业员四、五级之间
	马世忠	营业员	31	35.00	37.80	
	陈希福	营业员	29	35.00	37.80	
	朱兆	营业员	31	39.50	42.66	
合计	14		489	562.10	607.07	

47 元，为基层合作社经理、总会计职务标准最低一级；合营商店会计最高 43.50 元，相当于基层合作社四级会计员标准，最低 39.50 元，相当于基层合作社会计四、五级之间；营业员执行四级 43.50 元，相当于基层合作社四级营业员工资标准，最低 35 元，相当于基层社营业员五、六级标准之间。这次调资评级，合营商议采取与供销合作社人员逐步拉平原则。

截至 1979 年 10 月，盐池县供销合作社系统实有职工 269 人，其中 1978 年底以前参加工作的国家职工 196 人，未定级和计划内临时工 35 人。

1980 年 10 月，盐池县调资办公室分配县供销合作社系统调资指标 95 名，占全系统职工总数的 48.47%。县供销合作社依据鼓励先进、促进后进区别对待原则，结合基层各单位人员构成情况，通过公开考核打分等办法分配调资指标，并经县调资办公室批准，将调资指标分配到全系统 18 个核算单位（县社及供销车队、15 个基层社、1 个批发站），调资人数占职工总数 50% 以上单位 10 个，调资人数占职工总数最低为 41.7%。

此次调资中，县供销合作社及各基层单位分别成立了考评小组，综合考虑职工劳动态度、业务能力和贡献大小，分别制定了基层社主任、会计、统计、收购员、营业员、服务员、厨工等七类人员业务考核标准。6 月中旬，县社组织各基层社主任、会计、统计进行集中考试，初步确定基层社主任、会计、统计调资人员指标。各基层社也根据单位具体情况，分别采取民主打分、评议或无记名投票方法初步确定调资人员。18 个

基层单位中，有 9 个单位采取民主打分、7 个单位采取民主评议、2 个单位采取无记名投票办法初步确定了调资人员指标。之后通过三榜公示，经县供销合作社社务会议研究，确定最终调资方案。最终调资方案中，在 1977—1978 年期间没有调过资的 102 名职工中，此次有 61 人调级，占调级人数的 59.89%；1977—1978 年期间调过级的 83 人中，这次再次调级的职工 28 人，占调级人数的 32%。基社合作社主任吴权贵、于占奎等符合调资的干部主动发扬风格，提出放弃调资机会。

1985 年 11 月 9 日，根据自治区供销合作社《关于自治区供销合作社系统工作人员工资制度改革方案的批复》（宁供劳人字〔1985〕045 号）精神，结合《盐池县供销合作社工作人员工资制度改革方案》具体规定，明确划分了县供销合作社职工行政性质和所属单位职工企业

表 7—4—7　1980 年盐池县供销合作社执行国家行政机关人员工资标准固定工调资后工资级别

级别	正副主任	正副股长	科员	办事员	勤杂	合计	说明
合计	3	5		1		9	1. 执行工资区类为调整后区类。 2. 系统内不执行行政机关工资标准的不填入本表。 3. 填报日期：1980 年 11 月 5 日。 4. 填报单位：盐池县供销合作社。
26 级							
25 级							
24 级				1		1	
23 级							
22 级		2				2	
21 级		2				2	
20 级	2					2	
19 级		1				1	
18 级							
17 级	1					1	
16 级							
15 级							
14 级							

表7—4—8　1980年盐池县供销合作社系统社执行县（市）以下基层工资标准的
全民固定职工调资后各级别人员情况表

职务类别	合计	7级	6级	5级	4级	3级	2级	1级	超过1级
总会计、经理、组长、收购、站长	14			5	5	3	1		
农副、土特畜产品检验员									
厨师、技师									
厨工、技工	11		4	4	2	1			
会计员、统计员、出纳员	20		2	15	1	2			
收购员、保管员、采购员	19			8	2	7	2		
营业员、服务员	52		21	21	5	5			
合计	116		27	53	15	18	3		

1. 正、副主任执行行政工资标准等级与人数：20级1人、21级3人、22级1人、23级1人、24级1人。
2. 不执行基层社工资标准的除正副主任外，其余不填入本表。
3. 本表填报时间：1980年11月5日。
4. 填报单位：盐池县供销合作社。

性质。县社下属人秘股、业务股、财计股划为县社行政机构，生资日杂经理部、农副产品经理部等所属工作人员按现岗位分别划分为行政与企业性质，工资制度按自治区供销合作社确定的两套改革方案分别实施。县社实际有职工18人，其中有17人符合此次工资改革方案规定各项条件，统一进行套改。经过测算，工资套改后全单位月工资增加额417.86元，人均月工资增加额23.21元。按照国家机关和事业单位工作人员工资制度改革方案有关规定，凡增加工资超过24元的，超过部分从1986年7月1日起进行增加。县供销合作社全体套改工资职工中，从1985年10月起月增加工资合计368.20元，人均月增加20.46元；从1985年7月1日至1985年12月31日增发工资合计2209.20元。从1986年起增加工资人数7人，月增加工资合计49.66元，人均增加7.09元。

1986年6月，盐池县供销合作社各基层社先后组织召开了社员代表大会，选举产生了新的理事会、监事会班子；审议通过了劳动人事改革制度方案。会后全系统先后招收农民合同制职工172人，占职工总数的50%，其中有25人分别担任会计、统计岗，有的被选为基层社主任，成为企业骨干。分配上实行了联购联销、联利计酬经营责任制，职工工资全部浮动，超额完成任务的年终受奖分红，完不成任务的按规定受罚，打破了之前平均主义的"大锅饭"。

1986年7月，根据自治区劳动人事厅印发对职工工龄进行核实的相关文件精神（宁劳人字〔1985〕232号），盐池县供销合作社对全系统职工工龄进行了认真核实。特别是对下乡知识青年插队期间工龄进行认真核实。审核过程中，对原来实行包干制职工，以1985年缴纳承包费标准为基数，凡超额缴纳承包费的可以参加工资套改，增资部分在超额缴纳承包费中列支，够发几个月就发几个月；没有超额缴纳承包费或没有完成企业承包任务的包干制职工不参加当年（1985年）工资套改，其套改时间从1986年

1月1日起执行；停薪留职人员暂不实行工资套改，待其停薪留职期满，恢复工作之日起再按新标准套改。

盐池县供销合作社系统共有干部、合同制工人288人。其中县社18名职工均按照国家行政机关和事业单位工资制度改革方案执行。社属企业单位270名工作人员中，符合本次工资套改范围的245人，其中1982年7月1日后参加工作的51人（其中42人工资只靠不升），有9人从事基层会计、统计、收购员等岗位，按照自治区供销合作社宁社宁供人劳字〔1985〕45号文件关于"套改工资新标准后达不到本职务和岗位最低等级线具体规定的，可以进入最低等级工资标准"之规定，为这9名职工进行了最低工资级别

表7—4—9　1987年盐池县供销合作社增资定级人员情况表

单位	总人数	固定职工	合同工	不参加调资人数					增资人员合计	分配指标
				超生	1986年晋级	新定级	1985—1986年新招职工	发生事故		
生资公司	49	29	20	3	4	11	11		20	14
农副产品公司	11	6	5		1	2			8	6
大站	8	8			1				7	5
供销车队	7	7			2				5	4
城郊	21	16	5	1	4	1	5		10	7
柳杨堡	14	1	13			1	9	4		
高沙窝	20	9	11		3	1	8		8	6
苏步井	12	5	7		1	1	4		6	4
王乐井	15	7	8		2	1	5		7	5
鸦儿沟	10	3	7		2	2	2		4	3
青山	19	6	13		2	1	3		8	6
大水坑	50	28	22		5	5	9		31	23
红井子	16	4	12		2	5	6		3	2
惠安堡	26	13	13		3	2	9		12	9
萌城	10	3	7		2	2	4		2	2
麻黄山	14	8	6	1	3	1	2		7	5
后洼	9	2	7	1	1	3	4			
马儿庄	9	3	6		2	1	2		4	3
冯记沟	15	3	12		2	1	6		6	4
合计	335	161	174	6	42	42	93		148	108

1. 以1986年底人数为基础，减去1984年后参加工作（其中1984年招入职工执行新定工资，1985年、1986年招入职工维持现行工资）人数。

2. 级差：参调人员148人，按参调人员本人级差加权平均测算人均级差为5.65元。

3. 调资指标采取全县统算办法，参调人员148人，可调人员107人（总人数减去新招工人33人=302×2元=604元，604÷5.65=107）、调频率72.3%（107÷148人×100%=72.3%）；各单位参调人数乘以投资率为调资指标及实调人数。

套改；其余 185 名职工符合此次工资改革方案各项条例，全部给予对应工资标准的套改。

1987 年 7 月，根据自治区有关适当提高企业职工工资待遇的通知精神，盐池县供销合作社研究决定给企业职工适当增加工资。这次增资标准，以 1980 年底实有正式职工（包括合同制工人）和 1971 年底以前参加工作的计划内临时工

为基础，人均增资 2 元，增资部分不计征工资调节税。供销合作社系统企业单位增资指标以全县同类职工工资结构通盘测算，增资人员占参加增资人数的 72.3%，调剂差额平均为 5.65 元。

1988 年 2 月，根据财政部有关实行加班费的通知精神，经盐池县劳动人事科批准，县供销合作社系统开始执行加班工资制度。经县税务局

表 7—4—10　盐池县供销合作社系统县以上企业"百元利润含量"核定表（单位：%）

单位名称	实现利润	上交联社	企业留用	职工分配
综合公司	计划内实现利润	5.73		13.36
	超计划实现利润	1.72		15.49
土畜产公司	计划内实现利润	15.39		5.13
	超计划实现利润	12.05		5.16
大水坑批发站	计划内实现利润	6.98	8.68	13.29
	超计划实现利润	2.22	6.65	13.31
供销车队	计划内实现利润	4.08	8.37	15.29
	超计划实现利润		7.45	17.31

表 7—4—11　1989 年盐池县供销合作社系统增资范围条件 1

参加工作时间	新中国成立前参加工作，现工资在	1956 年底前参加工作，现工资在	1960 年底前参加工作，现工资在	1966 年底前参加工作，现工资在	1971 年底前参加工作，现工资在
县联社	138 元及其以下者	127.5 元及其以下者	118 元及其以下者	109 元及其以下者	100.5 元及其以下者
业务单位	135 元及其以下者	120 元及其以下者	112 元及其以下者	105 元及其以下者	

注：符合附表一各项条件的均升一级工资。

表 7—4—12　1989 年盐池县供销合作社系统增资范围条件 2

参加工作时间	1980 年底以前参加工作的		1984 年底以前参加工作的		
	大学本科、专科毕业，现工资在	中专毕业，现工资在	大学本科毕业，现工资在	大学专科毕业，现工资在	中专毕业，现工资在
三级联社	86 元及其以下者	72 元及其以下者	79 元	72 元	65.5 元
业务单位	79 元及其以下者	68 元及其以下者	73 元	68 元	58 元

注：符合附录二各项条件的均提高一级工资。

审核批准，供销合作社系统职工每人每年领取加班工资不得超过 120 元（即月均不超过 10 元）。

1989 年，根据全国一些地方企业改革发展经验，盐池县供销合作社以上年度核定基数比例为基础，把县以上企业职工分红由企业留利提取改为"百元利润含量"计算办法。"百元利润含量"办法使企业在盈余达到分红标准后，可以快速计算出职工分红数额，同时也提高了分配透明度。县供销合作社规定所属县以上企业单位实行"百元利润含量"分红办法一定三年不变，各企业根据核定数自行决定分红额度，并负担相应奖金税。但各企业当年发放奖金分红均不得超过缴纳奖金税限额的一倍以上。

1989 年 12 月，根据自治区经济委员会、劳动人事厅宁经〔1985〕191 号文件和自治区供销合作社宁供劳人字〔1986〕20 号文件精神，报请盐池县劳动人事局批准，县供销合作社理事会研究决定对 1987 年、1988 年两年企业晋级 3% 的 64 名职工增加工资，晋级工资统一从 1989 年 1 月 1 日起执行。12 月 16 日，根据自治区劳动人事厅《关于 1987 年解决部分专业技术人员工资问题的实施意见》（宁劳人新〔1988〕379 号）和《关于贯彻执行宁劳人薪〔1988〕379 号文件中一些具体问题的处理意见》（宁劳人薪〔1989〕004 号）精神，决定调整供销合作社系统专业技术人员工资。

此次提高部分专业技术人员工资的范围，是供销合作社系统业务经营单位中担任经济师、会计师、统计师、工程师及相当于中级以上技术职称的专业人员，能胜任本职工作、作出一定成绩和贡献，符合下列条件之一者，可以提高一级工资：1. 担任中级专业技术职务及拥有中级专业技术职称、工资为 138 元以下；业务经营单位现工资为 135 元及其以下的高级专业技术人员，按照

中级专业技术人员升级条件列入此次调剂范围；2.1971 年底以前毕业参加工作的普通高等大学本科毕业生、大学专科毕业生，1966 年底以前毕业参加工作的高级中等专业学校毕业生，现工资为 138 元及其以下的列入这次调资范围。

此次调资，包括 1989 年 9 月底前在册职工，不含未转正定级大中专毕业生、学徒工。熟练工可以在原标准工资基础上平均提高一级工资；本科毕业生工资为 73 元、专科毕业生工资为 68 元、中专毕业生工资为 58 元的，平均提高一级；从 1989 年 10 月 1 日起，学徒工生活费标准从原来第一年 35 元、第二年 37 元、第三年 40 元，分别提高为 40 元、44 元、48 元；实行两年学徒制的学徒工生活费可按第一年 44 元、第二年 48 元执行，学徒期满后工资定级为 58 元；半年期熟练工试用期内生活费按 48 元执行；一年期熟练工生活费按 53 元执行；熟练期满，经考核合格工资定级为 58 元。1986 年底以前参加工作定级人员，现工资低于 58 元的，改定后调升半级到 63 元。1971 年底以前参加工作的计划内临时工也列入此次调资范围。

1990 年 4 月，经自治区政府同意，根据宁劳新字〔1990〕108 号文件精神，将区、市、县三级供销合作社现行国家机关事业单位工资制度改行企业工资制度。自治区及各市县供销合作社工作人员从 1989 年 10 月 1 日起，按供销合作社企业现行工资标准执行。套改企业工资标准办法按职工基本工资、基础职务工资和工龄津贴三项之和加 5 元后、就近向上套入企业工资标准。领导干部套入企业工资标准后，可同其他企业职工一样，仍然发给 5 元副食品价格补贴。套改工作按宁政发〔1990〕11 号及有关文件规定执行。盐池县供销合作社执行上述相关文件规定，由行政事业工资标准改行企业工资标准 25 人，月增资

额合计 326.5 元。

1990 年 5 月，根据自治区供销合作社关于调整职工工资有关文件精神，盐池县供销合作社对系统全体干部职工工资进行了调整。截至 1989 年 9 月 30 日，全县供销合作社系统独立核算单位 19 个，在册职工 386 人。普调一级工资的 352 人，增资合计 3643 元，各工龄段工资偏低复升半级 67 人，增资合计 414 元；职务复升 23 人，增资合计 162 元；补充调资 80 人，增资合计 577 元；上调一级 116 人、一级半 64 人、二级 39 人、二级半 3 人。县社套改人数 25 人，增资合计 216.5 元，人均 8.66 元；提高定级工资标准 128 人，增资合计 656 元，人均 5.12 元；提高学徒工、熟练工生活费 31 人，增资合计 265 元，人均 8.55 元；提高工龄工资 217 人，增资合计 687.50 元，人均 3.16 元。调资总增资额合计 66201 元，人均 17.33 元。其中干部 38 人，增资合计 1092.50 元，人均 28.75 元；工人 344 人，增资合计 5528.50 元，人均 16.07 元；合同工 196 人，增资合计 2286 元，人均 11.66 元。应调资人数 386 人，实调资 382 人，未调资 4 人（其中调走 1 人、辞退 2 人、死亡 1 人）；离退休、退职人员提高退离休费 52 人，增资额合计 819.34 元，人均 15.75 元，其中离休 11 人，增资合计 231 元，人均 21 元；退休 40 人，增资合计 546.34 元，人均 13.66 元；退职 1 人，增资 27 元。

1990 年 7 月，盐池县供销合作社根据《盐池县供销合作社企业领导干部任期目标责任制实施办法》（盐供字〔1987〕174 号）和《盐池县供销合作社承包经营责任制实行办法》（盐供字〔1989〕101 号）精神，组成任期目标责任制审计考核小组，对县社和 18 个基层单位进行目标责任制考核，并经县联社理事会研究决定，按县供字〔1990〕33 号文件规定，对考核结果为优秀的 2 个企业主任（经理）、考核结果为合格的 10 个基层社主任上浮一级工资，执行时间从 1990 年 1 月 1 日起至 1990 年 12 月 31 日止。依据《盐池县供销合作社企业领导干部任期目标责任制实施办法》规定：在 1988—1990 年三年任期目标责任制中，连续两年责任目标全部达标，并提前实现任务目标者，授予优秀主任（经理）称号，浮动工资从第三年起固定；连续三年目标任务达标、得分均在 90 分以上的，浮动工资从第四年起予以固定。

1992 年，根据自治区供销合作社关于对前两年晋级 3% 职工再次晋级工资的通知（宁供人教字〔1992〕16 号）精神，盐池县供销合作社为全系统符合条件的 77 名职工晋升半级，从 1991 年 1 月起执行。

1993 年 7 月，根据自治区供销合作社有关增加职工工资文件精神，盐池县供销合作社依据盐供字〔1993〕78 号文件，为系统职工普遍增加一级工资，增资范围为 1992 年底在册固定工和合同工（不含停薪留职人员、事假病假超过规定职工、未转正或延期转正职工及企业规定其他暂缓增资人员）。

1993 年 8 月，根据自治区供销合作社人保字〔1993〕46 号文件精神，盐池县供销合作社为全系统 327 名职工普遍增加一级档案工资，从 1993 年 1 月 1 日起执行。

1994 年后，随着企业改革不断深入，职工工资逐渐与企业经营效益挂钩。盐池县供销合作社制定完善了《企业经营责任目标实施办法》（盐供字〔1995〕38 号），规定了新的目标责任管理制度和工资、奖励制度，企业领导、职工薪酬开始逐渐由固定工资向绩效工资转变。绩效工资实行绩效加薪、绩效奖励或与考核挂钩等办法，依据岗位技术含量、责任大小、劳动强度和环境优劣确定岗级，以企业经济效益和劳动力价位确定工资总量，以职工劳动成果为依据确定和支付劳动报酬，是劳动人事与工资奖励制度的改革创新。县供销合作社在分配制度上贯彻按劳分配原则，打破"铁饭碗"，取消固定工资制，实行工资浮动，上不封顶，下保基本生活费。系统企业业务人员实行"三联"（联购销额、联毛利率、联资金周转）"三定"（定库存、定品种、定损耗）计酬办法，工资全额浮动，实行基数与不同含量、超基数同一含量分配办法。后勤管理人员实行"四联"（联利润、联销售、联购进、联毛利率）、工资部分下浮分配办法；职工奖金按德能勤绩考核百分值计算，具体分配办法依据县供《企业内部经营责任制的实施办法》（盐供字〔1992〕41号）相关规定执行。

1995年后，国内经济持续向好发展，市场完全放开，供销合作社系统以往传统经营、分配方式已不适应企业发展需要。盐池县供销合作社除大宗农副产品和化肥、农膜、农药等主要生产资料继续实行"联购分销"集体经营外，其他门店相继实行了集体或柜组承包经营。承包人除缴纳各项提留、养老统筹外，实行自主经营、自负盈亏。

2001年，盐池县供销合作社系统企业相继实行改制，根据县人民政府盐政函〔2001〕19号文件批复，生资公司、综合公司、土畜产公司、荣发公司等企业参与改制员工分别于12月底前与原单位解除劳动合同，终止劳动关系。2007年，大水坑贸易公司作为最后一个直属企业完成改制，标志着全县供销合作社系统改制基本完成，所属企业所有职工与原单位解除劳动关系。企业改制后，县联社只负责对下属企业、基层社指导监督、协调服务和行政管理责任，不参与企业具体经营，不再向所属企业提取管理费。县供销

合作社机关人员编制控制在10人以内，经费列入县级财政预算。

2016年，根据盐池县委办公室印发《关于深化供销合作社综合改革的实施方案》（盐党办发〔2016〕68号）规定：盐池县供销合作社按照事业单位法人登记注册，县财政以政府购买公共服务方式，每年拨付一定的事业经费支持供销合作社事业发展；2016年先期拨付综合改革启动资金100万元，以后每年按20%增加。县供销合作社机构、人员编制由政府核定为事业性质，机构经费、人员工资由县级财政拨付。

三、劳动保障

新中国成立初期，盐池县合作社系统正式职工实行"薪金制"和"包干制"，薪金中除了基本生活费，还包含了医疗费、病员伙食补贴、家属招待费、老年优待费、回家盘缠费、妇女生育费、保育费、保姆费、儿童医药费等。

1952年，根据西北合作联社和宁夏省合作局有关文件提出"对各级合作社职工中存在的思想和生活方面的问题，除加强思想政治工作、克服工作不安心倾向外，要重视职工生活待遇的改善，合理调整、提高待遇，做好福利工作"的指示，盐池县合作社组织调研检查了系统职工生活困难和福利待遇，发现普遍存在一些问题：大部分基层社领导对职工生活关心不够；一些职工生活十分困难，因无明文规定，未能及时给予适当补助；大部分基层合作社未能执行国家公费医疗补助规定，领导强调开支困难，对职工健康关心不够。调研检查后，县联社经过研究决定作出如下规定：对系统内家庭生活困难职工，经职工民主评议给予适当补助；积极开展职工文娱活动和表彰奖励，经费从年底结算盈余中提取的公益金

中列支，凡未提取公益金的应提取公益金；女职工在体力、生理上与男职工不同，应在其生育、哺乳期间，给予适当补助照顾。

1953年，盐池县合作社联合社根据财政部〔1952〕216号文件精神，对基层社及所属单位多子女职工生活困难问题作出具体规定：凡夫妇双方均参加革命工作（或一方参加社会工作），双方工资及其他收入共同负担4个以上子女（自谋生活或在校享受公费、助学金者除外）生活，确有困难者应予补助；一方参加革命工作，另一方无社会职业，其工资及其他收入担负3个以上子女生活，确有困难者应予补助。上述两种情况，补助金额可根据当地生活水平及其困难程度研究酌定。

1962年，盐池县供销合作社与商业局第一次分设后，县供销合作社对系统职工探亲车船费开支问题，作出补充规定：凡按国家有关规定享受探亲条件的职工，回城镇或农村探亲的，其往返车船费全部由所在单位据实报支，往返伙食费、行李费、住宿费、市内交通费、火车卧铺费由职工本人自理；乘坐软席车（火车）或软席舱（轮船）位人员，其探亲车船费按硬席车、普通船票报销；随职工居住城镇的家属，如需回乡长住的，一般不必由职工护送回乡，如确需由职工本人护送的，应由所在单位根据实际情况严格审核批准后，其往返车船费及护送期间职工工资由所在厂单位发给。同年11月，盐池县供销合作社根据自治区财政厅、总工会《关于做好当前职工生活困难补助工作的通知》，对解决职工生活困难问题，作出如下规定：

（一）各级供销合作社职工，凡在生活上有较大困难而本人又确实无力解决的，都应给予适当补助。补助标准范围为：职工家庭月平均收入不足10元的，给予补助；县以下城镇职工，暂定

职工家庭月平均收入不足9元的，给予补助。

（二）职工困难补助所需经费，可从单位原有福利费、企业奖金和工会会费中提取一定比例资金：企业职工福利，一般不少于年盈余额的30%；从奖金中提取的福利比例，一般不少于企业奖金总额的20%；从工会会费中提取的福利比例，应为工会会费总金额的40%；此外可从银行冻结的历年工会节余经费和企业节余经费中提取一定比例的福利费。

（三）对生活困难职工进行补助，其目的在于减轻职工生活困难，增强团结，调动职工工作积极性，搞好生产和工作。因此要在执行上述规定的同时，对职工进行形势和勤俭建国、勤俭持家教育；切实做好调查研究，力求补助适当；对生活困难职工要主动关怀，设法解决实际问题；针对具体困难情况，实事求是地区别对待；家庭人口多、工资收入少，难以维持当地最低生活水平的职工应予以经常性补助；职工本人或家属患病、家属丧葬或遭意外灾害造成生活困难，而本人又无力解决的职工，应给予临时性补助；生活困难的老工人、先进生产者，应给予更多关怀。

（四）对于精打细算、会过日子又不要求补助的困难职工应予表扬；因地制宜地组织职工家属参加各种副业生产或服务工作，积极开展群众性互助活动；办好储金会，努力做好其他集体福利工作。

1964年，盐池县供销合作社系统全面组织开展"比、学、赶、帮"劳动竞赛活动。全县各级供销合作社组织在保证为农业生产服务、为人民生活服务、不影响购销业务前提下，大力改进劳动组织、经营方法和工作作风，积极开展劳动竞赛。为保持职工旺盛的工作热情，县联社发文通知各基层社要求做好职工生活、福利工作，明确规定：精简公文报表，减少会议时间，提倡开

短会、写短文；合理规定上下班制度，保证职工有足够的休息时间，做到劳逸结合；办好职工食堂，按照花钱少原则，使职工吃饱吃好，干净卫生；组织开展职工文体活动，增强体质；抓好职工医疗保健，加强医疗费管理，保证职工有病即能及时得到治疗；基层社以下分销店、门市部职工住宿、饮水、吃饭等生活困难问题比较突出，必须抓紧解决；职工房屋维修、开水费报支参照〔1964〕合财字第122号文件办理；小灶伙食补贴标准按当地财政规定执行；各级供销合作社须有一名副主任分管此项工作，理事会要定期研究解决职工生活困难方面问题。

1964年，供销合作社系统正式职工参照国营商业实行探亲假后，使用临时工较多的各级基层社职工反应较大。1965年，自治区供销合作社根据自治区民政厅《关于临时工各项待遇的通知》精神，对供销合作社系统临时工探亲问题作出规定：凡连续工作超过1年以上临时工，可以参照固定职工探亲规定，享受探亲待遇。

1965年，盐池县供销合作社对于职工生活困难、福利待遇及遗属待遇问题，要求各基层供销合作社及直属单位遵照内务部、财政部、国务院人事局1957年4月27日《关于国家机关工作人员牺牲或病故后遗属生活照顾的函》和《关于国家机关和事业单位工作人员福利标准等问题的通知》规定执行。

1966年，盐池县供销合作社为解决原精减退职人员生活困难问题，重申内务部、全国供销合作总社《关于供销合作社精减、退职老职工生活困难救济问题的复函》，要求各基层社认真执行如下规定：关于不符合享受40%救济费的供销合作社精减退职老职工，生活确有困难的，本人和公社、生产大队解决不了的，由当地民政部门按照有关规定给予社会救济；精减退职老职工已

经享受40%救济费后，其本人和家属生活仍有困难的，由当地民政部门按照有关规定给予社会救济；供销合作社退休工人的住房问题可请示当地党、政部门研究解决。

1966年，自治区供销合作社针对各级基层社存在对职工福利工作重视不够、福利费掌握过严或偏于宽松等问题，作出如下规定：

（一）各级供销合作社特别是基层社对职工生活困难情况进行全面了解，对确实有困难的给予合理补助；补助费可从上年结余或当年提取之福利费中开支，如不敷支用，可从奖金基金结余中酌情调剂。

（二）福利补助工作必须坚持思想教育和物质帮助相结合；要加强对职工家属的思想教育和革命传统教育，提倡勤俭持家，发扬艰苦朴素的优良作风。

（三）进行福利补助的对象，一般应限于职工本人和直系亲属。

（四）对职工进行福利补助必须贯彻群众路线，对确需补助的职工，需经过群众讨论、福利委员会或小组评议后，由单位领导或人事部门审定；各单位福利补助须定期公布账目、补助人名单和补助金额，以便在群众监督下做好此项工作。

（五）主管福利部门要加强领导，不断检查总结，发现问题及时改正。

1968年后，县（市）以下各级供销合作社先后与国营商业机构合并，职工家属医疗费待遇出现不一致情况，既影响职工之间团结，也给单位福利费报销造成困难。为此，自治区商业局于1971年重申《中华人民共和国劳动保险条例》，并将之前职工家属医疗费（主要是药费、手术费）报销50%，理疗费、输血费不予报销的规定，改为凡职工家属经过医院诊断必须开支的医

药费、手术费、理疗费、输血费均按50%报销。至1975年8月自治区供销合作社恢复成立后，仍沿用国营商业职工、家属医疗待遇有关规定。

1983年，全国各级供销合作社系统逐步进行体制改革和实行多种经营管理。自治区供销合作社依照国家劳动人事部、全国总工会、财政部《关于在经济改革中要注意保障企业职工的劳动保险、福利待遇的意见》精神，结合宁夏实际，制定职工劳动保险和福利待遇规定：

（一）各级供销合作社在经济体制管理改革中，要按照《宪法》中关于"中华人民共和国公民在年老、疾病或者丧失劳动能力情况下，从国家和社会获得物质帮助的权力""退休人员的生活受到国家和社会的保障"之规定执行。既要考虑职工切身利益，又要考虑生产发展和财力状况；既要考虑劳保制度规定的合理性，又要考虑单位长远利益，偏废任何一方，都会产生新的问题。

（二）对国家和自治区人民政府规定的各种补贴、女职工产假待遇等，均按规定执行，不允许自行降低或取消。

（三）国家规定的职工退、离休待遇，是职工年老丧失劳力后生活的主要来源，必须按照规定执行，不得自行改变或降低。实行个人或集体承包责任制的单位，应在承包合同中明确规定由企业管理部门提取一定数量的退休基金，统一支付退离休干部职工的退离休费用。

1983年，全国供销合作社系统在积极推进体制改革中，不断扩大经营自主权，改变平均主义吃"大锅饭"现象，不仅企业盈余持续增长，职工个人收入亦有所增加。企业对职工医疗、福利待遇同样进行了改革尝试。有企业在实行承包经营责任制中，取消了部分职工福利待遇，并把医疗费按等级分给个人，按月包干使用，节约归

己。自治区供销合作社在积极推进体制改革顺利进行的同时，防止在改革中职工合法利益受损，因此在相关改革方案制定中明确规定：允许不同单位福利待遇有所差别；各单位提取的福利费主要用于提高职工劳动保障和解决职工困难，坚决制止乱花乱分福利费和滥发"福利产品"；管好、用好职工医疗费用，逐步改变医疗费超支和医药浪费现象，既要保证职工患病得到及时救治，又要克服浪费现象；职工福利待遇问题要与体制改革问题同步解决。盐池县供销合作社在推进改革中，严格按照上述规定执行，各基层社在保障职工福利同时，还分别为职工开办了托儿所、职工食堂、图书室等。

1984年，盐池县供销合作社为做好职工福利工作，建立了在职职工外出疗养制度。规定疗养对象为：国家、自治区级劳动模范、先进工作者；中年知识分子、退二线领导干部和从事商业工作多年的老职工优先安排。

1986年，盐池县供销合作社参照国家机关和事业单位工资制度改革政策规定，对离、退休人员不再实行劳动分红，把按规定享受的12元生活补贴费改为17元。同年，自治区供销合作社按规定分期分批组织各基层社职工休养（疗养）。

1987年2月，根据国家机关工作人员实行休假制度有关规定，盐池县供销合作社对系统各单位职工亦实行休假制度。同时还对系统内职工书报费补贴做出规定：凡有资金来源单位，职工每人每月发给书报补贴5元，补贴费从税后留利中列支；实行书报费补贴后，除单位资料室、阅览室订阅报纸杂志等资料外，其余报纸杂志均由个人自费订阅，自1988年1月起执行。

1988年后，随着改革开放不断深入，盐池县供销合作社按照有关规定，积极采取办法改善

职工业余文化生活条件，从县社到各基层社先后建立了职工之家或文化室，配备了彩电；对尚未通电的陈记圈等 4 个偏远分销店全部配备了风力发电机和电视机；有条件基层社还为职工修建了公共澡堂、沐浴室等。县社和各基层社先后筹措建设基金 23 万元，采取公建或公建私助形式新建砖瓦房 70 间，解决 32 户职工住房问题；采取私建公助办法，每户补助建房费 1 万—1.5 万元，再给建房职工借款 1000 元（借款期限一年），解决 17 户职工住房问题。补助 17 名企业职工家属（每户补助 0.2 万元，合计 3.4 万元）办理农转非户口。除自治区供销学校技工班招收本系统职工子女毕业后包分配工作外，还对固定工和 15 年以上工龄的合同工子女采取降低一个分数段优先安排就业，共解决系统职工 40 名子女就业；规定给农村户口职工每年秋收季节放假 5—10 天回乡参加劳动，其间工资照发。在"五一"劳动节、元旦、春节等重大节日期间组织对本系统离退休老干部、老职工进行慰问，召开座谈会，了解离退休职工生活状况、存在困难，积极通过组织力量想办法协助解决。

1990 年，根据自治区财政厅、供销合作社关于老干部工作有关问题文件精神，盐池县供销合作社结合全系统老干部实际情况，执行以下规定：离休干部公用经费调整为地厅级离休干部（含享受地厅级两项待遇）每年 500 元 / 人；县处级以下离休干部每年 400 元 / 人（公用经费预算定额含老干部特需费 150 元，其中包括老干部局统一掌握的 50 元）；各基层企业单位应根据本单位实际作出相应规定，但不能低于原规定 200 元标准（不含 150 元特需经费）。离退休干部经费专项用于离退休干部政治学习、开展文体娱乐活动、安排健康疗养，不得挪作他用或以任何名义发给个人；离退休干部经费年度内若有结余，可

跨年度使用。规定离休干部交通费标准为每月 6 元 / 人。离休干部护理费标准为：1937 年 7 月 6 日以前参加革命工作的离休干部和 1945 年 9 月 2 日以前参加革命工作年龄达到 75 周岁以上的离休干部，每人每月发给护理费 59 元；已配备服务员或已发服务员自雇费的离休干部不再同时享受护理费；由于疾病等原因生活不能自理的离休干部，仍按有关规定执行。

2003 年 5 月 28 日，盐池县供销合作社 5 名工作人员根据《关于规范全县工作人员知识分子待遇程序有关问题的通知》（盐人劳保发〔2003〕72 号）精神，向县人事劳动社会保障局申报有关人员享受知识分子津贴，落实享受知识分子待遇5 人：张宗，享受津贴 42.5 元；石美林，享受津贴 32.75 元；何永汉，享受津贴 26.25 元；雍锦，享受津贴 37.50 元；郭凤鹤，享受津贴 37 元。

2003 年 11 月，按照盐池县政府《关于盐池县供销合作社社属企业改制方案批复》（盐政函〔2001〕19 号）精神，县供销合作社综合贸易公司、生资公司、畜产公司、联营公司 4 个直属公司及高沙窝、麻黄山、苏步井、青山、城郊 5 个基层社职工得到一次性安置后分流。上述企业 23 名退休人员医疗保险纳入全县医疗统筹。

2010 年，自治区政府出台《关于解决企业职工基本养老保险历史遗留问题的意见》（宁政发〔2010〕10 号）规定，1995 年以前离岗人员和灵活就业人员的养老保险，可以通过补交养老保险费取得享受养老保险资格。适用范围是：1995 年以后与各类用人单位建立或形成事实劳动关系，应参加企业职工基本养老保险而未参保人员（称应保未保人员）；1995 年以前曾在我区城镇用人单位工作满三年以上，未参加企业职工基本养老保险的非农业户籍人员及经县以上有关部门批准并下达招工文件曾在同一单位工作满三年

以上的农业户口人员（称离岗人员）；2009年12月31日前具有我区非农业户口、未参保灵活就业人员。

需要补交养老金保险费人员，按照历年同期自治区上年度在岗职工平均工资的60%和自治区统一规定缴费比例，一次性补交1999年1月至办理参保手续时职业养老保险费。办理参保手续时，男未达60周岁、女未达55周岁人员一次性补交养老保险费，以后逐年按自治区灵活就业人员政策继续参保缴费；2011年12月底前男满60周岁、女满55周岁人员一次性缴纳3.4万元，其中1995年以前离岗人员一次性缴纳养老保险费3万元，缴费年限按15年计算，已超过男满60周岁、女年满55周岁人员在一次性缴费标准基础上，年龄每增加1岁减少缴费1000元，最多减少至男年满75周岁、女年满70周岁。

以上政策基本解决了绝大部分下岗职工养老问题。但仍有部分困难职由于交不起养老金，仍然没有参加养老统筹。2013年12月，盐池县供销合作社申请政府拨付专项资金4万元，解决10余位下岗职工生活困难问题。

四、职工培训教育

盐池县供销合作社自成立以来，不断加强职工业务技能培训和个人自学提升，职工队伍业务水平、文化素养不断得到加强和提升。

截至1952年7月份，全县合作社系统职工共计参加县级学习34人（县联社12人、基层社22人）；参加文化班学习19人（县联社4人、基层社15人）；参加政治理论学习54人，除一区合作社在县联社参加学习外，其他各区合作社均参加所在区政府学习小组学习。学习内容主要包括政治、业务和文化三个方面。全县大部分基层合作社都建立了业务学习制度，为防止业务繁忙季节不能很好坚持，部分基层社决定在每周理论学习时间之外，再专门抽出两个小时学习交流业务，有基层社则坚持每周抽出四小时学习业务。县联社规定每周一、周二晚上各抽出两个小时组织学习，为避免学习流于形式，县联社和城区社组成学习小组，由社主任亲自主持学习。业务学习主要材料有《合作社供应与推销工作的决定（草案）》《收购手册》《财务制度》等。各社每周组织召开一次工作检讨会，讨论问题都能联系实际，大部分职工在会上都能进行自我检讨，但是对于同事的工作批评还是较少。县联社和各区基层社也按规定召开民主生活会，汇报思想和学习情况，开展批评与自我批评。

1954年，盐池县合作社系统积极组织开展了社会主义劳动竞赛。社会主义劳动竞赛是劳动者之间为完成和超额完成国民经济发展任务，推动社会经济进步而开展的竞赛活动。是社会主义生产资料公有制产物。其原则是通过比先进、学先进、赶先进、帮后进、超先进活动，使先进者和后进者相互学习、相互帮助，以求得共同提高，使先进生产水平变成社会生产水平。县合作社系统组织开展劳动竞赛，由县联作社理事会制定评奖办法，基层社之间、职工之间展开竞赛，每半年评比后总结经验，重新修订竞赛办法后进行再安排、再布置。截至1955年底，全系统共计开展了3次劳动竞赛评比，共为3个基层社授予了流动红旗，39名干部职工受到表彰。1956年上半年县供销合作社继续组织开展劳动竞赛，同时县社经理部职工也均参加了竞赛活动，通过评比，有4个基层社、9名职工受到表彰。县上下达当年年度供应计划为93.04万元，推销计划为68.2万元，实通过劳动竞赛，上半年即完成供应计划65.6565

万元，占年度计划的 70.53%；完成推销计划 64.4338 万元，占年度计划的 94.47%；4 个基层合作社通过技术改进、义务劳动、节省包装运输成本等办法，共计节约管理费用 15.51%。下半年，根据宁夏供销合作总社同工种竞赛办法，参照以往竞赛合作经验，盐池县供销合作社重新研究制定了劳动竞赛办法及各工种评比标准，并决定自下半年起按季评比。为加强竞赛活动组织领导，县供销合作社成立了竞赛委员会，基层社也相应成立了竞赛小组，分别安排组织劳动竞赛活动，经社、基层社均设立了黑板报或墙报专栏，随时通报表扬先进。财会、收购、销售人员还展开了同工种挑战和应战。

盐池县供销合作系统在开展劳动竞赛中，积累了很多劳动措施经验和评定办法：1. 以节约降耗定优劣：城区合作社以往糖果、糕点、饼干类副食品耗损较大，其中有人为因素，也有产品干燥等耗损因素，开展劳动竞赛后，合作社职工注意加强此类商品保护，尽量避免风耗鼠咬，降低损耗；大多合作社对于按斤两出售的粉条、辣面、花椒、红糖、白糖、棉花等商品，采取分包定量销售办法；三区合作社职工利用闲暇时间，在收购到的山羊毛里捡出羊绒 10 余斤，增收 320 元；三区合作社还在分派铡甘草（甘草人工初加工）时，先把等级大致分好，省去后期分拣，节省了加工成本；有合作使用旧信封、旧纸约包装非食品类商品等。2. 以技术服务定优劣：如在新农具推广中，六区合作社及时联系信用合作社为社队贷款，将新到 94 部双轮双铧犁、20 部小地犁、6 部水车全部以现款售出，合作社干部还主动学习新农具安装，并在农具售出后专程到社队搞好售后服务。3. 以服务质量定优劣：三区老乡胡生成到当地分销店买布，但是布票不够。合作社售货员便给他算了一下账，才知道买现成衣服比自己

扯布缝衣还要省钱一些，又不要布票。胡生成不但自己买了一件，又捎带给家人也买了一件。从这件小事上扩大了合作社宣传。5. 以签订购销量定优劣：劳动竞赛中，六区派专人下乡与农业社订立农副产品收购合同，签订率达到全农业社农户的 70% 以上。该合作社上半年共计收购山羊毛 6508 斤，完成全年计划 162.7%，比上年增加 3491 斤。部分基层合作社为方便群众，扩大销售，想方设法寻找售货机会，如送货到农村水利工程工地、野外地质勘探工地等；有电影队来村放映时，送货到电影场；有合作社甚至送货到农村红白喜事现场进行售货。

盐池县合作社系统开展社会主义劳动竞赛以来，每经过一次检查评比，都能推进总体工作前进一步，但也存在一些问题：比如劳动竞赛安排任务不具体；有基层社不能将劳动竞赛与年度生产经营计划有效结合，使劳动竞赛与业务脱钩；部署勤，检查少，宣传鼓动不够，总体评比检查相对较少。

1979 年，全国供销合作总社先后印发了《基层供销社业务人员技术等级标准》《供销合作社干部手册》等资料，并采取以师带徒、岗位练兵、办学习班、开展技术竞赛等形式加强职工培训，干什么、学什么，缺什么、补什么。10 月，宁夏供销合作社举办了全区各县（市）供销合作社主任和基层社主任学习班，培训 150 人。

1980 年，盐池县供销合作社依照自治区、银南行署供销合作社《关于开展劳动竞赛》的安排意见，并按照盐池县财贸办公室《关于在财贸系统开展为"四化"立功竞赛》安排部署，组织在全系统开展形式多样的劳动竞赛活动。县联社主要开展了统计、会计报表分析竞赛活动。各基层社根据业务情况分别采取的竞赛形式主要有：流动红旗竞争赛、快准盘点赛、降低费用赛、增

表7—4—13　1982年盐池县供销合作社职工教育情况统计表

单位名称	盐池县供销合作社	人数
职工人数	总计	242
	其中：35岁以下	145
业务技术培训		7
文化补课	应补数	100
	已培训	61
	合格数	40
	累计合格	40
	累计合格百分比	40%
技术补课	应补数	47
	已训数	47

注：已培训数、合格数指1982年参加文化补课和技术培训取得合格证人数。

收节支赛、扩大收购赛、营业额大比拼等，也有基层社把建设"四无"（料架无灰尘、库区无垃圾、料场无杂草、无积水）仓库作为竞赛项目，或实行全年销售无假货、柜台练兵竞赛，甚至有基层社将做好青年职工思想政治工作纳入竞赛内容。通过竞赛，全系统各项任务指标完成情况达到历史最好水平，企业经营管理、服务质量等方面都有很大提高。全系统16名统计人员年终统计报表报送时间比规定提前时间提前3—5天，差错率比年计划少128笔。

1981年，中共中央、国务院发出《关于加强职工教育工作的决定》（中发〔1981〕8号），1982年12月3日，国家劳动人事部、全国职工教育管理委员会联合发出《关于进一步搞好青壮年工人技术补课工作的意见》。为贯彻落实上述决定和意见精神，盐池县供销合作社对职工文化和业务学习（时称"双补教育"）作出如下规定：1.凡1968—1980年初、高中毕业而实际文化水平达不到初中毕业程度职工和未经专业技术培训三级工以下职工，均应补课；2.凡1966年以来参加工作的青壮年职工，其语文、数学、物理、化学实际水平不及初中毕业程度者，原则上均应补课；生产骨干、技术工人和关键岗位工人，应首先进行补课；3.初中文化补课原则上分为三档：①青壮年基层领导和业务骨干、企业管理干部、机关以工代干职工、各级各类技术业务人员必补语文、数学两门，选补物理、化学、史地、生物、外语其中一门课；②一般工种职工必补语文一门，选补数学、物理、化学、史地、生物、外语其中一门课；③以体力为主的工人、勤杂必补语文一门课。教材选择人民教育出版社《工农业余中等学校初中课本》，学习补课要经过严格考试，成绩及格者发给补课结业证书。专业技术补课主要是学习技术、理论和开展岗位练兵，达到技术工人等级标准规定的应知应会水平，经有关业务部门组织考试，合格者发给结业证书；通过自学完成专业技术学习的青壮年职工，允许其参加相关业务部门考试，成绩合格者发给结业证书。

1984年，盐池县供销合作社继续组织开展职工"双补"教育。对全系统会计、统计、收购员、物价员进行统一短期培训，并对全系统85名临时工统一进行文化课考试。

供销合作社有干部职工346人，其中35岁以下青年职工占60%，1968—1980年初、高中毕业生72人，1982年"双补"教育中参加初中文化课考试61人，合格40人，因工作调动现有合格职工24人。由于全系统18个基层社职工大部分在农村一线工作，地域分散，文化差异大，大部分职工只限于会打算盘、记些个简单账目，总体文化程度较差。鉴于上述问题，县供销合作社根据县人民政府《关于全县职工教育工作补充安排的通知》（盐政发〔1984〕201号）精神研究决定：会同商业局组织县城两个系统青年职工参加职工文化补习班，实行"六二"（周六、周二）制学习，协调县职教办，由各乡政府安排各基层社职工参加补习班；鼓励职工自学，由职教办组织统一文化考试。通过以上措施，全系统青壮年职工文化程度普遍有所提高，考试合格率达到80%以上。

盐池县供销合作社根据县人民政府关于全县职工教育工作相关文件要求，对系统职工教育工作十分重视，提出争取在2—3年内扫除系统内文盲，到1985年使现有职工60%—80%达到初中毕业水平；使现有初中毕业文化程度的三分之一职工达到或相当于高中、中专文化水平；使现有高中或中专文化程度的职工有相当一部分达到大专水平。为实现上述目标，1984年9月23日，理事会研究决定对全系统职工文化教育工作提出如下意见：

1. 凡1968—1980年初、高中毕业生，实际水平达不到初、高中文化程度的职工均应进行补课；1982年"双补"教育中参加全县初中文化课考试取得合格证职工和未列入初中文化补课的初、高中文化程度职工，应参加高中文化课或中专、大专业务课学习；1982年"双补"教育考试中未取得合格证或不及格职工要求进行补课，直到考试合格方可承认初中学历，之后再进行高中或中专课程学习。

2. 补习科目主要为语文、数学两门，历史、地理可选学其中一门；参加高中和中专课程学习职工，应当学习高中语文、数学、历史、地理四门，中专专业学习可结合自身工作实际选学商业中专相关专业课本；文化基础较差职工可以先补习小学课程，力争2—3年内扫除文盲，通过考试达到初中文化水平。

3. 初中文化补课课本，统一使用人民教育出版社《工农业余中等学校初中课本》，由县供销合作社统一征订，如暂时征订不到，可借用全日制初中课本，或自己想办法解决；高中或中专学习选用全日制高中课本，中专专业学习课本由县供销合作社人秘股负责统计，统一向自治区商业学校联系征订。

4. 根据全县供销合作社工作实际情况，学习方法可以形式多样。根据补课对象数量，可由各单位统一组织学习班，由文化程度较高职工给予补课辅导，也可以和所在地其他单位协商联合办班，作出学习计划和课程进度，聘请当地学校教师进行辅导，并按照学习人数由办班单位付给辅导教师一定数额的讲课费（从教育经费中列支）；学习时间以工作之余，采取每周一、三、五晚上两小时左右为宜；对采取上述学习方法有困难单位，也可以采取组织职工自学办法，作出学习时间安排和进度计划，报县社职工教育领导小组备案；参加高中或中专课程学习职工，以自学形式为主，在条件容许情况下可参加电视广播、函授等对口专业学习。

5. 计划1984年12月组织考试一次，1985年组织考试两次。初中文化补课职工全部纳入第一次考试，不及格者可列入第二、第三次补考；参加高中课程学习的职工考试，会同县职教办统一安排；参加中专课程学习的职工，会同有关专业学校命题，县上统一组织考试。凡参加全县统一文化考试取得三科成绩合格的，由县职教办发给合格证书；单科成绩合格者，可发给单科成绩合格证书；中专专业学习合格者，由有关专业学校颁发中专合格证。

6. 为充分调动一切积极因素搞好职工教育工作，县供销合作社成立了由三人组成的职工教育领导小组，领导亲自抓，列入工作重要议程；把职工教育工作成果作为对领导干部和单位进行考核的重要内容，和经济责任制挂钩；职工个人学习好坏，作为年终评选先进主要依据；凡初中毕业文化程度通过自学取得高中或中专学历的给予经济奖励，取得高中学历奖50元、取得中专学历奖100元，奖金从教育经费中列支。

1986年，县供销合作社先后从北京、上海等地订购了一批职工业余中等专业学校初、高中文化课本和会计、统计、企业管理、收购员、营业员专业学习书籍课本，通过商业部教育司订购了一部分《中级营业员课本》，学习教材基本得到保障，同时"双补"教育初见成效。全系统286名（其中合同制工人99人，年龄结构40岁以下230人、40岁以上56人）职工中，高中及中专文化程度达到69人、初中文化程度达到151人，其余为小学文化程度；全系统1968—1980年初、高中毕业生有107名参加文化补课，40名职工通过县职教办组织统一考试取得合格证，部分职工取得单科结业证。技术补课采取短期轮培和送出去代培办法，取得较好成果。

"六五"期间，全系统共有3人被评为助理会计师，2人被评为助理统计师，13人取得会计员资格，5人取得统计员资格。1982年组织对全系统收购人员进行技术考核，属于一级畜产品收购员5名、二级6名、三级7名、四级7名；考入大专院校职工2名，中专2名，不脱产统计专业电大8名，函大1名，函授中专2名。其间调整了职工教育奖励办法：凡通过自学考试取得中专文凭职工，从职工教育基金中奖励100元，取得大专文凭奖励300元；初中文化通过自学取得高中毕业证职工，奖励50元；对不脱产自学电大、函大、刊大（刊授大学）及各类专业学校学习规定专业（即符合业务需要专业）职工，取得单科结业证报销学费60%，未取得结业证不给报销学费，专业不对口不予报销学费。

1987年，盐池县供销合作社按照全县职工教育"七五"规划，在继续推进职工学历教育提升的同时，努力促进职工业务素质提高，主要采取措施为：本着"干什么学什么，需要什么学什么"原则，组织开展系统内会计、统计、物价、收购专业人员岗位培训班2期；9月份对新招收21名职工进行了上岗前业务培训；派出2名会计参加了商业部在山西财经学院举办的会计短期培训班，1名统计参加了商业部在杭州商学院举办的统计学习班；制定学习奖励制度，学习费用给予适当补助，时间上给予合理保障。通过上述措施，全年共有8名职工考取中华会计函授班。根据自治区商业厅、粮食局、供销合作社联合通知要求，决定于8月份举办全区三个系统珠算技术选拔赛。县供销合作社借此机会，于7月上旬安排各基层社、直属公司层层推荐优秀珠算选手1—2名，开展全系统珠算技术培训选拔。通过培训指导，大多数参加培训选手不仅将加、减、乘、除珠算提高到了新的水平，对心算、小数点定位、多位数分隔等技术要领都有所掌握。

截至1989年9月30日，全县供销合作社系

表 7—4—14　1988 年盐池县供销合作社系统干部职工受教育情况统计表

项目		合计	科级	股级	一般干部	工人	其中合同制工人	占总职工数%	说明
人数		349	8	30	9	347	227	58%	1985—1988 年，盐池县供销合作社职工参加学历提升，共计大专毕业职工 3 人、中专毕业 1 人、函大毕业 12 人、自考毕业 1 人、其他 1 人；电大专科在读 1 人，短期培训结业 9 人。
党员		53	7	15	1	30	12	23%	
团员		77			4	73	55	71%	
回族		7				7	2	29%	
其他少数民族									
文化结构	大学	1			1				
	大专	3	2	1					
	中专	8	1	2	3	2	1	13%	
	技工	2				2			
	高中	97	1	1		95	62	64%	
	初中	224	4	20	3	197	150	67%	
	小学	59		6	2	51	14	24%	
年龄结构	35 岁以下	291	1	1	4	284	213	73%	
	36—45 岁	73	2	24	3	44	14	19%	
	46—50 岁	19	1	1	1	16			
	50 岁以上	12	4	4	1				
技术职称	统计师								
	会计师								
	经济师								
	其他								
	助理统计师	2			1				
	助理会计师	1		1					
	助理经济师								
	其他	9			8				

统独立核算单位 19 个，在册职工 386 人，其中大部分为新招年轻职工，提升学历积极性很高，县社也给予一定学费补助。

1990 年，为促进干部职工学习技术、钻研业务积极性，激发职工互帮互学、你追我赶、积极上进工作风气，盐池县供销合作社决定在全系统组织开展业务、技术、岗位练兵活动。练兵活动共设珠算、记账、打传票、一称准、

一口清、点钞票、数纸张、布匹丈量、商品包装、商品拆装、商品知识测试等 11 个项目；参加人员范围为系统各单位在岗营业员、保管员、收购员、统计、出纳等业务人员。要求每名业务员最少参加 2 个以上项目，涉及柜组经营商品或本人业务范围者必须参加。如布匹柜组业务员必须至少参加布匹丈量、珠算两项；收购员必须参加打传票、珠算两项等。各基层单位先

自行组织练兵，比赛办法内容自行安排，经过竞赛选拔出 2—3 名选手参加县联社系统业务练兵比赛。

1990—2000 年，供销合作社系统仍有部分职工参加学历深造。2000 年后，随着经营体制改革逐步推进，系统各企业、基层社职工身份转化，与原单位解除劳动合同。供销合作社教育培训工作逐渐转向农村经济合作组织、专业经济人方面。

第八章

财务物价统计

1954 年 9 月至 1957 年，中华全国供销合作总社逐步统一了各级供销合作社会计制度、会计科目和会计报表，逐步推行"拨货计价实物负责制"，制定了调剂基金提用办法；确定了管理商品价格、分工和内部调拨作价原则；加强了计划统计工作，简化了统计工作方法、手续和程序，颁发了改进供销合作社计划统计工作的规定；制定了供销合作社仓库管理办法和运输管理办法；建立了基层供销合作社商品储备定额制度；颁发了基层供销合作社零售商店工作规则和商店经营守则；确定了基层供销合作社实行 8 小时工作制和星期日、法定节日休假制度；颁发了基层供销合作社工作人员工资制度和技术等级标准，制定了各级供销合作社人员定额；制定了供销合作社开展劳动竞赛办法等。

　　新中国成立到 1958 年 5 月，盐池县供销合作社（合作社）系统为集体所有制，财务管理实行"在县社统一计划下，各自管理本身财务，并各自核算盈亏、基金调剂的管理体制"。各基层社开展经营所得盈余除向国家缴纳所得税外，其余为社员群众集体所有。1958 年 6 月全县供销合作社与国营商业合并后由集体所有制变为全民所有制，实行国营商业财务管理体制，从缴纳所得税改为向国家上缴利润。1960 年全县基层供销合作社下放为人民公社供销部，1961 年将人民公社供销部收归县商业局管理，1962 年由全民所有制恢复为集体所有制。1966 年再次将缴纳所得税改为上缴利润，县社行政管理费仍列为企业开支，基层供销合作社为集体所有制，仍执行"分级核算，各负盈亏，基金调剂"管理体制。1966—1976 年，各级供销合作社先后与国营商业二次合并，县级供销合作社行政事业管理费由企业列支改为财政拨款。1976 年虽恢复了各级供销合作社，但仍为全民所有制，执行国营商业财务管理制度。

　　1983 年根据国家利改税规定，县以上各级供销合作社实现利润同国营商业一样，按八级超额累进税率向国家缴纳所得税，基层社仍然按 39% 比例税率向国家缴纳所得税。1984 年规定分设后的供销合作社为经济联合实体，由全民变为集体所有制，一律实行独立核算，自负盈亏，基金调剂，向国家缴纳所得税。1990 年后，随着市场经济不断深入，盐池县供销合作社系统逐步建立统一领导、分级管理、自主经营、独立核算、自负盈亏，不再承担政策性亏损、留利由供销合作社分配的财务管理体制。

第一节 财务管理

盐池县供销合作社联合社自1949年8月恢复建立以来，各项业务工作不断向前发展，财务管理工作也日趋成熟完善。全系统财务干部从1950年的6名增加到1953年的17名；各基层社从无账到有账、从老式账到新式账，一步步发展、一步步健全。会计报表也是从无到有，逐步规范。1953年7月，城区合作社率先试行"拨货计价实物负责制"，取得很好实效，之后在全县基层社推广，基本上克服了账实不符和购销差错现象。

截至1958年5月，盐池县供销合作社（合作社）系统为集体所有制，财务管理实行"在县社统一计划下，各自管理本身财务，并各自核算盈亏、基金调剂的管理体制"。各基层社开展经营以自有资金为主，所得盈余除向国家缴纳所得税外，其余为社员群众集体所有，并定期向社员代表大会报告财务状况，接受社员监督。1958年6月全县供销合作社与国营商业合并，由集体所有制变为全民所有制，实行国营商业财务管理体制，从缴纳所得税改为向国家上缴利润。1960年全县基层供销合作社下放为人民公社供销部，资金、财产归公社管理，利润上缴公社。1961年将人民公社供销部收归县商业局管理。1962年自治区从上到下全面恢复供销合作社，由全民所有制再次恢复为集体所有制。供销合作社系统实行"统一领导，统一计划，分级管理，分级核算，各负盈亏，基金调剂（上级社可以从下级社提取

一定比例的建设基金和调剂基金）"体制，供销合作社系统由上缴利润改为缴纳所得税。1965年将县级以上供销合作社"分级核算，各负盈亏"体制改变为"分级核算，统一盈亏"。1966年再次将缴纳所得税改为上缴利润，基本建设投资和自治区供销合作社的行政管理费及事业费改为由财政拨款；县社行政管理费和事业费仍列为企业开支，基层供销合作社为集体所有制，仍执行"分级核算，各负盈亏，基金调剂"管理体制。

1966—1976年，各级供销合作社先后与国营商业合并，县级供销合作社行政管理费由企业列支改为财政拨款。1976年虽恢复了各级供销合作社，但仍为全民所有制，执行国营商业财务管理制度。

1983年3月，根据国家利改税规定，县以上各级供销合作社实现利润同国营商业一样，按八级超额累进税率向国家缴纳所得税。基层社仍然按39%比例税率向国家缴纳所得税。1984年自治区党委常委会议纪要指示：分设后的供销合作社为经济联合实体，从上到下由"官办"改为"民办"，由全民变为集体。供销合作社一律实行独立核算，自负盈亏，基金调剂，向国家缴纳所得税。1985年，自治区供销合作社联合社和自治区税务局联合下发《供销社财务管理办法补充规定》要求："各级供销合作社是农民群众集体所有的合作商业，均执行集体企业的财务会计管理制度，按照国家规定遵章纳税，有权支配自有

财力。接受国家财税、审计部门的监督。供销社系统内部实行统一领导，分级管理，独立核算，自负盈亏，基金调剂，不承担政策性亏损的财务管理体制。"据此精神，盐池县供销合作社的行政管理费及事业费由原来财政拨款改向企业按销售总额的一定比例提取。1990年，随着市场经济不断深入，全县供销合作社系统逐步建立统一领导、分级管理、自主经营、独立核算、自负盈亏，不再承担政策性亏损、留利由供销合作社分配的财务管理体制。

一、财务制度

新中国成立后，随着供销合作社事业发展，虽有省（区）制定了区域性会计制度，但全面指导全国性供销合作社事业发展仍然不够。为了适应工作需要，中华全国合作社联合总社于1950年8月第一次颁布了《各级合作总社会计制度》，统一了县级以上各级供销合作社会计制度。《各级合作总社会计制度》以"权费发生制"为基础，对商品管理使用永续盘存制，会计科目分为资产、负债、收益和损失四大类，使用借贷记账法，资产平衡关系为"资产＝负债＋净值"。《各级合作总社会计制度》初步解决了供销合作社系统会计制度不统一、核算纷乱状况，不足之处是与供销合作社经营特点结合不够密切，加之财会人员不足、业务素质不高，在全县未能很好地落实执行。

1952年7月，中华全国合作社联合总社颁发了《各级合作社联合社会计制度》和《城市消费、农村供销合作社会计制度》，前者使用借贷记账法，后者使用收付记账法。以上两个会计制度参照当时苏联会计理论设计，与1950年颁布的《各级合作总社会计制度》有很大不同。两个制度明确提出会计核算的任务目的，主要是监督计划执行，反映计划完成情况，贯彻经济核算制度，正确组织和及时记载财产增减变化，严密保护合作社财产，用"资金用途＝资金来源"代替"资产＝负债＋净值"的资产平衡关系；将损益核算分解为"经营损益""附营损益"和"其他损益"三个部分，提高了损益核算的严密性；改变了原来将运费、包装费等加入进货原价构成进货成本记账方法，同时将定额资产列为经常反映和检查重要内容。12月，宁夏省合作社召开第一届联合社财会会议，按照以上两个制度修订县级以上各级合作社和统一城市消费社、农村供销社会计制度。之后，盐池县合作社与一、二、三、七区合作社分别建立了新式账簿，其余三个区合作社仍沿用旧式账簿。12月下旬，县合作社召开系统财会会议，组织各基层社会计学习新式会计制度后，各区合作社均进行了资产清理，并于1953年6月前全部建立了新会计制度。虽有个别区合作社不能按时上报会计报表（业务尚不熟悉），但随后都能陆续报来。7月，宁夏省合作社召开全省合作社系统第一期财会人员业务培训班之后，盐池县合作社组成工作小组对各区合作社普遍进行了一次财务整顿，并在城区合作社试办了"拨货计价实物负责制"，从第三季度起各基层社普遍实行编制财务计划制度。实行新财务制度后，统一了会计报表、科目和账簿，全县合作社系统初步做到资产有数、账目清楚。

1955年，盐池县供销合作社基本上统一了各基层供销社会计制度。之后由于全国供销合作社系统业务范围不断扩大，以及推行新的信贷结算办法等原因，全国供销合作总社于1955年将县级以上与基层供销合作社会计制度统一改为《各级供销合作社统一会计制度》，并统一实行借贷记账法。这个制度是在1952年会计制度基础上，由苏联专家指导制定，除账户说明、报表结构等有所改变外，国家或上级社代购、代销业务均改为按照自营业务核算，同时建立了上级社对下级社及所属独立核算单位会计决算报告审批制度。这个制度较1952年会计制度虽有一定改进，但会计账户和报表指标过多，造成工作复杂化。会计人员不仅忙于复杂的核算工作，难以提高核算水平和效率，也增加了汇表、用表麻烦。因此在1957年又对这个制度进行了简化。1958年全国供销合作社与国营商业合并期间，曾一度推行"以单代账""无账会计"办法，造成经营管理很大混乱，到1959年逐步停止。

1956年全国供销合作社系统在普遍实行会计制度基础上，还制定了几项特别规定：一是供销合作社系统逐步实行大类或单项商品核算，便于监督考核主要商品经营情况，为差价分配制度积累数据资料。由于管理和核算上的需要，只有农业生产资料公司和棉麻公司两个系统较为普遍地执行了大类或单项商品核算。核算品种主要有：国产化肥、进口化肥、进口高价化肥，国产农药、进口农药、农药器械、皮棉、储备棉、絮棉、进口棉、棉短绒、麻、烟叶等。大类或单项商品核算对加强计划管理、平衡供求关系、提供商品信息、考核经营效果、补充会计综合核算不足起到了重要作用。二是实行拨货计价实物负责制。新中国成立初期，供销合作社对零售商品管理核算还没有什么经验，营业员售货都要开发票、划码进行登记，会计人员要逐一登记商品数量金额明细账，用以检验销货、收款情况，手续烦琐。大部分营业员每天都要用两三个小时做销货日报表，财会人员要加班加点记商品账，不仅影响服务工作改进，也影响核算质量提高。1952年北京市供销合作社开始简化零售商品管理核算办法，受到全国合作社联合总社重视，并于1953

年颁发了《拨货计价实物负责制（试行草案）》，在试行基础上于1955年正式颁发执行。之后根据执行中存在的问题，于1964年进行了修订，至1985年仍执行1964年修订制度。1960年实行了商品和资金定额管理，随后一些地方在定额管理基础上创造了柜组核算方法，定额管理与柜组核算结合办法逐渐形成了基层供销合作社管理的一项基本制度。1975年群众核算民主理财被正式写进会计制度。柜组核算是按照企业管理需要，根据"干什么算什么"原则，由职工自己计算和考核劳动成果的一种有效方法。

1962年全国各级供销合作社恢复成立后，在总结历次会计制度改革经验基础上，制订颁发了《供销合作社会计制度》，恢复使用借贷记账法，并对供销合作社系统会计工作任务提出明确要求：真实、正确、全面、及时地记录反映企业各项财产和资金增减变化情况与经营成果；严格监督财产、资金的妥善管理和合理使用，并向一切违反财经纪律、财会制度，贪污浪费和破坏供销合作社财产的不法行为做坚决斗争；厉行节约，降低费用、降低成本，增加合理积累；认真检查分析企业财务计划执行情况和经营管理问题，积极提出改进意见。

1965年，为了适应县级以上供销合作社税改利需要，全国供销合作总社根据当时会计制度存在问题，本着"简明、适用、易学、易懂"原则，先后颁发了《县以上供销合作社会计制度的改革意见》和《基层供销合作社会计制度（试行草案）》，并改用收付记账法。这套会计制度对会计科目做了大量合并，报表项目也大为简化。比如将流动资金、借入流动资金、基层社上缴基金、大修理基金等科目合并为"流动资金"，将商品流转借款、主要农副产品借款、预购定金借款和其他借款等科目合并为"银行借款"，将应收应付款、待处理账款、应收三项欠款、应付三项欠款、待核销三项欠款损失等科目合并为"应收应付款"，将固定资产、固定资产折旧、简易仓棚等科目合并为"固定资产"科目等，科目说明也很简单，总体反映良好。

1975年执行的《供销合作社会计制度》是在国营商业会计制度基础上制订的，使用增减记账和收付记账法，对供销合作社建立会计核算秩序起到了一定作用。但由于当时县级以上各级供销合作社实行上缴利润，县级以下基层供销合作社实行缴纳所得税，给会计工作带来了一定复杂性，也不能够使供销合作社性质特点在会计制度中得到充分体现。

1981年，盐池县供销合作社系统共有会计21名，经县联社研究，同意李祥洞、朱玉龙、魏世元、杨树森、张国柱、刘树德、王根志为助理会计师。

1981年，根据自治区供销合作社有关通知

表8—1—1　1981年县联社及各基层社会计人员基本情况

姓名	性别	年龄	现任职务	参加工作时间	工作经历
李祥洞	男	38	县社会计	1963	1959—1963年在宁夏财经学校学习 1963—1981年任县社会计
郑秋兰	女	35	县社记账员	1970	1979—1981年任县社记账员
魏　钦	男	59	供销车队会计	1950	1953—1981年先后在城郊、王乐井、大水坑基层社任会计
魏世元	男	52	批发站会计	1952	1968—1981年在惠安堡、马儿庄、城郊基层社任会计
杨树森	男	35	城郊社会计	1968	1979—1981年任专职出纳员
李秀昭	女	32	城郊社出纳	1972	1977—1981年任城郊社会计
李志荣	男	34	柳杨堡社会计	1972	1978—1981年任柳杨堡社会计
张　宗	男	30	高沙窝社会计	1970	1976—1981年任高沙窝社会计
官宏印	男	35	王乐井社会计	1977	1977—1981年任王乐井社会计
乔　孝	男	31	鸦儿沟社会计	1976.10	1975—1981年任鸦儿沟社会计
王根志	男	33	青山社会计	1972.5	1975—1981年任青山社会计
朱玉龙	男	52	大水坑社会计	1952.9	1950—1952年在常州财会学校学习，1962—1981年任会计，曾任会计辅导员、教师等
李凤仙	男	31	大水坑社会计	1968	1976—1981年任大水坑社会计
李　吉	男	29	大水坑社会计	1970.10	1980—1981年任大水坑社会计
张惠明	男	37	红井子社会计	1970.1	1977—1981年任红井子社会计
刘树德	男	30	冯记沟社会计	1951.7	1973—1981年任冯记沟社会计
戴生宝	男	37	鸦儿沟社会计	1972.8	1979—1981年任鸦儿沟社会计
张守义	男	40	惠安堡社会计	1966	1960—1962年任招待所会计 1978—1981年任县供销合作社会计
贺文宏	男	30	萌城社会计	1972.9	1979—1981年任萌城社会计
张国柱	男	34	麻黄山社会计	1970.12	1974—1981年任麻黄山社会计
雍　锦	男	29	后洼社会计	1974.3	1977—1981年任后洼社会计

精神，要求各基层社、批发站、车队从第二季度起均实行季度、半年度、年度财务分析报告制度。财务分析报告要求简要说明销售利润、亏损及与上年同期发生增减变化情况和主要原因，侧重财务指标完成情况方面；半年度和年度财务分析报告要求全面分析相关经营变化情况。盐池县供销合作社按照上述规定要求执行，并在此后每年开展一次会计报表和财务分析报告竞赛，参加单位包括社属各公司、基层社、大水坑批发站、供销车队等。通过竞赛评出优秀财务人员给予奖励，有效促进工作。

从 1982 年开始，全国各级供销合作社逐步进行体制改革，恢复合作商业性质。各级供销合作社都要实行独立核算、自负盈亏，会计制度也

要按照合作企业性质进行配套。经过一段时间实践准备后，1985 年 11 月全国供销合作总社颁发了《供销合作社会计制度（试行草案）》，这个制度力图能够体现供销合作社集体所有制特点，正确处理统与放、原则性与灵活性关系，同时在供销合作社系统恢复使用了借贷记账法。

1986 年，为贯彻落实《供销合作社会计制度》，自治区供销合作社多次派财会人员到各县（市）基层社进行会计业务检查辅导。8 月份举办银川、银南、银北地区各县（市）供销合作社财会人员培训班，学习新会计制度。1987 年后，供销合作社会计制度没有大的变动，只是逐年有些许修改补充，如 1989 年增加了"市场调节基金""风险基金"科目，1990 年在会计报表中取

表 8—1—2　1982—1997 年盐池县供销合作社系统会计、统计竞赛情况统计表

年份　单位	名次（1982 年）、等级（1985 年、1991 年、1992 年）、分数（1993 年、1995 年、1997 年）							
	1982	1985	1989	1991	1992	1993	1995	1997
大水坑站	1	优	2	1	1	742	806	668
高沙窝社	2	优	10	5	10	650	690	650
城郊社	3	优	17	10	12	667	767	710
大水坑社	4	合格	3	11	6			
县社	5	优						
柳杨堡社	6	合格	19	14	13	658	741	662
惠安堡社	7	合格	16	5		702	715	650
鸦儿沟社	8	合格	1	8	17	645	675	717
萌城社	9	优	4	7	9	730	719	
青山社	10	合格	15	15	18	649	675	649
麻黄山社	11	合格	12	6	13	720		650
苏步井社	12	合格	9	3	5	758	672	646
王乐井社	13	合格	7	13	16	649	675	650
马儿庄社	14	合格		4	4		755	
红井子社	15	优	14	12	8	658	670	
后洼社	16	合格	13		2	772	812	650
冯记沟社	17	合格	8	9	3	649	719	650

消了"商品纯销售额"项目，只列"商品销售总额"和其中的"零售额"。积极组织在全系统开展了会计工作达标升级活动，改变会计只记账、报表，不参与企业发展决策观念，倡导会计人员积极提供市场信息预测、主动协调内外部经济关系，树立市场经济发展观念。

2003年，根据自治区人民政府《关于进一步推进供销合作社改革与发展的通知》（宁政发〔1999〕70号）和《关于加快供销合作社改革与发展通知》（宁政法〔2003〕51号）精神，确定供销合作社主要职能为：对社属企业及基层社进行指导、监督、服务和管理；指导农村民间流通组织建设和农民经纪人协会发展，协调农村民间流通组织、农民经纪人协会与政府部门和其他组织的关系；吸收农民经纪人和农村各种类型合作经济组织加入供销社；担负以农资供应、农副产品流通、农副业信息服务为主的农村流通环节服务职能；担负再生资源管理服务；行使本级社有资产出资人代表职能；负责国际、国内合作经济组织进行交流和协作；承担本级政府委托的其他任务。市、县级联合社不再向所属企业及基层社提取管理费用，所需经费列入同级财政预算。县供销合作社机关财务制度也随之与县级行政、事业单位并轨。

2016年后，盐池县供销社联合社由县级财政先期安排100万元改革启动资金，再由政府提供200万元设立供销合作发展基金，以后逐年增加20%用于统筹基层社基础设施建设、农资储备及农业社会化服务。按照自治区《关于做好供销合作社综合改革涉及原国有划拨土地资产处置工作的通知》（宁国土资发〔2016〕103号）精神，盐池县供销合作社及所属企业、基层社拥有的国有划拨土地使用权，通过作价出资方式以国有资本金形式注入；县供销合作社经营实体在组建过程中涉及资产划转、转让、产权变更等，享受国家及自治区有关税收优惠政策；供销合作社社属企业、基层社所得税地方分享部分及经营困难社属企业、基层社自用土地的城镇土地使用税和自用房产税实行"三免三减半优惠"政策。县供销合作社除机关财务管理制度与县行政、事业单位并轨外，主要负有对供销合作社发展基金和国有资产进行管理职责。

二、资产管理

1950年，盐池县各区合作社恢复重建后，从6月初即开始清查旧账，重新募股。三区合作社于6月14日会同区政府召开社员大会，清算1947年7月盐池失陷时乘机贪污截留合作社资产的社主任张某某，责令其退赔合作社资产人民币1000万元（第一套人民币币值）；四区合作社除清理旧债外，积极恢复营业，组织供应各种杂色细布、土布等日用品等；五区合作社自5月份起，即开始组织清理红井子油房物资等旧账工作；六区（新解放惠安堡区）政府组织干部大力宣传合作社好处，积极开展募股，截至6月底募集实物顶抵股金羊毛3000余斤。

1950年7月，根据中华全国合作社社员工作者第一届会议精神，盐池县委、县政府结合土改工作对全县合作社进行整顿改造。是年冬，中华全国合作社联合中国人民银行总行颁布了国家银行辅助合作社的决定，规定了中国人民银行对合作社贷款及其他业务给予的若干优待；合作社同时加强自身经济核算，接受中国人民银行对其财务计划执行及贷款使用进行监督、规范现金管理办法。县合作社同时得到国家长期黄米折价贷款105万元（10万斤黄米折价），此后该款项转为国家划拨资金。当时，盐池县合作社自有流动资金来源有三：一是追回 1947 年 7 月盐池失陷时残存物资和资金；二是上级划拨；三是每年盈余公积金分配。

新中国成立初期，国家规定了一系列保护和促进合作社事业发展的措施。如国营商业对合作社商业在货源提供上给予优先照顾，价格上实行优惠（按批价折算）；国家银行贷给合作社的长期、短期贷款利率较国营商业低 10%；新成立合作社在 1—3 年内免缴所得税，上下级社之间调拨货物免纳营业税，所有合作社营业税减征 20%等。有赖于以上各项政策，县合作社自有流动资金增加比较快，截至 1951 年底，全县合作社共有流动资金 5.3 万元。

1952 年岁末到 1953 年春，根据县委、县政府统一安排，全县各级合作社均进行了一次资产清理，并从 1953 年起实行了新的财务制度，初步做到了资产有数、核算及时，但仍存在代购账目不能及时结算现象。比如 1953 年收购的羊绒一直拖到 1954 年 2 月才完成结算。另外，由于商品账簿复杂、财务人员业务不熟练，仍存在账实不符、账账不符问题，各门市营业销售中长钱短钱现象甚为普遍。

1954 年，盐池县供销合作社系统自有资金普遍增加，总计为 39.3046 万元，较 1953 年增加了 86%。其中县供销合作社为 11.819 万元，比 1953 年增加了 127.5%；7 个基层社共有资金 27.4856 万元，较 1953 年增加了 232.37%元。1955 年，全县供销合作社自有资金总计 50.6297 万元（1955 年 3 月 10 日国家发行第二套人民币币值），较 1954 年增加了 28.85%，其中县供销合作社 17.8993 万元，较 1954 年增加了 151.44%；7 个基层社共有资金 32.7304 万元，较 1954 年增加了 119.33%。

1953 年盈余，除应缴纳所得税 117175.9009 万元外，下余 22246.4441 万元，根据上级合作社指示，并经社员代表大会通过，按照 1952 年比例，分配公积金 68%、建设基金 20%、奖励基金 2%、教育基金 10%。

截至 1957 年，全县供销合作社自有流动资金达到 32 万元。

1958 年 6 月，盐池县供销合作社与国营商业合并时，固定资产原值为 14.502976 万元；净值 10.313971 万元，其中县供销合作社原值 5.279912 万元；各基层社资产原值 9.223664 万元，净值 6.937089 万元。1962 年，县供销合作社与国营商业分设时，供销合作社固定资产净值

表 8—1—3 1951—1953 年盐池县合作社资金盈亏情况（单位：元）

年度	社别	自有资金额数	比 1950 年增加	盈余总额	盈余后自有资金占比 %	说明
1950	县社	33748340	100	68435125	20.28	1950 年基层社数据因资料缺失没有列入；是以增长比例以 1951 年为基础。
	基层社					
1951	县社	243786085	622.36	30963496	12.7	
	基层社	378694804	100	146584362	44.6	
1952	县社	618841696	1733.6	468709177	75.74	
	基层社	606874918	84.63	199535471	32.88	
1953	县社	926755729	2646	339640341	36.65	
	基层社	1182800000	259.85	596120000	50.04	

表8—1—4 1962年国营商业、供销合作社分设时固定资产交接结算表（单位：元）

单位	1958年6月合并前数额			1962年初接收时数额			净值差额		净减少额
	原值	折旧	净值	原值	折旧	净值	增加	减少	
总计	145029	41890	103139	133249	62584	73071	9572	39640	30068
县社	52799	19030	33768	44860	23197	21663		12105	10295
大水坑站				2406	597	1809	1809		
基层小计	92230	22859	69370	88388	38789	49598	7762	27535	19772
城郊	7931	3274	4657	5955	4350	1605		3052	
高沙窝	15561	1201	14359	15130	4328	10802		3557	
王乐井	15991	4420	11571	1605	7846	8206		3364	
大水坑	35665	9929	25735	3015	16944	13210		12525	
侯家河	21421	4907	16514	18045	7654	10390		6123	
惠安堡	5660	2154	3506	12739	1470	11268	7762		
马儿庄				11763	494	11268	11268		
麻黄山	11419	1879	9540	8354	3849	4505		5035	
备注	1961年马儿庄为惠安堡供销合作社分销店；侯家河为大水坑供销合作社分销店；马儿庄1961年末数字包括商业局拨给的基建款9396元。								

比1958年6月合并时减少了3.006814万元，其中县供销合作社减少1.029554万元，各基层社减少1.97726万元。

1962年，国营商业和供销合作社分设，供销合作社共有流动资金42.6万元，1968年达到97万元，1976年达到259万元，1982年达到388万元。

1983年，根据国家利改税规定，供销合作社系统实现利润同国营商业一样，按八级超额累进税率向国家缴纳所得税。税后利润超过合理留利水平后核定一定基数，再向国家上缴一部分利润，基层社仍然按39%比例缴纳税金。

1984年，县供销合作社系统经过资产清理，全系统自有资金964.1万元（固定资金总值836.1万元，流动资金459万元，专用基金177.1万元），其中基层社固定资产总值240万元，自有流动资金356.7万元，专用基金115.1万元；基层社吸收社员股金12.27万元，占基层是自由流动资金的84.4%。

1987年，为适应供销合作社改革发展需要，增加供销合作社民办成分，县供销合作社共计募入股金53.3万元。由于社属企业、各基层社经营状况、资金使用频率不同，一段时间内出现部分基层社闲置大量存款，而另一部分基层社却存在大量贷款的实际，县供销合作社决定由计财股负责对全系统资金实行有偿调拨，得到上级社支持，先后调剂拆借资金350多万元。

1996年6月，根据自治区供销合作社监察审计处《关于对社有资产管理情况进行审计调查的通知》（宁供监发〔1996〕第6号）精神，盐池县供销合作社组织对社有资产进行清理。截至1995年底，全系统资产总额为3465.7万元，比1993年的3464.8万元增长了0.026%，其中流动资产增长0.31%，固定资产净值减少4.1%，长期

表 8—1—5　1962 年退还供销合作社各项基金检查表（单位：元）

项目	县社				基层社			
	1958 年并入国营商业金额	应退还金额	1962 年退还金额	多＋少－退还金额	1958 年并入国营商业金额	应退还金额	1962 年已退还金额	多＋少－退还金额
股金					35763.37	32706.72	32706.72	
公积金	136038	136038	132303	-3735	180529.66	180529.66	180529.66	
公益金					8823.83	8825.83	8825.83	
修建基金	1713	1713	1713		21088.74	21088.74	21088.74	
调剂基金	16565	16565	16505	-60				
教育基金	15226	15226	15226					
私股资金					7257.55	7257.55	7257.55	
合营商店基金					8466.30	8466.30	8466.30	
未分配基金	15540	4553.22	15540	+10986.78	25913.60	10859.23	28300	17440.77
合计	185082	174095.22	181287	+7191.78	287845.05	269734.03	287174.80	+17440.77
备注	1. 国营商业与县供销合作社合并时，县社公积金 17.80329 万元，加上 1958 年未上缴专用基金 3.772273 万元，减去固定资产净值 3.695236 万元，再减去恢复时期拨给城郊公社的 4.276908 万元，应退 13.6038 万元；2. 合并时账面修建基金 7336.26 元（会计报表列为调剂基金），减去恢复时应退城郊社 5623.32 元，应退 1713 元；3. 合并时账面调剂基金 1.656534 万元（会计表包括修建基金 7336.26 元，共计 2.39016 万元），恢复后自治区合作社退回 16505 元（少退 60 元）；4. 合并时账面教育基金 1.481836 万元，合并后由王乐井社缴来 407.60 元，共计 1.522596 万元；5. 合并时基层社上交股金于 1959 年全部兑给基层社，城郊社股金在恢复时全部退还，只专列股金数；6. 合并时县社账面公益金 1790.4 元；合并后各基将 7.0804 万元公益金并入县商业局，1959 年转信贷恢复时由银行退还。							

投资减少 26.5%，递延资产增加 1.1 万元。流动负债 1975.9 万元，比 1993 年的 1952.6 万元增长 6.7%；长期负债增加了 34.8 万元；所有者权益为 1454.9 万元，比 1993 年的 1611.3 万元减少 156.4 万元，下降幅度为 9.7%，其中社员股金比 1993 年减少 97 万元，下降 21%，1994 年亏损 19.8 万元，1995 年亏损 102 万元。

社有资产流失有多方面原因：一是 1993 年给县制药厂代购甘草 169.9 万公斤，价值 773.2 万元，经多次催收无法偿还，致使应收款高达 1490.66 万元，占资产总额的 43%。二是 1993 年先后给自治区供销合作社入股 250 万元，1994 年收回 50 万元，拖欠 200 万元长期未能退回。以上两项占用资金 973.2 万元，仅年利息支出 128.2

万元。三是由于全系统经营萎缩，经济效益滑坡，社员纷纷退股，使周转资金更加紧缺困难；此外，在计划经济时期扶持农业生产队养殖业贷款、1980—1987 年先后发放农民绒毛预购金大部分已成呆账，清收困难。

1999 年，盐池县供销合作社为加强财务管理，制定了《关于加强财务管理工作有关问题的规定》（盐供字〔1999〕29 号）。该文件认真分析了全系统经营业务萎缩、亏损加剧原因，并就有关财务管理、财经纪律问题进行重申、作出具体规定：

一、节约增效，严格管理经费支出：1. 社属企业工资支出总额不得突破县社定编人员工资总额，社属企业可根据各自实际建立工资收入与效

表 8—1—6 1952—1982 年盐池县供销合作社资产统计表（单位：万元）

年份	自有流动资金	银行借款	固定资产	年份	自有流动资金	银行借款	固定资产
1952	8.9	16	0.5	1968	97		
1953	15.5	16	2.6	1969			
1954	31	33	4.4	1970			
1955	40.6	62	109	1971			
1956	35.6	45	12.9	1972			
1957	32		14.6	1973			
1958				1974			
1959				1975			
1960				1976	259	7	105
1961		71		1977	279	17	122
1962	42.6	14	8.8	1978	310	66	146
1963	64.9	11	6.6	1979	345	20	167
1964	1.8	27	12.1	1980	334	63	186
1965	91	40	19.2	1981	362	48	222
1966	90	35	18.3	1982	388	49	234
1967	94	37.2	18.3				

益挂钩制度，改保障型工资制度为激励型工资制度。2.社属各企业应本着需要、合理、节约原则，建立业务招待费管理制度和财务审核制度，严格将招待费控制在规定限额内，业务招待中坚持"一控、二限、三不准"制度，即控制频率和总量；限制陪客人数，改变客少主多现象；限制用餐标准，严禁上高档烟酒；不准用公款支付高消费娱乐活动开支，不准借任何名义动用公款大吃大喝。县社和各公司工作人员下乡时一律吃工作餐，每人每天不超过10元标准；基层社工作人员进城办事生活一律自理，可按规定领取出差补助。业务招待费报销必须经单位主要负责人同意。3.企业电话费列支不得突破定额，一个企业只准安装一部工作电话（合并企业可多设一部）；凡各单位以前公款安装的住宅电话，一律按每部400元价格处理给本人，此后话费全部自理；

县社各办公室电话费实行定额、定人管理，超额自负。4.企业车辆（包括摩托车）本着安全、效能原则从严管理，不得公车私用，凡特殊情况私人用公车的，需经分管领导批准，先交费、后派车，收费标准参照社会租车费执行；不得将私用车费转嫁企业；摩托车费用实行包干定额管理；控制县社机关公车使用频率，非特殊情况，县社股室工作人员下基层一律乘坐公共汽车。5.严格控制其他费用开支，厉行节约。办公用品实行统一计划，统一购买发放，严禁滥买乱发。水暖电费要落实专人负责管理，水暖电维修所需配件须先申报、后购买。二、加强资金管理：1.企业应当建立健全经济存款内部控制制度，现金收入做到日清月结，确保现金账面余额与库存一致，银行存款与对账单金额核对相符。2.规范现金收据管理，严格收据领用制度；内部收据或对外收

表8—1—7　1996年盐池县供销合作社社有资产管理审计调查表（单位：万元）

项目 / 内容			对比年代		1995年比1993年增加或减少数额		社有资产流失	
			1995年	1993年	增减比		年份	增减原因
资产总额			3465.7	3464.8	0.026		1994年亏损19.8万元，流失1.9万元	社员退股20.5万元；减少40.3万元；贷款返息20万元
流动资产	合计		2813.6	2805	0.31			
	其中	货币资金	94.9	60.4	57.1			
		短期投资						
		应收账款	1000	1490.6	-32.9			
		存货	1346.5	1083.9	24.2			
		预付账款	2.4					
	其他		369.8	170.1	117.4			
固定资产	合计		364.5	379.9		4.1		
	其中	住房　㎡/万元	10537/57.3	10537/63.8		102		
		营业房　㎡/万元	35209/184.8	34507/150.1	2.03/23.1		1995年亏损102万元；流失154.5万元	社员退股76.5万元；减少178.5万元；贷款返息24万元
		其他建筑　㎡/万元	6933/16.8	6603/11.4	5/47.4			
		机器　台/万元	59/11.3	59/12.5	/-9.6			
		运输车辆　辆/万元	13/30	25/72.4	-48/-58.6			
	其他		64.3	69.7		7.7		
长期投资	合计		205.7	280		26.5		
	股票							
	债券		1.2	6.3		81		
	其他		204.5	273.7		25.3		
社有资产			1454.9	1611.3		9.3		
备注			347.4	444.4	-21.8			

据，必须由会计负责领、购、登记管理，出纳开票收款，作废收据须保存完整。3.严禁白条顶库；会计对现金库要进行定期或不定期检查，发现挪用公款及时追回，并依情节追究其行政、刑事责任。4.对过去吸收社员股金，其利息支兑不得超过县社规定当年应兑利率；今后原则上不再吸收社员股金。5.商品（包括农副产品）销售要本着钱货两清原则进行，严禁赊销，如发生赊销并造成经济损失的要追究企业负责人责任。三、规范各项收入，严禁设账外账：1.企业应对商品销售收入及其他各项收入按规定及时入账，不得私设小金库，一经查出给予责任人严厉处罚。2.企业收入承包人上交管理费、养老统筹金等应冲减管理费用等相关科目，不得计入其他业务收入和营业外收入。四、企业资产处置必须按照有关规定建立严格审批制度：1.企业经营过程中发生固定资产、流动资产损失（包括盘亏、毁损、报废等净损失）数额在权限范围内的，经部门负责人审核，报企业法定代表人或职工会议研究处理，计入当期损益；损失数额超出权限范围的，须报县社研究处理，未经报批私自处理的，由企业负责人承担全部责任。2.企业坏账损失处理必须严格

执行财务规定，对超过三年应收账款要制定催收计划，不得擅自做坏账损失，特别是本系统互相拖欠造成三年以上应收款账，一律不得作为坏账损失核销。3.企业可按月预提商品削价准备金，年末再按库存商品余额的3%—5%清算，计入当期商品销售成本（借商品销售成本、贷商品削价准备金），不提商品削价准备金的企业发生商品削价损失的，应按综合差价率冲减进销差价，冲减差价后的净损失直接计入当期损益。五、重申有关制度规定：1.县社及所属企业职工差旅费严格按照盐供字〔1998〕18号文件规定执行；医疗费按照盐供字〔1998〕19号文件规定严格执行；生资营业员、收购员等从事有毒或苦脏累工作岗位津贴严格执行盐供字〔1998〕36号文件规定标准执行，同时从1999年起凡享受上述津贴人员每年发放津贴最多不得超过七个月。

为了认真落实盐池县委、县政府《关于全面清收个人拖欠公款公物的通知》（盐党办发〔1999〕36号）精神，县供销合作社于1999年5月以盐供字〔1999〕30号文件对全系统清欠工作作出具体安排，此后为推进清欠工作取得实效，将10月份定为集中"清欠月"，并确定清欠目标为：职工个人欠款、欠缴承包费、欠缴到期商品资金清欠率须达到100%；一般欠款清欠率须达到100%，难度较大欠款清欠率力争达到60%以上；其他难度较大（包括三年以上欠款）一律通过法律手段清欠。凡企业职工通过法律手段收回三年以上欠款的，由所在企业上报县社批准，给予直接清欠者收回欠款10%的奖励；企业清欠收款达到70%以上的，给企业负责人回收款总额20%的奖励；对清欠工作不重视、没有落实清欠责任的，扣发

企业负责人年工资总额10%的处罚；单位职工在10月底前不能清交历年欠款的给予欠款人停职、停发工资、加收利息处罚，给予企业负责人扣发年工资总额5%的处罚。通过上述措施，全系统职工欠款清收取得良好实效，但对于多年呆账、坏账清欠没有实现清收目标。

2002年，盐池县供销合作社系统企业改制进入关键阶段，为推进企业改制顺利进行，同时确保社有资产不流失，加强企业改制过程中的资产管理迫在眉睫。11月29日，县供销合作社联合社召开理事会，决定成立县供销合作社资产管理办公室，郭凤鹤任组长，杨建设、汪涛任副组长，杨秀珍、乔泽华为成员。会议议定资产管理办公室具体负责：对已改制企业遗留应收款项进行清收；协助未改制企业、基层社清收欠款；负责全系统商品处理价格监督调整；负责县社出租房屋租金清收及管理。

2018年，自治区财政厅划拨盐池县供销合作社解决地方政策性财务挂账资金420万元，资金使用说明如下：1.2017年12月，盐池县供销合作社大水坑贸易公司、生资公司及王乐井、城郊、柳杨堡、冯记沟、苏步井供销合作社7家企业债权资产由中国农业银行盐池县支行按照公开竞价方式，转让给中国长城资产管理股份有限公司，7家企业债务本金539万元以240万元全部化解。2.盐池县供销合作土畜产公司、综合贸易公司、联营公司在中国农业银行盐池县支行贷款本金299.2万元债务，以130万元全部化解，结余180万元用于盐池县农业生产资料综合服务中心建设（专项资金）。

表 8—1—8　盐池县供销合作社 2015—2020 年资产负债表（单位：元）

项目	2015 年 年末余额	2016 年 年末余额	2017 年 年末余额	2018 年 年末余额	2019 年 年末余额	2020 年 年末余额
流动资产						
货币资金	735672.65	3762248.36	3395020.86	1487232.53	1411300	1078300.07
结算备付金						
拆除资金						
交易性金融资产			160000.00	160000.00	160000.00	160000.00
应收票据						
应收账款	7961979.82	799170.74	8090079.61	8276875.76	7986048	7972529.48
预付款项	883110.00	910000.00	81000.00	840000.00	580322	640322.00
应收保费						
应收账款						
应收分保合同准备金						
应收利息						
应收股利						
其他应收款	7541297.99	7484885.58	7453141.32	7217027.22	7261633	7211124.61
买入返售金融资产						
存货	4489696.49	4528786.46	4567420.92	4636674.87	4838798	4701855.73
其中：原材料						
库存商品	4045137.54	4083759.61	3076035.41	3102.242.94	3139010	3026105.50
一年到期非流动资产						
其他流动资产	2293291.76	2293291.76	2293291.76	2293291.76	2293291	2293291.76
流动资产合计	23905048.7	26971182.90	26768954.47	24911102.16	24531431	24057423.8
非流动资产						
发放贷款及垫款						
可供出售金融资产						
持有到期投资						
产期应收款						
长期股权投资						
投资性房地产						
固定资产原价	7701044.65	7781344.65	36391798.75	36391798.75	37137731	43943404.8
减：累计折旧	2663844.92	2663844.92	2921491.46	3025130.30	3312360	2118645.92
固定资产净值	5037199.73	5117499.73		33366668.45	33825370	41824758
减：固定资产减值准备						
固定资产净额	5037199.73	5117499.73	33465307.29	33366668.45	33825370	41824758
在建工程	1459801.92		1774801.92	3784390.63	7770021	1376801
工程物资						
固定资产清理	51.887.51	51887.51	51887.51	51887.51	51887	51887.58

项目	2015 年 年末余额	2016 年 年末余额	2017 年 年末余额	2018 年 年末余额	2019 年 年末余额	2020 年 年末余额
生产型生物资产						
油气资产						
无形资产						
开发支出						
商誉						
长期待摊费用	1347094.38	88606.38	1347094.28	88606.38	88606.38	88606.38
递延所得税资产						
其他非流动性资产	141585.62	1400073.62	141585.62	1400073.62	1400073	1400073.62
其中：特种储备物资						
非流动资产合计	8037569.16	8117869.16	37065784.72	38691626	43135959	44742128.34
资产总计	31942617.87	35089052.06	63834739.19	63834739	67667390	68799552.18
流动负债						
短期借款	11439663.00	1143963.00	11439663.00	3049663		3049663
向中央银行借款						
吸收存款及同行业存款						
拆入资金						
交易性金融负债						
应付票据						
应付账款	4664614.22	4496070.44	42369011.82	4745193.67	3873404	3828628
预收款项	1095818.94	1069818.94	909.818.94	857211.94	857211.94	857211.95
卖出回购金融资产款						
应付手续费及佣金						
应付职工薪酬	256187.28	256187.28	256552.28	266752.28	266026	304428.05
其中：应付工资	53853.99	53853.99	53853.99	53853.99	53135.99	53135.99
应付福利	202333.29	202333.29		202333.29	202327.06	202327.06
其中：职工奖金及福利基金				51811.89	51811.89	51811.89
应交税费	182551.20	162308.35	299725.68	316769.57	89880.60	537775.71
其中：应交税金	182551.20		292004.59	309048.48	82159.51	530054.62
应付利息						
应付股利						
其他应付款	3476842.95	6526535.13	6616379.23	5933461.61	10294338	4469844.52
应付分保账款						
保险合同准备金						
代理买卖证券款						
代理承销证券款						
一年到期非流动负债						
其他流动负债	98541.21	88282.21	35067.55	35067.55	35067.55	35067.55
流动负债合计	21214218.80	24038865.35	23854108	15204119	18465594	13082618

项目	2015 年	2016 年	2017 年	2018 年	2019 年	2020 年
	年末余额	年末余额	年末余额	年末余额	年末余额	年末余额
非流动负债						
长期借款	474935.00	474935.00	474935.00	474935.00	474935.00	474935.00
应付债券						
长期应付款	1628.84	1628.84	1628.84	1628.84	1628	1628.84
专项应付款						
预计负债						
递延所得税负债						
其他非流动负债						
其中：特种储备基金						
非流动负债合计	476563.83	476563.84	476563.84	476563.84	476563.84	476563.84
负债合计	2169082.64	24515429.15	24330672	15680683	18942158	13559182
所有者权益						
实收资本	14809636.53	14809636.53	42297512	51799230	52217230	58971504
固有资本						
其中：国有法人资本						
集体资本	14627833.31	14627833.31	42195709	51697427	51115427	58869700
民营资本	181803.22	181803.22	101801.22	101803.22	101803.22	101803.22
其中：个人资本		181803.22	101803.22	101803.22	101803.22	101803.22
外商资本						
减：已归还资本						
实收资本净值	14809636.53	1489636.53	42297512	51799230	52127230	58971504
资本公积	2022116.10	2022.16.10	3133833.9	2022116	2022116	2022116
减：库存股						
专项储备						
盈余公积	524685.89	524686.89	524686.89	524686.89	524686.89	524686
其中：法定公积金						
任意公积金						
储备基金						
企业发展基金						
利润归还基金						
一般风险准备						
未分配利润	-7104804.29	-6782.816.63	-451966.7	-6423988.3	-6038801.3	-6277937
外币报表折算差额						
归属母公司所有者权益合计	10251835.23	10573.622.87	39504066	47922045	48725232	55240369
少数股东权益						
所有者权益	10251835.23	10573.622.87	39504065	47922045	48725232	55240369
负债和所有者权益总计	31942617.87	35089052.06	63834739	63602728	67667390	68799522

第二节　物价管理

一、物价政策

中华人民共和国成立之初，百废待兴，国家财政困难，国营商业力量薄弱。商业、金融投机资本乘机囤积居奇，哄抬物价，数次掀起全国性物价大波动。盐池县委、县政府为抑制物价上涨，保障人民群众生活，坚定支持城市消费合作社以低于市场价格供应社员群众生活必需品，坚决抵制打击投机商人非法牟利行为。此一时期，盐池县供销合作社主要贯彻国家及宁夏省合作社商品物价政策，执行国营商业牌价，只对本地自营农业生产资料和小宗农副产品具有一定的定价权。至于供销合作社系统内部调拨作价原则、办法和调拨价中的各项费用率，仍执行全国供销合作总社规定。

1954年3月，国家政务院财政经济委员会下发的《关于国营商业与合作社城乡初步分工的决定》规定：乡村市场的领导、公私经营比重的掌握、农副产品的收购、价格的执行和私商的改造等，由合作社负责。1955年全国供销合作总社下达《关于加强供销合作社物价工作的指示》规定：根据分级管理原则确定各级社管理的商品目录，属于全国范围流通的商品价格由全国供销合作总社和商业部共同管理或商业部授权全国供销合作总社管理（即由中央委托统管全国市场物价）。1957年吴忠专署（属甘肃省，盐池县归其管辖）规定：由专署管理的农副产品，一类商品

3种，二类商品49种；1958年11月规定，除棉花、黄麻、茶叶、烤烟及主要化肥品种由全国供销合作总社管理，其他20余种农产品和农业生产资料价格下放由地方管理。这一时期全国供销合作总社管理物价的原则和同国营商业分工的办法，都明确规定了各级社的职责，这使供销社管理物价有了充分的自主权。

1957年前，供销合作社在物价管理上给予基层社一定的定价权，可以对某些在产地销售商品或对当地及周边市场物价影响不大的手工业品、小土产在县社规定范围内自行调价。1958年后由于供销合作社所有制改变，执行国营商业统一作价办法，基层供销社没有定价权。国民经济全面调整时期（1961—1966年），供销合作社系统物价管理权限经历了"一放一收"过程。1958年，根据中共中央、国务院关于市场物价分级管理的规定，过去由全国供销合作总社管理价格的商品，除棉花、黄麻、苎麻、茶叶、烤烟及主要化肥品种外，其他数十种农产品和农业生产资料均下放地方管理，一时造成商品价格混乱、市场物价上涨状况。1962年，自治区供销合作社制定的《自营业务价格试行办法》，对自营商品定价原则、购销供应商品价格政策、代购代销业务收费标准、自营业务价格管理等方面作出具体规定，该办法实行后，当年12月份全区集市商品贸易价格比年初下降了58.67%，供销合作社系统自营商品价格比集市贸易价格平均低7%。

1963 年，自治区物价委员会颁发《宁夏回族自治区物价管理试行办法》，授权自治区供销合作社管理的收购价格 33 种，销售价格 14 种。

三年自然灾害期间（1959—1961 年），国民经济关系比例失调，工农业生产大幅下降，市场商品供应严重不足，导致 1960—1961 年市场物价大幅上涨。全国供销合作总社根据中共中央关于稳定物价相关政策要求，采取了一系列应对措施：按照中央关于稳定 18 类人民群众生活必需品价格规定，保持供销合作社经营的絮棉、食盐、火柴、煤油等商品价格稳定；集中售出一部分高价糖果、砂糖、糕点、自行车、针织品等，回笼大量货币；回收部分之前下放地方的商品物价管理权，实行集中安排、统一管理；对农村公社、生产队完成统购、派购任务后的下余物资（主要是农副产品）进行低价、议价销售，促使市场价格日趋稳定。

为改变一直以来农副产品价格偏低状况，党和国家采取公布农副产品比价办法，逐步提高农副产品收购价格。合作社为国家代购的主要农副产品按照国家规定的比价执行。1960 年后，供销合作社系统在制定农副产品收购价格调整方案时，反复考虑农产品与农副产品历史比价，特别是粮食、农副产品的比价关系，对促进农产品、农副产品生产协调发展起到积极作用。

地区差价：新中国成立初期，由于国营商业、合作社总体力量仍显薄弱，为发挥私商经营积极性，合作社根据国家规定"产运销"三方有利的地区差价政策，对所经营（包括代购）的农产品收购价格采取从口岸（或大城市消费市场）到县城及农村"递远递减"（层层扣减费用、利息和利润）的作价办法，使农产品价格具有合理地区差价，鼓励私商长途贩运，深购远销；为逐步排挤私营批发商在城与城、城与乡之间的贩运

活动，割断城乡资本主义工商业之间、资本主义工商业与小农经济之间的联系，1953 年起，供销合作社系统执行国家规定的"城城微利、城乡合理"的地区差价原则，对无须农村私商贩运的棉花等商品，把地区差价缩小到私商贩运无利可图底线，便于基本全部由国营商业和供销合作社经营；凡允许私商贩运的商品，根据公私经营比重确定了不同的地区差价和利润；对一些国营商业和供销合作社经营比重较小的小土产、小手工产品，以及从分散产区向集散市场贩运的商品，允许私商留有较多利润；对私营商业改造基本完成后由供销合作社经营的农副产品在价格上逐步改变过去"递远递减"作价办法，地区差价逐步缩小；为有利于全国、特别是边远地区农业生产发展，供销合作社经营的化肥从 1953 年起、新式农具从 1954 年起、农药于 1958 年起取消地区差价，实行全国统一零售价。1962 年，宁夏工业品城乡差价一般偏小，基层供销合作社距县城 10 公里以内的，基本上执行同一价格；距县城 10 公里以外的，只有少数商品差价运费。1963 年 8 月，自治区人民委员会批转自治区物价委员会、商业厅、供销合作社联合提出的《关于调整工业品城乡差价的报告》规定：供销合作社在农村销售工业品的零售价格根据合理的流转路线，按照县城或其他进货地点的零售价格加上合理的运杂费和适当的综合差率制定，运输损耗较大商品，另加合理的运输定额损耗。

农产品季节差价：为有效抵制私商囤积居奇，国家调整缩小粮食、棉花等主要农产品季节差价。1953—1954 年，国家在先后对粮食、棉花、油脂、油料实行统购统销以及对生猪实行派购政策后，取消了这部分商品的季节差价。此后近 30 年中，在供销合作社经营的农产品中，水果等鲜、活商品一直保留了季节差价，但是这部

分鲜、活商品的季节差价在过去相当时期内，往往片面服从稳定物价需要，差价偏小，起不到调节农产品淡旺季均衡上市作用。1983年后，商业部决定提高苹果、柑橘的季节差价，属地方管理的水果物价则逐步放开，对调节市场供求关系，减少农产品生产、经营亏损发挥了积极作用。

农产品质量差价：供销合作社系统经营农副产品一贯执行按质论价政策。国家早在20世纪50年代就分别制定了棉花、烤烟、茶叶、羊毛等规格质量标准，此后不同时期，根据农副产品内外质量状况进行了修订或改革。盐池县供销合作社根据自治区相关部门联合制定的绒毛市场管理办法，坚持合法合理经营，贯彻按质论价政策。但是，绒毛收购没有合理测量定级标准，基层供销合作社业务员收购绒毛质量检验主要靠手工感触加目测方法，业务水平差异造成定级不准现象时有发生。1985年国家取消绒毛派购计划，市场完全放开，一度造成个体私商掺杂使假十分混乱局面发生，造成极为不良影响。1986年，盐池县供销合作社按照自治区经委、物价委、工商局、轻纺厅、供销合作社联合制定有关文件规定，整顿绒毛市场和流通渠道，决定红绒毛由继续由供销合作社系统经营，实行指导收购价格，继续贯彻优质优价、按质论价原则。

边远地区保护价：1958年后，根据国家有关规定，供销合作社系统对收购边远地区和深山区主要农副牧产品实行保护价格，1963年又对上述地区供应的食盐、煤油、砖茶等群众生活必需品实行最高限价，1964年缩小了实行保护价地区范围。1965年9月，全国供销合作总社决定增加实行保护价格的农产品品种，由主要农副产品扩大到重要三类农副产品，实行保护价所发生的亏损由国家财政给予运费补贴。1966年后，全国部分地区停止了运费补贴，1972年商业部重申对这些地区继续实行运费补贴，停止补贴的要进行恢复。

1964年，自治区物价委员会和供销合作社联合制定下发了《基层供销合作社物价管理试行办法》，1976年自治区供销合作社革命委员会制定下发了《关于物价管理试行办法》，1977年自治区供销合作社制定了《宁夏回族自治区供销合作社系统物价管理试行细则》，对物价管理权限与分工作出明确规定：自治区供销合作社主管全区供销合作社系统物价管理工作，组织管理中央和自治区革命委员会规定的商品价格、作价办法和各项物价政策措施；审批属于区社归口管理的商品购销价格、收费标准和作价办法；制定本系统物价管理细则；直属各公司负责归口经营商品价格的全区综合平衡；对商品作价办法和购销价格的规定、调整提出方案，报区社审批；区外调入非区管商品销售价格，按规定制定作价办法；定期刊印主管商品价格目录；制定计算商品运输费用包装重量资料；调查各种商品的成本费用；地（市、县、旗）供销合作社负责当地供销合作社系统物价管理，检查所属单位贯彻上级规定价格政策执行情况，总结交流本地区物价工作经验；组织对本地区主要工农产品成本费用和经济收益进行调查，及时向上级提供报告，反映物价管理方面的情况和问题，衔接毗邻地区商品价格；根据当地革命委员会授权管理除中央和自治区管理权限以外的商品价格；供销合作社主管价格的商品，其价格制定权限集中在县以上单位，地（市、县、旗）供销合作社（包括三级分站）在制定商品购销价格时，同时制定基层社商品销售价格。少数按经济区划跨区域进货的基层社，可由地（市、县、旗）供销合作社指定，按规定办法定价。商品价格制定贯彻按质论价、优质优价、次质次价原则；同一规格、同一质量的商品在同一市场执行同一价格；几个部门交叉经营的商品，兼营单位服从主营单位价格。各基层供销合作社应认真执行《基层供销合作社物价管理制度》，建立正常工作秩序，指定物价管理人员，健全物价管理制度。

1966—1976 年，供销合作社系统物价管理权限高度集中于各级行政部门。根据国家计委 1973 年下达《国务院有关部门分工管理价格产品（商品）目录》规定，属于全国供销合作总社管理的商品区计 55 种，其中价格调整须报国家计委（后改报国家物价总局）批准的商品包括棉花等 26 种，由全国供销合作总社自行定价的商品包括苎麻等 29 种等。除上述商品外，另有 56 种商品价格需进行全国平衡，其中畜产品 19 种、土产品 3 种、化肥 12 种、农药 22 种，以上由全国供销合作总社直接管理价格（包括平衡价格）的商品达 100 余种；其他商品价格则由各级供销合作社（地方行政部门）进行分级管理。这种行政部门过多参与价格管理的办法，给商品生产和流通带来一定制约影响。

1967 年，中央、国务院发出通知，要求各地必须按照稳定市场、稳定物价方针，切实加强市场物价管理。供销合作社系统为认真贯彻执行上述规定，对部分商品价格在随后 4 年内采取长期稳定（冻结）措施。

党的十一届三中全会后，全国供销合作社开始组织对物价管理办法进行改革，扩大企业特别是基层社定价自主权，对搞活农村商品流通起到明显促进作用。但由于物价管理制度没有及时配套完善，一度造成市场价格混乱状况。1980 年 12 月 7 日，国务院《关于严格控制物价，整顿议价的通知》下发后，在较短时间内基本上纠正了市场物价乱象。在此基础上，各级供销合作社加强物价管理，开展物价大检查，使物价改革得以顺利进行。

1980 年，全国供销合作总社规定：对于在国家规定浮动价格内、三类农副产品和部分小商品购销、鲜活商品季节性调价、残次冷背商品处理时，基层供销合作社可自行调整价格。1981 年，自治区供销合作社、物价局等部门联合下发的《农副产品议购议销管理办法》规定了由自治区级管理的商品目录。随着供销合作社体制改革不断深入，原属中央、自治区计划管理的商品大幅减少。1982 年 8 月 6 日，国务院制定发布了《物价管理暂行条例》，执行市场物价基本稳定方针，有计划、逐步合理地调整商品价格，加强物价管理。1982—1983 年，自治区有关部门将大麻、蜂蜜等 11 种二类商品下放为三类，占二类商品总数的 45%。1984 年国家进一步扩大基层供销合作社自主定价权：自行采购的一、二类日用工业品（包括农业生产资料）、国家规定由企业协商定价的小商品、自行加工采购的农产品、饮食服务业及受农民委托代购商品手续费等价格权限，全部下放基层供销合作社。

1985 年，自治区供销合作社除棉花由派购改为合同订购外，对羊毛、苹果实行市场指导收购价格（规定价格浮动范围）；蜂蜜、山羊皮实行最低保护价和最高收购限价；废旧物资除废钢铁、废金属仍执行国家规定价格外，其他废旧物资收购价格全部放开；日杂品用中除铁锅、瓷碗、卫生纸执行规定进价、批零差率和零售价外，其他日用小商品价格全部放开；批发企业不定零售价，由零售商根据市场需求灵活作价，允许在同一市场有不同定价；小农具定价权全部下放生产企业。1985 年，根据国家关于放开主要农产品统派统购政策有关规定，属于供销合作社系统经营的畜产品全部放开，各种农副产品全部实行市场价格，自由买卖，市场竞争力持续增强。供销合作社系统在面临"购难"情况下，采取预付定金、签订合同、分购联销等办法,积极开展农副产品购销经营。

1988年,全国一些市场出现"商品大旅游,价格滚雪球"现象,增加了消费者负担,扭曲了生产者、经营者、消费者之间的利益关系,造成全社会物价总体上涨趋势。为防止工业品层层加价,国家有关部门规定了采取开放价格重要商品各种差率的最高加价率,并对黑白电视机、洗衣机等实行价格申报制度,既体现放开搞活,又要进行适当控制。

1988年,盐池县供销合作社制定的《盐池县供销合作社物价管理制度》规定:1.各社属企业、基层社要组织成立物价管理小组,负责价格调整及残损、削价商品处理;组织对本单位贯彻执行国家定价和上级主管部门规定商品调价执行情况进行经常性检查;认真组织专、兼职物价员加强学习国家物价方针政策,不断提高理论水平和实践能力。2.凡国家定价的重要商品坚决执行国家牌价,不得擅自提价或变相提价;对国家实行指导价或规定多种差率幅度商品,在允许幅度内定价;企业自主定价商品可结合市场供应情况灵活作价,但必须严格执行国家规定最高限价和最低保护价规定;对物价部门规定需申报核价商品,必须按规定范围及时申报,在物价部门核定价格后方可执行。3.国家规定放开小商品的作价办法,要突出一个"活"字,切实适应市场供求变化,不受现行各种差价限制;企业自主定价小商品的利润可以放宽一些,但必须把不同渠道先后购进同品种、同规格、同质量商品价格进行统一,可以以主渠道价格为准,也可以实行综合平均价;各经营单位在执行上级调价和企业自行调价时,必须在规定时间核算调整品种,由物价员盘点签字后方可生效;营业员须按调价单日期及时调整账面价签标价。4.基层物价员要严格履行职责,上柜商品必须明码标价,价目卡上应标明

品名、牌号、规格、等级、单位和价格;价目卡须经物价人员审核盖章,实行三色标签;认真执行价格登记制度,凡购进商品经过核价后都要进行登记管理,商品价格如有调整应及时进行登记,并说明执行日期;认真执行县社制定的城乡差价规定,定期进行检查监督。

1989年,盐池县供销合作社根据县人民政府《关于进一步控制物价上涨有关问题的通知》要求,对控制物价上涨问题作出如下决定:降低进货环节加价率,规定从区外以出厂价或区外主产地商业批发企业按照供应二级站价格进货的,可按自治区商业厅、供销社、物价局〔1985〕05号文件规定的"区外至我区各市、县市场的地区差价"执行,再加本环节规定的作价差率制定批发价;零售兼批发企业,其零售部分可按零售企业减少环节进货规定执行,其批发部分只允许加三级批发企业规定的作价差率制定批发价格。除按牌价和差价率管理的国家定价商品外,对部分主要工业消费品一律在现行进销差率、批发差率基础上,各自降低一个百分点制定调拨批发零售价格;零售企业在本县三级站购进商品按三级站调价通知及时调整;从其他市县购进商品以零售价为基础,降低一个百分点;暂停纺织品花色差价和名牌自行车牌誉差价加价办法;取消零售企业在制定零售价格时对放开价格的重要商品允许上浮3%的规定。

1989年,自治区有关部门规定除苹果仍实行指导价格外,其余如羊毛、蜂蜜、山羊板皮等农副产品收购价格全部放开。

1991年8月,盐池县供销合作社研究制定了《盐池县供销合作社系统零售门店物价工作管理制度》和《物价员工作岗位责任制》,其中《物价员工作岗位责任制》规定:1.认真学习物价业务知识,熟练掌握物价政策法规,熟悉本柜组

经营商品价格管理形式；2. 认真执行国家和本企业经营各项商品价格规定，发现核价有误或不当情况，及时向领导反映，研究更正；3. 同一商品其产地、规格、质量均应相同，同一商品在同一时间内不允许出现两种以上价格；4. 所有经营商品价格必须做到与调拨单账目和标签三者相符；5. 商品调价时，必须在企业指定负责人和物价员监督下按规定程序进行库存盘点；6. 所有经营商品要明码标价、一货一签，价格变动时应及时更正；7. 严守物价保密纪律，商品调价变价事项在未公开执行前不得向外泄露。

1991 年，盐池县供销合作社向社属企业、各基层社重申放开小商品价格有关问题：除国家及地方政府实行管理价、指导价品种，其余小商品全部放开，批零企业可根据市场供求变化情况灵活作价；进销差价、地区差价、批零差价等不受原来规定差率限制，企业可根据市场变化情况灵活掌握；对单位（单品）价值 2 角以下商品，批发环节利润可扩大到 15%—20%，零售环节利润可扩大到 30%—50%；单位（单品）价值在 2—5 角商品，批发环节利润可扩大到 13%—15%，零售环节利润可扩大到 25%—40%；允许同一商品在同一市场、同一时间价格有所不同，进行竞争；凡放开价格商品批发，在开票时可不标明零售价。

二、农副产品价格管理

盐池县供销合作社经营农副产品和农业生产资料，认真贯彻执行"工农业产品交换应按照等价交换或者近乎等价交换"原则，先后较大幅度提高了农副产品收购价格，降低农业生产资料销售价格，缩小了工农业品交换比价。为帮助广大农牧民恢复和发展生产，宁夏主要农副产品价格逐年均有较大幅度提高。1952 年，大麻、绵羊毛、山羊绒、绵羊皮收购价比 1950 年分别提高 106.9%、103%、109.6% 和 117.6%。1958 年，为庆祝宁夏回族自治区成立和包兰铁路通车，对部分农副产品价格作了调整，大麻购销价格平均提高 11.06%，蜂蜜提高 29.42%。1960 年宁夏农副产品收购价比 1959 年平均提高 8.1%；1961 年又比 1960 年平均提高 17.1%。1963 年，全区供销合作社系统收购区农副产品价格比 1957 年平均高出 15.72%，比 1962 年低 21.49%。经过三年调整，农业和农村生产得到较快恢复发展，农副产品收购价格总体稳中有降，1963—1965 年收购价格总指数保持在 97.6%—99.9% 之间。1966 年后，宁夏农副产品收购价格基本上长期处于不变状态。到 1978 年，盐池县农副产品收购价格比 1950 年提高了 136.2%，平均每年提高 3.1%。农副产品收购价格长期存在偏低问题，阻碍了农村经济发展。

党的十一届三中全会后，国家大幅度提高了农副产品收购价格。如滩羊二毛皮，1981 年盐池县当地议购最高限价为 15 元，当年收购量比 1980 年增加了 3 倍多，此后由于提价过高造成滞销，到 1982 年收购最高限价下调为每张 11 元。1984 年与 1978 年相比，绵羊毛提价幅度为 33.3%、羊绒（紫绒）149.8%、绵羊皮 63.8%、发菜 271.4%、红瓜子 80%、黑瓜子 15%、苹果 54.5%。1984 年自治区进一步扩大基层供销合作社自主定价权，自行采购的一二类日用工业品（包括农业生产资料）、国家规定企业协商定价的小商品、自行加工商品、自行采购议价农产品、饮食服务业以及受农民委托代购商品手续费率等定价自主权下放基层社，进一步扩大了购销业务，增强了企业活力。

1985 年是国家有关部委失去价格体系改革

的第一年，也是农副产品价格变动范围最广、提价幅度最大的一年。1987年全县供销合作社农副产品收购价格总指数比1986年上升21.5%。1988年全国零售市场出现抢购风，市场价格失控，收购价普遍暴涨，收购价格总指数比1987年上升了80.3%。按大类划分上涨幅度分别为：畜产品类上升96.3%，土产品类上长31.2%，干鲜果品类上长49.6%。由于价格严重背离价值，造成销售困难，商品大量积压。之后经过国家宏观价格政策调控，连续两年价格大幅回落，1988年农副产品收购价格总指数比1989年降低22.9%，1990年又比1989年降低8.5%。农副产品价格大起大落，给农牧生产经营都带来很大不利影响。

（一）甘草

1950年，盐池县当地"小天津"甘草收购价为1500元/斤，"红粉"甘草700元/斤，驼毛1800元/斤，秋羊毛10500元/斤，黑羊板皮（一路24000元/斤、二路20000元/斤、三路12000元/斤）。

1952年，宁夏合作社确定发菜收购价3500元/斤；特等甘草收购价3000元/斤、甲等2000元/斤、乙等1500元/斤、丙等1100元/斤。

1955年，根据甘肃省贸易公司指令报价，特等、甲等、乙等、丙等、丁等、大节、小节甘草收购价格分别为0.515、0.435、0.385、0.265、0.260、0.198万元。

1956年，为保护草原着想，根据盐池县委、县政府指示，县供销合作社报县工商局批复调整了当地甘草收购价格。

1979年，为支持地方工业发展，由县政府主导，县供销合作社与县制药厂协商一致，各基层供销合作社收购的等外（三等）甘草全部调入县制药厂为生产原料。具体分配任务为城郊社5万斤、高沙窝社10万斤、苏步井社5万斤、柳杨堡社5万斤、鸭儿沟社10万斤、王乐井社5万斤，共计40万斤（其他基层社由于当地甘草

表8—2—1　1956年盐池县供销合作社调整甘草收购价格表

甘草等级	单位	盐池价		蒙地价	调整价		
		原价	新价		1、2、3区	4、5、6区	7区
特大	斤	0.39	0.288	0.44	0.38	0.37	0.36
甲等	斤	0.312	0.224	0.28	0.27	0.26	0.25
乙等	斤	0.26	0.182	0.21	0.20	0.19	0.18
丙等	斤	0.182	0.118	0.16	0.15	0.14	0.13
丁等	斤	0.143	0.087	0.13	0.12	0.11	0.10
大节子	斤	0.13	0.084	0.07	0.084	0.084	0.084
小节子	斤	0.08	0.046	0.02	0.046	0.046	0.046
疙瘩头	斤	0.08	0.046	0.05	0.046	0.046	0.046
碎草	斤	0.04			0.040	0.040	0.040

说明：上表原价指1955—1956年春价格，新价指1956年调价后价格，蒙地价指当时蒙区草原甘草收购价格；各区调整价是根据各区杂费（主要是运费）不同确定；县供销合作社要求各基层单位收购荒草（刚挖出来未经粗加工甘草）价格上下幅度在0.055元之内，不宜过高或过低，以免群众或供销合作社经济受损。

表 8—2—2　1986 年宁夏甘草收购全区统一价格

品名	等级	单位	单价（元）
红粉大草	特等	市斤	0.98
	一	市斤	0.84
	二	市斤	0.70
	三	市斤	0.49
	毛条	市斤	0.17
	节子	市斤	0.35
	疙瘩头	市斤	0.35
白粉特等草	白粉特等	市斤	1.40
	甲等	市斤	1.20
	乙等	市斤	1.10
	丙等	市斤	1.00
	丁等	市斤	0.75
	节子	市斤	0.50

产量较少，未分配任务）。

1983 年，一些外地企业伙同当地私商在盐池县抬价抢购甘草，货源外流严重，全县甘草收购量与上年同期相比降低一半之多。虽然采取适当放宽收购等级标准等措施，但仍流出甘草 200 余万斤。县供销合作同时由于降低收购质量等级，造成亏损 21.6 万元。

1986 年，盐池县政府委托柳杨堡、王乐井、李庄子、狼布掌、丁家掌、青山、猫头梁、营盘台、红井子、马坊、新桥、麻黄山、陈记洼子、后洼、向阳、史记圈、萌城等乡镇供销合作社和基层分销店按照全区统一价代购甘草。

由于多年来持续采挖，盐池县境内野生甘草资源逐渐减少，有的地方甚至濒临枯竭。为保证甘草资源后续发展，1988 年盐池县委八届二次（扩大）会议形成决议，决定在全县大面积推广人工种植甘草。为确保每年 3 万亩甘草种植计划和 10 万甘草亩补植要求，县政府决定大量收购甘草籽。原则上要求各乡镇按照种植 1 亩甘草用种 2 斤、补植 1 亩甘草用种籽 1 斤的比例进行收购。全县收购数量初定为 17 万斤，除红井子、后洼、麻黄山乡无甘草籽种资源外，其他每乡要求至少完成 1.5 万斤甘草籽收购任务，多收不限。收购价根据质量不同定为 100—130 元／斤。收购工作由各乡政府牵头，基层供销合作社具体负责收购。收购到的甘草种籽，首先必须保证本县种植需求，多余部分确需外调时，须经乡政府与供销合作社共同协商，统一外调。此外，要求每乡规划 500—1000 亩天然甘草地作为种子田进行规划封育，指定专人看管，集中采收。

（二）小土产

盐池县地貌丰富、地域宽广，地方小土产种类繁多，主要分为矿产类、畜产类、药材类，共计 100 余种。1956 年，七区开始小土产收购，发掘秦艽、玉竹、知母等新品种 34 种。但开展小土产收购存在问题较多，主要是产量与销路的矛盾问题，产量大的销路不畅，产量小的收购量又

表8—2—3　1956年盐池县各区供销合作社收购小土产价格表（单位：元）

品名	等级	单位	吴忠价	盐池县各区收购价						
				1	2	3	4	5	6	7
红柴胡		斤	0.4	0.3764	0.3714	0.3704	0.3684	0.3704	0.3714	0.3624
苦甘草		斤	0.21	0.1804	0.1814	0.1784	0.1784	0.1804	0.1814	0.1724
牛黄		两	130.15	130.10	130.124	130.124	130.12	130.12	130.12	130.11
鸡肫肝		斤	2.66	2.6304	2.6324	2.6284	2.6284	2.6304	2.6314	2.6224
刺猬皮	1	张	0.495	0.4654	0.4664	0.4634	0.4634	0.4654	0.4664	0.4574
刺猬皮	2	张	0.39	0.3664	0.3614	0.3584	0.3584	0.3604	0.4664	0.4574
刺猬皮	3	张	0.28	0.3704	0.2514	0.2484	0.2484	0.2504	0.2514	0.2424
白瓜籽		斤	0.4	0.3504	0.3714	0.3684	0.3684	0.3704	0.3714	0.3624
马莲醪		斤	0.38	0.062	0.3514	0.3484	0.3484	0.3504	0.3514	0.3324
葵花籽	上	斤		0.06	0.058	0.054	0.054	0.058	0.058	0.052
葵花籽	中	斤		0.57	0.56	0.052	0.052	0.056	0.056	0.05
葵花籽	下	斤		0.04	0.053	0.049	0.049	0.053	0.053	0.048
盐蒿籽		斤			0.04	0.04	0.04	0.04	0.04	0.04

达不到要求；此外也由于起初收购时业务缺乏经验，往往造成损失，打击了收购积极性。因此从1958年开始，部分基层社停止了收购小土产业务，其他小宗土特产如地软软、蘑菇等，也因销路未能打开，因而收购量很少。

（三）粮食

1951年，盐池县合作社收购粮食价格为：黄米722元/斤，谷米500元/斤，小麦1000元/斤，胡麻籽11200元/斤，豌豆12000元/斤，麻油3400元/斤。

1952年，为稳定粮价和物价需要，禁止粮食投机，中央和各级地方政府出台了一系列抑制粮价政策措施。1953年，国家公布了关于实行粮食计划收购和计划供应政策。盐池县委、县政府在充分发动群众基础上，对农村储粮户实行计划收购，对农村缺粮户及城镇居民实行按计划供应，并严格控制粮食市场，取缔私人粮店。根据"多余多购，少余少购，不余不购"原则，采取自上而下分配任务与自下而上民主评议结合方法，在全县掀起"卖余粮"高潮。农民群众以实际行动拥护国家粮食统购统销政策，全县38%农户共计卖余粮91.7338万斤，为50万斤统购计划的183.5%。之后根据国家粮食统销政策，结合全县实制定了粮食计划供应试行办法，对城镇人口、工矿企业职工、副食品行业及农村缺粮户按标准实行计划供应，保证城乡人民群众生活必需用粮需要。1955年实行农业合作化运动后，农业生产关系发生根本变化，以个体农户为主的粮食统购统销办法已不适应新发展变化，于是从1955年开始实行粮食"三定"（定产、定购、定销）政策，三年不变。全县正常年产量为定4043.45万斤，定购量为373.617万斤，占粮食总产量的9.2%，约占农村余粮总数的80%。1958—1961年，全县粮食统购数占到粮食总产量的三分之一到四分之一，调出数往往大于调入数，导致

表 8—2—4　1956 年销路待定的土产价格表

品名	单位	商品数量	预定价	金额	用途	说明
芨芨	斤	150000	0.03	4500	做背篼、扫帚	1956 年已收购，销路不畅
冰草蘑菇	斤	5000	0.8	4000	可食用	
地软	斤	4000	0.4	1600	可食用	
苦甘草	斤	400000	0.15	60000	药材	
玄精石	斤	100000	0.10	10000	药材	产量大，吴忠公司只收 2 万斤
背篼	斤	7000	0.60	4200	背东西	产量大，销路不畅
糜杆扫帚	斤	11000	0.20	2200	扫地	没有销路
车前草	斤	150000	0.10	4500	榨油	
甘草籽	斤	25600	0.05	1280	糨糊原料	
米蒿籽	斤	13500	0.20	2700	饲料、做酒	
棉蓬籽	斤	81000	0.04	3240	药材	
大黄	斤	38700	0.20	7740	药材	吴忠公司只少量收购，知母收购 1000 斤
知母	斤	10000			药材	
麻黄	斤	700000	0.06	4200	药材	
苦豆籽	斤	30000	0.04	1200	榨油	榨油，出油率较低
灰条籽	斤	30000	0.04	1200	饲料、可食用	销售量小，收购量较大
灯素籽	斤	10000	0.04	400	饲料、食用	
西瓜籽	斤	30000	0.20	6000	食用	
益母草籽	斤	5000	0.34	1700	药材	
皮硝	斤	40000	0.03	12000	熟皮子用料	
石膏	斤	300000	0.01	3000	水泥原料	
和尚头籽	斤	10000	0.05	500	榨油、食用	
合计				105220		

全县范围粮食紧缺。1971 年实行第二个粮食"一定三年"政策，对生产队实行定粮食产量、定征购基数，三年不变，超产、超购、超奖；轻灾征购任务不减，重灾留量、任务双减；超产粮食按统购牌价加价 20% 购四留六。全县原粮定产 4611 万斤，定贸易粮征购任务 600 万斤（其中公粮 168.4 万斤）。而全县实际粮食产量远远低于定产数，因此定购任务也没有完成。1979 年，自治区有关部门根据盐池县多年受灾、粮油产量极不稳定的现实情况，将盐池县原定粮食征购 600 万

斤指标调减为 200 万斤，油籽统购任务由原定 25 万斤调减为 17.5 万斤。

20 世纪 60 年代后，由于干旱少雨、土地沙化严重等因素影响，全县粮食总产量一直没较大增长，因此粮食调入多、调出少，购进多、销出少，因而亏损逐年增加，年亏损额一般在 80 万元左右，1972 年亏损高达 130 万元。

党的十一届三中全会后，为减轻老区人民群众生活负担，自治区党委、政府决定从 1979 年开始取消盐池县粮食征收任务，并对盐池等干旱

表 8—2—5　1949—1982 年盐池县粮食产、购、销、调、存量统计表（单位：万斤）

年份	产量（原粮）	统购（贸易粮）	销售（贸易粮）	调入（贸易粮）	调出（贸易粮）	库存（贸易粮）
1949	1500					
1950	1245.2					
1951	303.6					
1952	1007.8					
1953	1003	191	125	75		241
1954	5151	1464	236	102	427	773
1955	1025	71	320	127	359	277
1956	4339	871	470	167	1	626
1957	777	113	471	112	33	334
1958	6172	2225	569	229	461	1302
1959	2696	558	353	70	963	478
1960	2820	609	370	24	344	290
1961	4602	1374	257	26	583	575
1962	2093	190	315	267	426	238
1963	4645	681	430	229	236	354
1964	6627	1534	214	55	475	978
1965	3274	428	455	65	460	480
1966	3118	141	955	1015		637
1967	6923	890	713	130	5	773
1968	4256	249	262	137	349	461
1969	3986	330	544	137	25	299
1970	4553	384	516	150	54	247
1971	1754	36	1765	2986	28	1458
1972	2947	97	1624	861	18	
1973	1784	31	1952	1865	7	
1974	5350	428	1486	1465	14	941
1975	1352	45	2047	2136	13	1080
1976	3644	158	2259	1969	13	856
1977	5814	311	1422	807	6	550
1978	5104	145	701	500	9	510
1979	6112	166	1026	1334	25	871
1980	1500		3434	2384	16	893
1981	6968	120	2517	3356	296	1588
1982	6385	29	2081	1691	119	735

表 8—2—6 1949—1982 年盐池县油料产、购、销、调、存量统计表（单位：万斤）

年份	产量（油籽）	统购（油脂）	统销（油脂）	调入（油脂）	调出（油脂）	库存（油脂）
1949	72					
1950	249.4					
1951	8.4					
1952	138.8					
1953	103.3	3.81	4.01			
1954	299.2	44.17	20.12		1.52	
1955	52.6	10.93	19.01			
1956	302.6	34.92	12.05		19.27	
1957	93.3	24.87	4.24		25.57	
1958	182	35.63	4.51	31.69		
1959	129.9	32.44	3.97		35.90	
1960	120.1	26.89	5.08		13.09	
1961	153.3	19.46	9.38		9.55	
1962	62.3	1.55	2.38		8.80	
1963	186.6	15.76	1.92		14.13	
1964	303.6	36.86	2.56		28	
1965	202.1	27.00	3.40	0.18	21.11	
1966	144.7	8.69	4.02	9.79	22.92	
1967	347.6	28.58	3.85		4.71	
1968	274.8	28.46	3.92		27.75	
1969	201.4	11.88	5.49		11.48	
1970	258.3	15.89	5.59	3.02	7.48	
1971	65	3.58	6.55	3.6	2.13	
1972	223.1	19.54	8.16	6.85		7.82
1973	201.4	16.91	9.85	3.6	12.54	6.46
1974	304.6	32.09	7.28	4.07	9.25	74.07
1975	102.3	7.17	8.39	0.94		7.45
1976	205	20.68	9.53	0.39	5.75	8.16
1977	461.1	34.86	6.80	3.16	19.12	
1978	260	14.90	7.77		4.46	4.06
1979	343.4	18.83	9.10	0.5	6.25	18.50
1980	228.6	21.87	9.87		8.48	22.77
1981	436.5	76.65	10.88		5.39	71.17
1982	109.4	3.58	20.25	1.07	30.87	22.77

注：1981 年议购油脂 12.01 万斤；1982 年议购油脂 10.02 万斤。

地区实行 5 年免征公粮任务，同时开始实行粮油议价议购政策，着力解决了盐池人民群众长期困扰口粮紧缺问题。1981—1982 年，自治区有关部门安排在盐池县零星收购粮食 150 万斤，油料（食用植物油籽）802 万斤，议购、兑换荞麦 600 万斤（用于出口），盈利 40 多万元。1983 年后，随着农村承包责任制逐渐落实完善，农民种粮积极性被极大释放，农村家家户户逐渐开始有了余粮，不但解决了自家基本口粮，还把大量余粮卖给国家。

（四）畜产品

盐池县自古以来以畜牧为主，是全区畜牧业大县。长期以来，农村群众以畜产品为家庭主要经济来源。新中国成立初期，羊皮、羊毛、羊绒等畜产品质量检验没有统一标准，国营、个体商贩均参与畜产品经营，销售市场基本保持正常运行。抗美援朝战争打响后，国际市场受到严重影响，畜产品收购价格出现低落，市场滞销。为解决群众生产、生活困难，根据宁夏合作区统一安排，盐池县合作社采取适当降低收购价格、增加出口差额，保证农副产品有利可图，最大限度维护农民群众利益。1951 年、1952 年分别召开的全国皮毛技术会议制定了畜产品收购规格，盐池县合作社按照西北贸易部指示价格标准，结合实际制定了当地皮毛收购价格。

盐池县收购大部分畜产品大多经过宁夏皮毛公司经销。1952 年 6 月 11 日，宁夏省合作事业管理局根据西北区公司指示，由于商品运输路线改变，运往包头的货物费用增加，因此将本省地区差价进行调整，各县合作社收到牌价后转各区基层社遵照执行。

新中国成立初期，盐池县畜牧业生产虽有较大发展，但农民群众在饲养技术、疫病防治等方面并没有提高，羊畜大量死亡现象时有发生。比如 1953 年羊只死亡率为 2.86%，1954 年达到 10.28%，1955 年竟高达 16%。1955 年实行农业合作化时，农村养羊户对羊只入社有看法，于是在入社前大量宰杀羔羊，或贱卖役畜，严重影响了畜牧业生产发展。据统计，1955 年全县

表 8—2—7　1951 年盐池县合作社根据"西贸部"标准确定部分畜产品价格（单位：万元）

品名	单位	头路	二路	三路	混合价	22 斤以上	12—16 斤	15—8 斤	50 斤	15—50 斤
绵羊皮	张	4—4.5	3	2—1.5	3.25					
山羊绒皮	张	1.8	1.4—1.2		1.3					
老二毛皮	张	2.5	2	1	2.1					
白二毛皮	张	2.5	2	1.8	2.1					
黑二毛皮	张	1.2—0.4	1.5	0.8						
秋搓皮	张	2	1.5	0.6	1.36					
干牛皮	斤					0.9	0.8	0.3		
鲜牛皮	斤								4	0.3
羊毛	斤	0.931								
羊绒	斤									
猪肠衣	根	0.1								
山羊肠衣	根									

表 8—2—8　1952 年银川、吴忠、盐池地区绒毛价格表

品名	单位	规格	银川货价（元）	吴忠货价（元）	盐池货价（元）
细春毛	斤	手抖净货百分	13200	13100	12900
细秋毛	斤	手抖净货百分	13200	13100	12900
生抓羊毛	斤	手抖净货百分	13200	13100	12900
驼毛	斤	41313 鞭净百分	36000	35900	35700
驼毛	斤	41313 鞭净 70 分	25200	25100	24900
驼鬃	斤	手抖净货	12600	12500	12300
白绒	斤	八二路鞭净百分	87000	86900	86700
白绒	斤	八二路鞭净 70 分	60900	60800	60600
紫绒	斤	八二路鞭净百分	58000	57900	57700
紫绒	斤	八二路鞭净 70 分	40600	40500	40300
白散山羊毛	斤	手抖净货	11700	11800	10900
青黑山羊毛	斤	手抖净货	7400	7300	7100

说明：1. 春秋毛：黑花毛不得超过 3%，黄残毛不得超过 3%，否则按 70% 计价；2. 驼毛质量比差：头等占混合路 15%，二路占混合路 83%，三路占混合路 50%；3. 羊绒质量比差：头路占混合 115%，二路占混合 38%。

耕牛减少 20.03%，绵羊减少 29.63%，山羊减少 19.27%。农业合作化后，羊只供销价太低，也影响羊只生产发展。比如 1955 年，一只 20 斤左右的羊只卖 5 元钱，如果自己宰杀，羊皮和副产品就可以回收三四元，下余每斤羊肉折合不到 0.1 元，比小米价还便宜，群众自然不愿意交售供应羊只了。

畜产品价格不合理，严重影响畜牧业发展，同时影响国家收购任务不能按照计划完成。为解决生产和供销矛盾，只能从价格方面进行调整。

1953 年，由于市场原因使畜产品价格平均达到较高水平。1954 年后，畜产品价格基本保持稳定，但畜产品与工业品交换比却逐年扩大。如 1951 年一张羊皮（中等）可以换糜子 49.25 斤、白布 10.75 尺，1953 年可换糜子 135 斤、白布 10.3939 尺，1956 年则可换糜子 687.4 斤、白布 10.911 尺，糜子与白布价格基本保持稳定，但羊皮与糜子比价却逐年上升。1952 年，每斤羊毛可以换糜子 19.71 斤、白布 0.835 尺，1954 年可换糜子 22.86 斤、白布 0.87 尺，1956 年可换糜子 20.60 斤、白布 0.723 尺，其中因白布价格降低，所以羊毛与白布比价和往年有所减小，但羊毛与糜子比价仍有所扩大。1952 年，一只活羊（20 斤左右）可换糜子 131.38 斤、白布 27.34 尺，1954 年可换糜子 216.34 斤、白布 35.1567 尺，1956 年可换糜子 150 斤、白布 23.8 尺，1957 年可换糜子 180 斤、白布 28.57 尺。这是因为在新中国成立初期，国家为稳定市场物价而实行的剪刀差价（剪刀差价是工农产品交换比价变动的一种趋势，即工业产品价格相对越来越高，农产品价格相对越来越低，从而一定量农产品换得的工业品越来越少，或者一定量工业品换得的农产品越来越多，这种趋势在统计图表上呈张开剪刀状，故称剪刀差）。

鉴于畜产品价格、生产发展方面存在的诸多问题，宁夏省有关部门组织了专题调研。调研组

经过大量实际调查后认为，粮食、经济作物和棉布等人民生活急需品价格相对稳定，不宜再作变动。羊畜产品群众受益较少问题，有几个方面原因：一是由于基层收购人员业务不熟或片面追求盈利思想等因素，在收购中普遍存在低级压价现象，引起农民群众不满。二是1955年实行农业合作化前后对羊只进行了两次不适当降价，引起农民大量宰杀，羊只饲养量锐减；1957年吴忠自治州虽然对活羊价格进行了上调，但与1953年、1954年价格相比仍然偏低，农民群众养羊积极性不高。三是当地畜牧产品生产量大，而国家收购量不对应。1955年，全县生产羊毛约65.85万斤、羊皮18.17万张，当年国家收购羊毛66.81万斤、羊皮17.21万张；1956年全县生产羊毛61.64万斤、羊皮6.5万张，国家收购羊毛50万斤、羊皮2.7万张。根据三区何家墩（今属花马池镇）典型调查，17个农业合作社三年内用毛情况为：1954年平均每人用毛1.2斤、皮0.375张，1955年平均每人用毛0.66斤、皮0.34张，1956年平均每人用毛1.16斤、皮0.412张，加上农村群众其他用毛、用皮（织毛袜子、拧皮绳等）情况，则平均每人每年用毛1.3斤、皮0.4张。以此推算，1955年全县共计积压羊毛8.7万斤、皮11万张，1956年积压羊毛5.2万斤、皮1.6万张。以上情况说明，过去两年国家向农民收购皮毛总量不够，造成畜牧产品积压、农民群众减收。

农民群众对畜产品收购有意见，根本问题是在于收购过程中质量等级不肯定、不公平，忽高忽低，造成农民利益受损，引起群众不满。1956年1—9月份，全县共收羊毛35.5224万斤，其中城区社收春毛4.1673万斤，综合鉴定等级为95分，而该社以平均90分收购，向上级社交货时则将等级定为98分；此外，城区社共收购皮张1.6146万张，经鉴定给群众议定等级也总体偏低。王乐井社共计收购羊毛7.9929万斤，综合鉴定等级为94分，而该社以90分收购；收购山羊板皮397张，到发货时，将一等皮由收购时的14张提高到37张，二等皮由收购时的108张提高到141张；收购二毛皮620张，在发给上级社时，私自将一等皮由收购时的29张提高到132张，二等皮由收购时的239张提高到256张。

由上述情况不难看到，在农副产品收购中，压级压价现象普遍存在，主要原因是供销合作社部门业务员存在单纯盈利观点，怕出现亏损；其次是产品质量标准不是十分明朗，非有经验业务员难以掌握。为解决上述问题，盐池县供销合作社与基层社业务员共同商议，提出了一些行之有效的收购办法：一是组织业务共同商议确定等级标准，并将标准广泛宣传告知农村群众，使群众对羊畜产品等级价格做到心中有数，不致偏差太多；二是要广泛宣传完成畜产品收购计划任务对于国家经济建设的重要性，既要照顾农民群众利益，又不能片面强调个人利益，要把群众利益和国家利益正确结合起来。

1957年，针对畜牧产品生产、收购方面存在的诸多问题，甘肃省委财贸部门组织专题调研组进驻盐池县进行调研，调研组认为：盐池县草原面积广阔，是吴忠自治州畜牧业主要产地。全县草原面积1200万亩，占土地总面积的87%，耕地面积约74万亩，占土地总面积的5.2%。粮食产量虽历年有所增长，但畜牧业仍然占主导地位。畜牧业以绵羊、山羊为主，牛马次之。以1954年羊只饲养量50万只计算，农民平均每人有羊10余只；1956年羊只饲养量35.86万只，农民平均每人有羊7.2只。畜牧业生产给人民群众带来不少既得利益，应该积极加以扶持发展。但

表 8—2—9　1957 年盐池县供销合作社及各区基层社畜产品收购牌价（单位：元）

品名	规格	等级比差	单位	县社	二区	三区	四区	五区	六区	七区
绵羊皮	特路	120	张	5.143	5.143	5.124	5.101	5.087	5.108	5.038
绵羊皮	一	100	张	4.286	4.286	4.27	4.251	4.239	4.257	4.198
绵羊皮	二	80	张	3.429	3.429	3.416	3.401	3.391	3.406	3.358
绵羊皮	三	60	张	2.572	2.572	2.562	2.551	2.543	2.554	2.529
绵羊板皮	头	100	张	1.347	1.358	1.35	1.343	1.337	1.346	1.318
绵羊板皮	二	75	张	1.01	1.019	1.013	1.007	1.003	1.01	0.989
绵羊板皮	三	50	张	0.674	0.679	0.675	0.672	0.669	0.673	0.659
白二毛皮	头	100	张	4.010	4.015	4.01	3.994	3.99	3.996	3.971
白二毛皮	二	80	张	3.208	3.212	3.028	3.195	3.192	3.197	3.177
白二毛皮	三	60	张	2.406	2.409	2.406	2.396	2.394	2.398	2.383
黑二毛皮	头	100	张	5.210	5.220	5.213	5.192	5.178	5.195	5.162
黑二毛皮	二	80	张	4.17	4.176	4.17	4.154	4.15	4.156	4.13
黑二毛皮	三	60	张	3.126	3.132	3.128	3.115	3.112	3.117	3.097
白滩羔皮	头	100	张	2.044	2.05	2.046	2.038	2.035	2.039	2.022
白滩羔皮	二	80	张	1.635	1.640	1.637	1.630	1.628	1.631	1.618
白滩羔皮	三	60	张	1.226	1.230	1.228	1.222	1.221	1.223	1.213
白沙毛皮	头	100	张	2.188	2.193	2.189	2.181	2.176	2.112	2.165
白沙毛皮	二	80	张	1.750	1.754	1.751	1.745	1.741	1.746	1.732
白沙毛皮	三	60	张	1.313	1.316	1.313	1.309	1.306	1.309	1.299
山羊板皮	头	100	张	2.808	2.809	2.808	2.797	2.795	2.798	2.721
山羊板皮	二	80	张	2.246	2.247	2.247	2.238	2.236	2.238	2.177
山羊板皮	三	50	张	1.404	1.405	1.404	1.395	1.398	1.399	1.361
山羊羖皮	头	100	张	2.233	2.250	2.237	2.225	2.315	2.23	2.184
山羊羖皮	二	70	张	1.786	1.800	1.790	1.780	1.778	1.784	1.747
山羊羖皮	三	40	张	1.117	1.125	1.119	1.113	1.108	1.115	1.092
大毛猾皮	头	100	张	0.607	0.871	0.869	0.865	0.863	0.866	0.855
大毛猾皮	二	70	张	0.867	0.610	0.608	0.606	0.604	0.606	0.599
大毛猾皮	三	40	张	0.347	0.348	0.347	0.346	0.345	0.346	0.342
黑猾皮	头	100	张	1.517	1.519	1.517	1.512	1.512	1.512	1.504
黑猾皮	二	70	张	1.062	1.063	1.062	1.058	1.057	1.058	1.053
黑猾皮	三	40	张	0.607	0.608	0.607	0.605	0.607	0.605	0.602
黑猾皮	外	30	张	0.455	0.456	0.455	0.454	0.453	0.454	0.451
马皮	头	100	张	6.096	6.152	6.108	6.074	6.043	6.091	5.945
马皮	二	80	张	4.877	4.922	4.886	4.859	4.848	4.873	4.756
马皮	三	50	张	3.048	3.076	3.054	3.037	3.022	3.046	2.973
骡子皮	头	100	张	5.119	5.175	5.131	5.101	5.069	5.117	4.974
骡子皮	二	80	张	4.095	4.14	4.105	4.081	4.055	4.094	3.979

表8—2—10　1957年盐池县供销合作社绒毛收购统计表（单位：市斤/元）

预购品种	预购计划	预购单价	实际收购数	完成计划百分比	付出定金
绵羊春毛	271800	0.25	225324	82.9%	56331
绵羊秋毛	181200	0.25	116796	64.45%	29199
山羊毛	45000	0.20	27510.8	52.2%	5502.10
山羊绒	54000	0.50	39913.8	73.9%	19956.75
活羊抓毛	5000	0.15	1235	24.7%	185.25
合计					111174.10

是历年羊只生产发展不平衡、不稳定，总体呈下降、减产趋势。减产原因是多方面的，供销合作社系统收购方面存在的问题便是其原因之一，应该加以改进。

1979年后，农村实行联产承包责任制，羊只承包到组、到户。同时国家实行计划与市场调节相结合方针，集市贸易开放，羊畜产品出现多行业收购局面。1981年3月，为支援国家经济建设总体安排，自治区将绵羊毛列入统购计划，逐级下达到公社和国营牧场，落实到大队、生产队，实行牲畜承包到户的则落实到户，由供销合作社归口经营，统一收购。7月，国务院批转供销合作总社《关于当前农副产品收购几个问题的报告》要求：第二类产品实行派购，生产单位和个人完成交售任务后，剩余产品可以自行处理，也可以开展议购议销。

1984年，盐池县九届一次人代会上，部分农村代表提出要合理提高绵羊毛收购价格。农村普遍实行承包责任制后，羊只也随之承包到户，牧羊人工资普遍提高，由原来每年2元/只提高到每年3.5—4元/只，个别地方甚至增加到每年5元/只。加之草原退化，羊只普遍体弱，平均年产毛2.5斤/只，按现行收购价计算，羊毛年产值只有3元左右/只，羊毛产值与牧羊人工资大致相抵。全县集贸市场六级絮棉零售价1.43

元，绵羊毛收购价最高1.5元，因此有不少农村群众就直接用绵羊毛或以绵羊毛掺杂棉花做棉衣、被坯。加之农副产品购销市场开放后，个体私商在农村抬价收购，特别是甘肃、陕西等地商贩到盐池农村以1.6—1.7元/斤收购绵羊毛，然后以2元/斤交到榆林毛纺厂获取利润，造成盐池县绵羊毛收购计划任务难以落实。

1986年，根据盐池县委、县政府意见，经县物价局审核通过，适当提高了全县羊毛收购价格。确定一等改良绵羊毛收购价为5.51元/公斤，二等改良羊毛收购价为4.96元/公斤，并要求按照国家统一标准，质量达到90分以上；土种绵羊春毛收购价不得超过3元/公斤。全县羊毛根据各地自然含杂量不同实行指导价收购，其中萌城、惠安堡收购价为3.2—3.3元/斤，大水坑收购价为3.1—3.2元/斤，麻黄山、后洼、红井子、青山、马儿庄、冯记沟收购价为3—3.1元/斤，质量要求达到93分以上，按质论价；猫头梁、城郊、王乐井、鸦儿沟、苏步井、柳杨堡、高沙窝收购价为2.9—3元/斤，质量要求达到90分以上，按质论价。

1987年5月9日，国家计委、经委虽制定印发了《绵羊毛市场管理暂行办法》，但个体私商在羊毛贩运过程中掺杂使假、哄抬价格、偷税漏税现象十分严重，全县绵羊毛市场竞争日趋激烈。1988 年，县供销合作社虽受市场、资金等不利因素（包括代交 10% 产品税，个体私商偷漏这部分税收）影响，处于不利竞争地位，但仍采取多种办法，取得较好效益。全年商品总销售额完成 6064 万元，比上年增长 81.4%，实现利润 157 万元，比上年增长 113.9%，人均资金利润率创全区同行业之首。

1989 年，盐池县供销合作社继续绵羊毛收购，质量要求为当年度新毛，路分要求达到 93 分以上，陈毛、黄残毛、虫蛀毛、潮湿毛、发霉毛、二道贩子掺杂使假毛不予收购。要求春毛、秋毛、黑花毛、改良毛、细毛分别计价，单独包装。收购价暂定白春毛（绵羊毛品种）6.40 元 / 公斤，白秋毛 5.60 元 / 公斤，春秋黑毛按白春毛、白秋毛 70% 作价收购；原则上不再收购细毛和改良毛，如有销售渠道，可按 5 元 / 公斤收购。当年由于羊绒价格大跌，县供销合作社及各基层社羊绒经营普遍出现滑坡现象。

1991 年，盐池县供销合作社根据区社有关羊毛经营问题的通知精神，按照"积极推销、多销多购、以销促购、保本微利"购销原则，确定当地羊毛收购质量价格参考标准：河西细白春毛百分价 8.2 元 / 公斤，细一百分价 8.72 元 / 公斤，细二百分价 7.96 元 / 公斤；改一百分价 7.58 元 / 公斤，改二百分价 6.90 元 / 公斤；黑花棉羊毛百分价 2.46 元 / 公斤，白山羊毛百分价 3 元 / 公斤，黑花山羊毛百分价 1.50 元 / 公斤。规定土种绵羊毛、改良毛、90 分以下山羊毛、86 分以下细羊毛、短尺毛（毛纤维长度在 6 公分以下）、等级品种混杂毛、人为掺杂使假毛、头腿边腹超过全身 15% 毛、改良秋毛、潮湿毛、干死毛、黄残毛、苍籽毛、虫蛀毛、旧毛、毡片毛等 14 种羊毛坚决不予收购。

三、农业生产资料价格管理

（一）计划调拨时期（1950—1991 年）

1. 化肥。新中国成立初期，为有利于农业生产迅速发展，宁夏实行化肥送货制，调拨价采取按零售价倒扣费用办法。1953 年西北合作办事处确定了化肥作价办法，经宁夏省财经委批准后执行。1957 年甘肃省（1954 年 11 月 3 日宁夏整建制并入甘肃，1958 年 12 月 25 日成立宁夏回族自治区）供销合作社核定化肥各级经营单位的综合费率为：省购销站 1.69%，县社 3.38%，基层社 5.63%，三级经营社共计各项费用和纯利差率为 10.7%。1964 年，化肥由自治区、县两级经营，并调整化肥费用定率、定额和调拨价。1965 年区、县两级利润率由 4.2% 调为 2%。1966 年再次调整了化肥调拨综合费用率，并对个别县（市）运杂费定额作了调整。1971 年，化肥不分品种、不分直接或间接费用，而是统一制定综合费用率，以零售价倒扣综合费用率为调拨价。1983 年商业部对进口复合肥、钾肥、高浓度磷肥价格进行了调整，宁夏化肥综合费用率由原定 18% 调整为 15%。1984 年，由于农业生产持续发展，宁夏山区化肥用量逐年上升，由原来占全区总销量的 15% 上升到 30.6%。经报商业部批准，同意对宁夏化肥综合费用率进行适当调整：自治区级（包括中卫站转运费）氮肥 3.7%，磷肥、钾肥、复合肥 3.2%；县社氮肥 8.8%，磷肥、钾肥、复合肥 8%，其中基层社综合差率可根据不同情况定为 4%—5%。1989 年，对粮（油）肥挂钩的平价和按综合销售价供应的优质化肥的调拨价与运杂费定额补贴均作了调整。粮肥挂钩的氮肥，县社和基层社差率为 8.8%，磷肥、复合肥为 8%；综合销售价尿素，县社和基层社两级差率为 8.4%，磷酸二铵县社和基层社两级差率为 6.8%。1990

表8—2—11　1956年各级供销合作社"赛离散"及"六六六粉"纯利定价（单位：克/元）

项目	省社购销站	县社	基层社	合计	说明
经营管理	0.4	0.8	1.5	2.7	1. 因各地运费不同，零售价格采取自行定价； 2. 定价原则：经甘肃省农林厅同意，县社对基层社调拨价=（购销站对县社调拨费价+购销站到县社运杂费）×（1+规定县社各项费用定率）； 3. 基层社零售价=（县社对基层社调拨价+县社至基层社运杂费）×（1+规定基层社各项费用定率）。
行政摊提费	0.3	0.5		0.8	
利息	0.64	0.93	0.03	1.9	
推广费	0.1	0.1	0.3	0.5	
零售包装费			0.5	0.5	
损耗	0.1	0.1	0.5	0.7	
纯利	0.5	1	1.5	3	
零售营业费			3	3	
栈租	0.15	0.25	0.1	0.5	
合计	2.19	3.68	7.73	13.6	

年又对磷酸二铵运费补贴作了调整。

2. 农药。新中国成立之初，宁夏合作社实行农药送货制，调拨价和费用采取按零售价倒扣运费办法。为持续支援农业生产，宁夏省（自治区）供销合作社曾9次降低农药零售价格。1953—1958年每年降一次，1964年、1967年和1971年分别调降3次，降幅较大。如可湿性"六六六粉"9次降价88%。1964年，自治区供销合作社制定的《各种农药费用价格实行办法》规定，区、县、基层三级社经营费用、利润综合差率为14.9%，每吨农药另加四个半月的储备费；运杂费实行定额补贴。1971年对10种农药零售价进行调整，并相应调整了内部调拨价。1972年由于各地几次调整运杂费补贴使部分农药核定调拨价口径不一，为此重新制定了运杂费补贴额及综合费率。1984年前全区农药统一零售价和对县（市）调拨价均由自治区供销合作社下达，1984年4月后改为由自治区农资公司根据规定作价办法制定价格，报经自治区商业厅审核后下达各县（市）。1995年调整全区农药统一零售价为：20%甲四氯7420元、20%敌稗14680元、72%2.4D丁酯20710元、40%氧化乐果20700元、90%敌百虫11900元、80%敌敌畏19000元，公司调拨价按倒扣6%执行。

3. 农膜。宁夏农膜（地膜、微膜）销售实行全区统一零售价。1989年，全区综合零售价为农膜8700元/吨、地膜9000元/吨、微膜11700元/吨。盐池县生资公司对基层社调拨价按统一零售价倒扣5%执行，各基层经营单位均执行全区统一零售价格。1990年，全区农膜统一综合零售价6200元/吨、地膜6400元/吨、微膜7000元/吨，综合差率12%（其中自治区级3%、县级4%、基层社5%），实行内部送货制，按实际里程给予运杂费补贴。1991年自治区物价局、供销合作社规定全区统一零售价为农膜6200元/吨、地膜6400元/吨、长寿棚膜8000元/吨。

1991年，盐池县供销合作社第一批经营农膜19吨。该批农膜为自治区供销合作总社定向分配盐池，优先保证"温饱工程"玉米种植所需。根据地膜种植要求，县农业局、供销合作社联合发文下达各乡镇地膜玉米种植计划，并按乡镇做了分配：城郊4.5吨、柳杨堡3.5吨、高沙窝 3.5 吨、青山 3 吨、冯记沟 3 吨、狼皮梁 3 吨，其他乡镇各 0.5 吨，不足部分由供销合作社组织进行二次调拨。1995 年，全区农膜统一零售价为 8850 元／吨、地膜 9050 元／吨、长寿棚膜 13300 元／吨；公司调拨价按零售价倒扣 3% 执行。

（二）自主销售时期（1991—2020 年）

1980 年，盐池县供销合作社系统全年销售化肥 1317 标准吨，1989 年全系统销售化肥 7395 标准吨，10 年间增长了 4.6 倍；1996 年销售化肥 13255 标准吨，比 1989 年增长了 79.2%，是 1980 年的 10 倍有余。与其他商品一样，化肥经营也经历了由计划经济到市场经济的发展过程。1996 年前，尿素、磷酸二铵等优质化肥均由自治区供销合作社等有关部门按计划分配调拨，全区执行统一零售价。磷肥、碳铵等地产化肥购销于 1990 年逐步放开，由经营单位自主经营，执行指导价政策。化肥经营方式上，国家为保证粮食生产，从 1986 年起实行"粮油挂钩"政策，即优质肥供应与粮食部门定购农民的粮油挂钩，按定购粮油数量多少、由粮食部门印制票证供应，供销合作社按低于统销价支出部分由国家给予补贴。此后随着国家粮食政策调整，1997 年后取消了粮油挂钩政策，化肥完全由生产厂家、供销合作社和农民之间自主经营，国家不再出台定价或指导价政策。随着市场逐步放开，盐池县供销合作社所占市场份额也在逐步减少。农药是供销合作社经营的重要农资商品之一，销售量受病虫害发生程度和药效高低（用量）影响，1980—1985 年平均每年销售各种农药 31 吨，此后 15 年间平均年销售量约为 13 吨，最高年份 19 吨。一方面说明农民使用农药技术日渐成熟，另一方面说明农业病虫害防治技术不断更新发展。20 世纪 80 年代后期，全县兴起地膜种植技术。1987 年以前，年平均销售农膜 6.1 吨，且大部分用于防潮、防雨等。1989—1990 年，政府以贴息贷款办法在全县推广使用农膜，两年分别销售农膜 34.6 吨、43.8 吨。1991—1994 年，全县年平均销售农膜 23.5 吨。从 1995 年起，政府采取低息贷款办法调动农民地膜种植积极性。1995—2000 年，全县地膜销售分别为 92 吨、125 吨、134 吨、168 吨、143 吨和 79 吨。

第三节 计划统计

一、统计制度

陕甘宁边区时期，盐池县合作社系统自行建立了一套统计报表，大致掌握社有资产和业务经营状况，在统计工作方面积累了一定经验。1950年7月，县合作社推行"基层合作社统计互助组"办法，要求各基层社在统计报表中需体现资金概况和商品流转两类。统计互助组办法，即利用月、季汇总统计报表机会，把基层合作社统计人员组织起来共同填报统计报表，互相学习、互相促进，既保证报表准确及时上报，也培训了统计干部。

中华人民共和国成立之初，盐池县合作社系统经销的各类生产资料、生活日用品从宁夏合作局购进占15%，从西北货栈购进占76%，从私商处购进占9%。虽然通过集中采购、调拨、批发相应降低了进货成本，但由于基层社不能根据市场需求变化提前做出业务计划，县联社也不能盲目进货，一度造成商品缺货或积压现象。因此，加强合作社系统计划统计工作，显得特别重要。

1951年，中华全国合作总社召开全系统计划统计工作会议，明确统计工作任务，根据"统计报表由简到繁、逐步提高"原则，规定统计报表必须要有商品流转和组织资金情况两项；农副产品采购表的购进项目中分出直接购自生产者（数量、金额分列）、其他购进、本社加工及其他收入等项。填报方法采用简速报和表式月报

两种，基层社生产、生活资料零售，农副产品收购以电讯方式简速月报，月、季报表均采用表式报送；各基层社按规定程序分别汇总、逐级上报。由于统计项目过细、计算烦琐，加之多数基层社没有专职统计员，因此大部分基层社统计报表皆由会计填报，错报、漏报、迟报现象时有发生。为有效解决上述存在问题，1952年确定统计报表制度应贯彻"要求从低，贯彻从严，逐步提高"原则，研究制定了《供销合作社统计报表制度简化方案》，自1953年1月起执行。1953年，全国进入有计划、大规模经济建设时期，各种经济指标汇总、检查等统计项目日益繁多。全国合作社联合社总结推广了基层社"定期盘存，以存计销"和按商品统计必报目录，建立商品统计备查簿办法，加强统计分析工作。1954年后，中华全国供销合作总社配合国家统计局、工商行政管理局、商业部等部门制定了农村市场公私比重计算方案和私营商业统计报表制度，联合颁发了公私合营、合作商业、饮食业基本情况统计年报制度等，并于1957年对供销合作社统计报表制度作较大变更：一是统一了基层社与县社商品流转报表格式；二是根据业务经营范围变化，调整简化了指标和商品目录；三是组织发展、商业及劳动工资报表分开设置、分别填报、分别汇总上报。

1955年，由于商品供应紧张、计划管理商品增加等原因，统计项目渐趋杂乱繁多，统计质量也大打折扣。1956年经过整顿后，改进了统计

资料报送办法。1958 年供销合作社由集体所有制转为全民所有制，由分级核算变为统一核算。为避免统计工作发生混乱，供销合作社系统一律执行 3 种期报表，其中商品流转包括商品购销库存快速月报表、商品购销库存季报表两种。1959 年商业部门的统计报表增加商品分类金额统计 20 类，均由县及县以上批发单位起报；同时增加商品目录统计，电讯旬报 67 种商品，表式月（季）报 439 种商品。

1958 年 3 月，全国各级供销合作社与国营商业合并。4 月，国家有关部门对合作社商业、饮食、服务业定期统计报表提出新制度要求，即要求将统计指标体系改为将国营商业和合作社作为一个统计总体来设置，确定以国营商业及合作社商业的"国内纯购进"和"国内纯销售"为基础的商品流转统计指标体系。当时，统计制度中虽规定基层供销合作社要向上级商业主管部门报送统计报表，但在商业体制变动较大情况下，各项规章制度尚不完善，统计报表时断时续，并不规范。1962 年，针对国营商业、供销合作社机构体制和业务分工不一致情况，国家有关部门对统计报表制度进行研究整顿，提出"谁经营，谁填报，谁主管、谁汇总"办法，统计报表按照"统一制定，联合颁发，区别对待，分别上报"原则执行。1964 年 9 月，全国供销合作总社组织召开统计工作会议，重新修订供销合作社系统统计制度，简化基层社统计报表，减轻基层社统计填报负担。1969 年 6 月，全国各级供销合作社第三次与国营商业合并，供销合作社系统的统计报表工作停止。1976 年全国各级供销合作社与国营商业第三次分设后，规定各基层社会计兼统计工作。

1953 年前，全国各地基层合作社零售业务大部分采用计数划码办法（盐池县合作社即采取

此种办法），这种统计方法工作量大，数字准确性也较差。1953 年 6 月，中华全国合作总社制定了《基层合作社供应零售商品拨货计价实物负责制办法草案》（简称"金额法"），宁夏省合作社于 8 月 19 日印发了《关于实行"金额法"填造统计报表有关问题的指示》，要求在全省基层合作社推行"金额法"。1979 年，盐池县供销合作社派统计人员参加在西安市召开的西北地区供销合作社统计工作经验交流会，参观了大荔、户县推行的"快准盘点法"。此后，宁夏各县（市）开始推行"快准盘点法"试点。

1981 年，自治区供销合作社在《加强和改革统计工作的通知》中提出：要切实抓好基层单位的统计基础工作，建立健全商品盘点、凭证记录、资料登记统计、数字审核等各项制度。

1985 年，自治区供销合作社制定下发了《商品流转统计工作规程》，对统计基础工作、操作程序、统计人员职责作出具体规定：1. 建立健全各项原始凭证记录。原始记录凭证主要包括商品验收单、农副产品（废旧物资）收购汇总单、销货发票、商品调拨单、出库单、加工商品收付单、升溢亏损报告单、商品盘点表等，所有商品收付凭证以第一联作为统计数字根据。2. 建立商品盘点制度。系统内有单位将按月盘点改为按季盘点，出现缺报、估报统计月报表现象，影响统计资料准确性，应予以规范。3. 建立统计资料整理登记制度。系统内各企业、基层社要按照规定设置"原始凭证汇总单"和"平衡登记簿"，每旬（或月末）将各种原始凭证分指标、大类、品种以整理单形式进行汇总；月末将整理单各栏数字合计，填制统计报表。4. 建立统计资料保管使用制度。统计资料要及时整理，做到完整无缺，妥善保管。原始统计凭证保存 5 年、统计月报表保存 10 年、统计年报表永久保存；统

计资料具有保密性，借阅和提供统计资料须按规定手续办理。5.建立统计报表质量检查制度。自治区供销合作社、直属各单位、县（市）供销合作社每半年应组织对统计报表质量工作进行一次逐级检查。

1985年第三季度，自治区供销合作社组织对全区9县（市）基层社上半年商品流转统计报表质量进行了一次检查。1986年后，每年组织对各县（市）《统计工作规程》执行情况进行检查成为常规工作。

1986年，盐池县供销合作社制定了《统计工作岗位职责》，规定统计工作职责为：负责全面准确及时上报各项业务和人事统计报表；负责当地农村市场调查分析、本单位（企业）业务经营情况分析，并经常报送调查分析材料，反映市场动态，当好领导参谋；每月下基层3—5天进行工作调研，写出有情况、有分析、有建议调查分析报告；负责组织对本单位（企业）商流计划执行情况进行检查，运用统计图表等形式及时公布计划完成进度，反映商流计划执行问题，并提出解决办法的意见建议；搞好本单位（企业）库存商品盘点，协助营业员、保管员搞好商品价格升降排序工作；建立健全统计台账，妥善保管统计档案资料；负责统计法规、制度在本系统内贯彻执行，反对抵制弄虚作假，维护统计数字真实性；积极学习专业知识，不断提高业务素质。《统计工作岗位职责》同时规定了统计工作人员权限：有权要求系统内各岗位工作人员按时提供原始凭证、账表和业务活动等情况；有权参加单位（企业）内部业务会议，传阅有关文件材料；有权监督商品盘点，拒绝虚假统计数据；有权向上级反映有关违反统计制度规定行为等。

1988年，盐池县供销合作社下发通知，要求系统各企业、基层社进一步加强统计资料管理工作，通知要求：系统内统计人员提拔为领导、调整岗位或调离工作的，要按照规定填制移交表，对统计资料进行移交；移交资料包括商流统计报表、年报月报统计表、台账、原始凭证、统计分析报告及统计资料册数、起止日期等；统计资料交接手续不清楚、不完整的，暂缓另行安排工作或办理调离手续；统计资料要有专人负责，按类别装订成册，登记编号，完整归档。系统各企业、基层社要组织对1980年以来统计资料进行认真清查，对于缺失资料必须于1989年6月底前到县社复制补齐。

1989年4月，盐池县供销合作社按照自治区供销合作社《商品流转统计达标考核标准》对所属企业、基层社统计工作从组织领导、人员配备、基础工作、报表质量、监督服务五个方面进行百分制考核，积分达到80分以上为合格。具体考核工作分阶段进行：1989年第四季度组织所属企业、基层社进行自查自验，在70%以上基层单位达标后，由县社组织统一考评；1990年5—6月接受自治区供销合作社组织全区验收。

之后从1991年开始到2000年，盐池县供销合作社每年在全系统组织一次统计报表和财务分析报表评比活动。竞赛内容包括会计报表、主要指标月份报告、季度会计报表、年度会计报表、月度财务简要分析、季度财务分析、年度财务分析报告等。通过竞赛评先奖优，作为财务人员年度考评、晋升职称重要参考依据。

二、统计工作

新中国成立后，随着供销合作社事业不断发展，商业统计工作越来越显重要。1950年全国合作社联合总社推广"基层社统计互助组"办法后，盐池县供销合作社即按照其办法，从基础抓起，通过举办训练班、会期短训、选点试填、会审会编等形式办法，多方面提高财务人员统计知识和业务水平。每年专题召开统计工作会议，研究提高统计填报质量，交流财务管理经验。

1952 年 10 月前，盐池县合作社系统计划统计工作基本上都是由会计和业务人员兼办，一般只能做到简单月报。1952 年 10 月，县合作社第一次设统计专职干部 1 名，各基层社仍然由会计或业务人员兼办。在 1952 年 12 月召开的全县合作社系统财会工作会议上，对财务人员进行统计编制方法短期培训后，从 1953 年起各基层社基本上能够按照要求上报统计报表。

1953 年，盐池县合作社系统共抽调 7 位财务干部到宁夏省合作社干部训练班学习。到 1954 年，全县除 2 个区合作社尚未配备专职外，其他 6 个区合作社均已配备专人负责统计工作。只是由于新接触统计工作，业务水平不高，只能边学边报。同时由于各基层社普遍缺少业务干部，虽已配备专职统计人员，但也做不到专人专职，仍

要兼办其他业务。因此统计工作对市场调研、商品购销计划指导参考没有起到实质性作用，导致计划与业务脱钩现象普遍发生。比如由于市场调研不足（当年实行农业合作化改造，农业社要留足羊只数量，二毛皮产量大幅下降），1953 年只完成二毛皮收购计划的 6.44%。

1977 年，盐池县供销合作社系统共有 2 个三级站、1 个车队、15 个基层社，全部由会计或出纳兼任统计工作，且一半以上为新手。由于基层单位报表迟缓，到县社汇总、再上报区社的电讯月报通常要比规定时间迟 5 天左右。全县 17 个商流报表基层单位，有 14 个单位配备兼职人员负责统计工作，3 个由单位会计兼任；17 个基层单位中有 15 个单位统计人员兼收付款业务，大部分统计员一般都还兼任计划、物价、出纳、文书、管理员等职。为切实加强提高全系统统计工作质量，县供销合作社从三个方面增强统计人员力量：一是申请统计专业毕业生分配名额；二是通过组织调来计划统计工作人员 1 名；三是着

表 8—3—1　1976 年盐池县供销合作社基层社会计、统计人员配备情况

单位	姓名	专任职务	兼任职务	调配时间
城郊供销合作社	杨树森	会计	统计	1976 年 12 月
柳杨堡供销合作社	李志荣	会计	统计	1976 年 12 月
高沙窝供销合作社	刘继汉	会计	统计	1976 年 12 月
苏步井供销合作社	李　智	会计	统计	1976 年 12 月
王乐井供销合作社	李祥栋	会计	统计	1976 年 12 月
鸦儿沟供销合作社	乔　孝	会计	统计	1976 年 12 月
青山供销合作社	杨秀珍	统计		1976 年 12 月
大水坑供销合作社	赵月英	统计		1976 年 12 月
红井子供销合作社	张惠明	会计		1976 年 12 月
马儿庄供销合作社	张顺琪	会计	统计	1976 年 12 月
后洼供销合作社	雍　锦	会计	统计	1976 年 12 月
冯记沟供销合作社	刘树德	会计	统计	1976 年 12 月
红井子供销合作社	武永杰		统计	1976 年 12 月

力解决基层社统计人员兼职过多问题，要求各基层单位调整统计工作人员到较轻工作岗位，把大量精力放到统计业务上来。

1977年3月，盐池县供销合作社组织举办了为期11天的全系统财会统计人员学习班，有相当一部分新接触统计工作人员很快能够独立承担工作。县社财务计划组对培养基层统计员、促进业务质量效率主动采取了一些办法：1.举办全系统财务统计人员学习班，进行集中培训。2.将全县"老八社"（原来8个公社供销合作社）和"新八社"（1976年将原来8个公社分设成立16个公社，新增8个供销合作社）结成对子，编为"互助组"形式，互帮互学，共同提高。3.利用每月审核报表发现问题，当面或电话进行辅导讲解，对普遍性问题经过整理后以文件形式发往基层执行。4.组织开展系统内统计报表评比，积极参与全县"双学双比"（学文化、学技术，比成绩、比贡献）劳动竞赛。5.基层社争报送时间、县社争汇总速度、到区社争报送质量。通过以上措施，下半年5个月的电信月报有4个月提前1—3天报出，表式月报提前1—6天报出。

1977年后，盐池县供销合作社系统先后有4名统计人员进入大专院校脱产进修统计专业学习。1980年，县供销合作社19名统计人员中，有18人取得统计员资格，3人取得助理统计师职称。县供销合作社同时还规定基层统计报表由统计员亲自送审，发现问题当面核实更正；不定期组织专业素质较好统计员深入基层社巡回辅导，提高基层统计人员业务能力；县社每年举办财务统计培训班1期，统计人员业务竞赛1—2期。

1981年，盐池县供销合作社要求各基层社开展统计简要分析或附文字说明，统计工作开始对经营计划、业务生产起到监督检查和促进作用。

1982年，盐池县供销合作社开始通过统计报表、统计分析安排商品购销、资金调度及工作量化安排等。县社、基层社在做好定期统计报表的同时，组织开展市场专题研究、货源分析，取得一定成果。大水坑批发站运用统计数据检查商品流转跟进计划、建立各项计划完成日进度图表和旬计划进度简要说明，按月、按季度编写计划执行情况报告的做法得到县社肯定，并在全系统进行推广。当年，全系统的定期报表基本上做到完整准确、报送及时。其中系统商流综合报表按照规定执行电讯月报，一般均在月后5日前按时报出；表式月报一般在月后6日提前两日报出；各基层单位表式月报一般能在月后3日前提前报出。按照审核记录，全年全系统的统计报表差错333笔；全年编报统计分析资料236份。

县供销合作社还对当年统计竞赛增加了新的项目内容：一是把计划进度检查作为定期报告材料列入竞赛条件，要求各基层社月有计划进度检查、季有综合分析报告，并根据购销活动变化情况写出统计分析报告；二是依据有数据、有情况、有分析、有建议为竞赛评分标准，拉大竞赛分值；三是把开展商品预测、编制业务计划定为评分标准。比如各基层社对当年羊毛、二毛皮、蜂蜜3种农副产品上市量和受灾后农村货币投向进行预测，达到预期效果。预测羊毛上市量100万斤，实际收购108万斤；受灾后农村货币投向调查与预测投向目标基本一致。根据市场调查和统计分析，县供销合作社对统计项目也进行相应调整。农村实行家庭联产承包后，农民收入持续增加，修建新房农户越来越多，因此在统计必报商品中增加了玻璃、水泥项目；县供销合作社同时打破单纯依靠计划分配和定点进货渠道，开辟多渠道进货，因此在统计总值表附注资料中增加了"多渠道进货"和"其中区外进货"两项；根据出口需要，葵花籽成为骨干商品，因此在商品目录增加了"瓜籽"项；当年取消部分逐渐淘汰和占比很大的县内企业自产商品如火炉、铁皮烟筒、铁皮水桶、毛毡、线袜等，不再统计。1984年在购销项目中增加了"建筑材料"类值指标，商品项目中增加了"议价粮食"和"议价食用植物油"项目；恢复上年取消的毛毡、铁皮烟筒两个商品项目统计。

国家统计局、中央电视台于1983年联合举办统计专业电视讲座，县供销合作社积极要求有收看条件的基层社组织统计人员收看学习。1986年抽调基层社统计员32人到宁夏供销学校培训3个月。

1985年，县供销合作社在统计报表商品部分增加了家用洗衣机、家用电冰箱、录音机、电风扇、啤酒、木材项；总值表将国内纯购进中的"农副产品议价购进"改为"统购农产品按牌价购进"；附注资料取消双代店代购额、代销额指标；取消六六六农药、敌敌畏、白布、毛巾、搪瓷口杯、搪瓷面盆、汽油、润滑油8个商品项；进口手表、国产手表合并为手表项。1986年增加彩色电视机、红瓜籽、黑瓜籽3个商品项，取消蜂蜡项统计。

1986年，盐池县供销合作社修订了《盐池县供销合作社系统统计工作评比竞赛办法》《盐池县供销合作社基层统计人员、统计岗位责任制》。新竞赛办法规定：1.参加竞赛单位包括县社所属公司、大水坑批发站、各基层社。2.竞赛内容包括：商流统计报表（包括月报、年报）以及时、准确、全面、系为标准；商流统计辅助月报表以及时、准确、全面为标准；劳动工资报表以及时、准确为标准；统计分析包括季度分析、年度分析和专题分析；统计专题调查指深入农村开展的专项调查分析报告；统计工作质量包括报表、资料整理归档等全面质量要求。3.积分条件

分值：统计月报在月后三日内报达，积20分，迟到一日扣10分，迟到两日无积分；报表数据正确积40分，差错1笔扣5分；格式总值与类值不符、库存出现负数、其中大于合计、必报商品不平又无说明等情况，错漏1笔扣5分（包括附注资料）；字迹不清按差错1笔论处；不写填报单位、年月日、不加盖公章扣2分；年报在年后15日内报达积50分，其余处理方法与月报相同；商品流通统计辅助月报在月后5日内报达积40分，其他处理办法与月报相同；劳动工资报表要求工资即发即报，最迟不得超过当月30日，按时上报积20分，过期不积分，若有差错扣10分；统计分析要求有数字、有情况、有分析、有建议，季度、年度完成综合分析4篇、并于季后10日、年后15日内报送，视报告质量积10—25分；全年完成专题统计分析报告6篇（报送时间不限），视报告质量积5—10分；每年开展一次专项统计调查（项目内容自定，上报时间不限），视报告质量积30—60分；统计工作质量实行百分制，统计资料整理归档满分50分，统计基础工作满分40分，其他工作10分。以上各项指标满分总分值1900分，全年总积分达到1800分评为优胜单位，总积分达到1600分评为合格；凡缺报者视情节进行通报批评，并罚统计责任人现金10元。连续两年获优胜单位的统计人员，可破格提前推荐评定技术职称，有一年不合格单位的统计人员按国家规定延期一年评定技术职称，连续两年不合格者予以调整工作。

1987年，根据上级社要求，盐池县供销合作社统计报表中商品部分规定填报"从生产者购进"和"售给集体个体商业"两个指标的商品为：鸡蛋、食糖、卷烟、酒、棉布、棉花、化纤混纺布（含涤棉混纺布）、化纤布、呢绒、绸缎、汗衫背心、棉毛衫裤、卫生衫裤、各种服装、肥

皂、洗衣粉、缝纫机、手表、自行车、电视机（含彩色电视机）、半导体收音机、录音机、电风扇、家用洗衣机、家用电冰箱；总值表附注资料增加国内纯购进中从集体、个体商业购进农副产品、工业品、废旧物资3个指标。

随着市场经济不断开放搞活，供销合作社业务经营迅速发展，基础管理工作尤其是会计、统计和业务核算方面出现一定脱节。为此，盐池县供销合作社决定在全系统推行《统计基础工作规范化实行方案》和《统计工作优质服务实行方案》，要求从1987年10月开始统一实行统计报表会审会编，即社属企业、基层统计人员提前完成本单位当月统计报表后，于当月2日到县社财务计划股报到，3日会审，4日汇编，每次会审共需两天时间。

1989年，根据自治区供销合作社联合社规定，各级供销合作社统计报表商品购销总额、总值表增加商品购进总额、商品销售总额两个指标。1990年月报表由以往电讯和表式分别上报改为电讯月报1次，取消表式月报；新的电讯月报类值表包含27个指标和2个附注指标，商品部分包含15个类值、91个商品，和1987年报表相比，必报商品减少了50%，尤其是供销合作社主营商品减少较多，如废旧日杂物资类商品由原来的13个减少到1个（废钢铁）。

1989年，盐池县供销合作社根据自治区供销合作社制定《商品流转统计工作规程》和《关于加强统计基础建设工作的通知》要求，组织对全系统统计工作进行达标考核。经过考核，全系统90%单位达到合格，未达标单位则进行了补课，最后全部达到合格要求。

1990年，盐池县供销合作社成立了全系统统计人员职称评审小组，组长张顺琪（助理统计师），副组长雍锦（统计员），组员李祥洞（助理会计师）、郭淑荣（助理统计师）、张宗（会计员）。7月，根据自治区、盐池县劳动人事部门《关于开展统计人员岗位专业知识培训及考试的通知》要求，县供销合作社组织全系统符合条件统计人员统一报名参加学习，学习主要内容包括《社会经济统计学原理》《商业统计法规》等；学习采取电视讲座、面授形式，考试时间根据有关部门安排统一进行。县供销合作社要求各基层单位一定要合理安排参学人员工作、保障其学习时间，鼓励参学人员多做题、多实践，争取考出好成绩。

1990年后，盐池县供销合作社认真贯彻执行《中华人民共和国统计法》《中华人民共和国统计法实施细则》和国务院《关于加强统计工作的决定》精神，统计工作逐步走向系统化、规范化水平。全系统建立健全了统计机构，实行了统计工作责任制，加强了统计人员培训。建立健全了原始记录、统计台账、统计报表、统计资料管理制度，努力实现统计数据处理现代化手段。根据全国供销合作总社和商业部联合召开统计工作会议精神，积极开展统计资料分析工作，定期编写电讯月报和表式月报数字提要，以统计实绩对照作出计划执行情况检查分析，推动计划执行和改善经营管理；不定期编写综合或专题统计分析，研究探索国家政策落实、农业生产发展、农村多种经营发展、农副产品供销、农村购买力和商品可供量平衡、工业品下乡、供销合作社库存商品结构变化等规律性问题。

2000年后，全国各级供销合作社计划统计工作由各个中心店负责收集报送，县级社专人负责收集整理，重建了统计分析和市场情况联系点，通过定期布置分析提纲、召开联系点会等形式收集市场变化情况，及时向有关部门提供农村市场供销情况。

第九章

人物表彰

盐池县供销合作社（合作社）自1936年7月成立以来，到2020年已历85年不凡历程。其间涌现出数众多先进人物和模范代表，其中大部分为立足平凡岗位和广大农村阵地默默奉献的社员群众代表。本章所选先进集体和先进个人包括：陕甘宁边区时期的劳动英雄；自治区人民政府（宁夏省）、国家商务部、全国供销合作总社表彰先进集体、个人；自治区供销合作社、自治区各厅局、吴忠市（银南地区）表彰先进集体、个人；盐池县委、县人民政府表彰先进集体和先进个人。所选人物，陕甘宁边区时期劳动英雄、社会主义初级阶段和改革开放时期省级以上劳动模范设为社会闻人，附录人物事迹；历任盐池县供销合作社（合作社）主任和副高级以上职称人员附录人物简介。

第一节　人　物

一、社会闻人

靳体元

靳体元，字务本，1874 年出生于山西灵石县。年轻时在家乡做小买卖赔本后，于 1934 年辗转来到宁夏花马池（今盐池县城），与早些年已到这里做生意的养子一起开了家馍馍店谋生。这时靳体元已是 60 岁的人了。有了些积蓄后，靳体元先后办起了"无本成"字号和磨坊，生活逐渐好转起来。

1936 年 6 月 21 日，西征红军解放花马池城后，因国民党马鸿逵反动宣传，大量商人群众外逃，花马池几乎成了空城。商店关门，农户群众不敢进城买卖，居民买不到生活日用品，一时人心惶惶，街景萧条。就在此时，中华苏维埃中央临时政府西北办事处国民经济部部长毛泽民带领几名干部从刚刚解放的定边城来到花马池。毛泽民深入商人、群众中间，走访商家大户，了解群众生活，酝酿恢复市场秩序，解决群众生活供应问题，并积极宣传动员群众入股，组织筹办消费合作社。

多年颠沛流离的生活，也使靳体元增长了不少见识。他感觉到，共产党、红军的政策是为贫苦百姓好，因此在心里产生好感。当国民经济部和盐池城市革命委员会的干部动员商人和群众入股办合作社时，靳体元作为商户代表，带头入股，成为首批盐池县城市消费合作社社员。此后

靳体元积极参与新生苏维埃政权的商业经济工作和社会公益事业。1941 年秋，靳体元先后当选为盐池县第一届商务会会长、盐池县参议会议长、陕甘宁边区参议员。

1941 年 7 月上旬，三边士绅自动组织参观团，由定边、盐池商会会长周培升、靳体元带队前往延安参观。靳体元和参观团成员连续参观了延安创办的一些工厂后，心里逐渐有了盘算，觉得利用盐池县的皮毛资源创办工厂，应该很有前途。于是就向陕甘宁边区政府提交了利用盐池"三宝"创办工厂的建议，得到边区政府建设厅的重视，建设厅厅长高自立亲自同靳体元沟通了在盐池县筹建毛织厂相关具体问题。

边区政府建设厅很快批准了靳体元关于在盐池县建立毛纺织厂的议案。在边区建设厅、三边特委大力支持下，创办毛纺织厂事宜很快提上盐池县委、民主政府议事日程。9 月 20 日，盐池县组织召开第二届参议会，讨论通过了靳体元、孙璞、阎志遵、杨华亭等 8 人"关于承办元华工厂的倡议"决定。随后，边区政府建设厅投资 5 万元（边币）以助开办，并派出延安团结工厂郭云昌等 3 名技术工人携带 3 台毛纺机折价 4500 元入股。12 月，盐池县政府拨出公房一处，确定由靳体元负责开始筹办工厂。

1942 年 2 月，元华工厂建成投产，以生产毛纺织品为主，设毛布、毯房、毡房、毛口袋四个生产组（车间）。县政府任命靳体元为元华工

厂经理，孙春山为厂长。到4月份，元华工厂资金已经发展到12万元，工人增加到44名。除生产毛纺织品外，兼搞皮毛等土畜产购销生意。6月，盐池县委决定将县合作社联合社和城区消费合作社合并到元华工厂，同时挂元华工厂和县合作社联合社两块牌子，任命靳体元为元华工厂经理，孙春山为厂长，单琦为县联社主任。社厂合并后，除了进行毛纺织品加工生产、开办合作社外，兼搞工业、运输业、畜牧业和农业。

靳体元为专心经营工厂，辞去了商务会会长职务。时值抗日战争最为艰苦阶段，元华工厂以简陋的设备，生产了大量毛毯、毛毡、衣胎、毡帽等生活用品。边区群众需要什么，工厂就生产经营什么。在当时生活必需品十分匮乏、私商趁机盘剥之下，仍以合理价格供应解决群众生产、生活所需。工厂组织成立了运输合作社，将自产毛纺织品及皮毛、甘草等土特产运到邻近各省地区，再运回群众、驻地部队所需生产、生活用品，有效促进了当地经济贸易。元华工厂还积极组织开办运盐合作社、纺织合作社、医药合作社、兽医所，协助田记掌村办学校等，深受群众赞赏拥护。既促进了边区大生产运动，也为支援抗战作出了重要经济贡献。

1943年，元华工厂工人增加到50余名，年底获红利2600万元（法币）。

1944年2月10日，元华工厂召开第一次股东代表大会。截至目前，元华工厂资金发展到9455万元；股东817人，入股4000余万元；合作社共有社员209人，入股240万元；公盐入股代金3000余万元；共有栽绒毯机10架、毛布机10架、花格毛毯机1架、毛口袋纺车2架、弹毛弓15张、弹毛帘10架、纺线机2架。

1944年6月27日至7月7日，陕甘宁边区政府在延安召开全边区合作社联席会议，会上奖励合作社英雄94名，其中特等英雄16名。7月3日，中共中央在杨家岭大礼堂举行宴会，招待参加全体与会代表，毛泽东主席亲自致欢迎词。随后，毛主席接见合作社特等英雄，走到靳体元跟前时，询问了元华工厂创办情形，夸奖元华工厂办得好。靳体元激动地回答说："我做了一辈子商人，没有什么大的发展，后来觉得边区需要工业，所以我就转到工业上来了。"毛主席听了非常高兴，特地送给靳体元一套毛呢大衣，鼓励他继续办好工厂。

靳体元为边区政府、为群众做了有益之事，受到社会各界和人民群众的支持爱戴，在他70寿辰时，盐池县党政各界人士联合为他召开了祝寿座谈会，并赠送其"松柏常青"四个大字的寿匾。

1944年7月，元华工厂由建厂时的3名工人增加到56名，先后为边区军民和抗日前线提供棉衣、毛毡、毛毯、绒帽等12万余件（每件5条），以及大量毛袜、手套、军鞋等。10月，元华工厂新招学徒25名，股金扩大到10000万元。11月，靳体元邀请县内20余位德高望重人士倡导合力协助二区、三区创办合作社。靳体元决定从元华工厂拨出2练（12峰）骆驼入股，同时把工厂办的药社搬到三区开办了医药合作社。

1946年4月2—27日，陕甘宁边区在延安召开第三届参议会第一次会议，靳体元出席会议并当选为边区政府委员。

1947年3月，国民党马鸿逵部进犯三边，盐池县城失陷。为了保护元华工厂资产，靳体元未能随县党政机关和游击大队撤出。马鸿逵部逼迫靳体元提供中共盐池县党组织情况，并胁迫其为国民党政府做事，他断然拒绝。马鸿逵部召开群众大会，叫他在会上发表反共讲话，靳体元一言不发。7月，盐池县城第一次光复，靳体元带领群众出城迎接县委、县政府机关干部。8月，马部再次进犯三边，盐池县城二次失陷，靳体元随党政机关干部、游击队辗转撤到南部山区，直至1949年8月盐池县二次光复时，与县委、县政府和县游击大队干部一同回到县城。

1949年12月25日，盐池县召开第一届各族各界人民代表大会，靳体元当选为各界人民代表委员会副主席。1950年1月14日，靳体元因病去世，终年77岁。

陕甘宁边区劳动英雄刘占海

刘占海

刘占海，盐池县四区（雷记沟）古峰庄村农民，是三边地区有名的养羊大户。刘占海既是养羊好手，又是办合作社的能人。1944年9月4日《解放日报》用较大篇幅登载了著名诗人艾青采写的长篇新闻报道《刘占海善于办合作社》的文章。1945年1月艾青再次走进刘占海家，采写了长篇报道《养羊英雄刘占海》在《解放日报》第四版整版刊出。从此，刘占海养羊、办合作社的事迹就在全边区广为传播。

《刘占海善于办合作社》

艾 青

他的家庭富足，房屋宽敞整齐，门口贴着"天官赐福"的桃符，房子里面很净洁，全家人都不停地工作着。主人刘占海将近五十岁了，但身体仍粗壮健康，身上穿着普通农民的服装，脸色赭红，额上刻着三条很清楚的皱纹。他一面愉快地和来客谈着年成，问起外面的情形；一面仍照顾着全家的工作，在院子里跑进跑出。有时，他提着小羊羔的前脚，走进房子里去，后面匆忙地跟随着一只叫喊着的母羊；有时，他走进院子里，

到羊圈里去。他一进去，所有的羊都很快地围聚在他的身边，他看着四周的羊，又问拦羊人，群里有没有乏了的羊。那几天，正是不停的雨雪之后，羊的毛被雨水淋重了。他和拦羊人把乏了的羊分开到羊圈另外的地方，特别给它们吃好料。

刘占海在四区筹办养羊合作社，又办起来运输合作社。他的羊圈，有一亩半大，墙很高，能避风，天冷时羊不会因拥挤而压死。墙上压着很密的柴棘，不致受狼的侵害。羊圈中间的土，填得比旁边稍稍高一点，天下雨时，圈里不会窝水。他的羊比别人的显得肥厚，毛很密，颜色也特别白净有光泽。春毛每只羊能剪一斤半，秋毛剪十二两。他说："沙窝里的羊，毛没有我们这里多，因为沙窝里长了红柳条，羊肚子下面的毛都被红柳条刮掉了。"

晚上，天又下雨了，他把骆驼羔子抱到家里来。当母骆驼在院子外面很寂寞地嚎叫起来的时候，他就叫儿子把骆驼羔子抱去吃奶。在刘占海的卧房里，地上睡着好几个小羊羔和一只母羊，这是为了天下雨，小羊羔拉稀了，抱回家里来的。

在点上灯，一切事都已料理完了之后，大牧主刘占海坐在大炕上。灯光照着他牧人特有的纯朴勤劳的脸庞，而他的影子被投在炕底壁上。

1944年，盐池县合作社主任联系会上，大家

一致认为四区合作社办得很好。四区客观环境困难，人民对于合作事业不热心、办社条件较差的情况下，干部对兴办合作社都没有了信心，但因为养羊模范刘占海支持大家办合作社，并且他积极倡导，大力宣传，带头兴办合作社，积极入股。他的工作方式灵活多样，经过短短两个月时间，扩大股金就达千万元。他扩股方法是以他自己的名义。他很有威信，邀请四区有威望人士李天祥、吴高林、吴奎林、张万寿等十余人吃饭，席上，首先谈到如何组织合作运输队给大家运公盐。当时有些人说恐怕一时没有那么多的钱。刘占海说："可以用牛、羊、皮毛入股！"之后，刘占海自己便先报了名，首先入了4个骆驼。张科跟着入了2个骆驼，张文奎、李天祥每人入了1个。吃完饭，刘占海又到各乡宣传。由于刘占海为人诚恳，做事果断，头脑灵活，善于经营，在四乡乃至周围乡村影响很大，大家都很信任他。经过他的一番宣传，合作社入股金额由原来的20余万元一下增加到了1000余万元。四区合作社现有干部8人，脱离生产的7人，另外雇佣跟骆驼和放羊的5人，他们入股羊613只。四区合作社经营的业务有骆驼19只，运盐269驮，返回带脚捎货，当年共挣了90万元。除销售犁铧、铁锅、棉花及日用品外，专门安排两个人跑乡，把带回来的生产生活用品卖给群众，或者收换皮毛土产。他们销售的商品价格比商人的低，收购的土特产所出价格都比商人的高。杨成沟合作社是走曲子、华池必经的地方，水草方便，刘占海主任准备在这里开设骡马店。房屋已经修好，准备在8月份开始营业。在公益及文化卫生方面，四区合作社给缺粮的农户借粮十余石。侯东连娶婆姨缺钱，合作社借给了两都麦子，又赊给了一些货品，使他得以圆满地办完了婚事。

《养羊英雄刘占海》

艾　青

他原是盐池周庄人，出身很苦，父亲不幸染上了大烟，吸食成瘾，把家里什么都抽光了就死了。死时，除了一副抽烟的家具之外，什么也没有留给他。11岁起，刘占海就给一个叫郑魁的大财主家放羊揽工，这个郑魁也是一个大烟鬼。刘占海很勤苦地过了七八年，仍是两手空空的。到20多岁时，他才得到他舅舅的帮助，找到几百块钱，在古峰掌（庄）买了些房产，自己种地，终结了自己奴隶的命运。到28时，他已能雇下长工，来帮忙种地了。他最初养羊时，只有四十只。民国十六年买了骆驼。

在旧社会，刘占海由于自己特别刻苦和节俭，虽然也置下了一些产业，但他的产业能力很迅速发展还是在革命之后，他说："自从红军解放了盐池，这些年日子一天天好起来了。"1937年冬天，光40个山羊，就奶了93个羔子。从此，他每年都有二三百只小羊羔。1942年他卖了120张二毛皮，1943年卖了140多张二毛皮。

他的羊分三群，两个大群是在离家廿多里草场最好的地方，他把那儿长久地扎为羊场，拦羊人住在那儿，自己也每隔三五天去看一次。在家里，羊圈里养的只是一小群。这样既可以避免羊瘟传染的可怕损失，在羊的吃草问题上，也不致发生困难。

在"骚胡"的交配上，他有一定的限制：最多是山羊60只配一只"骚胡"，母绵羊15只配一只"骚胡"。两年前，他从灵武搞回了几只"骚胡"交配的结果，生出来的羊毛细、弯多、板子厚。在母羊怀羔期间，特别让它们在舒爽一些的地方，使它们不致在羊群里乱挤，所生下的羔子就会健壮。

1942年秋天，他试验把"骚胡"赶了隔开，到冬天再让它们和母羊去跳（交合），到第二年三四月间生下羊羔，天气暖和有草吃，不像在冬天生下小羊羔，天冷没有草，以致冻死和饿死。

假如在羊群里发现有病羊时，他就马上把它隔离，很快的医治，或者另外处置它们，免得把病传染给别的羊身上。山羊的瘟疫，比绵羊容易传染，"一羊害咳病，众羊难逃"，患这种病的是黑羊，要用坏西瓜水灌了才会好。"咳咳病"预防办法就是把山羊隔离在几个场所来喂养。羊拉稀叫"水伤"，是由于羊的饮水不洁净和受了凉，只要用三钱柏油和一两清油灌了就好。每年阴历四月灌柏油和清油，能防止羊患"肿头病"。这种"肿头病"也叫"脑虫病"，是由于羊受暑和吸灰尘太多的缘故。据他的经验，白羊每隔六年要出一次痘子。羊身上长虱子，只要用清油倒在有虱子的地方，虱子就会消灭。刘占海对羊的爱护是无微不至的。他说："羊长了虱子，我就一夜睡不着。"他又说："天下雪了，我就在枕头上听，羊叫不叫唤。"——如不叫唤了，那就是羊压死了。一到下雪天，羊因为怕冷就互相挤，羊多了，在下面的就常常被压死。每年下大雪时，三边在羊的死亡上，数目是很大的，只有刘占海的羊能避免这个灾难到最小的数目。1943年他只损失31只，1944年三边严重的羊瘟，他只损失60余只。他养了好多年骆驼，从来没有糟蹋过骆驼羔子。

要拦羊人对羊好，首先要主人对拦羊人好。刘占海说："光我一人过好了还不算，要我的伙计们都过好了才行。"他对拦羊人和雇工们的生活都很操心。主人吃什么，工人也吃什么；有吃好东西时，要工人多吃一些。他家里的妇女经常帮助工人缝补东西。到冬天，每人给缝一件皮衣。按照情况，年年增加工资，有些工人除一年的吃喝外，还能净挣十万左右。他常常关心工人们的发展，帮助他们，把他们的工钱作成母羊，放在自己的羊群里。这样拦羊人对羊的保护也就特别留意。工人罗天荣现在已有20多只大羊在他的羊群里。在古峰掌有一个叫刘占雨的，原来是一个毫无所有的受苦人，帮刘占海拦了七年羊，离开时已有七十只大羊和一条牛。由于他对待工人好，工人们都愿意在他家里揽工，现在他家里的工人大都是在五年以上的，那个拉骆驼的贺天太已给他揽工快20年了，而罗天荣是一个给他拦了八九年羊的工人。凡是给刘占海揽过工的人说起他来，没有一个不说他好的。盐池四区四乡的陈尚则在民国十七年遭年成时，父亲和母亲都死了，留下十二三岁的两个孩子无依无靠，刘占海看到就把他们留到自己家里来，年年把工钱完全买成母羊。经过了九年的时间，刘占海已帮陈尚则娶了婆姨，等陈离开时，已有了180只大羊，一条牛，一个驴子了。刘占海还帮助他盖了二间房子，送他居家的用具。陈尚则现在已过着中农的生活。刘占海常常帮他的伙计们说亲，"受苦的都给娶了婆姨"，他说。经他说合而且负责婚娶的已有13个。去年正月二月里边两个，现在还有三个刚说下的，准备在阴历年前过门。给他揽工的，如果有了财产，能自己成家立业的，他就让他们自己去发展。给他揽工的，由于他的劝说，个个都很勤俭，把工钱积蓄起来，买成孕生的母羊作为生产的基础。给他揽工的，最少的也有30多只羊的财产。他对待工人的名声，已传到边区外面去。帮他拦羊的梁方销就是远处闻名赶上门来的。梁方销现在已有了许多羊，又娶了亲，要自立门户了。

"我从小受过艰难。"刘占海说。他办合作社对贫困的人同情以及帮助，和他的出身有很大的关系。在旧社会里，生下来穷苦的人，一直到死都是穷苦的；在新社会里，只要能劳动、能务正，人人都会发展。所以他不断地帮助人，劝人务正。

合作社里如果谁没种籽的给借种籽、没钱的给借钱。每到过年时节，没有面的，带了口袋来，他都给。前年他打了二三石麦子，自己只吃了几斗，其余的都给了邻村的人。四乡来了两户难民，他就经常照顾他们，给他们柴火和粮食。在古峰掌只有二辆大车，每年收割庄稼时总是忙不过来，常常有人粮食不能按时到场。去年他特地从城里添买了一辆大车，专给没有车的住户拉粮食。王益一是抗属，刘占海送给他一头大耕牛，借给他豌豆三斗，荞麦二石多，糜子16石，不收一分利息。周蒙吉是巫神，在刘占海的帮助下开始生产，他给周一犋牛种庄稼。离古峰掌一里路有一个叫王四滩的庄子，村民大都不务正业，被大家称为"二流子村"，每到青黄不接时，就来找刘占海借粮，去年在刘点海的规劝之下，已开始转变了。

刘占海爱护羊群，爱护牲口，对羊群和牲口的饲养有经验，大家都推荐他担任合作社的主任。养羊合作社的社员谁也比不过他对羊的耐心、细致，所以他的羊群一年比一年扩大，牲口一年比一年增加。刘占海知道养羊人的艰难，他特别关心放羊的，帮助受苦人（盐池地方把牧羊人称为受苦人），所以给他揽工的都团结在他身边。刘占海保护合作社其他社员的羊群和牲口，就像保护自己的羊群和牲口一样。在旧社会里，老百姓说："养羊七百只，就有做县长的命。"而刘占海呢，他的羊已发展到绵羊1100多只，山羊300多只，成了三边养羊最多的几户中的一户了。除了羊之外，他还养了23个骆驼，13个小骆驼，场牛九头，耕牛两犋；大小驴子9个，骡子3个，马1匹。前年种地80垧，去年种地100多垧。

假如你问他："你家里有多少人呢？"他就半天算不出来。假如你说："人比羊还要难算哩？"他就笑着说："羊是怕丢呢，人是不会丢呢。"旁边的人帮他计算，说大小有19口。此外他家还雇三个长工种庄稼，四个拉骆驼的，四个放羊的。

刘占海对自己家业的发展，大家知道一面是由于自己勤俭，有计划，还有一面，他说："自从红军来了以后，七八年来过着和平的生活，政府又奖励生产、负担很轻，因此发展就更快了。"这是很中肯的话。假如没有新的政治制度保障，没有新的力量的保护，即使个人再勤俭，也不可能有像他这样的光景的。过去西北一带到处都有土匪，人连走几里路都要提心吊胆。如今地方安稳了，"毛主席来坐三边之后，土匪就不敢再来了。"这就是刘占海说的话。去年春天，政府提出调剂籽种和农具，他就把自己的四个牛借给没有牛的农户，后来一头被用死了，他不但不要赔偿，连不满的话也没有一句。他帮助移难民、帮助抗属，他规劝巫神务正、规劝整个"二流子村"务正，这一切都是刘占海爱政府的表现。他知道政府整天操心的，就是要老百姓过好日子。前年他出了廿九担公粮，他说："哪里也赶不上咱边区好。"1943年3月，他被群众选为"养羊英雄"，参加了三边分区的群英大会。在大会上，他把自己养羊的经验宣布了，得到了奖励。1941年他当了县参议员，去年被选为盐池县县政府委员。

刘占海非常健谈，谈话一直进行到深夜才停止了。刘占海把灯火别亮起来——他的脸映着红光，映着劳动的无限快乐。这时，院子外面的母骆驼，又在嚎鸣着，等他把骆驼羔子抱去吃奶了，已经大半夜过去了。

第二天早上，天已晴了。远处有鹧鸪的叫声，屋后都是成群噪咶着的麻雀。许多鸽子，有的在场上啄吃粃糠，有的在屋檐下拍动着翅膀，咕咕地叫唤。在正屋的梁上有两个空着的燕子窝，燕子还没有来呢，刘占海笑着说："燕子要过三三才来，现在还不到时候呢，说是长江太宽了飞不过来，年老的说，先来一只的好，又说迟来的好。"

在住家的院子外面，有磨坊，几个小黑猪在里面吃猪食。磨坊旁边是矮土墙围的骆驼圈，圈门口插着一根大横木，里面站着几头骆驼，用陌生的眼光在看人。在土墙角上，钉着一只很大的"老骚胡"的角，是拿来当拴马的木桩用的。

所有的羊站满了场子，头都很整齐地看望着场口，嘴里叫着在等候着领羊的把它们带到草地去。六头饮水回来的驴子走进场子，那些羊就自动地分开，让出了一条路。拦羊的人来了。羊群移动了，黑羊跑到最前面去，其余的跟随着，好像一片起了很温柔的水浪的河流，羊群缓慢地流向山下面去……

任增福

任增福，出生于陕西关中道渭南县一个平民家庭。少年时，父亲被国民党抓兵后身亡。为了活命，任增福十几岁就从家里出来讨生活，辗转流浪到宁夏花马池，给地主、商铺打长工，当店员，饱经风霜。

1954年，任增福参加了新政府革命工作，任六区（惠安堡）供销合作社收购员，一干就是20多年。他不断刻苦学习，努力钻研业务技术，提高思想觉悟，不仅成为一名共产党员，还先后七次被评为全县供销合作社系统先进工作者。1978年5月，自治区召开全区财贸系统表彰大会，任增福被评为全区劳动模范，随后并当选为自治区四届人大代表。

任增福在惠安堡供销合作社主要负责农副产品和废旧物资收购工作，他常说："党交给的工作任务，咱一定要尽心尽力、千方百计地去完成。"在常年收购工作中，任增福总结了"三勤三快"（嘴勤、手勤、腿勤，收购快、包装快、发运快）、"四落实两满意"（落实政策、落实价格、落实质量、落实发运；国家满意、群众满意）

的收购原则经验。

1979年，上级社下达惠安堡供销合作社收购农副产品计划12万元，任增福一下子完成了24万元，一年干了两年的活。他一个人承担了全公社5个大队、26个生产队的农副产品和废旧物资收购工作，这是一项又脏又累、十分辛苦的工作，但他毫无怨言。对各生产队的绒毛皮张交售计划情况、哪个生产队完成了任务、哪个生产队没有完成、没有完成的原因是什么，他都一清二楚，工作起来就有针对性。为了提高收购质量效率，任增福根据农副产品生产季节，经常深入生产队调查了解生产情况，详细落实计划任务，比如在羊绒、羊毛上市前，他就提前将绒毛布包按需要发到各生产队，同时将各种农副产品和废旧物资样品质量标本挂到收购室，随时向群众宣传质量规格和价格标准。

同事们都说，老任是个闲不住的人，一年365天，天天都在想着工作，公假不休息，生病坚持干。每天收购的畜产品、废旧物资，一到下班后就分类入库。垛码时发现没有干透的皮张，就一张张铺开晾干，够一件就随手打包；库房里稍稍微有点灰尘，随时打扫干净，甚至连收购到的破布鞋，他也一双双地码垛整齐。破布鞋是造纸的好原料，但是鞋上有时带的铁钉会损坏到造纸机器，他就抽空用钳子一根一根地去拔了出来。货物打包时，为了避免发货时出现差错，他总是要连数两遍才放心。每次装车发货前，他都亲自盯着，大件装上面，小件装车箱，防止路途中小件甩出车外，丢失货物。运货司机通常都说："有老任装车，我们就放心啦。"

任增福经常利用收购机会，耐心向群众宣传介绍各种农副产品、废旧物资用途，鼓励群众不要浪费一些看上去不起眼的资源。过去群众对山羊胡子不重视，每年只能收到50多斤，经过任增福的宣传后，收购量一下子增加到四五百斤。一般在冬秋两季收购皮张较多，而且大部分都没有干透。任增福不怕麻烦，有一阵子他将收购到的900多张皮子每天晚上垛好，第二天再抱出来一张张地铺开，直到晾干为止。他收购的各种皮张，都码放得整整齐齐，撒上杀虫药粉，定期检查翻晒。任增福也经常向社员群众讲解农副产品购留比例，宣传国家、集体和个人三者利益兼顾道理。他自己学会了过硬的抓绒、剪毛、晾皮和整理药材、废旧物资方法技术，常常利用群众交售产品机会，亲自操作示范。他觉得，收购工作做好了，不仅为工业生产发展服务，也是为人民服务。

盐池县供销合作社系统收购肠衣是从1974年开始的。在当时，猪、羊肠衣是国家出口的重要物资。盐池属于畜牧业大县，当地猪、羊肠衣资源较为丰富。但由于全县地广人稀、资源较为分散，当地群众又认识不足，且肠衣难以加工保管，因此各基层社收购肠衣总量较小。但是，只要是收购方面的任务，任增福从来都非常重视，收购肠衣也一样。肠衣过去只是在冬季收购，而且大多基层社只收购清理加工好的肠衣，一些群众嫌麻烦，就不卖了。任增福专门置办了一套加工肠衣工具，改为常年收购，并且利用早晚时间自己动手清理加工，省去了麻烦，很多群众也就愿意出售了。公社食品站每年冬季都要宰杀一批猪羊，供给社员群众。到了屠宰季后，他每天起早贪黑，带上工具到屠宰场抽取原肠，亲自加工晾晒；羊皮上有污血，他就用手细心撕开，清除干净。刮肠衣要用冷水冲洗，有时手指都冻肿

了，他就裹上塑料布进行清理，从不叫苦。仅1979年冬季，任增福就刮洗肠衣433根。一天晚上，任增福买了点肉，炖在锅里，这时刚好萌城供销社送来了30根肠衣，他立即动手清理，竟忘了锅里的肉。等他一口气将肠衣加工完时，锅里的肉全烧焦了，他也丝毫不以为意。有一年春节前夕，社里收购了546根肠衣，临到放假时，还有306根没有清理加工好，如果放到春节后再加工，质量会受到影响，这时同事都已经陆续放假离开了。老任二话不说，将一根根冻成冰块的原肠用温水化开，细细加工，一直干到正月初六才全部搞完。

多年来，任增福始终保持了艰苦朴素、勤俭节约的优良作风。为了节约费用开支，一般他都亲自装包打捆。收购旺季时，领导怕他忙不过来，累坏了身体，就找工人打捆，但老任都是要亲自到现场进行监督，怕出了差错。他平时注意收集从商品包装上拆下来的铁丝、钉子、绳子、木板凳，这些东西在打包时都能用得上。供销社进货时，包装棉花、布匹、纺织品大多用布包，每个布包3元多，装80斤左右。任增福发货时改用木板、竹板、纸片等打包，每包100多斤，既便于发运，又节约了开支。仅此一项，每年可为企业节约好几百元。

任增福已是20多年的老收购员了，业务技术自不必说，但他手里总也离不开《商品收购手册》，对于把握产品等级质量和价格从不马虎。收购工作中，不管是干部群众、生人熟人、大人小孩一样对待，既不让国家利益受损，也不让群众吃亏。

二、人物简录

聂秉真　1936 年 10 月—1942 年 2 月任盐池县供销合作社联合社主任。1936 年 10 月任盐池县救济合作社主任。

单　琦　1903 年出生于盐池县；1939 年 10 月盐池县合作社联合社（简称"县联社"）成立时任监事。1942 年 6 月城区消费合作社、盐池县合作社县联社合并到元华工厂后任县联社主任，1947 年 8 月盐池县城失陷后离任，1950 年 6 月去世。

王国兴　陕西省定边县人，1950 年 1 月至 1952 年 8 月兼任盐池县合作社主任。1954 年 9 月任盐池县人民政府县长，1955 年 4 月任中共盐池县委书记，1958 年 5 月调自治区畜牧局工作，曾任自治区畜牧局局长。

牛万宾　1913 年出生于盐池县大水坑镇牛寨子村，中共党员。1936 年 10 月后任盐池县五区小学教师、区文书等职；1946 年后历任区长、县委秘书、县委财贸部部长等职，其间 1952 年 8 月—1955 年 8 月兼任盐池县合作社（供销合作社）联合社主任。1956 年 1 月任县委常委；1956 年 9 月当选盐池县人民政府副县长（其间 1956 年参加甘肃省党校学习两年取得大专文凭），1958 年 8 月连任盐池县人民政府副县长，1959 年 1 月—1963 年 7 月任盐池县委书记处书记；1963 年 7 月亡故。

王志成　1919 年出生于陕西省延川县，1938 年 6 月在延川保安队参加革命工作，1940 年 7 月被派到延安教导营学习；1942 年 7 月后，历任三五九旅、十八号兵站、第一野战军司令部后勤运输队战士、通讯员、管理员；1949 年 6 月加入中国共产党；1952 年 9 月转业到中卫县贸易公司工作，1953 年 9 月调盐池县贸易公司、华纱布公司工作，1955 年 9 月任盐池县供销合作社主任，1957 年 4 月调盐池县财贸部工作，1959 年 4 月调盐池县工业交通部工作，1963 年 9 月任盐池县公交科科长，1971 年 2 月调盐池县水电局工作；1976 年 4 月退休，1980 年 10 月改离休。

李学让　1927 年 9 月出生于陕西省潼关县，1947 年 7 月到华县师范学校上学，1949 年 6 月在潼关县五区小学任教员，1949 年 9 月回潼关县五区老家务农；1949 年 10 月参加三元合作社培训班学习；1950 年 4 月分配盐池县五区（大水坑）合作社任会计，1951 年 2 月后历任五区合作社副主任、主任；1956 年 1 月任盐池县商业局副局长，1958 年 1 月任县交通局副局长；1962 年 1 月任县供销合作社副主任；1966 年 5 月任县供销合作社主任；1969 年 1 月后历任县供销合作社副主任、百货公司主任；1979 年因病去世。

侯　瑛　1930 年 6 月出生于盐池县青山乡，1942 年 2 月到盐池县纺纱厂当工人，1945 年 10 月参加革命队伍，1947 年 10 月加入中国共产党。1948 年 8 月至 1949 年 1 月任盐池县警卫队任副队长；1949 年 1 月至 10 月在西北干校三大队学习；1949 年 9 月至 1951 年 8 月在宁夏军区航空警卫连任副排长、排长；1951 年 8 月至 1955 年 2 月在中国人民解放军第一步兵学校一大队学习；1955 年 2 月至 1961 年 1 月在兰州军区骑兵三团任副连长、连长；其间在甘南参加剿匪平叛战斗两年；1956 年荣获兰州军区颁发的解放奖章；1961 年 1 月至 1962 年 11 月先后在青海省斑马县、达日县武装部任助理员、代部长；1962 年 11 月至 1964 年 4 月在青海省军区政治部工作（1963 年兰州军区授予大尉军衔）；1964 年 4 月转业到地方，任盐池县供销合作社联合社副主任；1966 年 5 月任盐池县供销合作社联合社主任、县革委会生产处处长、商业局局长；1981 年 3 月至 1984 年 2 月任盐池县供销合作社联合社主任；

1984 年 4 月任盐池县供销合作社联合社督导员；1988 年 7 月离休。

张立存 祖籍山西临汾市襄汾县，1937 年 5 月出生于盐池县二区高沙窝村。1951 年 10 月至 1956 年 3 月在盐池县（供销）合作社余庄子基层社任销货员，1956 年 4 月至 1957 年 7 月任县供销合作社采购员（其间 1956 年 8 月加入中国共产党），1957 年 8 月至 12 月在城郊供销合作社任会计；1958 年 1 月至 1961 年 2 月在县供销合作社驻吴忠采购站任采购员、会计；1961 年 3 月至 1969 年 9 月任县商业局业务股副股长；1969 年 10 月至 1971 年 10 月在县革委会生产处当干事；1971 年 11 月至 1975 年 12 月任县供销合作社生资日杂公司主任；1976 年 1 月至 1978 年 3 月在县供销合作社政工股工作；1978 年 4 月至 1984 年 3 月任县供销合作社副主任；1984 年 3 月至 1987 年 9 月任县供销合作社主任；1987 年 10 月至 1992 年 7 月任县供销合作社监事会主任；1992 年 4 月至 1994 年 7 月任县供销合作社党委副书记；1994 年 7 月至 1997 年任县供销合作社调研员；1997 年 8 月退休。

张顺祺 1951 年 2 月出生于宁夏中宁县，大专学历，中共党员，经济师；1972 年 8 月调盐池县马儿庄供销合作社，先后任营业员、出纳、会计；1979 年 2 月调县供销合作社财务股从事计划统计工作，1984 年 3 月任县供销合作社副主任（其间 1985 年 9 月至 1987 年 8 月在北京商学院管理干部学院学习），1987 年 9 月任县供销合作社主任；1992 年 7 月调自治区供销合作社工作，历任宁夏畜产品公司副经理、宁夏供销学校副校长、宁夏再生资源公司经理、宁夏再生资源有限公司董事长、总经理；2013 年退休。

吴应宏 祖籍陕西平利县，1942 年 5 月 24 日出生于银川市。1962 年在盐池县供销合作社工作，同年 4 月分配到柳杨堡分销店任收购员、出纳；1963 年 3 月调城郊供销合作社任收购员，1964 年 1 月至 1966 年 10 月任柳杨堡基层社收购员；1966 年 11 月被精简到农村劳动；1967 年重返柳杨堡基层社任收购员；1969 年 4 月至 1970 年 2 月在城郊供销合作社郭记沟分销店任收购员；1970 年 2 月至 1977 年 11 月在佟记圈分销店任收购员；1976 年 12 月加入中国共产党；1977 年 1 月任柳杨堡供销合作社主任；1984 年 2 月任柳杨堡供销合作社党支部书记；1984 年 3 月任县供销合作社副主任；1992 年 7 月至 1994 年 12 月任县供销合作社主任、党委书记。

张宗 1951 年 8 月出生于盐池县，大学学历，中共党员，政工师。1971 年 9 月至 1971 年 11 月在高沙窝供销合作社工作；1971 年 12 月至 1978 年 6 月在王乐井供销合作社工作；1978 年 7 月至 1984 年 3 月在高沙窝供销合作社工作；1984 年 4 月至 1991 年 12 月在盐池县供销合作社工作；1992 年 1 月至 1994 年 1 月任盐池县供销合作社副主任、党委副书记；1994 年 12 月至 1998 年 8 月任盐池县供销合作社主任、党委副书记；1998 年 9 月至 2003 年 12 月任盐池县供销合作社党委书记、工会主席；2004 年 1 月至 2011 年 9 月在盐池县供销合作社享受正科级待遇。

原增喜 祖籍山西稷山县，中国民主建国会成员。1959 年 7 月出生于盐池县，大学学历，经济师，农副产品质量检验技师。1978 年 3 月至 1979 年 11 月在吉林财贸学院学习，1979 年 12 月任盐池县供销合作社农副产品技术员，1984 年 3 月任盐池县供销合作社农副产品经营部副经理，1985 年 9 月在郑州畜牧兽医专科学校学习，1987 年 7 月任盐池县供销合作社土畜产品公司副经理；1987 年 10 月任盐池县供销合作社副主任；1998 年 4 月任盐池县供销合作社主任；2000 年 9

月任盐池县政府副县长；2007 年 11 月至 2020 年 12 月任民建吴忠市委员会主委（兼），2008 年 1 月任民建吴忠市委员会主委；曾任政协吴忠市委员会第一、二届委员，第四届政协吴忠市委员会常委，自治区第九、第十届政协委员；盐池县工商联副会长、吴忠市工商联第一届会员代表大会常委；盐池县第十二、十三届人大常委会委员。

石美林　1958 年出生于盐池县大水坑镇，中共党员。1978 年 1 月至 1990 年 11 月先后任大水坑供销合作社营业员、会计，1990 年 12 月至 1992 年 1 月任大水坑供销合作社副主任，1992 年 2 月至 1993 年 12 月任大水坑供销合作社主任；1994 年 1 月至 1997 年 5 月任大水坑贸易公司经理；1997 年 6 月至 1998 年 3 月任盐池县供销合作社土畜产公司经理；1998 年 4 月至 1999 年 12 月任盐池县供销合作社副主任；2000 年 1 月至 2008 年 8 月任盐池县供销合作社主任。

何　勇　1964 年 2 月出生于盐池王乐井乡，中共党员。1985 年 7 月至 1992 年 4 月在盐池县农业技术推广中心工作；1992 年 4 月至 1996 年 10 月任城郊乡科技副乡长；1996 年 10 月至 1998 年 12 月任城郊乡副乡长；1998 年 12 月至 2003 年 2 月任城郊乡乡长；2003 年 2 月至 2005 年 11 月任花马池镇镇长；2005 年 1 月至 2006 年 8 月任青山乡党委书记；2006 年 8 月至 2007 年 9 月任盐池县民政局党支部书记、副局长；2007 年 9 月至 2008 年 7 月任盐池县畜牧局副局长、禁牧办主任；2008 年 7 月至 2019 年 3 月任盐池县供销合作社主任。

丁振宁　1970 年 10 月出生于盐池县惠安堡镇，中共党员、大学学历；1991 年 7 月至 1996 年 10 月在青山中学任教，1996 年 10 月至 2003 年 1 月任城郊乡文秘，2003 年 1 月至 2006 年 1 月挂职城郊乡郭记沟村支部书记，2006 年 1 月至 2007 年 7 月任冯记沟乡副乡长；2007 年 7 月至 2009 年 12 月任县农牧局副局长，2009 年 12 月至 2011 年 8 月任花马池镇副镇长；2011 年 8 月至 2013 年 1 月任盐池县老年大学常务副校长，2013 年 1 月至 2016 年 7 月任县扶贫办副主任，2016 年 7 月至 2019 年 3 月任花马池镇人大主席，2019 年 3 月至 2020 年 11 月任盐池县供销合作社主任。

鲁　虎　1973 年 6 月出生，中共党员。1995 年 8 月至 2003 年 2 月在盐池县柳杨堡乡政府工作，2003 年 2 月至 2004 年 6 月在花马池镇政府工作；2004 年 6 月至 2007 年 9 月在盐池县政府办公室工作，2007 年 9 月至 2008 年 9 月任麻黄山乡党委委员、副乡长；2008 年 9 月至 2010 年 9 月任在麻黄山乡党委委员、纪委书记；2010 年 9 月至 2012 年 8 月任盐池县纪委第四纪工委副书记；2012 年 8 月至 2016 年 6 月任青山乡党委委员、副书记、人大主席、工会主席；2016 年 6 月至 2020 年 11 月任盐池县盐州路街道办事处主任；2020 年 11 月至 12 月任盐池县供销合作社主任。

第二节 表 彰

本节所选先进集体和先进个人包括：自治区人民政府、国家商务部、全国供销合作总社表彰先进集体、个人；自治区供销社、自治区各厅局、吴忠市（银南地区）表彰先进集体、个人；盐池县委、县政府表彰先进集体和先进个人。

一、自治区、国家有关部委、全国供销合作总社表彰先进集体、先进个人

表9—2—1　自治区、国家有关部委、全国供销合作总社表彰先进集体、先进个人

年份	授奖单位	获奖单位、个人	获奖名称
1944	陕甘宁边区政府	盐池县元华工厂（合作社）靳体元	特等合作社英雄
1976	自治区人民政府	盐池县供销合作社	生产资料日杂销售先进集体
1978	自治区人民政府	柳杨堡供销合作社陈记圈分销店	财贸系统"双学"先进集体
		红井子供销合作社新桥分销店	财贸系统"双学"先进单位
		惠安堡供销合作社任增福	劳动模范
		鸦儿沟供销合作社乔孝	会计先进工作者
1979	自治区人民政府	大水坑供销合作社	红旗单位
1980	全国供销合作社	惠安堡供销合作社任增福	劳动模范
1982	自治区人民政府	苏步井供销合作社赵瑞礼	建设社会主义积极分子
1988	商业部	盐池县供销合作社	先进集体
1989	自治区人民政府	盐池县供销合作社	"双增双节"先进单位
	商业部		先进集体
1991	自治区人民政府	盐池县供销合作社	文明单位
			1990年度财贸系统"春光杯"竞赛优胜单位
		城郊供销合作社张瑞红	优质服务标兵
	商业部	盐池县供销合作社	基本建设管理先进单位
1994	国务院全国第三产业普查协调小组	盐池县供销合作社	国家级第三产业普查先进基层单位
		盐池县供销合作社杨秀珍	国家级第三产业普查先进个人

年份	授奖单位	获奖单位、个人	获奖名称
1996	中华全国总工会	盐池县联营公司郭凤鹤	优秀女职工志愿工作者
1999	自治区人民政府	盐池县供销合作社	区级文明单位
2001	全国供销合作社	盐池县供销合作社	"三五"普法先进单位
2018	人力资源部、全国供销合作社总社、自治区人民政府	盐池县供销合作社联合社	2017年效能考核一等奖
	全国供销合作社	盐池县供销合作社	先进集体

二、自治区各厅局、供销合作社、吴忠市表彰先进集体、先进个人

表9—2—2　自治区供销合作社、银南地区（吴忠市）表彰先进集体

年份	授奖单位	获奖单位	获奖名称
1981	自治区供销合作社联合社	苏步井供销合作社	先进单位
		盐池县供销车队	
1982	自治区供销合作社联合社	盐池县供销车队	先进单位
		盐池县供销社计财股	
1987	自治区供销合作社联合社	盐池县供销合作社	先进集体
		盐池县供销社土畜产公司	
		盐池县供销社生资公司	
		苏步井供销合作社	
		萌城供销合作社	
		萌城供销合作社	两个文明先进集体
		盐池县土畜产公司	
1988	自治区供销合作社联合社	盐池县供销合作社	先进统计集体
	银南行政公署财贸处	盐池县供销社综合公司	财会基础工作一等奖
		盐池县大水坑批发站	财会基础工作二等奖
		马儿庄供销合作社	财会基础工作三等奖
1990	自治区供销合作社联合社	麻黄山供销合作社	1989年农资专营先进单位
		盐池县供销合作社联合社	自治区供销系统先进单位
		苏步井供销合作社	自治区供销系统先进单位
		盐池县供销社综合贸易公司	第一届"春光杯"优质服务竞赛优胜单位
1992	自治区卫生厅	盐池县供销合作社联合社	第三批全区卫生先进单位
	银南地委、银南行署	盐池县供销合作社联合社	银南地区文明单位
			思想政治工作先进单位

年份	授奖单位	获奖单位	获奖名称
2005	自治区供销合作社联合社	盐池县供销合作社	二次创业先进单位二等奖
			2005 年度会计基础工作表彰三等奖
		盐池县供销合作社联合社	2005 年度供销系统绩效考核一等奖
2010	自治区供销合作社	盐池县供销合作社	综合业绩考核三等奖
2012	自治区供销合作社	盐池县供销合作社	综合服务社建设奖荣誉
2018	自治区供销合作社	盐池县供销合作社	2017 年度效能目标考核一等奖
2019	自治区供销合作社	盐池县供销合作社	2018 年度效能目标考核一等奖
2020	自治区供销合作社	盐池县供销合作社	2019 年度绩效考核一等奖
2021	自治区供销合作社	盐池县供销合作社	2020 年度绩效考核一等奖

表 9—2—3　自治区供销合作社联合社表彰先进个人

年份	授奖单位	获奖者	获奖名称	获奖者单位
1981 年	自治区供销合作社	叶兴才	先进工作者	盐池县供销车队
		朱玉龙		盐池县供销合作社
		任增福		惠安堡供销合作社
1982 年	自治区供销合作社	任增福	先进工作者	惠安堡供销合作社
		李殿举		
		叶兴才		盐池县供销车队
		张顺琪		盐池县供销合作社
1987	自治区供销合作社联合社	原靖	自治区供销合作社系统先进个人	马儿庄供销合作社
		王继峰		萌城供销合作社
		张安军		大水坑供销合作社
		马吉		盐池县供销合作社
		叶兴才		盐池县供销合作社车队
		刘录增		大水坑供销合作社西梁分销店
		杨进		马儿庄供销合作社
		李祥林		
1988	自治区团委、商业厅、粮食局、供销合作社	张映梅	青年职工计算技术新星优秀选手	盐池县供销社综合贸易公司
	自治区供销合作社	郭淑荣	优秀统计工作者	大水坑供销批发站
1990	自治区供销合作社联合社	聂顺天	自治区供销合作社系统先进个人	盐池县供销合作社综合贸易公司
		杨文杰		高沙窝供销合作社
		杨定		冯记沟供销合作社
		卢宗		王乐井供销合作社
		范彦春		盐池县供销社合作社

年份	授奖单位	获奖者	获奖名称	获奖者单位
1991	自治区供销合作社联合社	郝玉芳	第一届"春光杯"优质服务先进个人	盐池县供销合作社综合贸易公司
		李　智		苏步井供销合作社
		曹敬国		萌城供销合作社
1992	自治区供销合作社联合社	张瑞红	全区第二届"春光杯"优质服务标兵	城郊供销合作社

三、盐池县委、县政府表彰先进集体、先进个人

表9—2—4　盐池县委、县政府表彰先进集体

年份	授奖单位	获奖名称	获奖单位
1991	盐池县政府	重合同、守信用单位	盐池县供销合作社综合贸易公司
1992	盐池县委、县政府	双拥先进单位	盐池县供销合作社综合贸易公司
		县级文明单位	苏步井供销合作社
			盐池县供销合作社
	盐池县政府	利税大户	盐池县供销合作社综合贸易公司
		第二届"春光杯"优质服务竞赛优质单位	盐池县供销合作社联营公司
			大水坑供销合作社
			苏步井供销合作社
		第二届"春光杯"优质服务竞赛优秀组织	盐池县供销合作社
	盐池县爱卫会	自治区卫生先进单位	盐池县供销合作社
	盐池县委、县政府	两个文明建设先进单位	盐池县供销合作社
1993	盐池县委、县政府	科技工作先进单位	盐池县供销合作社生产资料公司
	盐池县政府	1992年经济效益显著工商企业厂长、经理	盐池县供销合作社综合公司
		"我为就业添光彩"竞赛活动先进集体	盐池县供销合作社
		1992年重合同、守信用单位	盐池县供销合作社综合贸易公司
1995	盐池县政府	1994年先进企业	盐池县供销合作社综合贸易公司
			盐池县供销合作社联营公司
			王乐井供销合作社
			苏步井供销合作社
		1994年重合同、守信用单位	盐池县供销合作社综合贸易公司
1996	盐池县委、县政府	扬黄灌区开发先进集体	盐池县供销合作社

表9—2—5 盐池县委、县政府表彰先进个人

年份	授奖单位	获奖者	获奖名称	获奖者工作单位
1991	盐池县政府	顾连香	1990年第一届"春光杯"优质服务先进个人	大水坑供销合作社
		徐有升		后洼供销合作社
		董爱文		高沙窝供销合作社
		郭凤鹤		盐池县供销合作社联营公司
		王宏海		盐池县供销合作社
		任淑梅		惠安堡供销合作社
		张顺琪	1990年第一届"春光杯"优质服务优秀组织者	盐池县供销合作社
		左欣武	1990年第一届"春光杯"优质服务优秀宣传者	盐池县供销合作社
1992	盐池县委、县政府	聂顺天	双拥（拥军、拥属）先进个人	盐池县供销合作社综合贸易公司
		江涛		盐池县供销合作社综合贸易公司
	盐池县政府	张瑞红	1991年第二届"春光杯"优质服务标兵	城郊供销合作社
		田春月		盐池县供销合作社综合贸易公司
		曹敬国		萌城供销合作社
		禹文忠	1991年第二届"春光杯"优质服务先进个人	苏步井供销合作社
		张凤君		麻黄山供销合作社
		韩强		鸦儿沟供销合作社
		陈兴铭		惠安堡供销合作社
		李新		盐池县供销合作社土畜产公司
		张晓梅	1991年第二届"春光杯"优质服务先进个人	县综合贸易公司
		原增喜	1991年第二届"春光杯"优质服务优秀组织者	盐池县供销合作社
1993	盐池县委	聂顺天	科技工作者先进个人	盐池县供销合作社综合公司
		高志祥		盐池县供销合作社生产资料公司
1995	盐池县政府	吴应宏	1994年先进厂长、经理	盐池县供销合作社
		汪涛		盐池县供销合作社综合贸易公司
		乔和荣		盐池县供销合作社联营公司
		官宏印		王乐井供销合作社
		李智		苏步井供销合作社
1996	盐池县政府	石美林	先进厂长（经理）	盐池县供销合作社大水坑贸易公司
		李智		苏步井供销合作社
		史仁		柳杨堡供销合作社
		杨定		盐池县供销合作社土畜产公司

大事记

1936 年

◎ 1 月　中共中央西北办事处国民经济部召开陕甘宁省、县两级国民经济部联席会议，讨论组织合作社办法。中央西北办事处颁布《合作社发展大纲》，并在中央国民经济部领导下成立合作指导委员会和合作总社。

◎ 6 月 21 日　凌晨 3 时西征红军右路军七十八师（师长韩先楚、政委崔田民）解放花马池城。

◎ 6 月 26 日　驻军地方工作部（部长高农夫）组织在盐池县城（花马池城）财神庙召开群众大会，宣布成立"盐池城市革命委员会"，为临时革命政权机构。城市革命委员会主要任务：一是镇压反革命分子，维护社会安定，巩固新生革命政权；二是搞活城市经济；三是限制土豪劣绅转移财产，并在西征红军部队协助下打土豪 10 家，包括聚和兴、万兴和、树德和、复盛兴、宝生珍、万盛店、万顺源 7 家商号及王维善、常惠全、蒋阴阳 3 家商号。

◎ 6 月下旬　西方野战军政治部主任刘晓在陕甘宁省委所在地环县河连湾宣布了中共盐池县委组成人员名单（西征前已在瓦窑堡由中央拟定），县委书记惠庆祺。中共盐池县委直属陕甘宁省委领导。之后，惠庆祺带领分配盐池工作的二十多名干部，于 7 月初到达盐池接管工作。在盐池县委主持下，建立了盐池县苏维埃政府。

◎ 6 月下旬　中华苏维埃共和国西北办事处国民经济部部长毛泽民带领工矿科长高登榜、会计科长钱希均（毛泽民夫人）等来到刚刚解放的定边、盐池两县指导经济工作。

◎ 7 月初　毛泽民带领中央西北办事处国民经济部工作人员来到刚刚解放的盐池县，指示筹办合作社。毛泽民亲自布置召开群众大会，宣传办合作社目的，动员群众入股；城市革命委员会将打土豪没收的物资集中起来，加上群众入股 654 股（每股 3 角）计 196.2 元（大洋），在盐池县城成立了城区消费合作社（基本规模为一个简单的杂货铺），主任单琦。主要向城区群众供应生产生活必需品如棉布、洋火、大麻、犁铧、耧铧等。

◎ 是月　盐池县委组织武装工作队下乡宣传共产党和红军政策，发动群众打土豪、分财物（没收其浮财金银元宝、粮食、牲畜等），先后建立了全县区、乡、村党组织及苏维埃政权。全县划分为城区、北区（驻高记圈、后迁余庄子）、西区（驻田记掌、后迁曾家畔）、南区（驻雷记沟）4 个区，22 个乡，105 个行政村，县境东南部红井子、大水坑、后洼、麻黄山、萌城一带分别划归定边、环县、预旺等县管辖。

◎ 8 月 9 日　陕甘宁边区政府决定大力发展花马池、定边盐业。

◎ 是月　共产党领导下的盐池县群众组织相继建立。工人组织称工会；青年组织初建时称

"少共委员会"；妇女组织称妇女工作委员会，简称"妇委会"。同时根据毛泽民关于"广泛团结工商界人士，迅速发展盐池经济"的建议，盐池县委决定在接收旧商会的基础上成立了盐池县商务会，首任会长靳体元。

◎ 9月　为了保护蒙古族群众利益，毛泽民、贾拓夫及西征政治部主任刘晓共同研究决定将宁夏马鸿逵经营多年的北大池、苟池、敖包池、公布井等盐湖归还鄂托克旗。鄂旗旗务帮办章文轩感激共产党的诚意，双方签订协约：一、友好往来，有事共商；二、允许共产党在旗进行抗日救国活动；三、允许红军在农区征收公粮；四、双方协议对外保密。

◎ 10月15日　盐池县苏维埃政府暂拨3000元款项作为基本金，成立了救济合作社，主要供应群众生活日用品，组织收购皮毛等畜产品。

◎ 是年　为打破国民党的经济封锁，陕甘宁边区政府指示，要把"反对经济封锁，保证物资供应"作为合作社的政治任务；确定合作社办社方针是"流通苏币，向外办货，供给必需，推销土产"。

1937 年

◎ 2月　盐池县城区消费合作社召开社员大会，动员群众入股，扩大股金1527股。

◎ 3月23日　国民经济部发布《扩大合作社营业的决定》，要求：为了增加出口贸易，扩大合作社营业，改善社员生活并调剂机关人员给养的需要，合作社应立即开展收购绒毛、药材，收购给养方面的必需品；发动群众去盐池驮盐，卖给贸易总局出口；各级经济部门实负起领导推动检查的责任。决定发布后，盐池县城区消费合作社开始大量组织收购绒毛、药材等土特产，积极开展工业品、民用必需品购进业务。

◎ 4月　盐池县各级组织、合作社积极响应国民经济部决定，召开社员大会，动员群众大量运盐，扩大合作社营业，改善人民生活。

◎ 5月　根据中共中央"停止没收地主土地之政策，坚决执行抗日民族统一战线之共同纲领"的指示精神，盐池县停止打土豪分田地运动。据不完全统计，截至5月份，全县已打土豪50余家，其中一区（城区）17家，二区7家，三区12家，四区16家，五区不详，共计没收地主耕地27413架（每架5亩），分给贫苦农民4888架。

◎ 6月26日　国民经济部召开各县经济部部长会议，公布上半年陕甘宁边区经济建设方面取得的成绩：全边区共建立区（县属）消费合作社75个；开荒65000垧（每垧10亩），修水田8600垧，种棉1700垧；植树14000株。

◎ 7月13日　盐池县食盐合作社于县城东门外正式成立。

◎ 是月　三边特委将1936年划归定边县的井沟、二道沟、红井子、大水坑、苏堡子、李原畔等乡重新划归盐池县，为第五区。原城区、北区、西区、南区，分别改称一、二、三、四区。至此，全县共辖5个行政区26个乡。

◎ 8月　中华国民经济部向全边区发出《大家到盐池驮盐去》的通知："现在盐池已打下数万驮盐，各级国民经济部及合作社应迅速发动群众及社员前去驮运，以发展边区经济。"

1938 年

◎ 5月　陕甘宁边区政府授权边区银行，以光华商店名义发行2分、5分、1角、2角、5角等5种光华代价券，作为法币的辅币在边区内流通；不久之后盐池县设立了光华银行代办处。

◎ 6月3日　陕甘宁边区政府颁布了《合作社暂行条例》，共十三条三十八项：第一条、合作社的性质；第二条、合作社的业务；第三条、合作社以民办公助为原则；第四条、组织联合社；第五条、联合社为社员社之上级社；第六条、合作社入股退股及红利分配之规定；第七条、合作社组织领导应实行民主集中制；第八条、村公产及其他；第九条、合作社须于成立后一个月内请政府审查登记；第十条、凡办得好的合作社政府应予以名誉或物质奖励；第十一条、凡合作社工作人员不得享受任何特权，如有贪污失职者，应予以批评、警告或依法处理；第十二条、合作社业务不得违反国家政策及法律，如有违法行为者，政府得依法处理；第十三条、本条例自公布之日起施行。

◎ 9月　盐池县抗日民主政府县长阎志遵带领有关部门检查了全县创办合作社基本情况后指出：办得好的是合作社能适应战时及本区实际情况进行工作，供应群众适用的货物，微利多销，深受群众欢迎和拥护。办得不好的合作社主要是工作方式死板，不能适应群众需要和资金不足，货物不全，并提出此类合作社要重新组织，提拔一个好干部来领导。

1939 年

◎ 1月　盐池县救济合作社累计实现盈利2000 余元（扣除基本金），在还清县政府于建社初期拨付基本金 3000 元后，与城区消费合作社合并。

◎ 3月　根据陕甘宁边区政府建设厅发布通令要求，盐池县委、民主政府统筹安排各合作社增加了旅店、运输站、骡马店等服务业务。

◎ 8月　盐池县城区消费合作社组织扩大股金。办法是由县政府做出扩股计划，将计划数目下达到各区，由各区布置到乡，再由各乡分派到户，两个月共计扩股金 542 元。

◎ 10月　盐池县第一届合作社社员代表大会召开，参加会议代表 14 人。会议主要议题是研究合作社扩股和分红问题，并决定将本次分给社员红利全部用以扩大股金；会议贯彻边陕甘宁边区政府关于合作社巩固发展的指示，决定由城区消费合作社和产盐合作社筹集 3000 元大洋（城区消费合作社抽资 1000 元，食盐合作社存盐变卖款项 2000 元）作为资本，正式成立盐池县合作社联合社（聂秉真从城区合作社调任县联社主任）；将五个产盐合作社 420 名社员的 1281 股3306 元（大洋）股金全部并入县联社；决定对入股社员购买日用杂货实行九五折优惠。

◎ 12月　盐池县合作社联合社召开理事、监事会议，检查合作社当前工作中存在的主要问题有：一是营业死板，只想着钱，不能兼顾群众切身利益；二是资本金少，干部待遇相对较低、信心不足；三是只知以货卖线，不知以货换取土产，灵活经营，且放账（赊账）较多；四是合作社领导不组织研究业务，工作方式死板，缺乏计划。由于上述诸多原因，合作社在群众中威信不是很高，必须认真加以研究，及时纠正。

1940 年

◎ 6月　盐池县各合作社组织群众以皮毛扩大入股，合计以二毛皮入股 2043 股，折合股金6623.03 元。

◎ 7月8—9日　盐池县合作社联合社召开社员代表大会，主要议题有三项：报告合作社上半年工作情况；社员代表对合作社工作提出意见建议进行讨论；研究分红问题。

◎ 9月　陕甘宁边区政府财政厅给盐池县产盐合作社拨出专款1500元用以修建盐坝，共计新建盐坝123个。

1941 年

◎ 1月30日　盐池县政府遵照陕甘宁边区政府发布布告精神，决定从即日起在县内停止行使法币（国民党政府法定货币），禁止携带法币出境；凡藏有法币者，须向光华银行或光华商店兑换边区票币。

◎ 2月18日　在陕甘宁边区政府发布停止法币使用布告后，为巩固和繁荣边区金融流通，决定由边区银行发行1元、5元、10元三种边币钞票，逐渐换回光华商店发行的代价券，使边币成为边区唯一流通的货币。

◎ 3月30日　盐池县合作社联合社召开各合作社主任联席会议，主要议题有三项：一是总结上年工作，安排布置当年工作任务；纠正合作社扩股中的摊派做法；动员群众组织运输队、创办运输合作社。

◎ 6月　盐池县合作社联合社决定对各区消费合作社进行民主改造，推行社员代表和组长负责制；合作社经营商品主要以群众必需日用生活品为主，尽量减少高档奢侈品和封建迷信商品（香烛、烧纸等）经营；继续对社员实行九五折优惠服务，抵制奸商盘剥群众。

◎ 是月　陕甘宁边区政府拨付盐池县消费合作社资金12万元，收购二毛皮2000余张，春毛7000余斤，盐560驮。

◎ 7月5日　三边士绅自动组织参观团，由定边、盐池商会会长周培升、靳体元带队前往延安参观，参观团在延安受到热情接待。其间，边

区政府建设厅厅长高自立同靳体元沟通了在盐池县筹建毛织厂具体问题。

◎ 9月20日　盐池县组织召开第二届参议会。会议讨论通过了靳体元、孙璞、阎志遵、杨华亭等8人关于承办"元华工厂"的倡议决定，受到边区政府的重视，边区政府建设厅投资5万元（边币）以助开办，并派出延安团结工厂郭云昌等3名技术工人携带3台毛纺机折价4500元入股。12月，县政府拨出公房一处，由靳体元先生负责开始筹办元华工厂。

1942 年

◎ 2月　元华工厂建成投产。工厂以生产毛纺织品为主，设毛布、毯房、毡房、毛口袋四个生产组（车间）。县政府任命靳体元任元华工厂经理，孙春山为厂长。

◎ 是月　盐池人民群众为支援抗战，积极响应边区政府公布的《陕甘宁边区义务运输公盐实施办法》号召，掀起运输公盐高潮。当时根据每户农户家庭经济和劳动力状况不同，分配每户公盐半驮、1驮或3至5驮不等，由农户组织运往边区在甘肃庆阳驿马关设立的盐店（公盐收缴处）。收缴的公盐经盐店运销国民党统治区换回边区急需物品。

◎ 4月　元华工厂资金由2万元发展到12万元，工人增加到44人，干部4人。除生产毛纺织产品外，兼搞做皮毛等土畜产购销生意。

◎ 5月14日　陕甘宁边区合作指导局组织举办了为期40天的陕甘宁边区第一期合作社干部训练班，盐池县合作社联合社派出2名同志参加。

◎ 6月　盐池县委决定将县联社和城区消费合作社合到元华工厂，挂元华工厂和县联社两块牌子。社厂合并后，除了开办合作社事业

外，兼搞工业、运输业、畜牧业和农业。任命靳体元为元华工厂经理，孙春山为厂长，单琦为县联社主任。

◎ 7月4日　盐池县组织合作社负责人参加了陕甘宁边区合作指导局举办的边区合作经济座谈会。会上讨论了合作经济在边区经济建设中的重要作用；当前合作社政策问题；新民主主义合作运动基本原则；政府对推动合作运动的措施和成立合作事业研究机构等问题。

◎ 12月　盐池县合作社联合社社员发展到2029人，股金51068元，红利12300元，公积金214747元，公益金9.229元。

1943 年

◎ 2月　盐池县合作社联合社机关成立了营业部，组织进行流动营业。

◎ 4月19日　盐池县四区二、三乡群众集资20万元，购买骆驼20峰创办了运输合作社，主要组织群众完成运输公盐任务。

◎ 5月1日　盐池县委、县政府组织于"五一"劳动节奖励劳动模范24名。其中元华工厂工人5名，纺妇5名，农业群众12名，植树、种苜蓿群众各1名。共奖励毛驴1头、现金900元、毛巾9块、袜子2双、肥皂2块、纺车2架、犁铧4张等。

◎ 5月15日　陕甘宁边区劳动英雄、延安县合作社联合社主任刘建章到三边地区考察办合作社工作时来到盐池县调研。刘建章对盐池县办合作社提出要密切联系群众、发展蒙汉贸易、组织驼队运盐等一些经验办法。刘建章在对盐池县畜牧养羊情况进行详细了解后认为：盐池县群众以养羊为主要经济来源，唯因饲养管理不善，每年羊只死亡殊为惊人。建议盐池县可以采取创办

羊只保险合作社的办法，控制羊只死亡率，减少群众损失。刘建章关于创办羊只保险合作社的建议得到三边分区党政领导肯定。随后在盐池县政府主持下，决定由元华工厂、县联社共同筹款30万，分别在各乡办起了羊只保险合作社。

◎ 是月　三边银行给盐池县合作社联合社贷款30万元，边区物资局赊销棉布500匹以助发展经营，盐池县合作社联合社资本金得到进一步扩大。

◎ 7月26日　根据中共中央西北局发出"关于加强运盐工作"的指示精神，元华工厂购买毛驴4头，建立了运盐合作社。

◎ 8月9日　《解放日报》报道：截至6月份，盐池县运输食盐12764驮（每驮约200斤），较原计划8000驮任务超额4700余驮，为民众增收巨利。为了进一步扩大运盐生产，各区仍在继续购买骆驼组成运输队或运盐合作社，组织群众运输公盐。

◎ 10月13日　《解放日报》报道：盐池县委书记肖佐汉亲自下乡到农民中间，"调剂畜力，挑选运输人员，解决鞍架困难，干部以身作则，县府贷款帮助"，使运盐工作有了新的进展。过去盐池人民习惯使用骆驼运输，这次发动农户家毛驴、耕牛、生牛（场牛）一起出动。共动员骗驴200多头，机关买牛53头，干部集资买牛7头，合作社买牛18头，农民出动耕牛18头，又贷款买牛20头，全部都用来驮盐运盐。

◎ 10月15日　《解放日报》报道：盐池县四区群众及乡村干部在政府支持下集资84万元（边币）买骆驼11头，组织运输合作社。四区群众给县政府写信，感谢政府关心群众生活，帮助他们发展运输事业。

◎ 11月26日—12月16日　陕甘宁边区首届劳动英雄及模范生产工作者代表大会与第三届

生产展览会在延安同时举行。参加大会的各条战线英雄模范代表185人。盐池县劳动英雄高仲和、刘占海、王科等光荣出席，并获得甲等奖，受到毛泽东、朱德等中央领导接见。

1944 年

◎ 2 月 2 日　盐池县召开全县劳动英雄、各乡生产代表、各区区委书记、区长共计50余人参加的生产动员大会。会议决定以元华工厂，四区、五区、一区二乡合作社为中心，组织发展运输合作社。

◎ 2 月 10 日　元华工厂召开第一次股东代表大会，民主选举产生了董事会，靳体元继续任经理，孙春山任厂长。会议决定继续发展生产，扩大经营，形成群众性生产组织。截至目前，元华工厂资金发展到9455万元；股东817人，入股4000余万元；合作社共有社员209人，入股240万元；公盐入股代金3000余万元；共有栽绒毯机10架、毛布机10架、花格毛毯机1架、毛口袋纺车2架、弹毛弓15张、弹毛帘10架、纺线机2架。

◎ 2 月 11 日　盐池县四区养羊英雄刘占海带头将价值超过100万元的24峰骆驼入股，组织创办了四区运输合作社。刘占海还亲自到各乡向群众讲解办合作社好处，动员群众入股，3个乡群众自愿入股达400万元。四区运输合作社还提出要向全县和三边地区运输合作社开展比赛，看谁家合作社办得好。

◎ 6 月 27 日—7 月 7 日　陕甘宁边区政府在延安召开全边区合作社联席会议，总结办合作社经验。会上奖励94名合作社英雄，其中特等英雄16名。7月3日，中共中央在杨家岭中央大礼堂举行宴会招待合作社会议全体代表，毛泽东主席致欢迎词。随后，毛泽东主席亲自接见了合作

社特等英雄，并向盐池县靳体元先生询问了创办元华工厂情形，夸奖元华工厂办得好。

◎ 7 月　元华工厂由建厂时3名工人增加到56名，资金比建厂时增加346倍，为边区军民和抗日前线提供棉衣、毛毡、毛毯、绒帽等12万余件，以及大量毛袜、手套、军鞋等产品。

◎ 9 月　盐池县召开全县合作社主任联席会议，学习推广四区合作社办社经验；组织动员全县2000名妇女参加纺织，开展纺织大生产运动；要求各合作社加强羊毛收购工作，保证纺织原料供应。

◎ 10 月　元华工厂新召学徒25名，股金由8000万元扩大到10000万元。

◎ 11 月　盐池县参议会议长、元华工厂总经理靳体元邀请县内20余位德高望重人士，倡导合力协助二区、三区创办合作社。与会张光喜、张光知、张之三人首先提出每人入股40万元，其他外到会18人相继纷纷自愿入股。靳体元决定从元华工厂拨出2练（12峰）骆驼入股，同时把工厂办的药社搬到三区开办医药合作社，入药作价100万元，11月5日正式开始营业。

◎ 是年　盐池县消费合作社由1938年的9个（后以区合并为5个）、1816名社员、4715.70元股金发展到1944年的2085名社员、21160.60元股金、2146.47元公积金，有效贯彻了"发展经济，保障供给"方针。

◎ 是年　盐池县共计组织运输合作社198个，其中城区120个、一区18个、四区36个、五区24个。

1945 年

◎ 3 月　盐池县城区二乡合作社帮助田记掌村成立了民办学校。学校设备和教员吃用（日常

生活供给）全部由合作社负责。同时帮助田记掌村打水窖一眼，解决学校和群众吃水困难。

◎ 8月12日　在模范乡长呼万寿、县级劳动英雄张和喜等人倡导下，盐池县二区五乡成立了纺织合作社。共有65户农民群众自愿入股120万元。五乡纺织合作社确定"以扶持群众家庭纺织为主，营业为辅"的办社方针。

◎ 9月　盐池县四区合作社筹集资金140万元，办起了医药合作社。医药合作社请来当地中医坐堂问诊看病不收手续费，由医药合作社从经营红利中抽取四成付给。医药合作社成立两个月时间先后为群众看病230人次，为患者节省手续费、药费和误工费达104万元。

◎ 是月　全县参加纺织合作社的女社员达到900余人，元华工厂将17架织布机无偿捐给纺织合作社。

◎ 12月15日　合作社召开社员代表大会，其间拿出60万元给社员分了红利。群众看到在合作社入股能分到这么好的红利，又纷纷入股140余万元。

◎ 是年　为进一步依托盐池"三宝"（食盐、皮毛、甘草）促进经济发展，在三边地委、专署支持下，盐池县成立了土产品公司，三边专署委派金仁钦担任土产品公司经理。

1946 年

◎ 4月2—27日　陕甘宁边区在延安召开第三届参议会第一次会议，元华工厂经理靳体元出席会议并当选为边区政府委员。

◎ 6月　根据陕甘宁边区政府合作社有关指示精神，盐池县要求各级合作社把过去摊派的股金退还给社员群众，同时加大宣传，采取群众自愿入股的扩股办法扩大股金。

◎ 11月16日　国民党马鸿逵骑兵第十七旅十九团侵占盐池余庄子、兴武营、天池子等地，马部所到之处，合作社机构和财产遭到严重破坏。

1947 年

◎ 3月　国民党马鸿逵部侵占盐池县，县城失陷。

◎ 8月12日　国民党马鸿逵再度进攻三边地区，盐池县党、政、军机关干部再度被迫撤出县城，转战南部山区。全县5个消费合作社及元华工厂资产大部分被敌人抢掠，各合作社及元华工厂被迫解散。

1949 年

◎ 9月　盐池县委、县政府着手恢复区、乡各级党组织与人民政权。各区党委会及区公署、乡支部委员会及乡政府相继恢复建立。全县共划为6个行政区（原有5个，又将新解放的惠安堡、盐积堡、隰宁堡与里山区划为六区，即惠安堡区）、32个乡、132个行政村、482个自然村。

1950 年

◎ 2月　盐池县委、县政府决定将在盐池失陷期间被破坏两年多的元华工厂恢复营业，成立了盐池县合作社联合社。县委派政府四科（建设科）科长王国兴兼任县联社主任，调配马骏等10名干部，加上省合作社派来的5名干部组成工作组开始清理、恢复、组建全县各级合作社。经过四个月艰苦细致工作，顺利完成城区和二、三、四、五区的5个合作社资产清理和恢复重建，组织借用民房开张营业。

◎ 6 月 29 日　《宁夏日报》报道：省政府合作局拟定出 1950 年发展合作事业计划，盐池老区除整顿现有五个县区社之外，下半年再成立二区区联社，每乡成立一个基层社。省社计划投资 30 万斤小米作为资产，辅助各县消费合作社与医药合作社，着重帮助盐池老区合作社发展。

◎ 7 月　盐池县成立了六区（惠安堡）合作社。

◎ 9 月 29 日　宁夏省人民银行盐池县营业所经过十多天组织学习，广泛开展宣传，首批吸收群众活期存款 5 户、保本保值定期存款 2 户，开启当地老百姓在银行存款的先例。

◎ 是月　盐池县瘟疫流行，羊畜死亡严重，合作社经营受到影响。据统计，全县当年瘟疫流行时共计死亡绵羊 12497 只、山羊 6072 只、毛驴 178 头、骆驼 63 头、牛 312 头、马 6 匹。

◎ 10—12 月　宁夏省合作事业管理局派出 5 人工作组到盐池县帮助恢复整顿合作社。共清理战时被抢劫货物、资产折价 3568 元（大洋），现金 9776 元，追缴战时被贪污赃款 4618 元。并对原入股社员股金进行了重新登记，换发了新的合作社社员证。同时纠正了以分红为目的的经营方向性偏差。

1951 年

◎ 1 月 16—26 日　宁夏省政府召开全省首届生产会议，奖励全省劳动模范 34 人，盐池县刘宝玉名列其中。会后，农业生产互助合作运动在宁夏全省逐步推开。

◎ 4 月　盐池县大水坑供销合作社正式成立，吸收社员入股 400 余元。合作社成立后，坚持"为社员、为生产服务"方针，组织干部带货下乡，一边销货一边发展社员入股。农民群众看

到合作社货物便宜，买货也方便，于是积极入股，近一年时间，股金发展到 1624 股。

1952 年

◎ 7 月　经宁夏省委批准，盐池县划出五、六两区南部山区部分地区，组成七区，区政府设在麻黄山；区委书记董侠，区长原季屿。

◎ 12 月　盐池县七区（麻黄山）合作社成立。七区合作社筹备期间，县合作社联合社派出 4 名干部给七区群众供应各种细布 140 余批、土布 200 余匹，铁锹、筛子、木杈、镰刀架子等各种生产工具 1000 余件，连同其他日用百货总价 12000 余万元。

1953 年

◎ 11 月　中共中央向全国公布了关于实行粮食计划收购和计划供应政策。盐池县合作社联合社在充分发挥群众基础上，组织对农村余粮户实行计划收购，对缺粮户及城镇人口按计划供应。并严格控制粮食市场，取缔私人粮商，根据多余多购，少余少购，不余不购原则。采取自上而下分配任务与自下而上民主评议相结合方法，在全县掀起卖余粮高潮。

1954 年

◎ 2 月 9 日　盐池县供销合作社联合社召开业务扩大会议，历时 17 天，参加会议 59 人（县社 18 人、基层社 41 人），县委副书记高锦芳到会指导工作。会议总结了供销合作社（合作社）自 1950 年整顿恢复以来四年间业务发展情况及存在问题；对各基层社干部中犯有贪污等经济问

题人员进行揭发和批判，落实贪污款项 210.68 元，对 8 名问题严重人员进行了行政处理。

◎ 3 月 20 日　盐池县供销合作社联合社制定了整顿全县合作社工作计划，整顿的重点是：核实社员股金账目；对之前吸收的不够年龄社员在征求其家长意见后进行转账或退股处理；纯洁组织，清除地主、富农、反革命分子和管制人员出社；建立健全各项制度；筹备召开县、区两级社员代表大会，选举理事会、监事会，加强民主管理；纠正过去动员群众入股时采取强迫命令的做法，贯彻入股自愿、退股自由原则。

◎ 是月　经宁夏省供销合作社联合社联系，盐池县从中卫县招收 5 名女青年充实基层供销合作社工作。这也是盐池县供销合作社首次从县外招工。

◎ 5 月　城区供销合作社召开第一次社员代表大会。区委书记田枝叶、区长王忠出席会议。会议通过了以下决议：清除 61 名地、富、反、资及违法贪污入股社员出社；讨论通过下阶段购销业务开展问题；研究社员赊欠供销合作社货款的处理意见；选举产生理事会、监事会和出席县联社代表大会的代表。

◎ 5 月 16—19 日　盐池县供销合作社联合社组织召开第二届一次社员代表大会，到会代表 36 名。县委副书记高锦芳委托组织部长袁虎成到会指导工作；县联社副主任马骏向大会作 1950 年以来四年工作总结及今后工作意见报告；讨论通过了《盐池县供销合作社章程》，选举产生县联社理事会理事 11 名，监事会监事 5 名，选举出席省联社代表大会代表 8 名。

◎ 8 月 10 日　盐池县供销合作社联合社召开基层社主任会议，主要议题为：讨论研究赊欠合作社货款的处理意见；总结从 3 月 20 日以来开展的整顿工作成果。

◎ 是月　盐池县供销合作社联合社经过四个半月的清理整顿，全县共计清除入股社员中地、富、反、资及违法分子 252 名，退出股金 988 元。至此，全县供销合作社实有入股社员 11583 名，股金 32240 元。

1955 年

◎ 4 月　盐池县通过组织商业合作、经销代销、联营等形式对全县私营工商业进行改造，共改造私营商业 69 户，占行业总数的 61%，改造安置从业人员 90 人。

◎ 6 月 27 日　盐池县委批转《县供销社关于对私营商业进行调查摸底意见的报告》，要求各区委、区政府及县有关部门配合当前以互助合作社为中心的防旱抗旱生产运动；认真搞好对私营工商业者的调查摸底工作。

◎ 8 月 5 日　盐池县人民监察委员会对麻黄山供销合作社存在社员底数不实、股金不清、财务账目混乱、收购业务开展不利、基建浪费等问题向全县各单位、各区进行了通报。

◎ 10 月 6 日　盐池县铁器生产合作社成立，召开了社员大会，选举产生了理事会。

◎ 是年　盐池县委、县政府决定对粮食统购统销实行"三定"（定产、定购、定销）政策，三年不变。全县正常年份定产 40434500 斤，定购 3736170 斤，占总产量的 9.2%，占农村余粮总量的 80%。"三定"政策的执行为农村粮食统购统销形成制度打下基础，但对于盐池县这个低产多灾的半农半牧区来讲，定购数额偏高，致使大多数年份农村出现口粮短缺现象。

1956 年

◎ 1 月 21—27 日　盐池县供销合作社联合社召开基层社主任联席会议，参加会议共 17 人（基层社主任 7 人，县社及各经理部 9 人，五区财贸委员 1 人），盐池县副县长牛万宾、县联社主任王志诚传达了省政府关于私营工商业改造和手工业合作化会议精神；会议对贯彻省联社私营工商业改造工作规划、供销合作社网点设置、组织发展规划及干部思想政治工作等问题进行了讨论。

◎ 5 月 20—24 日　盐池县供销合作社联合社召开二届二次社员代表大会，应到代表 51 人，实到 34 人。盐池县副县长牛万宾到会指导工作，县联社副主任马骏向大会作了《关于 1954—1955 年工作总结暨 1956 年工作方针任务的报告》；通过了《1954—1955 年盈余分配方案》；选举产生了理事会、监事会成员及出席甘肃省联合社代表大会代表。

◎ 6 月　盐池县组织开展畜牧业合作化运动，全县共计折价入社滩羊 31.9884 万只，牛 6756 头，驴 4905 头，马、骡 655 头，骆驼 105 峰。

◎ 7 月　由盐池县供销合作社联合社投资 3.52 万元、历时 3 个多月筹建的盐池县发电厂建成发电，使盐池县城历史以来首次用上了照明电。发电厂所用发电机曾在北京故宫为慈禧太后发电所用。

1957 年

◎ 1 月 1 日　根据甘肃省供销合作社、省服务局《关于饮食服务业归口经营有关规定》，盐池县供销合作社将经理部所经营的食堂及食品加工厂财产设备、资金及人员全部移交盐池县城市服务局经营。

1958 年

◎ 3 月　盐池县手工业合作社撤销并入县供销合作社。供销合作社从各基层社抽调资金 2.45 万元，开始大搞商办工业。先后在县城办起了毛纺厂、糖厂、酒厂、淀粉厂、骨粉加工厂等。

◎ 5 月　由盐池县供销合作社筹建的肥皂厂建成。该厂利用本县羊油为原料生产的"跃进"牌肥皂质量优良，日产量 2000 余条。后因所需松香等化工原料不足，于 1963 年停产。

◎ 6 月　盐池县供销合作社联合社为利用当地资源发展地方工业，协调将县内几家私人作坊组织起来，投资在县城北街建起了皮毛加工厂，并从吴忠调来 13 名技术工人开始生产皮毛制品。

◎ 7 月 2 日　自治区筹备委员会商业处发出《关于盐池县大水坑供销合作社改变经营作风全力为生产消费服务的通报》，肯定了该社组织干部职工轮流送货下乡、上门收购扩大经营、方便群众的好做法。

◎ 7 月 12 日　根据上级党委、政府及供销合作社有关精神，盐池县人民委员会研究下发了《关于改进商业机构的通知》，将盐池县城市服务局、供销合作社、商业局三个商业机构合并组成"盐池县商业局"，各区供销合作社均改称为"商店"，如"盐池县商业局惠安堡商店"，对外仍保留供销社名义，挂两块牌子，实行独立核算。

◎ 9 月　盐池县全县高级社发展到 159 个，全部实现了农牧业高级合作化。盐池县委制订了《举办人民公社计划》，各区相继成立了"建立人民公社筹备委员会"。县委抽调干部 200 余名、积极分子 300 余名组成 7 个"建立人民公社工作团"深入农村，开展宣传、组织、建立人民公社工作。国庆前夕，全县 7 个区改建为 7 个人民公社：五星公社（城郊）、国庆公社（高沙窝）、红星公社（王乐井）、奋勇公社（青山）、先锋公社（惠安堡）、跃进公社（麻黄山）。人民公社为政、社合一组织，原来7个区、29个乡的行政建置和159个高级社一并废止。

◎**是月** 全县生活用絮棉（棉花）开始按人头凭票定量供应。民用絮棉不分工人、农民、学生、市民，一类地区每人每年3斤，二类地区每人每年2.4斤。

◎**是月** 自治区筹委商业处召开全区物价会议，决定调整全区部分商品价格。由于包兰铁路建成通车，津沪产品可直达银川，综合运费由原来172.58元/吨降为66.08元/吨，因此决定从当月起降低部分商品价格。其中工业品价格平均降低7.88%；农产品大麻收购价上调11.06%；活羊收购价上调24.75%等。

◎12月2日 盐池县委、县政府制定印发了《关于适应人民公社化新形势，改进农村财贸体制的意见草案》，决定将各公社所在地的税务所、营业所、供销合作社及其分销店下放由当地人民公社管理。

◎**是月** 盐池县城手工业合作社、组全部转为国营工厂，县委为此专门召开了庆祝大会。

1959 年

◎2月1日 盐池县委决定将县供销合作社筹办的电厂、皮毛加工厂及正在筹办的白皮厂、糖厂、酒厂、淀粉厂等商办工业全部移交给县工业办公室领导。

◎2月7日 《宁夏日报》报道，为迎接人民公社化后的第一个春节，盐池县各商业部门给社员供应了糕点、茶、烟、酒等商品；各食堂分别准备了蔬菜、豆腐、米面及其他食品；各公社按人口供给每人1.5—2斤猪肉或羊肉、4—6两

清油（食用植物油）；还以黄米换白面办法，供应白面5万余斤，使全县人民在春节都能吃到饺子、包子和白面馍馍（馒头）。

◎6月5日 盐池县商业局召开全县各供销合作社（公社商店）主任、计划统计人员会议，传达自治区商业局长会议精神；落实当年计划任务和市场供应安排。会议要求各供销合作社（公社商店）要继续积极开展红旗竞赛活动，组织送货下乡、上门收购，保证完成全年收购计划。

◎7月中旬 盐池县举办了全县物资交流大会，交流三类物资达到140多种、12万余元。交流的三类物资主要有犁、铧、锄、铁锹和各种编织品、副食品、中药材等。交流会期间还举办了产品展览会，鼓励群众开展多种经营。

◎10月7日 盐池县人民委员会认真贯彻落实中央八届八中全会"关于开展增产节约运动"指示精神，决定县城从10月10日起、全县从10月25日起凭粮票在食堂就餐或购买食品。

1960 年

◎1月17日 自治区人民政府发出通知，决定从1960年起，猪、羊、禽、蛋实行向生产队派购任务，由各级供销合作社承担收购工作。

◎11月13日 盐池县人民政府发出"关于增加活羊收购的通知"，全县增加活羊派购任务3650只。

1961 年

◎6月1日 下午5时30分惠安堡供销合作社萌城分销店门市部发生爆炸引发火灾，造成4人死亡、3人重伤、1人轻伤的重大事故。爆炸原因是一名顾客抽旱烟时，不慎将未完全熄

火的烟灰弹磕在售货柜台内存放的火药袋上引起火药爆炸，并引燃了煤油桶（内装煤油约150公斤）。

◎ 8月　盐池县委、县政府统筹要求全县各行业、部门积极支援农村秋收，加紧生产供应秋收生产资料。王乐井、大水坑、惠安堡等公社农具厂生产了大批镰刀、草篓子，修理好秋收用的大车；商业部门已将大量磨石、镰刀等小型农具运到社队；县、公社两级农具厂共计生产各种秋收农具5000余件。

◎ 11月16日　《宁夏日报》报道，盐池县畜牧业收入占国民总收入的40%以上。实行人民公社化三年来已向国家出售肉羊21.5万只、羊皮40多万张、绒毛191万余斤，有力地支援了国家经济建设。

◎ 12月24日　根据中央关于全民大办农业、大办粮食的指示精神和国民经济实行"调整、巩固、充实、提高"方针，盐池县委制订了《盐池县七年发展规划》，确定今后七年的主要目标任务是：以全部力量解决人民群众的衣食和日用品问题，努力发展农牧生产；拉长轻工业战线，扩大小农具、小商品生产，使农业、工业得到迅速恢复发展，以保证市场供应，活跃城乡贸易，稳定人民群众生活。同时相应发展文化教育卫生事业，满足人民文化生活需要。计划到1969年粮食总产量达到5300万斤，人均有粮达到725斤；羊只达到70万只，生猪达到3万头。

1962 年

◎ 1月1日　盐池县供销合作社与商业局分设，受县人民政府和上级供销合作社双重领导。

◎ 11月10日　《宁夏日报》报道，截至10月份盐池县供销合作社已收购甘草近100万斤，超过原定计划任务的2倍；甘草质量较往年有所提高，其中特等甘草占15%左右。

1963 年

◎ 5月22日　盐池县城郊供销合作社柳杨堡分销店门市部被盗现金及商品共计4793.14元。

◎ 8月15日　自治区供销合作社转发全国供销合作总社（国合字〔1963〕第466号）通报，对柳杨堡分销店被盗案件进行了通报。

◎ 9月4日　《宁夏日报》报道，盐池县商业批发部门主动帮助基层供销合作社解决业务困难，设法增加花色品种，满足农村社员需要。商业局专门抽出1辆汽车和2辆大胶车固定给麻黄山、大水坑、侯家河、隰宁堡等偏远地区供销合作社和分销店送货，并帮助基层社外运皮毛、甘草等农副产品。

1965 年

◎ 6月8日　《宁夏日报》报道，盐池县食品公司虚心听取群众意见，深入农村积极开展鲜蛋、生猪收购工作。截至5月中旬，鲜蛋收购量比上年同期增长2倍以上，生猪收购量比上年同期增长27.5%。

1968 年

◎ 8月　盐池县各公社纷纷更换带有革命色彩的名称，分别为：东风公社（城郊）、向阳公社（高沙窝）、青山公社（侯家河）、东方红公社（大水坑）、红星公社（惠安堡）、曙光公社（马儿庄）、红旗公社（麻黄山），各公社供销合作社也随之相应变更了名称。1972年11月，8个公社中有 7 个恢复以前旧称，青山公社未恢复，各公社供销合作社也随之恢复以前名称。

1971 年

◎ 11 月 14 日　《宁夏日报》报道，盐池县商业部门职工努力改进收购工作方法，截至 8 月底已超额完成全年回收废钢铁计划，比去年同期增长 228%。

1975 年

◎ 9 月 17—19 日　盐池县商业局、农业局联合召开全县养蜂工作座谈会。各公社、大队养蜂场场长 20 余人参加座谈。会议传达学习了中央关于发展多种经营的文件以及朱德、徐特立等中央领导关于发展养蜂事业的讲话、题词等；对近年来养蜂工作情况进行了汇报交流。

1976 年

◎ 11 月 12 日　盐池县委发出《关于调整和增设公社》的通知，决定将全县公社由原来的 8 个调整为 15 个，新成立柳杨堡、苏步井、鸦儿沟、冯记沟、红井子、萌城、后洼 7 个公社。

1978 年

◎ 5 月 18 日　《宁夏日报》公布全区财贸系统先进工作（生产）者、劳动模范和大庆大寨式创业单位名单。盐池县先进工作者：县饮食服务公司炊事员孙梅秀、鸦儿沟供销社会计乔孝、青山公社信用社主任吴占玉；劳动模范：惠安堡供销社收购员任增福；大庆大寨式创业单位：县

燃料公司、大水坑食品站、县百货五金公司第一门市部、青山供销社、柳杨堡供销社陈家圈分销店、红井子供销社新桥分销店、高沙窝供销社二步坑代购代销店、麻黄山粮库、大水坑粮库、大水坑公社信用社、王乐井公社信用社、王乐井税务所。

◎ 5 月 20 日　大水坑供销合作社发生火灾，烧毁高粱扫帚 2.3545 万把，价值 2119 元。火灾原因系该社职工的孩子在院内玩火造成。

◎ 8 月 2 日　盐池县供销合作社向所属企业发出《关于开展向全县财贸系统动模范任增福同志学习的决定》，号召广大供销合作社干部职工要以惠安堡供销合作社收购员任增福为榜样，迅速掀起比、学、赶、帮、超劳动竞赛热潮。

◎ 10 月 5—9 日　盐池县供销合作社和农业局组织在大水坑公社召开养蜂工作会议，各养蜂场分别交流了近年养蜂工作情况。截至 1978 年，全县共有养蜂场 25 个，养蜂 1734 群（箱）；当年产蜜约 12 万斤，21 个蜂场获利 5.7 万元。会上还对 5 个先进养蜂场和 18 名养蜂先进工作者进行了表彰奖励。

1979 年

◎ 6 月　根据自治区党委、革委会《关于当前农村若干政策问题的补充规定》，盐池县在稳定三级所有和以生产队为基本核算单位的基础上，尊重生产队的自主权，建立以生产责任制为中心的管理制度，在生产队"五统一"前提下包工到作业组，实行联产计酬。

◎ 8 月 23 日—9 月 21 日　盐池县恢复了传统的"七月会"（物资交流大会）。其间，来自陕西、甘肃、内蒙古和本县的牛、马、驴、骡等牲畜大量进入市场，平均每天上市 500 余头匹，高

潮时达 800 余头匹。会期成交大牲畜 850 余头，成交额达 33.2 万元。盐池县"七月会"兴起于清末民国时期，1964 年停办。

1980 年

◎ 4 月 3 日　国家商业部授予惠安堡供销合作社收购员任增福荣获全国供销合作社劳动模范荣誉称号。

1981 年

◎ 5 月 5 日　苏步井供销合作社、供销车队被自治区供销合作社授予先进单位，叶兴财、朱玉龙、任增福等人被授予先进工作者。

◎ 8 月 18 日　自治区党委召开全区农业生产责任制问题座谈会，决定在当年秋收后全区农村普遍实行包干到户生产责任制。

1982 年

◎ 1 月 1 日　中共中央 1 号文件指出："农村供销社是城乡经济交流的一条主渠道，同时也是促进农村经济联合的纽带"，要恢复和加强供销社组织上的群众性、管理上的民主性和经营上的灵活性（后统称供销合作社"三性"），使它在发展农村经济工作中发挥更大的作用。

◎ 4 月 28 日　盐池县供销合作社车队被自治区供销合作社评为先进单位，县供销合作社财计股被评为先进集体，惠安堡供销合作社收购员任增福、炊事员李殿举、供销车队司机叶兴财、县供销合作社统计员张顺琪等四人评为先进工作者。

◎ 8 月 28 日　惠安堡供销合作社旅店被县

委授予建设社会主义精神文明先进集体；大水坑供销合作社食堂管理员杨学财、后洼供销合作社收购员徐有升被县委授予社会主义精神文明积极分子称号。

1983 年

◎ 3 月 14 日　自治区商业厅发出通知，全区各地部分纺织品免收布票。

◎ 3 月 25 日　自治区商业厅转发商业部通知，各省市布票在全国通用。

◎ 5 月 5 日　自治区商业厅转发商业部通知，各种针织品、棉织品临时免收布票，敞开供应。

◎ 10 月 22 日　盐池县供销合作社根据自治区人民政府（1983）84 号文件精神，报经县委批准转发了《盐池县供销社招用合同工实行办法》，确定企业自主招用合同工原则、招考条件及考试科目和形式等条件内容。

◎ 12 月　自治区商业厅转发商业部通知，决定从本月起取消使用布票，棉纺织品一律敞开供应。

1984 年

◎ 1 月 5 日　盐池县委成立机构改革领导小组，组织进行县级机构改革。经过改革，县政府部门由原来 31 个撤并为 21 个；原有 15 个公社中，城郊公社改为城郊区，公社革委会改称区公所，其余 14 个公社均改为乡，实行政社分开，设立乡党委和乡人民政府。1988 年 9 月撤销城郊区，改为城郊乡。

◎ 3 月 4 日　自治区政府有关部门向贫困山区各县发出通知，分配棉布、絮棉赊销计划，盐池县共向农民赊销棉布 105 万米，絮棉 13.5 万公斤，总价 180 万元。

◎ 5 月　经过公开考试，盐池县供销合作社自主招用合同工 53 名。

◎ 5 月下旬—6 月　全县 15 个基层供销合作社均召开了社员代表大会，选举产生了各基层社理事会、监事会，向农村群众扩大宣传入股。全县农户入股面达到 90% 以上，入股 5.29 万元。

◎ 6 月 21—22 日　盐池县供销合作社召开第四次社员代表大会，到会代表 90 人。副县长刘汉治致开幕词；县供销合作社主任张立存作三次代表大会以来工作报告；会议审议通过了《盐池县供销合作社章程》；选举产生了新一届理事会理事 9 人，监事会监事 9 人，选举出席区联社代表大会代表 6 名。

1985 年

◎ 2 月 26 日　自治区党委、自治区人民政府制定下发《贯彻执行中央（1985）1 号文件的十项政策规定》，粮食实行合同定购；羊毛、皮张等农产品取消派购，同时制定了相应的粮食奖补政策。

1986 年

◎ 7 月　盐池县供销合作社公开招录第二批合同制工人 15 名。

◎ 9 月 21 日　根据区人民政府统一安排，由供销合作社系统再次向农民赊销棉布、絮棉。盐池县当年共赊销棉布 18.9 万米、絮棉 3.78 万公斤，总价 47.6 万元。

◎ 12 月　自治区畜产公司组织召开全区畜产品工作会议，盐池县供销合作社被评为全区畜产品收购先进单位，奖励 20 英寸进口彩电一台。

1987 年

◎ 1 月 15 日　盐池县供销合作社公开招收卢文举等合同制工人 26 名。

◎ 2 月 4 日　《宁夏日报》以《供销社体制改革的新突破》为题，发表了自治区体改办、农工部、供销合作社联合形成的《关于盐池县供销社体制改革的调查报告》，介绍了盐池县供销合作社对绒毛、皮张、荞麦皮等大宗农副产品采取"分购联销、返还利润、让利于民"的经营方式，取得了显著经济效果。1985—1986 年，盐池县供销合作社共向农民返利 25.8 万元，补发购销差价款 14.8 万元，全县农民户均收益 83 元。

◎ 2 月 14 日　盐池县供销合作社被县委、县政府授予"两个文明"建设先进集体。

◎ 3 月 25 日　盐池县供销合作社土畜产公司、萌城供销合作社被自治区供销合作社命名为"两个文明"建设先进单位，县供销合作社统计员马吉被评为先进工作者。

◎ 9 月 26—27 日　盐池县供销合作社召开第五届社员代表大会，到会代表 75 人。县委副书记刘汉治致开幕词，县长王世英作重要讲话；县供销合作社理事会主任张立存作题为《深入供销社改革、为繁荣农村经济服务》的工作报告；会议选举产生了新一届理事会理事 11 名、监事会监事 6 名，出席区联社社员代表大会代表 6 名。

◎ 12 月上旬　盐池县供销合作社在 1985—1987 年三届高考落榜青年中择优招收合同制工人 21 名。

1988 年

◎ 4 月 1 日　盐池县供销合作社被自治区供销合作社授予先进统计集体；大水坑供销社批发站统计郭淑荣被评为优秀统计工作者。

◎ 4 月 13 日　盐池县政府批转县供销合作社《关于深化供销合作社改革意见》，对供销社经营体制、管理体制、改革措施方面提出部署意见。

◎ 10 月 10 日　盐池县供销合作社决定设立宁夏盐池县供销社合作社联合社驻天津办事处，聘请张军为常驻天津业务代理。目的是加强与沿海地区业务联系，提供市场信息、代理本单位业务部门进行项目合作洽谈。

◎ 10 月 24 日　盐池县供销合作社综合贸易公司会计张映梅被自治区团委、商业厅、粮食局、供销合作社联合授予"青年职工计算技术新星优秀选手"称号。

◎ 12 月 24 日　盐池县供销合作社下发《关于 1988 年度发生事故情况的通报》，对当年全系统发生 8 起生产安全事故（主要是失盗）造成直接经济损失 4.7 万元的情况进行通报批评，并对今后加强生产经营安全工作提出四点防范措施和要求。

1989 年

◎ 3 月 4—6 日　盐池县供销合作社召开上年度工作总结会议，对 1988 年全系统实行"分购联销、联购分销"经验及存在问题进行深入讨论，提出加强改进意见。

◎ 3 月 20 日　盐池县委、县政府召开表彰大会，授予青山供销合作社、苏步井供销合作社财贸系统先进集体；田春月、卢宗、张生权、陈世贵、范彦春、张成福、梁秋香 7 名供销合作社职工被评为先进个人。

◎ 5 月 15 日　盐池县供销合作社制定印发了《关于继续搞好扩股集资、实行内部风险抵押有关问题的通知》，要求系统内企业负责人交纳风险抵押金 1500 元，一般职工交纳风险抵押金 1000 元；同时规定当年超额完成利润任务职工可保息分红，发生亏损则减扣 20% 的风险抵押金抵顶亏损。

◎ 5 月 25 日　盐池县供销合作社被自治区人民政府授予"双增双节"先进单位。

◎ 10 月　盐池县供销合作社被商业部授予全国商业先进单位。

◎ 12 月 8 日　盐池县供销合作社专题会议研究，对畜产公司在 1988 年以高出市场价格收购掺假羊绒造成 7.40894 万元直接经济损失的 5 名责任人进行处理，责成 5 名责任人共计赔偿企业损失 3.816879 万元，并视情节给予党纪、政纪处罚。

1990 年

◎ 3 月 5—7 日　盐池县供销合作社召开 1989 年度系统工作总结会议，对下阶段经营方向进行调整，主要强调从收缩经营规模、扩大土特产品收购、努力提高利润效益方面进行加强。会议表彰了综合贸易公司、苏步井供销合作社、麻黄山供销合作社 3 个先进单位，县社财计股等 10 个先进集体和单长明等 37 名先进工作者。

◎ 6 月 16 日　根据自治区供销合作社有关文件精神，盐池县供销合作社全系统在职人员普调工资一级、一级半不等，从 1989 年 10 月 1 日起执行。

1991 年

◎ 5 月 19 日　盐池县供销合作社被自治区人民政府授予 1990 年度财贸系统 "春光杯" 竞赛优胜单位，城郊供销合作社营业员张瑞红荣获 "优质服务标兵" 称号。

1992 年

◎ 3 月 6—8 日　盐池县供销合作社组织召开了 1991 年度系统工作总结会议暨第三届职工代表大会，应到代表 41 人，实到代表 38 人。县供销合作社副主任吴英宏作 1991 年工作总结和 1992 年工作安排报告；工会副主席左兴武作系统工会工作报告和《关于修改职工代表大会实施细则的报告》；大会表彰了综合贸易公司、苏步井供销合作社、王乐井供销合作社、苏步井供销合作社门市部等 13 个先进集体和范彦春等 43 名先进工作者。

◎ 4 月 10 日　盐池县供销合作社被自治区人民政府授予首批 "文明单位"。

◎ 12 月 31 日　经盐池县供销合作社批准，麻黄山供销合作社将陈记洼子分销店以 1.5 万元出售。

1993 年

◎ 2 月　盐池县供销合作社向职工集资 200 万元，参与自治区供销合作社房地产开发项目。

◎ 4 月　从是月起，盐池县供销合作社系统固定职工、集体和城镇户口合同工全部参加社会养老统筹；农民合同工由县供销合作社统筹；离退休、退职人员退休金由县社保局统一发放。

◎ 4 月 11 日　盐池县供销合作社集团总公司成立。集团公司集经营、管理和服务为一体，与盐池县供销合作社一套机构、两块牌子。

◎ 6 月 29 日　盐池县委、县政府制定出台了《盐池县发展个体、私营经济的有关规定》，提出党政机关、企事业单位分流人员，包括停薪留职、辞职、离退休、放长假职工等均可申请从事个体、私营经济，同时简化登记手续，放开经营范围和方式。规定凡固定资产在 30 万元以上，连续三年每年纳税在 3 万元以上的个体、私营企业，可以解决投资经营者及其直系亲属或企业骨干 3 人农转非户口等优惠政策。

◎ 8 月　根据自治区供销合作社〔1993〕40 号、46 号文件精神，盐池县供销合作社先后两次为 327 名、320 名职工增加工资两级，两次增资时间均从当年 1 月 1 日起执行。

1994 年

◎ 3 月 15 日　盐池县供销合作社被国务院全国第三产业普查协调小组评为国家级 "第三产业普查先进基层单位"、杨秀珍被评为 "第三产业普查先进个人"。

◎ 10 月 29 日　盐池县惠安堡乡撤乡设镇。

◎ 12 月 5 日　根据自治区供销社〔1994〕35 号文件精神，盐池县供销合作社为全系统 323 名职工套改了工资，人均增资 121.62 元，是套改前工资的 1.1 倍。

1995 年

◎ 3 月 25 日　盐池县供销合作社制定印发了《关于供销社系统企业经营管理目标责任制实施办法的通知》，考核对象为所属公司、基层社主任（经理）；考核主要内容包括企业效益、目标管理、基础建设、社会效益等，相应制定了奖惩办法。

◎ 12月2日　盐池县供销合作社决定将萌城供销合作社合并到惠安堡供销合作社。萌城供销合作社人员、财产、债权债务全部由惠安堡供销合作社承担，萌城供销合作社网点不撤，变为惠安堡供销合作社分销店。

◎ **是月**　盐池县供销合作社根据盐池县政府批转县劳动人事局《关于全面实行劳动合同制度的安排意见的通知》要求，与所属企业312名职工签订了劳动合同，占在册职工人数的90%。

1996 年

◎ 3月8日　盐池县供销合作社工会主席郭凤鹤荣获中华全国总工会优秀女职工志愿工作者荣誉称号。

◎ 4月12日　盐池县供销合作社印发《关于开展扩股集资的通知》，要求所属企业在年内面向社会扩股集资50万元以上。

1997 年

◎ 3月9—11日　盐池县供销合作社召开1996年度工作总结会，表彰3个先进基层单位，7个先进集体，22名先进工作者。

1998 年

◎ 3月23日　盐池县委、县政府制定出台了《关于发展非公有制经济的若干规定》，规定对于创办非公有制企业的各种条件进一步放宽，允许国家和企事业单位分流下岗富余人员、离退休人员、辞职人员开办私营企业和承包国有企业，允许企事业单位人员经单位同意业余时间从事个体经营或国家允许的经营活动。对机关分流出来的人员到私营企业或创办个体私营企业的，其身份不变，工龄连续计算，晋职、晋级不受影响。

◎ 4月17日　盐池县委制定了《关于加快小型企业改革与发展的实施意见》，以三个有利于标准（有利于企业发展、有利于提高经济发展、有利于职工生活水平提高）为原则，以产权改革为突破口，以放开搞活为目的，因企制宜，大力推进企业资产优化重组。要求对全县国有、集体企业中没有进行改制的企业，效益滑坡、开工不足与停产企业进行全面改制。

◎ 9月23日　盐池县供销合作社印发《关于对各单位实行定岗定编的决定》；要求各基层公司按照3—8人不等定岗；基层社均按照4人定岗。主要定岗岗位包括主任（经理）、会计、收购员；统计、出纳等岗位不再单设；定岗定编后富余人员实行承包经营或企业内部租赁经营。

1999 年

◎ 10月　盐池县供销合作社被自治区人民政府授予区级"文明单位"。

◎ 12月1日　根据自治区人民政府办公厅转发自治区计委等部门《关于开展清理核查全区供销合作社财务挂账意见的通知》（宁政办发〔1999〕159号）精神；盐池县供销合作社会同财政等部门联合开展系统内财务挂账工作，共清理出各类政策性损失2159万元。

2000 年

◎ 3月1日　根据区供销合作社有关文件精神，盐池县供销合作社全系统261名在册职工普遍增资一级到一级半，从 1997 年 7 月 1 日起执行。

◎ 4 月 14 日　盐池县供销合作社、体改办联合下发《关于进一步推进社属企业改革的总体方案》，包括企业改革目标、形式及人员分流安置等九个方面。

◎ 6 月 26 日　根据区供销合作社有关文件精神，盐池县供销合作社全系统 225 名在职人员人均增资两级，从 2000 年 1 月 1 日起执行。

◎ 10 月 31 日　盐池县供销合作社经过研究，下发了《关于麻黄山供销社丢失羊绒及收购掺杂羊绒造成损失的处理决定》。麻黄山供销合作社在运输途中丢失羊绒 66.5 公斤，合计 2.4497 万元；当年共计收购羊绒 721.8 公斤，出售时抖出沙土 42.2 公斤，造成损失 1.5784 万元，两项合计给企业造成损失 4.0281 万元。经研究，决定由有关责任人赔偿 3.2389 万元，并对相关责任人给予停职、解除劳动合同处罚。

◎ 12 月 25 日　盐池县供销合作社批准王乐井供销合作社将所属李庄子分销店以 1.9 万元出售。

◎ 12 月 29 日　盐池县供销合作社批准高沙窝供销合作社将所属旅店及营西分销店以 2.7 万元出售。

2001 年

◎ 3 月 6 日　根据自治区人民政府、自治区供销合作关于推进企业改革有关文件精神及盐池县委、县政府关于推进供销合作社改革要求，盐池县供销合作社召开系统企业改革大会，全县供销合作社系统企业改革正式启动。

◎ 3 月 20 日　盐池县供销合作社组织成立了全区第二家农民经纪人协会。

◎ 9 月　盐池县供销合作社被评为全国供销合作社系统"三五"普法先进单位。

◎ 10 月 19 日　盐池县供销合作社决定将高沙窝供销合作社产权及经营权有偿转让给农民经纪人余聪，并聘请其为该社主任。

◎ 12 月 20 日　盐池县供销合作社批准综合贸易公司与郭玉才等 54 名职工解除劳动合同、终止劳动关系，并按职工工龄每年给予 700 元的安置补偿。

◎ 12 月 26 日　盐池县供销合作社批准农业生产资料公司、荣发皮毛绒公司、畜产公司、惠安堡供销合作社 4 个单位的 42 名职工解除劳动合同、终止劳动关系，并按职工工龄每年给予 700 元的安置补偿。

2002 年

◎ 5 月 11 日　盐池县政府第十九次常委会研究决定：盐池县供销合作社副科级以上实职领导工资由县财政供养。

◎ 6 月 13 日　盐池县供销合作社在高沙窝供销合作社创办了农民科技阅览室。

2003 年

◎ 2 月 27 日　自治区政府批复盐池县乡镇行政区划调整报告，同意将盐池县 16 个乡镇调整为四乡四镇，即把原城关镇、城郊乡、柳杨堡乡、苏步井乡、鸦儿沟乡、红井子乡、萌城乡、马儿庄乡、后洼乡撤并，新设花马池镇、高沙窝镇、大水坑镇、惠安堡镇，王乐井乡、青山乡、冯记沟乡、麻黄山乡。调整后，全县四乡四镇仍辖 99 个行政村，679 个自然村。

◎ 4 月 22 日　盐池县供销合作社决定将麻

黄山供销合作社全部产权（包括无形资产）有偿转让农民经纪人张龙经营，并聘请其为该社主任，享受各级政府及有关部门给予供销合作社的各项优惠政策，并承担相应义务。

2004 年

◎ 8 月 23 日　盐池县正丰瓜菜产业化合作社、绿业中药材产销合作社挂牌成立。

◎ 12 月 21 日　自治区公安厅、吴忠市公安局、盐池县公安局及自治区供销合作社稽查大队联合对盐池县烟花爆竹市场进行安全检查。

2005 年

◎ 1 月 30 日　盐池县公安局治安大队破获一起特大贩卖烟花爆竹案，查获利用水果箱做伪装非法贩运烟花爆竹 800 件，涉案金额 20 余万元。2 月 6 日，盐池县公安局联合县供销合作社等部门依法对这批违法烟花爆竹进行集中销毁。

◎ 8 月 4 日　盐池县供销合作社批准同意大水坑贸易公司出售中街门市部和家属房产权，售价 3 万元。

◎ 8 月 29 日　全国供销合作总社党组书记周声涛一行到高沙窝供销合作社调研基层供销合作社经营发展情况。

2006 年

◎ 3 月 9 日　盐池县农业产业化网络协会成立大会在盐池宾馆举行。农业产业化网络协会由县爱德项目办、农经局、科技局发起，县发改、财政、农业、畜牧、农村信用联社、供销、农业产业化办公室等部门参与，吸收全县种植、养殖

和流通领域经纪人，农产品加工企业，农村专业合作组织为会员。农业产业化网络协会将通过网络协会服务中心和农业科技服务"110"解决农民在产业化发展和生产经营方面存在的问题。

◎ 6 月 6 日　盐池县供销合作社研究决定，由县社开发的西门办公兼住宅楼、综合楼以及畜产公司开发、县社后院开发、市场门市部改造等项目所得，全部用于安置企业改制职工身份置换。

◎ 6 月 7 日　经盐池县供销合作社批准同意大水坑贸易公司以 1 万元售价出售原红井子供销合作社房屋。

◎ 6 月 23 日　中华供销合作总社副主任李春生一行到高沙窝供销合作社调研工作。

◎ 7 月 3 日　盐池县供销合作社研究同意以 14 万元价格出售南环综合门市部，用于支付南环综合门市部建设时所欠部分工程款。

◎ 10 月 14 日　盐池县供销合作社研究同意麻黄山供销合作社后洼分销店以 3.2 万元进行有偿转让。转让后的后洼分销店继续履行供销合作社相关责任义务，享受同级供销合作社各项优惠政策。

◎ 12 月 13 日　经县社批准同意惠安堡供销社出售萌城分销店相关房产以 2 万元售价出售。

2007 年

◎ 1 月 16 日　盐池县供销合作社参照国营企业退休人员医疗保险有关规定，争取自治区财政资金 82.7 万元、县财政资金 23.6 万元，退休人员人均承担 1496 元，解决了供销合作社系统改制后 79 名退休人员生活保障问题。

◎ 7 月 1 日　中华全国供销合作总社理事会副主任李春生一行对盐池县供销合作社改革工作

进行了调研。

◎ 12 月　根据自治区人事劳动和社会保障厅关于《解决全区国有企业下岗职工历史遗留问题实施方案》（宁劳社发〔2006〕79 号）和《关于解决我区国有企业下岗职工历史遗留问题工作要求和程序》（宁劳社发〔2006〕94 号）精神，盐池县供销合作社上报符合条件的 210 名城镇和农民合同工，争取自治区配套资金 168 万元，对 189 名职工进行身份置换，争取补交养老统筹基金政策，全面落实企业改制后遗留问题。

2008 年

◎ 3 月 13 日　盐池县供销合作社研究同意大水坑贸易公司糕点厂以 5 万元价格出售，用以补偿企业改制后职工安置费用。

2009 年

◎ 2 月 19 日　按照自治区供销合作社年度工作安排，盐池县供销合作社组织举办了为期 3 天的农产品经纪人培训班，参与培训 100 余人。

◎ 6 月 8 日　盐池县绿源农产品物流有限公司挂牌成立，公司总经理由盐池县供销合作社主任何勇兼任。

2010 年

◎ 1 月 25 日　盐池县供销合作社在全区供销合作社系统综合业绩考该中荣获三等奖。

◎ 7 月 30 日　宁夏首个农资消费专业合作社——盐池县惠泽农资专业合作社在花马池镇惠泽村挂牌成立。自治区供销合作社副主任琚再强、盐池县副县长蒯文普为合作社成立揭牌。

2011 年

◎ 4 月　盐池县供销合作社通过招商引资在十六堡和北塘移民新村分别建设农家店各一家。其中十六堡移民新村农家店建筑面积 177 平方米，总投资 28 万元，北塘移民新村农家店建筑总面积 420 平方米，投资 70 万元。

◎ 6 月　盐池县供销合作社向县人民政府申请商城消防整改资金 130 万元，协调东信公司和城郊供销合作社按照消防要求进行整改。总改造面积 1.5 万平方米，施工安装了喷淋系统，配置了消防水池、泵房等设备，分散配置灭火器 60 具，消防栓 12 个，消防卷帘 18 副，应急灯 40 个。

◎ 6 月 8 日　盐池县供销合作社同意在惠安堡镇务工移民新村设立"盐池县惠安堡镇务工移民新村供销合作社"，聘任武万祺为供销合作社主任。

◎ 7 月 29—31 日　盐池县供销合作社与县农牧局联合举办了一期高级农产品经纪人培训班，邀请宁夏大学经济管理学院副教授马生元、李彤授课，培训学员 155 人。

◎ 10 月　按照《关于加快宁夏供销合作社土地确权登记工作的通知》（宁国土资发〔2010〕112 号）精神，盐池县供销合作社会同县国土资源局对全县供销合作社系统 26 宗土地进行重新测量登记，并将测量数据和土地权属情况上报国土资源局办理相关证照手续。

2012 年

◎ 2 月　自治区政府印发《关于加快供销合作社改革发展的意见》（宁政发〔2012〕35 号），盐池县供销合作社及时讨论研究，向县委、县政府上报了《关于加快供销合作社改革发展的意见》。

◎ 4月　盐池县供销合作社在 2011 年度全区市县供销合作社综合业绩考核中获得综合服务社建设奖。

◎ 5月　宁夏盐池县丰育养殖专业合作社和宁夏盐池县民惠园设施农业专业合作社进入全国首批农民专业合作社示范社名录。

◎ 6月　盐池县供销合作社将所属民惠园专业合作社上报区社参加中华供销总社农民专业合作社示范社评选，11 月份被中华供销总社列入农民专业合作社示范社。

◎ 8月 21—23 日　盐池县供销合作社与民惠园专业合作社联合举办了一期蔬菜园艺职业技能培训班，培训 107 人。

◎ 10月　在深入推进"万村千乡市场"工程工作中，盐池县供销合作社在隰宁堡生态移民新村新建农家店 1 家，在花马池镇南苑新村、惠安堡镇杨儿庄、杜记沟村、萌城新村、王乐井乡官滩村，冯记沟乡冯记沟村，大水坑镇东街，麻黄山乡后洼村改造升级农家店 8 家。

2013 年

◎ 3月 10 日　根据中华全国供销总社《关于积极开展农村金融服务的意见》精神，盐池县供销合作社积极与上级部门对接，筹建了全区首家专业合作社资金互助中心——宁夏裕丰昌专业合作社资金互助中心。

◎ 9月　盐池县供销合作社组织举办一期农产品经纪人培训班，参与培训 110 人。

◎ 10月　盐池县供销合作社筛选上报冯记沟乡新合作商贸中心超市、王乐井乡新合作商贸中心超市争取"万村千乡市场工程"信息化改造项目。

2014 年

◎ 3月　盐池县有关部门联合在惠安堡镇隰宁堡村组织文化科技卫生"三下乡"服务活动，盐池县供销合作社会同自治区中农金合生产资料有限责任公司现场为群众讲解农药、化肥质量安全知识，发放宣传资料千余份。

◎ 9月　盐池县供销合作社组织举办了一期农产品经纪人培训班，参与培训 102 人。

◎ 11月　在深入推进"万村千乡市场"工程工作中，盐池县供销合作社组织对全县 78 家农家店进行调查确认，选出 9 家上报争取"万村千乡市场工程"信息化改造项目。

2015 年

◎ 5月　高沙窝供销合作社组织召开裕丰昌滩羊养殖专业合作社社员代表大会，自治区供销合作社、盐池县政府分管领导参加代表大会。

◎ 10月　盐池县供销合作社组织举办了一期农产品经纪人培训班，参与培训 60 人。

◎ 11月　在深入推进"万村千乡市场"工程中，盐池县供销合作社组织对全县 78 家农家店进行调查摸底，筛选出 10 家上报争取"万村千乡市场工程"信息化改造项目，为 10 农家店分别配备了收款机、扫描枪、转账电话等设备，11 月底全部完成改造投入使用。

2016 年

◎ 6月 8 日　根据自治区党委、自治区政府《关于深化供销合作社综合改革的意见》（宁党发〔2016〕3 号）和自治区深化供销合作社综合改革电视电话会议精神，盐池县委制定出台了《盐池县关于深化供销合作社综合改革的实施方案》（盐党办发〔2016〕68号）规定：盐池县供销合作社按照事业单位法人登记注册，县财政以政府购买公共服务方式，2016年先期拨付供销合作社综合改革启动资金100万元，以后每年按20%增加，用于供销合作社改革发展事业和开展为农服务业务。

◎8月3日　盐池县供销合作社资产经营管理有限公司和盐池县惠安堡镇黄花供销合作社成立。

◎9月12日　盐池县供销合作社组织举办了一期农产品经纪人培训班，参与培训82人。

◎是月　盐池县供销合作社公开招聘工作人员3名。

◎10月10日　盐池县供销合作社根据《盐池县关于深化供销合作社综合改革实施方案》（盐党办发〔2016〕68号）要求，完成事业单位登记。

◎是月　盐池县供销合作社改造建成大水坑供销合作社电商服务旗舰店，投入运营。

2017 年

◎2月17日　自治区供销合作社党组书记桂富田一行到盐池县调研了中民盐池滩羊股份有限公司、余聪食品有限公司、鑫海清真食品有限公司等供销合作社联合企业。

◎7月　盐池县供销合作社积极与相关企业联系对接，改造建成惠安堡黄花供销合作社电商服务站，于当月投入运营。

◎8月　盐池县供销合作社争取自治区财政支持供销合作社综合改革专项资金500万元，实施了2017年宁夏吴忠市盐池县200吨滩羊肉熟食品深加工新建项目。

◎9月29日　盐池县供销合作社组织举办农资培训班一期，培训学员88人。

◎12月　盐池县供销合作社参加中国长城资产管理有限公司组织对大水坑贸易公司等7家债权资产（由中国农业银行盐池支行转让给长城资产管理有限公司上述7家供销合作社企业债务本金539万元）公开竞价，以240万元将政策性挂账债务全部化解。

2018 年

◎1月　盐池县供销合作社被中华供销合作总社授予全国供销合作社系统先进集体奖，同时荣获全区供销合作社系统2017年度效能目标考核一等奖。

◎4月　盐池县供销合作社积极争取项目资金660万元，在花马池镇城西滩启动建设集农资供应、配方施肥、节水灌溉、农机作业、统防统治等功能为一体的农业现代服务中心，中心总占地面积10亩，其中仓储库房建筑面积1911平方米，办公及信息化培训用房面积701平方米。

◎9月22日　盐池县供销合作社组织举办农资培训班一期，培训人员100人。

◎11月　盐池县供销合作社公开招聘公共购买服务人员2名。

◎是年　盐池县供销合作社为确保春耕生产顺利进行，充分发挥农资配送中心、农资店和村级服务社功能，实行电话预约、送货上门等服务方式，全年调送销售各种化肥1.8万吨（包括冬季淡储化肥3000吨）。

2019 年

◎10月　盐池县供销合作文化展馆于城西

滩现代农业综合服务中心二楼建成，展馆面积100平方米。

2020 年

◎ 2 月 26 日　自治区农业农村厅副厅长杨明红到盐池县供销合作社调研农业生产资料仓储、保管、经营等方面工作。

◎ 3 月 5 日　自治区供销社理事会副主任孙向前到盐池县供销合作社调研春耕备耕及冷链物流建设情况。

◎ 4 月 23 日　自治区供销合作社党组成员、理事会副主任孙向前一行到盐池县召开供销合作社综合改革重点任务落实情况及扶贫"832"平台建设工作会议。县财政局、扶贫办、农业农村局相关部门负责人参加会议。

◎ 8 月 28 日　盐池县供销合作社支部组织退休人员、基层社负责人开展了"传承供销基因、激昂时代精神、筑牢服务三农主阵地"主题党日活动。

◎ 9 月 2 日　自治区供销合作社党组成员、监事会主任俞学虹组织对盐池县供销合作社 2019 年"两个体系"项目及红色记忆馆建设情况进行调研。

◎ 9 月 16 日　中国农业生产资料集团公司纪委书记、监事张佳琦，上海市供销合作社党委书记、理事会副主任程颖一行到盐池县调研农业生产资料流通使用情况。

◎ 11 月 10 日　自治区供销合作社党组成员、理事会副主任刘正虎一行对盐池县供销合作社基层组织体系、社会化服务、电商流通网络建设情况进行调研。

◎ 12 月 29—30 日　盐池县供销合作社组织对县城烟花爆竹储存、管理、经销和农资储备安全生产等情况进行现场检查指导。

附　录

《保证责任陕甘宁边区合作社联合社章程》

（民国二十八年十月十七日社代会通过）

第一　总则

第一条　本联社定名为"保证责任陕甘宁边区合作社联合社"，简称"边区联社"。

第二条　本联社之宗旨如下：

（一）领导全边区合作社，指导其经营，充实其业务，调剂其需要，助长其发展，加紧其联系，并谋边区合作教育之推行与合作事业之促进。

（二）受政府之委托，办理战时抗战资财之购集及生产消费品之调剂、供给与分配。

第三条　本联社为保证责任组织，各社员社所负保证金额，为其所认股额之五倍。

第四条　本联社以陕甘宁边区为业务范围，社址设于陕甘宁边区政府所在地。

第二　社员社

第五条　凡在本联社业务范围内曾经完成登记之市县联合社，概须加入本联社。入社时须由各该社理事会填送社务概要表、资产负债表及社章各一份，经本联社理事会审查许可后，报告本联社代表大会。如有特别情况之单位，合作社在未组织市县联社之前，亦得暂时加入本联社。

第六条　社员社有下列事情之一者，经社务会出席理、监事四分之三以上之决议，予以除名。

（一）不遵守本联社章程、规则及代表大会之决议、履行其义务者。

（二）有妨害本联社社务业务之行为者。

（三）有违反法令者。

第七条　出社社员社，已缴股金之退还，须至本联社每年决算后决定之。如有亏损时社员社并应依照第三条之规定，负其责任。

第三　社股

第八条　本联社社股无定额，每股国币拾元，每一社员社至少认缴一股。并应按各该社实收股金十分之二以上比例认缴之。

第九条　本联社社股，非经本联社理事会之同意，不准抵押或转让。

第四　组织

第十条　社员社代表大会为本联社最高权力机关，由全体社员社代表组织之，每一代表仅有一表决权。大会闭会时由社务会代表之，由理事、监事联合组织之。代表不能出席代表大会时，得以书面委托同社社员一人代理之。

第十一条　本联社代表大会之代表，由社员社之社员代表大会依照下列规定选派之：

（一）社员社之社员社代表，在二十人以内之联社，选派代表一人。

（二）社员社之社员社代表，在二十人以上之联社，每二十人选派代表一人。

（三）单位社每社至多选派代表一人。

第十二条　本联社设理事九人组织理事会，执行本联社社务业务。设监事七人组织监事会，监察本联社社务业务。设后（候）补理事、监事各二人，理、监事均由代表大会的代表中选任之。

第十三条　理事会设主席一人，由理事互推之，统揽本联社社务业务，对外代表本联社。

第十四条　理事会处理下列各项业务：

（一）规划社务、业务之进行；

（二）任免职员；

（三）处理社员社所提出之问题；

（四）代表大会决议交办事务；

（五）讨论发展边区合作社事业之方法；

（六）代表大会之召集；

（七）举办合作教育；

（八）其他有关事务。

第十五条　本联社为谋社务、业务之进行，设经理、指导主任、秘书、技师、会计各一人。理事会互推或聘任之。各部门指导员及办事员等均由理事会按实际需要选任之。遇必要时，得由理事会聘请专家为联社顾问。

第十六条　监事会设主席一人，由监事互推之。负责监察本联社之财产及业务执行状况。当本联社与私人订立契约或为诉讼上之行为时代表本联社监事会，为执行职务，必要时得召集临时代表大会，监事不得兼任本联社其他职务。

第十七条　理监事及职员通同营私舞弊时，得由全体代表五分之一以上提议，召集社员代表大会改选和撤职，并向法庭起诉。

第十八条　本联社理、监事之任期均为一年，连选得连任。

第十九条　本联社各种会议之召集，规定如下：

（一）代表大会每年一次，由理事主席召集之，以理事主席为主席。理事主席缺席时，以监事主席为主席。

（二）社务会每三月一次，由理事主席召集之；主席由理监事互推之。

（三）理事会每月一次，由理事主席召集之。

（四）监事会每月一次，由监事主席召集之。

以上各种会议遇必要时，均得召集临时大会，如事实上遇有困难，不能按期召集时，亦得延长之。

第二十条　本联社各种会议，须有过半数以上之出席始得开会，出席过半数以上之同意始得决议。但社务会须有三分之二以上之出席始得开会。解除理、监事职权之决议，须有全体代表过半数之同意；解散本联社之决议，应有全体代表四分之三以上之出席，出席代表三分之二之同意。

第五　业务

第二十一条　本联社之业务如下：

（一）调查社员社及全边区人民之需要，予以供给或代办；

（二）调查社员社及边区人民之产品，予以集中运销或代理运销；

（三）管理开办各种生产事业，发展农工业，救济失业，供给抗战需要；

（四）对社员社及边区人民之存款、放款、汇兑及代理收付款项之举办；

（五）举办公用及公益事业；

（六）宣传合作知识，协助新社组织并指导监督各社员社之社务、业务；

（七）受政府之委托办理战时资财之购集及生产消费品之调剂、供给与分配。

关于各种业务规则另订之。

第二十二条　本联社以国历一月一日至十二月三十一日为一业务年度。资产负债表、盘亏计算表、业务报告书及盈亏处置案，交监事会审查后报告代表大会。

第二十三条　本联社年终决算有盈余时，除依次弥补累计损失及付股息至多年利一分外，其余按下列比例分配之。

（一）以十分之二以上提作公积金，除弥补

损失外，不得动用；

（二）以十分之一以上提作公益金，以发展合作教育及其他公益事业之用；

（三）以十分之一提作职员奖励金，其分配办法由理事会决定之；

（四）余额按社员社交易额之多寡比例分配之（如分配因事实上发生困难时，亦得暂时按股分配，但股息即停止提发）。

第二十四条　本联社决算后，如有亏损，除以公积金、社股金依次抵补外，其不足之数由全体社员社依第三条之规定负其责任。

第六　附则

第二十五条　本章程如有未尽事宜，得由代表大会修改之。

第二十六条　本章程经代表大会通过，呈准边区政府建设厅登记后施行。

《合作社暂行条例》

（民国三十七年六月三日订）

第一条　合作社性质

（一）合作社是群众在个体经济基础上，实行劳动互助的群众性经济组织。其任务为组织群众劳力、资力，以合作互助的方式提高生产效力，减轻中间剥削，增加生产，发展国民经济。

（二）凡违反本条例规定，不以组织社员生产或供应社员消费为目的所组成之工厂、作坊、商店，不得称为合作社。

第二条　合作社得根据社员大会之决议，经营下列一种或数种业务，并根据业务规定名称：

（一）生产合作社。凡组织社员从事农工业生产者，均为生产合作社。农村生产合作社应以农业生产为主，组织农业互助，农业家庭副业或为农业服务之供销、信用、手工业等业务；城市、集镇、工矿地区之生产合作社应以手工业、工矿业为主，并组织为其服务之其他业务及家庭副业等。

（二）凡以减轻中间剥削，供给社员日用必需品为主要目的者，为消费合作社。

（三）信用合作社。凡以组织社员资金，主要为社员生产服务，进行存放款（包括实物）信用业务者为信用合作社。

（四）运输或运销合作社。凡组织社员从事物资调剂运输者为运输或运销合作社。

（五）其他以社员生活福利为目的而经营之医药、文化等业务者，为卫生或文化合作社。

（六）混合业务合作社，凡经营两种业务以上之合作社得称混合业务合作社。

第三条　合作社以民办公助为原则。

（一）一切人民，不分年龄、性别、籍贯、种族、信仰、职业、阶层，均有发起与参加合作社之权力。凡以一定之资金、劳力、土地、工具及其他实物等入股者均得为合作社社员。

（二）合作社职员（一般包括经理、会计、采购等）由社员民主选举、罢免，业务经营、社务制度由社员民主决定，任何人不得干涉。

（三）合作社应接受政府政策方针之指导，依法享受减税免税之优待。政府并帮助其教育培养干部，国家银行得给以贷款，国营贸易机关应帮助其供销，以扶植其发展。

第四条　为加强合作社业务领导，克服无计划无组织现象，并解决业务上一个社不能单独解决的困难，可由两个以上之合作社组成联合合作社（以下简称联社）。联合社得按行政区域（如县、区）、经济区域或业务性质组织之。

第五条　联合社为社员社之上级社。区联社为村、街合作社之上级社。县联社为区联社之上级社。上级社之领导任务为指导、扶植、帮助下级社，经营联合业务，训练与教育干部交流经验与互通情报等。但上级社不能动用下级社之资金，下级社之干部未经合作委员会或社员大会同意，上级社不能随意调动。某些地区由政府所组织之市、县、区生产推进社，其任务同联合社。

第六条　合作社入股退股及红利分配的规定：

（一）入股：入股应自由。但机关、部队、团体向群众合作社入股时，应经社员大会或合作委员会讨论通过，如遭拒绝时不得强行入股。个人向联合社入股，除分红与其他单位社社员平等外，不得享受社员其他权力。

（二）退股：退股应自由。但合作社遭遇不可抗拒（如天灾战争及物价剧烈波动等）而发生巨大赔损时，社员大会或合作委员会可决定限制退股。又本人股金超过社股总额百分之三十之社员退股时须遵守下列之条件：

甲、须在退股两个月前提出退股申请书；

乙、合作社遭受不可抗拒而有赔损，或一次退股影响业务时，合作社委员会得按照具体情况讨论决定其分期退股或部分退股。

（三）分红：合作社应定期分红。分红期限应由社员大会根据业务性质及各种具体情况讨论决定，但最长不得超过一年，各种分红办法如下：

甲、劳资分红：生产合作社应本着发展生产、劳资两利原则，及劳力资金在业务上所发挥的作用大小与工资高低等条件实行劳资分红。需资金多者，资金分红应多于劳动分红。需多量劳动之生产，劳动分红应多于资金分红。工资高者劳动分红应少于资金分红。工资低者劳动分红应多于资金分红。

乙、消费分红：消费合作社应有消费分红，为了简单易行，可采取社员低于市场货价及社员购货优先权办法代替之。

丙、运销分红：运销分红应按社员资金及运销数量分红。

丁、公积金：为积累资本，发展业务，预防赔损，可在盈利较多时由红利中抽百分之一到百分之十五为公积金（在物价波动情况下，以实物标准计算成本红利者可抽百分之一到百分之五为公积金，以货币计算成本红利者至多不得超过百分之十五）。公积金用作扩大生产用，不得移作别用。

戊、公益金：为兴办社员福利事业，可根据业务发展及盈余情况，酌抽公益金（开始经营或盈利较少时可暂不抽）；公益金的支配权属于社员大会。

己、职员待遇与分红：职员以精简与不脱离生产为原则，其待遇可根据农村业务简繁的具体情况，或实行折工互助（与农业劳动变工）或酌给薪资，并应享受分红权利。

第七条　合作社组织领导应实行民主集中制。凡年满十六岁之社员不论入股多少，均有选举权、被选举权与表决权（童工、学生、机关人员年龄限制可适当变更）。

合作社会议及社务制度规定如下：

（一）社员大会：社员大会为最高权力机关，其职权为：

甲、选举、罢免合作社委员会及正副经理、会计等；

乙、制定合作社章程及多种工作制度；

丙、制定业务方针；

丁、检查业务，审查账目。

（二）合作社委员会：合作社委员会为社员大会闭会期间之最高权力机关，其职权为：

甲、聘请非由社员大会选举之职员；

乙、制定业务经营计划，检查执行情况，组织与帮助社员生产。

（三）社员小组：社员应按生产单位（如互助组、纺纱组、小型社等）或居住关系（如邻居）组成社员小组，其任务为检讨合作社业务，并提出改进意见。

（四）社员大会应按分红期或生产季节（如春耕、冬季生产等）召开，每三个月至一年召开一次；合作社委员会至少两月一次；社员小组会由本组自行决定召开。

第八条　村公产及其他公共财产经村民同意投入合作社者，与一般社员相同，不得享有任何特权，亦不得因而改变影响合作社业务方针。

第九条　合作社须于成立后一个月内，具明地址、社名、业务章程、资金额、社员数、经理姓名及简历，报请政府审查登记，主管机关应于接到报请后半个月内批示并发给登记证，其报请机关：

（一）村街范围内之合作社须经区政府审查登记。

（二）联合社及由一个区以上之居民参加之合作社，须经市县政府审查登记。

（三）机关、部队、团体、学校、工厂人员之合作社，须经同级政府或所在地之市县以上政府审查登记。

第十条　凡遵守合作社条例，执行政府政策，发展业务，提高生产，为社员群众所拥护之合作社或合作社人员，政府分别予以名誉或物质奖励。

第十一条　凡合作社人员须尊重社员意见，执行社员大会及合作社委员会之决议，不得享受任何特权，其为贪污失职、假公济私，或违反合作社条例及章程者，由社员大会分别以错误轻重予以批评、警告，或由政府依法处理之。

第十二条　凡合作社业务，因执行社员大会或合作社委员会之决议而发生违反政策、投机垄断及其他非法行为者，政府得依法处理之。

第十三条　本条例自公布之日起施行。

附记：关于中途退股之红利问题，是否应按银行或信用社存款利率付息，此问题是否列入条例，或于施行细则中规定之，再议。

《合作社公约》

（民国三十三年七月十日合作社联席会议通过）

坚持生产第一，贯彻民办公助。

绝对禁止摊派，入股退股自由。

一定按期算账，务必按期分红。

社务大家公议，把持包办不成。

绝不投机操纵，遵守政府法令。

反对贪污腐化，人人廉洁奉公。

加紧调查研究，业务学习要紧。

《陕甘宁边区合作社第一次代表大会的决议》

（1939 年 10 月 31 日）

一、目前的抗战形势与边区合作社的任务

现在抗战已进入到相持阶段。敌人在相持阶段中更加紧进行他的政治阴谋与经济破坏，它企图从政治上进行诱降破坏统一，利用汉奸与顽固分子制造摩擦，挑起武装冲突，分裂统一战线，破坏边区，削弱抗战力量；在经济上侵夺我国的资源，实现他"以战养战"的阴谋，利用经济汉奸贩卖仇货，收买现洋等，破坏我国的经济建设与财政金融，削弱我抗战的物质力量。我们如何粉碎敌人的阴谋，达到反攻与取得最后的胜利，除在政治上坚持抗战反对妥协投降，坚持团结反对分裂，坚持进步反对倒退外，在经济上我们要动员广大人民的力量，发展国防经济，以我们的经济发展向敌人经济侵略作斗争，粉碎敌人的经济侵略，巩固与扩大我国抗战的经济物质实力，以达到抗战必胜、建国必成的目的。因此，边区合作事业之发展，决应本此目的，发展边区经济建设，扩大边区的生产运动，便利人民生活之调剂，与改善民生巩固边区的经济基础，强大抗战建国力量，在这个基本任务与方针之下，确定边区合作运动的方针。

二、边区合作运动的方针与目前的几项中心工作

（一）边区合作运动的基本方针

1. 发展生产合作社。以生产合作的方法组织广大群众的劳力与资金，以普遍的发展手工业求得战时工业品的自给自足。并将现有的生产合作社以加强其管理，提高其生产技术与管理方法使之产量增加与质量改善而向前发展。

2. 整理与扩大消费合作社。加强其作用，使它成为广大群众性的消费合作，能调剂物价和供给人民日常需用品，在经济上成为团结及教育人民的经济组织。同时，在加强的基础上扩大股金，与社员建立有系统的联合组织，加强社务与业务之领导。

3. 建立信用与运输合作社来活泼农村金融，便利农民借贷及汇兑，流通农产及特产品，以调剂广大人民的生活。

（二）整理消费合作社，扩大原有股金一倍

1. 凡未正式成立之县联社，限 1940 年 3 月底一律用民主选举法成立之。

2. 各县依据下列各条创造模范合作社，每县要保证 1 个。

（1）社员股金、社数及社员小组要彻底统计与编制清楚，以便有系统地去领导和教育。

（2）调查社员于日常生活中之一切必需品，以便有计划地供给，并按社员交易额之多寡给予分红。

（3）各合作社对社员及优属绝对要给优先权。

（4）购买工业原料，供给抗战需要。

（5）以乡为单位组织俱乐部，加强社员及群众的政治文化和合作事业的教育。

3. 以乡为单位重新将社员登记清楚。

4. 建立调查统计工作制度：

（1）旧有社员股金及新扩大之社员股金，各社在进货数与销货之值及营业费用、净利公积金等，须按月填表报告边联社，同时对当地市价每月须报告两次。

（2）将当地每年出产物品数量须以社为单位调查清楚，如药材、棉、麻、皮毛、蜂蜜、粮食等。

（三）扩大与充实生产合作社，增加原有股金一倍

1. 以纺织为主，其他业为副。

2. 原有生产社要注意技术的改良，务求质量的进步，数量的增加。

3. 无论原有合作社或新发展的，务将社员股金暨营业生产概况按期统计报告边联社。

（四）建立信用合作社，扩大股金 3 万元

1. 在关中、庆环、定边、延川、延安等地各建立 1 处。

2. 集股时要做深入的宣传，说明信用社可抵制高利贷剥削，并有借贷、储蓄、汇兑、代理收付款项等好处。

（五）健全各级合作社组织，以资加强其领导

1. 健全联社组织机构，加强合作领导，并保证大会决议与计划的实现。

2. 确立组织系统，建立必要的工作制度，如会议制度、学习制度、报告制度等。

3. 边联社开办正规与经常性的训练班，保证于 2 月份开始。

（六）进行调查统计

无论新旧合作社，对当地墒情、土产及各社所属之社员群众生活、生产、消费比较，按时调查统计清楚，报告联社。

（七）进行联合采买，以资节省而取得各社密切联系与调剂。

《宁夏回族自治区人民政府关于进一步推进供销合作社改革与发展的通知》

（宁政发〔1999〕70号）

固原行署，各市、县（区）人民政府，自治区政府各部门、各直属机构：

《中共中央、国务院关于深化供销合作社改革的决定》（中发〔1995〕5号）和自治区党委、政府《关于贯彻落实中共中央、国务院关于深化供销合作社改革的决定的通知》（宁党发〔1996〕15号）文件下发以来，各级供销合作社认真贯彻落实，积极探索，全面推进供销合作社的改革，取得了一定成绩。但是，随着社会主义市场经济的发展和各项改革的不断深入，供销合作社现行体制也暴露出不少矛盾和问题。突出表现是：为农服务功能薄弱，与真正把供销合作社办成农民的合作经济组织的目标仍有很大差距；体制不顺、机制不活，难以适应激烈的市场竞争；历史债务包袱和人员负担沉重，亏损不断增加，经营举步维艰。为了进一步推进供销合作社的改革的发展，发挥供销合作社在农村经济中的作用，现就有关问题通知如下：

一、坚持供销合作社的根本目标，进一步深化改革

深化供销合作社改革的根本目标就是要把供销合作社真正办成农民自己的合作经济组织。这是由供销合作社的性质及发展的需要所决定的，对此必须坚定不移。但实现这一目标任重道远，需要扎扎实实稳步推进。当前，供销合作社要从实际出发，尽快扭转效益下滑、亏损增加、经营萎缩的被动局面。以"三个有利于"

为标准，通过深化改革，强化管理，改善经营，使所属企业真正建立起能适应社会主义市场经济规律、自主经营、自负盈亏的新机制，更好地为农服务，为推动供销合作社经济发展奠定坚实的基础。

二、调整经营结构，参与农业产业化工作

参与农业产业化对供销合作社的改革和发展是一次重要的机遇。通过为农业产业化提供服务，可以进一步密切与农民的联系，转换经营机制，调整经营结构，加快把供销合作社真正办成农民的合作经济组织的步伐。各级政府要把供销合作社参与农业产业化这项工作列入重要议事日期，切实抓紧抓好。

按照国家财政部、税务总局《关于民贸企业有关税收问题的通知》（〔1997〕124号）文件规定，对同心等9个民贸县的供销合作社销售货物，按实际交纳增值税税额先征后返50%，对基层供销社销售货物免征增值税。其他非民贸县亦可将留地方的25%的增值税返还企业。对专业合作社自产自销的农产品，可免征3年农林特产税；按照《增值税暂行条例》规定，免征增值税；对专业合作社为农民产前、产中、产后提供技术或劳务服务取得的收入，税务部门暂免征收所得税。

各级政府及其有关部门要积极支持供销合作社新建市场，并对其进行指导和监管，市场管理费可予以减免。同时，要加大对农副产品

市场的监管力度，坚决打击违法经营，杜绝伪劣农资商品流入农村市场，维护农民的利益；允许供销合作社经营（除小麦、水稻、玉米外）小杂粮。

支持供销合作社参与农业开发和扶贫开发。供销合作社点多、面广，承办扶贫开发项目，有利于扶贫到村到户，扩大覆盖面。农建委（扶贫办）要与供销合作社采取试点的办法，由供销合作社作为承贷承还主体，把国家的扶贫政策和资金直接、有效地落实到千家万户，真正做到投放一笔扶贫资金，富裕一方人民群众。供销合作社要发挥自身的优势，积极承包"四荒"和农村剩余土地，发展种植业、养殖业。

三、坚持合作制的基本原则，搞好社属企业改制工作

在改革中必须维护供销合作社组织体系的完整性，做到社有资产保值、增值。任何单位和个人都无权平调、侵占供销合作社及所属企业的资产。要积极探索合作经济的多种实现形式，对社有企业中的优势企业和直接为农服务的企业，在理事会确保控股权的前提下，可以改制为有限责任公司、股份有限公司，发展集团，组建联合体，实行连锁经营，也可以实行改组、兼并、托管等做法。对净资产极少、包袱较重、效益较差的社有企业，可以采取租赁承包、股份合作制等形式放开搞活，对少数资不抵债、扭亏无望、"偏、小、微、亏"的社属企业可以依法破产或拍卖出售，但必须经过社员代表大会讨论后决定，严格履行法定程序，不得无视所有者权益和职工利益"一卖了之"。

通过改革，使供销合作社社有企业在体制与机制上，全面同"产权清晰、权责明确、政企分开、管理科学"的现代企业接轨。

四、逐步创造条件，把基层供销社办成农

民的合作经济组织

基层供销合作社作为农民合作经济组织的直接体现者，是供销合作社的前沿阵地。首先要对现有的基层供销合作社进行重组和调整。对那些困难重重、资不抵债、丧失服务功能的基层供销合作社，要按照社章和有关法规实行解散、破产。在人口比较集中的乡镇建立实力和服务功能比较强的基层供销合作社。对经营状况和为农服务较好的基层供销合作社要明晰产权，重新认定社员所有者权益，尽快实现社员民主选举、民主管理、民主监督，真正做到民有、民管、民享。对于破产的社属企业中的国家正式职工应纳入当地政府再就业工程。地处城市的供销合作社要发挥连接城乡市场优势，利用现有网点设施创办城市消费合作社。

五、进一步明确职能，理顺各级联社的组织管理体制

各市县政府要加强对供销合作社的领导，有关部门要搞好协调服务，但不得干预供销合作社的经营活动。对于供销合作社在企业改革、结构调整、再就业工程等方面遇到的困难和问题应积极予以解决。今后凡政府委托供销合作社从事政策性业务，都要事先明确责任和义务，并确保兑现。

各级供销合作社除履行本级社有资产出资人代表职能和对社有资产监管外，还负有对直属企业、下级联社、基层供销社的指导、协调、监督、服务和行业管理责任。供销合作社要转变职能，重点抓好企业发展战略的研究制定，社有资产的管理和经营，选好管好经营者，不参与所办企业的具体经营。社有资产出资人可以收取一定比例的资产占用费，不再向所办企业和下级联社提取管理费。市县供销合作社人员一般控制在10人以下，经费列入同级财政预算。

六、整顿规范社有股金，防范和化解金融风险

各级供销合作社要认真贯彻《国务院办公厅转发中国人民银行整顿乱集资、乱批设金融机构和乱办金融业务实施方案的通知》(国办发〔1998〕126号)关于清理整顿股金的有关政策，对供销合作社过去以"保息分红"方式吸收的社员股金，可按股金的来源、期限，在3年内分期转退，平稳过渡。农民股、居民股可转为投资股，职工股可转为风险抵押金或股本金，难以转化的社员股金要有计划地办理退股，具体整顿方案报各级政府批准后实施。各级供销合作社在整顿和规范社员股金工作完成之前一律不再吸纳新的股金，不准新办独立的股金服务机构，原有的股金服务机构必须立即停止存贷款业务。今后吸收的社员股金应遵循利益共享、风险共担的原则，不再实行"保息分红"。

七、切实加强领导，妥善解决供销合作社亏损挂帐

国务院已成立供销合作社亏损挂帐清理核查小组，自治区人民政府决定成立核查机构，对供销合作社1997年12月31日前发生的亏损挂帐和1998年8月31日以前的棉花政策性亏损挂帐进行全面清理、核查。并按照"分清性质，分清责任，逐级负担"的原则制定挂帐停息处理办法，报国务院批准核实后实施。各市县政府要切实加强领导，有关部门要积极配合，认真抓好此项工作。供销合作社要据实填报亏损数额及其原因，不得更改帐目。违者将严肃追究主要领导及当事人的责任。在对供销合作社亏损挂帐问题没有清理、核查处理之前，不能简单地拍卖或强行划走供销合作社的资产，以确保供销合作社改革的正常进行。

1999年6月11日

《关于进一步推进社属企业改革的总体方案》

（盐供字〔2000〕22号）

各公司：

根据国务院〔1999〕5号文件和自治区人民政府〔1999〕70号文件及自治区供销社、盐池县委、县政府关于企业改制有关精神，结合我社实际情况，为进一步推进社属企业总体改革，现提出如下意见：

一、指导思想

以党的十五届四中全会精神为指针，以产权制度改革为核心，以增强企业活力为重点，以置换职工身份，清晰产权、明确职责、健全决策、执行监督体系为途径，以达到调整结构、资产重组、盘活存量为目的，从而使企业放开搞活。

二、改革目标

1.以建立现代企业制度为目标，积极探索合作经济的多种实现形式，在坚持合作制和保持对重点骨干企业控制力前提下，企业通过采取改组、联合、兼并、租赁、承包、托管、剥离、股份合作、出售等形式。使其真正成为适应市场经济要求的自主经营、自负盈亏、自我发展、自我约束的法人实体和市场竞争主体。

2.改制后的企业不再允许出现亏损，力争企业改制完成后，全县供销社实现利润保平或略有盈余局面。

三、基本原则

1.坚持"三个有利于"原则，即有利于资产增值，有利于企业增效，有利于职工增收为标准。大胆利用一切现代社会化生产和市场经济客观规律的经营方式和组织形式，努力探索能够极大促进生产力发展的合作制多种实现形式，在深化社有企业改革上迈出新步伐。

2.坚持实事求是、一切从实际出发原则，因企制宜，多种形式稳步推进，重点突破，全面完成改制任务。

3.坚持科学管理原则，打破传统管理模式，建立新型法人治理结构和劳动用工制度，实行以按劳分配为主体的多种分配方式，形成有效激励和约束机制，充分调动职工积极性。

4.坚持合理调整经济结构原则，推进社有资产合理流动和重组，积极盘活社有资产，努力培植新的经济增长点，使社属企业生产经营业务在统一规划、合理布局前提下，逐步步入专业化、规模化、集团化、集约化和可持续发展轨道，更好地为"三农"服务，把强化为农服务、推动农业产业化贯穿供销社改制始终。

5.坚持有所为有所不为原则。从总体上搞活社有企业，集中有效资产重点办好农业产业化龙头企业和其他经济效益好的骨干企业，逐步实现社有资产从不具备发展优势的行业和领域中退出与转移。

四、改革形式

根据我社实际情况主要采取以下几种形式：

1.社有独资公司和控股公司：对承担政府委托经营特殊商品、享受国家产业政策扶持、承担行业管理任务、关系国计民生较为重要的优势企业由供销社控股，改制成有限责任公司。

2. 股份合作制企业：对具有经营网点，职工少、规模小，但经营状况较好，职工对企业发展前景有信心的企业要通过量化集体资产、职工全员入股形式，使职工与企业真正做到联责、联利、联心，成为利益共同体。实行"劳动者的劳动与劳动者的资本联合"方式将企业改组为股份合作制企业。

3. 兼并、联合与重组：对规模小、实力差、缺乏竞争力，自身经营比较艰难的企业，根据统一安排要在生产要素互补、生产经营互联前提下，以资产为纽带，通过兼并、转让、划拨、托管、参股、控股等手段组建企业联合体，实行股份合作制改造。

4. 资产出售：对历史包袱沉重、银行贷款死滞、职工基本生活失去保障企业，经批准可采取整体或部分拍卖资产方式盘活存量，搞活企业。

5. 停业整顿、歇业或停产：对资不抵债、严重亏损，固定资产少且扭亏无望企业，可停业整顿或歇业，并积极申请和实施依法破产或进行剥离经营，焕发生机。

6. 承包与租赁：对小型零售门店可实行抽资承包，由职工自筹流动资金，自主经营、自负盈亏，向企业承包利润，交足养老保险、医疗保险统筹金等各项提留，也可实行租赁经营。

五、改革基本程序和具体要求

1. 各企业都要根据本通知精神，结合本企业实际，选择或创造改制形式，研究提出本企业改革产权制度的具体方案，无论采取哪种开放搞活形式，都要做好宣传动员工作，经职工大会讨论通过后上报批准，由各企业组织实施，规范操作，注重实效。

2. 各企业在实施改革方案前必须全面进行清产核资，认真搞好产权界定和资产评估，由社有

资产管理部门出具资产证明及评估认可证明，确保社有资产不流失。

3. 积极做好银行等部门的协调工作，用好用足国家有关改制企业优惠政策，力争实现停息挂贷，以减轻企业历史债务负担。

4. 要努力做好资产变现工作，安置好离退休人员。对离退休人员安置可采取由改制后企业自管或一次性按有关规定转交社保局管理，做到老有所养。

5. 各企业在采取转制形式中，都要对职工身份进行置换，或以资产量化重组等方式方法改变原固定职工身份。企业改制后上岗职工均称"企业员工"，实行全员劳动合同制，真正建立干部能上能下、职工能进能出的劳动用工机制。

6. 改制后企业要按照《公司法》和《社章》关于供销社直属企业有关规定，制定企业章程并向工商等部门办理有关登记手续，组织实施挂牌运营。

六、改制企业人员安置和人员分流办法

1. 各企业选择新的企业组织形式后，必须体现减员增效原则，科学确定新企业机构、岗位及人员编制，通过折股、配股、劳动合同等形式。双向选择，优化组合，竞争上岗，优先安置原企业职工。重新聘用上岗员工一律与企业签订劳动合同，实行全员劳动合同制管理，要尽可能使用季节工、小时工，降低人工费用。

2. 人员安置及分流办法措施

（1）积极开辟新业务，重组新的就业机构，为富余人员创造就业条件和渠道（如种植、养殖业等）。

（2）允许人才合理流动，鼓励职工面向市场寻找新的就业单位、岗位，做到人尽其才。凡调出供销社系统职工，待其办理交接各项有关手续后由所在单位给予1000元补贴。

（3）鼓励职工离职、自谋职业。对职工愿意申请自谋职业的办理离职手续，与企业终止劳动合

同，脱离劳动关系；离职补贴由各企业根据支付能力自行决定，但最低不得低于每1年工龄400元、最高不得高于每1年工龄700元标准。离职自谋职业人员年龄控制在男55周岁、女45周岁以下。

（4）对欠款（包括欠承包费）欠物等违纪职工，将按照合同法有关条款解除劳动合同。

（5）所有在册职工必须参加本企业改制，已承包和停薪留职人员务必于2000年6月底前缴清各种欠费，否则不允许参与企业改制，企业将依据劳动合同和承包合同等有关条款解除其劳动合同，终止劳动关系。参加本企业改制的承包和停薪留职人员，在企业改制后原签订的承包合同或停薪留职协议可执行到合同期满，合同到期后，交清各种款项的由改制后企业按有关条款予以执行。

（6）终止劳动合同人员的补贴原则上一律以商品兑现，有支付能力的企业可支付一定比例的现金，但比例不得超过50%。

（7）离职补贴只限于本次改制期间，改制后不再沿用。

七、改革转制有关规定

1. 各企业的社员股金按总社规定办理，实行股份制和股份合作制改革的企业需要职工配股的，社员股金可转为新企业股本金，实行利益均沾、风险共担。

2. 各企业出售资产，清偿债务，必须遵循公开、公正、公平原则，在资产合理评估和集体研究基础上，报上级批准后进行，任何企业领导人不得随意处置企业资产。

3. 各企业要认真抓好本企业债权债务清理工作。对债权债务数额较大、又不积极清理的当事人要立案审计，并辅以行政、经济、法律等手段督促其清理。

4. 加强改制工作的监督检查，对违反改制纪律和有关规定、给改制工作造成不良影响或给企业带来损失的责任人要追究其行政、经济、法律责任。

5. 认真组织学习国家有关国有企业改革转制方针、政策，积极争取享受应有待遇。

八、改革转制后企业管理体制和模式

1. 县社拥有所属企业社有资产所有权，出资者享有所有者权益，是供销社直属企业的管理机构，但不直接干预企业生产经营活动。各企业是全部或部分社有资产受委托的直接经营者，对社有资产承担保值增值责任。企业与职工的关系是劳动合同关系。供销社每年与各企业签订社有资产经营责任书，按期考核报告工作。

2. 企业的法人管理机构。改革后的企业，实行公司制的必须按照《公司法》和新企业章程产生股东会、董事会、监事会及企业内部管理机构。

3. 企业分配制度。改制后企业的分配制度可以采取三种形式：一是劳动工资分配；二是劳动奖励分配；三是按股分红。要打破现行劳动工资制度，实行"活"工资制。对企业经营者也可以实行基础薪金和效益薪金组成的年薪制，将企业经营者的收入与经营业绩结合起来，根据职工岗位责任和贡献大小合理拉开分配差距，通过分配制度改革激活企业经营机制。

九、改革转制组织领导和时间安排

企业改制工作是一项十分紧迫、复杂的综合工程，各企业一定要认真研究，充分准备，加强领导，不搞"一刀切""齐步走"。要从实际出发，成熟一个改制一个，积极稳妥地推进。县社直属企业的改制工作在县委、县政府的统一领导下，有组织、有计划、有步骤地进行，全系统企业改制工作总体上要在2000年10月底前完成。基层社的改革按照区社"关于加强基层社改革的指导性意见"另行安排。

2000年4月14日

《关于进一步深化基层供销合作社改革的几点意见》

（盐供发〔2000〕23号）

基层供销合作社是供销合作社的基础，是与农民直接联系的桥梁和纽带，是直接体现农民合作经济组织性质和实现为农服务宗旨的基本环节。目前我县基层供销合作社在深化改革中遇到了一些新的情况，暴露出许多深层次的矛盾和问题。突出表现在体制不顺、机制不活，债务包袱和人员负担沉重，为农服务功能薄弱。这些矛盾和问题严重困扰着基层供销合作社的改革发展，难以适应西部大开发新形势下农业和农村经济发展要求。只有深化基层供销社改革，逐步解决这些矛盾和问题，才可能使基层供销社重新焕发活力，成为合作经济组织的主力军。我县基层供销社改革总的要求是：明确目标，坚持原则，分类指导，不拘一格，以邓小平同志"三个有利于"为标准，进一步贯彻落实中央、国务院两个5号文件和自治区人民政府〔1999〕70号文件精神，充分利用中央关于西部大开发的有利时机，加快基层供销合作社改革发展步伐，使之更好地为"三农"服务。现就有关问题提出以下意见：

一、基层社改革必须坚持把供销合作社办成农民合作经济组织的总目标

中央5号文件明确提出要把供销合作社真正办成农民的合作经济组织，真正实现为农业、农村、农民提供综合服务的宗旨。因此深化基层社改革，必须坚持供销合作社改革方向，探索合作经济的多种实现形式，体现合作社特有的原则。这些原则主要是：

自愿开放原则。供销合作社是农民群众自愿参加的合作经济组织，凡承认社章，利用供销合作社为自己服务并愿意承担社员义务和责任的人都可以自愿入社。入社必须交纳一定数额的股金，以取得社员资格，通过清产核资，明晰合作社的产权。在服务上对社员与非社员要有所区别，在商品交易中对社员要有适当的优惠措施。在重新认定社员资格的基础上，按照合作制的组织原则，农民社员按一定比例产生代表，参加本届社员代表会，社员代表大会选举生产理事会、监事会。理事会、监事会要有一定数量的农民代表参加。基层社的经营情况要定期向理事会、监事会报告，定期召开社员代表大会。

民主管理原则。社员在权利和义务上平等，都有选举权和被选举权，实行一人一票。基层社要实行社务公开，民主管理，民主监督，利益共享，风险共担。

为社员服务原则。供销合作社对内要为社员提供生产、生活等各种服务，对外按照市场经济原则运行，参与公平竞争。

以交易量和利润率为主要依据的分配原则。规范合作社分配制度，除按股分红外，坚持按交易量分红，对社员进行二次返利。

二、因地制宜，积极稳妥地推进基层供销合作社的分类改造

基层社应直接体现为农服务宗旨和合作经济性质，维护社员的合法权益，逐步做到民有、民

管、民享。对现有基层社改革要从实际出发，分类改造。指导思想是：以真正办成农民的合作经济组织为目标，积极探索合作经济的多种实现形式，从扭亏增盈、强化服务、积极参与农业产业化经营入手，对基层社进行分类改造、分类推进，逐步落实社员产权，理顺组织体制和转变经营管理机制。基层社在坚持资产保全原则下，可采取股份合作制、联营、兼并、租赁、承包经营、拍卖、出售、托管等多种形式进行改造。基层社在经营上要有进有退，根据市场需求及时调整经营机制和经营业态，真正成为市场经济条件下农民自主经营、自负盈亏、自我发展的合作经济组织。

对经济基础较好、经营机制灵活、效益良好的基层社，在清产核资、分流人员、安置离退休职工基础上，按照自愿、民主、平等、互利原则，吸收农民入股，逐步办成农民的合作社，也可以根据业务和当地经济发展需要，积极组织专业合作社，吸引农民和专业户参与，在推动农业产业化经营中发挥作用，发展壮大；也可以探索把基层社改造成专业社联合社的路子，达到办成农民合作经济组织的目的。对已失去竞争和服务优势、勉强维持经营的基层社撤社留店，纳入中心社管理。边小微亏、经营生活资料的门店，可以对其营业设施和现有人员实行抽资买断经营，或按照股份合作制、合伙制原则吸收现有职工和农民入股，调整重组为股份合作制或合伙制企业，基层社利用其设施参股；对持有部分有效资产、当地农民仍需要的基层社，可在清产核资与债权人协商同意基础上，由供销合作社剥离出部分优质资产进行改造，设立新的合作社，基层社通过参与新社的经营，根据获得情况逐步按比例偿还债务。结合基层社改造，因地制宜地调整基层社建制，按照经济区域设立中心社，实行一级核算、两级管理，精简管理机构，降低流通费用，发展规模

经营。对原有基层社进行归并或撤社留店，要保留原经营网点，并逐步向村级延伸，做到牌子不倒、网络不散、阵地不丢、资产不流失。

三、大力兴办专业合作社，推进农业产业化

基层社要从发展农村商品经济，实现供销合作社办社宗旨和改革发展目标的高度认识兴办专业合作社的必要性和紧迫性，通盘考虑，全面规划，取得突破，充分利用中央西部大开发有关政策，以及我县退耕还林（草）、封山绿化、以粮代赈、个人承包的生态环境建设有利时机，发挥供销社在农村流通领域的组织优势和经营优势，围绕主导产业和特色产品拓宽为农服务领域，强化为农服务功能。根据实际情况和农民意愿，采取多种形式组建专业合作社。专业合作社从开始组织就要按照合作制原则去办。由农民自愿入股组建，在劳动联合基础上，发展资本联合，真正与农民结成利益共同体，同时实行独立核算，健全社代会和理事会、监事会制度，建立按交易量返还和股金分红的二次分配机制，加强民主管理，用专业合作社的机制促进基层社改革。基层社要充分利用现有设施、人员、经营网络等优势，支持、参与专业合作社发展，可以通过控股、参股方式与专业合作社建立起资本方面的经济联合，并为专业合作社提供综合服务。

四、加强综合服务体系建设，扩大经营范围，开拓农村市场

坚持为农服务宗旨，提高为农服务水平，把基层社办成农村综合性服务中心。以"一站""一院""一店"为依托，加强完善农村综合服务体系，增强服务功能。"一站"即村级综合服务站。基层社要采取多种形式创办村级服务站，开拓占领农村市场。可以鼓励分流职工回村领办；可以在原有双代店基础上改建；也可与村委会结合选聘人员创办。基层社对村级站实行

"四统一"，即统一组织模式、统一办理营业执照、统一缴纳税费、统一提供货源。"一院"即庄稼医院。主要是根据农业生产的不同需要开展技术指导、技术服务。"一店"即基层社要有一个综合商店，为村级服务站和农民社员提供生产、生活资料。站、院、店三者结合，为农民社员提供生产生活多方位服务，并承担农业生产资料供应和农机具租赁，组织大家对生活资料、建筑材料的采购和农副产品的推销，为农民提供市场信息和实用技术的推广、应用、示范服务，加强农作物病虫害的预防和救治等。基层社要围绕当前农村结构调整和市场需求变化，及时调整自身经营结构，向农村市场的深度和广度开拓。要在巩固传统经营业务基础上，扩大商品经营范围，从农民生产生活的需求出发，开发相关、相连、相近商品经营。凡是农民需要的商品都要积极组织经营，凡是农民需要的服务都要设法提供。要引进新的营销业态和经营形式，大力开展连锁、配送、代理等新的营销方式。同时要全方位、多层次拓展城乡市场，因地制宜地发展社办工业、饮食服务业等，积极参与当地小城镇建设，改善经营服务设施。

五、转换经营机制，加强内部管理，努力实现扭亏增盈

基层供销合作社要加快自身经营机制转换，按照市场经济运行规律，实行竞争、创新、按劳分配、效率优先、强化监督与规范的市场机制，自主经营、自负盈亏。经营上要摆脱过去那种纯商品经营的单一格局，逐步转变为集商品经营、资产经营为一体的综合经营格局，在商品经营方面，除农资等少数重要商品外，实行商品所有权和经营权合一，职工经营商品既要负盈也要负亏；在资产经营方面，实行社有资产所有权和经营权分离，确保社有资产保值增值；在责任制方面加强经营管理，防止以包代管，维护合作社的利益。

逐步推行基层主任由社员和职工直接选举的制度。按照精简、效能原则，对基层供销合作社内部机构和管理人员进行精简。对精简下来的富余人员多渠道分流。鼓励其兴办专业合作社、回村办店，发展种养业、合伙或个体经营，自谋职业等。要尽可能使用季节工、小时工、降低人工费用。建立起考核严格、奖罚分明、工效挂钩的分配制度，充分调动干部职工的积极性。

基层供销合作社在改革过程中分流人员的补偿可参照社属企业改制方案中有关条款执行。

2000 年 5 月 16 日

《关于开放办社进一步动员农民经纪人和农村各种民间流通组织加入供销合作社的通知》

（宁办发〔2000〕31号）

各市县供销社：

根据中华全国供销合作社第三次代表大会开放办社、扩大供销合作社功能有关精神，现就动员农民经纪人加入供销合作社事宜通知如下：

要充分认识到供销合作社作为合作经济组织面对当前市场经济发展的新要求，就必须打破自我封闭体系，实行跨地区、跨行业、跨所有制界限，面对社会全方位开放。其成员要不仅仅局限于产权上的关联，对凡是与供销合作社相联系的农民经纪人和农村各种民间流通组织，愿意加入供销合作社都可吸纳。要打破区域、级别、系统内外限制，按照不同情况，采取不同的结合纽带，通过多层次、多形式的合作，形成新的联合体。这是实现把供销合作社办成农民的合作经济组织这一改革目标的需要，同时又是一条有效的途径。对此各级供销合作社要有充分认识。

一、供销合作社在开放办社中要跳出原有思维模式，以合作经济的基本原则为指导，立足于创建新型的合作经济联合组织，敢于和善于担当起农村合作经济的组织者、引导者、服务者的角色。要借第一次全区农民经纪人代表大会东风，主动与农民经纪人和农村民间流通组织在产供销环节上实行真正的合作和联合，促进供销合作社真正成为新的农村合作经济组织的主体，真正成为农民群众自己的合作经济组织。

二、要主动向农民经纪人和各种农村民间流通组织宣传合作制原则，宣传供销合作社的性质作用，宣传供销合作社和农民经纪人及各种农村民间流通组织的共同点。诚恳动员农民经纪人和农村各种民间流通组织加入供销合作社，吸收他们成为供销合作社的社员或成员，对他们的入社手续要从简，只要填写入社申请登记表（表附后），经所在地供销合作社批准就可以成为供销合作社社员或成员，其入社股金可按自愿原则或缓交、免交，并且享有供销合作社社员或成员的一切权力。注意培养选拔素质较好的农民经纪人担任基层社领导，领办专业合作社或参与供销社的管理活动。

三、各级供销合作社要深入农民经纪人和各种民间流通组织当中了解情况，传递信息，关心他们的需求，帮助解决困难，反映他们的正当要求，维护他们的合法权益，使他们真正体会到供销合作社是他们完全可以信任和依靠的农民自己的合作经济组织。

望各市县供销合作社接到通知后，将动员吸收农民经纪人和农村各种民间流通组织加入供销合作社工作列入重要议事日程，做出计划，制定措施，指定专人负责，主要负责人要亲自抓，并争取在近期内有突破性进展。

2000年9月26日

《盐池县委办公室　政府办公室关于印发盐池县深化供销合作社综合改革的实施方案的通知》

（盐党办发〔2016〕68号）

各乡镇党委，（街道党工委）政府（街道办事处），县直各党委（党组），县委、县政府各直属各事业单位、人民团体：

《盐池县深化供销合作社综合改革的实施方案》已经县委、县政府研究同意，现印发给你们，请结合实际认真抓好落实。

供销合作社是为农服务的合作经济组织，是党和政府做好"三农"工作的重要载体。为贯彻落实《中共中央国务院关于深化供销合作社综合改革的决定》（中发〔2015〕11号）和《自治区党委、人民政府关于深化供销合作社综合改革的意见》（宁党发〔2016〕3号）精神，加快推进我县现代农业发展，促进农民增收致富，推动农村全面小康社会建设，结合我县实际，制定如下方案。

一、总体目标

全面贯彻落实党的十八大和十八届三中、四中、五中全会精神，围绕"改造自我、服务农民"的总体要求，坚持合作经济组织基本性质，坚持"实体化、市场化"改革方向，按照"先做强、再做大"思路，以密切与农民利益联结为核心，提升为农服务能力为根本，优化资源配置，强化行业指导和资产监管，全面推进组织体系、服务体系、经营体系和管理体系创新，形成供销合作、生产合作、信用合作"三位一体"发展格局，把供销合作社打造成为服务农民生产生活的生力军和综合平台，为建设开放、富裕、美丽、

和谐盐池作出新贡献。

二、指导原则

坚持为农服务宗旨，把为农服务成效作为衡量工作的首要标准，突出社会化服务能力建设，提升连接城乡，服务"三农"；坚持市场化改革方向，用好用活社有资产，建立新的人事管理制度，坚持加强与创新并举，健全完善基层社组织体系、社有企业经营体系和服务网络体系，保持资产完整性和队伍稳定性，坚持经营性服务与公益性服务相结合，走富民强社双赢之路。

三、主要任务

（一）建设现代农业综合服务体系。围绕我县农业特色优势产业和区域经济布局打造适应现代农业、适应特色优势产业发展、适应新型农业经营主体发展需要的农业社会化综合服务体系。加强与新型农业经营主体、种植大户、龙头企业联合合作。结成利益共享、风险共担的农业产加销经营体，带动发展特色农业，拓展农业产业链条，推动农业一二三产业融合发展，开展多种形式的社会化服务体系建设，以股份制形式，组建盐池县新农现代农业发展有限公司，下设农业机械专业合作社和农资供应专业合作社，开展统防统治、测土配方施肥、农机服务、科技培训服务。2016年通过引资方式先期启动惠安堡现代农业服务中心项目建设。"十三五"期间建设现代农业综合服务中心（站）10个，围绕破解"谁来种地，怎么种地？"等问题，与农民专业合作

社组建农业服务公司，通过开展土地托管服务模式，采取服务型全托、收益型全托、半托型合作和土地入股等方式，为农民和各类新型农业经营主体提供耕、种、收、储、销系统化服务。2016年完成推广土地全托管服务6000亩（其中水浇地1000亩），半托管1万亩，到"十三五"末通过全托管、半托管、股份制等形式经营管理耕地15万亩，力争全县耕地不撂荒。

（二）加快推进农产品流通经营服务网络建设。积极参与全县公益性农产品批发市场建设运营和管理。每年领办农民专业合作社1—2家，加强与各类农民专业合作社的联合合作。以县供销合作社项目扶持的余聪、鑫海两家公司为平台，大力发展农产品连锁店、直销店及销售专区等新型流通业态，拓展农产品流通渠道，培育一批带动能力强的龙头流通企业完善冷链物流体系，提高农产品购销、加工、储运、配送、保鲜、信息调控能力，构建新型农产品生产加工流通网络。

（三）完善农资现代经营服务网络。充分发挥供销合作社农资供应主渠道优势，加强与各类农资生产和供应主体联合合作。"十三五"期间，计划改造升级农资配送中心2个，发展融资农家店15个，对现有30个农资农家店分期分批进行升级改造，逐步提升现代农资经营网点服务功能，扩大连锁配送规模和优质融资覆盖面，拓展融资综合化、规模化供应服务领域，大力推进放心农资超市、农资综合技术服务站和庄稼医院建设，积极推进测土配方施肥，推动农资销售与技术服务有机结合，降低农民农业生产成本。

（四）大力发展农村电子商务。紧紧抓住盐池县建设电子商务示范县时机，充分利用全县基层供销社经营服务网点优势，配合商务经济和技术合作局加快农村经营服务网点信息化建设，构建乡村电子商务物流配送体系，实现线上线下融合发展，解决工业品下乡"最后一公里"和农产品进城"最后一公里"问题。2016年集中打造大水坑供销社电商服务站，以点带面，在全县其他乡镇推广，依托自治区供销社电商平台，实现"互联网＋供销社"，整合各类商业资源打造网上便民综合服务中心，开展代购、代销、代售、代收等综合服务，构建日用消费品、农资和农副产品双向物流体系，为农民提供优质廉价的化肥、农药、种子、农机具等，帮农民解决"买贵"问题。开展农产品网上销售服务，将我县滩羊、优质小杂粮、中草药等特色农产品通过上网销售实现优质优价，帮助农民解决"卖难"问题，有效促进农民增收。

（五）积极探索开展农村合作金融服务。按照社员制、封闭性原则，在不对外吸储放贷、不支付固定报酬前提下，围绕特色优势产业，依托农民专业合作社（联合社）、基层供销社积极开展农村资金互助业务，引领裕丰昌专业合作社开展资金互助工作，加强与县农村信用社、宁夏银行等涉农金融机构合作，引领和推进具备条件的基层社和农民专业合作社（社联合）以互助担保形式与农村金融机构对接，为各类合作经济组织、新型农业经营主体和农民群众提供融资服务，解决融资难问题。

（六）搞好农民经纪人培训服务。继续利用自治区供销合作社农民经纪人实用技能鉴定培训优势，大力开展农民经纪人、涉农电人员培训。提升农民经纪人种植、养殖、加工、销售、电商等管理水平。每年组织专业合作社培训各类农产品经纪人100人次以上，参加区级、国家级高级产品经纪人培训5人以上。

四、改革重点

（一）推进县供销合作社联合社改革。1.明确县供销合作社职能。县供销合作社联合社承担全县基层合作社指导、面向农民生产生活服务网点建设、开展"为农"服务经营活动及政府委托的其他职能。县供销合作社按事业单位法人登记注册。根据自治区党委、人民政府《关于深化供销合作社综合改革的意见》中"各地根据市、县联合社的任务和发展需要，核定财政供养人员规模，实行定额补助"的规定，结合改革后县供销合作社服务职能明显增强、服务范围和内容更加宽泛等因素，按照精简、高效、一人多岗原则，采取政府购买公共服务方式，由县财政2016年安排100万元资金，以后每年按20%增加。2.加强社有资产监督管理。供销合作社联合社理事会是本级社属资产和所属企业单位资产的所有权代表和管理者。理事会要落实社有资产出资人代表职责，监事会要强化监督职能，按照产权清晰、权责明确原则，对联合社基层社进行全面清产核资，摸清社有资产底数，明确社有和社员产权，落实联合社对基层社资产的监管职责，加强社有资产监管，促进社有资产保值增值。建立健全社有资产经营预算制度，并接受省级机关、同级财政等部门和县社资产管理委员会监督。联合社组建资产管理股份公司，社属企业、基层社优良资产也可以作价入股到新成立的资产管理股份公司。上级政府支持供销合作社发展的基金、项目等形成的国有资产由联合社持有，可以以股权形式向基层社投资，允许供销合作社在当年社有资产收益中按不低于20%的比例向本级合作社发展基金注资，统筹用于基层社建设，提升为农服务能力。3.建立新的人事管理制度。县供销合作社本级人事管理按照"老人老办法，新人新办法"原则逐步规范，平稳过渡。由组织任命的县供销合作社领导班子成员及现有工作人员，其原有身份、职级、待遇等保持不变。新进人员一

律实行聘用制，新成立的资产管理公司董事长由县社主任兼任，公司负责人可由股东大会选举产生，也可以向社会公开招聘，同时积极探索符合供销合作社特点的管理模式和激励机制，建立新的劳动用工分配保险制度，稳定队伍，调动工作人员的积极性。

（二）推进基层供销合作社改革。1.基层社性质。基层供销合作社（以下简称基层社）是直接面向农民的综合性经营服务组织。是供销合作社服务三农的主要载体。基层社按照企业法人登记注册，是在做好农资、日用品、烟花爆竹等传统业务基础上，围绕全县主导产业和特色优势产业以及农业社会化服务体系中的薄弱环节，提供产前、产中、产后全程社会化服务；要按照强化合作、农民参与为农服务要求，利用3—5年时间，因地制宜，推进基层社自身改造；要逐步办成规范的、以农民社员为主体的合作经营组织，让农民得到实惠，使自身得到发展。2.提升现有基层社服务功能。由县供销合作社为主导，邀请涉农企业、工商大户加盟，在其他中心乡镇恢复或重建基层供销社。"十三五"期间完成基层社改造9家，撤销合并3家，新建乡镇基层供销社分社2家（麻黄山乡小杂粮供销分社、惠安堡镇黄花供销分社）。支持现有发展较好的基层供销社根据本县产业发展需要，与专业大户、经营大户、家庭农场大力发展农民专业合作社。对经济实力较弱的供销社采取政策引导、联合社帮扶，引进民营农资企业参与等多种方式，着力提升其服务能力。通过密切与农民的服务联系，不断强化与农民的联合与合作。根据农民需求和供销合作社实际，逐步将已经承包或租赁的基层社网点纳入供销合作社经营服务体系。

五、政策扶持

（一）政策支持。将供销合作社纳入支农范

畴。在农业特色优质产业、农村合作经济电子商务和社会化服务体系建设等方面给予支持。国家、自治区和县财政扶持供销合作社的发展资金以股权形式投入基层社或参股企业。

（二）项目扶持。中央、自治区和盐池县通过财政、农业、商务等部门安排支持农村合作经济、农产品市场建设、冷链物流、统防统治、测土配方、机械设备等社会化服务体系建设的项目，除国家和自治区、市、县另有规定外，由供销合作社组织实施。县财政、农牧、商务、发改等部门在确定涉及供销合作社发展项目时，应征求供销合作社意见，投资形成的固定资产实行建管分离，由县供销合作社运营和管护。2016年县财政先期安排100万元改革启动资金，再由政府提供200万元设立供销合作发展基金，以后每年按20%增加，统筹用于基层社基础设施建设、农资储备及农业社会化服务。

（三）土地税收支持。县供销合作社及所属企业、基层社使用的国有划拨土地使用权，按照自治区《关于做好供销合作社综合改革涉及原国有划拨土地资产处置工作的通知》（宁国土资发〔2016〕103号）精神，通过作价出资方式以国有资本金形式注入县供销合作社。县供销合作社经营实体在组建过程中涉及资产划转、转让、产权变更等，享受国家及自治区有关税收优惠政策。供销合作社社有企业、基层社所得税地方分享部分及经营困难的社有企业、基层社自用土地的城镇土地使用税和自用房产的房产税，实行"三免

三减、半优惠"政策。

六、保障措施

（一）加强组织领导，成立政府分管领导任组长，组织（人事、编办）、政研室、财政、国土、发改、商务、供销合作社等相关部门为成员的深化供销合作社改革领导小组，负责研究推进综合改革政策措施，协调解决改革中遇到的困难和问题。

（二）部门协同推进。县直有关部门、各乡镇要关心支持供销合作社改革发展，按照职能分工落实好相关配套措施，形成推进供销合作社综合改革合力。供销合作社也要成立相应组织，统筹谋划，协调推进，把握好节奏和力度，积极稳妥推进供销合作社综合改革。县委、县政府督查室对已出台的扶持政策要加强督促检查，确保落实到位。妥善解决供销合作社社员股金政策性、财务挂账等历史遗留问题，保持供销合作社社有资产完整性。任何部门和单位不得随意平调、侵占供销合作社财产，不得将社有资产纳入政府融资平台，不得改变供销合作社及其所属企业单位的隶属关系。

（三）加强舆论宣传。有关部门要加强供销合作社改革舆论宣传。做好政策解读，对改革中出现的新做法、新经验、新典型应及时推广，及时总结宣传，形成全社会关心支持、参与供销合作社改革的良好氛围。

2016年6月8日

参考文献

1.《抗日战争时期陕甘宁边区财政经济史料摘编》，陕西省档案馆，陕西人民出版社 1981 年版。

2.《抗日战争时期陕甘宁边区劳模运动研究》，王彩霞著，中国社会科学出版社 2014 年版。

3.《中国合作社大事记与发展概况》，中国供销合作社史料丛书编辑室，中国财政经济出版社 1988 年版。

4.《当代中国供销合作事业》，《当代中国》编辑部，中国社会科学出版社 1990 年版。

5.《中国供销合作社资料汇编》1—3 辑，中国合作社史料编辑委员会，中国财政经济出版社 1990 年版。

6.《供销合作社史话》，黄道新主编，社会科学文献出版社 2016 年版。

7.《供销社财务会计制度》，中国全国供销合作社制定，1962 年版。

8.《供销合作社会计制度》，中华人民共和国商务部、财政部制定，1991 年版。

9.《宁夏供销合作社志》，宁夏供销合作社，宁夏人民出版社 1994 年版。

10.《宁夏供销合作社大事记》，宁夏供销合作社，宁夏人民出版社 1994 年版。

11.《中国共产党宁夏简史》，宁夏党史研究室，宁夏人民出版社 2011 年版。

12.《中共吴忠市历史资料汇编（1936—1949）》，吴忠市委党史研究室，宁夏人民出版社 2010 年版。

13.《陕甘宁边区时期的盐池档案史料汇编》，盐池县档案局，宁夏人民出版社 2016 年版。

14.《盐池县志》，盐池县志编纂委员会，宁夏人民出版社 1986 年版。

15.《盐池县志》（二轮志），盐池县志编纂委员会，宁夏人民出版社 2002 年版。

16.《中共盐池县委历史图鉴》，盐池县委党史资料征集领导小组，中国文史出版社 2016 年版。

17.《中共盐池县委执政纪要》，盐池县委党史资料征集领导小组，中国文史出版社 2016 年版。

18.《盐池年鉴》（2012—2021 年），盐池年鉴编委会，宁夏人民出版社、中国方志出版社。

19.《红色盐池》，盐池县史志办，宁夏人民出版社 2000 年版。

20.《盐池县革命回忆录》一、二册，盐池县党史资料征集委员会办公室，1986 年版。

21.《报纸中的盐池》（1949—2021 年），盐池县档案局，2013 年版。

编　后

编辑《盐池县供销合作社志》是在中共盐池县委党史和地方志研究领导小组指导下，由县供销合作社主持，按照政府采购程序，聘请原盐池县史志办编辑室干部张玉东组织编辑小组，于2021年4月拟定志书编纂大纲，启动志书编辑，2022年1月完成初稿；2月13日，由盐池县委党史和地方志研究室、县供销合作社共同主持，邀请自治区政府参事室参事、原社科院副院长刘天明，自治区地方志办公室主任负有强，县党史和地方志评审组专家成员张树林、侯凤章、张立宪，历任县供销合作社主任张顺琪、原增喜、石美林、何勇等近20人召开评审会，对志书初稿提出中肯修改意见，后经数次修改审定，完成是志。

鉴于盐池县供销合作社（合作社）的历史，可以追溯到1936年6月盐池县解放后创办城市消费合作社时期，并经历了与陕甘宁边区革命历史同步的13年发展历程，《盐池县供销合作社志》分为九章。第一、第二章邀请张树林（原盐池县史志办主任、陕甘宁边区革命史专家）进行史料把关、修改斧正；后七章主要由历任盐池县供销合作社主任张顺琪、原增喜等同志进行审定修改；侯凤章、张立宪分别对志书进行了通篇审读，提出了宝贵修改意见。凡参与其事者，其目的都是为了确保史料真实性、专业性、完整性，共同提高志书编纂质量。对于大家的辛苦付出，在此谨代表编者表示衷心感谢。

同编辑其他地方志书一样，编辑《盐池县供销合作社志》过程中，同样遇到史料、档案不完整、不全面等问题，尤其是供销合作社经过历次体制改革、机构改革，干部职工基本上全部调离原单位或与企业脱钩，无形中增加了史料采写难度。尤其是人物表彰部分，遗漏在所难免。加之编写人员对供销合作社业务不甚熟悉，因此难免出现错误，不足之处，敬祈批评指正。

2022年5月

图书在版编目（CIP）数据

盐池县供销合作社志 / 盐池县供销合作社编 . -- 北京：
中国文史出版社 , 2022.8

ISBN 978-7-5205-3685-1

Ⅰ . ①盐… Ⅱ . ①盐… Ⅲ . ①供销合作社－商业史－
盐池县 Ⅳ . ① F721.2

中国版本图书馆 CIP 数据核字（2022）第 168165 号

责任编辑：梁　洁　　装帧设计：杨飞羊

出版发行：中国文史出版社

社　　址：北京市海淀区西八里庄路 69 号　邮编：100142

电　　话：010-81136606　81136602　81136603（发行部）

传　　真：010-81136655

印　　装：北京新华印刷有限公司

经　　销：全国新华书店

开　　本：787mm×1092mm　1/16

印　　张：29

字　　数：598 千字

版　　次：2023 年 1 月北京第 1 版

印　　次：2023 年 1 月第 1 次印刷

定　　价：188.00 元